KB234326

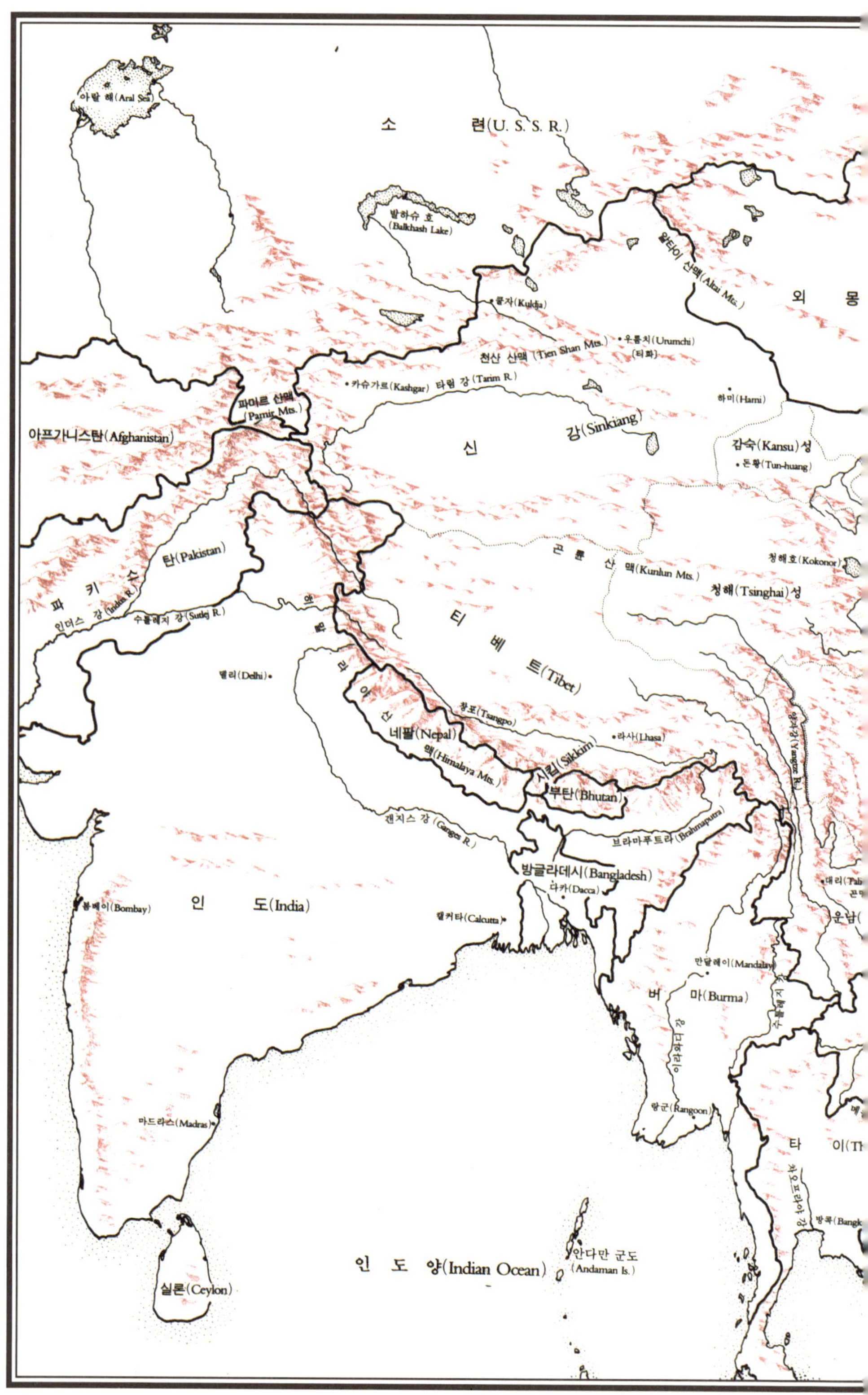

아랄 해(Aral Sea)
소　　　　련(U. S. S. R.)
발하슈 호(Balkhash Lake)
알타이 산맥(Altai Mts.)
외　몽
쿨자(Kuldja)
천산 산맥(Tien Shan Mts.)
우룸치(Urumchi)
(티화)
하미(Hami)
카슈가르(Kashgar)　타림 강(Tarim R.)
파미르 산맥(Pamir Mts.)
아프가니스탄(Afghanistan)
신　　　　강(Sinkiang)
감숙(Kansu)성
돈황(Tun-huang)
파　키　스　탄(Pakistan)
인더스 강(Indus R.)
수틀레지 강(Sutlej R.)
곤　룬　산　맥(Kunlun Mts.)
청해호(Kokonor)
청해(Tsinghai)성
티　베　트(Tibet)
델리(Delhi)
황포(Tsangpo)
라사(Lhasa)
네팔(Nepal)
히말라야 산맥(Himalaya Mts.)
시킴(Sikkim)
부탄(Bhutan)
양쯔 강(Yangtze R.)
갠지스 강(Ganges R.)
브라마푸트라(Brahmaputra)
방글라데시(Bangladesh)
다카(Dacca)
대리(Tali)
곤밍
봄베이(Bombay)
인　　　도(India)
캘커타(Calcutta)
운남
만달레이(Mandalay)
버　　마(Burma)
살윈강
마드라스(Madras)
랑군(Rangoon)
타　　이(Thailand)
이라와디강
방콕(Bangkok)
안다만 군도(Andaman Is.)
인　도　양(Indian Ocean)
실론(Ceylon)

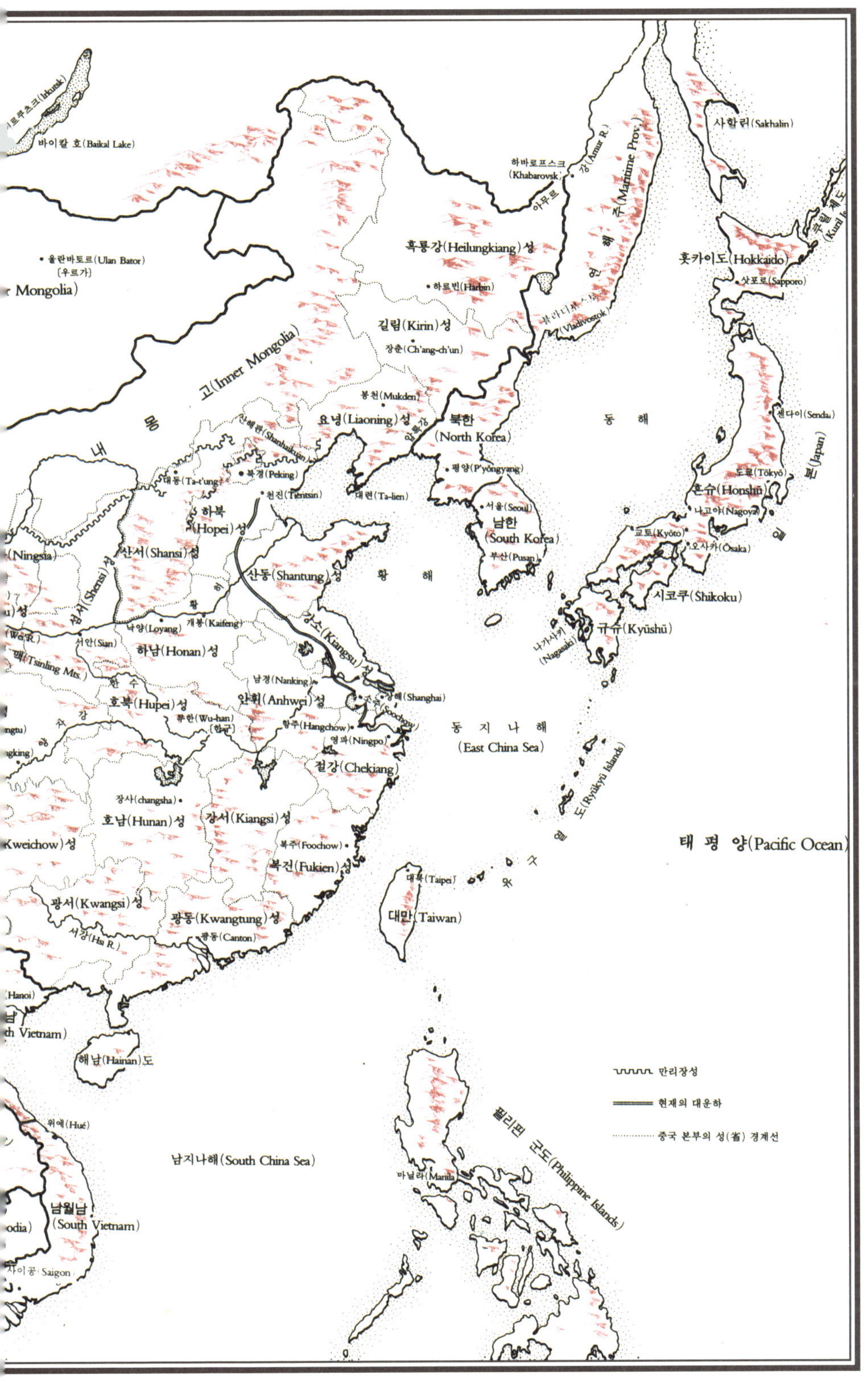

이르쿠츠크(Irkutsk)
바이칼 호(Baikal Lake)
Mongolia)
울란바토르(Ulan Bator)
〔우르가〕
하바로프스크(Khabarovsk)
강(Amur R.)
아무르
주(Maritime Prov.)
해
사할린(Sakhalin)
쿠릴 제도(Kuril I.)
흑룡강(Heilungkiang)성
하얼빈(Harbin)
블라디보스토크(Vladivostok)
홋카이도(Hokkaido)
삿포로(Sapporo)
길림(Kirin)성
장춘(Ch'ang-ch'un)
고(Inner Mongolia)
몽
내
봉천(Mukden)
요녕(Liaoning)성
산해관(Shanhaikuan)
북한
(North Korea)
동   해
센다이(Sendai)
평양(P'yŏngyang)
대동(Ta-t'ung)
북경(Peking)
하북
(Hopei)성
천진(Tientsin)
대련(Ta-lien)
서울(Seoul)
남한
(South Korea)
부산(Pusan)
도쿄(Tōkyō)
혼슈(Honshū)
나고야(Nagoya)
(Ningsia)
산서(Shansi)성
교토(Kyōto)
오사카(Ōsaka)
섬서(Shensi)성
산동(Shantung)성
황   해
시코쿠(Shikoku)
(We R.)
낙양(Loyang)
개봉(Kaifeng)
소(Kiangsu)성
나가사키
(Nagasaki)
규슈(Kyūshū)
서안(Sian)
하남(Honan)성
(Tsinling Mts.)
남경(Nanking)
안휘(Anhwei)성
상해(Shanghai)
호북(Hupei)성
우한(Wu-han)
〔한구〕
항주(Hangchow)
영파(Ningpo)
동 지 나 해
(East China Sea)
절강(Chekiang)
장사(changsha)
류큐 제도(Ryūkyū Islands)
호남(Hunan)성
강서(Kiangsi)성
(Kweichow)성
복주(Foochow)
태 평 양(Pacific Ocean)
복건(Fukien)성
대북(Taipei)
광서(Kwangsi)성
광동(Kwangtung)성
대만(Taiwan)
서강(Hsi R.)
광동(Canton)
(Hanoi)
해남(Hainan)도
Vietnam)
만리장성
현재의 대운하
중국 본부의 성(省) 경계선
위에(Hué)
필리핀 군도(Philippine Islands)
남지나해(South China Sea)
마닐라(Manila)
남월남
(South Vietnam)
odia)
사이공 Saigon

원색 도판 1 옥(玉)으로 만든 동주 시대(기원전 5~3세기)의 원반.

원색 도판 2 전한 시대의 무덤에서 출토된 도금 청동제 등(燈).

원색 도판 3 조선 낙랑(樂浪)의 한 (漢)나라 묘(墓)에서 발견된 옻칠 광주리〔漆筐〕.

원색 도판 4 당대 화가 염립본(閻立本 ; 7세기)의 작품으로 여겨지는
6조 시대의 한 황제와 그 수행원을 그린 그림의 일부.

원색 도판 5~7 송대 두루마리 그림 3 작품의 부분

휘종(徽宗 ; 110~1125년에 재위) 황제가 그린 것으로 보이는 "비단을 다리는 여자들."(왼쪽 위) 한 고조(高祖)의 군대가 장안(長安)으로 진군하는 광경을 그린 그림.(왼쪽 아래) 허도영(許道寧 ; 1066년경에 죽음)이 그린 풍경화 〈강상포어도(江上捕魚圖)〉. 오른쪽 끝 배를 타고 있는 어부와 왼쪽 끝 배의 어부가 술잔을 들어올려 서로 축배한다.(위)

원색 도판 8~10 몸값을 내고 유목민으로부터 풀려난 한(漢)의 여인〔文姬〕을 그린 송대의 그림.(위) 명대의 선덕(宣德) 황제가 1427년에 그린 아프간(Afghan)의 사냥개. 그린 이와 여러 소장자들의 인장이 찍혀 있다.(아래) 명대 어느 가족의 초상군.(오른쪽)

원색 도판 11∼13 고려 시대의 청자 항아리와 술주전자.(아래)
명대의 청백자 항아리(宣德 시대 ; 1426∼1435).(오른쪽)

원색 도판 14 송대의 관음 보살상.

원색 도판 15~16 12세기의 '헤이지〔平治〕의 난'에 관한 이야기를 삽
화로 그린 13세기의 일본의 두루마리 그림인 "산조덴〔三條殿〕의
방화"의 세부들.

원색 도판 17~18 중국 당나라에 사신으로 갔던 기비〔吉備〕의 모험을 그린 12세기말의 일본의 두루마리 그림(기비의 중국 문학에 대한 지식이 특별한 시험 장소에서 테스트되고 있다). (위)   일본에 상륙하는 포르투갈 인들을 묘사한 "남반뵤부〔南蠻屛風〕." (아래)

원색 도판 19 홍등가를 찾는 사무라이들을 그린 17세기 회화의 세부.

원색 도판 20 스즈키 하루노부〔鈴木春信〕 작 목판화(1724~1770).

원색 도판 21~22 호쿠사이〔北齋 ; 1760~1849〕가 그린 후지산의 목판
화. (위) 히로시게〔廣重 ; 1797~1858〕가 그린 에도의 미쓰이〔三
井〕건물(乾物) 상점. (아래)

원색 도판 23~24 1964년의 도쿄 올림픽.(위) 문화 혁명 기간중 북경 천안문에서의 행진 모습.(아래)

동양 문화사 (상)

존 K. 페어뱅크 · 에드윈 O. 라이샤워 · 앨버트 M. 크레이그 지음
김한규 · 전용만 · 윤병남 옮김

을유문화사

East Asia
Tradition & Transformation   *Revised Edition*

John K. Fairbank, *Professor Emeritus*
Edwin O. Reischauer, *Professor Emeritus*
Albert M. Craig
Harvard University

First Published by Houghton Mifflin Company,
Boston, Massachuesetts, United States of America

Copyright © 1990 by Houghton Mifflin Company.
All rights reserved.

Korean Edition © 1991 by Eulyoo Publishing Company, Ltd.,
Seoul, Korea

역자 서문

20여 년 전, 대학과 대학원에서 전해종(全海宗) 교수의 동양사 강의를 들으면서, 기억 속에 소중하게 담아 둔 한 마디의 말씀이 있었다. 그것은 역사를 전체적으로 이해할 수 있는 폭넓고 긴 안목을 기르기 위해 틈틈이 개설서를 읽으라는 권고였다. 이것은 지금까지도 동아시아사를 공부하는 역자에게는 중요한 지침의 하나가 되고 있지만, 당시에는 그 뜻을 제대로 헤아리지도 못한 채, 개설서에 밑줄을 그어 가면서 열심히 읽었던 기억이 새롭다. 그 무렵에 주로 읽은 동양사 개설서가 바로 하버드 대학의 존 페어뱅크(John K. Fairbank) 교수와 에드윈 라이샤워(Edwin O. Reischauer) 교수 및 앨버트 크레이그(Albert M. Craig) 교수 등이 함께 지은 *A History of East Asian Civilization*의 제 1 권 *East Asia, The Great Tradition*(1960)과 제 2 권 *East Asia, The Modern Transformation* (1965)이었다. 전해종 교수, 고병익(高柄翊) 교수, 민두기(閔斗基) 교수 등이 함께 한국어로 번역하여 을유문화사에서 〈東洋文化史〉(上(1964)・下(1969))로 출간한 이 책은 당시 미국 동양사학계의 역량을 모두 결집한 정수였다. 중국이나 일본의 동양사학계에서도 이미 많은 개설서를 출간하였지만, 객관적 입장에서 동아시아사 전체를 거시적 안목으로 조감한 개설서로서는 이만한 책이 없었던 것으로 기억된다.

금번 을유문화사로부터 본서의 번역을 의뢰받았을 때, 영어 해독력의 미흡함에 대한 부끄러움과 상당 기간 '본업'에 지장이 초래될 것이라는 걱정이 앞섰음에도 불구하고 선뜻 응낙하게 된 가장 큰 이유도, 이 책이 학창 시절에 그토록 열심히 읽었던 바로 그 책을 모태로 하여 태어났기 때문이다.

페어뱅크・라이샤워・크레이그 세 사람이 다시 공저한 본서 *East Asia, Tradition & Transformation*(1978년 초판, 1990년 개정판)은 앞의 두 책을 한 권의 책으로 통합하고 현대사와 월남사 등을 보완하면서, 장과 절을 다시 조정하고 문단과 문장을 재정리한 것이다. 그러나 이 책의 존재 의미를 단순히 앞에 나온 책의 개정판 정도로 국한시켜서는 안 된다. 이 책을 번역하면서 앞서 나온 책과 비교해 본 결과, 이 책의 특징을 대체로 다음의 세 가지로 정리할 수 있었다.

그 하나는 동아시아사의 범주를 나름대로 획정했다는 것이다. 이 책의 저자들은 직접적으로 동아시아사 개념을 정의하지는 않았지만, 구체적 서술 체제를 통해 중국사(유목 민족사, 티베트사, 중앙 아시아사 포함)·월남사·일본사·한국사 등을 내용으로 한 동아시아사의 총체적 범주를 제시하였다. 대부분의 동양사 개설서들이 주로 중국사만을 서술 대상으로 하였는 데 반해 이 책은 동아시아사를 구성한 모든 요소들에게 적절한 의미를 부여하고 지면을 할당하였다.

두번째로 주목되는 이 책의 특징은 현대사의 충실한 서술을 통해 동아시아의 고대와 현대를 체계적으로 연결하는 데 성공하였다는 점이다. 아직도 어떤 사학자들은 역사에 현대사란 있을 수 없다고 주장하기도 하지만, 역사학도가 현대사를 포기한다면 역사학은 공허한 도락의 대상이 될지도 모른다. 이 책을 통해 수천 년 전의 고대사와 1990년의 동아시아 역사를 함께 읽는 독자들은 현재의 자아가 고대의 유기적 산물임을 실감하게 될 것이다.

그러나 그 무엇보다도 값진 본서의 독자적 존재 가치는 전서에 대한 철저한 자아 비판의 흔적을 보이고 있다는 점이다. 저자들은 권외에서 동아시아의 역사를 들여다보았다는 점에서 객관성은 미리 확보하고 있었지만, 그 대신 혈통과 체험을 통한 역사적 이해는 처음부터 불가능하였으며, 간접적 연구에 의한 사실의 오류 역시 부분적으로는 피하기 어려운 것이었다. 또한 전서는 미국 대학생을 대상으로 한 개설서였기 때문에 서양, 특히 미국의 입장에서 본 동아시아사라는 문제점을 안고 있었다. 한국이나 월남과 같은 현실적 약소국에 대한 관심의 상대적 부족 역시 어떤 이유에 기인하든 바람직한 일이 아니었다. 이 책은 저자들이 30여 년간에 걸쳐 이 모든 문제들을 치밀하게 검토하고 스스로 반성한 결과로서 태어났다. 이 책에서는 월남사의 독립된 장이 설정되고 한국사가 크게 보강되어, 동아시아사에서 점하는 양자의 위치와 역할에 대한 저자들의 인식이 그 동안 크게 변화되었음을 보여 주고 있다. 특히 이 책을 읽는 독자들은 철저한 수정 작업을 통해 이론(異論)의 여지를 제거한 치밀한 서술과 기존의 이론 체계나 연구 분위기, 문화적 편견, 민족주의적 감정 등에 구속되지 않은 공정한 서술에 대하여 역자와 함께 찬탄을 금하기 어려울 것이다.

　이 기회를 빌어, 앞서 나온 책의 번역자들과 을유문화사의 편집진 여러분들, 그리고 하와이 대학의 슐츠(E. Shultz) 교수 등 이 책의 번역에 많은 도움을 준 여러 분들께 감사의 뜻을 표하고 싶다.

1991년 8월
역자를 대표하여 김한규가 씀

범 례

1. 이 책은 하버드 대학의 존 페어뱅크(John K. Fairbank) 교수와 에드윈 라이샤워(Edwin O. Reischauer) 교수, 앨버트 크레이그(Albert M. Craig) 교수 등이 함께 쓴 *East Asia, Tradition & Transformation*의 1990년 개정판을 번역한 것이다.

2. 가능한 한 원서의 내용을 충실하게 그대로 옮기려 노력하였다. 단,. 역자가 독자의 이해를 돕고, 기초적 사실을 보완하기 위하여 필요하다고 판단한 경우에는〔 〕를 이용하였다.

3. 원서의 ‘Korea’는 대한 민국(大韓民國)을 가리키는 경우도 있지만 주로 우리 민족의 역사적 실체를 총체적으로 의미하였기 때문에 적절한 표현을 발견하기 어려웠다. 역사적 개념으로서는 ‘조선(朝鮮)’이 더 가까울지도 모르나, 우리의 통상적 관례에 따라 ‘한국(韓國)’으로 번역하였다. ‘Vietnam’의 경우는 ‘베트남’보다는 ‘월남(越南)’이 우리에게 더 익숙해 있을 것으로 판단하여 ‘월남’으로 번역하였고, ‘Tibet’는 ‘서장(西藏)’보다는 ‘티베트’가 더 우리의 귀에 익다고 판단하여 ‘티베트’로 번역하였다.

4. 지명과 인명의 표기는 각국의 특수성에 따라 서로 달리하였다. 우선 중국의 지명과 인명은 한자음을 한글로 표기한 다음, ( ) 안에 한자와 영문으로 중국어 발음을 표기하였다. 한국의 인명과 지명은 고유한 발음을 한글로 표기한 다음, ( ) 안에 한자를 써 두었다. 일본의 경우, 일본어 발음을 표기하고〔 〕안에 한자를 표기하였다. 월남의 인명은 한자음을 표기하고 ( ) 안에 한자와 영문으로 월남어 발음을 표기하였다. 단, 월남의 지명은 월남어 발음을 표기하고 ( ) 안에 한자를 써 두었다. ( ) 안의 영문 발음 표기는 원서의 체계를 따랐다. 이처럼 고유 명사를 다양하게 표기한 원칙은 외국의 인명과 지명에 대한 관례와 습관을 존중한다는 뜻에서였다.

5. 이 책에 게재된 도판과 삽화 및 지도 등은 거의 원서 그대로 재삽입되었다. 그러나 이 책 서두의 ‘중국어·일본어·한국어 및 월남어의 발음’에 관한 글은 번역하지 않았고, ‘삽화의 출처를 밝힌 글’은 번역하지 못하였다.

6. 역자 3인은 각자의 전공 분야에 따라 다음과 같이 나누어 번역하였다.

> 김한규 : 저자 서문, 1~12, 20, 26(후반), 27, 28(후반)
>
> 전용만 : 16, 19, 21, 24, 25, 28(전반)
>
> 윤병남 : 13~15, 17, 18, 22, 23, 26(전반)

저자 서문

지난 10여 년 동안, 동아시아의 어떠한 나라도 격변의 소용돌이에서 벗어나지 못하였다. 중국은 모택동의 정책들을 거부하면서, 지속적인 경제 성장을 시작할 수 있다는 희망을 갖고 새로운 방침을 안출하였다. 남한, 대만, 홍콩, 그리고 싱가포르는 근대적인 경제 성장을 시작하고, 보다 개방적인 사회를 확립하는 방향으로 움직여 왔다. 북한과 월남은, 중국과 마찬가지로, 더 많이 뒤떨어지지 않기 위하여 그들의 정책들을 수정하기 시작하였다. 소련을 제외한 아시아의 나머지 나라들 모두를 합한 것보다도 더 큰 경제력을 갖고 있는 일본은 서양을 따라잡을 수 있도록 조정하기 시작하였다. 일본의 높은 공업 수준은 그 과학 기술상의 향상에 걸맞는 것이었으며, 일본의 영향력은 세계의 금융 시장에서 감지되기 시작하였다. 이 책에서 우리는 이러한 변화들을 고려하여 1978년 판의 전후(戰後) 관계 내용들을 수정하고 개정하였다.

1978년 판은 1960년 판인 *East Asia : The Great Tradition*과 1965년 판인 *East Asia : The Modern Transformation* 등 우리가 저술한 두 권의 원판을 고쳐 쓰고 간추린 개정판이었다. 이러한 책들은 1939년에 시작되어 제 2 차 세계 대전 이후에 더 발전된 하버드 대학의 한 연속 강의 과정에서 페어뱅크(J. K. Fairbank)와 라이샤워(E. O. Reischauer)가 공동 연구한 결과였다. 라이샤워 씨가 주일 미 대사직을 맡기 위하여 1961년에 하버드 대학을 떠났을 때, 강의 과정에 그 동안 참여하였던 크레이그(A. M. Craig)가 제 2 권의 일본사 관계 장절 가운데 나머지 부분을 기꺼이 맡아 주었다. 세 명의 저자들은 상호간의 격려와 비판으로 서로 많은 도움을 받았으며, 이 책의 다른 저자가 쓴 부분에 대하여 각자가 폭넓게 기여하였다. 그러나 각 장의 일차적 책임은 다음과 같이 나눠진다.

제 1 장 : 페어뱅크와 라이샤워
제 2 장~6 장 : 라이샤워
제 7 장~10 장 : 페어뱅크

우리가 동아시아의 역사를 연구하기 시작한 이래 수십 년 동안, 중국과 일본, 한국 및 월남 인민들은 전쟁과 침략이라는 커다란 재앙을 경험하였고, 국가적 생존과 재건이라는 위대한 과업을 성취하였다. 오늘날의 현실은 복잡하여 간단하게 요약하기가 쉽지 않다. 일본은 경제적 초강대국으로서의 새로운 입장을 조정해 오고 있다. 지난 10여 년 동안 중국 인민이 직면한 광범한 문제들은 좀더 잘 이해할 수 있게 되었다. 한국은 여전히 분단 국가로 남아 있다. 그리고 월남 인민은 전쟁으로 인한 황폐한 상태로부터 계속 회복되고 있다. 그러나 이들 네 나라는 이제 모두 새로운 시대로 접어들고 있음이 분명하다. 그들 인민들은 과거는 그러했지만 앞으로는 희망찬 미래가 전개될 것임을 잘 알게 된 것이다.

역사가로서 우리는 현재를 상세하게 다루는 것을 목적으로 하지 않을 뿐만 아니라, 미래를 내다보려고 시도하지도 않는다. 그러나 우리는 역사의 이해가 현재를 조망하고 미래를 판단하는 데 없어서는 안 될 필수적인 것임을 단언한다. 역사는 역사가 아니면 중요하게 보이지 않을지도 모르는 변화, 혹은 역사가 아니면 심각하게 잘못 이해될지도 모르는 변화에 의미를 부여한다.

우리는 이 책에서 인류의 3분의 1이 3,000년 이상의 기간 동안 전개해 온 역사를 기술하고자 하기 때문에 자연히 다수의 다른 동서양 학자들의 저작에 의존하지 않을 수 없었다. 그 가운데 어떤 이는 우리에게 개인적인 도움과 조언을 주었고 훨씬 더 많은 이들이 자신의 저작물을 통해 우리를 도와 주었다. 우리는 그들 모두에게 깊이 감사하는 바이지만, 이들 동료들 가운데 보다 중요한 인물들조차 그 명단을 일일이 열거한다는 것은 사실상 불가능한 일이다.

뿐만 아니라 이 방대한 주제에 관한 문헌 목록을 여기서 일일이 제시하는 깃도 실행하기 어려운 일이며, 이 책에 포함될 수 있을 정도로 적은 문헌 목록이라면 어처구니없을 정도로 소략한 것이 될 것이고, 머지않아 아주 시대에 뒤떨어진 것이 될 것이다. 앞서 출간된 두 권의 책에서, 우리에게 특별한 개인적 도움을 준 몇몇 분들을 소개한 바 있다. 따라서 여기서는 이 책의 원고 작성에 폭넓은 도움을 제공한 세 사람에게 우리의 특별한 감사의 뜻을 표하는 것으로 그치고자 한다. 제5장과 제6장의 중국사 부문에 도움을 준 고인이 된 에드워드 크래키(Edward A. Kracke) 교수와 월남사 분야에서 도움을 준 알렉산더 우드사이드(Alexander B. Woodside) 교수 및 한국사 분야에 도움을 준 에드워드 와그너(Edward W. Wagner) 교수가 바로 그들이다. 한편 이들 세 권의 책 모두에 삽입된 그림 설명을 정리함에 있어, 특히 중국에 관하여, 우리는 윌마 페어뱅크(Wilma Fairbank)로부터 많은 도움을 받았다.

또한 우리는 러시아 태생이요 프랑스 시민인 세르주 엘리세프(Serge Elisséeff)가 교수와 개척자로서 1932년부터 1957년까지 하버드 대학에서 동아시아 연구를 발전시킨 위대한 업적에 대하여 특별히 사의를 표해야 할 의무를 느낀다. 우리는 오랫동안 계속되어 온 우리들 노력의 정수를 그에게 바칠 수 있는 기회를 갖게 되어 다행스럽게 생각한다.

존 K. 페어뱅크(John K. Fairbank)

에드윈 O. 라이샤워(Edwin O. Reischauer)

앨버트 M. 크레이그(Albert M. Craig)

차 례

지도 차례

삽화 및 사진 차례

제 1 장
동아시아사의 환경

이 연구의 목적

유럽 인들이 중국(Cathay)과 일본, 그리고 인도 지방에 다다르기 위해 동쪽으로 멀리 여행하였을 때, 그들은 자연히 이들 먼 지역에 대하여 일률적으로 '극동(極東, Far East)'이라는 명칭을 부여하였다. 범선이나 기선으로 태평양을 건너 중국과 일본, 동남 아시아 등지에 다다랐던 미국인들도, 이와 동일한 논리로써, 이 지역을 '극서(極西, Far West)'라고 부를 수 있었다. 그러나 이곳에서 사는 사람들에게는 이곳이 세계의 '동'도 아니고 '서'도 아니며, 더군다나 '극(極, Far)'은 더욱 아니다. 누구에게나 받아들여질 수 있는 보다 적절한 이 지역 명칭은 '동아시아(East Asia)'라는 용어다. 동아시아라는 말이 지리적으로도 더욱 정확할 뿐만 아니라, 유럽이 문명 세계의 중심이라는 낡은 관념을 함축하고 있지 않기 때문이다.

동아시아의 범위　　동아시아 개념은 세 가지 관점에서 정의될 수 있다. 지리적 용어로서의 동아시아는 아시아를 양분하고 있는 큰 산과 사막으로 만들어진 장벽의 동쪽 지역을 의미하고, 인종적 용어로서는 (에스키모와 아메리카 인디언으로 분화된 별종을 제외한) 몽고 인종의 주거 지역을 말하며, 문화적

1

2

용어로서는 고대 중국 문화에 뿌리를 둔 문화권을 가리킨다. 물론 이 책에서는 세번째의 정의가 가장 중요하다. 우리의 관심은 중국, 일본, 한국 및 월남(越南)의 역사에 집중될 것인데, 이들 나라들의 고급 문화와 문자의 기본 체계는 주로 고대 중국에 기원을 두고 있다. 이런 관점에서 본다면, 동아시아란 곧 '중국 문화권'을 의미한다.

아시아에는 동아시아 외에도, 대부분이 큰 장벽의 동쪽에 위치하고 인종적으로는 기본적으로 몽고 인종으로 구성된 다른 두 개의 넓은 지역이 존재한다. 그 중 하나는 중앙 아시아(Inner Asia)로서, 특히 몽고(蒙古, Mongolia), 신강(新疆, Chinese Turkestan) 및 서장(西藏, Tibet) 등이 그것이다. 이들 지역의 유목민들은 통상과 전쟁 및 정복 활동을 통해 중국의 역사와 얽혀진 역사를 보여 주었다. 또 다른 지역은 동남 아시아(Southeast Asia)로서, 고급 문화의 상당 부분이 중국보다는 인도에서 유래되었다. 그러나 최근의 몇 세기 동안 이 지역 역시 동아시아의 다른 지역과 경제적, 문화적, 전략적인 관계를 증대해 왔다.

서양인에게 있어 동아시아에 관한 가장 중요한 사실은, 첫째, 그곳에 살고 있는 방대한 사람들의 수, 둘째, 그들이 경험하고 있는 급속한 성장과 변화, 셋째, 서구인들과 문화적으로 구별되는 판이한 생활 방식 등이다. 고대 중국의 인구와 국력은 로마 제국의 그것과 차이가 없었다. 오늘의 중국은 세계 인구의 거의 4분의 1(약 13억)을 점한다. 1억 이상의 일본인이 캘리포니아보다 작은 나라에서 살고 있다. 최근 수십 년 동안 세계가 급속히 축소됨에 따라, 동아시아에 살고 있는 3분의 1의 인류가 서양인의 생활에 직접적으로 영향을 미칠 수 있다는 사실이 분명해졌다. 세 번의 전쟁, 즉 일본과의 첫번째 전쟁과, 북한, 중국과의 두번째 전쟁 및 월남에서의 세번째 전쟁은 모두 미국인들에게 이 점을 매우 분명히 확인시켜 주었다.

역사적 이해의 필요성　　서구인들과 동아시아 사람들 사이의 상호 이해는 조화로운 관계의 기초를 이루는 데 필요하다. 그러나 상호 이해란 반드시 상대방의 상이한 관습이나 태도, 이상, 그리고 자기 표현의 방식 등에 대한 정확한 지식과 올바른 인식에 근거하여야 한다. 물론 멀리 떨어진 곳에서 이러한 것들을 파악한다는 것은 결코 쉬운 일이 아니다. 그 이유는 문화적 간격이 극심하기 때문이다. 지난 한 세기 동안에 급속히 증대된 접촉으로 문화적 간격이 줄어들기는 했지만, 또 다른 요소들이 그 틈을 너욱 넓혀 놓았다. 첫째, 동아시아 인들 사이에 민족적 자의식과 애국적 자존심이 크게 고조되었고, 둘째, 물질적 생활 수준의 차이가 확대되었으며, 셋째, 전쟁과 혁명을 다르게 경험하였다. 부분적으로는 역사적 우연이나 지리적 이점으로 인하여, 서양인들은 동아시아의 경우보다 훨씬 더 유리한 인구와 천연 자원의 적절한 균형을 성취한 바 있는데, 이러한 경제적 간격은 문화적 차이를 영속화하고 때로는 확대하기도 한다. 특히 미국인들은, 동아시아 인들의 경험과는 달리, 자기 나라 안에서 전쟁의 고통을 겪은 적이 없었으며, 대부분의 서구인들이 경험한 생활상의 커다란 변화 역시 점진적인 발전이었지 혁명적인 변혁은 아니었다. 전통적 문화의 특성뿐만 아니라, 현대적 경험의 차이 역시 서양인들과 동아시아 인들을 갈라 놓은 원인으로 작용하였다.

평화에 대한 탐색이 동아시아 연구의 유일한 이유는 될 수 없다. 예술, 문학, 철학 및 종교에 관심 있는 인문학자들에게는 중국과 일본, 한국 및 월남의 고대 사회가 서양 문화를 이해하는 데 거울과 같은 역할을 해 줄 것이다. 서양의 그것과 대조적인 가치 체계와 신앙 체계, 심미적 경험의 상이한 전통, 그리고 문학적 표현의 다른 형식 등을 보여 줄 것이기 때문이다. 인류학, 사회학, 경제학, 정치학, 역사학 등 학문의 종류에 관계없이 사회 과학에 종사하는 사람들에게는, 동아시아의 인간 기록 가운데서 특히 어떤 시대와 어떤 분야의 기록은 서양의 그것보다 훨씬 더 풍부하다.

여러 가지 이유로 보아, 동아시아는 역사학적 접근을 통해 가장 잘 이해 될 수 있다. 그 이유의 하나는, 동아시아 인들은 세계의 다른 어떤 민족들보다 역사적 시각을 통해 자신을 바라보는 데 익숙해 있기 때문이다. 그들은 자신의 역사적 유산을 강하게 의식한다. 따라서 동아시아의 역사를 통해 동아시아에 접근하는 것은 곧 동아시아 인들 자신의 시선을 따라 동아시아 인을 바라보는 것과 같다. 두번째 이유는, 동아시아 인들의 독특한 예술·사상·제도적 성과들은 그것이 발전되어 온 과정에 따라 연구되는 것이 가장 좋다는 것이다. 전통적 문화의 여러 양식들은 오늘날 동아시아에서 급속히 변화되고 있는 문화의 내용과는 분별하여 관찰되어야 한다. 오직 동아시아 역사의 긴 흐름을 관조함으로써만 그 움직임의 방향을 인지할 수 있고, 지금 그곳에서 일어나고 있는 일들을 이해할 수도 있다.

지금 동아시아에서 전개되고 있는 혼란의 본질은, 대부분 서양에서 유래한 새로운 힘들과 전통적인 관습 및 사고 방식의 상호 작용에 의한 것이다. 따라서 우리의 서술은 크게 두 부분, 즉 3,000년 이상 비교적 격리되어 전개된 전통적 동아시아 문명의 발전 과정과, 부분적으로는 근대 서양 세계와의 접촉으로 인해 최근에 격렬하게 진행된 동아시아 문명의 변환 과정으로 나누어진다.

땅·사람·말

자연 환경　동아시아 문명에 결정적 영향을 미친 요소의 하나는, 그것이 인류의 다른 위대한 문명들로부터 상당히 격리되어 있다는 사실이다. 동아시아는 엄청난 거리와 가공할 만한 산맥과 사막들에 의해 다른 문명권과 분리되어 있었기 때문에, 동아시아 특유의 독특한 문화적 제 양식을 오늘날까지 대부분 유지, 발전시킬 수 있었던 것이다. 예를 들면, 세계의 다른 모든 문명권에서 현재 사용하고 있는 문자 체계는 근본적으로는 서아시아에서 이루어진 단일한 발명 과정에 기원한다. 오직 동아시아에만 그것과 완전히 다른 원칙에 기초한 문자 체계 —— 한자(漢字) —— 가 존재한다.

서방 문명은 메소포타미아, 이집트, 그리스 등과 같이 서로 긴밀하게 연결된 지역 안에서 성장하였다. 그것이 확산되어 유럽의 대부분과 북아프리카 및 서아시아를 포함하게 된 뒤에야, 서방 문명은 비로소 현대의 두 문명, 즉 서방 기독교 문명과 이슬람 문명으로 나누어졌다. 서북 인도의 인더스 강 유역(현재 파키스탄의 일부)은 두번째로 큰 초기 문명의 중심이었다. 기원전 327년에 있었던 알렉산더의 인더스 강 유역 침입은 고대 서방과 인도가 직접 접촉한 초기의 일례에 지나지 않는다.

북중국에 있는 초기 동아시아 문명의 발상지는 다른 초기 문명의 중심지보다 훨씬 더 고립되어 있었다. 한쪽으로는 끝없이 광활한 태평양이 펼쳐져 있다. 다른 한쪽으로는 히말라야 산맥, 티베트 고원과 같이 고도 1만 피트가 넘는 엄청나게 큰 아시아의 중심 산괴(山塊)가 융기되어 있고, 이 세계의 지붕으로부터 거대한 산맥들이 사방으로 뻗어 있다. 이 거대한 산 덩어리의 북쪽에는 중앙 아시아의 광막한 사막과 초원이 위치하고 있다. 초기의 인간이 말

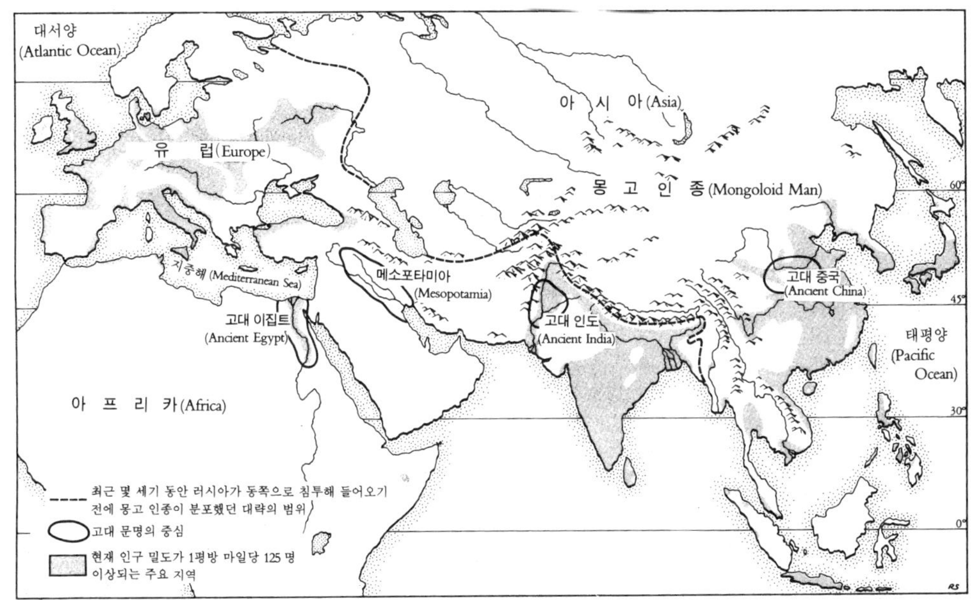

유라시아

과 낙타를 길들일 때까지는, 춥고 황량한 이곳을 통과하는 것이 거의 불가능
하였다. 대산괴의 남쪽에는 서남 중국과 동남 아시아의 험난한 산과 밀림들이
보다 가공할 만한 장벽을 이루고 있다. 고대에는 시베리아 북극의 황야로부터
말레이시아의 밀림 지대까지 뻗쳐 있는 지형과 기후상의 무서운 장애가 인간
의 자유로운 이동을 방해하였다. 오늘날까지도 이 장벽은 오직 두 줄의 철로
와 겨우 몇 개의 통로만으로 통과할 수 있을 뿐이다.

 기후 역시 동아시아 문화를 특이하게 만든 요인의 하나로 작용하였다. 주로
대서양에 의해 날씨가 결정되는 유럽과 서아시아에서는 대부분의 비가 추운
계절에 집중적으로 내린다. 북유럽은 일조량이 비교적 적은 반면, 지중해 지
방과 서아시아는 우량이 비교적 적다. 그 결과 유럽과 서아시아에서는 아주
집약적인 경작이 이루어지지 않는다. 보통 한 해에 한 번씩 수확될 뿐이다.

 동아시아의 기후는 인도의 기후와 같이 주로 아시아의 거대한 땅 덩어리에
의해 결정된다. 겨울에는 수분의 개량 작용으로부터 멀리 벗어난 중앙 아시아
의 공기가 아주 차고 무거워지면서 외곽으로 흘러나와 대륙의 남변과 동변에

한랭하고 건조한 날씨를 가져다 준다. 여름에는 반대 현상이 전개된다. 중앙 아시아의 더워진 공기가 상승함과 동시에, 대양의 습한 공기가 빈 공간을 메우기 위해 밀려가면서 대륙의 가장자리에 다량의 비를 뿌리게 된다. 이 같은 계절풍의 결과로서, 동아시아 대부분 지역과 인도의 많은 지역에서는 식물이 가장 많이 성장하는 계절 동안 충분한 우량을 확보하게 된다. 이처럼 풍부한 수량의 공급은 남유럽에까지 이르는 동일 위도상의 지역에서 통상적으로 기대되는 뜨거운 일광과 결합되어, 많은 지역에서 집약적 경작과 이모작이 가능하도록 해 준다.

이처럼 독특한 동아시아의 기후는 서방의 그것과는 전혀 다른 농업 양식을 가져다 주었다. 동아시아의 주요 농산물과 가축의 대부분——특히 쌀, 콩, 닭, 물소 및 돼지 등——은 무덥고 습한 동남 아시아에서 온 것 같다. 서방에서는 소 사육과 양치기가 기본적인 경제 부문의 하나가 되었으나, 동아시아의 보다 집약적인 농업에서는 가축보다 인력이 더 많이 이용되었다. 서방의 주식 곡물이 밀이었던 것에 반해, 동아시아의 대부분과 인도의 많은 지역에서는 쌀이 주식으로 이용되었다. 물을 채운 전답에서 가장 잘 자라는 벼는 이 지역의 무덥고 습한 여름철에 잘 적응한다. 쌀은 밀보다 단위 면적당 훨씬 많은 양이 생산되기 때문에 보다 많은 인구를 농업 분야에서 먹여 살릴 수 있다. 그런 까닭에 농업이 시작된 당초부터, 인구와 토지의 비율은 동아시아 인도와, 서아시아 유럽 사이에 주목할 만한 차이가 있었던 것으로 보인다. 최근에 있어서 공업화로 인해 유럽은 인구의 많은 증가가 있었지만, 대부분이 아직 공업화하지 못한 동아시아와 인도는 여전히 높은 인구 밀도를 유지하고 있다.

주 민 아시아의 대장벽 동쪽 지역은 대부분 몽고 인종의 영역이지만, 인도의 반 이상과 이슬람 문명권의 대부분 및 서방 문명의 전지역을 포함하는 대장벽의 서쪽 지역은 백인, 혹은 코카서스(Caucasus) 인종의 본거지다. 제3의 인종인 흑인종은, 아프리카 남부와 아시아 남단에 연한 몇몇 지점 및 멜라네시아(Melanesia) 군도 등의 불연속적 지대를 점하고 있다.

인류 종족의 기원은 아직도 밝혀지지 않았다. 동아시아에서 현재 살고 있는 사람들의 조상 가운데 하나는 북경인(北京人, Peking Man)으로서, 1927년 북경 부근의 한 동굴에서 그 유골이 발견되었다. 약 40만 년 전에 살았던 북경인은 도구를 가졌고 불을 사용했으며 사냥을 할 줄 알았다. 뿐만 아니라 북경인은 현대의 다른 인종보다 몽고 인종의 특징에 더 가까운 일정한 신체적 특색을 갖추고 있었다. 더 최근에는 북경인보다 앞선 시기, 즉 약 60만 년 전에 살았던 몽고 인종의 선조가 서북 중국의 서안(西安, Sian) 부근에 있는 남전(藍田, Lan-t'ien)의 유적지에서 발견되기도 했다.

몽고 인종은 동아시아에서 기록된 역사가 그 첫장의 막을 올렸을 때 이미 하나의 고정된 형틀을 갖추고 있었다. 그들의 비교적 짧은 팔과 다리는 체온의 보존을 용이하게 하였을 것이고, 그들의 두텁고 좁은 눈꺼풀은 강렬한 눈〔雪〕빛으로부터 눈〔眼〕을 보호해 주었을 것이다. 이와 같은 몽고 인종의 신체적 특징들은 동북 아시아의 한랭한 원주지에서 비롯된 것으로 생각될 수도 있다. 백인종에게 피부색의 등급이 있는 것과 마찬가지로, 같은 몽고 인종이라 할지라도 북방에서는 피부색이 매우 연한 데 비해, 인도네시아와 같은 남방 지역에서는 암갈색을 띤다. 이렇게 여러 등급의 피부색이 존재하는 것은 역시 환경의 산물임이 분명하다. 몽고 인종의 다른 신체적 특징은 검은색의 직모, 비교적 평평한 얼굴, 그리고 검은 눈동자 등이다.

몽고 인종의 주거 지역이 동아시아에 국한되었던 것은 아니다. 몽고 인종의 일부는 대장벽의 북쪽을 넘어 서방으로 흘러갔다. 에스키모 인은 비교적 근래에 몽고 인종이 북아메리카로 유입하였음을 보여 주는 한 예가 된다. 한편 아메리칸 인디언도 원래는 시베리아에서 알래스카를 거쳐 온 것으로 생각된다. 고고학에서는 몽고 인종이 동아시아의 북부와 중부로부터 남방과 외곽으로 뻗어나 앞바다의 섬들에까지 확산되었음을 시사하고 있다. 약 7세기 전에 타이족이 서남 중국에서 타일랜드에 있는 지금의 본거지로 옮겨 간 것도 이와 같은 대이동의 일부였다.

그러나 몽고 인종만이 이 지역에 살았던 유일한 거주자였던 것은 아니었으니, 동아시아의 주변 지역에는 몽고 인종이 아닌 잔존자들이 다수 포함되어 있다. 그 중 가장 흥미로운 경우는 아이누족이다. 현재 일본의 북단에서만 살고 있는 이들은, 코카서스 인종이 갖는 일정한 특징들을 보여 주고 있다. 예컨대 그들의 얼굴과 몸에 난 상당히 많은 털은 특히 대부분의 몽고 인종에게서는 발견되지 않는 특징이다.

지나어(支那語) 　동아시아에서 인류를 분류할 경우, 서방에서처럼 종족을 기준으로 나누는 것보다는 차라리 언어를 기준으로 나누는 것이 보다 의미 있다. 동아시아에서나 서방에서나, 언어상의 차이가 종족적 구분과 합치된다고 오해하는 일반적 경향이 있지만, 사실은 독일족이나 헝가리족이 따로 없듯이 중국족이나 일본족이 따로 존재하는 것은 아니다.

동아시아 언어 가운데서 가장 규모가 큰 것은 지나어족(支那語族) 혹은 지나-티베트어족(支那-西藏語族)으로서, 그것은 유럽 대부분과 이슬람과 인도 문명권의 상당 부분에 전파된 거대한 인도-유럽 어족에 필적하는 것이다. 지나어족은 동아시아의 중심부에 견고한 구역을 확보하면서, 중국 본부 전역과 티베트, 타이, 라오스 및 버마의 대부분과 월남까지도 포괄하고 있다. 초기의 인도-유럽 어족 계통의 사람들은 흔히 유목과 목축 생활을 영위하고 있었기 때문에 멀리 떨어진 곳을 유랑하였다. 이와 대조적으로 티베트 인을 제외한 지나어족 집단의 모든 구성원들은 신석기 시대 이래로 농경 생활을 영위하면서 자신의 주거 지역에 정착해 왔던 것으로 보인다.

지나어족을 재분류한다면, 중국어(中國語, Chinese)가 가장 규모가 큰 어계임이 분명하다. 중국어를 사용하는 민족은 최초의 기록 시대 이래로 북중국에 위치하고 있었다. 그들은 이민에 의해 뻗어나갔을 뿐만 아니라, 문화적 혹은 언어적 방법으로 동맹 집단들을 동화시켰다. 결국 그들은 중국 본부의 거의 전역을 차지한 다음, 만주(滿洲, Manchuria)와 내몽고(內蒙古, Inner Mongolia)의 많은 부분, 신강(新疆, Sinkiang)의 일부, 대만(臺灣, Taiwan)의 대부분을 점유하였을 뿐만 아니라, 동남 아시아에서는 중국인이 인구의 40 퍼센트 이상을 점하는 말레이시아와 대부분이 중국인인 싱가포르 등의 중국인 구역까지 확보하게 되었다.

이와 같이 확산되는 과정에서 중국어는 서로 알아들을 수 없는 몇 가지 언어들로 분화되었는데, 그것은 마치 스페인 어와 이탈리아 어가 서로 구분되고 스웨덴 어가 독일어와 구별되는 것과 같다. '국어(國語, 官話, Mandarin)'라고 불리는 본래의 중국어는 세계의 어느 다른 언어보다 더 많은 사람들에 의해 모국어로 사용되고 있다. 또한 그것의 여러 가지 방언이 북중국 전역과 중부 및 서남부 중국의 대부분에서 쓰여진다. 상해(上海, Shanghai)에서 남쪽으로 월남 국경에 이르는 연안 지역에서는 흔히 '중국어 방언'으로 잘못 불려지는 중국어

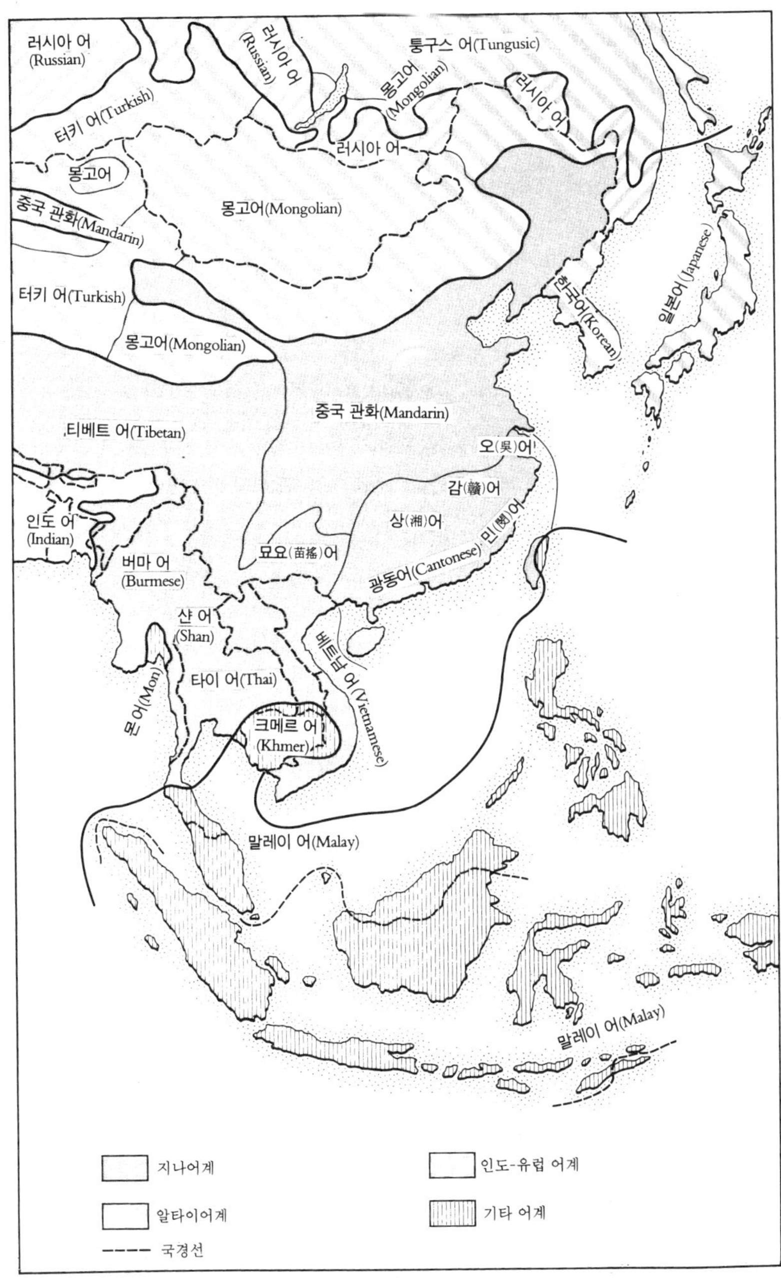

동아시아의 현재 언어 분포도

식의 말들이 사용되고 있다. '국어'와는 전혀 다른 이들 언어 가운데는 상해 지역의 '오(吳) 방언'과 복건(福建, Fukien) 지방의 '민(閩) 방언'이 있는데, 민 방언은 다시 '복건어와 하문(廈門, Amoy) 방언'으로 세분되었으며, 이 외에도 널리 분산된 여러 지역에서 사용되는 객가(客家, Hakka)어와 광동어(廣東語, Cantonese)가 있다. 이들 여러 가지 연안 '방언들'은 대만과 동남 아시아 중국인 사회의 언어이며, 광동어는 미국에 있는 대부분의 중국인 사회에서 사용되는 말이다.

위에서 언급한 중국어 이외에도, 서남부 중국과 그 인접 지역의 사람들에 의해 사용되는 지나어의 몇몇 다른 무리가 있다. 티베트 방언과 버마 어와 몇몇 다른 언어들이 티베트-버마(Tibeto-Burmese) 어군을 이루고 있다. 타이와 라오스의 타이 어군과 현대 월남어인 베트남 어(Vietnamese)는 보통 지나어에 포함된다.

알타이 어 및 기타 어군　지나어를 사용하는 지역의 북쪽에는 인도-유럽어와 다를 뿐만 아니라 지나어와도 다른 계통의 언어를 사용하는 거대한 몽고 인종 집단이 있다. 이 어족(語族)은 몽고 알타이 산맥의 이름을 따라 알타이 어로 명명되었다. 남방에 정착하고 있는 이웃과는 매우 대조적으로, 이들 종족들은 초기의 인도-유럽 인들처럼 유목과 기마 생활을 영위하고 있었다. 그들은 대단히 많이 이동하였으며, 다시 그들의 일부는 동아시아의 범주를 완전히 벗어나 유랑하기도 하였다.

터키 어(Turkish), 몽고어(Mongolian) 및 퉁구스 어(Tungusic) 등은 보통 세 가지 중요한 알타이 어군(語群)으로 간주되고 있다. 터키 어를 사용하는 집단은 과거 유랑의 과정에서 코카서스의 피를 때로는 압도적으로 많이 흡수한 바도 있지만, 지금은 터키와 중앙 아시아의 거의 전역에서 살고 있다. 몽고인들은 몽고 지방의 대부분과 중앙 아시아와 서아시아의 고립된 여러 지점들을 차지하고 있다. 만주인처럼 퉁구스 어를 사용하는 종족들은 한때 만주와 북으로는 시베리아에 이르는 지역에 살았던 가장 주요한 주민이었다. 한국어와 일본어는 전형적인 알타이 어와 구조적으로 매우 근사하기 때문에, 한국인과 일본인은 알타이 어를 사용하는 사람들 가운데서 동쪽의 농경 지역으로 이동한 2종의 별종으로 이해될 수 있다.

동아시아에서 세번째로 큰 어족은 오스트로네시아 어(Austronesian)로서, 말레이시아 어, 인도네시아 어, 필리핀 어 및 대만 원주민어 등이 여기에 속한다. 캄보디아의 크메르 어(Khmer)는 아마 또 다른 어족에 해당되는 것 같다.

고대에는 인도-유럽 어가 동아시아 서북의 일부 목축 지대에서 사용되기도 했다. 9세기까지 신강에는 금발 벽안의 백인들이 거주하면서, 이란 어나 지금은 소멸된 인도-유럽 어를 사용하고 있었다. 그러나 터키 어를 사용하는 사람들의 서방으로 이동하는 물결이 이 언어들을 소멸시켜 버렸으며, 그 결과 인도-유럽 어의 요소는 1,000년 전에 동아시아에서 사라졌고, 러시아의 시베리아 식민에 의해 불과 수세기 전에 다시 알려지게 되었을 뿐이다.

중국의 지리적 환경

중국은 서방 문명이나 인도 문명의 전통적 영역에 비해 지리적으로 통일이 덜 된 지역이다. 지중해 같은 바다나 대평원을 통한 교통이 중국에서는 용이하지 않기 때문이다. 북중국 평원은 북부 인도를 가로지르는 평원보다도 훨씬 좁은 곳이니, 더욱더 넓은 북유럽 평원이나 미국의 중서부 평원과는 비교할 필요도 없다.

중국은 평행하는 두 개의 산맥군이 서로 교차함으로써 장기판 모양으로 잘게 쪼개어져 있다. 주요한 내륙 산맥의 하나는 서남부 중국에서 서북쪽으로 산서(山西, Shansi)성을 가로질러 서부 만주로 달린다. 이와 평행하는 연안 산맥은 광동(廣東, Canton)성에서 북쪽으로 양자(揚子, Yangtze)강으로 뻗은 다음 산동(山東, Shantung) 반도에서 나타났다가 한국과 만주의 경계를 따라 다시 출현한다. 서남방과 동북방을 잇는 이들 두 개의 산맥과 교차하면서, 평행하는 세 개의 산맥이 대충 비슷한 간격을 두고 서에서 동으로 태평양을 향해 돌출한다. 최남단의 산맥은 광동의 서강(西江, West River) 유역과 양자강 유역을 나누는 분수령을 이룬다. 가장 북쪽에서 동서를 잇는 또 다른 산맥은 북중국과 몽고 고원을 구분한다. 이 두 개의 산맥 사이에 위치한 진령(秦嶺, Tsinling) 산맥은 북부 티베트의 거대한 곤륜(崑崙, Kunlun) 산맥으로부터 동쪽으로 뻗어나

12

와 양자강과 황하(黃河, Huang Ho)의 분수령을 이루면서 회수(淮水, Huai-shui)와 더불어 북중국과 남중국을 분획한다. 이처럼 산맥들이 망선 모양으로 음영을 넣은 그림처럼 서로 얽혀 있어, 중국은 지리적으로 수많은 별개의 지역으로 구획되었다. 이것은 경제적, 정치적인 통일 문제를 일으켰을 뿐만 아니라 군사적 전략을 결정하기도 했다.

하 천 중국의 큰 강들은 산맥들 사이에 위치한 주거 지역의 중심부를 관통한다. 황하는 그 길이가 약 2,700 마일이다. 바다로부터 500 마일 가량 떨어진 지점에서 북중국 평원으로 들어가는 황하는 오랜 세월 그 자신에 의해 침적되어 진흙이 이루어 놓은 광활한 범람원을 지난다. 이곳 강바닥의 경사는 1 마일당 1 피트 정도밖에 기울어지지 않았다. 여름의 홍수기가 되면 나무가 없는 서쪽의 큰 산맥들로부터 흘러내리는 물이 엄청난 양의 퇴적 황토를 동반하는데, 황하라는 강의 이름은 이로 인해 명명되었다. 황하는 자신의 바닥을 끊임없이 쌓아올렸기 때문에, 일찍이 상고 시대부터 중국의 위정자들은 황하를 그 수로에 가두어 두기 위하여 제방을 쌓지 않으면 안 되었다. '중국의 고민거리'인 황하의 물은 대개 주변의 지면보다 10 피트 내지 40 피트 높게 쌓여진 이들 제방 사이로 흘러 평원을 가로지른다. 제방이 한 군데라도 파손되면 몇 인치 혹은 몇 피트 수심의 물이 수백 평방 마일을 뒤덮어 수백만 농민의 생계를 끊어 버리기도 한다. 홍수로 인해 황폐화된 땅이 다시 경작될 수 있으려면 여러 해가 지나야 한다. 그러는 동안에 기근이 홍수를 뒤쫓게 마련이다. 이 해묵은 숙제의 해결은 1949년부터 시작된 조림과 댐 건설에 의해 비로소 가능하게 되었다.

황하 문제가 얼마나 엄청난 것인가는 그 강바닥이 산동 반도의 북쪽에서 남쪽으로, 혹은 남쪽에서 북쪽으로 이동하였다는 역사적 사실을 통해 생생하게 입증되어 왔다. 1191년부터 1852년까지 황하의 물은 대부분 산동 반도의 남쪽을 통해 바다로 들어갔는데, 1852년부터 1938년까지는 북쪽을 통해, 1938년부터 1947년까지는 다시 반도의 남쪽에서 바다로 들어갔다. 현재의 수로는 천진(天津, Tientsin) 부근에서 바다로 들어간다.

양자강은 황하보다 더 큰 강이다. 양자강은 길이가 3,200 마일이며, 담수 용량이 황하의 두 배나 돼서 그만큼 더 많은 양의 비를 받아들인다. 황하는 그렇

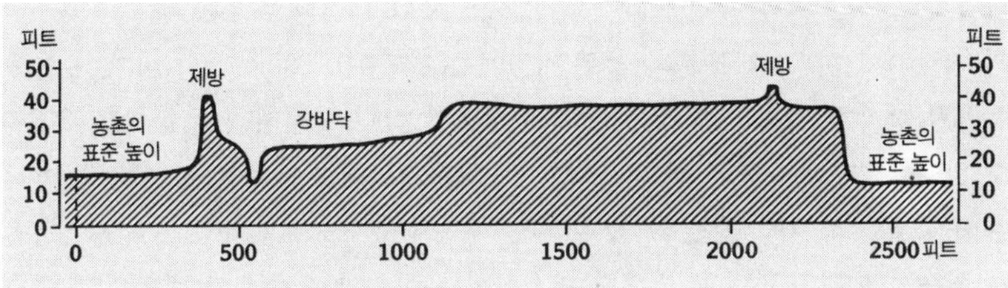

황하의 단면도   이 그림은 세로 모양을 크게 과장한 단면도로서, 범람 시기에 강의 수면이 양쪽 제방 사이에서 농촌의 표준 높이보다 얼마나 더 높게 오르는가를 보여 준다.

지 못하지만, 양자강은 배가 다닐 수도 있다. 계절만 맞으면 1만 톤 규모의 기선이 한구(漢口, Hankow)까지 630마일이나 거슬러올라가며, 좀더 작은 선박이라면 1,000마일까지 거슬러올라간다. 홍수기에는 한구 상류에 있는 저 유명한 양자강 협곡을 통해 시속 14노트 속도의 급류가 밀려내려오기 때문에, 강을 거슬러오르기 위해서는 특별한 기선이 필요하다. 양자강은 거대한 그물망과 같은 지류들을 아우르면서, 엄청난 양의 진흙을 중국해로 운반하여 상해의 삼각주를 70년에 1마일 정도씩의 비율로 확장시킨다. 큰 호수들이 양자강 하류를 위해 저수지 역할을 해 준다. 그럼에도 불구하고 우기에는 제방 사이의 수위가 40 내지 50피트까지 올라가기도 한다. 홍수로 인한 재난은 희귀한 일이 아니다.

기 후   중국은 유럽의 대부분 지역보다 훨씬 더 남쪽에 위치하고 있다. 북경은 나폴리와 마드리드보다 남쪽에 있고, 광동은 사하라 사막과 같은 위도에 있다. 중국은 미국의 동반부보다 더 남쪽에 위치하여 북경은 필라델피아와, 상해는 모빌과, 그리고 광동은 쿠바의 아바나와 각각 상응한다. 중국이 속한 거대한 땅덩어리는 보다 뚜렷한 대륙성 기후를 제공하여, 같은 위도의 미국 지역에 비해 겨울에는 훨씬 더 낮고 여름에는 약간 더 높은 기온을 나타낸다. 6월의 북경은 카이로만큼이나 덥고 1월에는 스톡홀름만큼이나 추울 수도 있다.

중국은 차고 건조한 대륙성 공기와 따뜻하고 습기 많은 해양성 공기가 다투는 전장이어서, 중국에서 내리는 비의 대부분은 여기에 그 원인이 있다. 이

바다의 공기는 여름 동안에 대륙 안으로 깊숙이 들어와 때로는 몽고 지방에까지 이르기도 한다. 대부분의 남부 지역에는 연간 60인치 이상의 비가 내린다. 이처럼 풍부한 수량의 공급은 논의 관개뿐만 아니라 물자의 운송에도 유용할 수 있다. 양자강 중류와 하류 유역의 대부분 지역에는 배가 다닐 수 있는 하천과 운하들이 도처에 뻗쳐 있다. 이와는 매우 대조적으로, 서부 지역의 강우량은 천수답을 경작하는 데 필요한 최소한의 우량인 20인치에도 미달될 뿐만 아니라 수운(水運)도 거의 없거나 아니면 전혀 없다.

기후권을 구분하는 주요한 경계의 하나는 진령 산맥이다. 진령 남쪽의 강우량은 대부분 40인치를 넘어서, 중국 인구의 3분의 2를 먹여 살리는 관개 벼농사를 가능하게 한다. 이 경계선의 북쪽에는 한지(旱地) 농사에 필요한 갈색의 메마른 대지와 짐마차나 손수레들이 가로질러 다니는 농로들이 중국 본부의 농경 지대와 비가 너무 적게 와서 어떤 종류의 농업도 유지하기 어려운 북쪽의 초원 지대 사이에 있다. 이것은 중국인들이 북쪽의 이웃, 즉 알타이 어를 사용하는 유목 민족으로부터 자신을 보호하기 위해 쌓은 만리장성에 의해 뚜렷하게 구별되어 왔다.

지질학자들은 마지막 빙하기에, 한랭한 내륙 아시아로부터 불어온 가공할 만한 바람이 미세한 황토 가루를 서북부 중국의 약 10만 평방 마일에 퇴적시켰던 것으로 추측한다. 황하는 이 황토의 일부를 운반하여, 북중국 평원을 충적토로 뒤덮는다. 다행스럽게도 황토는 땅을 비옥하게 만든다. 황토는 비가 적게 오는 곳에서는 용해되지 않은 채로 남아 있다. 다시 말해서, 물이 황토를 관통하여 계속 흐른다 해도 그 속에 있는 무기질은 여과되어 나오지 않는다. 그러나 그 비옥한 황토의 퇴적에도 불구하고 북부 중국은 기근의 칼날 위에서 불안하게 비틀거린다. 농작물의 성장에 필요한 계절은 길지 않으며, 강우량은 적고 가변성은 높다. 전기 양수기에 의한 관개 방법이 알려질 때까지는 북부 중국의 농민은 한발의 위협에 항상 직면해 있었다. 지난 1,800년 동안에 1,800회 이상의 기근이 기록되어 왔다.

남중국의 토양은 이 지역에 내리는 보다 많은 양의 비로 인해 용해된다. 더구나 고지대의 15퍼센트만이 경작이 가능한 정도의 평탄한 지형이다. 그러나 대부분의 지역에서 2모작이 가능하기 때문에, 남중국은 북중국에 비해 인구가 더 조밀하고 영양 섭취의 수준이 더 높다.

중국의 전통적 경제와 사회

중국에서 가장 중요한 천연 자원은 언제나 농토였다. 따라서 기후와 지형이 중국인의 생활을 규제하는 경제 제도와 사회 제도를 형성하는 데 작용하였음은 당연한 일이다. 비록 중국의 역사 기록이 다른 나라의 경우와 마찬가지로 서민 생활에 별다른 주의를 기울이지 않았던 것이 사실이지만, 중국 민중의 전형적인 생활 모습을 어느 정도 그려 내는 일이 전혀 불가능한 것은 아니다. 우선 무엇보다도, 현재 미국의 약 4배나 되는 중국의 엄청난 인구가 미국 농지의 반 정도밖에 되지 않는 경작지로부터 식량을 공급받지 않을 수 없다는 점이 주목되어야 한다. 중국에서는 농지 위에 살면서 그것을 경작하는 데 종사하는 80퍼센트의 인구가 다른 20퍼센트의 인구를 먹여 살리는 데 충분한 여분의 식량을 생산하는 것이 거의 불가능하였다. 그들은 돼지나 닭처럼 아무것이나 잘 먹는 가축을 제외하고서는 식용 동물을 사육할 만한 여유가 없었다. 또한 가축 동물이 부족하기 때문에, 농민들은 비료로서 주로 사람의 배설물, 즉 '인분'에 의존해 왔다. 아무리 높게 평가한다 해도, 중국의 농사는 언제나 불안정한 사업이었다.

둘째로, 중국의 경제 생활은 노동 집약적인, 즉 인간의 근력에 크게 의존하는 것이었다. 농업 생산의 주기적 반복 과정은 인간 정력의 철저한 소모를 요구한다. 예를 들면, 벼농사의 경우 먼저 못자리에 볍씨가 빽빽하게 뿌려진다. 그러는 동안에 논에서는 겨울 작물이 거두어진 다음, 땅을 일구고 물을 대는 등 모내기 준비가 진행된다. 볏모가 한 달쯤 자라서 키가 8인치쯤 되면 논에 손으로 이앙되는데, 이러한 작업은 미국에서 밀이나 옥수수를 손으로 심는 것과 대체로 비슷하다. 모내기 외에도 다른 일들이 많은 손을 기다리고 있기 때문에 기계화 역시 쉽지 않다.

중국의 저 유명한 비단 제조업 역시 벼농사와 마찬가지로 끊임없는 노동을 요구한다. 부화할 때 누에 1파운드의 수는 70만 마리 정도된다. 뽕나무 잎을 손으로 따 먹이면서 성충이 될 때까지 4주간을 조심스럽게 돌보면, 1파운드의 누에가 5톤 정도의 무게로 성장하게 되는데, 이 동안에 약 12톤의 뽕잎이 소모되지만 그 결과로는 겨우 150파운드 정도의 비단이 생산될 뿐이다. 실을 얻기 위해 누에고치로부터 실을 뽑아 감는 일은 반쯤 기계화되어 있지만, 그것은 손에 의한 노동이 수없이 많이 이뤄진 다음의 마지막 과정에 지나지 않는다. 남중국에서 이뤄진 또 하나의 전통적 가내 수공업인 차의 생산 과정도 역시, 찻잎을 따서 고르고 찌고, 다시 따서 고르고 쪄서 싸는 등 견직업과 필적할 만한 수공이 요구된다.

단순하게 발판을 밟아 물을 퍼올리거나 더욱 단순하게 밧줄에 물통을 달아 두 사람이 끌어올리는 등, 인간의 근력을 이용하여 농업 용수를 관개하는 전통적 방법이야말로 중국 경제의 노동 집약적 특성을 상징하는 것이었다. 운송의 관행 역시 노동 집약적이었으니, 산길에서는 막대기를 이용하여 짐을 메고 가며, 평지에서는 손수레를 밀고 가고, 수로에서는 삼판(三板, 木造平底船)을 저어가며, 도시에서는 가마(근래에 이르러 인력거로, 그 뒤에는 승객용 3륜 자전거로 대체되었다)를 메고 간다. 심지어 오늘날도 자전거를 타고 다니는 사람이 자동차를 이용하는 사람만큼이나 많은 것 같다.

고대 이래로 중국의 농사란 조그만 땅뙈기에 많은 양의 노동과 가능하면 많은 양의 물을 대는 일이었다. 따라서 토지의 소유는 경제적 노력과 투자의 주된 목표였다. 어느 시대에나 토지 소유 문제와 농업 관계의 조세 문제는 민중과 관료 모두의 관심을 빼앗았다. 더구나 농민은 자본이나 물자의 축적 역량이 결핍되어 있었기 때문에 중간 상인의 농간에 내맡겨져 있었다. 수확기에 농작물을 싸게 사들이는 중간 상인은 농한기에 곤궁한 경작자에게 월 2퍼센트 혹은 그 이상의 고율로 농자금을 대여하였던 것이다. 소작의 관행으로 인해 농민의 노동력은 더욱 착취되었다. 농민은 수확물의 반이나 지주에게 내주지 않으면 안 되었다.

농산물을 시장까지 운송하는 일 역시 항상 문젯거리가 되어 왔다. 따라서 시장의 전형은 지방 분산적이어서, 각 촌락 공동체는 지방의 시장 거리에서 물물 교환의 방식으로 생산물을 처리하였다. 시장과 그 주변의 촌락은 걸을 수 있는 가까운 거리 안에서 하나의 단위를 이루고 있었으며, 이 단위는 물론 홍수나 한발과 같은 자연적 재앙에 의해 소멸될 수 있었지만, 그 반대로 자연이 관용을 베푸는 한 거의 그 자체만으로 살아 남을 수도 있었다. 그리하여 전통적인 시장 중심의 촌락 경제는 단편적으로 분산되고 세포같이 구획되는 그

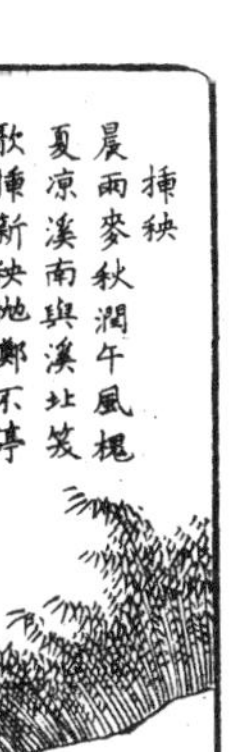

모내기 못자리에서 자란 모를 든 농부들이 발목 깊이로 물이 찬 논에 정연하게 옮겨 심기 위하여 한 발씩 뒷걸음친다. 통행로는 논둑 위에 있다. 관개 수로를 가로질러 다리가 놓여 있다. 황제의 농업 보호를 찬양하는 18세기초의 작품.

본질적 성격으로 인하여, 전쟁과 침략 및 역사적 기록이 남겨져 있는 도시나 행정적 중심지에서의 격심한 사회적 변동에도 불구하고, 안정된 경로에 의한 고도의 관성과 지속성으로 잔존할 수 있었다. 혁명적 노력이 경주되었던 최근 수십 년 동안, 농업 용수를 저장하기 위해 둑을 막고 그 물을 공급하기 위해 보다 많은 관개 수로를 뚫고, 전답으로 물을 퍼올리기 위해 전력을 사용하며, 나무를 심어 조림하고 작물을 개량하는 등 엄청난 변화가 있었지만, 이와 같

비단 만들기 양잠은 수공(手工)의 투입을 최대한 요구한다. 누에가 알을 까고 나오면 적절한 온도와 습도의 조건을 유지해 주어야 한다. 누에가 자라는 동안에는 특별히 재배된 뽕나무에서 딴 잎을 잘게 썰어 하루에 여러 차례 먹여 주어야 한다. 왼쪽 그림의 남자와 여자는 누에고치를 고르고 있다. 그 다음 단계로는, 뜨거운 물을 담은 냄비에 고치를 넣어 비단실을 풀어 내는 과정이 필요하다. 오른쪽 그림의 여자는 물레에 실을 감고 있다. 이러한 일은 역시 농가의 보조적 수공업으로 풍부한 노동력을 활용하는 데 적합하다. 위의 그림들은 비단 생산에 필요한 복잡한 과정의 10여 가지 단계 가운데서 오직 2가지만을 보여 주고 있다(1637년의 〈천공개물(天工開物)〉에 실린 중국 목판화).

은 개선은 중국인의 생활을 개조하는 과정의 시작일 뿐이다.

사회적 유산 중국 사회와 같이 크고 오래되고 다양한 사회에 대하여 몇 마디 말로써 막연히 설명하는 것은 오해를 불러일으킬 위험이 있지만, 그래도 외부의 관찰자에게는 마음속에 새겨 두어야 할 몇 가지 주요한 점이 있다. 첫

관개 농업   2명의 남자가 논에 물을 퍼올리기 위해 사각 미늘이 사슬로 이어진 양수 장치의 발판을 밟고 있으며, 또 다른 사람은 권양기(卷揚機)를 사용하여 오른쪽 그림의 가장자리에 보이는 여러 종류의 농작물에 물을 공급하고 있다(1637년의 〈천공개물(天工開物)〉에서). 지금은 전기 양수기가 이 일을 하고 있다.

째, 중국 사회에서는 개인이나 국가 혹은 종교보다 가족이 가장 중요한 단위를 이루어 왔다는 것이다. 가족은 각 개인에게 있어 경제적 생계와 안전, 교육, 사회적 교제 및 휴식의 가장 중요한 원천이었다. 조상 숭배가 개인의 주된 종교적 초점이 되기도 했다. 유교의 저 유명한 오륜의 덕목, 즉 군신·부자·부부·형제·친우 사이의 도덕적 규범 가운데서 3개는 친족 관계에 의해 규정되었다. 중국의 모든 윤리 체계는 가족 중심적 경향이 있을 뿐, 신이나 국가로 향하여 기울어져 있지는 않다.

중국의 친족 집단은 광범위하여, 상하로 5대에까지 뻗쳐진다. 관념상으로는, 커다란 울타리로 둘러쳐진 지역을 여러 개의 안마당이 나누듯, 생존하는 모든 세대가 하나의 대가족 안에서 함께 살아가게 되어 있다. 그러나 이러한 관념이 실제로는 부자를 제외하고서는 거의 실현되지 않았다. 전형적 가정은 평균 5명 정도로 구성되었던 것으로 보이며, 사실 그것은 관념화된 중국의 대가족이라기보다는 차라리 서양에서 흔히 볼 수 있는 유형의 가족이었다.

가족 제도는 계급적이며 권위주의적이었다. 각자의 지위는 출생이나 결혼에 의한 위치에 따라 결정되었다. 친족간의 위계는 복잡한 용어로써 상세하게 규정되었다. 가부장은 권위의 중심이었다. 적어도 이론상으로는 가부장이 가족의 재산을 관리하고 자녀와 손자녀의 결혼을 조정하였다. 가족에 대한 개인의 순종을 가리키는 지표로서 효도가 여러 덕목 가운데서 가장 많이 칭송되었다. (59쪽 참조) 영리한 중매인이 이용되었을 경우에는 많은 것이 이야기되었을 것임이 분명하지만, 가족에 의한 청혼은 가족에 대한 개인의 순종을 다른 어떤 것보다도 명백하게 상징하였다. 결혼은 개인간의 결합이라기보다 가족간의 결합이었다.

전통적으로 여자는 어렸을 때 아버지를 따르고 출가하면 남편을 따르고 노년이 되면 아들을 따르도록 되어 있었다. 그들은 과부가 되어도 재가하지 말도록 요구되었지만, 남자는 제2부인과 첩들을 집안으로 데려올 수 있었다. 과부산(寡婦產)을 제외하고는 여자는 재산권을 가질 수 없었으며, 결혼하여 시가에 들어간 때도 하찮은 신참으로 대우받았다. 이러한 전통은 근대 중국의 혁명을 기다리는 변화의 거대한 잠재력을 암시하는 것이었다.

이 권위주의적 가족 양식은 가정 생활의 경우와 마찬가지로 정치적 생활에 있어서도 사회 질서를 위한 기초의 하나를 제공하였다. 황제와 관리의 역할은 단지 아버지의 역할을 확대한 것에 지나지 않았다. 지방관은 인민의 부모로 불려졌다.

근대 서양과 같은 다원적 사회에서는 교회와 국가, 자본과 노동, 정부와 사기업 등의 다양한 힘들이 법의 지배하에서 서로 균형을 이룬다. 이에 반해, 중국인의 생활에서는 정직과 충성, 성실과 자애와 같은 개인적 덕목이 가족 제도를 통해 계발되어 사회적 행위의 규범으로 기능하였다. 법은 통치에 필요한 수단이었지만, 개인의 도덕이 사회의 기초였다. 중국 사회는 법 개념이 약했기 때문에 무정부적 상태에 있었던 것이 아니라, 오히려 유교적 이념에 의해 견고하게 짜여져 있었다. 유교라는 이 위대한 윤리 체계는 서양에서 법과 종교가 점하였던 자리의 대부분을 중국에서 향유하였다.

규모가 큰 대부분의 농민 사회가 항상 그러하듯이, 중국 사회에서는 권력과 권위에 있어 지배자와 피지배자 사이에 넓은 간격이 있었다. 사회는 전통적으로 4종의 계급에 의해, 사(士; 즉 학인임과 동시에 관인이나 고대에는 전사이자 귀족이었다), 농(農), 공(工), 상(商)의 순으로 나누어져 있었다. '사'는 교육받은 지식인이었으므로 다른 계급보다 도덕적으로 우월할 것으로 간주되었다. '사'는 전중국 사회의 가부장인 황제의 절대적 권위를 행사하면서 공적 생활의 모든 면에서 지배적 우위를 점유하게 되었다. 또한 그들은 우리에게 중국사에 대한 풍부한 기록을 남겨 주었는데, 그것이 '사' 자신의 지배 계급적 관점에서 서술된 것이었음은 물론이다.

제2장
초기의 중국 —— 문명의 발생

고고학적 기록

북중국에서의 농경은 황하가 크게 굴곡하는 지역, 즉 숲이 많은 서부의 고지대와 늪이 많은 동부 저지대 사이의 가장자리에서 시작된 것으로 보인다. 사냥하고 고기잡던 사람들이 이곳에서 동물을 길들이고 식용 식물을 재배하기 시작하였던 것이다. 그 뒤 황하의 중류와 하류를 따라 북중국 평원에까지 농경 지역이 확대되었는데, 이곳은 겨울이 몹시 추운 곳임에도 불구하고 원시 시대에는 농경에 매우 적합하였다. 사실 초기 중국 문명의 중심지인 이곳은 다른 고대 문명의 발상지들, 즉 이집트의 나일 강, 메소포타미아의 유프라테스 강, 그리고 오늘날 파키스탄의 인더스 강 등의 여러 범람원들과 몇 가지 비슷한 점이 있다. 이들 지역에는 비가 너무 적게 내려 숲이 형성되지 않았기 때문에, 경작을 시작하기 전에 숲을 제거해야 할 필요가 없었다. 또한 큰 강을 적절하게 통제할 수만 있다면, 그것으로부터 풍부한 물을 공급받을 뿐만 아니라, 주기적 범람을 통해 지력(토양의 비옥도)을 계속 보충받을 수도 있었다.

동아시아의 농경 지대 가운데서 북중국〔華北〕 평원이 인도나 서아시아에서 육로로 접근하기에 가장 쉬운 부분이라는 사실도 주목할 만하다. 지금 우리가 알고 있는 한, 고대 문명의 여러 가지 기본적 요소들은 동아시아보다는 서아시아와 인더스 강 유역에서 훨씬 더 일찍 나타났으며, 그로 인하여 그것들은 중앙 아시아의 초원과 산악 지대를 넘어 북중국 평원에까지 확산되었을 것이다. 밀과 같은 곡물의 경작, 양·소·말과 같은 가축의 사육, 수레바퀴와 마차, 청동과 철 등이 그 예가 될 것이다.

한편, 최근에 발견된 유물에 의하면 동아시아에서의 도자기 역사가 세계의 다른 지역과 마찬가지로 멀리 —— 아마도 1만 년 정도 —— 거슬러올라가고, 청동의 생산이 중동에서보다 북부 타이에서 더 일찍 이루어졌음을 알 수 있다. 오늘날 동아시아의 주곡인 쌀은 동남 아시아에 기원을 두고 있으며, 양자강 유역에서는 이미 선사 시대부터 성공적으로 재배되었다. 비단 역시 선사 시대의 중국인에 의해 생산되었지만, 서방으로의 전파는 훨씬 뒤에 이루어졌다. 몇몇 중요한 가축은 그 유래가 다르지만, 돼지나 닭, 개 등은 식용으로 이용되고 물소는 벼농사에 활용되었다. 서방의 기본적 농기구가 쟁기였던 데 반해, 동아시아의 그것은 언제나 괭이였다. 동아시아의 가장 특징적인 구석기 유물은 돌칼이지만, '옛 세계'의 나머지 지역에서는 깎아진 돌도끼가 사용되었다. 동아시아의 신석기 유물은 반월형 돌칼과 돗자리 새끼줄 무늬가 있는 회색 도기에 의해 특징지어지는데, 이 두 가지 모두 서부 유라시아의 가공품과는 전혀 다르다.

따라서 동아시아에서의 농업과 초기 문명의 발달이 서부 유라시아와는 전혀 독립적으로 이루어진 것으로 생각하는 데는 충분한 이유가 있다고 하겠다. 황하가 굴곡하는 서북 중국 부근에서 발생한 문화는 아마도 이러한 동아시아의 고유한 문화에 기초하였을 것이지만, 이와 동시에 서방 지역들로부터 받은 영향으로 인해 그 질적 내용을 더욱 풍요롭게 할 수 있었던 것으로 보인다. 그러나 이와 같은 영향이 침입자나 이주자에 의해 미치어졌다는 증거는 없으며, 북중국의 신석기인뿐만 아니라 어쩌면 그들보다 앞서 구석기에 살았던 사람들까지도 현재 중국인의 직계 조상이었을지도 모른다. 이처럼 초기에 있어서도 북중국의 문화는 독특한 동아시아적 특색을 보여 주었다.

채도 문화와 흑도 문화 도기의 특징에 따라 이름지어진 두 종류의 문화가 신석기 시대 말기에 북중국에서 자리잡고 있었다. 처음에는 이 두 문화가 서아시아의 영향력과 동아시아 고유의 힘이 서로 충돌하였음을 보여 주는 것으로 생각되었지만, 보다 최근의 연구들은 흑도 문화가 채도 문화 영역의 대부분을 차지하면서 그 뒤를 이었음을 입증하고 있다.

서북 하남(河南, Honan) 지방에 있는 대표적 유적지의 이름을 따서 앙소(仰韶, Yang-shao) 문화로 알려지기도 한 채도(彩陶) 문화는 극동의 산동성을 제외한 북중국 전역에서 발견되었으며, 서북의 감숙(甘肅, Kansu)성에서는 가장 오래도록 그 생명이 지속되었다. 채도 문화의 가장 유명한 유적지는 서안(西安, Sian ; 고대에는 長安) 부근의 반파(半坡, Pan-p'o)에서 일부만 발굴된 마을인데, 그 연대는 기원전 5000년까지 거슬러올라간다. 이 문화는 보통 대담한 기하학적 무늬가 붉고 검은 빛깔로 그려진, 구근 모양의 큰 항아리로써 특징지어진다. 이 같은 유물은 서아시아의 채도와 몇 가지 유사점을 갖고 있지만, 그것이 서방으로부터 빌려 온 단순한 문화적 차용물이었던 것으로 가정할 수는 없다. 그것이 전래될 수 있었던 고고학적 자취가 명확하게 확인되지 않기 때문이다.

산동에 있는 대표적 유적지의 이름을 따서 용산(龍山, Lung-shan) 문화로 불려지기도 하는 흑도(黑陶) 문화는, 서북방의 극단을 제외하고는 채도 문화와 같은 영역을 포함할 뿐만 아니라, 산동 지방과 양자강의 중하류 지역까지 뻗쳐져 있었다. 이는 매우 얇고 광택이 나는 흑색 도기로써 특징지어진다. 이 문화는 길들여진 양과 말, 도공의 물레 등과 같은 서아시아로부터의 새로운 영향이 채도 시대 이래 북중국에 미쳤음을 보여 준다. 또한 흑도 문화는 다음에 계속되는 청동기 시대와 강한 문화적 연속성을 보여 주기도 한다. 예컨대, 청동기 시대의 그것과 같은 정(鼎)과 점치는 방법, 오늘날의 북중국에서도 여전히 발견되는 것과 흡사한 성읍의 토담 등이 그것이다.

청동기 시대　　적어도 기원전 2000년대 중반이 되면, 고대 서아시아에서 사용된 방법과는 달리 여러 조각의 거푸집으로 주조된 청동기가 중국에 나타난다. 처음으로 알려진 유적은 황하가 크게 굴곡되는 곳의 동쪽으로 황하 남쪽의 하남 지방에 널리 산재되어 있었으나, 청동기로서는 작은 무기만이 발견되었을 뿐이다. 청동기 제 2 기는 같은 지역의 정주(鄭州, Cheng-chou) 부근에 있는 유적에 의해 특징지어지는데, 이곳은 상당한 규모의 도읍지로서 20 피트 높이, 1 평방 마일의 토담으로 에워싸여 있다. 토담의 바깥에는 정교한 예기(禮器)를

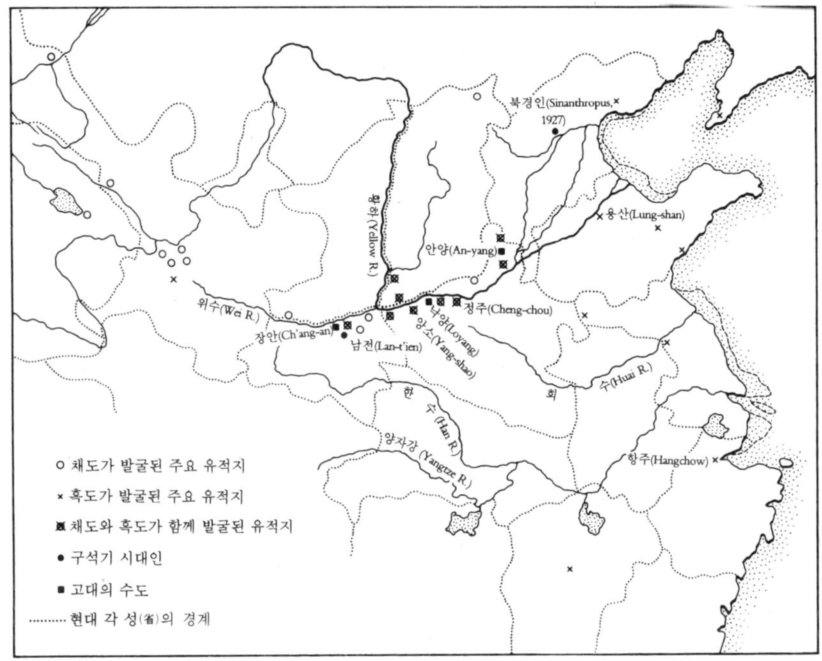

선사 시대의 북중국

생산하던 두 개의 청동기 주조 공장이 있었다.

청동기 제 3 기는 황하 북쪽의 하남 지방에 위치한 안양(安陽, An-yang) 부근의 유적에 의해 가장 잘 표현된다. 그것은 고대 문자에 흥미를 갖고 있었던 중국인 학자들에 의해 1899년에 발견되었는데, 그 고대 문자는 북경의 약국에서 약용으로 빻아 쓴 '용골(龍骨)'에 새겨져 있었다. 그들은 안양 부근에 있는 이들 뼈들의 출처까지 탐색하여, 마침내 초기 형태의 한자(漢字)를 해독해 내었을 뿐만 아니라, 초기의 많은 역사적 전통을 확인하는 학문적 업적을 성취하였다.

명문(銘文＝甲骨文)에는 상(商, Shang)으로 알려진 한 고대 왕조의 전통적 통치자들 이름이 사실상 모두 기록되어 있을 뿐만 아니라, 안양에 도읍이 있었던 것으로 알려져 있는 왕조 후반부(대체로 기원전 1400년경부터 1050년경까지)에 대한 상세한 기술이 풍부하게 포함되어 있다. 이 시점에서 고고학적 자료와 역사적 전승은 분명하게 일치된다. 따라서 과거에 철저한 의심의 눈으로 상

왕조를 바라보았던 학자들도 자신의 생각을 완전히 뒤바꾸어, 상 왕조의 존재를 입증된 역사로 받아들이지 않으면 안 되었다.

초기 중국 전승(傳承)

현존하는 중국 문헌 가운데 가장 오래된 것은, 주로 기원전 1000년경부터 500년경 사이에 성립되었지만, 그보다 앞선 시대에 대해서는 그다지 많은 것을 전해 주지 않는다. 중국인들은 그러나 그 뒤 몇 세기 동안에는, 그들 문명의 발생과 그 초기의 역사에 대하여 많은 것을 기록하였다. 사실 고대 중국의 문헌들은, 그 기술 시기가 기원년간(즉 그리스도의 시대)으로 내려오면 올수록, 기술되는 대상 시기는 점점 더 초기로 올라간다. 물론 이러한 문헌들은 그것이 기술하려는 앞선 시대의 역사보다는, 그것이 기술된 당시의 신념과 관습을 더 많이 전하고 있다. 그럼에도 불구하고 이러한 문헌 가운데는 초기의 신화와 전설에 대한 많은 자료들과 의심할 여지없이 진실된 역사적 편린 몇 조각도 함께 포함되어 있다.

이들 문헌과 고고학적 자료로부터, 한때는 여가장제 사회였다가 점차 가부장제 사회로 이행되면서 종족, 혹은 부족과 같은 단위로 분화되어 가는 초기 중국 사회의 희미한 윤곽이 드러난다. 이미 오랜 옛날에 부족의 이름으로부터 성(姓), 즉 종족의 이름이 발전하였다. 그리하여 성이 인명 뒤에 놓이는 유럽의 전통과는 달리, 성을 항상 개인의 이름 앞에 두게 되었는데, 이러한 전통은 지금까지 계승되었다. 또한 다른 부족 사람과 결혼하는 족외혼이 특히 강조되었다. 이러한 전통 역시 전중국 역사를 통해 지속되어, 오늘날조차 중국인들은 비록 실제로는 혈연 관계가 없다 하더라도, 동성끼리는 결혼할 수 없는 것으로 생각하고 있다.

종교적 관념은 부족과 그 부족신에게로 모아졌는데, 부족신은 흔히 조상신과 동일시되었다. 조상 숭배는 그 후 지금까지 중국 문명의 특질 가운데 하나로서 살아 남았다. 농경 사회에서는 자연스러운 일이듯, 농경을 지배하는 요소의 하나로서 천(天)이 특히 강조되었으며, 땅의 생산력과 곡식의 신 및 천문(天文)과 역법에 관한 지식 등도 중시되었다. 정치적 권위는 종교적 성격이 강하여, 통치자는 어떤 의미로는 제사장이었으며 역법의 제작자이기도 했다.

일찍이 중국인들은 강한 역사 의식과 정치적 통일의 이상을 발전시켰다. 그들은 또 다른 위대한 문화가 서방에 있다는 사실을 몰랐기 때문에, 중국을 '사이(四夷)'에 의해 사방으로 에워싸인 유일한 문명의 영역으로 생각했다. 따라서 그들은 자기 나라를 중국(中國, Chung-kuo)이라고 불렀는데, 중국이란 '중심에 있는 나라(Central Country)'라는 뜻이지만, 보통은 '중앙의 왕국(Middle Kingdom)'으로 번역된다. 그러나 '中國'은 그들 영토를 가리키는 한자 이름일 뿐이다. '하늘 아래 모든 것'이라는 뜻의 '천하(天下)'라는 말은 원래 세계를 의미하지만, 중화 제국(中華帝國)을 가리키는 말로도 사용하게 되었다. 상고 시대에 대한 지식과 추측이 일련의 견고한 역사적 사건으로 조직화되어, 정치적, 문화적으로 통일된 중국의 군주들이 중국 문명의 모든 것을 창출한 것으로 여겨지게 되었다.

문화적 위인들　이 초기의 사이비 역사에는 몇 가지 변형이 있다. 그러나 흔히 통용되는 전승의 순서에 의하면, 먼저 세 명의 초기 군주(皇)들이나 혹은 형제로 구성된 군주 집단이 있었고, 그 뒤를 다섯 명의 황제(帝)들이 이었으며, 그 뒤를 이어 우리를 역사 시대로 맞이하는 3대의 왕조가 계승하였다. 3황(三皇)과 5제(五帝)는 흔히 '문화적 위인들'로 불려지는데, 그 까닭은 불의 발견, 고기잡이, 사냥, 농경 등의 창시, 역법의 고안, 의술의 발달, 문자의 발명 등과 같은 문명의 초기 성과들이, 그들과 그들보다는 덜 중요한 몇몇 다른 인물들에 의해 성취되었던 것으로 간주되기 때문이다. 5제 가운데서 첫번째 인물(黃帝)의 부인은 양잠을 발전시켰던 것으로 간주되었는데, 비단의 생산이 여성 고유의 일이었기 때문이다.

5제의 마지막 두 명, 즉 요(堯, Yao)와 순(舜, Shun)은 군주의 지위를 그들의 아들에게 넘겨 주지 않고, 훌륭한 대신에게 선양해 준 것으로 가장 잘 알려져 있다. 요는 순을, 순은 우(禹, yü)라는 사람을 선택하였다. 이들 세 명은 모두 모범적 제왕으로 알려져 있다. 우는 북중국 평원에 범람한 홍수의 물길을 다스리고 제국을 9주(九州)로 구획한 위인으로도 유명하다. 세계적인 홍수 전설에 대한 중국인들의 반응이 이 이야기 안에서 발견된다.

초기의 왕조들　전승 가운데서도 어느 정도 신빙성을 부여할 만한 국면은 우와 더불어 시작된다. 우는 하(夏, Hsia)라는 왕조를 출발시켰는데, 하의 연대는 기원전 2205~1766년(다른 자료에 의하면 기원전 1994~1523)으로 비정되어 왔다. 앞선 문화적 위인들의 치세 기간이 969세까지 살았다는 구약 성경의 므두셀라(Methuselah)처럼 길었던 것과는 대조적으로, 하대 군주들의 통치 기간은 합리적이어서 신빙성이 높다.

하의 마지막 제왕은 덕을 잃었기 때문에, 인민은 상(商, Shang)이라는 새 왕조를 건설한 한 인물(湯)의 영도하에 반란을 일으켰다. 전통적으로 그 연대가 기원전 1766~1122년, 혹은 기원전 1523~1027년으로 비정되어 온 상은 고고학적 성과에 의해 그 역사적 실재성이 충분히 증명되었다. 안양에서 발굴된 유물들이 상 왕조의 후반기와 상응하는 것임은 의문의 여지가 없으며, 정주의 발굴물들은 상 왕조 전반기의 것으로 추정된다. 이러한 고고학적 성과는, 하 왕조에 관한 문헌의 이면에는 어떠한 실제적 사실이 놓여져 있는가라는 의문을 제기한다. 하는 최초의 청동기 시대와 일치하지 않을까? 그렇지 않으면 그보다 앞선 흑도 문화와 상응하는가?

상의 마지막 제왕은 방탕한 전제 군주였던 것으로 알려져 있는데, 이것은 안양에서 발굴된 갑골문의 도움으로 거의 실증된 사실이다. 그의 손에 의해 가장 고통을 많이 받은 사람의 하나는, 주(周, Chou)라는 제후국의 문왕(文王, Wen Wang)으로 역사에 알려진 신하였다. 문헌에 의하면 기원전 1122년 혹은 1027년에, 그의 아들이며 계승자였던 무왕(武王, Wu Wang)이 마침내 반란을 일으켜 세번째의 왕조를 세우고, 자신의 제후국명을 따서 주(周)라고 이름하였다. 그의 아우 주공(周公, Chou Kung)은 무왕의 어린 아들인 왕위 계승자(成王)를 현명하고 성실하게 보필하면서 왕조의 기초를 공고히 하였다.

주의 건국 설화에는 후대에 이상화한 흔적이 남아 있지만, 주 왕조 초기의 기록 가운데 많은 부분은 실제의 역사로 받아들일 수 있다. 왜냐하면 현존하는 문헌 가운데 많은 서적의 연대 비정이 이 시기에서부터 시작되기 때문이다. 중국 문헌에서 그 연대를 분명히 기록한 기원전 841년의 일식(日蝕)은 우리가 충분히 확인할 수 있는 최초의 사건이므로, 이 시기 이후의 문헌적 기록은 상당히 신빙성이 있어 보인다.

중국의 문자 체계

안양에서 발굴된 상 왕조 후기의 유물 가운데서 가장 주목되는 것은 갑골에 새겨진 명문이다. 그것은 의심할 여지없이 중국인의 언어일 뿐만 아니라, 지금까지도 동아시아 문명을 지배하고 있는 한자의 초기 형태이기도 하다. 어떤 글자는 초보자의 눈으로 보아도 오늘날 신문 지상에 보이는 글자와 같다는 것을 알 수 있다. 그것은 흡사 아라비아 어를 사용하는 이집트나 이라크 사람들이 상형 문자나 설형 문자를 보고서, 현재 그들이 사용하고 있는 언어와 같은 글자를 분간하고, 어떤 학생이라도 읽을 수 있는 몇몇 단어들을 지적해 내는 것과 같다. 중국인들은 고대에 그들 나라에서 살았던 사람들과 문화적·종족적 일체감을 항상 느껴 왔으며, 그런 생각이 잘못되지 않았다는 뚜렷한 증거가 여기에 있다. 초기의 이집트 인이나 메소포타미아 인은 말할 것도 없고, 고대 그리스나 로마에 대해 서방인들이 느끼는 것보다 더 강하게, 오늘날의 중국인들이 상대 사람들과의 관계에서 직접적 연속성을 감지하는 데는 상당한 이유가 있다.

중국어가 속해 있는 지나어계의 특징 가운데 하나는 단음절의 단어가 점하는 비율이 상당히 높다는 것이다. 이러한 특징은 현대 중국어보다 고대 중국어에서 더욱 현저하게 나타난다. 중국어와 다른 대부분의 지나어계 언어들의 또 다른 특징은 굴절(어형 변화)이 없다는 것이다. 예를 들면, 중국어로 '산(shan)'은 '산(山)'을 의미할 수도 있지만, 동시에 '산들'을 가리킬 수도 있다. 이들 언어와 서방 언어와의 차이는 동사의 경우에 더욱 두드러진다. '간다', '갔다', '갔었다' 또는 '보다', '본다', '보았다'는 등의 변형이 중국어에는 없다. 대부분의 지나어계 언어에서 발견되는 또 다른 특징은 성조(聲調)에 있다. 성조의 변화가 없다면 동일하게 발음될 단음절의 단어가 오직 성조의 차이에 의해 다른 단어와 구분되는데, 이것은 마치 서양인들이 대화중에 "당신의 이름은 무엇입니까?" "이름이요?" "예, 이름말입니다."라고 하면서 음조를 변화시키는 것과 자못 비슷하다. 현대 북경 표준어〔官話〕에는 사성(四聲; 4종의 성조)이 있다. 예컨대, '마(ma)'를 제 1 성으로 발음하면 구어로서의 '엄

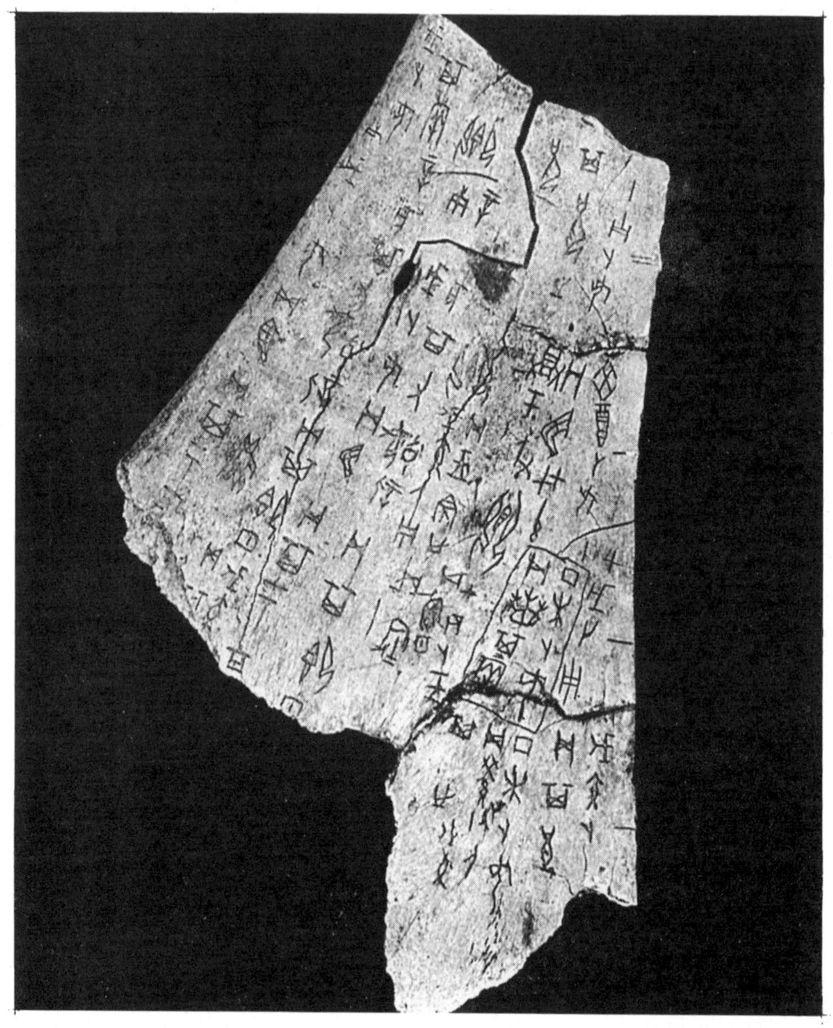

안양(安陽)에서 출토된 글자가 새겨진 갑골

마'를 가리키지만, 제 2 성으로는 '삼〔麻〕', 제 3 성으로는 '말〔馬〕', 제 4 성으로는 '저주〔罵〕'를 각각 의미한다.

한자(漢字)　　중국인이 오랫동안 보존해 온 문자는 고대 이집트 문자처럼 그림 문자에 기원을 두었으면서도, 서방의 상형 문자와는 달리 각각의 단음절어

마다 독특한 부호나 기호가 있어야 한다는 기본 원칙을 항상 어김없이 지켜
왔다. 그 까닭을 이해하는 데는 중국어가 단음절적이고 굴절되지 않는 성질을
갖고 있다는 사실이 도움이 된다. 아마도 중국어가 굴절되었다면 오래 전에
중국 문자는 보다 쉽게 굴절되는 표음 문자로 발전하도록 강요되었을 것이다.

　안양의 유물들 가운데서 만나게 되는 중국의 문자 체계는, 이미 그전에 오
랫동안의 발달 과정을 거쳐 단순한 그림 문자의 수준을 훨씬 넘어선 것이
었다. 사실 안양 문자의 먼 선조가 이미 기원전 5000년대의 유적지에 있었던
것으로 보인다. 쓰는 방법은 최근까지 유지되고 있는 관행처럼, 위에서 아래
로 내려 쓰는 횡서법이 일반화되어 있었다. 상대의 유물에서 발견되는 2,000
자 이상의 문자들은 일견 보아 대부분 현대 중국의 글자와 아주 다른 것같이
보이지만, 실제로는 거의 모든 문자가 후대의 형태와 분명히 일치하고 있으
며, 요즘 일반적으로 사용되고 있는 8,000 내지 9,000 개의 문자 (사전에는 5만
여 개의 글자와 그 변형이 실려져 있다) 가운데서 발견되는 문자 형성에 필요
한 모든 원칙들〔六書〕이 상대의 문자에 나타나고 있다.

　상대의 많은 그림 문자들 가운데 어떤 것은 상당히 양식화된 것도 있지만,
대부분은 현대적 형태보다 훨씬 더 그림에 가깝다는 것을 알 수 있다. 예를 들
면, ‘해(지금의 日)’를 가리키는 글자는 원래 동그라미 안에 줄을 하나 그어
놓은 모양이었고, ‘달(지금의 月)’을 표시하는 글자는 오늘날에도 알아볼 수
있을 정도로 초승달의 모양과 같으며, 나무‘木’자는 나무의 가지와 뿌리를 함
께 묘사한 (✖)의 형태로 기록되었다. ‘제사’를 의미하는 단어의 하나가, ‘귀
신’을 뜻하는 부호 위에 거꾸로 뒤집혀서 놓여 있는 새 한 마리를 두 손이 잡
고 있는 모양을 보여 주는 일례에서 볼 수 있듯이, 어떤 그림 문자는 아주 복
잡한 구조를 갖고 있다.

　그 밖에도 실제 사물을 그림으로 묘사하기보다는 어떤 관념을 표현한 표의
문자가 상당수 있다. ‘하나’, ‘둘’, ‘셋’ 등의 수를 가리키는 ‘一’, ‘二’, ‘三’
등의 글자는 아마도 이 부류에 넣어야 할 것이다. ‘위’를 가리키는 ‘上’자는
원래 짧은 선 하나가 길다란 선 위에 있는 모양이었고, ‘아래’를 뜻하는 ‘下’
자도 비슷한 원칙에 의해 이뤄진 것인즉, 이들 글자들도 이 부류에 속하는 것
임이 틀림없다. 이보다 더 복합적인 글자들, 예컨대 두 그루 나무를 합하여
‘숲’이나 ‘산림’을 가리키는 ‘林’자와, ‘해’와 ‘달’을 가리키는 글자들을 조

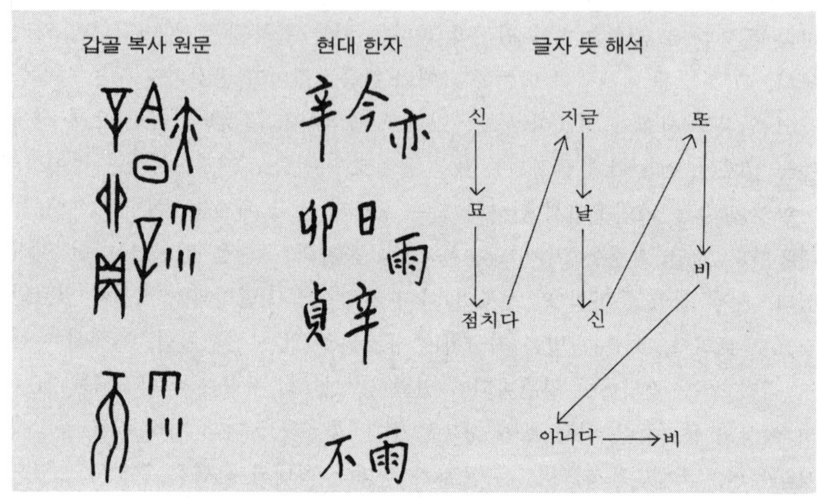

상대의 갑골 명문 글자들은 위에서 아래로 읽어야 하지만, 특별한 경우에는 왼쪽 줄에서 오른쪽 줄로 읽는다. 원문은, '신묘(辛卯)일에, 오늘 신일(辛日)에 비가 올 것인지 안 올 것인지' 점친다는 뜻이다. 이 원문에 보이는 글자의 대부분은 현대적 형태로 분명하게 확인된다. 두번째 세로 행의 두번째 글자는 태양 안에 점이 있는 모양이고, 세번째 행의 두번째 글자는 아랫줄 오른쪽 글자와 마찬가지로 구름에서 비가 떨어지는 모양을 보여 준다. 사람의 겨드랑이 밑(두팔 아래의 두 점)을 보여 주는 윗줄 오른쪽 글자는 이 당시 묘사하기 어려운 '또'를 뜻하는 말의 동음 이의어(同音異意語)이다.

합하여 '밝음'을 뜻하는 '明'자와 같은 글자도 이 같은 원칙에 의해 이루어졌다. 많은 표의 문자가 대단히 회화적이어서, 지붕 밑에 여자가 있는 '安'자는 '평안'을 뜻하고, 아이 옆에 여자가 있는 '好'자는 '좋다' 혹은 '좋아한다'를 의미한다.

세번째의 부류는 적어도 부분적으로는 표음의 원칙에 따라 만들어진 것이다. 이미 상대에 이르기 전에 많은 말들이 동음 이어(同音異語)를 보다 쉽게 표현하기 위해 사용되었다. 그리하여 원래는 모종의 곡식을 묘사한 '來'자는 아마도 '라이(lai)'로 발음되었기 때문에 '온다'는 뜻의 '라이(lai)'라는 말을 표현하는 데 사용되었을 것이다.

표음의 원칙에 의해 만들어진 글자들의 대부분은 소리를 나타내는 부분[表音部]과 뜻을 나타내는 부분[表意部]으로 구성된 복합 문자다. 표음부가 복합

문자의 발음을 거의 정확하게 표시해 주는 데 사용되는 부분이라면, 표의부는
흔히 표음부의 왼쪽이나 위쪽에 위치하여 그 단어가 속해 있는 범주의 의미를
보여 준다. 그리하여 '단풍나무〔楓〕', '배나무〔梨〕', '나뭇가지〔枝〕', '나무 심
기〔植〕', '선반〔架〕', '창〔槍〕', '사닥다리〔梯〕' 등과 같이, 나무나 목재와 어
떻게 해서든 관련되어 있는 말을 표현하는 수백의 글자는 오직 음(音)을 표시
하기 위해 사용되는 여러 종류의 문자들과 '나무 목〔木〕'자가 결합되어 만들어
지게 된다.

현재 사용되는 글자의 대다수는 이러한 복합형에 속하며, 그런 복합 문자의
표의부는 문자를 분류하는 가장 일반적 방법의 기초가 되어 왔다. 이 분류 방
법에서는 주로 표의부로 사용되는 글자들로 이루어진 214자가 '부수(部首)'
즉 분류 기준으로 선택되어 모든 글자가 각 부수의 항목으로 모아지며, 부수
를 제외한 글자의 나머지 부분을 쓰는 데 필요한 획수(劃首)에 따라 그 순서가
정리된다. 그리하여 '사닥다리 제〔梯〕'자는 '나무 목〔木〕'변(部首 75)의 7 획 항
목으로 분류된다. 이것은 알파벳 철자법에 비한다면 대단히 번거로운 분류법
이어서 꼭 들어맞지 않는 경우도 많지만, 그래도 이런 방법이 아니면 도저히
정리할 수 없는 엄청난 양의 독특한 부호들에게 적어도 어느 정도의 질서는 부
여할 수 있는 것이다.

중국 문자 체계의 이점과 불리한 점   중국의 문자 체계는 비교적 단순한
서양의 표음 체계에 비해 몇 가지 약점을 갖고 있다. 우선 한자를 해득하는 데
는 엄청난 시간과 노력이 더 많이 요구된다. 낱자의 구성은 상당히 복잡하다.
하나의 낱자를 쓰는 데 보통 12~13 획 정도가 필요하며, 어떤 글자는 25 획이
나 된다. 아무리 간단한 원전일지라도 읽기 전에 적어도 2,000 내지 3,000 자는
기억해 두어야 한다. 이 모든 글자들을 익히기 위해 기계적으로 외우는 일이
강조됨으로써 기억력이 우선적으로 장려되는 등, 중국어의 교육을 제약하는
작용이 이뤄졌을 것이다. 한자 조직의 복잡성으로 인해, 단순한 문자 체계를
갖고 있는 다른 문화권에서보다 국민의 문자 해득이 어렵게 되었으며, 보다
많은 학업 시간을 가질 수 있는 비교적 소수의 사람들만이 상류 생활을 향유할
수 있게 되었다. 현대에는 국민의 광범위한 문자 해득이 요청되고 있기 때문
에, 한자의 이와 같은 장애 요소는 더욱 부각되었다. 중국인은 비록 인쇄술을

발명하였지만, 중국의 전통적 인쇄는 한자의 특수성으로 인해 서양의 경우보다 훨씬 더 까다로운 기술이 요구되었으며, 작은 규모의 인쇄기나 전자 두뇌보다 더 조그마한 한자 타자기를 만들려는 어떠한 노력도 성공하지 못하였다. 약간의 상용 한자를 간략하게 표현하려는 최근의 노력 역시 다소의 도움이 되기는 했지만, 한자 체계에 내재한 기본적 문제들을 해결하지는 못하였다.

반면, 중국의 문자 체계에는 서양의 문자 체계에 결여된 몇 가지 장점이 있다. 문자 조직이 복잡하다는 바로 그 점과 회화적 특질로 인해, 한자는 단순한 표음 서체보다 훨씬 높은 미적 가치를 갖는다. 글 쓰는 붓이 그림 그리는 붓과 일치하듯이, 서예는 동아시아에 있어 위대한 예술의 하나이며 모든 시각 예술의 원형이기도 하다. 뛰어난 필치는 언제나 교양 높은 사람의 표징으로 간주되어 왔다.

한자는 소리 글자의 모양에 결여되어 있는 일종의 생명력과 같은 것을 갖고 있기도 한다. 한 번 '편안할 안〔安〕'자와 '밝을 명〔明〕'자를 배운 사람이라면, 누가 그것이 지붕 밑에 여자〔女〕가 있는 모양이라든가 '해〔日〕'와 '달〔月〕'의 조합에 의해 구성되었다는 사실을 잊을 수 있겠는가? 한자는 음성으로 표현하려는 말보다 더 풍부한 내용과 섬세한 의미를 가져다 주기 때문에 시와 산문에 간명한 생기를 불어넣어 주는데, 이것은 표음 문자 체계에서는 도저히 기대할 수 없는 것이다. 한자는 한번 습득만 하면, 표음 문자보다 훨씬 더 빨리 읽을 수도 있다.

고대 중국인들이 분명 그러했듯이, 한자에 마력적 특성을 주입하는 것은 어려운 일이 아니다. 기록되는 말은 구술되는 말에 언제나 우선하였다. 중국의 역사는 유명한 문서 —— 군주에 대한 상서문, 대책문, 시문 등 —— 로 가득 차 있지만, 위대한 연설은 거의 없다. 글로 씌어진 모든 것, 특히 고대로부터 살아 남은 것은 거의 신성한 가치가 있는 것으로 간주되었다. 이러한 태도들은 동아시아 인들이 서적에 의한 공부와, 형식적인 교육을 크게 강조해 온 이유를 이해하는 데 도움을 줄 것이다. 동아시아에서의 문자 해득률이, 경제적 수준은 비슷하면서도 보다 단순한 문자 체계를 가진 다른 지역의 경우보다 훨씬 높은 경향이 있다는 사실은, 일견 기이하게 보이기도 하지만 결코 우연한 결과는 아니다.

중국의 문자 체계가 갖고 있는 또 하나의 이점은 방언의 차이뿐만 아니라 보다 근본적인 언어상의 장애까지도 극복할 수 있다는 점이다. 글을 쓰고 읽을 수 있는 모든 중국인들은, 비록 그들 서로가 알아들을 수 없는 '사투리'를 쓴다고 해도, 같은 서적을 읽을 수 있으며 고전적 한문(漢文)을 자기들의 언어로 느낀다. 그들이 만약 표음 문자 체계를 갖고 있었더라면, 어쩌면 이탈리아와 프랑스, 스페인 및 포르투갈 인들이 그러했듯이 몇 조각의 민족 집단으로 쪼개어졌을지도 모른다. 중국이 세계에서 가장 큰 민족 집단으로 발달한 것은 적어도 부분적으로는 이와 같은 문자 체계의 특성에 의해 설명될 수 있을 것이다.

동아시아 문명권이라는 커다란 통합체 역시 주로 이 문자 체계에 의존하여 형성되었다. 한자에 대한 애정과 존경이 다양한 여러 나라들을 강하게 연결하는 고리가 되어 왔다. 1세기 전까지만 해도 한국이나 월남에서 씌어진 대부분의 책들과 일본에서 기술된 많은 책들이 자국어로 씌어진 것이 아니라 고전적 중국어로 씌어졌다. 오늘날에 있어서도 교육받은 중국인과 일본인 및 한국인은 다른 두 나라에서 한자로 기술된 책을 보고 수천 개의 단어를 —— 비록 이 단어들을 아주 다르게 발음한다 하더라도 —— 인지할 수 있다. 만약 중국인들이 표음 문자 체계를 가졌었더라면, 동아시아가 세계 문명에 있어 그렇게 특이한 단위가 되지 못했을 것임이 분명하다.

상(商) 문화

안양을 비롯한 상대의 유적지에서 발견된 유물 가운데서 문자와 더불어 가장 주목할 만한 것은 대부분 무기나 정교한 예기(禮器)로 만들어진 당당한 크기의 청동 기물들이다. 예기들은 날카롭게 음각된 선이나 높게 양각된 풍부한 문양에 의해 장식되어 있어, 그 원형이 흙이나 나무로 만들어졌던 것임을 시사한다. 청동기를 묻고 있었던 흙의 화학 작용으로 인해 청록 고색이 갖가지 색조로 형성되어 그 아름다움이 더욱 돋보인다. 상말에 주조된 청동기의 품질은 대단히 우수하여서, 세계 어느 곳에서도 이를 능가한 것이 발견된 적이 없었다. 청동기의 문양은 전적으로 동아시아적인 것으로 보인다. 예컨대, 세 다리를 갖고 있는 청동 정(鼎)은 흑도 문화의 속이 빈 세 다리 토기[三脚土器]에 기원을 두고 있다. 어떤 예기들은 코끼리와 같은 동물의 형태로 주조되었는데, 이런 유의 동물은 오늘날보다 날씨가 더 따뜻하고 습기찬 시대에는 북중국에서도 살고 있었다.

청동기 문양의 가장 중요한 요소는 도철문(饕餮文), 즉 동물 두상 문양이다. 그것은 고도로 양식화된 수법에 의해 물소나 수양과 같은 동물의 머리 앞면을 모난 선으로 묘사한 것이다. 이와 비슷한 문양이 안양에서 발굴된 뼈로 만든 가공품과 대리석 조각품에서도 발견된다. 문양 문제를 취급하는 상대의 모든 방법은 동물을 흔히 측면에서 묘사하는 서방의 선사 시대나 고대의 어떠한 것과도 분명하게 구별된다. 그러나 상대의 그것과 비슷한 것이 동아시아의 다른 나라와 남태평양 및 서북 태평양 연안의 인디언 지역에서도 발견된다. 이로 인해서 태평양 연안형의 문양이라는 개념이 발생하게 되었는데, 상대의 동물 문양은 그 중에서도 가장 이른 시기의 예를 보여 주는 것이라 하겠다.

초기의 청동기에 굴자가 새겨진 경우도 있지만, 대부분의 상대 문자는 '용골(龍骨)'에 새겨진 상태로 발견되었다. 용골의 실제는 거북의 배껍질[腹甲]과 소의 어깨뼈[肩胛骨], 기타 좀 평평한 모양의 뼈로 되어 있다. 이러한 것들은 흑도 문화 이래로 점치는 데 사용되었기 때문에 흔히 '복갑(卜甲)'이라 부르고, 이러한 것들로써 점치는 방법을 '귀복(龜卜)'이라 하였다. 뼈의 한쪽 면에 작은 홈을 파고 이 얇은 홈 부근에 열을 가하여 균열이 생기게 하며, 점치는 사람은 자신의 질문에 대한 가부(可否)의 응답을 이 균열을 통해 판단하게 된다.

복갑의 10분의 1 정도에는 질문한 내용이 새겨져 있고, 약간의 복갑에는 응답이 기록되어 있기도 하며, 때로는 마지막 결과까지 적혀진 것도 있다. 질문 가운데는 신들에 대한 제사, 날씨, 농작, 전쟁, 수렵 출행, 살아 있는 후손에 대한 선조의 음복과 재앙, 그리고 다음 10 일간(10 일, 즉 旬은 당시에 이미 동아시아의 週로 확립되어 있었다)의 행운 등이 포함된다. 상대의 모든 군주는 제사 장임과 동시에 점치는 복사(卜師＝貞人)였으며, 이러한 사실은 당시의 점복이 얼마나 중요한 행위였는지를 시사해 준다. 제사 역시 대단히 중요한 일이었다. 보통은 동물이 사용되었지만, 때로는 맥주의 일종이었던 것으로 보이는 증류주를 제주(祭酒)로서 땅에 붓기도 했다. 제사는 여러 종류의 자연신과 사방(四方)의 신, 그리고 상족의 시조였던 것으로 보이는 제(帝) 혹은 상제(上帝)를 위해 봉헌되었다.

상대의 국가와 사회 상대의 주 산업은 농업이었다. 상대에는 양과 소도 있었지만, 우유와 유제품을 싫어하는 중국인의 전통적 습관이 당시에 이미 형성되어 있었던 것으로 보인다. 청동은 희귀하고 값비싼 것이었기 때문에, 농기구는 나무나 돌로 만들어졌다. 자안패(子安貝)가 일종의 원시적 화폐로 사용되었다. 남쪽 해역에서 생산되는 이 조개는 한자 체계 안에 그 자취를 남기고 있으니, 재부나 교역과 관련된 많은 한자에 '조개 패(貝)'자가 들어 있다. 전 중국 역사를 통하여 그러했던 것처럼, 상대에도 옥(玉)은 대단히 소중하게 평가되었다. (원색 도판 1 참조)

상대 군주권의 계승은 부자 상속(17회) 못지않게 형제 상속(13회)도 빈번하게 이루어졌다. 정주와 안양 부근에서 발굴된 두 개의 도시가 상대 군주들의 도읍지였음이 분명하지만, 이들의 실질적 지배력이 성벽 넘어 얼마만한 범위까지 미쳤는지는 명확하게 알려져 있지 않다. 상 문화의 유적은 황하가 크게 굽이치는 지점에서부터 중부 산동 지방에 이르는 북중국의 광범위한 지역에 점점이 흩어져 있으나, 이 지역의 대부분은 상의 제후국이나 경쟁국들에 의해 지배되고 있었기 때문에, 상에 의해 실제로 통제된 지역은 상당히 좁았을 것이다. 상의 군주들은 부근의 인접국이나 유목민 약탈자들과 빈번한 전쟁 상태에 놓여 있었다.

반면, 상의 국가 규모는 3,000 내지 5,000 명 정도의 병사를 출전시킬 수 있을 만큼은 컸었고, 정주와 안양의 유적지 규모 역시 매우 인상적이다. 건축 양식은 고대 서양의 석조 건축과는 대조적이지만, 근대 중국의 그것과는 본질적으로 같았다. 지붕은 몇 줄의 기둥으로 지탱되었고, 구조적 기능보다 단순한 칸막이 역할만 하는 벽은, 처음에는 흙을 다져 만들었다가 후에는 보통 벽돌을 쌓아 만들었다. 흙을 다져 만든 토대 위에 몇 개의 초석을 놓고, 그 위에 다시 기둥을 세웠다. 지금도 북중국 지방의 관습이 그러하듯이, 건물의 방향은 남쪽으로 향하도록 배려하였다.

궁실과는 달리, 일반민의 가옥은 신석기 시대처럼 구덩이를 파서 대충 만든 움집이었던 것으로 보인다. 지배자와 피지배자 사이의 격차는 안양에서 발굴

상대와 주대 초기의 청동 예기 술잔〔觚〕모양의 왼쪽 기물은 상대의 것이다. 술통〔卣〕모양의 오른쪽 위의 기물은 상대 혹은 주초의 것이다. 광주리〔筐〕모양의 오른쪽 아래 기물은 주대 초기의 것이다. 오른쪽 위의 기물은 굽은 뿔이 달린 물소의 도철문〔動物面型〕을 갖고 있다. 오른쪽 아래의 기물은 안으로 굽은 뿔이 달린 수양의 도철문을 갖고 있다. 도철문 위의 코끼리상이 주목된다.

된 군주 묘〔王陵〕의 웅대한 규모에 의해 좀더 잘 설명될 수 있을 것이다. 왕릉은, 깊이가 43 피트이고 넓이가 5,000 평방 피트나 되는 거대한 구덩이를 판 다음 다진 흙으로 그 속을 채운 것이었다. 시신과 함께 유용하고 가치 있는 물품을 묻는 관습이 있었는데, 이것은 아마도 죽은 사람의 내세에서의 편의를 위한 것이었을 것이다. 무덤 속에서 전차들이 발견되고 있어, 상 역시 기원전 2000년대의 중반에 그리스로부터 중국에 이르는 문명 세계의 모든 통로를 휩쓸었던 전차 문화의 일원이었음을 보여 준다.

많은 수의 귀족이나 비천한 종자들의 몸도 군주와 함께 묻혀졌으며, 한 번에 보통 수십 명, 때로는 수백 명씩이나 되는 다수의 인간을 제물로 바치는 관행도 있었다. 어떤 역사학자들은 상을 노예제 사회로 규정한다. 여하튼, 지배자와 피지배자 사이의 간격은 대단히 큰 것이었다. 상의 군주들은 원래는 인민과 조상과 신들 사이를 중개하는 무당의 우두머리에 지나지 않았을 것이지만, 상이 지배한 약 5 세기 동안에 대단히 강력한 권위를 갖는 지배쟈로 발전하였다. 그리하여 통일되고 권위주의적인 국가를 확립하고 수용하려는 중국적 경향의 기원은 아주 먼 옛날로 거슬러올라가게 된다.

권위주의적 형태의 기원 초기 중국의 전제주의적 정치 형태로 인해 몇 가지 흥미로운 이론들이 제기되었다. 상대의 지배 계급은 청동 야금술과 청동제 무기, 전차 등을 사실상 독점함으로써 국가를 구성하는 다른 성원에 대해 막강한 권력을 행사할 수 있었다. 이 외에 다른 요소들도 작용했을 것이다. 앞서 살펴본 바와 같이, 중국의 가족 형태는 권위주의에 적합하다. 만리장성이 웅변하는 바와 같이, 중국인들은 인접한 유목민에 대한 단결된 방어의 필요성을 끊임없이 느껴 왔기 때문에, 전제적이며 중앙 집권적인 국가의 발달이 촉진되었다고 할 수도 있다.

어떤 학자들은 황하를 제방 안에 가두어 그 물길을 벗어나지 못하도록 하고 중국에서 권위주의적 국가에 공급되는 다른 자원과 마찬가지로 필요한 배수와 관개를 제공하기 위해 거대한 협동적 노력이 필요했다는 사실에 주목해 왔다. 이러한 사업을 완성하기 위해서는 굉장히 많은 사람들의 작업을 몇몇 사람이 관리하지 않으면 안 되었다. 이 치수 이론(治水理論)에 의하면, 물을 통제하는 치수의 노력이 대규모적으로 필요한 곳이라면 어디서나, 전제 군주가 관료 계급의 지원을 받아 조밀한 농촌 인구를 지배하는 전제적, 즉 '동양적' 사회 형태가 발달하게 된다는 것으로, 고대 이집트와 메소포타미아의 상황도 그 동일한 예로 지적된다.

이 이론은 하 왕조를 건국한 우(禹)가 중국의 홍수를 통제했다는 전설과 잘 부합되는 것처럼 보인다. 사실 중국 최초의 대제국이 건설되는 시기에 근접하여, 물을 다스리려는 거대한 협동적 노력이 기울여진 바가 있었다. 그러나 이 사건은 상대보다 약 1,000년이 지난 다음에 있었던 것으로, 상대의 사람들은 농경을 위하여 관개보다는 강우에 더 의존하고 있었다. 그리하여 치수 이론은 중앙 집권적 전제주의의 형태가 후대에 지속하고 강화된 까닭을 설명하는 데 도움을 줄 수 있을지는 몰라도, 상 국가의 그것을 설명할 수는 없게 되었다.

초기의 주

주(周) 국가　　기원전 1050년경에 상(商)을 정복한 주(周) 종족은 황하가 크게 굴곡되는 곳의 서쪽 위수(渭水, Wei-shui) 유역에서 살았다. 그들의 도읍은 오늘날의 서안(西安, Sian) 부근에 있었다. 주족 자신은 농경 민족으로 자처했지만, 서북방의 양치는 이민족(戎狄＝羌)과 근접해서 살았기 때문에 상과는 문화적으로 아주 달랐다. 정복 시대에 거의 이르기까지, 위수 유역에는 낡은 신석기 흑도 문화가 잔존해 있었던 것으로 보인다.

주는 형식적으로는 상의 서쪽 변방을 지키는 제후국(西伯)이었지만, 문왕(文王)과 그의 아들 무왕(武王), 무왕의 동생 주공(周公) 등의 지도자들 영도하에 상을 파괴하고 북중국 전역을 석권하였다. 사실, 위수 유역에서 산동의 동쪽 끝까지 뻗쳐 있고, 남만주에서 양자강 중하류 유역까지 광범위하게 퍼져 있는 주 초기의 유적들은, 상이 지배하였던 범위보다 더 넓은 영역이 그들에 의해 정복되었음을 시사하고 있다.

2륜 경마차나 4륜 수레를 이용해야 하는 당시의 원시적 교통 문제 때문에, 그처럼 광대한 영역을 직접 통치하는 것은 불가능한 일이었다. 주공은 상(商)의 옛 심장부였던 오늘날의 낙양(洛陽, Loyang)에 제2의 도읍을 건설하였으며, 다른 한편으로 주의 군주들은 다수의 제후들에게 권력을 위임하였다. 제후의 대부분은 군주의 자제나 인척이었으나, 혈연적으로 무관한 공신들이나 주의 종주권을 인정하는 지방의 귀족들도 포함되어 있었다. 당시에 이들 제후들은 엄격한 계급 질서 안에서 공(公), 후(侯), 백(伯), 자(子), 남(男) 등 5 등급의 작위(爵位)로 등급지어져 있었다. 각 제후국은 본질적으로는 성벽으로 둘러싸인 성읍과 그 주위의 근교로 구성된 조그마한 도시 국가였다. 이러한 국가들이 얼마나 있었는지는 알려져 있지 않다. 그러나 많은 도시 국가들이 다른 국가에 의해 병합되고 또 새로운 주변국들도 발생하여, 기원전 8세기에 이르면 200 개 정도의 국가가 있었던 것으로 보인다.

각 영주는 주의 종주권을 인정함과 동시에, 자기 영지 안에서 자치권을 향유할 수 있었다. 이 체제는 흔히 '봉건적(封建的)'이라고 일컬어지고 있으며, 동아시아 인들은 이 말을 서양의 중세와 일본의 봉건제에 대해서도 사용하고 있다. 그러나 '봉건 제도'가 이 경우 옳은 말인지는 의심스럽다. 주 초기에 관한 우리의 지식 가운데 많은 부분이 후세 중국인들의 생각에 의해 윤색되었다. 그들은 주 초기를 일종의 '황금 시대'로 생각하여, 그것으로부터 정치적 통일과 조직에 대한 그들 자신의 소망을 발견하였다. 뿐만 아니라 정치에 있어 지배적 원리가 되어야 한다고 그들 자신이 느껴 왔던 전례와 예의 및 도덕이 바로 그 황금 시대에서 강조되었던 것으로 생각했던 것이다. 외견상으로는 서양의 봉건 제도와 닮은 점이 없지 않지만, 실제에 있어서는 십중팔구 아주 다르다. 주의 효과적 통제는 봉건 제도의 법적 원칙보다는 혈연적 유대, 혹은 유사 혈연 관계의 결속에 더 크게 의존하고 있었다. 주의 체제는 아마도 2,000 년 뒤에 실현되었던 유럽의 봉건 조직보다는 차라리 같은 시기에 서아시아에서 총독을 통해 지배했던 체제와 더 가까웠을지도 모른다.

주는 상과 같이 계급이 뚜렷하게 나누어진 사회였다. 귀족적 전사들의 도움을 받는 세습적 영주가 농민 대중과 주로 가내 노복으로 사역된 완전 노예를 지배하였다. 후대의 문헌에는, 주 초기에 여덟 가구의 농민이 각 가구에 할당된 농지를 경작하면서, 가운데 있는 농지는 영주에게 바치기 위하여 공동으로 경작하였던 것으로 기록되어 있다. 이 토지 제도는 '정전(井田)제'라 불려져 왔는데, 그 까닭은 우물 '井'자가 농지를 아홉 조각의 단위로 나누는 모양을 묘사하기 때문이다. 이것은 의심할 여지없이 후대에 이상화된 것이지만, 공동체에 의해 농지가 소유되고 그 생산물이 분배되는 시대를 반영하는 것이기도 하다.

주(周)의 문화　　주의 정복자들이 문화적으로 보수적이었음은, 주 초기에 이르러서도 상의 문화가 거의 단절 없이 존속되었다는 사실에 의해 입증된다. 육중한 청동 예기들이 계속 주조되었으며, 그 가운데는 긴 명문이 새겨진 것이 많이 있었다. 그러나 문양은 상대의 그것보다 조야한 것이 이따금 있었으며, 시대가 지남에 따라 섬세한 기교가 약화되어 단순화되었는데, 아마도 그 까닭은 문양 본래의 종교적 의미가 상실되고 단순히 전통으로서의 관행만 남게 되었기 때문일 것이다. 문자 체계도 중단 없는 진화를 계속하였고, 점복 역시 결국은 다른 점치는 방법에 의해 대체되었지만 주 초기까지는 상대의 방법이 여전히 행해지고 있었다.

군주 권력의 계승은 상대의 경우와 달리 부자 상속이었으며 (주공이 왕위에 오르는 데 실패한 것이 적절한 주요 사례의 하나라고 하겠다), 왕은 흙으로 만든 정방형의 광대한 뾰족탑(pyramids) 아래에 묻혀졌다. 주대의 주신(主神)은 천(天)이었다. 천은 하늘, 즉 '하느님'을 뜻하게 되었지만 '天'자가 원래 사람의 모양을 대충 묘사한 것이기 때문에, 천의 기원은 신을 의인화한 데서 비롯되었던 것임이 분명하다. 주왕은 스스로 하느님의 아들 즉 '천자(天子)'를 자칭하였으며, 자기들이 하느님의 명령, 즉 '천명(天命)'을 받았다는 근거에 의존하여 상을 정복한 행위를 정당화하였다. 각 촌락 공동체에서는 생명을 주는 땅에 대해 제사를 지냈는 데 반해, 왕실의 주요한 전례 행사는 그들의 조상 '하느님〔天〕'을 중심으로 이루어졌다. 그 뒤 역대의 왕조들이 20세기에 이르기까지 이 고대의 제사 의식을 지속하였으며, 지금도 북경에는 하느님에게 제사 지내는 원형의 제단〔天壇〕과 땅의 신에게 제사 지내는 정방형의 제단〔社壇〕이 웅장한 모습으로 세워져 있다.

제3장
고전적 중국——중국 사상의 황금 시대

후기의 주(周)

초기의 주가 얼마나 오랫동안 그 광대한 정복지를 효과적으로 지배할 수 있었는지는 확인하기 어렵지만, 아마도 그다지 오래가지 못했거나 지속적이지 못했을 것이다. 주왕(周王)에 대한 제후들의 충성은 시간이 흐름에 따라 점차 약화되었을 것이다. 기원전 841년, 주의 열번째 왕[勵王]이 국인(國人)에 의해 도읍으로부터 추방되었으며, 이로 인한 13년간의 통치 공백 기간이 발생하였다. 중국의 마르크시스트 역사가들은 이 사건을 중국 역사상 첫번째의 민중 봉기로 중시하고 있다. 이 사건은 주 국가의 심각한 붕괴를 초래하였으며, 그해부터 중국의 전통적인 연대 기록이 비로소 신빙성을 갖게 되었다.

그 다음의 왕[宣王]은 주의 힘을 회복하기 위하여 노력하였는데, 주초의 정복시에 전차 350승(乘)이 동원되었던 데 비해, 그는 3,000승의 전차와 3만 명의 전사를 거느렸다고 한다. 그러나 기원전 770년, 중국 안에서 반란을 일으킨 공국(公國)과 연합한 '융적(戎狄)'이 도읍[鎬京]을 파괴하였을 때, 그때까지 남아 있었던 주의 힘은 모두 소멸되어 버렸다. 전승에 의하면, 주의 열세번째 왕[幽王]은 오로지 그의 애첩을 즐겁게 해 주기 위하여 봉화를 올려 제후의 군대를 거듭 소집하였기 때문에, 막상 제후의 도움이 정말 필요해졌을 때는 아무도 원군을 보내지 않았다고 한다. 주의 사직(社稷)은 동쪽에 있는 제2의 도읍 낙양(洛陽, Loyang)에서 재건되었지만, 주 왕실은 기원전 256년에 완전히 멸망할 때까지 오직 일정한 종교적·의례적 기능만을 유지하였을 뿐, 실질적 의미의 정치적·군사적 권력은 다시는 행사하지 못하였다.

도읍의 지리적 위치로 인해, 기원전 770년 이전의 시기는 서주(西周)라 하고 770년 이후의 시기는 동주(東周)라 부른다. 중국인들은 계산할 때 십진법을 대단히 강조하지만 (그들은 한 다스 12개, 일주 7일과 같은 것은 거의 사용하지 않는다) 전통적으로 시간을 세기로 계산하지는 않았다. 그 대신 그들은 서주 혹은 동주와 같은 왕조 단위로 역사를 구분한다. 중국인들은 동주를 다시 두 개의 더 짧은 시기로 재구분하는데, 그 전반부는 '춘추(春秋) 시대'(보통 기원전 722~481년으로 연대 추정한다)라 하고 후반부는 '전국(戰國) 시대'(403~221)라 한다. 이 두 시대의 명칭에 대해서는 뒤에 다시 설명될 것이다. 또한 이 책에 부록된 연대표는 독자가 중국의 각 왕조 및 시대와 서력 연대의 상응 관계를 이해하는 데 도움을 줄 것이다.

기술의 발달과 경제의 성장　통일 제국의 이상에 고취된 후대의 중국인들은 동주를 절망적인 분열의 시대로 기억하였다. 그러나 이 시대는 역동적인 성장의 시대였으며, 폭발적인 활력의 시대요, 경이로운 창조의 시대였다. 중앙 집권적인 권력이 결여되고 경쟁적 국가들이 복수로 존재하는 당시의 상황은 오히려 하나의 자극으로 기능하였을 것이다. 동주는 여러 측면에서 중국 역사상 가장 격동적이고 낭만적인 국면이었다.

기술적으로 서아시아에 뒤떨어져 있었던 중국은 기원전 8세기까지는 기술의 여러 방면에서 서아시아를 따라잡았을 뿐만 아니라, 이미 지구상에서 가장 인구가 많은 나라가 되어 있었다. 동주 시대 중국의 7개 강대국은 대략 2,000만 명의 인구를 갖고 있었는데, 이 숫자는 당시 서아시아와 지중해 연안 국가의 전체 인구와 거의 맞먹는 것이다. 서방에서 1,000여 년 정도 앞서 출현하였던 철이 기원전 5세기에는 중국에서도 이미 일반화되기 시작하였다. 무기의 재료가 청동에서 철로 바뀌어졌으며, 철제 농기구와 소가 끄는 쟁기는 중국에 농업 혁명을 가져다 주었다. 그 당시까지 경작되지 못하였던 북중국의 황무지도 쟁기에 의해 개간되었으며, 고립 상태로 남아 있었던 주변 민족[夷狄]의 거주 지역도 선진 문화권 안으로 흡수되었다. 대규모의 관개와 기타 여러 종류의 치수(治水) 사업에 의해 곡물 생산량 역시 크게 증대되었으며, 운하의 건설을 위해 많은 노력이 경주되었는데, 이것은 경제 단위가 확대됨에 따라 대량의 납세용 곡물과 기타 생활 필수품을 장거리로 수송해야 할 필요성이 제고되었음을 가리킨다.

생산의 증대는 무역의 급속한 발달과 부의 엄청난 증식을 동반하였다. 주 시대가 진행됨에 따라 각종의 부유한 상인들이 점점 더 늘어갔다. 이 신흥 계급은 낡은 귀족적 질서를 붕괴시키는 존재로 인식되었기 때문에, 귀족 계급은 아마도 자기 방어를 위해, 사회를 4종의 계급으로 구성하여 사(士 ; 전사 및 행정 관리)가 최고 위에, 농(農 ; 농민, 즉 주산물 생산자)과 공(工 ; 장인, 즉 부산물 생산자)은 그 다음에, 상(商 ; 모든 종류의 상인)은 가장 마지막 자리에 위치한다는 이론을 유포하였는데, 귀족들에게는 상인의 경제적 가치가 의심스러웠던 것으로 보인다. 사농공상(士農工商)의 계급 질서는 주대 말기에 있어서도 실현되지 못한 것이었음에도 불구하고, 이 비현실적 이론은 그 뒤 2,000년 동안 동아시아의 이념적 지표로 존속하였다.

비단(匹)과 귀금속 덩어리가 초기에서부터 근세에 이르기까지 교환 수단으로 계속 사용되었지만, 이 동주 시대에 가장 널리 유포된 화폐는 동전이었다. 최초의 금속 화폐는 서부 중국의 국가들에서는 작은 농기구의 모양으로, 동부에서는 작은 칼 모양으로 주조되었으나, 주대 말기에 이르기 전에 이미 꿰기 위해 네모난 구멍을 뚫은 원형의 작은 동전이 사용되었으며, 이러한 원형방공(圓形方孔)의 동전은 19세기말에 이르기까지 중국의 표준 화폐로 존속하였다. 주대 말기에는 젓가락이나 칠기(漆器)와 같이, 중국 문화의 특징을 표현하는 또 다른 문화 양식들도 등장하고 있다.

동주 시대의 여러 나라들   기술 및 경제적 발전과 더불어, 효과적인 정치적 단위 역시 끊임없이 성장하여 갔으니, 동주 시대 후기에 이루어진 거대한 규모의 치수 사업이 이를 명백하게 증명한다. 북중국에 분포된 군소 도시 국가들이 이합 집산하는 혼란의 소용돌이 가운데서도, 10여 개의 국가들이 이미 기원전 8세기까지는 보다 크고 능률적인 정치 단위로 모습을 드러내었다. 그러나 이러한 나라들은 그 후 몇 세기 동안에 그들의 지도력을 주의 문화권 주변에 있는 나라들에게 빼앗겼다. 이들 중원의 나라들은 북중국의 한가운데에 밀집하여 모여 있었기 때문에, 성장의 근거를 확장하기 어려웠을 뿐만 아니라, 전통에 의해 보다 강하게 구속되어 있어 정치·군사 및 경제적 기술의 혁신이 어려웠을 것이다. 예를 들면, 노(魯, Lu)나 송(宋, Sung)과 같은 나라는 그들의 군주들이 주공(周公)과 상(商) 왕실의 후손이라는 자랑스러운 전통을 갖고 있었을 뿐만 아니라, 동주 초기까지만 해도 주요한 지위를 점하고 있었음에도 불구하고, 그 뒤로는 점차 주변 국가의 위성국으로 전락해 갔던 것이다.

제(齊, Ch'i)는 주변 국가의 전형적인 경우였다. 북중국 평원의 동쪽 끝에 위치한 제는 그 지배 영역을, 산동 반도 구릉 지대의 거의 전역으로 확장하여 기원전 6, 7세기에는 영토를 여섯 배나 증가시킴으로써, 오늘날 중국의 일개 성(省)의 범위와 필적할 만한 지역을 지배하게 되었다. 북쪽으로, 오늘날의 산서(山西, Shansi)성에서는 진(晉, Chin)나라가 제와 필적할 만한 영토를 점유하고 있었다. 그 동북쪽의, 지금의 북경(北京, Peking) 부근에는 연(燕, Yen)나라가 있었는데, 북경을 연경(燕京, Yen-ching)이라 부르는 전통은 여기에서 기원한다. 서쪽에서는, 다른 나라들로부터 반이적(半夷狄)시되었던 진(秦, Ch'in)이 주(周, Chou)를 대신하여 위수(渭水) 유역을 차지하고 있었다.

남쪽에서는, 반이적 국가인 초(楚, Ch'u)가 기원전 8세기까지 양자강 중류 지방을 따라 광대한 영토를 확보하였다. 초는 처음부터 '왕(王)'을 자칭함으로써 주의 유명 무실한 지배를 거부하였다. 초의 동쪽에서는, 오(吳, Wu)나라가 기원전 6세기에 이르러 양자강 하류 부근의 지역을 지배하게 되었다. 오의 남쪽, 연안 지역에서는 월(越, Yüeh)이라는 강력한 국가가 출현하였다. 큰 호수와 항행이 가능한 큰 강의 유역에 위치한 이들 세 나라들은 육군과 더불어 해군력도 보유한 강력한 수군국(水軍國)이었다. 상해(上海, Shanghai) 지방 사투리인 '오언(吳言)'이란 말은 바로 이 오나라의 이름에서 유래하였으며, 월나라의 이름 역시 그 뒤 중국 문화권의 남쪽 경계와 관련된 말에 항상 출현하여, 마침내 '월남(越南, Vietnam)'이란 이름의 기원이 되었다.

강대한 주변 국가들에 의해 지배된 지역들은 대부분 서주 초기 정복 활동의 대상이 된 곳이었지만, 이들 지역의 일부는 중원 사람들에 의해 이적시된 이민족들의 거주 지역이었다. 북쪽과 서쪽에 살던 이적은 중국인과 같은 농경민

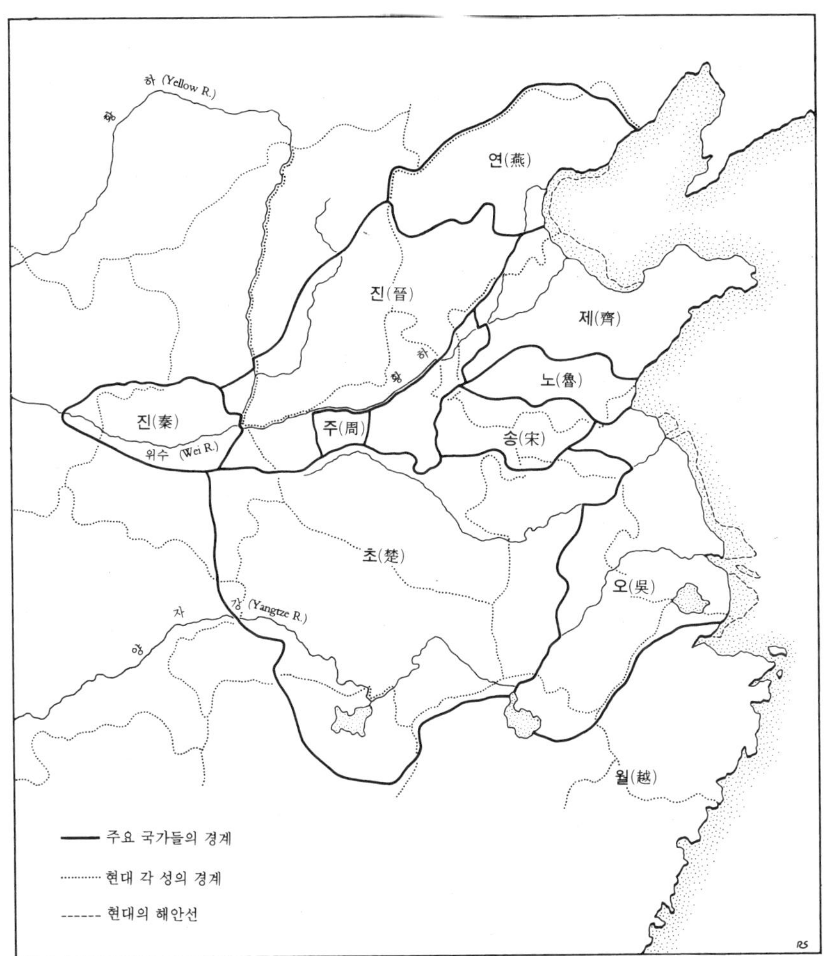

기원전 6세기의 중국

이었으나, 중국인들이 알아들을 수 없는 말(비록 그들의 언어가 지나어계와 관련되어 있었을 터이지만)을 사용하였다고 하며, 중국의 그것과 구별되는 독특한 문화적 특징들을 많이 갖고 있었을 것임이 분명하다. 이들 이적 종족들이 동주 시대 동안에 중국 문화권 안으로 편입된 것은, 서남쪽 끝에서 여전히 동화되지 않은 채 남아 있는 소수의 종족을 제외한, 양자강 유역과 남중국의 비한족계(非漢族系) 이민족들이 점차 중국 문화의 주류(主流) 안으로 빨려들어가는 거대한 문화 변용 과정의 시작이었다.

정치 및 사회적 개혁　주초의 도시 국가들은 고도의 귀족 사회였다. 각국의 제후들은 공동의 조상신에 대한 제사를 유지하는 주례자로서 일종의 종교적 정통성을 주장하였으며, 그들 예하의 전사들은 대부분 친인척으로 구성되었다. 그러나 기술이 발달하고, 부가 축적되며, 무역이 성장하고, 인구가 증가할 뿐 아니라, 정치적 단위가 확대됨에 따라, 종족적(宗族的) 성격이 강한 전통적 조직은 시대의 변화에 적응하기 어렵게 되었다. 이미 많은 수의 국가들이 종족처럼 통제하기에는 너무나 커지고 복잡하게 되었던 것이다.

농지를 공동체적으로 사용하던 종래의 방식은 점차 사적 소유제로 대체되었으며, 부의 근거를 토지 소유나 상업 활동에 두고 있는 강력한 신흥 가문들이 제후와 혈연적으로 가까운 구귀족 계급의 역할과 지위를 대신하게 되었다. 이러한 종류의 신흥 가문들은 때로는 하극상(下剋上)을 시도하여 옛 제후의 자리를 빼앗기까지 하였다. 북쪽의 진(晉)나라가 분할되어 한(韓, Han), 위(魏, Wei), 조(趙, Chao)의 3국으로 계승된 사건이 그 유명한 일례라 하겠다. 이 사건은 기원전 453년에 일어나 403년에 주왕(周王)에 의해 공식적으로 인정되었다. 따라서 기원전 453년과 403년은 전국(戰國) 시대의 기점으로 간주되고 있다.

광대한 영토를 통제하에 두고 신하로 하여금 제후의 권위에 도전하지 못하게 하려면, 옛 귀족 사회에서 사용된 방법보다 더 강력하고 더 효과적인 방법이 강구되지 않을 수 없었다. 그 결과, 보다 비인격적인 정치 제도가 발달하고 보다 강력한 중앙 집권적 권력이 발전하였다. 이러한 성격의 몇몇 주요한 개혁이 동쪽 제나라의 환공(桓公, 기원전 685~643)과 그의 유능한 재상인 관자(管子, Kuan-tzu)에 의해 실현되었다(뒤에 성립된 〈관자(管子)〉라는 이름의 책도 일반적으로는 관자〔管仲〕에 의해 저술된 것으로 알려져 있다). 그들은 제(齊)의 인민을 중앙 정부에 의해 통제되는 지역 단위들로 나누어 재편성하고, 통일된 조세 제도를 재정하였으며, 세습 귀족들이 가구 단위로 병역을 차출하였던 것과는 달리, 각급의 지역 단위로 하여금 중앙군의 징집에 응하도록 요구함으로써 군대 조직을 재편성하였다고 한다. 제는 또한 적극적인 경제 정책을 시행하여, 물가를 조절하고 도량형기를 통제하며 무역을 장려하려 하였다. 소금과 철의 생산을 국가가 독점하는 정책을 처음으로 실현한 인물 역시 관자였던 것으로 전해지고 있는데, 염철(鹽鐵) 생산의 국가 독점은 이후 중국의 중앙 집권적 정부를 유지하는 데 가장 주요한 경제적 지원이 되었다.

이러한 개혁들 가운데서 얼마나 많은 것들이 실제로 기원전 7세기에 시행되었는지, 혹은 제에서 처음으로 실현되었는지를 확인하기는 쉽지 않다. 아마도 염철 생산의 국가 독점제는 그렇게 일찍부터 발달하지는 않았을 것이지만, 관자에 의해 시행되었다는 모든 종류의 개혁은 적어도 주대 후기까지는 중국에서 실제로 출현한 중요한 개혁이었다. 지방 정부를 중앙에서 통일적으로 통제할 수 있는 체제의 확립과, 농업 조세를 징수하는 확고한 제도의 발달은 권력이 중앙 집중화하는 과정의 주요한 양상임이 분명하다. 중앙 집권화의 또 다른 주된 요소는, 전문적 행정 관료가 출현하여 구귀족 계급을 대신하여 군주의 보좌역을 수행하였다는 점이다. 관자 자신이 최초로 그러한 관료의 분명한 예가 될 것이다. 일반적으로 인정되는 전통에 근거하여 인격적으로 통치하던 낡은 제도도 글로 기록된 법전[成文法典]에 자리를 내어 주었다. 역사에 알려진 최초의 성문 법전은 진을 계승한 3국의 하나인 위(魏)의 문공(文公; 기원전 445~396)에 의해 제정되었다.

군사적 발달 동주 시대에는 전쟁의 규모와 본질 역시 변화되었다. 동주 초기만 해도, 적어도 외관상으로는 전투에 관한 엄격한 규율이 준수되고 있었으며, 다른 귀족의 가문을 비록 복종은 시킬지언정 절멸시켜서는 안 된다는 감정이 강하게 남아 있었다. 이렇게 가문의 정통성을 강조함으로써, 중원의 약소한 국가들은 주변 강대국들의 위협을 억제할 수 있게 되기를 기대하였을지도 모른다. 그러나 이제 전쟁은 규모에 있어 훨씬 더 확대되고 보다 더 잔혹하게 되었다. 정복된 국가는 영원히 소멸되어, 승전국의 중앙 정부가 직접 통제하는 지방의 일개 행정 단위[郡縣]로 편입되었다. 기원전 4, 3세기에는 모든 제후국이 초(楚)의 선례를 따라 제멋대로 왕호(王號)를 자칭함으로써, 이제는 주 왕실의 이론적 권위조차도 더 이상 인정하지 않을 것임을 표명하였다. 전차는 주대 말기까지도 계속 사용되었지만, 값싼 철제 무기의 보급으로 인해 전투력의 규모가 크게 증대되었다. 값비싼 청동제 무기로 무장하여 마차를 몰았던 귀족 전사들 대신에, 농민 출신의 보병이 육군의 중추적 역할을 수행하게 되었는데, 이들 보병의 규모는 이제 수만 명을 헤아리게 되었다.

군사적 개혁의 또 다른 내용은 기마병의 사용이었다. 중앙 아시아와 서아시

실루엣으로 그려진 말을 탄 궁수의 모양으로, 주대 말기의 기와에 찍혀져 있다.

아의 유목민들에 의해 처음으로 개발된 말타기는 그 군사적 충격은 차치하더라도, 중국인들에게 중차대한 문화적 영향을 미쳤다. 말타기로 인해 가능해진 엄청난 기동력은 서아시아 농경 문명과 동아시아 농경 문명 사이의 교통을 촉진시켰다. 이로 인하여 서방의 발명품과 지식들이 이 시기에 보다 빠른 속도로 중국에 유입되어, 앞서 존재하였던 양자간의 기술적 간격을 해소시키는 데 도움을 주었다. 시각 예술의 분야에서도 예를 들면, 서방에서 강조되는 초상화의 실루엣(silhouette) 기법조차 중간에 위치한 유목민의 중개에 의해 중국으로 전달되어, 옛날 상대식(商代式) 문양을 대신하게 되었다.

 북쪽으로 중국과 인접한 유목 민족이 말〔馬〕을 사용함으로써, 중국은 과거 그 어느 때보다 더 심각한 군사적 위협 아래 놓여지게 되었다. 그 결과의 하나로서, 북쪽에 위치한 중국인 나라들이 긴 장벽을 쌓아올렸으며, 이 장벽은 통일된 다음 만리장성이 되었다. 또 다른 결과의 하나로서, 중국인 군대에서 전차가 기병에 의해 교체되었다. 이러한 변화는 석궁(石弓, 즉 弩)의 전래에 의해 더욱 촉진되었을 것이다. 어떤 지방 특유의 발명품이었을 것으로 보이는 석궁은, 중국 고유의 재래식 합성 활과 더불어, 기병에게 가공할 만한 위력을 부여하였다. 말타기의 또 다른 결과는 몸에 꼭 끼는 짧은 웃옷과 바지의 수입이었다. 전통적 복장의 넉넉한 소매와 길고 헐거운 겉옷보다는 이러한 종류의 옷들이 말타는 데 훨씬 더 편리하였다. 그리하여 중국인들은 남자와 여자 모두 바지를 입는 최초의 위대한 농경 민족이 되는 길을 걷기 시작하였다.

정치적 안정의 추구　동주 시대의 국가들은 주 왕실의 권위가 퇴색되고 전쟁이 날로 격화되는 상황에 직면하여, 전쟁을 극소화하고 정치적 상황을 안정시키기 위해 많은 노력을 기울였다. 양자간 혹은 다자간(多者間)의 국제 회의가 매우 빈번하게 열렸고, 많은 군축 제안도 논의되었으며, 국제 조약이 맺어지고 동맹 관계가 형성되기도 했다. 공실(公室) 상호간의 결혼은 동맹 관계를 강화하는 중요한 수단으로 활용되었으며, 인질은 위성국의 충성을 보증하기 위해 널리 사용되었다.

반이적 국가인 남쪽의 초는 북중국 평원의 국가들에게 특별한 위협의 자세를 취하였기 때문에, 초에 대항하기 위한 동맹이 빈번하게 결성되었다. 이 동맹이 처음으로 구체화된 것은 기원전 651년, 제(齊)의 환공(桓公)이 회맹(會盟)의 패자(覇者)로 인정되었을 때였다. 그러나 패자 체제는 중국에 짧고 간헐적인 안정만을 가져다 주었을 뿐, 스스로 패자가 된 강자의 일생이 끝나면 안정도 함께 파괴되었다. 기원전 632년, 환공의 뒤를 이어 패자의 지위에 오른 사람은 진(晉)의 문공(文公)이었다. 이 체제 본래의 목적은 7세기가 다 가기도 전에 초의 왕〔莊王〕이 세번째의 패자가 되었을 때 완전히 상실되었다. 기원전 6세기중에는, 북쪽의 진과 남쪽의 초 사이에 힘의 균형이 형식화되어, 이따금씩 약간의 안정이 성취되기도 했다. 그러는 동안에 오(吳)가 초의 동쪽 변방에서 급속히 성장하여 기원전 482년에는 중국에서 가장 강력한 군사 대국으로 인정받기에 이르렀지만, 473년에는 모든 나라들 가운데서 가장 이적의 성격이 강한 월(越)에 의해 패망하여 병합되고 말았다.

열국간의 질서를 편성하려는 어떠한 시도도 고대 중국에서는 이제 더 이상 이루어지지 않게 되었다. 난폭한 정복이 곧 당시의 질서였다. 기원전 453년에 진(晉)이 분열된 뒤 동방에서는 제가, 서방에서는 진(秦)이, 남방에서는 초가 각각 패권을 주장하는 최강의 대국이었다. 초는 기원전 334년에 월을, 249년에는 중원의 약소국인 노(魯)를 각각 멸망시켰다. 제는 왕위 찬탈에 의해 공실이 교체된 뒤에도 계속 강국으로 존속하여 기원전 286년에는 중원 국가인 송 (宋)을 병합하였으며, 진은 기원전 256년에 끝내 주(周)를 조용히 절멸시켜 버렸다. 마침내 기원전 230년부터 221년에 이르는 일련의 통일 전쟁을 통해, 진은 남아 있던 모든 독립 국가들을 정복하여 처음으로 중국을 통일함으로써, 중국 역사상 새로운 국면의 문을 열었다.

사상가와 고전의 시대

초기의 사상가들　동주는 고도의 경제적 성장, 사회적 변동, 정치적 발달의 시기였다. 세속적인 낡은 권위와 정신적인 옛 권위가 함께 실패하였기 때문에, 현실적 개혁 문제와 더불어 새로운 문제들이 제기되었다. 시대에 뒤떨어진 낡은 전통은 포기되어야 했고, 새로운 가치의 지표가 발견되지 않으면 안 되었다. 인간의 정신은 동아시아 역사상 그 어느 때보다도 더 자유롭게 방랑하고 더 마음껏 방황할 수 있었다.

중국에서 지적 에너지가 폭발했던 이 시기가, 그리스 철학자들, 헤브라이의 예언자들, 그리고 현세의 부처(석가모니)를 비롯한 인도 초기의 종교 지도자들의 전성기와 시간적으로 일치한다는 사실은 매우 인상적이다. 이 시기는 모든 문명 세계를 통하여 굉장한 수준의 사상적 활동이 전개되었던 때였다. 그 이유의 하나는 교통의 촉진으로 인해 문명의 큰 중심지들 상호간에 지적 자극이 있었다는 점이다. 또 다른 이유는, 이들 문명 지역 모두가 이 무렵 많은 수의 사상가들을 지원하는 데 충분한 경제적 능력을 갖추고 있었다는 사실이다. 뿐만 아니라, 인간의 창의적 활동이 날로 증진되어 전통적인 관점이 허물어져 갔으며, 이로 인하여 인간은 도처에서 의식적으로 인생과 사회의 의미나 목적과 같은 근본적 문제를 붙잡고 씨름하게 되었다. 문제의 제기는 같았지만 문제의 해답이 크게 달랐기 때문에, 지중해 문명과 남아시아 문명, 그리고 동아시아 문명은 결정적으로 다른 방향으로 출발하지 않을 수 없었다. 이 위대한 지적 격동의 시대에 형성된 대조적인 사상적 입장은, 지금까지도 여전히 주요 문화권을 구분하는 핵심적 요소의 하나로서 시선을 모으고 있다.

이미 이때부터, 중국인들의 사상적 관심은 주로 사회적·정치적 동물로서의 인간에게 집중되어 있었다. 그것은 매우 '인간적'인 것이며, 혹은 '사회적'인 것이라고 할 수도 있는데, 그 까닭은 개인보다는 사회가 보다 강조됐기 때문이다. 중국의 사상가들이 인간과 사회에 관심을 갖는 태도는 인도나 지중해 세계의 전통적 사상이 신과 내세를 강조하는 것과는 매우 대조적이다. 중국의 사상이 이처럼 독특한 방향을 설정하게 된 까닭을 확인하는 것은 쉬운 일이 아니다. 단지, 주대의 무정부적 상황이 단일한 문화적 단위 안에서 전개되었기 때문에, 정치·사회적 문제가 보다 선명한 주제로 당시의 중국인들에게 제시되었을 것으로 추측할 수 있을 뿐이다.

무엇보다도, 초기의 중국 사상가들은 실제 정치가였다. 그들은 신흥 관료 계급의 일부로서, 교육의 혜택이 확대되고 점차 더 복잡한 정치 체제가 요구되는 상황하에서 배출되었다. 이러한 성격의 사람들은 흔히 나라와 나라 사이를 편력하면서, 그들의 능력을 가장 잘 인정받을 수 있는 곳에서 봉직하였다. 그들 가운데서도 위대한 사상가들은, 실제 정치가로서의 성공 여부에 관계없이 추종자들을 결집하여 그들의 교사가 될 수 있었다. 위대한 사상가의 제자들은 점차 사상의 학파를 형성하였으며, 이들 학파의 기원이 되는 조사(祖師)의 말씀은 후대의 수많은 손에 의해 개작되고 보충되어서, 마침내 주대의 사상적 저작으로 출현하였다.

고전 문헌 중국의 사상가들은 비록 그 자신 과감한 개혁자였던 경우도 적지 않았지만, 그들 가운데 많은 사람들은 다른 문화권의 많은 사상가들이 그러했듯이, 과거에 있었던 것으로 상상된 황금 시대로부터 영감을 얻게 되기를 기대하였다. 사회 문제에 특히 관심이 많은 문명권에서, 인간 경험의 저장소인 역사에 대해 각별한 주의를 기울이게 된 것은 자연스러운 일이다. 과거에 대한 관심과 더불어, 문자화된 언어에 대한 중국인들의 각별한 존경으로 인하여, 초기에 성립된 문헌에 대해 놀라울 정도로 깊은 존경심을 갖게 되었다. 물론 이러한 태도는 전세계에 공통된 것이지만, 중국인의 경우 특별히 강한 의미를 갖는 듯이 보인다. 공자(孔子, Confucius)를 비롯한 고대 중국의 사상가들은 초기의 고전적 문헌들로부터 자신이 가르쳐야 할 가치를 끌어 낼 수 있을 것으로 생각하였으며, 이러한 생각은 최근에 이르기까지 동아시아에서 유지되었다. 2,000년이 지나도록, 중국의 학자들은 새로운 문제를 만날 때마다 고전을 재해석함으로써 그 해답을 짜내려고 노력하였다.

중국인은 질서 정연하게 배열하고 분류하는 것을 좋아하기 때문에, 그들에게 있어 '고전(古典)'이란 말은 단순히 옛 문헌을 일반적으로 가리키는 막연한 용어가 아니라, 주요한 유교적 전통과 관련된 몇몇 특정한 책들을 의미한다. 이 책들, 즉 경전(經典)은 그것을 중심으로 성립된 방대한 규모의 주석서들과 더불어, 중국의 전통적 문헌 분류법인 경사자집(經史子集)의 4분법에 의하여 첫번째 부류로 분류된다. 여러 가지 경전 목록은 모두 주대 이후에 성립되어 여러 시대의 저작을 함께 싣고 있지만, 가장 일찍 성립되고 가장 중요한 5경(五經)의 범주는 기원전 2세기에 확정되어 가장 오래되고 가장 존중되는 저작들을 포함하고 있다.

5경의 첫번째 문헌은 〈시경(詩經, Shih ching)〉으로서, 기원전 10세기부터 7세기까지 성립된 305편의 시로 이뤄져 있다. 그 중 일부는 사랑을 노래한 연애시이고, 나머지는 정치적 내용의 시나 의례적 송가(頌歌) 등 다양한 내용으로 구성되어 있다. 그러나 이들 모두가 운율, 리듬, 각운(脚韻) 등의 양식을 갖추고 있어 단순한 민요라기보다 인위적으로 다듬어진 문학적 전통의 산물이었음이 분명하다. 이 같은 초기에 있어서조차 시는 분명 중국 문화의 중요한 부분이었으며, 그 뒤로는 시를 읊고 지을 수 있는 능력이 교양 있는 사람의 표시가 되어 왔다.

〈서경(書經, Shu ching, 尚書)〉은 주초 이래의 반(半)역사적 문서와 담화의 내용을 담고 있으나, 지금은 이 책의 상당한 부분이 후대의 위작(僞作)이었던 것으로 알려져 있다. 기원전 2세기 이래로 2종의 다른 상서 전본(尚書傳本)이 발달하였고, 이 책 안에 위작된 부분이 포함되어 있다는 문제가 제기되었기 때문에, 그 후 문헌학적·사상적 논쟁이 끊임없이 지속되었다.

〈역경(易經, I ching, 周易)〉은 여러 시대에 걸쳐 만들어진 또 하나의 문헌이다. 8괘(卦)와 64괘를 중심으로 성립된 〈주역〉은, 상대의 복귀(卜龜)·복갑(卜甲)에 대신하여 주대적 점복 방법으로 발전한 것이었다. 동아시아의 예술작품에서 자주 묘술되어 온 8괘는, 온전한 선(──)과 끊어진 선(──)을 가능한 모든 방법으로 배합하여 세 줄로 나열한 것이다. 만약 세 줄 대신 여섯 줄을 사용한다면, 배합의 가능성은 64가지에 이른다. 아마도 홀수 혹은 짝수의 가새풀나무 줄기를 그려서 8괘나 64괘 가운데서 어떤 하나를 고를 수 있

8괘(八卦)로 둘러싸인 음양(陰陽)의 상징(64쪽 참조)이 새겨진 흰색 옥(玉).

었다면, 〈주역〉은 그 괘에 대하여 어떤 조언을 제공해 주었을 것이다. 다시 말해서 〈주역〉은 점술가의 안내서였다.

〈춘추(春秋, Ch'un ch'iu)〉는 노(魯)나라에서 일어났거나 노나라에 전해진 주요 사건을 간략하게 연대기적으로 기록한 것이다. 그리하여 이 책에서 다루고 있는 시간적 범주, 즉 기원전 722년부터 481년까지를 흔히 '춘추 시대'라 부르게 되었다. 이 책은 간결하고 매우 사실적이지만, 공자 이후의 사상가들은 공자가 각각의 사건을 기술하기 위해 말들을 선택할 때 대단히 큰 사상적 의미를 부여하였을 것으로 믿고 있었다. 그러나 공자 자신이 이 책을 편찬하였다는 전승은 의심할 여지없이 그릇된 것이다.

56

5경의 마지막 문헌인 〈예기(禮記, Li chi)〉는 의식과 의례에 관한 초기의 자료들을 모아 기원전 2세기에 편찬한 것이다. 앞으로 살펴보겠지만, 예(禮)란 사회 질서에 관한 유교적 개념 가운데서 가장 핵심적인 요소였으며, 〈예기〉역시 유교적 전통에 뿌리를 둔 것임이 분명하다. 〈예기〉이외의 문헌들도 유교와 밀접하게 관련되어 5종의 문헌이 모두 일반적으로 유교적 경전이라 불려지게 된 것이다.

주대 이후 1,000여 년이 더 지난 다음, 4종의 비교적 짧은 저작들이 방대한 양의 고전적 문헌들 가운데서 유교적 가르침을 가장 잘 구체화한 책으로 선택되었다. 4서(四書)로 알려져 있는 이 책들 가운데는 〈예기〉의 두 장(章)에서 뽑혀진 〈대학(大學, Ta hsüeh)〉과 〈중용(中庸, Chung yung)〉이 포함되어 있다. 나머지 두 책은 공자 자신의 어록인 〈논어(論語, Lun-yü ; 대화라는 뜻임)〉와, 공자의 가장 위대한 후계자인 맹자(孟子, Meng-tzu)의 어록, 즉 〈맹자(孟子)〉이다. 〈논어〉와 〈맹자〉는 5경과 기타 초기의 몇몇 저작들과 더불어 13경으로 분류되기도 한다. 13경에서는 〈춘추〉가 3종의 책으로 계산되는데, 그 까닭은 〈춘추〉에는 3종의 전(傳) 즉 주석서가 있기 때문이다. 그 중 두 가지인 〈공양전(公羊傳)〉과 〈곡량전(穀梁傳)〉은 단순한 해설서에 지나지 않지만, 제3의 전, 즉 〈좌전(左傳, 左氏春秋, Tso chuan)〉은 상세한 정치사로서, 여기에는 상상에 의해 복원된 구체적 사실도 많이 포함되어 있지만, 그럼에도 불구하고 당 시대에 대한 주요한 역사적 자료가 된다.

비(非)유교적 사상가들의 저술들은 결코 경전(經典) 가운데 포함될 수 없었으며, 기타 경전에 필적할 만큼 중요한 여러 역사적·문학적 고문헌들도 공식적 인정을 획득하는 데 실패하였다. 주대 후기의 가장 뛰어난 시집인 〈초사(楚辭, Ch'u tz'u)〉는 그 대부분이 기원전 3세기초에 살았던 남방 국가 초의 귀족 굴원(屈原, Ch'ü Yüan)에 의해 지어진 시들로 구성되어 있다. 그의 〈이소(離騷, Li sao)〉는 시 공간을 통해 공상의 나래를 편 것으로, 〈시경〉에는 매우 결여되어 있는 풍부한 상상력과 '반(半)이적'적 남방민의 개성을 보여 주고 있다.

유교(儒敎)와 도가(道家) 사상

공자(孔子) 우리가 알고 있는 중국 최초의 교사요, 최초의 사상가가 동아시아에서는 언제나 최고의 스승이요, 최고의 사상가로 인정받아 왔음은 부인할 수 없는 사실이다. 우리는 그를 공자라고 부르며 혹은 공부자(孔夫子, K'ung-fu-tzu)라고도 한다(子는 '남자'에 대한 높임말임). 그는 기원전 551~479년경에 살았으며, 그에 대해서 우리가 알고 있는 것의 대부분은 〈논어(論語)〉에 근거를 두고 있다. 이 책의 대부분은 질문에 대한 공자의 답변으로 이뤄져 있는데, 그 첫머리는 '子曰'이란 말로 시작된다. 〈논어〉는 공자의 제자나, 그 제자의 제자에 의해 씌어졌으며 후대에 첨가된 부분도 많이 포함하고 있다.

공자는 전통적 중원 국가인 노(魯)나라에서 태어났다. 그는 높은 정치적 직책을 갈망하였으며, 관직을 구하기 위하여 이 나라 저 나라를 헛되이 편력하였다. 그리하여 그는 자신이 선택한 실제 정치가로서의 역할에서는 실패하였다. 그러나 부수적인 일로 생각했던 교사로서의 역할에 있어서는 유례없는 성공을 거두었음이 시간이 지남에 따라 증명되었다. 공자의 가르침은 얼핏 한 번 보아서는 재미없고 밋밋하게 보인다. 그는 정치적 문제에 지대한 관심을 가짐으로써 당시의 일반적 경향을 보여 주었다. 그는 영혼과 하느님[天]에 대해 충분히 인지하고 있었을 뿐만 아니라, 때로는 천명에 기초한 사명감 같은 것을 보여 주기도 했지만, 그가 초인간적 영역에 그다지 관심을 갖고 있지 않았음은 분명한 사실이다. 죽음에 대한 질문에 대하여 그는, "생에 대해서도 아직 알지 못하는데 어떻게 죽음에 대해 알 수 있겠는가?"라고 응답하였다. 정치적 영역에 있어서도, 그는 자신이 단지 고대를 열심히 연구하고 옛 지혜를 성실하게 전달하는 사람일 뿐이라고 주장하였다. 그는 사람들이 문왕(文王)과 주공(周公) 등 주 왕조의 창건자들에 의해 창출된 것으로 보이는, 정치 사회 질서로 돌아가게 된다면 당시의 무질서가 극복될 수 있을 것으로 생각했다.

옛 도(道)로 돌아가기 위하여, 사람들은 고정된 권위의 사회 안에서 자신의 맡은 역할을 성실하게 수행해야 한다고 공자는 생각했다. 이러한 생각은 "임금은 임금다워야 하고 신하는 신하다워야 하며, 어버이는 어버이다워야 하고 자식은 자식다워야 한다.”는 말로써 간단 명료하게 표명되었다. 이 개념은 그 뒤 '정명(正名)'이라는 말로 표현되어, 유가(儒家)주의자로 하여금 사회의 현실은 이론[名分]과 일치되어야 한다는 믿음을 갖게 하였다.

이 모든 것들이 공자를 극단적인 보수주의자로 보이게 할지도 모른다. 그러나 공자는 자기 자신은 의식하지 못했을지 몰라도, 사실 위대한 개혁자였다. 왜냐하면 그는 좋은 정치란 근본적으로 윤리적인 것이라는 새로운 기본 개념을 제시하였기 때문이다. 그는 제후가 통치할 수 있는 세습적 권리에 대해서는 의문을 제기하지 않았지만, 제후의 첫째 의무는 건전한 윤리적 행위의 적절한 모범을 보여 주는 것이라고 주장하였다. 권력이 정의였던 시기에, 공자는 권력보다는 군주의 덕(德)과 인민의 만족이 정치적 성공의 진정한 척도가 되어야 한다고 고집하였다. 공자 이전의 중국 사상은 도덕 이전의 성격을 갖고 있었으니, 점복과 제사가 그 중심된 내용이었다. 공자는 중국 최초로 도덕을 가르친 위대한 도학자(道學者)였으며, 윤리적 가치가 모든 것에 우선한다는 위대한 윤리적 전통의 창건자였다.

공자의 이상은 '군자(君子)'였다. 군자란 문자 그대로 '군주의 아들' 즉 '귀족'이란 뜻이지만, 공자의 손에 의해 이 말은 귀족이란 뜻에서 '고귀한 사람'의 의미로 바꾸어졌다. 이 말은 아마도 교양 있는 사람 혹은 뛰어난 사람이란 뜻에서 '신사(紳士)'라는 말로 풀이되어도 좋을 것이다. 공자는 여러 차례에 걸쳐 군자가 갖추어야 할 덕목에 대하여 언급하였다. 정직 즉 내적 성실성 [直], 정의[義], 타인에 대한 의식 즉 충성[忠], 이타심 즉 상호 호의[恕], 그리고 무엇보다 중요한 사랑, 즉 인정[仁] 등이 그것이다.

공자는, 군자에게 필요한 자질을 이러한 내적 덕목에만 국한시키지 않았다. 군자는 '교양' 혹은 '세련미'를 뜻하는 문(文)과 '의식'이라는 뜻의 예(禮), 즉 적절한 예법과 사교적 관례에 대한 이해도 아울러 갖추어야 한다. 공자는 가공되지 않은 '다이아몬드 원석'을 생산하는 데는 관심이 없었다. 그는 언급한 바 있다. “곧다 하여도 예로써 닦여지지 않으면 거칠게 된다.” 아리스토텔레스와 같이, 공자는 적당한 음악이 적절한 윤리적 태도를 갖추는 데 도움을 준다고 생각했다. 공자가 고대의 예를 강조하였기 때문에, 후대의 유교에서는 의식과 예법을 굉장히 중시하였으며, 동아시아에서는 외적 형식의 실천을 통

효도 후기의 유가 사상가들은 효(孝)를 기본 덕목의 하나로 강조
하였다. 한대(기원후 2세기)의 석각(石刻)에서는, 노래자(老萊子)가
70 세 된 부모에게 70이란 나이가 많은 것이 아님을 보여 주기 위해
서 어린아이처럼 옷을 입고 노는 모양을 보여 드림으로써 그들을
즐겁게 해 준 유명한 이야기를 그림으로 설명하고 있다. 노래자는
24 종류 효행 이야기의 하나가 되어, 모든 어린아이들에게 기억되
었다. 그가 어린아이처럼 옷을 입고, 장난감을 들고 노는 모양을 그
린 아래쪽의 오른편 그림은 송대의 조맹견(趙孟堅 ; 1199~1295)이
그린 것이고, 물통을 든 채 일부러 넘어짐으로써 부모를 즐겁게 하
는 장면을 그린 왼편 그림은 1873년 상해에서 제작된 목판화이다.

해 내적 마음의 자세를 바로 잡아 주는 교육 방법 —— 이것은 오늘날 서양에
서는 지나치게 경시되는 건전한 교육 원리다 —— 에 의존하게 되었다.

　내적인 덕과 외적인 세련 사이에 현명하게 균형을 취하는 것이야말로 공자

의 전사상 체계 가운데서 발견되는 중용(中庸)의 특징이다. 인도와 서양의 위대한 사상가들과 종교 지도자들은 한결같이 절대적인 것을 다루었다. 즉, 그들은 논리적·수학적인 절대 가치를 강조하는 경향이 있었다. 그러나 공자는 사회적·인간적 한계 안에서 생각하는 상대주의자였다. 그는 언제나 중도(中道)를 찾는 타협의 정신을 동아시아에 심어 놓았다. 이 점은 〈맹자〉에서 적절하게 언급되었다. "공자는 극단으로 가지 않았다."

중용과 균형은 유교의 궁극적 승리를 설명하는 데 도움을 줄 것이다. 유교는 정치적 문제에서 기본적으로 보수적 입장을 취하였기 때문에 그 이후의 동아시아 군주들에게 평판이 좋았다. 그 고도한 수준의 윤리적 원리는 정치적 권위에게, 단순한 세습적 권리보다 더 강력한 권력의 기초를 제공하였으며, 정치의 내용을 개선하도록 끊임없이 자극하였다. 유교가 성공할 수 있었던 또 다른 근본적 이유는 그 시기가 알맞았다는 점이다. 교육받은 관료 계급이 정치적 필요에 호응하여 점차 중국에서 성장하게 되었고, 이 기능적 집단은 어떤 철학을 필요로 하였으며, 공자는 그것을 훌륭하게 제공하였다. 공자는 세습적 권력의 정통성에 대해서는 의문을 제기한 적은 없었지만, 학문적 역량이 탁월한 사람〔賢者〕이면, 그의 본래 사회적 지위가 어떠하였든 관계없이 누구나, 군주가 어떻게 행동해야 하며 어떻게 통치해야 하는가에 대하여 말할 수 있는 권리를 당연히 갖는다고 생각하였다. 그리하여 공자는 "재능 있는 사람에게는 성공의 길이 열려 있다."는 관념을 제시하게 되었는데, 이러한 관념은 본질적으로 혁명적인 것이었으며 세습 권력에 대한 무언의 도전이었다.

도가(道家) 사상　　중국의 사상적 흐름에 있어, 유교 다음으로 중요한 유파는 도가 사상이다. 이 사상은 끊임없는 전쟁과 불안정, 죽음 등에 소름이 끼쳐, 권력과 지위와 재부를 얻기 위한 다툼으로부터 시선을 돌려 버린 사상가들의 은둔과 도피의 철학이었다. 그들은 무한한 시·공간과 마주서서, 개체가 얼마나 보잘것없는 것인가를 인정하지 않을 수 없었지만, 거대한 우주의 힘이 개체로 구현된 존재가 바로 인간이라고 생각했다. 이 사상은 증대되고 있던 군주 권력의 전제 정치에 대한 보통 사람들의 저항을 표현한 것이다. 또한 그것은 공자의 발자취를 따르는 도덕주의자들의 경직성에 대한 비범한 지성과 감성의 반항을 표현한 것이기도 하다. 도덕주의자들과 통치자들이 인간을 사회적 규범에 순응하도록 만들고자 노력하였다면, 도가 사상가들은 개인의 관심은 오직 자연의 위대한 도리에 따르는 것이어야 한다고 주장함으로써 개인의 독립성을 단호하게 옹호하였다. 자연의 위대한 도리, 즉 '도(道)'란 원래 '길'을 가리키는 말이지만 공자에 의해 이상적 사회 체제를 묘사하는 용어로 사용되었으며, 도가 사상에서는 도에 형이상학적 의미가 부여되었다.

어떤 학자들은 초기의 도가 사상을 양자강 유역의 초나라와 관련지음으로써, 중국의 사상이 부분적으로는 '이적'에 근원을 둔 요소까지 풍부하게 포함하고 있음을 시사하였다. 인간의 생활을 자연의 호흡에 맞추려는 도가의 노력 역시 자연신과 생식력에 대한 숭배, 자연과 인간의 중개자로서의 군주의 역할 등에 관한 초기 중국인의 관심을 철학적으로 표현한 것인지도 모른다. 도가적 입장의 핵심적 요소라 할 수 있는 신비주의적 경향도 초기의 무당〔呪術師〕으로부터 유래했던 것 같다. 무당이 스스로 감응된 황홀〔入神〕 상태를 통해 신령과 직접 교통하였다면, 도가주의자들은 '무위 무념(無爲無念)'과 '마음의 정진(精進)'을 통해 망연자실(茫然自失)한 무아(無我)의 황홀경을 경험하여 '진인(眞人)'의 상태에 이름으로써 우주가 하나임을 직접 감지하였다. 이와 같은 관행은 인도의 요가로부터 영향받았는지도 모른다. 도가주의자들은 인도인들같이 호흡 연습을 강조하였던 것이다.

주대의 도가 사상에 대해 우리가 알고 있는 주요한 지식은 저자가 알려져 있지 않고 저작 연대도 다소 의심스러운 세 권의 책에 근거한 것이다. 그 중에서도 가장 존중된 책이 〈노자(老子)〉, 즉 〈도덕경(道德經)〉이다. 〈노자〉는 노자(老子, Lao-tzu)라는 전설적 현인에 의해 저술된 것으로 알려져 있고, 문헌에 기록된 노자의 생존 연대는 공자보다 약간 앞선 것으로 되어 있지만, 이 복합적인 책의 실질적인 성립 연대는 아마도 기원전 3세기를 앞서지는 않았을 것이다. 간결하고 은유적인 문체로 인하여, 〈도덕경〉은 후세의 중국 사상가들에 의해 여러 가지로 해석되었으며, 외국어로의 번역 역시 놀라울 만큼 다양하였다.

두번째로 중요한 문헌은 〈장자(莊子)〉인데, 이 역시 지금까지는 기원전 4세기말에 살았던 장자(莊子, Chuang-tzu)라는 사람의 저술로 알려져 왔지만, 실제로는 기원전 3세기에 성립되었을 것이다. 〈장자〉는 재미있는 우화와 비유, 시구 등으로 구성되어 있어 그 문학적 가치가 높을 뿐만 아니라, 초기의 도가 사상을 가장 명료하게 잘 설명하고 있다. 세번째의 책인 〈열자(列子, Lieh-tzu)〉는 내용과 문체가 〈장자〉와 아주 비슷하지만, 그 성립 연대에 대한 비정은 〈장자〉와 같은 시대라는 설에서부터 기원후 3세기라는 설까지 다양하다.

다른 모든 신비주의자들과 마찬가지로, 도가 사상가들은 자기들의 기본 관념을 말로 표현하는 데 어려움을 느꼈다. 그들은, "아는 사람은 말하지 않고, 말하는 사람은 알지 못한다."고 말한다. 도(道)란 이름 없고 형체도 없는 '무(無)' 그 자체이며, 본질적으로 자연(自然)의 모든 과정 그 자체다. 도는 항상 변화하지만 도는 하나이기 때문에, 크고 작은 차이가 없고 좋고 나쁨의 구별도 없으며 생과 사의 구분도 없다. 도가 사상가들이 항상 관심을 갖고 있었던 주제는 모든 사물의 상대성과 상반되는 모든 성질의 상관 관계에 관한 것이었다. 그들에 의하면, "물은 물고기에게는 생명이지만 사람에게는 죽음"이며, "우리가 추하다는 생각을 하게 되는 것은 모든 사람이 아름다운 것을 아름답다고 생각하기 때문"이라는 것이다.

세속의 인간적 차별을 초월하여 도와 하나가 된 사람은 모든 해로움을 뛰어넘어 다툼의 한가운데 있는 평온함에 다다른다. 도와 합일될 수 있는 방법의 요체는 '무위(無爲)'에 있다. 도가의 무위란 전혀 아무것도 하지 않는 것을 뜻하지 아니하고, 자연에 따라 행하는 것을 의미한다. 즉, "행함이 없으면서도 행하지 아니함도 없다."는 것이다. 있는 그대로 방임해 두면, 우주는 그 자체의 조화에 의해 자연스럽게 진행될 것이다. 인간이 자연을 바꾸고 고치려고 노력하면 오직 이러한 조화를 파괴하고 혼돈을 가져오게 될 뿐이다. 인위적인 노력으로는 오직 망쳐 버릴 일을 자연스럽게 성취할 수 있는 비결이 있다. 도가의 현인은 야망이 없으면 실패도 경험하지 않는다는 사실을 알고 있었던 것이다. 그는 남을 가르치는 것조차 하려 하지 않는다. 이러한 기준에서 본다면, 도가적 문헌의 저자들도 불완전한 사람이었음이 분명하다.

도가 사상가들은, 당시에 널리 유행하였던 일반적 경향에 발맞추어, 자신의 완전한 이상 사회를 그려 내는 일에 관심을 갖고 있었다. 중국의 다른 사상가들과 마찬가지로 도가 사상가들도 과거의 황금 시대를 되돌아보았지만, 그들이 되돌아본 과거란, '사물이 존재하게 되었음'을 겨우 깨닫고 사물간의 '차이'를 거의 알아채지 못하다가, 결국은 '찬성과 반대'의 의사를 간신히 나타낼 수 있었던 옛날보다도 앞선, 완전한 지식의 시대였다. 그들은 선악의 개념이 발생하고 그 개념이 인의(仁義)로서 구체화되었기 때문에 인간의 불행이 비롯되었다고 생각하였다. 그리하여 유가적 성인들은 자신도 모르는 사이에 역사의 악한이 되어 버렸다. 그들이 덕을 생각해 내었기 때문에 악도 존재하게 되었던 것이다. 도가주의자들에 의하면, 법은 범죄의 근원이며, 재부가 없으면 도적도 있을 수 없다는 것이다.

소박함이 도가의 이상이었다. 지식은 인간을 타락시킬 뿐이다. 〈장자〉에는, 소박(素朴)의 두 친구 변화(變化)와 허무(虛無)가, 보고 듣고 숨쉬고 먹는 데 필요한 일곱 개의 구멍을 소박에게 주기 위하여 하루에 하나씩 뚫었지만 소박은 그 일이 끝나기도 전에 죽어 버렸다는 우화가 실려 있다. 도가 사상가들은 수차(水車)의 편리함을 알면서도 기교와 잔꾀가 사람의 마음을 빗나가게 만든다는 점을 잘 알기 때문에, 우물에서 물을 퍼올려 등에 지고 나르는 수고로움을 아끼지 않는 농부의 자세를 극구 칭송한다. 도가의 정치적 이상은 이웃 나라의 닭이나 개가 짖는 소리를 들을 수 있을 정도로 작은 나라이지만, 그 나라 사람들은 누구나 평생토록 이웃 나라를 구태여 방문하지 않아도 좋을 만큼 만족해 하는 것이다. 무위(無爲)에 의해 모든 일을 성취함으로써, 도가적 현자들은 이처럼 소박하고 소극적인 사회를 아무런 노력 없이, 아무런 덕도 베풀지 않으면서도 잘 다스릴 수 있었을 것이다.

사상의 한 유파로서 도가는 후대에 심각한 질적 저하를 경험하기도 했지만, 도가의 기본 자세는 전중국사를 통하여 강하게 남아 있었다. 도가는 도가가 아니면 약화되고 결여될 수밖에 없는 그 어떤 것을 중국 사회에 제공해 주었을 것임이 분명하다. 정치적 순응이 강조되고 유교적 도덕이 강요되는 상황은 아름다움을 표현하는 데 도움이 되지 못한다. 그럼에도 불구하고 중국인들이 항상 강력한 미적 충동에 이끌려 온 것은 도가의 개인적 자유와 자연과의 신비로운 결합이 이를 고무하였기 때문이다. 아무리 유교적 전통과 밀접하게 관계하였더라도, 중국의 미술가나 시인들은 마음으로는 언제나 도가주의자였다.

사실 도가 사상은 중국 문화의 주요한 개념들에 대하여 저울추와 같은 평형의 역할을 놀라울 정도로 훌륭하게 수행해 왔다. 권력의 집중으로 인해 인간의 자유에 뚜렷한 제한이 그어졌다. 유교적 도덕과 사회적 순응에 대한 강요는 그 구속성이 더욱 강하였다. 그러나 도가에서는 개인의 자기 표현이 가능하였다. 개인의 지성은 마음껏 방황할 수 있는 자유가 있었다. 서양인의 감각으로 본다면 유교와 도가는 상호 배타적인 종교가 아니기 때문에, 개인뿐만 아니라 전사회까지도 유교임과 동시에 도가일 수 있어서, 어느 한쪽에서만 이룰 수 있는 것보다 훨씬 더 건강한 심리적 균형을 성취할 수 있었다. 권력에 있는 사람은 항상 유교적 적극주의자가 되어 사회를 구제하려고 애쓴다. 그러나 바로 그 사람이 권력 밖에 있으면 도가적 정적주의자(靜寂主義者)가 되어 자기 주위의 자연과 어울리는 일에 빠져든다. 아침에 현실적인 관료로 활동하던 사람이 저녁에는 공상적인 시인이나 자연의 찬미자가 되는 것이다. 사상과 인격에 있어 이처럼 균형된 이원성은 오늘날까지도 유지되어 오고 있다.

제자 백가

음양가(陰陽家)와 명가(名家) 주대 후기에 융성하였던 사상으로 유가와 도가만이 있었던 것은 결코 아니다. 분류하기를 유독 즐겨하는 중국인들은 이 시대에 번성하였던 여러 사상적 가르침들을 가리켜 '백가(百家)'라고 불렀다.

자연주의자라 부를 수 있는 음양가는 우주의 어떤 원리를 기초로 하여 자연의 작용을 설명하려 한 사람들로써 구성되었다. 그들의 핵심적 관념 가운데 하나는 자연에 대한 이원론적 인식이었으니, 남성과 밝음, 뜨거움, 적극성 등이 양(陽)이라면 여성과 어두움, 차가움, 소극성 등은 음(陰)이라는 것이다. 선과 악이 끊임없이 서로 다투는 지중해 세계의 이원론과는 달리, 음과 양은 서로 보완하여 균형을 이룬다. 양이 커지면 커질수록 그만큼 빨리 음이 생성될 것이며, 태양이 가장 높게 떠올랐을 때 밤은 시작되는 것이다. 이 두 요소의 상호 의존성은 서로 맞물려진 모양으로 잘 표현 되었으니, (55쪽 참조) 이를 그림으로 나타낸 태극도(太極圖)는 오늘날 대한 민국의 국기에서 중심부 도안으로 사용되고 있다. 사실 음양 개념은 자연과 인간의 일을 분석하는 데 있어 서양의 이원론보다 더 유용한 것으로 보일 때가 많다. 그것은 낮과 밤, 여름과 겨울의 리듬이나, 남성과 여성의 균형된 역할 등에 교묘하게 들어맞는다. 음양 개념을 본 장의 주제에 적용해 본다면 유교는 중국 사상의 양이고, 도가 사상은 음이라고 말할 수 있을 것이다.

음양가의 또 다른 기초 개념은 모든 자연이 목·금·화·수·토(木金火水土) 등 '다섯 가지 요소', 즉, '5행(五行)'의 다양한 배합에 의해 이루어졌다는 것이다. 이것은 그리스의 4 원소(흙, 불, 공기, 물)와 근사해서 주목된다. 오행 사상은 결국 광범한 유사 과학의 발달을 촉발하여 후대에까지 존속하게 하였다. 우주의 모든 상호 관계는 5 행과 5 색(五色), 5 미(五味), 5 성(五聲), 5 방(五方, 四方과 中央) 등 5 수(五數)로 헤아려지는 범주 안에서 이루어진다. 수비학(數秘學)이나 점성술 등을 비롯하여, 5 행으로써 설명될 수 있는 분야는 무한하게 많다. 고대 역법(曆法)에서 사용된 기호 역시 오행 체계와 결합되었다. 10 간(十干)과 (12 宮과 관련된) 12 지(十二支)가 그것이다. 순서에 따라 1 간과 1 지가 짝지어지면 60 조가 만들어지는데, 이 60 갑자(甲子)는 60 일과 60 년의 시간을 계산하는 데 전통적으로 사용되어 왔다. 이러한 유사 과학을 지세와 지형, 집이나 무덤 등의 좋은 위치에 적용하면 이른바 풍수 지리설이 된다.

또 다른 사상가 집단인 명가(名家)는, 그리스의 소피스트와 같이 언어의 의미를 분석함으로써 그들 특유의 논리 체계를 모색하였다. 예를 들면, 명가는 기원전 4세기에 저 유명한 명제 "흰 말은 말이 아니다(白馬非馬)."를 제출하여, '희다'는 형용어로 인해 '흰 말'이라는 말은 더 이상 '말'이라는 일반 개념과 일치하지 않는다는 독특한 논리를 개진하였다. 그러나 명가의 이러한 노력은 후대의 중국인들에 의해 시시하고 쓸데없는 짓으로 비난받았다.

묵자(墨子)   초기 유가의 가장 강력한 경쟁 상대는 묵자(墨子, Mo-tzu) 학파, 즉 묵가로서, 묵자는 공자가 죽기 직전 혹은 직후에 태어났다. 그의 가르침은 〈묵자(墨子)〉라는 책에 담겨져 있는데, 여기에는 몇 편의 논술문과 〈논어〉의 그것과 같은 대화문이 실려져 있다. 유가에 대한 묵자의 집중적 공격은 그가 유가의 한 이단적 지파를 대표하고 있었음을 시사하는 것이지만, 논리학에 대한 그의 관심은 명가(名家)를 일으키는 원인의 하나가 되기도 했다.

대부분의 문제에 있어, 묵자는 공자에 비해 보다 극단적인 입장에 서 있었다. 공자는 학자가 군주를 인도해야 한다고 주장했지만, 묵자는 세습적 군주들이 자기보다 분명 뛰어난 인물에게 왕위를 양도해서는 안 될 이유가 없는 것으로 보았다. 공자가 사실상 전통주의자였다면, 묵자는 확실히 공리주의자였다. 묵자는 나라를 부유하게 하고 인구를 증가시키고 국가에 질서를 가져오게 하는 방책들을 주장하였지만, 이러한 목적에 공헌하지 않는 것에 대해서는 격렬하게 공격하였다. 음식과 옷, 집 등은 최소한의 필요물로 제한되어야 했다. 그는 어떠한 종류의 미적 표현도 필요하지 않다고 고집하면서 모든 감정이 억제되어야 한다고 주장했다. 음악이나 유가주의자들의 모든 의식적 예(禮)는 낭비적인 것으로 간주되었다. 묵자는 유교적 제도의 일부였던 부모에 대한 정성들인 장례(厚葬)와 3년간의 애도(三年喪)에 대하여 맹렬히 비난하였다. 전쟁은 그 어떤 것보다도 가장 낭비적이었다. 전쟁 문제에 대한 그의 해결책은 공격이 불가능해질 때까지 방어력을 증대시키는 것이었다. 그러나 그 다음 2세기간의 역사는 그의 평화론이 철저하게 실패했음을 증거하였으며, 후세의 사람들은 그의 저서를 주대 후기의 고전적 병서인 〈손자(孫子, Sun-tzu)〉보다 훨씬 소극적으로 평가하였다.

묵자는 귀신에 대한 제사가 현세의 축복을 가져다 줄 것으로 받아들였으며, 도덕적인 하느님(天)이 상과 벌을 적절하게 배분함으로써 자신의 가르침에 결정적인 강제력을 제공해 줄 것으로 기대하였다. 묵자의 가르침에는 확실히 권위주의적 경향이 있었다. 그는 자신의 많은 추종자들에게 엄격한 복종을 요구하였으며, 자신의 권위를 묵가 최고의 지도적 지위를 계승하는 사람(鉅子)들에게 전해 주었다. 그리하여 그는 엄격한 훈련을 통해 각 단계의 아랫사람이 자기보다 뛰어난 사람들의 지도에 순응하게 되는 어떤 상태를 상정하기에 이르렀다.

묵자의 공리주의적 이상향을 이루어 낼 만병 통치약은 보편적 사랑(兼愛)의 가르침이었다. 가족 제도와 복잡한 사회 구조를 받아들이는 당시의 유가주의자들은 개인 상호간의 특수한 관계를 중시하여 차등애(仁)의 논리를 발전시키고 있었다. 묵자는, "모든 사람이 자기 자신을 사랑하듯 다른 모든 사람을 사랑"한다면, 모든 사람(天下)의 이익이 함께 증진될 것이라고 생각하였다.

묵가가 왜 기원전 3세기 이후에 소멸되었는가 하는 것은 매우 흥미로운 문제다. 묵자는 공자보다 훨씬 더 잘 조직된 추종자 집단을 갖고 있었으며, 한때는 그의 사상이 유가보다 더 널리 유행했을지도 모른다. 그의 겸애설과 공리주의, 평화주의, 내세에 대한 의식, 그리고 논리적 문제에 대한 관심 등이 중국 사상을 대단히 풍요롭게 해 주었을 것임이 분명하다. 그러나 묵자의 사상은 당시의 중국인들에게는 지나치게 극단적인 것으로 보였을 것이다. 그들은 묵자가 금욕적인 공리주의를 강요하고 미묘한 심리적 문제를 간과한 데 대하여 탐탁지 않게 생각하였다. 당시의 중국인들은 고상하지만 비현실적인 것으로 보이는 '겸애(兼愛)'보다는 차라리 평범하지만 현실적인 유가의 차등애(差等愛)를 선택하였던 것이다.

맹자(孟子)와 순자(荀子) 묵자는 자신의 가르침을 후세에 전하는 일에 실패하였지만, 맹자는 성공하였다. 그의 언행을 기록한 〈맹자(孟子)〉라는 책은 12세기에 이르러 〈논어〉 다음으로 존중되는 경전의 지위에 올랐다. 높은 문학적 가치와 깊은 심리학적 의미를 갖고 있는 장편의 저작, 〈맹자〉는 동아시아 문명에 심원한 자취를 남겨 놓았다.

기원전 370~290년경에 살았던 맹자는 노(魯)나라와 가까운 지역의 출신이었다. 공자처럼, 그는 이 나라 저 나라를 다니면서 높은 관직을 구하였지만 성공하지 못하였다. 그러나 각 국의 군주들은 맹자와 그를 수행한 많은 제자들을 환대하였으며, 놀랍게도 맹자의 비난까지 감수하였다. 맹자는 스스로 공자가 가르친 옛 성인의 도를 전하는 사람일 뿐이라고 자처하였지만, 실제로는 새롭고 중요한 주장을 몇 가지 첨가하였다. 그 중의 하나가 성선설(性善說)이다. 그의 지적에 의하면, 사람은 선천적으로 선하여서, 어린 아이가 우물에 빠질 위험에 처해 있는 것을 갑자기 보게 된 사람이라면 누구나 무의식중에 깜짝 놀라면서 가엾게 여기게 된다는 것이다(이 같은 예시와 비유에 의한 추론은 맹자와 당시 대부분의 사상가들에게는 일반화된 독특한 방법이다). 이러한 선천적 선(善)은 내적인 자기 수양과 교육에 의해 발전될 수 있다. 사람은 사랑의 범주를 확충하여, 사랑〔仁〕의 감정을 자연스럽게 불러일으키는 가족이라는 협소한 범주 너머에 있는 사람들에게까지 자신의 사랑을 주도록 의식적으로 노력해야 한다.

맹자는 정치가 근본적으로는 윤리적 실천이라는 점을 공자보다도 더 강력하게 역설하였다. 그는 묵자의 공리주의가 천박한 편의주의와 다를 바 없다고 배척하면서, 정치는 의〔正義〕에 의해 지도되어야지 이〔利益〕에 의해 이끌려져서는 안 된다고 주장하였다. 맹자는 어떠한 군주일지라도 자신이 매우 도덕적인 인물임을 보여 줄 수만 있다면 천하가 그의 손안으로 끌려들게 될 것이라 확신하였다. 이것이 바로 진정한 '왕도(王道)'인즉, 진실로 도덕적인 왕자(王者)의 통치란 곧 백성에게 덕을 베푸는 일이다. 진정한 왕자는 인민을 위해 학교를 세워 교화하며, 무엇보다도 인민의 경제적 복지에 대해 배려한다. 맹자는 정전제(井田制)가 고대에 실재했던 것으로 상정하여, 정전제하의 재산 공유제를 찬양하였다. 그는 진정한 왕자가 되기 위해서는 인민의 경제적 복지를 보장하여 그들의 지지를 획득하는 길밖에는 다른 방도가 없다고 결론지었다. 사실, 기본적으로 군주 권력을 정당화하는 '천명'은 오직 군주에 대한 인민의 인정이라는 형식을 통해 표현되는 것이니, 인민이 군주를 죽이거나 몰아내게 되면 그 군주는 천(天)의 지지를 잃은 것으로 간주된다. 이렇게 해서, 맹자는 주(周)가 상(商=殷)을 전복시킨 상주 혁명(商周革命)을 정당화하였을 뿐만 아니라, 모든 성공적 반란의 정당화를 위해서도 공헌하게 되었다.

중국 사상의 주류에 대한 맹자의 공헌은 공자에 버금가는 것이었다. 맹자의 성선설은 모든 사람이 도덕적으로 동등하게 창조되었음을 의미하기 때문에, 후대 중국 사회의 평등주의에 크게 이바지하였다. 정치는 인민을 위해 이루어져야 하고 인민에게 무언의 동의를 받아야 한다는 맹자의 주장은, 중국인들이 거의 전 역사를 통해 유지해 온 고상한 정치적 이상을 설명하는 데 도움을 준다.

순자(荀子 ; 기원전 300~237년경에 생존)는 비록 후대 사람들에 의해 비정통파로 비난받기도 했지만, 중국 문명에 심원한 자취를 남긴 또 한 명의 위대한 유가 사상가였다. 그는 당대에 이미 정치가로서뿐만 아니라 교사로서도 크게 성공하였으며, 그의 저서 〈순자(荀子)〉는 잘 체계화된 논설들로 구성되었고 그 일부는 〈예기(禮記)〉에 편입되기도 했다.

순자는 사람의 본성이 선하다는 맹자의 기본 신조에 대하여 명백하게 반대하였다. 그의 주장에 의하면, 인간의 본성은 비인격적이고 도덕과 무관한 천(天)으로부터 유래하였으며, 사람의 감정과 본능적 욕망은 사람을 싸움으로 이끌기 때문에 나쁜 것이다. 이러한 상태를 교정하기 위해서는 교육을 통한 개량이 필요하다. 교사는 매우 중요한 존재이며, 따라서 존경받아 마땅하다. 학습의 과정은 "경전을 암송하면서 시작하고 예(禮)를 공부하는 것으로 끝난다." 순자는 경전과 예를 사람에게 절대로 필요한 모든 지혜의 보고로 이해하고, 규칙적인 교육과 교사에게 핵심적 역할을 부여하였으며, 귀신에 대한 믿음을 단호하게 거부함으로써 유가의 주류를 구성하는 많은 사상적 요소를 제공하였다. 그의 교육과 의례, 계급 질서, 훈계와 징벌을 통한 엄격한 통치 등에 대한 강조 역시 점차 권위주의화한 중국 정치의 일반적 경향에 이바지하였던 것으로 보인다.

법가(法家) 이러한 권위주의적 경향과 인간 본성에 대한 순자의 비관적 평가는 법가로 알려진 사상가 및 실제 정치가 집단에 의해 더욱 발전되었는데, 이들의 대부분은 진(秦)나라와 밀접하게 연관되어 있었다. 이 학파를 지도한 이론가인 한비자(韓非子, Han-fei-tzu ; 기원전 233년까지 생존)와 법가로 인정되는 진의 저명한 정치가인 이사(李斯, Li Ssu ; 기원전 208년까지 생존)는 모두 순자의 제자였다. 법가주의자들은 묵자의 공리주의와 절대 복종을 강조하는 묵가 사상으로부터도 영향을 받았으며, 이와 아울러 초도덕적(超道德的) 자연 질서를 중시하고 인습적인 윤리와 서적에 의한 학습을 멸시하는 도가주의로부터도 영향을 입었다. 법가 사상은 한비자의 논설들을 담고 있는 동명의 저작 〈한비자(韓非子)〉에서 가장 충실하게 개진되어 있다.

법가주의자들은, 비록 인민들은 몹시 싫어하겠지만 가혹한 법률과 혹독한 형벌만이 그들이 그토록 열망하였던 질서와 안정을 가져다 줄 유일한 수단이 될 것으로 확신하였다. 인민은 어린아이와 같아서 아픈 종기를 찌르면 비명을 지르는 법이다. 다른 사상가들을 그토록 매료시켰던 옛 성인들의 도(道)가 법가주의자들에 의해서는 무시되었으니, 그들에 의하면, 시대가 달라지면 방법도 달라져야 한다. 인민은 어리석고 이기적이며 관료 역시 제멋대로여서 신뢰하기 어렵기 때문에, 군주는 그들의 도덕성에 기대할 수 없으며 오직 명백하게 규정된 상벌, 즉 상세한 형법에 의해 국가의 모든 성원을 일률적으로 지배하지 않으면 안 된다. 사람은 동기에 의해 판단되는 것이 아니라 결과에 의해 판단되어야 한다. 누구나 지정된 일을 다 이루어 놓지 못하면 벌을 받아야 한다. 모든 국민은 다른 사람의 행동에 대하여 서로 책임을 져야 하며, 범법자를 고발하지 못한 사람도 같은 죄를 지은 것으로 간주되어야 한다. 형벌이 가혹하게 가해지면, 인민은 어쩔 수 없이 철저하게 복종하게 되어 사실상 형벌이 없어지게 될 것이다.

법가주의자들에게 있어, 권리란 언제나 군주가 원하는 곳에 존재한다. 그들은 군주의 권리를 제외한 모든 세습적 권리를 거부하면서도 세습적 왕권만은 상정하였으며, 그들은 군주의 목적이 경제적으로 부유하고 군사적으로 강력한 국가를 만드는 데 있음은 당연한 일이라고 생각하였다. 상인, 지식인, 기타 비생산적이고 비군사적인 집단은 용인될 수 없었다. 국가를 위해 부와 군사력을 최대한 산출할 수 있도록 생활의 모든 면이 규제되어야 했다.

최근에 이르러, 법가주의자들이 흔히 전체주의자라고 일컬어지기도 한다. 만약 그들이 20세기의 전체주의자들처럼 대중 조작과 선전의 특수한 수단을 갖고 있었다면 전체주의자란 이름을 부여할 수도 있을 것이다. 당시의 입장에서 본다면, 법가는 군주 전제주의와 초기의 농경 사회를 의심없이 받아들였다는 점에서 반동적이었다고 할 수 있다. 그러나 이와 동시에 그들은 보편적인 법 체제와 정부와 인민 간의 비인격적이고 획일적인 관계를 강조함으로써 미래로 향한 파동에 적극적으로 참여하였음이 분명하다. 법가의 이러한 진보적 주장의 대부분은 당시의 보다 광범위하고 보다 복합적인 정치 단위의 필요성이 낳은 산물이었다.

서양 문명에서는 법 개념이 영광의 하나로 받아들여졌지만, 중국에서는 법가란 말이 2,000년 이상이나 멸시되었다. 그 까닭은 법가의 법 개념이 로마 인의 법 개념과 크게 달랐기 때문이다. 서양의 법이 신이나 자연의 보다 높은 질서를 인간 사회에 구현해 놓은 것으로 인식되었다면, 법가의 법은 군주의 엄격한 명령만을 표현한 것이다. 중국에서는 시민을 보호할 민법은 거의 발전하지 못하였으며, 법은 주로 행정법이나 형법이어서 인민이 가능만 하면 피하려고 하는 존재로 남아 있었다. 서양인들은, 오판할지도 모를 재판관보다도 차라리 비인격적인 법에 의해 지배받는 것이 더 안전하다고 느꼈음에 반해, 중국인들은 아마도 인간 본성에 대한 맹자의 평가에 영향받았을 터이겠지만, 비인격적이며 그들이 보기에는 전적으로 자의적(恣意的)인 법의 지배를 받느니 차라리 윤리적인 심성을 지닌 행정 관료의 다스림을 받는 것이 더 안전할 것으로 생각해 왔다.

후대에 많은 비난을 받았음에도 불구하고, 법가 역시 중국 문명에 사라지지 않을 자취를 남겨 놓았다. 진(秦)의 승리와 진에 의해 이루어진 제국 체제로 인해, 법가는 중국의 정치적 전통을 형성하는 주요한 부분의 하나가 되었으며, 고도로 중앙 집권화된 통치 체제와 그 가혹하고도 때로는 전제적인 지배를 가능케 한 원인의 일부가 되었다. 우리가 법가를 검토하다 보면 자연히 기원전 3세기말에 있었던 중국의 정치사적 대전환과 만나게 되는데, 이때 진이 전중국을 통일하여 제국을 건설하였기 때문이다.

제4장
최초의 중국 제국——진·한 왕조

진(秦)의 제국 창건

진의 수도가 위치한 지역은 위수(渭水) 유역으로서, 이곳은 앞서 주(周)가 세력을 일으켰던 곳이다. 이 지역을 방어하는 일은 어렵지 않았다. 그 까닭은 중국의 다른 지역으로부터 이곳으로 쉽게 접근하기 위해서는, 황하가 크게 굴곡하는 부분의 강과 구릉 사이에 위치한 길고 좁은 지대를 통과해야만 가능하기 때문이다. 위수 유역 역시 중국의 주변 지역으로서, 서북방의 유목민들과 서남방의 후진 농경민들을 희생시키고 발전할 여지가 있었다. 진은 기원전 318년에 사천(四川, Szechwan) 분지에 있는 두 개의 '반(半)이적' 국가들을 병합하였다. '이적'과의 접촉으로 진은 군사 기술을 보전할 수도 있었다. 예컨대, 진은 기원전 4세기에 기마술을 개발하였다. 뿐만 아니라 진이 당면한 위수 유역의 치수(治水) 문제는 다른 국가들이 직면해야 했던 황하의 통제보다는 훨씬 더 용이하였다. 기원전 3세기에 진은 관개 및 수송용 운하를 개착하여 위수 유역의 생산력과 인구를 크게 증가시켰으며, 사천 지방의 성도(成都, Chengtu) 평야에서도 진의 기술자들이 경이로운 수준의 관개 시설을 만들었던 것으로 알려지고 있다.

진이 승리한 또 다른 이유는 법가주의자들이 주장하였던 정치·군사적 조직에 관한 새로운 기술을 성공적으로 적용한 데 있었다. 전진을 위한 격동의 큰 발걸음은 기원전 3세기의 법가서(法家書)인 〈상군서(商君書)〉의 저자로 잘못 알려져 있는 상앙(商鞅, Shang Yang)에 의해 주도되었다. 중국의 동부 출신인 상앙은 기원전 361년부터 물러나 죽음을 당한 338년까지 진의 요직을 맡고 있었다. 그는 엄격한 상벌 체계를 세우고 모든 인민에게 '생산적' 직업을 강요하였으며, 인민 상호간의 감시와 연대 책임을 제도화하고 기존의 세습 귀족을 군공(軍功)에 기초한 순수한 명예 귀족으로 대체하려 했다.

상앙의 개혁 가운데 가장 중요한 것은 전국토를 중앙 정부의 직접적 통제하에 두려는 노력이었다. 진을 비롯한 당시의 강대국들은 왕왕 새로 획득한 영토를 현(縣)으로 편입하였다. 현이란 성곽으로 둘러싸인 읍락과 그 주변의 촌락을 포괄하는 고대의 행정 단위를 의미한다. 동시에, 변방에는 대규모의 군사적 단위가 군(郡)이라는 이름으로 설치되었다. 기원전 350년에 처음으로 상앙은 진의 전국토를 31 개의 현으로 분획하였다. 이러한 여러 가지 조치들을 통해 정치적 통제를 집중화하고 군사적 힘을 극대화함으로써, 진은 경쟁 국가들의 연합 세력을 물리칠 수 있었으며, 256년에는 마침내 주(周)를 멸망시키기에 이르렀다.

시황제(始皇帝)의 천하 통일　중국의 통일은 기원전 246년에 소년으로 왕위에 올랐던 진왕[政]에 의해 성취되었다. 그는 재위 초기에 여불위(呂不韋, Lü Pu-wei)라는 상인 출신 정객의 도움을 받았으나, 여불위가 237년에 실각한 뒤에는 순자(荀子)의 제자였던 이사(李斯, Li Ssu)에 의해 보좌되었다. 통일의 마지막 과정은 놀라운 속도로 진행되었다. 기원전 230년과 221년 사이에, 한(韓)·조(趙)·위(魏)·초(楚)·연(燕)·제(齊) 등이 급속히 차례로 멸망되었다. 221년, 진왕[政]은 영원히 존속할 것으로 스스로 믿었던 세계 제국을 창건하였다. 이와 동시에 그는 '첫번째 황제[始皇帝, Shih Huang-ti]란 칭호를 스스로 채택하여 자신의 입장을 크게 과시하였는데, '황제(皇帝)'란 말은 원래 신[上帝]과 전설적인 초기의 제왕[三皇五帝]을 가리키는 데 사용됐었다.

인도나 서아시아의 신흥 제국에서 그러했듯이, 시황제가 그의 정복지를 친척과 장군들에게 영지로 분할해 주는 것이 자연스럽게 보일 수도 있다. 그러나 그는 이사의 권고에 따라 전국을 36 개(그 뒤에 42 개)의 군(郡)으로 분할하고, 군을 다시 몇 개의 현(縣)으로 나눔으로써, 진의 중앙 집권 체제를 그의 모든 정복지에 적용시켰다. 그는 또한 진의 공평하고 비인격적인 법률과 조세 제도도 전국에 적용하였다. 시황제는 자신이 정복한 나라의 무기를 모두 몰수하였으며, 옛 주(周)의 도읍지에 가까운 위수 유역의 자신의 도읍〔咸陽〕으로 그들 세습 귀족들을 결집시켰다. 여기에 그는 거창한 궁전을 짓고 인공의 산〔山〕처럼 보이는 웅장한 규모의 능묘를 건설하였다. 최근에는, 실물 크기로 전사와 그 하인 및 말들의 모양을 형상화한 도기가 수천 개나 그 부근에서 발굴되었다.

중국 문화 전역을 정복한 시황제는 여기에 만족하지 않고, 자신의 군대를 남쪽으로 보내어 남중국에 산재한 다수의 만(蠻)족을 제국으로 편입시키고, 나아가서는 지금의 광동(廣東) 부근 연안 지방과 지금의 월남(越南) 북부로 침투해 들어갔다. 뿐만 아니라, 진의 군대는 서북 변방을 따라 그들의 오랜 유목민 경쟁자들을 물리쳤는데, 이 무렵 그들 유목민들은 사상 처음으로 거대한 정치적 통합체를 형성하고 있었다. 초원 지대 유목민으로부터 국경을 지키기 위하여, 시황제는 엄청난 수의 강제 노동자들을 동원하여 전국 시대의 북방 국가들에 의해 만들어진 성벽들을 서로 연결하여 단일한 방어 체제를 구축하게 하였다. 서남 감숙(甘肅, Kansu) 지방에서 몽고의 남단을 따라 남만주 지방에까지 1,400 마일이나 뻗치는 만리장성은, 중국 농경 민족을 유목 '융적(戎狄)'과 분리하는 영원한 장벽이 되도록 고안되었다. 적절하게 인원을 배치할 수만 있다면, 충분한 수준의 방어 부대를 집결시킬 때까지 유목 기마 민족의 기습을 지연시킬 수 있었을 것이다. 후대의 여러 왕조들은 군사적 조건과 기후상의 조건에 따라 이 장성의 북쪽에, 혹은 남쪽에 새로이 장성을 수축하였고, 단순히 흙으로 쌓았던 진의 장성과는 달리 보다 당당한 모양의 벽돌로 바꾸어져 갔지만, 만리장성은 진이 처음으로 세웠던 그대로 언제나 통일된 방어 체제로 남아 있었다.

방대한 정복지를 공고하게 통일하기 위하여, 시황제는 도로 체계를 방사상으로 설계하고 도량형(度量衡)과 화폐를 통일시켰으며, 심지어는 차축(車軸)의 길이까지 통일시켰다. 특히 차폭(車幅)의 통일은, 황토흙을 통과하면서 마차 바퀴가 작은 협곡을 파내기 때문에, 서북 중국에서의 교통에 중요한 의미를 갖고 있었다. 또한 이전에는 중국이 정치적으로 분할되어 있어 다양한 종류의 서체(書體)가 성행하고 있었기 때문에, 이사(李斯)는 서법(書法)의 통일도 주장하였다. 그의 노력과 중앙 집권적 국가의 통일된 영향력으로 인해, 중국의 문자와 문체의 외형적 양식이 기원전 2세기까지는 통일되어, 그 현대적 형식이 여기서 갖추어지게 되었다.

진의 통치자들은 여러 사상가들의 저술이나 그들에 의해 찬양된 고대의 경전 및 다른 제후국의 역사서 등이 그들 자신의 제국 체제를 파괴하는 것으로 간주하여, 이러한 서적들을 일체 제거하려 하였다. 그리하여 이사는 기원전 213년에 이른바 '분서(焚書)'라고 불려진 문자의 옥(獄)을 일으켰다. 농사, 의약, 복서(卜筮) 등 실용적 가치가 있는 책과 중앙 정부의 수중에 수집된 장서를 제외한 모든 책들이 파기되었으며, 저항하는 학자들은 유형이나 사형에 처해졌다. 수백 명이 실제로 생매장되었던 것[坑儒]으로 전해져 왔다. 이처럼 기록된 언어를 모독하였기 때문에, 이사는 후세에 오명을 얻었다. 그의 정책이 중국 사상의 황금 시대를 종결케 하는 데 기여한 것은 사실이지만, 진의 절대적 권위에 협차(夾叉) 포격한 진말(秦末)의 극렬한 전쟁, 문화적 다양성의 여지를 거의 주지 않는 중앙 집권적 제국 체제 등과 같은, 보다 중요한 요인이 작용하였음도 부인하기 어렵다. 아무튼, 진(秦) 이전과 진 이후의 철학 사이에는 현격한 간극이 발생하였으며, 주대처럼 그 사상이 생동력 넘치고 풍요로웠던 시대는 중국 역사상 다시는 재현되지 못하였다.

진의 실패 시황제는 자신이 세운 왕조가 '만세(萬世)'까지 존속될 것으로 생각하였지만, 제국은 기원전 210년에 그가 죽은 뒤 4년 남짓 지속되었을 뿐이다. 그의 성공은 너무나 갑작스러운 것이었고 그의 통치는 지나치게 가혹하였다. 시황제에 의해 정복되었던 각국의 상층 계급은 여전히 옛 왕실에 대한 충성심을 잃지 않고 있었으며, 나라에서 가장 수준 높은 지식인 집단은 전통적 사상을 억압하려는 시황제의 노력에 반발하였다. 일반 서민들도 잦은 대외적 전역(戰役)과 궁전, 도로, 운하, 만리장성과 같은 전례 없는 건설 계획을 위한 노역 징발에 엄청난 부담을 느꼈다. 법가적 지배 관념의 효능을 증명하려다, 진은 "정부는 궁극적으로 피통치자의 무언의 동의에 의존한다."는 맹자 사상의 타당성까지 증명하게 된 셈이다. 중국의 인민들은 진을 전혀 돌보지

진의 시황제가 주대의 청동 예기(周鼎)를 찾으려 한다(산동의 무씨
(武氏) 사당에서 발견된 한대(기원후 2세기)의 석각). 황제가 강의
제방 위에 서서, 청동 기물을 줄로 강바닥에서 끌어올리고 있는 신
하들을 지휘하고 있지만, 기물에서 용의 머리가 불쑥 나타나 줄을
덥석 물고 있다.

않았으며, 무적의 제국은 멸망하였다.

시황제의 정부는 지나치게 중앙 집중적이어서, 최상부의 지도력이 실패하
면 즉시 국가 전체에 그 영향이 미쳐지게 되어 있었다. 그는 놀라울 정도로 많
은 일을 수행하였고 지칠 줄 모르는 정력으로 전국을 순행하였지만, 자신의
행위를 비밀의 장막 속에 철저하게 감추는 등, 과대 망상적 양태를 보이기도
했다. 뿐만 아니라 그는 당시에 유행하였던 신선술(神仙術)을 통해 불로 장생하
려는 생각에 사로잡혀, 신선을 만나기 위해 산동(山東) 연안을 따라 여행한 적
도 있었으며, 동해에 있다는 '불사(不死)의 섬(蓬萊)'을 찾기 위해 멀리 수색대
를 파견하기도 했다. 그가 죽자, 이사 및 조고(趙高) 등은 제위 계승권자인 부
소(扶蘇)로 하여금 자살하게 한 다음, 시황제의 어리고 경험 없는 아들을 2세

황제로 옹립하였다. 그러나 이사 자신도 곧 궁정 음모의 희생물로 전락하였고, 2세 황제 역시 곧 이어 파멸됨으로써, 진은 기원전 206년에 완전히 소멸되고 말았다.

이렇게 하여 시황제는 영구적 왕조를 창건하는 데는 철저하게 실패하였다. 그러나 그가 창출한 제국 체제는, 비록 이따금 중단된 적도 있었지만 2,000년 이상이나 존속함으로써, 세계에서 가장 영속성 있는 정치 체제임을 증명하였다. 지금까지 대부분의 중국인 역사가들은 그를 폭군으로 혹평해 왔지만, 오늘날의 중국인 학자들은 매우 타당하게도 그를 통일 국가로서의 중국을 처음으로 창건한 인물로 평가하고 있다. 중국의 서양 명칭 'China'가 진(秦, Ch'in)이라는 이름에서 유래하였음은 참으로 온당한 일이라 하겠다.

한(漢)이 천명(天命)을 받다

한의 건국   시황제가 죽은 뒤 겨우 1년밖에 되지 않은 기원전 209년에, 초(楚)의 고지(故地)에서 반란이 발생하여 전제국으로 급속히 파급되었다. 대부분의 반도(叛徒)들은 변절한 군인이나 무뢰배〔任俠〕들에 의해 지휘되고 있었는데, 이들은 보통 진에 의해 멸망된 제후의 후예들이 주창한 대의(大義)를 지지하였다. 초나라 장군의 후손으로 반란을 지도한 항우(項羽, Hsiang Yü)는 기원전 206년에 진의 잔여 부대를 일소한 다음, 초 왕실의 후예를 황제로 세우고 나머지 땅은 다른 왕실의 지지자들에게 쪼개어 주는 한편, 자신은 패왕(霸王)이라 자칭하였다. 그러나 주대의 낡은 지배 체제는 부활하지 못하였다. 반란을 지도한 다른 장군, 유방(劉邦, Liu Pang)이 기원전 207년에 위수 유역〔關中〕을 장악한 다음, 항우에게 도전하여 202년에 그를 패망케 하고 스스로 황제의 자리에 올랐다. 유방은 위수 유역에 있는 옛 진의 수도〔咸陽〕 부근의 장안(長安, Ch'ang-an)에 자신의 도읍을 세우고 왕조의 이름을 한(漢, Han)으로 정하였는데, 한이란 명칭은 양자강의 큰 지류〔漢水〕로부터 유래하였다.

유방은 시황제가 실패하였던 일, 즉 생명이 긴 왕조를 창건하는 일에 성공하였다. 그의 자손들은 기원후 8년까지 2세기가 넘는 기간 동안 중국을 지배하였으며, 잠시 찬탈되었다가 왕조를 다시 되살렸는데, 이 후한(後漢)은 기원후 25년부터 220년까지 존속하였다. 전한과 후한은 시간적으로 로마의 전성기와 비슷할 뿐만 아니라, 세력이나 명성, 역사적 의미에 있어서도 로마와 비견할 만하다. 오늘날에 있어서도 중국인들은 스스로 '한인(漢人)'이라 자칭하고, 한국인이나 일본인들은 중국 글자를 '한자(漢字)'라고 부른다.

후대의 모든 중국인 황제들이 그러했듯이, 유방은 그의 본래 이름으로보다는 고조(高祖, Kao Tsu)라는 사후의 이름〔廟號〕으로 더 잘 알려져 있다. 그의 성공은 다음의 몇 가지 요인에 기인한다. 그의 제국은 진의 토대 위에 구축되었다. 중국의 모든 것을 쓸어 버린 전쟁이 중국 인민을 주대의 전통으로부터 멀리 떨어져 있게 하였다. 무엇보다 유방 자신이 과거와의 보다 완전한 단절을 상징하는 인물이었다. 오랜 전통의 왕실을 계승한 시황제나 귀족 출신의 항우와는 달리, 유방은 소박한 평민 출신이어서 귀족적 과거와는 아무런 관계를 갖고 있지 않았다. 가장 중요한 것은, 그가 자신의 제국을 공고히 함에 있어 급히 서두르지 않고 자신의 신하를 강압적으로 다루지 않을 정도로 현명하였다는 점이다. 그는 형벌의 고통을 완화시켰고 조세의 부담을 감소시켰다. 그 결과 중국의 인민은 진으로부터 거두어들인 충성을 한에 바쳤다. 다시 말해서 한은 맹자가 강조한 바 있는, 그 천명을 획득할 수 있었던 것이다.

한초(漢初)의 군주들은 진의 지배 체제를 대부분 계승하였지만, 고조는 중앙 집권적 지배로부터 후퇴하는, 필요한 그리고 주목할 만한 조처를 한 가지 취하였다. 그는 자신의 친인척과 장군들을 제후왕(諸侯王)이나 열후(列侯)로 책봉하였다. 그러나 그 직후, 그는 이성(異姓)의 제후왕들을 제거하기 시작하여, 죽기 직전인 기원전 195년에는 오직 황실의 자제만이 제후왕이 될 수 있다는 통치의 원칙을 확립하였다. 고조의 후계자들은 잔여 제후왕들의 영토를 삭감하고, 제후왕의 모든 아들들에게 그 봉지(封地)를 쪼개어 준다든가, 제후국을 통제할 수 있는 관리를 중앙 정부에서 임명하는 등의 방법으로 그들의 권력을 약화시켰다. 기원전 154년, 7 개의 강대한 제후 왕국〔吳, 楚 등〕이 일으킨 반란을 진압함으로써, 중앙 정부에 대한 제후왕 세력의 위협은 사실상 소멸되었다. 제후 왕국과 열후국은 전왕조를 통하여 존속하고 있었지만, 결국은 군(郡)이 103 개, 현(縣)이 1,314 개 설치되어 있었던 데 비해 제후왕국은 겨우 20 개, 열후국은 241 개만이 잔존하였을 뿐이다.

한의 통치에 대한 제 2의 위협은 황후(皇后)의 친인척에 의해 가해졌는데,

이 외척(外戚)의 문제는 이후 중국 역사에서 되풀이하여 발생하게 된다. 중국의 황제들에게는 여러 명의 부인이 있었지만, 그들 중 한 명의 아들이 황태자(皇太子)가 되면 흔히 황태자를 낳은 부인이 황후로 책정되었으며, 황태자가 황위를 계승할 때는 그 어머니가 황태후(皇太后)로서 궁정의 최고 지배자가 되는 것이 보통이었다. 이러한 일은, 고조의 황후〔呂后〕가 고조가 죽은 뒤 중국의 실질적 지배자가 되어 황위를 거의 찬탈하기에까지 이르렀을 때에도 일어났다. 그녀의 여씨(呂氏) 일족은 기원전 180년까지 궁정을 지배하다가, 그녀의 죽음과 동시에 한(漢) 황실에 충성하는 지지자들에 의해 멸족되었다.

한에 대한 제3의 위협은 북쪽의 유목 민족으로부터 왔다. 당시 이들은 흉노(匈奴, Hsiung-nu)라는 이름으로 중국인에게 알려져 있었는데, 이 이름은 후대 서방에 훈(Hun)으로 알려진 이름의 초기 형태였을 것이다. 터키 어를 쓴 것으로 보이는 이들 민족은 기원전 3세기까지 부족 연맹을 형성하여, 그 세력을 만주 서부로부터 몽고와 시베리아 남부를 거쳐 중앙 아시아의 파미르 고원에까지 확대하였으며, 그들 기마 궁수(騎馬弓手)들은 북중국을 되풀이 침공하여 약탈하였다. 고조는 흉노로부터 군사적으로 혹독한 패배를 맛보았으며, 그 뒤로는 공주(公主)를 흉노의 군장〔單于〕에게 출가시키고 매년 막대한 공물〔歲幣〕을 보냄으로써 그들의 위협에서 벗어나 보려고 노력하였지만, 흉노의 약탈은 그치지 않았다.

정치와 사회　이처럼 많은 어려움이 있었음에도 불구하고, 한의 통치자들은 고도로 중앙 집권화되고 안정된 정치 체제를 서서히 확립하였으며, 그칠 줄 모르던 전쟁의 시대는 지나가고 위대한 번영의 시대가 중국에 찾아왔다. 기원전 1세기에 관한 어느 통계에 의하면, 관료 기구가 13만 285명의 관리로써 구성되었다고 한다. 관료와 유공자들은 18 등급의 위계〔爵位〕를 갖고 있어 감형의 특혜를 받을 수 있었으며, 고위의 관료층은 조세를 면제받을 수도 있었다. 한의 관료 기구는 거대하였다고 표현하는 것이 옳겠지만, 그것이 관리해야 할 국가의 규모와 비교해 본다면 오히려 작다고 해야 할 것이다. 기원후 2년에 있었던 인구 조사에서, 5,959만 4,978명의 인구가 보고되었다. 중국의 전통적인 인구 통계는 신빙성이 현저히 낮다. 그것들은 본질적으로 조세 대장이어서, 아래로는 납세 의무를 회피하려는 노력에 의해, 위로는 유능한 행정 능력을 과시하기 위한 노력에 의해 왜곡되었을 것이다. 그러나 로마의 권위를 인정하였던 사람들보다 더 많은 수의 인민이 한에 의해 지배되었다고 결론짓는다고 해서 위험할 것 같지는 않다.

한의 행정 기구는 오늘날 우리가 생각하는 것처럼 정부의 봉사를 충실하게 제공하기 위해 구성된 것은 아니다. 그것의 기능은 주로 황제와 그 일족을 아낌없이 지원하고 왕조를 지키는 일에 집중되어 있었다. 정부의 입장에서는 인민이 오직 납세자로서, 노역 담당자로서, 혹은 잠재적 반란 세력으로서만 주요한 의미를 가질 뿐이었다. 노역은 중앙 정부를 유지함에 있어 조세보다도 더 중요한 토대가 되었다. 정부는 모든 농민〔丁男〕에 대하여 매년 1개월씩 도로, 운하, 궁전, 제릉(帝陵) 등 각종 지방 공사에 봉사할 것을 요구하였으며, 이 외에도 각종 기간의 병역 복무, 변방 수비, 도읍에서의 봉사 등을 요구하였다. 인민은 세금과 노역의 징발에 잘 부응하고 불온한 행위를 하지 않는 한, 자기 촌락의 일을 처리하고 그들 자신의 관습에 의해 재판할 수 있는 자유를 향유하는 것이 보통이었다. 따라서 정부는 반쯤은 고립되어 있는 농민 공동체의 바다 위에 떠 있는, 비교적 작지만 고도로 중앙 집중화된 조직이었다. 정부와 농민 공동체의 접촉점은 군현(郡縣)의 치소(治所)였으니, 여기에서 군현의 장관과 기타 중앙 정부로부터 임명된 2~3 명의 지방관(地方官)들이 촌락의 우두머리와 유력한 지주들 및 기타 지방 지도자들을 다루었다.

한대 지배 계층의 엘리트는 어떤 의미로 보아도 주대의 그것과 같은 세습 귀족은 아니었다. 제후왕이나 열후의 일족까지도 놀라울 정도의 빠른 속도로 흥기하고 몰락하였다. 관료 기구와 모든 상류 계층은 단지 중앙 정부에서의 역할을 수행하는 데 필요한 재능과 교양, 혹은 경제력을 충분히 갖춘 사람들만으로 구성되어 있었다. 단, 상인 계층은 지도층으로부터 특별히 배제되었다. 앞선 시대의 진(秦)이나, 농업세에 기초하는 다른 대부분의 전제 국가와 마찬가지로, 한 역시 상인에 대하여 강한 편견을 갖고 있었다. 따라서 관료 기구의 광범위한 공급원(供給源)인 경제력 있고 교육받은 계층이란 바로 부유한 토지 소유자를 가리킨다.

정상에 위치한 황제의 일족과 바닥에 있는 소수의 노예를 제외한다면, 한대의 사회는 두 개의 집단, 즉 조세를 부담하는 농민과 부유한 토지 소유자〔豪族〕로 구성되어 있었던 것으로 보인다. 후자는 어느 정도까지는 조세를 감면

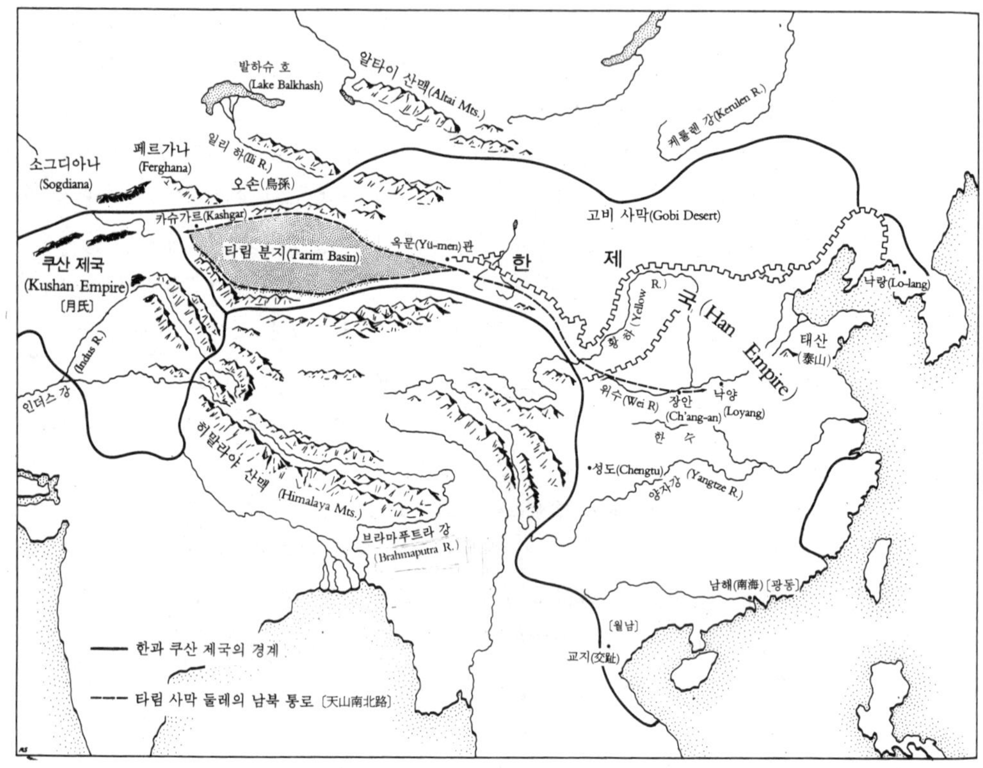

한(漢) 제국

받았고, 대량의 관료를 공급하였으며, 지방의 지도자로서 중앙 정부와 촌락을 연결하는 고리의 역할을 제공하였다. 이것은 이후 2,000년 동안 중국 사회의 기본 구조로 유지되었다. 이들 두 개의 사회 집단은 인도의 카스트나 중세 유럽의 엄격한 계급과는 같지 않았다. 운명의 바퀴가 한 번 돌아가면, 정치적 지도자가 노예의 신분으로 굴러 떨어지기도 하고, 유방과 같은 평민이 황제의 지위에 오를 수도 있었던 것이다.

한 제국의 극성　　한대의 초기 60여 년간은 국력을 회복하고 왕조를 안정시키는 시기였다. 그 뒤를 이어, 진 시황제 치하에서 진행된 바 있고 후대의 모든 강력한 왕조에서도 되풀이된 바와 같이, 중국의 힘이 폭발적으로 급격히 팽창하였다. 그것은 기원전 141년부터 87년까지 지속되었던 무제(武帝, Wu Ti)

의 긴 치세 기간 동안에 일어났다.

중국의 제국 시대에서는, 정부가 정력적인 황제 개인에 의해 장악되는 시기와 고급 관료들에 의해 지배되는 시기가 번갈아 교차되는 경향이 있었다. 전자의 상황하에서는, 제반 정책들이 보다 적극적으로 추진될 수 있었지만 황제가 비판의 대상이 될 수 없었기 때문에 그의 어리석은 행위를 견제할 방도가 없었다. 무제 역시 예외가 아니었다. 그는 운하를 수축하여 수도와 황하를 직접 연결하는 대규모의 계획을 다시 수립함으로써, 세곡을 중국 동부에서 장안(長安)으로 옮기는 일을 매우 용이하게 하였다. 또한 그는 길고도 먼 정복의 길에 나서서 자기의 장군과 신료들을 엄격하고 부당하게 다루었으며, 그 자신 어리석게도 방술사(方術士)들의 속임에 농락되기도 하였다.

무제는 한 제국을 크게 확대시켜, 그 판도를 최근의 지도에 나타나는 모양과 매우 비슷하게 만들어 놓았다. 그는 절강(浙江, Chekiang)과 복건(福建, Fukien) 지방의 남쪽 연안에 위치한 토착민 국가들을 정복하여 그 주민을 중국 안[江淮之間]으로 옮겼다. 기원전 111년에는 오늘날의 광동(廣東, Kwangtung), 광서(廣西, Kwangsi) 지방에 위치한, 이미 반쯤은 중국화된 국가인 남월(南越, Nan-yüeh)을 패멸시키고 병합하였으며, 곧 이어 월남 북부까지 정복하여 오늘날 하노이[河內] 지방 일대에 대한 중국의 1,000년 지배를 개시하였다. 기원전 108년에는 한반도 북부와 만주 남부에 위치하여 이미 중국의 영향을 받고 있었던 조선(朝鮮, Chosŏn)국을 멸망시키고, 현재 북한의 수도인 평양(平壤)에 낙랑(樂浪, Lo-lang)군을 설치하였는데, 이곳은 중화 제국의 번영하는 전초 기지로서 기원후 313년까지 존속하였다.

무제에 의해 진행된 최대의 군사적 행동은 서북방의 흉노(匈奴)에 대한 것이었다. 기동성이 매우 높고 호전적인 흉노인들이 북중국을 끊임없이 괴롭혔기 때문에, 무제의 군사 행동은 부분적으로는 방어적 성격을 띠고 있었다. 그러나 무제는 중앙 아시아를 장악하여 서아시아와의 교역권을 독점하는 일에도 관심이 있었을 것이며, 초기 중국의 몇몇 다른 지도자들이 그러했듯이, 이른바 '알렉산더 콤플렉스(Alexander Complex)'로 인해 원정(遠征)에 대한 유혹을 떨치지 못했을 것이다. 기원전 129에서 119년 사이에, 그는 어떤 때는 15만 명에 이르는 대규모의 원정대를 연속으로 보내어 흉노를 공격하게 하여, 몽고를 양분하는 고비(Gobi) 사막의 남쪽에서 그들 세력을 패퇴시키도록 조정하였다.

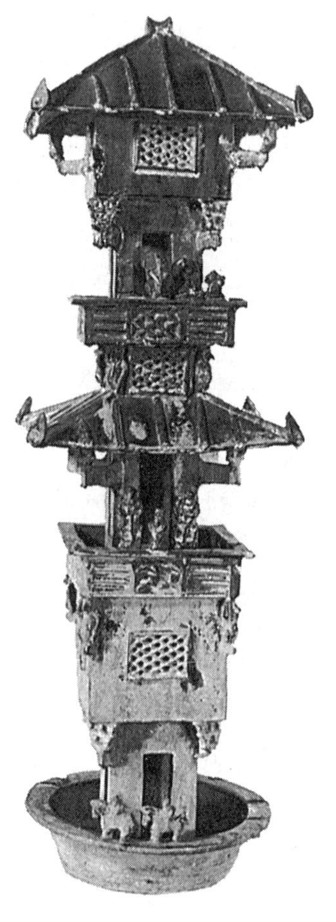

한대의 군사적 방어 녹색 유약이 칠해진 3층 구조 한대 망루의 축소형 토기로서, 하남성의 어느 무덤에서 출토되었다. 문 앞에 있는 말들과 위층에 있는 초병이 주목된다.

무제의 흉노 정책은 단순히 군사적인 것에 국한되지는 않았다. 그는 흉노에 대해 함께 대항할 동맹국을 찾기 위해 노력하기도 했다. 일찍이 기원전 139년에, 그는 월지(月氏, Yüeh-chih)라고 알려진 중앙 아시아의 한 나라와 동맹을 맺기 위해 장건(張騫, Chang Ch'ien)이라는 관리를 파견하였다. 인도-유럽 어를 사용한 것으로 보이는 이 월지족은 흉노에 의해 서부 감숙 지방에서 축출되어, 장건이 찾아갔을 때는 이미 아프가니스탄 지방으로 이동하여 바야흐로 인도를 침입할 즈음에 있었는데 그 뒤 그들은 쿠샨(Kushan) 제국을 세우게 된다. 장건은 흉노인의 손에 오랫동안 포로로 잡혀 있었음에도 불구하고 끝내 탈출하여 월지에 이르렀지만, 월지인들은 동아시아에서 진행되고 있는 전쟁에 휩쓸려드는 일에 더 이상 관심을 갖지 않고 있었다. 그는 기원전 126년에 중국으로 돌아온 다음, 기원전 115년에 중앙 아시아의 일리(Ili) 하(河) 유역을 차지하고 있던 또 하나의 인도-유럽 어계의 나라[烏孫]로 비슷한 사명을 띠고 다시 파견되었다. 두번째의 노력 역시 실패로 돌아갔지만, 두 차례에 걸친 장건의 긴 여행은 서방에 대한 중국인들의 지식과 관심을 크게 증대시켰다.

무제는 흉노에 대해 측면 공격도 시도해 보았다. 그는 오늘날 감숙 지방 서부, 티베트와 몽고 사이에 끼어 있는 좁고 긴 하서 회랑(河西回廊)에 두 개의 군(郡)을 설치하고 이곳으로 70만 명의 중국인을 옮겨 식민(植民)하였다. 서방으로 돌출된 이 중국인 거주 지역을 보호하기 위하여, 그는 만리장성을 서쪽으로 옥문관(玉門關, Yü-men-kuan)까지 확장하였다. 그 결과, 중앙 아시아 심장부에 있는 타림(Tarim) 분지 둘레의 작은 오아시스 농경 지역에 살고 있던 인도-유럽 어계 주민들에게까지 한의 지배가 확대되어, 도호(都護)의 관할하에 놓여지게 되었다. 이들 오아시스 국가들[西域諸國]은 동방과 서방 간의 고대 무역이 행해진 통로에 위치하여 주요한 역참(驛站)의 의미를 갖고 있었다. 기원전 104년과 102년, 중국의 군대는 저 거대한 파미르(Pamir) 고원까지 넘어 오늘날 러시아령(領) 투르키스탄(Russian Turkestan)의 페르가나(Ferghana, 大宛)에까지 이르기도 했다.

흉노에 대한 전쟁은 무제가 죽은 뒤까지 계속되어, 결국은 기원전 52년에 흉노 인중(人衆)의 반을 지배하던 남부 흉노의 선우(單于)가 한에 입조(入朝)하였다. 기원전 42년에도 중국의 군대가 파미르 고원을 다시 넘어 과거 그리스인의 왕국 소그디아나(Sogdiana)에까지 침투하였으며, 포로가 된 로마의 병사들까지 포함된 군대를 그곳에서 격파하기도 하였다. 그리하여 중국의 군대는 거의 꿰뚫을 수 없는 사막과 산맥을 횡단하여, 한의 군사적 힘이 수도로부터 2,000 마일 이상이나 멀리 떨어진 곳까지 미치게 하였으니, 이는 지중해 지역의 해상 교통을 보다 용이하게 이용할 수 있었던 로마 군단보다도 더 멀리 수도를 떠난 것이다.

한대의 사상과 학문

진(秦) 이전 시대의 사상 유파 가운데서 뚜렷이 구별되고 상호 배타적인 철학 체계로서 한대까지 살아 남은 것은 하나도 없다. 이것은 진과 한의 승리가 과거의 전통을 얼마나 철저하게 파괴하는 데 성공하였는가를 보여 주는 가장 분명한 증거라 하겠다. 그러나 낡은 사상을 구성하였던 요소의 조각들은 단편적 형태로 되살아 났다. 그 중의 하나가 주대 말기 자연주의자들의 '음양 이원론(陰陽二元論)'과 '오행(五行)'설이었다. 이러한 관념들이 서로 밀접하게 결합되어, 기이한 자연 현상은 지배자의 특성을 반영하고 미래를 예언하는 징조라고 생각하는 경향이 나타나게 되었다.

이러한 관념으로 인하여, 주술적 효능을 갖는 '연호(年號)'를 자의적으로 선택하여 연도를 계산하는 관행이 무제 시대에 개발되었다. 상황이 안정되면 한 '연호'를 오랫동안 계속 사용하게 되지만, 갑자기 재앙이 내습하거나 특별한 길조(吉兆)가 나타났을 때에는 불과 몇 달 만에 바뀌어질 수도 있었다. 그 결과 연도를 계산하는 방법에 혼란이 발생하여, 중국인들은 왕조를 기준으로 연대를 계산하는 방법에 더욱더 의존할 수밖에 없었다. 이처럼 명백한 결점이 있음에도 불구하고, 연호 제도는 여전히 동아시아에서 광범위하게 사용되었다. 후대에 한 가지 나아진 것이 있다면 연호의 기간을 한 군주의 치세 기간과 일치시키는 것이었으니, 이 같은 혁신이 중국에서는 1368년에, 일본에서는 1868년에 각각 채택되었다.

도가적 전통은 기원전 3세기말의 정치적 격동 가운데 다른 사상 유파들에 비해 비교적 잘 살아 남을 수 있었지만, 시간이 경과함에 따라 〈도덕경〉과 〈장자〉의 고급한 정신은 불로 장생을 희구하는 보다 유치한 신념에 가리워져 종적을 거의 감추게 되었다. 불로 장생의 영약을 발견하고 가치 없는 원소를 변질시켜 금으로 만드는 일에 관심이 크게 모아져, 세계에서는 처음으로 연금술(鍊金術)이 행해졌다. 뿐만 아니라 곡식(穀食)을 피하는 등 식사 조절에 의한 양생법이나 요가와 같은 호흡 운동 등도 불로 장생의 방법으로 크게 강조되었다. 자연이나 조상을 숭배하는 갖가지 민간 의식도 살아 남아서 신화의 내용을 풍부하게 발전시키면서, 점차 도가적 요소의 하나로 이해되었다. 옛날의 귀족적 제례(祭禮)는 물론 행해지지 않은 지 오래되었지만, 그것에 대한 기억은 여전히 남아 있었다. 그리하여 기원전 110년에 무제는 신비스러운 형식과 웅장한 규모로 전설적 제례를 재현하도록 설복되어, 산동의 영산(靈山)인 태산(泰山)에서 하느님[天]에게 제사[封]를 올리고, 그 아래의 낮은 구릉[梁父]에서 땅의 신에게 제사[禪]를 바쳤다.

높은 지적 수준의, 학문을 좋아하는 사람들은 고대의 저작을 복원하는 일에 열중하였다. 사상서와 역사서에 대한 진(秦)의 금령[禁挾書令]이 기원전 191년에 정식으로 해제된 뒤, 몇몇 연로한 학자들이 일부 경전의 내용을 기억으로 되살릴 수 있었으며, 어떤사람들은 벽 속에 감추어진 고전들을 발견할 수도 있었다. 그 결과 때때로 동일한 경전에 두 가지의 다른 판본(版本)이 있게 되었으니, 〈상서(尙書)〉의 경우처럼 진 이전 시대의 서체로 씌어진 '고문서(古文書)'와 새로 표준화된 서법으로 복원된 '금문서(今文書)'가 병존하게 된 것이다.

한대의 학자들은 고대 사상을 표현하는 데 있어 옛날의 저작이라면 어떤 것이나 똑같은 가치를 갖는 것으로 간주함으로써, 철학적 지각의 빈곤을 드러내었다. 그러나 그들은 5 경(五經)의 설정과 같이 고전의 범주를 고안해 냄으로써 고대 문헌들에 모종의 질서를 부여하려고 노력하였으며, 이들 난해한 고문헌들을 해석하기 위하여 엄청난 노력을 경주하였다. 그들의 고전 해석, 혹은 주석 작업은 그 뒤 중국의 주요한 지적 활동의 하나가 개시되었음을 가리킨다. 최초의 체계적 사서(辭書)인 〈설문(說文)〉 역시 기원후 100년경에 출현하였다. 이 위대한 사서에는 9,000 자 이상의 한자가 540 개의 부수(部首)에 의해 정리되어 있다.

한대의 저술물 가운데는 그 사상적 내용에 있어 명백히 절충적인 경우가 적지 않았으니, 고조(高祖)의 손자[劉安]의 후원하에 만들어진 〈회남자(淮南子)〉의 경우, 우주론과 도가 사상 및 기타 잡다한 지식들로 구성되었다. 한대의 저작은 대부분 학술적인 것이 아니면 교훈적인 것이었지만, 하나의 중요한 시(詩)적 양식이 이 시기에 발전하였다. 부(賦)라고 불리우는 이 독특한 문학 양식은 격조(格調)와 압운(押韻)의 불규칙성으로 인하여 왕왕 '산문시(散文詩)'라고 불려지기도 했다. 굴원(屈原, Ch'ü Yüan)의 〈이소(離騷)〉에 뿌리를 둔 부의

(전설적인) 활의 명수 예(羿)가 지구를 다 태워 버릴 듯 위협하는 열 마리 태양의 까마귀 가운데 아홉 마리를 쏘고 있는 가뭄에 관한 신화. 무씨 사당벽의 석각에서.

양식은 중국의 수도들이나 아름다운 풍경에 대한 긴 서술, 풍부한 수사와 과장 등이 특징이다.

역사의 서술　한대의 저작 가운데서도 가장 위대한 성과는 역사 서술 분야에서 이루어졌다. 이것은 과거에 대한 기록을 그토록 강조하는 문명에서는 놀라운 일이 아니다. 중국인은 모든 저작을 4종의 범주로 분류하여 경전과 그 주석서〔經〕, 사상적 저술〔子〕, 순문학〔集〕 등과 더불어 역사 서술〔史〕을 그 중의 하나로 포함시켰다.

사마천(司馬遷, Ssu-ma Ch'ien ; 기원전 85년경까지 생존)의 〈사기(史記)〉는 중국의 역사 연구를 도약하게 한 위대한 첫걸음이었다. 궁정 천문학자〔太史令〕였던 사마천은, 자신은 부친〔司馬談〕이 시작한 역사서들을 단지 완성할 뿐이라고 말했지만, 이것은 사실 공자의 업적 가운데서도 가장 위대한 성과, 즉 과거에 대한 기록을 적절한 형식으로 재구성한 일〔春秋〕을 계승하여 확장하려는 자신의 야심 만만한 계획에 대한 겸허한 변명에 지나지 않았다. 사마천은 놀랄 만한 학식을 갖춘, 굉장히 대담한 인물이었음이 분명하다. 기원전 99년에 그는 흉노에 부득이 항복할 수밖에 없었던 중국의 유명한 장군〔李陵〕을 변호하게 되었는데, 무제는 그의 겁없는 대담함에 대하여 궁형(宮刑)으로 응답하였다.

사마천은 후대 중국의 역사 서술에 기본틀을 마련해 주었을 뿐 아니라 그 표현 방식과 학문적 접근 방법까지 결정하였다. 그는 자기가 알고 있는 바 그대로의 사실을 간명하고 정직하게 서술할 뿐이었고, 가장 믿을 수 있다고 생각되는 사료를 가능한 한 수정하지 않은 상태로 인용하려 하였다. 그리하여 그의 저서는 대부분 초기의 문헌이나 문서로부터 구절이나 단락을 뽑아 모아 복잡하게 편집한 형태가 되었다. 이렇게 해서 그가 설정해 놓은 중국 사학(史學)의 기준은 서양에서는 비교적 근래에 이르기까지 견줄 수 없을 정도의 높은 수준이었다.

사마천은 세계사를 쓰려고 시도하였으며, 그 결과는 어느 누구보다도 성공적이었다. 〈사기〉는 무려 130권(卷)이나 되는 단위로 구성되었으며, 70만 자가 넘는 한자로 씌어졌다. 고전적 한자는 대단히 간결하기 때문에, 〈사기〉의 실제 분량은 독자들이 지금 읽고 있는 이 책의 열 배에 가깝다고 할 수 있다. 〈사기〉의 서두를 장식하는 12권은 '본기(本紀)'라고 하는데, 여기에는 '문화적 영웅들'의 시대(전설적 五帝時代)로부터 3왕조(夏商周 三代)의 여러 왕들과 진·한 왕조의 황제들을 거쳐 무제에 이르기까지 주요한 사건들의 기록이 기재되어 있다. 그 다음의 10권은 주대의 제후 왕실과 한대의 제후왕과 고급 관료들에 관한 '연표(年表)'로 만들어져 있다. 그 뒤를 잇는 8권의 '서(書)'는 의례〔禮〕, 음악〔樂〕, 일력〔曆〕, 천문〔天官〕, 하천과 운하〔河渠〕 및 경제 문제〔平準〕 등과 같이 연대기적으로는 다룰 수 없는 주제들에 대한 논술문이다. 그 다음 30권은 '세가(世家)'로서, 주대의 여러 제후국에 관한 기록이다. 마지막 70권은 중요한 인물들의 '열전(列傳)'과 다른 민족과 지역에 대한 몇 편의 간결한 에세이로 구성되어 있다.

후대의 많은 중국인 사가들은 사마천의 모형을 본받았다. 반고〔班固, Pan Ku;

기원후 92년까지 생존)는 그의 아버지와 누이와 함께 이러한 형식[紀傳體]의 두 번째 위대한 역사서인 〈한서(漢書)〉를 편찬하였다. 100권으로 이뤄진 이 저작은 〈사기〉와는 달리 서술의 범위를 전한(前漢)이라는 단일 왕조에 국한하였으며, 그 결과 주대의 제후국들과 관련된 부분은 따로 설정되지 않았다. 반고 역시 문헌과 지리에 관한 매우 유용한 논술문들[藝文志와 地理志]을 첨가하였다. 〈한서〉는 이후 모든 왕조사의 원형이 되었으므로, 그 뒤로는 하나의 주요한 왕조나 작은 왕조들의 집단을 기술의 대상으로 삼게 되었다. 1921년에 중화 민국 총통이 몽고 왕조에 관한 '새로운' 역사[新元史]를 공인(公認)함으로써, 이러한 종류의 공인된 '정사(正史)'는 모두 24사(史)를 헤아리게 되었다.

유교의 승리　무제는 시황제에 버금갈 만큼 철저한 법가적 군주였다. 그럼에도 불구하고 무제의 치세 동안에 유교가 중국 조정의 지배적 사상이 되었다고 흔히 일컬어지고 있다. 사실 유교의 승리는 점진적인 과정이었기 때문에 전(全)한대를 통해 서서히 진행되었으며, 한대에서 승리한 유교란 고대의 여러 사상과 당시에 유행한 미신들이 기묘하게 융합된 것이었을 뿐, 공자와 맹자의 순수한 윤리적 가르침과는 전혀 다른 것이었다. 그러나 한대 사상의 절충주의적 경향에도 불구하고, 당시의 학문을 좋아하는 사람들은 점차 유교적 전통에 동화되어 갔던 것으로 보인다. 그 까닭은 유교가 곧 관료와 지식인들을 위한 사상이었기 때문일 것이다. 유교(儒敎)라는 바로 그 명칭이 이 점을 시사하고 있으니, 유(儒)가 원래 뜻하는 바대로, 그것은 '지식 계급(혹은 유약한 사람)의 학문'을 의미하였다. 유가적 사상이 한대의 사상가들을 압도하였다기보다는, 한대의 학문하는 사람들이 공자를 자기들의 이념적 원형으로 점차 채택해 갔던 것으로 보는 것이 더 타당할 것이다.

유교적 전통에 동화되었던 지식인[文學之士]들은 이와 동시에, 순수한 법가적 형태로 출발하였던 정부의 관료 기구내로 서서히 진입하게 되었다. 고조는 비록 그 자신이 교육받지는 않았지만 교육받은 사람을 자기의 정부에서 이용할 필요가 있음을 알고 있었으며, 그의 후계자들은 정부에 봉사할 만한 능력을 갖춘 학자들을 골라 뽑기 위해 시험[策試]을 실시하기까지 하였다. 무제 시대에 이르자 군주에 의해 법가적 학습이 조정에서 금지될 정도로, 유가로 경도되는 분위기가 형성되기 시작하였다. 무제의 치하에서 상당한 영향력을 행사한 인물 가운데서 소위 유가적 학자라 할 만한 관료로서는 공손홍(公孫弘, Kung-sun Hung ; 기원전 121년까지 생존)과 그보다 젊은 동시대의 동중서(董仲舒, Tung Chung-shu)가 있었다. 이들 두 사람은 모두 주로 재이(災異)의 징조를 해석하는 능력과 〈춘추(春秋)〉를 분석하는 능력으로 유명하게 되었는데, 특히 그들은 〈춘추〉를 공자가 말을 골라 사용함으로써 윤리적 판단을 제시한 책이라고 생각하였다. 동중서는 〈춘추〉에 관한 그의 저술 〈춘추번로(春秋繁露)〉에서 '음양 오행(陰陽五行)'과 역사적 사건들 사이의 관계를 설명하려 하였지만, 이 같은 사이비 과학적 주장은 공자와 맹자의 사상과는 거리가 먼 것이었다.

기원전 136년에 무제는 조정에 5 경 박사(五經博士)를 설치하여 유가적 전통의 일부를 실현하였으며, 기원전 124년에는 이들 5 경 박사 아래에 50 명의 관선 학생을 배정함으로써 일종의 국립 대학을 창설하였다. 이 학교는 기원전 1세기 후반에 이르러 학생 3,000 명의 규모로 성장하였고, 기원후 1 년에는 1 년에 100 명씩의 졸업생이 학인 관료에 의해 관리된 시험을 통해 정부 관리로 진출하였다고 한다. 그리하여 무제 시대 이래로 하급 관료의 상당 부분이 정부가 재정적으로 지원하는 유교적 교육을 통해 배출되었다.

올바른 의례와 예절에 관한 유교적 가르침도 점차 법률의 형태로 구체화되었기에, 이는 법 대신에 윤리를 강조하였던 원시 유가의 입장과 아주 다른 변화라 하겠다. 또한 유교는 국가의 공식적 이념〔官學〕으로 인정받기 시작하였다. 학자들의 대회의가 유교 경전의 올바른 해석을 결정하기 위하여 황제의 후원하에 기원전 51년과 기원후 79년에 거듭 개최되었다. 175년에는 정부에서 경전의 승인된 판본을 큰 석판(石板)에 새겨 수도에 세워 두었다. 한편 서기 58년에는 모든 관립 학교들이 공자의 제사를 지내도록 명령받았다.

법가적 국가와 유교적 이념의 결합이란 여러모로 보아 기이한 현상이지만, 중국의 제국 체제가 다른 모든 제국보다 더 오래 존속할 수 있었던 사실을 설명하는 데는 도움이 된다. 나라를 얻는 것은 칼로 하지만, 나라를 다스리는 것은 붓으로써만 가능하다. 법가적 정복자들은 유능한 문관(文官)을 필요로 하였으며, 따라서 책임 있고 영예로운 자리가 그를 위해 정부 안에 마련되었다. 그 결과 교육받은 지식 계층은 국가의 반대자가 되기보다는 지지자가 되었다. 보다 중요한 것은, 교육 제도와 유망한 관료의 선발 제도를 통해 효율적인 관료 제도가 발달하기 시작하였다는 사실이다. 요컨대 중국은 이미 능력에 근거

연회 장면이 찍혀진 한대 기와의 탁본. 넉넉한 소맷자락에 낙낙하게 긴 겉옷과 꿇어앉는 자세는 이제 더 이상 중국의 특징이 될 수 없으나, 일본에서는 아직도 볼 수 있다.

한 근대적 성격의 민정 체제를 발전시키기 시작하였던 것이다. 서양에서 중국의 그것과 비슷한 제도를, 부분적으로는 중국의 제도에 영향을 받아, 채택한 것은 이보다 거의 2,000년이나 지난 뒤였다.

유교적 전통이 교육받은 지식 계급 사이에 주요한 지적 힘이 되었다는 것은 중국인들에게는 다행스러운 일이었다. 비록 한대의 유교가 여러 관념의 기묘한 혼합체였다고는 하지만, 점차 시간이 흐름에 따라 원시 유가의 윤리적 관념이 한초 학자들의 절충주의적 신념을 압도하기 시작하였다. 따라서 진(秦)

이 법가적 원리에 의거하여 장출하였넌 무사비한 진제주의도 점차 도더을 강조하는 사람들의 손에 의해 통제되었다. 그 결과, 법가적 제국과 유가적 행정 관료 사이에 균형이 이루어지게 되었으며, 상극(相剋)의 이원론과는 달리 상호 보완적인 음양 이원론(陰陽二元論)이 유용하다는 사실을 다시 한 번 증명하게 되었다. 법가의 승리는 일견 유가를 파괴하는 듯이 보이지만, 실제에 있어서는 안정된 사회를 창출하여 그 안에서 유가가 꽃필 수 있게 하였다. 유가의 승리 역시 법가를 파괴하기보다는 오히려 법가적 제국을 거의 불멸의 제국으로 만들어 놓았다.

왕조 순환

전통적으로 중국인들은 자기들의 과거를 일련의 반복적 왕조 순환으로, 즉 영웅에 의해 왕조가 창건되고, 그 세력이 크게 펼쳐진 다음 긴 쇠퇴의 길이 이어지고, 끝내는 모든 것이 붕괴되어 버린다는, 판에 박힌 이야기가 연속되는 왕조에 의해 지루하게 반복되는 과정으로 이해하였다. 왕조 단위로 역사를 편찬하는 중국인들의 관행이 이 같은 역사상(歷史像)의 형성에 공헌하였으며, 사람이 희망할 수 있는 최상의 것은 고대에 있었던 황금 시대를 재현하는 것이라는 중국인들의 생각도 반복적 왕조 순환론에 일조하였을 것이다. 그 결과 중국 문명의 엄청난 성장과 발전은 외관상으로 순환하는 듯이 보이는 이 인간사의 변환에 거의 가리워져 있었으며, 후대의 중국 역사는 전한(前漢) 왕조사의 반복인 양 보이게 하려는 노력이 어느 정도 성공적으로 계속되었다.

물론 왕조 순환이란 것이 기술, 경제, 사회, 문화 등 보다 근본적인 요소들의 발전을 의미하는 것이라기보다 이러한 것들을 피상적으로 덮고 있는 정치적 변화의 양식만을 의미하는 것으로 국한한다면, 중국인들의 왕조 순환 관념에도 어느 정도의 타당성이 있음을 인정하지 않을 수 없다. 전한과 후한은 모두 200여 년씩 존속하였으며, 그 뒤의 큰 왕조들은 보다 나아진 조건으로 인해 300여 년씩 지속되었다. 또한 각 왕조 시대에 전개된 재정적 조건, 행정적 능력, 군사적 역량 등과 같은 일들도 대단히 비슷한 경향을 보여 주었다.

개인적 요소　정치의 윤리적 기초를 중시하는 유교적 가르침에 영향받은 중국의 역사가들은 왕조 순환을 설명할 때마다, 언제나 개인적 요소를 강조하였다. 한고조(漢高祖)처럼 천명(天命)을 받았다고 주장할 수 있는 왕조 창건자들은 단순히 힘센 사람으로 묘사되기보다는 초인(超人)으로 묘사되는 것이 보통이다. 그러나 천명을 잃은 왕조의 마지막 군주들은, 단순히 불운하다거나 약한 사람으로 묘사되기보다는 하(夏)와 상(商)의 마지막 왕처럼 사악하고 타락한 인물로 그려지게 마련이다. 사실 각 왕조의 황실은 예외없이 질적으로 저하되었다. 왕조의 창건자가 위대한 능력과 힘을 가진 사람이었어야 함은 당연한 일이었다. 그러나 그 뒤의 후계자들은 사치스럽고 음모에 가득 찬 궁정에서 생장하였기 때문에 유약한 인물이 될 수밖에 없었다. 보통은 각 왕조의 중반에 한무제(漢武帝)와 같은 강력한 인물이 출현하여 통치 체제에 새로운 힘을 가져다 주거나 제2의 출발과 같은 것을 가능하게 하지만, 시대가 내려옴에 따라 황실의 능력도 떨어지게 되는 것은 모든 왕조에서 볼 수 있는 일반적인 현상이라고 하겠다.

대체로 보아, 황제 측근에 있는 사람들의 자질이 황제 자신의 그것보다 중요한 의미를 갖고 있었다. 이 대목의 양상은 그다지 분명하지 않다. 모든 왕조사는 거의 첫장부터 끝장까지 제위 계승을 둘러싼 암투와 경쟁하는 당파간의 음모로 점철되었다. 후대의 몇몇 왕조에서는 당파 싸움이 때로는 기본적 정책 문제를 중심으로 전개되기도 하였지만, 중국 사상의 대부분의 파쟁(派爭)은 단순히 권력과 보상을 위한 투쟁이었다. 중앙 정부가 다른 이유로 약해져 있을 때, 당파 싸움이나 쿠데타, 혹은 궁정 변혁이 일어난다면, 왕조의 전성기 때보다는 왕조의 후기에 그 영향이 보다 해로운 방향으로 작용하게 될 것임은 물론이다.

가장 지속적인 파쟁 문제는 황후의 인척[外戚]에 의한 것이었으니, 한고조 미망인[呂后]의 경우, 그녀의 여씨(呂氏) 일족을 위해 제위를 거의 찬탈하기에 이르렀던 것이다. 고급 관료나 장군 및 대토지 소유자들도 황제 권력이 유약하거나 국가 권력이 분열되면, 사실상 독립적인 권력을 장악하여 궁극적으로는 제국을 해체할 수 있었다.

모든 왕조에서 발견되는 파쟁의 또 다른 유형은 일반 행정 관료와 환관(宦官)의 쟁투였다. 환관은 원래 궁정에서 황제의 후궁을 지키고 관리하였으나,

그들의 기능은 점차 다른 분야로까지 확대되어 군사적 역할까지 수행할 때도 있었다. 그들은 하층 사회의 출신이어서 황실과 경쟁할 수 있는 가계(家系)를 갖지 못하였기 때문에 자연스럽게 황제 권력과 결합될 수 있었으며, 황제는 지나치게 야심많고 탐욕스러운 관료 세력을 억제하기 위하여 그들의 도움을 필요로 하였다. 환관들은 교육을 받지 못하였고 관료와 사회적 배경을 달리하였으며 조정에서 권력과 보상에 대해 관료와 다투었기 때문에, 관료들이 유력한 환관들을 극히 혐오하였음은 오히려 당연한 일이었다. 기원전 208년에 진(秦)의 정치가인 이사(李斯)를 파멸시킨 장본인이 환관〔趙高〕이었으며, 기원전 47년에도 또 다른 환관이 궁정에서 경쟁하던 관료를 제거하였다. 우리가 사가(史家)들에 의해 수많은 환관들이 한결같이 실정(失政)으로 비난받는 모습을 발견하게 되는 것은 역사의 기술이 관료의 수중에 있었기 때문일 것이다.

경제적·행정적 요소　　중국인들은 흔히 개인의 도덕성과 개성을 강조하지만, 왕조 순환 문제는 재정적 안정성, 행정적 능률성, 군사적 힘 등의 견지에서 설명하는 것이 더 나을 것이다. 큰 왕조들은 모두 초기에 번영의 시기가 있었다. 황제 권력을 장악한 집단은 비교적 규모가 작고 밀접하게 결합되어 있었다. 그들에게 권력을 가져다 준 전쟁이 정적의 대부분을 제거해 주기도 하였기 때문에, 국가의 부는 대부분 황제의 창고 속으로 쏟아져 들어갔다. 새로이 구축된 평화 안에서 나라가 번영하고, 인구는 급속히 증가하였으며, 중앙 정부의 금고와 창고는 가득 찼다.

그러나 양(陽)이 지나치면 음(陰)이 일어나게 된다. 재정이 풍부한 중앙 정부에서 대규모의 궁전, 도로, 운하, 성곽 등을 축조하였다. 제국의 군사적 성공으로 인해 방어선이 광범위하게 확산되었으며 이를 유지하기 위하여 많은 재정적 지출이 불가피하였다. 황족과 귀족 및 고급 관료가 수적으로 증가하고 점차 사치스러운 생활 방식에 젖어들게 되었다. 많은 토지와 더 많은 농민 경작자가 지배 계급에 의해 개별적으로 지배될수록, 중앙 정부를 유지해야 할 조세 부담자의 수는 더욱 줄어들게 되었다. 지출은 끊임없이 증대되었으나 수입은 조금씩 감소되었기 때문에, 모든 왕조들은 창건된 지 100년이 되지 않아 심각한 재정적 어려움을 겪기 시작하였다.

그리하여 경제적·행정적 개혁이 실시되어 때로는 재정적 퇴조를 잠시나마 멈추게 할 수도 있었다. 그러나 결국은 하향적 경향이 다시 나타나게 되고 경제적·행정적 어려움이 더욱 축적되었다. 관료의 이기주의와 부패 현상은 더욱 악화되어, 행정적 능률을 떨어뜨리고 궁정의 파쟁을 격화시켰다. 황실의 잠재적 경쟁자들은 정치적으로나 경제적으로 중앙 정부로부터 더욱 독립하여 아무런 제지 없이 그것에 도전할 수 있게 되었다. 정부의 적자를 메우기 위해 농민에게 가해지는 조세 부담이 점차 무거워져 폭발점에 이르게 되었다. 정부의 재정적 어려움으로 인하여 운하와 제방을 수축할 수 없는 상태로까지 빠져 들어, 홍수와 한발의 가능성이 더욱 높아지게 되었다. 과거에는 흉작이 들더라도 정부의 곡창에 저축해 두었던 곡식으로 보충할 수 있었지만, 이제는 흉작이 곧 기근을 가져오고, 기근은 유적떼를 일으켜 결국은 농민 반란으로 이어지게 되었다. 무리하게 유지되어 온 변경의 방어 역시 산산조각나기 시작하였다. 지방 관리와 군대의 수는 부족하게 되고, 중앙 정부는 지리멸렬하게 되었다. 그런 다음 전쟁이 일어나 구체제를 치워 버리고 새로운 왕조의 출발을 위하여 석판(石板)을 깨끗하게 닦아 놓았다.

이러한 경제적·행정적 악순환은 수명이 긴 왕조의 역사에서는 대부분 확인될 수 있지만, 전한에서 특히 뚜렷하게 나타났다. 무제의 운하 건설 계획과 대외 전쟁은 왕조를 전성기로 이끌었으나, 동시에 재정적 위기를 초래하기도 했다. 엄청나게 팽창한 정부의 경비를 충당하기 위하여 새로운 수입이 절실하게 요망되었다. 무제의 전 치세 기간(기원전 141~87)은 왕조의 재정을 회복하려는 일련의 장구한 노력으로 점철되었다.

무제의 경제 조치 가운데 가장 중요한 것은 최소의 노력으로 많은 이익을 얻을 수 있는 특정 상품[鹽, 鐵, 酒]의 생산과 판매를 국가가 특허(特許) 혹은 전매(專賣)하는 제도를 부활시킨 것이다. 그는 정부가 동전(銅錢)을 독점적으로 주조할 수 있는 권한을 회복시켰으며, 기원전 119년에는 선진 시대 진(秦)나라에서 행해졌던 소금과 철의 국가 전매를 부활시켰으며, 그 뒤에 술의 전매도 추가하였다. 이와 같은 전매 제도는 전 중국사를 통하여 일반화되었지만, 언제나 심각한 논쟁의 주제로 남아 있었다. 일찍이 기원전 81년에, 국가 전매의 타당성을 토론하기 위하여 대규모의 궁정 회의가 개최되었으며, 30여 년 뒤 이것에 대한 광범위한 반대 의견이 〈염철론(鹽鐵論)〉이라는 제목 아래 책의 형식으로 제출되었다.

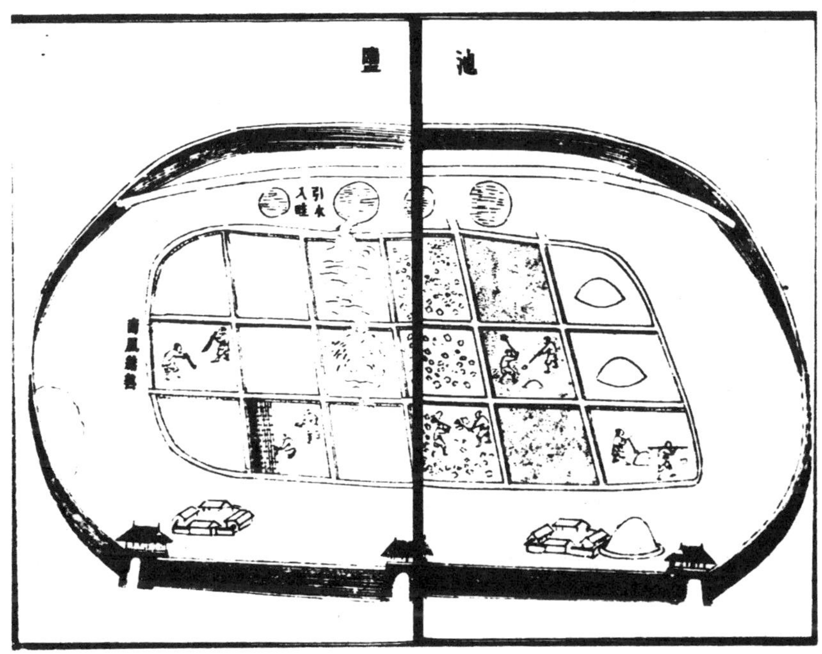

소금 전매 소금은 생활 필수품이고 그 생산이 쉽게 독점될 수 있었기 때문에, 소금의 생산과 유통은 보통 중앙 정부의 재정적 이익을 위하여 정부 허가에 의해 통제되었다. 1637년의 백과 전서 〈천공개물(天工開物)〉에 실린 이 그림은 왼쪽에서 오른쪽으로 소금 생산 과정을 보여 주고 있다. 먼저 소금밭〔鹽田〕을 평평하게 고른 다음 바닷물을 넣어 수분을 증발시키고, 남아 있는 소금을 쭱고 모아 둔 덕을 만들고 옮기는데, 이 모든 과정이 통제를 위해 담과 문 안에서 이루어지게 하였다.

기원전 110년에 무제는 이른바 '평준법(平準法)'과 '균수법(均輸法)'을 실시하여, 정부가 과잉 공급의 시기와 장소에서 잉여 생산품을 사들여 부족한 시기와 장소에 내다 팔았다. 이 제도는 물가 안정에 도움이 되었을 것이나, 그 동기는 국고에 도움이 되게 하려는 것이었다. 또한 무제는 특별 부과금 형식으로 상업세도 어느 정도 징발할 수 있었으나, 그 외의 개혁 내용은 바람직스럽지 않은 것이었다. 그는 몇 가지 형벌을 벌금으로 대체하였고, 현금을 받고 작위(爵位)를 팔았으며, 동전의 질량을 줄이거나 부자들에게 가치 없는 녹피(鹿皮)를 보증하도록 강요함으로써 통화의 가치를 떨어뜨렸다.

왕망(王莽)의 찬탈　무제의 재정적 노력은 대체로 성공적이어서, 그 뒤 수십 년간 정부는 평온을 유지할 수 있었다. 그러나 이와 동시에 심각한 문제가 발생하였다. 인구가 증가하여 보통 농민은 그의 조상이 경작했던 땅보다 적은 땅을 갖게 될 상황에 이르렀다. 더구나 상당히 많은 농민들이 이제는 사실상 과세되지 않는 대토지 소유자의 대농장에 귀속되어 있었으며, 그로 인하여 그 밖의 조세 부담 농민은 전보다 더 적은 농토에서, 전보다 더 무거운 부담을 짊어지지 않을 수 없게 되었다. 따라서 국가의 세입은 감소되어 갔고, 그와 더불어 중앙 정부의 모든 제도들도 쇠퇴하였다. 기원전 22년에는 일련의 대규모 반란이 발발하였다.

이처럼 절박한 위기를 맞이하여, 태후(太后)의 조카인 왕망(王莽, Wang Mang)이 집권하여 이러한 형세를 바꾸어 보려고 정력적인 개혁을 통해 필사적인 노력을 경주하였다. 그 결과 그는 기원후 8년에 제위를 찬탈하고 신(新)왕조를 세워 한(漢)을 대신하였다(이 날은 서력(西曆)으로 기원후 9년 1월 10일이었으나, 중국의 음력에서는 새해가 겨울부터 늦게 시작된다). 왕망은 외관상 성실한 유가주의자인 양 보였으며, 그 자신 그의 개혁을 주공(周公)의 황금 시대를 재창출하는 과정으로 보았다. 유학자들의 도움을 받은 그는 그때까지는 거의 연구되지 않았던 고문(古文) 계열의 경전들에 관심을 모았으며, 유교의 궁극적 승리에 크게 공헌하였다. 그러나 그의 개혁은 사실상 보다 법가적인 전통에 의존하였으며, 무제의 정책을 재생하거나 확충한 것이 많았다. 그는 국가 전매 제도를 세우고, 균수·평준법에 다시 활기를 불어넣었으며 동전의 가치를 떨어뜨렸다. 그는 농민을 위해 농업 대여 정책을 수립하기도 했다.

왕망의 가장 대담한 개혁은 당시의 주요한 경제적 문제에 대해 정면으로 공격한 일이었다. 너무나 많은 농민들이 조세 부담이 없는 대농장에 귀속되어 있어, 중앙 정부를 지탱해 줄 조세 부담자의 수가 크게 부족하였다. 따라서 왕망은 기원후 9년에 모든 토지를 ‘국유화(國有化)’하여 조세를 부담하는 농민들에게 분할해 주고, 사노비(私奴婢)의 매매를 금지시킴으로써 대토지 소유를 종결시키는 조칙을 발표하였다. 이처럼 과격한 정책은 무제 시대에서도 실행하기가 극히 어려웠을 것이다. 이제 100여 년이나 지나 이를 강행하는 것은 중앙 정부의 역량을 완전히 넘어선 일이었다. 왕망은 찬탈 행위로 인해 중국의 전통적 사가들로부터 혹독한 비난을 받았지만, 토지 ‘국유화’를 위한 그의 노력은 그로 하여금 '중국 최초의 사회주의자'라는 시대 착오적인 칭호를 획득하게 하였으며, 마르크시스트 역사가들의 칭송을 받게 하였다.

왕조 순환을 역전시키고 왕조 초기의 조건을 재창출하려는 왕망의 대담한 노력은 오히려 중앙 정부의 붕괴를 촉진하였을 것이다. 이미 재정적, 행정적으로 침식되어 그 기초가 위태롭게 된 중앙 정부는 왕망에 의해 토지를 수용당해야 하는 호족의 지지를 상실하였다. 연속되는 흉작과 치수(治水) 체제의 와해로 인해 기근이 이어졌다. 기원후 18년에 산동 지방에서 대규모의 농민 반란이 폭발하여 곧 전국으로 확산되었다. 반도(叛徒)들은 자기들을 남과 구별하기 위하여 눈썹에 붉은 색을 칠하여 표지로 삼았기 때문에 적미(赤眉)라 자칭하였으며, 도가적 경향이 강한 비밀 결사에 뿌리를 두고 있었다. 왕조 말기의 특징을 이루는 후대의 민중 봉기는 대부분 경제적 동기에 의해 일어났지만, 민간 신앙 역시 반란에 결속력과 지속력을 제공하는 데 도움이 되었다. 이와 동시에 변경의 방어 체제가 붕괴되고, 주변에 예속되어 있던 국가들은 독립을 다시 주장하였다. 유목민들이 변방 지역을 침입하였고 수도는 반군에 의해 약탈되었으며, 기원후 23년에는 왕망이 반도의 손에 의해 죽음을 당하였다. 고조가 세웠던 거대한 중앙 집권적 정부는 마침내 철저하게 붕괴되고 말았다.

후한(後漢)

제국의 재건　적미(赤眉) 집단은 전국을 쑥밭으로 만들어 버렸지만, 다른 많은 민중 반란의 지도자들과 마찬가지로, 행정 경험이 없었을 뿐만 아니라 그들이 파괴하고 있는 것을 대신할 중앙 정부를 새로 세워야 한다는 생각도 갖고 있지 않았다. 중앙 권력을 재창출하는 과업은 교육받은 사람들의 수중으로 떨어졌다. 한 제국 황제들의 여러 후손들도 대부분 대토지 소유자로서 반란의 와중에서 봉기하였으며, 그들 중의 한 명이었던 유수(劉秀, Liu Hsiu)가 왕망 몰락 이후의 난투장에서 최종 승리를 획득하였다. 그는 기원후 25년에 황제를 자칭하고 한(漢) 왕조의 명칭을 소생시켰으나, 그의 수도는 장안(長安, Ch'ang-an) 동쪽의 낙양(洛陽, Loyang)에 세워졌기 때문에, 그의 왕조는 후한(後漢)이라고 불리면서 동한(東漢)으로 알려지기도 하였다.

광무제(光武帝)라는 시호로 더 잘 알려진 유수는 37년에 전국을 통일하고 평정하였으며, 전한의 모형에 따라 강력한 중앙 정부를 다시 세웠다. 그가 이 일을 해 낼 수 있었던 까닭은 왕망이 해결할 수 없었던 재정적 문제를 그는 만나지 않았기 때문이다. 전쟁이 전한의 귀족과 일부 대토지 소유자들을 쓸어 버렸던 것이다. 더구나 새 왕조에서는 아직 대량의 황족과 지배 계급이 형성되지 않았기 때문에 그로 인한 부담도 거의 없었다.

광무제는 남중국과 북부 월남을 다시 정복하였으며, 그의 후계자 명제(明帝; 기원후 57~75)의 치세기에는 중앙 아시아와 북방 유목 민족에 대한 중국의 통제력을 회복하려는 결정적 노력이 경주되었다. 역사가인 반고(班固, Pan Ku)의 동생 반초(班超, Pan Ch'ao)가 서기 73년에 중앙 아시아로 파견되어 타림(Tarim) 분지 전역을 지배하게 되었으며, 91년부터 102년에 죽을 때까지 서역 도호(西域都護)로 봉직하였다. 이 동안에 그는 군대를 이끌고 파미르(Pamir) 산맥을 넘었으며, 부관 한 명을 파견하여 파르티아(Parthia, 安息國)를 경유, 로마 제국[大秦國]의 동부 지역에까지 이르게 하였다.

한편 흉노(匈奴)는 남부와 북부로 나뉘어졌으며, 남흉노는 후한에 굴복하였다. 서기 89년에는 중국 군대가 몽고의 고비 사막을 가로질러 북흉노를 공격하여 치명적인 타격을 안겨 주었으며, 여기서 패퇴한 북흉노는 서쪽으로 이주하기 시작하여, 4세기말에는 훈(Hun)이라는 이름으로 남부 러시아의 초원 지대로 이동하였다가 반세기 후에는 유럽의 심장부로 침입하였던 것으로 보인다.

문화적 성장　　전·후한 양대에 걸친 중앙 아시아의 지배로 인해, 서역과의 육로 무역이 크게 번성하였다. 이 시기에는 바다를 통해서도 인도 및 로마 동부와 접촉하였으며 소량이나마 해상 무역도 진행되었다. 서기 120년에는 일단의 사기꾼들이 중국의 조정에 출현하여 로마 제국으로부터 왔다고 주장하였으며, 166년에도 몇몇 상인들이 마르쿠스 아우렐리우스 안토니누스(Marcus Aurelius Antoninus)의 사자(使者)로 자처하였지만 허울뿐이었음이 분명하다. 이 무역을 통해 중국인들은 중앙 아시아로부터 좋은 말을 얻었으며, 남아시아와 서아시아로부터는 여러 가지 사치품을 획득할 수 있었다. 그들은 특히 지중해

무씨(武氏) 사당의 석각. (75쪽과 86쪽 참조) 위의 그림은, 왼쪽에서 오른쪽으로, 손님이 도착하여 마루에 앉아 곡예를 관람하면서 연회의 접대를 받는 모습을 담고 있다. 요리를 담은 쟁반 위에 놀이판이 놓여 있다. 아래그림에서는, 하인들이 연회를 준비하고 있다.

지역에서 온 유리 제품을 귀중히 여겼다. 그러나 중국산 비단에 대한 로마 제국의 수요가 더욱 컸다. 사실 너무나 많은 비단이 중국에서 서방으로 수출되었기 때문에 로마의 경제를 위태롭게 할 정도로 정금(正金)이 과다하게 유출되었으며, 중앙 아시아를 경유하여 왕래하게 된 통로를 가리켜 '비단길'이라 부르게 되었던 것이다. 외국 상품에 대한 중국측의 수요보다 중국 제품에 대한 서방의 수요가 더 많았음은 19세기에 이르기까지 중국 무역의 특징으로 유지되었는데, 그 원인의 대부분은 이 시기 중국의 기술이 다른 지역보다 우월하였던 데서 찾아야 할 것이다.

서역과의 무역은 미술, 음악 및 새로운 농산품 등 다방면에서 외국의 영향을 중국에 가져다 주었다. 고도한 수준의 한대 천문학과 수학 연구도 인도나 서아시아로부터의 자극을 반영한 것일지도 모른다. 그러나 이미 한대에 이르면, 중국에서 서방으로 밀려가는 문화적 영향의 물결이 서방에서 중국으로 흐르는 물결을 압도하게 되었다. 한의 방직 기술은 서아시아와 유럽의 그것보다 수세기 앞서 있었다. 후한대에는 물레방아가 발명되었다. 말의 어깨띠가 한대에 개발되어 견인 동물로서의 말의 능력이 크게 증대되었다. 거의 비슷한 시기에 철의 주물(鑄物) 기술이 중국에서 서역으로 전파되었다.

중국인의 가장 위대한 발명품 두 가지, 즉 종이와 자기(磁器)가 처음 만들어진 것도 한대였다. 서기 100여 년에 만들어진 진짜 종이조각이 중앙 아시아에 있는 한대 전초 기지의 유적지에서 발견되었다. 그리하여 종이는 곧 글 쓰기에 불편한 나뭇조각〔木牘〕과 대나뭇조각〔竹簡〕에 대체되었고 값비싼 비단천의 사용을 감소시켰다. 그러나 종이 만드는 지식이 유럽에 전달되는 데는 1,000년 이상의 시간이 걸렸다. 도기의 유약(釉藥) 사용이 한대에 이미 보편화되었으며, 한말에 근접하면 일종의 초기 자기가 출현하게 된다. 다시 말해서 중국인들이 '도자기(china)'를 발명하기 시작했던 것이다. 그 뒤 수세기 동안 그들은 점차 질 좋은 자기들을 개발하여 다른 나라 사람들이 열심히 수입하였고, 그 결과 근세에 이르러서는 이를 모방하게 되었다.

장안과 낙양은 로마와 견줄 만한 도시였음이 분명하지만, 이 위대한 한(漢)의 도읍에서 보존된 것은 거의 없다. 그곳에 세워졌던 목재 건축물은 너무 쉽게 부패되었으며, 한대 이후 그곳에서 살았던 사람들은 너무나 수가 많아 파괴적이었다. 그럼에도 불구하고, 한대의 분묘에서는 여전히 당시의 유물이 풍부하게 발견되고 있다. 한국에 있었던 낙랑군(樂浪郡)의 분묘에서는 멀리 사천(四川) 지방에서 만들어진 훌륭한 칠기(漆器)들이 발굴되었다. (원색 도판 3 참조)

왕조의 쇠퇴　후한은 찬란한 문화를 자랑한 시기였지만, 재정적으로는 전한 전성기의 힘을 회복할 수는 없었다. 너무나 많은 대규모 사유지가 기원전 1세기 이후 후한대까지 유지되었기 때문에, 한고조와 그 후계자들이 향유하였던 것과 같은 경제적·행정적인 여유가 새 왕조에는 허락되지 않았다. 대토지 소유자의 지위는 아주 안전했다. 한대의 농지세〔地租〕는 보통 연간 수확량의 30분의 1 가량밖에 되지 않았지만, 반면 농지 임대료〔地代〕는 약 2분의 1이나 되었다. 따라서 그들은 보잘것없는 농지세만 납부하고 조정의 고위직을 점유함으로써 자신의 부를 지킬 수 있었다. 비록 중앙 정부가 능력에 기초한 능률적인 관료 조직을 확립하려는 노력을 되풀이하여도, 대부분의 관리들은 세습과 정실 혹은 담당자에 의한 관리 등용 시험의 공공연한 조작 등을 통해 목적한 지위를 성취하였다.

후한의 재정적·행정적 약점은 조세 대장에 등록된 사람의 머릿수로 나타난다. 인구 통계의 기능이 후한 최고의 수준에 이르렀던 서기 105년의 인구 조사에서도, 전한 시대의 통계 수치에 미치지 못하였다. 조세와 노역을 부담하는 농민의 수가 가장 크게 감소된 곳은 북중국과 북쪽 변경 지역이었는데, 이곳은 군사적 방어와 수도권 지원에 가장 필요한 곳이었다. 중잉 정부가 그 자체를 유지하기 위해서는, 감소되고 있는 북중국의 조세 부담 농민에게 점차 더 무거운 조세를 부과하지 않을 수 없게 되었다. 결국 그 부담은 도저히 감당할 수 없는 지경에 이르게 되었다. 많은 농민이 세금이 덜 가혹하게 부과되는 남방으로 유망(流亡)하게 되었으며, 혹은 그 지대가 자유농에 대한 조세보다는 가벼운 대토지 소유자의 농장으로 피하지 않을 수 없게 되었다. 이처럼 많은 농민이 도망한 결과, 남아 있는 농민에 대한 과세의 증액이 불가피하게 되었다. 이렇게 해서 가혹한 착취를 견디지 못하는 농민들이 어쩔 수 없이 유적이 되거나 공공연히 반란을 일으켜, 왕조의 재정을 더욱 약화시켰다. 이러한 악순환은 한 번 시작하면 쉽게 중단되지 않았다.

전한의 경우와 마찬가지로, 황실에 대한 최초의 주요한 도전은 황후의 인척〔外戚〕으로부터 왔지만, 황제는 강력한 환관의 도움으로 그들의 세력을 억제할 수 있었다. 두(竇, Tou) 씨 일족이 서기 89년에 제거되었으며, 160년에는 양(梁, Liang) 씨 일족이 멸족되었다. 또 다른 대호족(大豪族)들은 당시 3만 명을 헤아린다는 국립 대학〔太學〕생들의 지지를 받아, 성공한 환관들이 권력을 전단(專斷)하는 것을 방해하려고 시도하였지만, 환관들은 곧 반격을 개시하여 166년에 수백 명의 관료와 태학의 학생들을 투옥하였고, 169년에는 그들 수천 명을 구금 혹은 처형하였다.

환관들에 의해 자행된 대숙청〔黨錮〕은 행정적 쇠퇴의 징후가 되었을 뿐만 아니라, 정부의 와해를 진전시키는 데도 공헌하였다. 서기 184년까지, 두 차례의 큰 반란이 동부 중국과 사천(四川) 지방에서 일어났다. 이들 민중 반란은 모두 도교적 신앙 요법의 신봉자들에 의해 지도되었다. 동부 중국의 반란을 지도한 종파는 '태평도(太平道)'라 불려졌지만, 이들이 두른 누런 머리끈으로 인해 보통 황건(黃巾)으로 더 많이 알려졌다. 사천 지방에서 봉기한 사람들은 교주에게 5두(斗)의 미곡을 바쳤기 때문에 오두미도(五斗米徒)라 알려졌다. 이들 도교적 민중 반란은 30여 년간이나 맹위를 떨침으로써 한 국가를 심각한 붕괴 상태로 빠뜨렸다.

첫 중화 제국의 종말

제국의 분열　후대의 왕조에서 흔히 볼 수 있는 바와 같이, 한에 최후의 일격을 가한 것은 한의 장군들이었다. 조세를 부담하는 농민층의 붕괴는 그것과 관련된 요역 체제와 농민 징병제의 와해를 필연적으로 수반하였다. 농민군을 대신한 직업군은, 그들을 지휘하는 부유하고 대토지를 소유한 장군들의 사병(私兵)으로 변질되었다. 민중 반란이 폭발한 후, 장군들은 사실상 독립적인 군벌(軍閥)이 되었으며, 중앙 정부의 운명에는 곧 칠흑 같은 어둠이 드리워졌다. 환관의 양자인 북중국의 조조(曹操, Ts'ao Ts'ao), 사천(四川)의 유비(劉備, Liu Pei), 양자강 하류 지역과 남중국의 손권(孫權, Sun Ch'üan) 등의 유력한 장군들 사이에서 국가 권력의 3분(三分)이 서서히 진행되었다. 이러한 분립 현상은 지리적으로 자연스러운 것이었으며 후대의 중국 역사에서도 여러 차례 재현되었다.

조조가 서기 220년에 죽자, 그의 아들〔曹丕〕이 한의 제위를 찬탈하고 위(魏, Wei)라는 왕조를 새로 세웠다. 그 전 30년간의 후한 왕조는 법적 허구에 지나지 않았으므로, 이 사건은 한에 공식적인 종말을 가져다 주었다. 유비 역시 그 다음해에 황제를 자칭하고 왕조의 이름을 한(漢, Han)으로 정함으로써, 자신이 옛 황실의 후손임을 과시하였다. 그의 왕조는 한때 사천(四川)에 있었던 촉(蜀, Shu)이라는 나라의 이름을 따라 촉한(蜀漢, Shu Han)이라 불려지기도 했다. 222년에는 남중국의 손권도 선례를 따랐으니, 그는 한때 양자강 하류 유역을 지배하였던 주대의 나라 이름을 따서 오(吳, Wu)라는 국호를 채택하였다. 중국이 이들 세 나라로 나누어져 있었던 50여 년간을 3국(三國) 시대라고 부른다.

체제의 붕괴　왕조 순환의 이론에 따른다면, 3국의 하나나 어떤 새로운 반란 집단이 전국을 재통일하여 200년 주기의 통일 왕조가 다시 시작되어야 하겠지만, 이런 일은 일어나지 않았다. 단순한 행정적 파탄보다 훨씬 더 의미 심장한 어떤 일이 중국에서 일어나고 있었다. 거의 동일한 시기에 로마 제국이 분열되기 시작하였던 것과 같은 방법으로, 한대의 모든 정치·경제적 조직 체

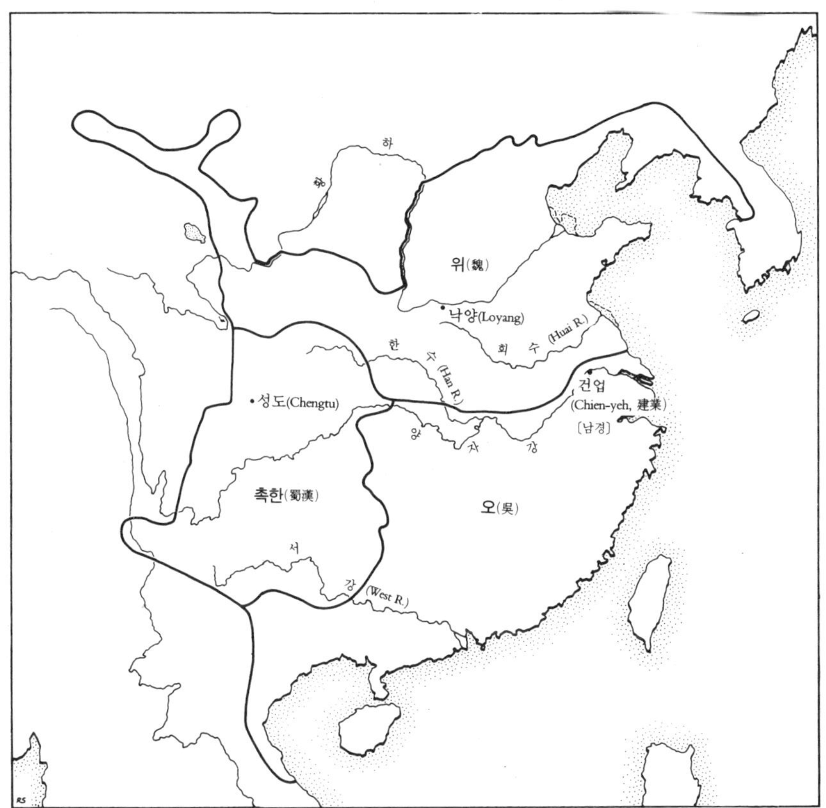

삼국 시대

제가 산산조각나고 있었다. 기술적인 면에서 아주 비슷한 수준에 있었던 한과 로마는 양자 모두 그들의 거대한 중앙 집권적 통치를 가능하게 하였던 인구의 증가, 부의 증대, 복잡한 제도의 발전 등 여러 문제를 적절하게 조절할 수 있는 능력을 갖지 못하였음이 입증되었다.

  첫 중화 제국의 몰락은 무제 시대의 재정적 어려움에까지 거슬러올라갈 수 있다. 그것은 호족들이 대규모의 토지 점유를 강화하였던 기원전 1세기말경부터 눈에 띄게 나타났다. 광무제(光武帝)는 후한 통일 국가를 재창출하는 과정에서, 대토지 소유에 대하여 전한의 황제들보다 더 크게 양보하지 않을 수 없었다. 그때부터 몰락의 과정은 가속화되었으며, 후한은 그것을 억제할 만한 어떠한 효과적 방책도 갖지 못하였다. 사실, 중앙 집권적 행정 체제 그 자체가 최악의 적이었다. 황제들은 친인척과 총신(寵臣)들, 뛰어난 장군들과 행정 관료들에 엄청난 양의 토지와 농민을 영구히 사여(賜與)하였다. 유력한 관료들은 이와 비슷한 방식으로 자신과 그 친인척에게 사여될 포상에 대하여 끝없는 탐욕을 거두지 않았다.

2세기말에 이르면 지방 호족들이 너무나 부유하고 강력하여 중앙 정부가 도저히 억제할 수가 없게 되었다. 사실은 지방 호족이 중앙 정부를 지배하고 있었으며, 220년 이후 전국이 세 개의 제국으로 나누어지게 된 것도 진정한 통일 정부는 이제 더 이상 존립할 수 없다는 사실을 공식적으로 인정한 것에 지나지 않았다. 삼국 가운데 어느 나라도 실제로 통일된 제국은 아니었다. 정도의 차이는 있어도 3자 모두 그 나라의 호족과 장군들에 의해 좌우되었다. 삼국과 그 뒤를 이은 왕조들은 모두 한의 제국 체제를 부활하려 하였지만, 그 어느 나라도 모호한 모방의 수준을 넘지 못하였다. 이들 나라들의 대부분은 1인 왕조에 지나지 않았으니, 어느 강력한 장군에 의해 창건되어 겨우 한두 세대 계승되다가 멸망하였던 것이다.

삼국 시대는 전쟁이 그치지 않은 시기였으며, 후대의 중국인들에게는 흥미롭고 낭만적인 시대로 보이기도 했다. 결국 263년에 위(魏)가 촉한(蜀漢)을 멸망시키고 병합하였지만, 불과 2년 뒤에 위의 장군[司馬炎]이 조조의 후계자로부터 제위를 찬탈하여 진(晉, Chin) 왕조를 창건하였다. 진무제(晉武帝, Chin Wu Ti)로 역사에 알려진 그는, 280년에 남쪽의 오(吳)나라를 정복하여 잠시 동안이나마 전국을 통일하고, 옛 한의 체제를 회복하기 위하여 적극적으로 노력하였다. 그러나 한 사람의 힘으로 역사의 흐름을 되돌릴 수는 없다. 인구의 공식적 통계가 1,616만 3,863명으로 떨어짐으로써 인구의 많은 부분이 정부의 효과적인 통제와 징세의 범위 밖에 놓여 있었음을 확실하게 보여 주었으며, 진무제 역시 호족의 대농장을 해체하여 농민들을 조세 대장으로 되돌아가게 하려는 노력을 진정으로 시도하지는 않았다. 사실, 진이 전형적인 1인 왕조임은 곧 입증되었다. 290년에 진무제가 죽은 직후, 진은 내란[八王의 亂]으로 산산이 부서져 버렸다.

'이적'의 침입　이제 제국 체제가 붕괴되면서 새로운 양상이 뚜렷하게 나타났다. 중국은 북방 유목 민족에 대하여 거의 무방비 상태에 놓여 있었다. 과거 수세기 동안에는 정복의 추(錘)가 바깥 초원 지대로 흔들렸지만, 이제 다시 중국 안으로 들어오기 시작하였다. 중국인과 유목민 사이의 세력 관계가 이처럼 철저하게 변화된 것은 부분적으로는 우리의 유용한 음양(陰陽) 이원론적 개념으로 설명될 수도 있을 것이다. 중국에 속해 있었던 유목 민족 바로 그들이 이적에 의한 중국 정복의 씨를 뿌렸던 것이다. 항복한 흉노(匈奴)의 무리들이 반(半)농경 부족 집단으로서 중국의 북경 지역에 정착하였다. 이적들은, 그들의 기마술과 용맹한 전통으로 인해, 중국 군대의 중요한 요소가 되기도 했다. 그리하여 중국의 변방과 방어력의 대부분이, 게르만 '야만인'들의 수중에 있었던 로마 말기의 유럽과 다르지 않았다.

중화 제국이 붕괴됨에 따라, 북방의 반농경 이적과 그보다 더 북쪽에 있는 순수한 유목 부족들은, 보다 나은 목초와 약탈물을 찾아 중국 안으로 깊숙이 침투하면서 아무런 어려움도 발견하지 않았다. 304년에 북중국에 있던 일단의 흉노인들이 독립을 선언하였고, 316년에는 그들 군대가 진(晉)의 수도 낙양(洛陽)을 약탈하여 3만여 명의 주민들을 학살하였다. 그 뒤 100여 년이 넘도록 북중국은 경쟁적 이적 집단들의 격렬한 다툼과, 약탈과 지배의 대상이 되었다. 오직 사천 지방과 양자강 유역 및 남중국만이 험악한 산악 장벽과 거대한 하천 조직의 덕택으로 북방 기마 민족의 참해(慘害)로부터 벗어날 수 있었다.

따라서 엄청난 수의 중국인들은 이적의 침탈과 북중국에 일반화된 무정부적 혼돈 상태로부터 도피하기 위하여, 남으로 사천 지방과 양자강 이남의 안전한 지역으로 유망(流亡)하였다. 그 결과, 남중국의 인구 수는 3세기에서 5세기에 이르는 동안에 몇 배나 증가하였으며, 이 지역에 살고 있던 비중국계 이민족들의 동화 과정도 가속화되었다.

남방의 여러 왕조   낙양이 함락된 다음해에, 진(晉)의 한 왕자[司馬睿]가 남경(南京, Nanking)에서 황제를 자칭하였다. 그의 왕조는 동진(東晉)으로 알려져 있는데, 이에 대하여 첫번째의 진 왕조는 서진(西晉)이라 불려진다. 수도 남경(원래 '남쪽의 수도'를 의미하는 이 명칭은 사실 훨씬 후대에 붙여진 이 도시의 이름이다. 당시에는 建康)은 거대한 주요 도시로 발전하여, 한대의 사치스러운 생활 방식이 이곳에서 계속되었다. 그러나 정부는 허약하여 항상 강력한 장군들의 손에서 좌우되었으며, 왕조의 생명은 꺼질 듯한 촛불처럼 위태로웠던 경우가 빈번하였다. 동진은 북중국을 다시 정복해야 한다는 강박 관념에 사로잡혀 있었으나, 이적과 여러 차례 전쟁을 치렀어도 항속적으로 얻은 것은 아무것도 없었으며, 오히려 국내의 잦은 반란과 쿠데타로 괴로움을 당하였다.

마침내 420년에 장군 유유(劉裕, Liu Yü)가 제위를 찬탈하여 송(宋, Sung) 왕조를 창건하였는데, 흔히 후대의 위대한 송(宋) 왕조와 구별하기 위하여 유송(劉宋)이라고 부른다. 그 다음의 150여 년도 같은 이야기의 음침한 반복을 보여 주었다. 북중국의 이적 국가들에 대한 군사적 도전이 끊임없이 계속되었지만 대개는 실패로 돌아갔으며, 앞선 찬탈자의 허약한 후계자로부터 제위를 찬탈하는 장군들이 줄을 이었다. 찬탈의 행렬도 속도가 빨라져서, 남제(齊, Ch'i) 왕조는 479년에, 양(梁, Liang)은 502년에, 진(陳, Ch'en)은 557년에 각각 전 왕조를 계승하였다.

3세기 이상의 기간 동안, 각 왕조의 창건자들은 한의 저 위대한 중앙 집권적 제국을 부활시키려 시도하였지만 모두 실패하였다. 그들의 왕조들은 모두 옛 제국의 그림자에 지나지 않았으니, 기껏해야 비효과적인 중앙 정부의 제 조건과 호족들의 완전한 지배 등, 한 제국 몰락기에 나타난 여러 특징들을 지속시키는 데 지나지 않았던 것이다. 마치 서방에서 비잔티움(Byzantium)이 쇠잔한 로마의 전통을 오랜 기간 유지하고 있었듯이, 이미 몰락한 한의 잔영(殘影)도 잠시 동안은 유지될 수 있었지만, 한 제국 그 자체는——적어도 중국인 단독의 힘만으로는——부활될 수 없었다. 그 뒤의 유럽 역사가 라틴(Latin)과 게르만(German)의 결합으로 비롯되었듯이, 이 후의 중화 제국사도 북중국에서의 이적과 중국인의 융합 과정에서 출발하였다.

제5장
제국의 재건

중국적 체제에 대한 도전

6조 시대　후한이 멸망한 다음의 시대는, 222년부터 589년까지 남경(南京, Nanking)에 수도를 둔 여섯 왕조가 연속되었다고 해서 6조(六朝, Liu ch'ao) 시대라고 부른다. 3세기 반에 걸친 이 기간은 보통 역사의 한 토막——통일에서 긴 분열을 거쳐 다시 통일로 되돌아가는, 일종의 역(逆) 왕조 순환의 과정——으로 취급되었다. 이 기간 동안에 외국 사람들과 그 영향력이 19세기까지 있었던 그 어떤 도전보다도 더 근본적으로 중국 문명에 도전하였다. 그 결과, 중국인들은 도전자들을 중국적 체제로 편입시킴으로써 이 위기를 극복하였다. 이 융합으로부터, 새롭고 보다 풍부한 중국 문명과, 최전성기의 한(漢)보다도 더 빛나는 제국이 다시 나타났다.

　고전적 중국 문명에 대한 도전은 '이적(夷狄)'의 위협, 즉 침략자가 북중국을 초토화하고 외래 종교인 인도 불교가 중국 사회의 이념적 기초를 위협함으로써 매우 극적으로 제기되었다. 그러나 도전의 원인은 바깥에 있지 않고 중국 안에 내재해 있었다. 이적이 중국 안으로 쏟아져 들어올 수 있었던 것은 한의 정치 체제가 오직 그 자체의 내적 모순으로 인해 붕괴되었기 때문이다. 중국이 불교를 받아들이게 된 까닭도 오직 유교적 이념, 사이비 과학적 미신, 법가적 관행 등의 한대적 융합이 정신적으로 만족스럽지 못하고, 정치적으로도 부적절한 것으로 입증되었기 때문이다. 사실, 당시의 지식인들은 불교로 전향하기 전에 먼저 유교로부터 시선을 거두어 도가로 돌렸다.

후한과 그 이후의 시기는 사회의 모든 질서가 와해되는 시기였다. 상황은 약간 후대의 로마 제국의 그것과 다르지 않았다. 그것은 원시 봉건적이라고까지 표현될 수 있는 것이었다. 중앙 정부가 약화됨에 따라, 대규모의 토지와 수많은 농민 경작자들이 대토지 소유자의 수중으로 끌려들어갔다. 이들 대토지 소유자들은 자기 방어를 위해 서로 결합함으로써 대규모의 종족 집단으로 확대되었다. 또한 그들 자신에게 종속된 사람들에 대한 지배를 강화하였다. 소작농들은 사실상 농노(農奴)의 신분으로 점차 전락되어 갔다. 궁핍해진 농민들은 정부의 세리(稅吏)나 이적을 피해, 경제적 안전과 보호만을 기대하면서 자신의 몸과 자신의 봉사를 강력한 지주들에게 바침으로써, 그들 보호자의 세습적인 기식자(寄食者), 즉 '객(客)'이 되었다. 이들 객호와 농노들 가운데서 군사적 소질이 있는 사람은 대토지 소유자들의 사병(私兵)이 되었으며, 이러한 사병 조직〔部曲〕이 전대의 징집된 농민군에 대체되었다. 각 호족(豪族)들은 방어 체제를 갖춘 장원과 요새를 보유하게 되었다. 이적의 침입, 끊임없는 전쟁과 찬탈, 그리고 호족 집단 전체가 조직화된 군사력과 경제적 단위로서 남방으로 이동한 상황 등이 군사적 사회의 형성에 공헌하였다.

대규모의 자급 자족적 장원이 주요한 경제적 단위가 되었으며, 그 결과 교역은 침체되었다. 행정 중심지는 규모가 축소되었고, 상업 도시는 급속히 감소되었다. 동전(銅錢)은 어떤 지역에서는 사실상 사용되지 않았으며, 농촌 지역에서 항상 유지되었던 물물 교환이 나라 전체의 관행이 되었다.

도가의 융성 유가적 관료의 역할은 새로운 사회에서 점차 위축되고 있었으며, 전통적 교리를 고집하고 의례와 과거에 집착하는 그들의 태도는, 당시의 문제를 해결하는 데 거의 도움이 되지 못하였음이 입증되었다. 후한 일대를 통하여 유교적 전통은 그 어느 때보다도 현저하게 중국 사회를 지배하였지만, 중앙 정부가 붕괴됨에 따라 지식인들은 유교의 사회적 가르침으로부터 시선을 돌려 자신의 내면 세계를 관조하기 시작하였다. 이제 사회와 정부가 절망적으로 타락하는 것처럼 보였기 때문에 사람들은 개인과 자연의 관계, 혹은 개인적 완성과 구원이라는 오래된 도가적 문제에 대하여 다시 관심을 모으게 되었다. 이러한 도가적 사상 경향은 언제나 있어 왔으며 특히, 보통 사람들 사이에 만연해 있었음이 분명하지만, 이제 이러한 흐름이 중국 사회의 표면에 뚜렷이 드러나게 된 것이다. 한대의 가장 독창적인 사상가인 왕충(王充, Wang Ch'ung ; 기원후 100년경까지 생존)은 그의 인습 타파론적, 회의론적인 저서 〈논형(論衡)〉을 통해 지식인들이 유교를 떠나 전향할 것임을 시사한 바 있다. 당대 최고의 천재적 인물 왕필(王弼, Wang Pi ; 226~249)은 〈도덕경(道德經)〉과 〈주역(周易)〉에 대한 위대한 주석서(注釋書)를 저술함으로써 도가 사상에 대한 새로운 관심을 보여 주었다.

신도가(新道家)라 할 수 있는 3세기의 지적 흐름 가운데서도 가장 눈에 띄는 경향은 '깨끗한 논의', 즉 청담(淸談)이었다. 이들 청담가들은 도덕성이 결여된 정치나 다른 모든 세속적인 일들을 경멸하면서 초연한 입장을 견지하였다. 그들은 자신의 심미적 감수성을 발전시키고, 모든 충동적 감정을 개인주의적 방식으로 표현함으로써 당시의 사회적·정치적 환멸에 응답하였다. 청담가의 대표적 인물들은 죽림 7 현(竹林七賢)이었다. 부유하고 기이한 생활을 향유한 이들 은둔자 집단은 서진(西晉)의 수도에서 살면서 철학적 토론과 시작(詩作), 탄금(彈琴), 행락(行樂), 과음(過飮) 등에 즐겨 탐닉하였다. 4세기 남경(南京)에는 8 달(八達)이 있어, 7 현(七賢)과 비슷한, 그러나 더욱 상궤를 벗어난 행동을 보여 주었다. 이들이 정치에서 등을 돌림으로써, 사회는 원래의 일부 지도자들을 상실하게 되었으며, 그 당연한 결과로서 사회의 전반적 붕괴가 촉진되었다.

도가의 재기 과정에서 볼 수 있는 또 하나의 양상은 불로 장생약을 얻기 위한 방법의 하나로서 연금술(鍊金術)에 대한 관심이 제고되었다는 것이다. 연금술에 대한 기념비적 저작인 〈포박자(抱朴子)〉가 4세기초에 출현하였다. 불로 장생약의 연구는 모든 종류의 유기물과 무기물을 시식하게 하여, 중국인의 미각과 요리법의 내용을 놀라울 정도로 다양하게 하는 데 기여하였다. 뿐만 아니라 그것은 많은 종류의 유용한 약들을 발견케 하여 의학 지식을 발전시키는 데 공헌하였으며, 보다 광범한 원시 과학적 연구를 유도하기도 했다. 후대 중국의 사상가들이 과학적 실험으로부터 시선을 돌려 버린 까닭의 하나는 그것이 도가와 관련되어 있는 것으로 생각되었기 때문일 것이다.

보다 광범하게 유행한 도가적 불로 장생술의 하나는 내적 섭생(攝生) 개념을 중심으로 한 것이다. 술과 고기와 곡식(穀食)을 피하고 호흡을 조절함으로써, 몸 속에 있는 세 개의 '진사계(辰砂界)'를 청결하게 하고, 3만 6,000의 내신(內神)을 양생하며 질병과 노쇠와 죽음의 원인이 되는 세 가지 벌레를 억제할 수 있는 것으로 생각되었다. 3세기에서 6세기 사이에 크게 유행하였던 이러한 관행은 결국, 지금까지도 중국 민간에 널리 퍼져 있는 호흡 운동과 일반적 섭생법으로 발전되었다.

민간 종교, 도교(道敎) 도가가 융성하는 과정 가운데서 가장 볼 만한 국면은 조직적 민간 종교인 도교의 발전이었다. 도교의 집단 예배와 종교적 조직에 관한 모든 개념은, 이 무렵 중국으로 침투하고 있었던 불교로부터 유래되었을 것이다. 사실 그 후에 발전된 방대한 양의 도교 경전(道藏) 가운데 많은 부분이 불교 경전(佛經)을 정밀하게 모사(模寫)한 것에 지나지 않았다.

184년에 일어난 황건(黃巾)과 오두미(五斗米) 반란은, 도교가 조직된 민간 종교로서 태어났음을 알리는 최초의 분명한 신호였다. 이들 두 종교 운동의 핵심은 신앙 요법(信仰療法)이었다. 당시 민간에서 유행된 도교에서는 3신(三神)이 정점에 위치하고, 그 아래에 여러 신선들과 역사적 인물들이 배열된 방대한 규모의 만신전(萬神殿)이 발전되고 있었다. 뿐만 아니라 도교는 천국에서의 내세(來世), 천국에 이르고 지옥을 피하는 방법으로서의 선행의 가치 등과 같은 많은 것을 불교로부터 차용함으로써, 결국은 육체적 불멸성보다 차라리 불멸의 영혼 개념을 받아들이게 되었다. 그리하여 이후 민간 도교와 민간 불교의 구별은 모호하게 되었으며, 양자 모두 신화와 미신과 주술의 뒤섞인 덩어리로 융합되는 경향을 보여 주었다.

후한이 멸망되기 직전에 황건 반란과 오두미 반란이 진압된 뒤, 도교는 다시는 효과적으로 중앙 집중화된 교회 조직을 재건하지 못하였지만, 지역 단위의 소규모 조직은 개별적으로 잔존하였으며, 도교 운동은 분산된 지도력 아래서 번성하였다. 지방의 성직자들은 종교 의식중에 받은 기증품과, 자기 조직에 소속된 신도들로부터 받은 전통적인 오두미(五斗米)의 십일조(十一條)에 의해 부양되었다. 도교의 사원(道觀)과 수도원도 분명 불교의 사원 제도를 모방하여 발전하였지만, 도교의 승려(道士)는 보통 결혼이 허용되었으며, 그들 공동체의 지적·도덕적 수준은 매우 낮은 경향이 있었다. 여러 종파로 나누어진 중국 불교의 영향으로 인해 도교에서도 많은 수의 종파가 출현하였다.

도교의 여러 종파와 지역 조직을 통합하려는 노력이 다양하게 전개되었으나, 그다지 성공하지 못하였다. 이적이 세운 북위(北魏) 왕조의 한 황제〔太武帝〕는 444년에 도교를 국교(國敎)로 공인하도록 설복되었으며, 그 뒤의 여러 군주들도 도교를 공식적으로 인정하였다. 1019년에는 어느 도교 조직의 한 세습 지도자가 2세기에 오두미도(五斗米道)를 창건한 장릉(張陵)의 후손이라고 자칭하여, 남중국 강서(江西) 지방에 있는 대규모 토지와 '천사(天師)'라는 칭호를 사여받았다. 13세기말, 장씨 가문이 도교의 지도자로 공인되었으며, 그 다음 세기 동안에 전국의 도사(道士)들에 대한 어느 정도의 공적 통제권이 주어지기도 했다. 이들 장씨 가계의 도교 '교두'들은 적어도 1927년까지는, 도교 지도자로서의 물적·이론적 기반을 유지하고 있었다.

불교의 도래

인도 불교　　정치적으로 혼란스러웠던 시기에 도교가 중국에서 융성하였다는 사실을 이해하는 것은 그다지 어려운 일이 아니지만, 불교가 이보다도 더 크게 유행하였음은 사뭇 놀라운 일이다. 인도의 종교는 중국인에게 친밀한 개념이나 관념들과 명백하게 대립하였다. 중국 문명에 대한 불교의 도전은 19세기에 서양 문화가 제기했던 것보다도 더 직접적인 것이었으며, 불교의 수용은 중국인이 현대 이전에 외국으로부터 빌려 쓴 것 가운데서는 가장 의미가 큰 것이었다. 불교는 동아시아와 서아시아 사람들을 문화적으로 연결해 주는 주요한 고리였지만, 인도와 중국의 대조적인 역사로 인해 이들 두 세계의 정신적·심리적인 유사성보다는 오히려 그 차이점이 더 두드러져 보인다.

인도 불교는 고대 중국인들이 도저히 이해할 수 없는 일련의 전제 위에 기초를 두고 있었다. 불교에서는 인생이란 원래 고통스러운 것이라고 가르친다. 또한 불교에서는 하나의 존재가 업(業, Karma)에 의해 다른 존재에 매여 있기 때문에 인생은 끝이 없다고 가르치는데, 업이란 말은 문자의 뜻으로는 '행위'를 가리키지만 이 경우에는 '인연'을 의미한다. 태어나면 늙고 죽게 되며 이어서 생로병사(生老病死)의 끝없는 인연의 사슬을 따라 다시 태어난다. 인도의 불교도들은 이러한 윤회설(輪廻說)로써 현세에서 보게 되는 신분적 차이와 외관상의 불공평을 설명하지만, 중국의 유가들과는 달리, 이러한 불공평을 바로 잡거나 사회 질서를 개량하는 데는 관심을 두지 않고 존재의 고통스러운 윤회를 피하는 일에만 관심을 모았다.

석가모니(釋迦牟尼, Sakyamuni)로 알려진 역사상의 부처〔佛陀, Buddha〕는 기원전 500년경, 지금의 인도 북부 네팔 남쪽 끝 지방에서 살았다. 주변의 고통을 보고 고뇌에 빠진 그는 가족을 버리고 고행의 인생 길을 택하였지만, 그것이 아무런 도움도 되지 않는다는 사실을 발견하였다. 마침내 그는 명상의 방법을 통해 방종과 금욕의 양극단 사이에서 '중용(中庸)'을 발견함으로써 깨달음에 이를 수 있었다. 그리하여 그는 부처, 즉 '깨달음〔解脫〕을 얻은 자'가 되어 자신이 발견한 놀라운 사실을 열성적인 제자들에게 설교하기 시작하였다.

부처가 설교한 가르침의 핵심은 이른바 네 가지의 큰 진리〔四諦〕로 표현되었으니, 인생은 고해(苦海)이고〔苦〕, 고통의 근원은 욕망이며〔集〕, 욕망을 끊어 버림으로써 고통을 종식시킬 수 있고〔滅〕, 이러한 목적을 위해서는 여덟 가지의 바른 길〔八正道〕, 즉 올바른 삶을 위한 규범들을 따라야 한다〔道〕는 것이다. 이러한 방법은 중국인의 관점에서 본다면 매우 극단적인 고행의 길이었다. 그 궁극적인 목표는 열반(涅槃, Nirvana)이었으나, 그것은 서양적인 의미처럼 신성(神性)에 도달한다거나 영혼을 구원하는 것이 아니라, 단지 모든 욕망을 끊어 버림으로써 윤회의 사슬을 파괴하는 상태를 의미할 뿐이다. 열반의 글 뜻은 '공(空)'을 의미하지만, 단순한 소멸이라기보다는 그 이상의 어떤 의미, 예컨대 한 방울의 물이 바닷속으로 평온하게 스며들어가는 것과 같은 것으로 느껴진다.

불교는 일찍이 사원(寺院) 중심의 교회로 발전하였으며, 기원전 1세기 무렵에는 그때까지 구전(口傳)되었던 가르침들이 서로 밀접하게 관련된 두 종류의 인도-유럽 어로 기록되기 시작하였다. 팔리(Pali) 어로 된 경전은 실론(Ceylon)에서 보존되었고, 산스크리트(Sanskrit) 어 경전은 대부분 중국어와 티베트 어로 번역되어 보존되었다. 트리피타카(Tripitaka), 즉 '3장(三藏)'으로 알려진 불경은 전통적으로 수도 생활 위한 〈비나야스(*Vinayas*)〉 즉, '율(律)', 주요한 가르침으로 구성된 〈수트라스(*Sutras*)〉 즉, '경(經)', 그리고 가르침을 학문적으로 설명한 〈아비다르마스(*Abhidharmas*)〉 즉, '논(論)' 등으로 분류되었다. 그것은 거대한 저작의 모음이었다. 예컨대 중국어 3 장은 1,600 종 이상의 저작이 5,000 개 이상의 항목으로 구성되어 있다.

불교의 전파와 발전　불교는 보편 종교로서, 불교의 '법(法)', 즉 가르침에 의하면 모든 사람은 평등하다. 지중해 지방의 2 대 보편 종교인 기독교와 이슬람 교〔回敎〕와 마찬가지로, 불교 역시 광범위하게 전파되었다. 인도의 상인들과 여행자들이 바다를 통해 동남 아시아 전역과 남부 중국에까지 불교를 전해 주었다. 또한 불교는 알렉산더의 정복으로 인도 대륙의 서북 변방에 남겨진 그리스 왕국 가운데로 전파되었다. 오늘날의 파키스탄과 아프가니스탄 사이의 변경 지역에 위치한 간다라(Gandhara)는 불교의 특별한 거점이 되었다. 월지(月氏, Yüeh-chih)가 세운 쿠샨(Kushan) 제국의 가장 위대한 군주도 기원후 100여 년경 북부 인도에서 타림(Tarim) 분지에 이르는 지역을 지배하면서, 불교의 열렬한 후원자가 되었다. 그는 자신의 신앙을 중앙 아시아에서 옹호하였으며, 불교는 이곳을 통해 북중국으로 전파되기도 했다. 불교가 전파된 제3의 물결은 수세기 뒤에 북쪽으로 넘쳐흘러 티베트를 거쳐 몽고 지방에까지 이르렀다. 이것은 불교의 변질된 후기 형태여서, 힌두 교(Hinduism)적인 요소를 많이 포함하였을 뿐만 아니라 곧 이어 티베트 민간의 귀신 숭배까지 수용하였다. 불교가 티베트와 몽고에서 만들어 놓은 복합적 성격의 라마 교(Lamaism)와 신정적(神政的) 사회는 부처 본래의 가르침과는 상당히 다른 것이었다.

불교의 보다 순수한 형태조차 일찍부터 두 개의 큰 갈래로 나누어졌다. 그것은 마하야나(Mahayana), 즉 대승 불교(大乘佛敎)와 히나야나(Hinayana), 즉 소승 불교(小乘佛敎)로 알려져 왔는데, 후자는 테라바다(Theravada) 즉, '장로(長老)의 교리'로도 불려졌다. 원시 불교와 보다 가까운 모습을 유지한 테라바다는 실론, 버마, 타이, 캄보디아의 종교로 남게 되었지만, 중국, 한국, 일본, 베트남 등의 불교는 대부분 마하야나로부터 유래되었다.

대승 불교는 모든 것을 포괄한다는 의미에서 '보다 큰 것'이었다. 대승 불교는 절대적 진리와 상대적 진리를 구별하였기 때문에, 신도들의 다양한 이해 정도에 맞도록 조절된 여러 가지 수준의 상대적 진리를 표현하는 관념들을 함께 수용하였으며, 심지어는 서로 모순된 관념들까지도 용인하였다. 마하야나

돌로 조각된 북주 시대(기원후 557~581)
의 관음 보살상.

는 방대한 규모의 형이상학적 사변(思辨) 체계와 거대한 만신(萬神) 체계를 발전시켰다. 역사상의 부처[釋迦牟尼]가 만든 종교는 신이 없는 것이었지만, 마하야나의 신도들은 영겁(永劫)의 시간 속에서 신처럼 존재하는 무수한 부처들을 갖는다. 그들 대승 불교도들은 보디사트바(Bodhisattva, 菩薩)라는 새로운 형의 신격(神格)을 발전시키기도 했는데, 이 보살이란 자신은 부처의 해탈을 성취하였으면서도 니르바나[涅槃]에 들어가기 전에 다른 중생의 구원을 돕기 위하여 이 세상에 남아 있는 '해탈(解脫)한 존재'를 가리킨다.

다른 약한 중생(衆生)을 구원하는 데 헌신한다는 보살 개념으로 인하여, 대승 불교에서의 강조점이 '자신의 힘'으로 해탈하는 것으로부터 '다른 이의 힘'으로 구원받는 것으로 옮겨지게 되었다. 필요한 것은 믿음뿐이었다. 대승 불교도에 의해 널리 읽혀진 〈법화경(法華經, *Lotus Sutra*)〉에서는 모든 동물이 궁극적으로는 구원될 것임을 예언하고 있다(불교에서는 사람과 동물 사이의 구분을 인정하지 않는다). 자연히 보살은 마하야나 불교에서 가장 널리 알려진 신이 되었다. 예컨대, 원래는 보살이었던 아미타바 부처(阿彌陀佛, Buddha Amitabha ; 중국어로는 O-mi-t'o Fo, 일본어로는 Amida Butsu)가 '서방 정토(西方淨土)의 신'으로서 위대한 구세주가 되었다. 이와 마찬가지로, 아발로키테스바라(觀音, Avalokitesvara ; 중국어로 Kuan-yin, 일본어로 Kannon)는 점차 성(性)을 바꾸어 상냥한 '자비의 여신'으로 나타나게 되었다. 이와 같이 마하야나는 모든 인간들이 필요로 하는 정이 깊고 위안을 주는 신들을 마련해 주었다.

니르바나 역시, 적어도 덜 세련된 마하야나 신도들에게 있어서는 그 의미가 점차 변질되어 갔다. 그것은 내세에 극락에서 이루어질 매우 확실한 구원을 의미하게 되었다. 극락에 관한 기술과 묘사가 매우 명확한 형태로 이루어졌으며, 무시무시한 지옥에 대한 묘사는 더욱 생생하고 그럴듯하게 이루어졌다. 남을 돕는다는 보살 관념으로 인하여 마하야나에서는 자선을 크게 강조하여, 남을 돕고 자신의 구원에 도움이 될 선행을 권장하게 되었다. 이리하여 불교는 반사회적 · 정관적(靜觀的)인 본래의 경향으로부터 약간 바꾸어지게 되었다. 자선 개념은 사회 사업을 중시하게 하였으며, 믿음을 통한 구원의 가능성은 수도원 생활과 독신 생활 및 금욕 생활의 필요성을 감소시켰다.

불교의 중국 전래　　마하야나 불교에서 이루어진 이러한 발전 가운데 많은 것들이 불교가 중국에 전래된 다음에 이루어졌지만, 초기의 마하야나가 다른 종교의 개념들을 폭넓게 수용하였기 때문에, 대승 불교는 애초부터 원시 불교보다 더 중국인들의 입맛에 맞도록 만들어져 있었다. 처음에는 도교의 한 변종으로 중국인들의 앞에 나타났으므로, 대승 불교는 이적화(夷狄化)한 북중국과 퇴폐화한 남중국의 사람들에게 강한 호소력을 갖게 되었다. 그것은 미신에 사로잡힌 사람들에게는 효험이 큰 신종 방술(方術)이었으며, 교육받은 지식인들에게는 자극적인 새로운 사상 체계였다. 그것은 중국인들이 만나게 된 최초의 조직화된 보편적 신앙이었다. 뿐만 아니라 불교의 배후에는 또 다른 위대한 문화의 열매들——인도의 형이상학과 초기 과학, 고상한 문학, 아름다운 종교 예술, 심미적인 만족을 주는 의식들, 혼란한 시대에 평화스럽게 살 수 있는 수도 생활의 매력, 그리고 인간의 세속적인 여러 문제들에 대한 해결책이 없어 보이는 시기에 제시된 개인적 구원의 약속 등——이 숨겨져 있었다.

기원후 659년에 하북의 정정(正定)에 세워졌다가 1668년에 다시 지어진 9층 벽돌탑(塼塔).

전승에 의하면, 불교는 기원후 64년에 후한의 두번째 황제 명제(明帝)가 꾼 꿈의 결과로서 중국에 처음으로 전래되었다고 한다. 이 이야기는 믿기 어렵다 하더라도, 이 당시 양자강 하류 유역에 있었던 제후왕(楚王)의 궁정에는 일단의 불교도 집단이 이미 존재하고 있었으며, 그 다음 세기까지는 지금의 북부 월남 지방이 불교에 의해 침투되었다. 뒤이어 불교의 사리탑(舍利塔)들이 중국의 여러 지방에서 개종자들에 의해 건립되었다. 중국식 건축 개념에 따라 개조된 이들 불탑들은 그 뒤 석탑(石塔), 전탑(塼塔), 목탑(木塔) 등으로 발전하여 동아시아의 전형적인 풍경의 일부가 되었다.

불교를 처음 전한 사람은 아마도 무역업자들이었을 것이나, 이 종교는 곧 선교사들에 의해 보다 적극적으로 전도되었다. 안세고(安世高, An Shih-kao)라는 중국 이름으로 역사에 알려진 파르티아의 한 왕자는 기원후 2세기 후반에 낙양에서 불교를 선교하고 불경을 번역하였다. 보다 위대한 전도자는 구마라지바(Kumarajiva, 鳩摩羅什)였으니, 그는 인도인을 아버지로 하여 중앙 아시아에서 태어났으며, 382년경에 중국인 원정대에 의해 포로가 되어 중국으로 끌려와 거대한 역경(譯經) 사업을 이끌었다. 그가 번역한 98부의 경전 가운데에 52부 이상의 경전이 지금까지 잔존해 있다.

그 뒤 이 인도 종교를 중국에 전도하는 데에는 중국인 개종자들이 외국인 선교사들보다 더 중요한 역할을 하였다. 불교의 가르침을 그 발상지에서 받아들이기 위하여 3세기부터 8세기까지, 인도로 가는 길고 위험한 여행을 시도하였던 동아시아 승려들 가운데서 200명에 가까운 인물의 명단이 확보되어 있는데, 그 중 9명은 한국인이었다. 이것이 동아시아에 있어서 최초의 대규모 학생 이동이었다. 399년에 중앙 아시아의 통로를 통해 인도를 떠났다가, 414년에 해로로 귀환하였던 법현(法顯, Fa-hsien)은 그가 남긴 여행기로서 특히 유명하다. 역사에 대한 관심이 크게 결여되었던 인도인들은 연대와 날짜를 기록하려고 굳이 애쓰지 않았기 때문에, 연대와 날짜를 주의 깊게 기록한 법현과 다른 중국인 불교 순례자들의 기사는, 인도와 중앙 아시아의 연대기를 확정하는 데 대단히 귀중한 자료가 되었다. 가장 유명한 불교 순례자는 629년부터 645년까지 중앙 아시아를 거쳐 인도로 여행하고 돌아온 현장(玄奘, Hsüan-tsang)이었다. 그의 여행기인 〈대당서역기(大唐西域記)〉는 이러한 종류의 저서 가운데서는 가장 중요한 저작이다. 제 3의 중국인 순례자 의정(義淨, I-ching)은 남방 통로를 통해 671년부터 695년까지 인도를 갔다 온 다음, 50명 이상의 다른 순례자들의 기록을 편찬하였다.

로마 제국에서의 기독교와는 달리, 불교는 하층 빈민들에게 전파되기에 앞서 부유층의 마음을 사로잡았음이 분명하다. 처음에는 남방에서보다 이적의

북위 시대(기원후 522년경) 용문(龍門) 석굴 사원(洛陽 부근)의 석벽에 시종들을 거느리고 시주하는 황후의 모습이 얕게 양각되어 있다.

북방에서 불교의 발전이 더욱 신속하게 진행된 듯이 보이는데, 그 까닭은 아마도 이 지역의 비한인계(非漢人系) 지배자들이 불교에 대해 외래 종교라는 편견을 갖고 있지 않았기 때문일 것이다. 이 새로운 종교의 가장 강력한 후원자는 이적〔鮮卑〕이 세운 북위(北魏) 왕조(386~534)의 황제들이었다. 북위 최초의 수도 부근에 있는 산서(山西) 북부의 운강(雲崗, Yün-kang)과 두번째 수도인 낙양 부근에 있는 용문(龍門, Lung-men) 등 두 곳에는 불교의 석굴 사원들이 모여 있어, 초기 중국 불교의 가장 뛰어난 예술적 유물들을 간직하고 있다. 그러나 6세기에 이르면 남부 중국 역시 북방과 마찬가지로 불교에 의해 철저하게 침투되었다.

불교가 성공하게 된 까닭의 일부는 도교 및 유교와 쉽게 타협할 수 있는 유연성에 있었으니, 실제로 불교는 도교를 낮은 수준의 진리의 하나로서 인정하였으며, 유교는 불교 자체의 기본적 가르침과 양립하지 않는 정치·사회 철학의 하나로 용인하였다. 그 뒤로 중국인들 사이에는 이들 '3교(三敎)'를 융합하거나 병존케 하려는 경향이 강하게 일어났다. 하여튼 이 무렵의 불교는 이들 3교 중 가장 두드러진 입장에 있었음이 분명하며, 중국인들의 고급한 지적 역량과 예술적 천재의 상당 부분이 불경을 번역, 해석하고 불교 사찰과 도량〔道場〕을 수축, 장식하는 데 바쳐졌다.

4세기에서 9세기에 이르는 전 시기는 중국사와 아시아 사에 있어서는 불교 시대라 부를 만한 시기였다. 이 기간 동안, 불교는 시베리아와 서아시아를 제외한 아시아 대륙 전체를 온통 뒤덮음으로써, 이 광대한 지역에 전무후무할 정도의 문화적 통일성을 가져다 주었다. 그러나 이것은 종교적 통일의 짧은 순간에 지나지 않았다. 불교는 이미 6세기부터 인도에서 쇠락하기 시작하여 15세기까지는 사실상 소멸되었다. 9세기에 이슬람이 침입함으로써 중앙 아시아에서도 불교는 밀려나 버렸다. 그러는 동안에, 동남 아시아의 히나야나〔小乘佛敎〕와 동아시아의 마하야나〔大乘佛敎〕가 서로 헤어지게 되었으며, 중국의 불교 역시 심각한 몰락의 길로 들어서기 시작하였다.

이적에 의한 제국의 재건

제국적 전통의 힘　4세기의 세계사를 관찰한 사람이 있었다면, 그에게는 로마 제국이 언제까지나 존속할 것처럼 보이는 반면, 중화 제국의 시대는 이미 끝나 버린 것같이 보였을지도 모른다. 제국의 심장부인 북중국〔華北〕 전역은 이적들에 의해 짓밟혀졌고, 남중국은 제국적 통일성을 회복할 힘을 철저하게 상실하였으며, 온 중국이 내세를 강조하고 독신 수도 생활의 이상을 갖고 있는 외래 종교에 의해 휩쓸려 중국 고유의 철학과 가족 중심의 사회 체제가 뿌리서부터 흔들리게 되었다.

그러나 로마는 단지 기억 속으로 사라져 버렸지만, 중화 제국은 끝내 재건되었다. 북방의 이적 정복자들은, 그들이 패배시킨 제국을 제 것으로 만들 수 있을 것으로 희망하였다는 점에서 로마를 정복한 '야만족'들과 아무런 차이가 없었다. 그러나 그들의 이러한 노력이 궁극적으로 성공을 거두어, 5세기 중엽까지는 옛 제국과 판에 박은 듯이 닮은 복제품을 재창출하고, 7세기까지는 중화 제국으로 하여금 한대의 그것보다 더 풍요롭고 더 강력한 방향으로 발전할 수 있도록 이끌었다는 점에서는 서방의 야만적 정복자들과 같지 않았다. 이러한 성공은 서서히 몰락해 간 로마의 운명과는 너무나 대조적이어서, 유라시아 대륙의 양 끝에 있는 사람들의 역사적 경험 가운데서 가장 뚜렷한 차이점을 보여 주고 있다.

중화 제국은 복구되었는데 로마 제국은 그렇지 못한 까닭이 무엇인가라는 질문에 대한 확실한 답은 있을 수 없다. 그러나 그 이유의 하나는, 남중국의 왕조들[南朝]이 그리스 비잔티움(Greek Byzantium)이 그러했던 것보다 더 충실하게 옛 제국의 전통을 유지하였으며, 중국의 더 큰 지리적 응집성으로 인해, 비잔티움이 이탈리아나 프랑스에 가했던 것보다 더 강력한 영향력을 행사하였기 때문일 것이다. 또 다른 이유의 하나는, 한(漢)의 제국적 이상이 로마의 그것보다 더 우월하였기 때문일 것이다. 인민의 지지로써 천명(天命)의 소지를 입증할 수 있는 황제 개념과, 출생이나 요행보다는 능력과 덕망을 기준으로 선발된 학인(學人) 관료를 통해 권력을 행사함으로써 그 정통성과 도덕성을 획득하게 되는 황제 지배의 개념이, 비인격적 법률을 통해 지배하는 로마 제국의 이상보다는 이 당시 사람들에게 더 큰 설득력을 가졌을 것이다. 중국의 문자 체계 역시 서방의 라틴 문자나 희랍 문자가 그러했던 것보다 더 크게 문화적 연속성에 기여하였을 것이다. 중국의 문자, 즉 한자(漢字)는 주변 민족의 언어에 쉽게 적용될 수 없었기 때문에, 이적들은 읽고 쓰기 위해서 한자를 배우지 않으면 안 되었다. 더구나, 서로 알아들을 수 없는 '방언'을 사용하는 중국인들조차도 공통의 문자 언어를 갖고 있었다. 끝으로, 중국 인구의 엄청난 규모와 높은 밀도가 유럽에서 일어났던 것보다 더 급속하고 철저하게 이적 침입자들을 흡수할 수 있게 하였을 것이다. 중국의 농업은 유럽의 그것보다 훨씬 더 집약적이기 때문에 보다 밀도 높은 인구를 생산하였으며, 침입자들은 이로 인해 보다 신속하게 그들을 에워싼 중국인의 바닷속으로 침잠되었다.

5호(五胡)와 16국(十六國)　전통적으로 중국인들은 4세기에 북중국을 침입한 사람들을 가리켜 '5호(五胡)'라고 불렀다. 5호란 터키계(Turkish)의 흉노

(匈奴)와, 역시 같은 터키계의 종족 집단〔羯〕, 동북방에서 온 몽고세 종족인 선비(鮮卑, Hsien-pei 혹은 Hsien-pi), 그리고 서방에서 온 티베트계(Tibetan)의 두 개의 종족 집단〔羌과 氐〕 등 5 종의 이적을 말한다. 선비는 일찍이 281년부터 화북(華北) 평원의 한쪽 모서리를 침범하였고, 티베트 종족들은 296년부터 약탈하기 시작하였지만, 이들의 본격적인 쇄도는 304년 북중국에서 발발한 흉노의 반란을 기점으로 전개되었다.

304년부터 439년까지의 기간 동안, 경쟁하는 다수의 이적 집단과 중국인 집단들이 북중국에서 중국의 왕좌를 놓고 서로 다투었으며, 역사가들은 이를 두고 16 국 시대라는 적절한 별칭을 사용하였다. 316년에 낙양을 파괴한 흉노족은 조(趙, Chao)라는 왕조명을 채택하였다. 이 왕국은 석륵(石勒, Shih Lo)이라는 장군에 의해 세워진 후조(後趙)와 대비하여 흔히 전조(前趙)라고 불려졌는데, 석륵은 329년에 반란을 일으켜 전조를 멸망시켰다. 전조는 상당히 한화(漢化)되어 있었으나, 석륵은 보다 엄격한 부족 통치를 회복하려 하였으며 중국인에 대해서도 대단히 가혹하게 다루었다. 그리하여 349년에 마침내 인민들이 봉기하여 그의 후계자들을 파멸케 했다.

한편 한 명의 중국인 장군이 좁고 길게 돌출된 감숙(甘肅, Kansu) 지방에서 전량(前涼, Ch'ien Liang)을 세우고, 선비(鮮卑, Hsien-pei)족이 북경(北京) 지방에서 전연(前燕, Ch'ien Yen)을 창건하였으며, 351년에는 티베트〔氐〕의 강력한 지도자 부견(苻堅, Fu Chien)이 역사적 고도(古都)인 장안(長安)에서 고도로 한화된 국가 전진(前秦, Ch'ien Ch'in)을 세웠다. 전진은 370년에 전량을 정복하여, 비록 짧았지만 비교적 평화롭고 통일된 시기를 북중국에서 이룩하였다.

이 평화는 한 명의 티베트〔羌〕 장군이 384년에 장안에서 왕위를 찬탈하여 후진(後秦, Hou Ch'in)을 건국함으로써 산산이 부서져 버렸으며, 곧 이어 선비족이 동북 지방에서 후연(後燕)을, 산서(山西, Shansi) 지방에서 서연(西燕, Hsi Yen)을 창건하였고, 티베트 부족들〔羌·氐〕이 감숙 지방에서 후량(後涼, Hou Liang)을, 서쪽 끝지방에서 서진(西秦)을 세웠다. 이들 나라들은 모두 단명으로 끝나 버렸으며, 그 뒤를 이은 여섯 개의 다른 왕국들도 잠시 나타났다가 덧없이 사라져 버렸다.

북위(北魏)   마침내 한 이적 부족이 보다 오래 지속되는 정부를 세우고 북

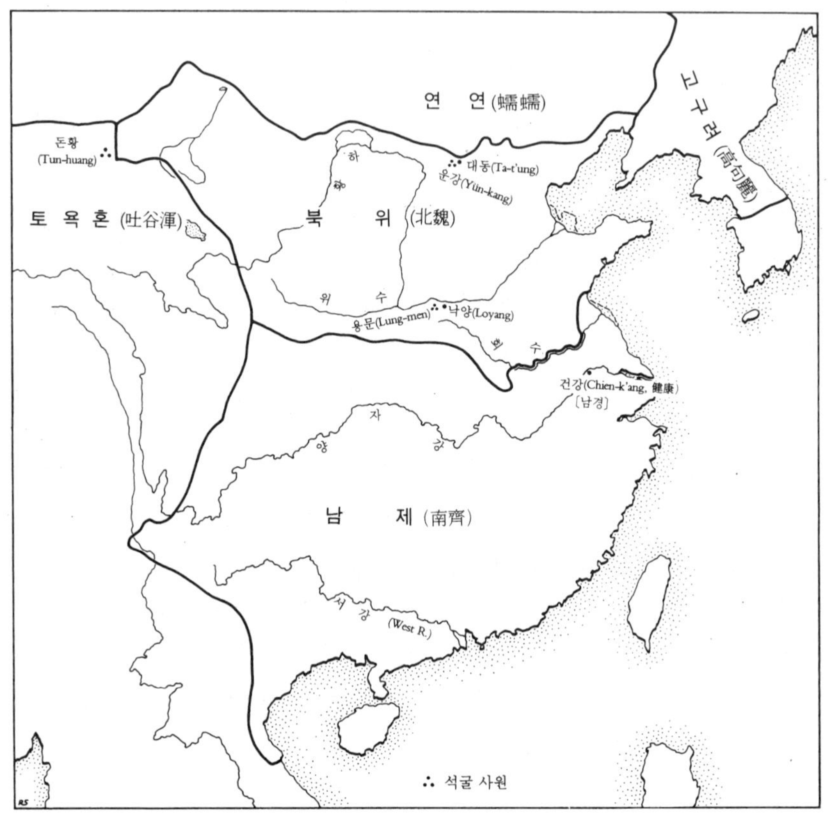

기원후 500년경의 중국

중국을 통일하는 데 성공하였다. 흉노가 남쪽으로 이동할 때 북부 산서(山西, Shansi) 지방으로 이동하였던 선비(鮮卑, Hsien-pei)의 탁발(拓跋, T'o-pa) 부족이 바로 그들이다. 탁발 부족은 386년에 위(魏, Wei ; 흔히 北魏라고 부른다)라는 독립 국가를 선포하였으며, 북방 초원 지대에서 신흥의 몇몇 유목민 경쟁자들을 격퇴하는 데 성공하였다. 439년까지 그들은 중국에 있던 이적의 경쟁자들을 패퇴시킴으로써 북중국을 통일하였다.

북위가 인구 밀도가 높은 화북 평원의 농경 지역을 그 지배하에 편입시킨 뒤, 이적에 기원을 둔 이 제국에서 미묘한 변화가 일어나기 시작하였다. 앞선 이적 왕조들 가운데서 가장 강력하였던 전진(前秦)과 같이, 북위는 반쯤 중국화된 국가로 출발하였지만, 이제 문화적 동화의 과정이 가속화되었다. 농경 지역은 탁발 부족민들에게 분배되지 않고 전통적인 중국 방식으로 관리되었으며, 탁발 부족민 자신들은 병사의 신분으로 귀속되었다.

문화 변용의 과정은 5세기말에 북위 황실이 의식적으로 한화(漢化) 정책을 추진함에 이르기까지 진행되었다. 493~494년에 수도가 산서 북부에 있는 현재의 대동(大同, Ta-t'ung)으로부터 후한(後漢)과 서진(西晉)의 수도였던 낙양(洛陽)으로 옮겨졌다. 거의 동시에, 중국어가 궁정의 유일한 공용어가 되었으며, 탁발 부족의 귀족들은 중국식 의복과 관습, 중국식 성명을 사용하도록 강요받고 지방 주민과의 통혼이 장려되었다.

북위 황실의 철저한 한화(漢化)는 524년에 부족적 성격을 여전히 부분적으로 갖고 있었던 일단의 병사들에 의한 심각한 반란을 유발하였다. 중앙 정부도 점차 강대한 문벌들에 의해 장악되었다. 534~535년에 북위는 괴뢰 황제들의 치하에서 동위(東魏)와 서위(西魏) 왕조로 분리되었으며, 찬탈에 의해 이들 두 왕조는 550년과 557년에 북제(北齊, Pei Ch'i)와 북주(北周, Pei Chou)가 되었다. 장안(長安)에 수도를 정하여 위수 유역에서 웅거하였던 북주가 577년에 북제를 정복함으로써 이 지역의 군사적 우월성이 다시 한 번 입증되었다.

수 · 당 왕조

수에 의한 통일 제국의 재건   4 년 뒤, 중국과 선비의 피가 섞인 장군 양견(楊堅, Yang Chien)이 제위를 찬탈하고 수(隋, Sui)라는 왕조를 창건하였다. 그러나 이 시기에 이르면, 이적들이 북중국의 인구와 문화에 크게 흡수되어 이적과 중국인의 실질적 구별이 거의 불가능하게 되었다. 아주 공교롭게도 중국과 이적의 전통을 모두 융합하여 계승한 수에 의해 589년에 남조의 진(陳, Ch'en)이 정복되어, 통일된 중화 제국이 다시 회복되었다.

수의 역할은 8세기 전에 있었던 진(秦)의 그것과 흡사하였다. 왕조의 창업주는 제국을 재통일하였지만, 그의 후계자는 제국을 유지하는 데 실패하였다. 수대의 통치자들은 진대의 전임자들과 마찬가지로 지나치게 야심적이었던 것으로 보인다. 그들은 너무나 짧은 시간 안에 너무나 많은 것을 성취하려 하였기 때문에, 그들의 새로운 백성들에게 인내와 충성을 지나치게 강요하였다.

두번째 황제 양제(煬帝; ‘열광적인 황제’라는 뜻, 604~618)의 경우가 특히 그러하였다. 그러나 중국은 이들 두 명의 수대 황제의 치하에서 위대한 제국 시대의 두번째 문을 활짝 열었다. 전중국을 통제할 강력한 중앙 집권적 정부가 다시 확립되었고, 만리장성이 다시 수축되었으며, 긴 운하를 파서 다음 세기의 위대한 번영을 가능하게 하였고, 거대한 궁전을 세워 중화 제국의 위세를 완전하게 복고하였다.

다시 한 번 더, 정복의 흔들추[錐]가 중국에서 바깥의 이적 땅으로 이동하였다. 이적의 중국 지배라는 음(陰)이 새로운 피와 새로운 군사적 열기를 중국에 주입함으로써, 중국의 제국적 정복이라는 양(陽)을 한 번 더 생산하였다. 월남 북부에 대한 중국의 통제력이 재확립되었고, 원정대가 월남 남부에 있던 임읍(林邑, Cham)과 대만(臺灣, Taiwan)에까지 파견되었다. 북방에서는 돌궐(突厥, T'u-chüeh ; Turk라는 이름의 최초의 형태)이 그들의 유목민 종주국[柔然]을 전복시켰지만, 581년에 동서 두 개의 연맹체로 나누어졌다. 결국 동돌궐은 중국의 종주권을 인정하게 되었으며, 609년에는 티베트족과 선비족이 융합되어 만들어진 티베트 북부의 토욕혼(吐谷渾, T'u-yü-hun)이라는 나라까지도 수에 의해 정복되었다.

그러나 양제의 끊임없는 전쟁 수행과 운하, 성곽, 궁궐 등을 수축하는 데 필요한 엄청난 노동력의 착취로 인하여 백성들의 마음은 황제로부터 이반되었다. 한반도 북부와 남만주 지방에 있었던 고구려(高句麗) 왕국에 대한 612년의 비극적인 전역으로 인하여 왕조의 위신 역시 심각한 손상을 입게 되었다. 심각한 국내 반란이 발발하였기 때문에, 양제는 613년과 614년에 잇달아 감행하였던 고구려에 대한 침공을 중도에서 그만두지 않을 수 없었다. 615년에는 과거 그의 충실한 봉신(封臣)이었던 동돌궐(東突厥)에 대패하기도 하였다. 그로부터 제국도 붕괴되기 시작하였으며, 양제는 남중국으로 도피하였다가 618년에 그곳에서 피살되었다.

세계 제국 당　수가 멸망한 다음의 난투장에서 승리를 얻은 사람은 이세민(李世民, Li Shih-min)이었으니, 그는 북중국의 산서 지방 출신으로서 중국과 이적의 피가 섞인 뛰어난 관료이자 장군이었다. 그는 617년에 수도 장안(長安)을 장악하고 그 다음해에 당(唐, T'ang) 왕조를 창건하여 자기 아버지[李淵]를 제

당 태종(626~649)의 무덤에서 출토된 것으로, 수염 기른 이적(夷狄) 마부가 태종의 군마(軍馬) 한 마리를 돌보고 있는 모습이 돌에 양각되어 있다.

위에 앉혔다. 이세민은 형제들을 제거하고 626년에는 아버지를 퇴위시킨 다음, 649년까지 자신의 이름으로 통치하였다. 그는 역사에 태종(太宗)이라는 이름으로 알려졌으며, 그의 치세 기간(626~649)은 당 왕조 최초의 위대한 정점이었던 것으로 생각된다. 전한(前漢)과 마찬가지로, 당 왕조의 전시기는 중화 제국의 2 대 황금 시대의 하나로 간주된다.

630년에 태종은 동돌궐(東突厥)을 복종시켰으며, 639~640년과 647~648년의 큰 전역을 통해 서돌궐(西突厥)로부터 타림(Tarim) 분지를 빼앗았다. 그는 이 전쟁의 승리를 위해 터키계(Turkish)의 위구르(Uighur)족으로부터 도움을 받았는데, 이때 위구르족은 서돌궐 제국으로부터 이탈하여 당의 충실한 동맹국이 되었고 중앙 아시아에서의 군사력의 주요한 자원이 되었다. 중국의 종주권은 점차 파미르(pamir) 고원을 넘어 옥수스(Oxus) 강 유역의 국가들에까지 확장되었다. 657년에는 서돌궐 제국이 마침내 해체되었으며, 터키계의 여러 종족 집단들이 남쪽 인도 지방으로 혹은 서쪽의 서아시아와 유럽으로 내몰려졌다.

607년에 처음으로 통일되었던 티베트 역시 중국의 종주권 아래로 들어왔으며, 어느 중국인 특사는 티베트 군대를 이끌고 인도 북부의 일부를 평정한 다음 그곳에서 인도의 한 소군주(小君主)를 포로로 잡아 648년에 장안으로 되돌아온 적도 있다. 이 사건은 근대 이전에 중국과 인도 사이에 있었던 유일한 접전이었으니, 이 같은 군사적 접촉의 희귀성이야말로 이들 두 개의 거대한 인류 집단을 갈라 놓는 산악 장벽의 유효함을 잘 설명해 주고 있다. 태종의 군대는 두 차례에 걸쳐 한국의 고구려에 의해 격퇴되었으나, 668년에 그의 후계자 고종(高宗, Kao Tsung ; 649~683)이 남부 한국의 신라(新羅, Silla)라는 왕국의 도움으로 고구려, 백제(百濟), 일본(日本)의 연합군을 깨뜨리는 데 성공하였다. 신라의 치하에서 통일된 한국 지역은 그로부터 당의 충실한 봉신(封臣)으로 남게 되었다.

당(唐)의 위세는 시베리아(Siberia) 남부에서 동남 아시아에 이르기까지, 서쪽으로는 티베트와 중앙 아시아를 거쳐 카스피(Caspi) 해에 이르는 방대한 지역으로 확대되었다. 원(原) 중국 변방 주위에 군집한 속국(屬國)들은 여섯 개의 보호령[都護府]으로 나누어져 통제되었다. 그 중 네 개는 동서남북의 기본 방위에 따라 명명되었으니, 타림 분지에는 안서(安西, An-hsi ; '평정된 서방'이란 뜻) 도호부, 한국 지역에는 안동(安東, An-tung) 도호부가 설치되었으며, 안남(安南, An-nan) 도호부는 월남에 대한 통상적인 중국식 명칭의 기원이 되었다. 이들 속국들 너머에는 일본 및 동남 아시아, 남아시아, 서아시아의 여러 왕국들이 있어, 간헐적인 조공(朝貢)을 통해 중국의 종주권을 간접적으로 인정하였다. 그리하여 중국인의 관점에서 본다면 당은 사실상 전세계를 지배하게 된 것이다.

당은, 그 이전의 한(漢)과 마찬가지로, 한 명의 황후에 의해 거의 멸망될 뻔하였다. 무후(武后)는 고종(高宗) 치세의 후반기를 지배하였으며 고종이 죽은 뒤에는 잠시 괴뢰 황제들을 통해 통치하였다. 그 후 690년에 그녀 스스로 제호(帝號)를 취하여——중국 역사상 여성이 황제의 지위에 오른 유일한 경우였다——왕조의 이름을 주(周, Chou)로 바꾸었다. 찬탈했다는 이유로, 더구

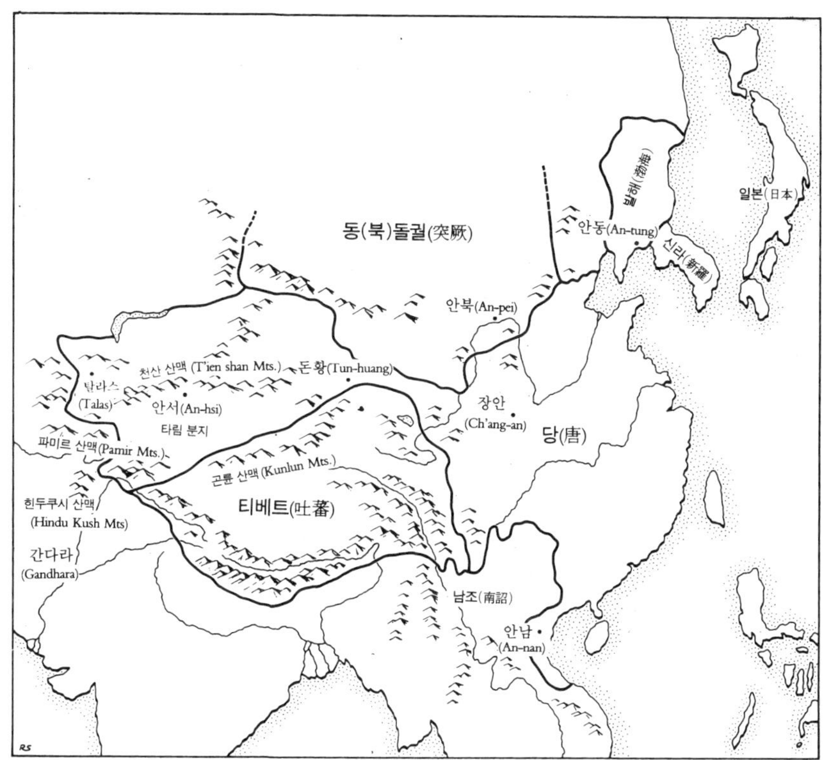

8세기초의 당 제국

나 여자로서 그러했다는 이유로 인하여 그녀는 중국의 전통적 역사가들에 의
해 혹독하게 비난받았지만, 실제로 그녀는 강력하고 유능한 통치자였으며, 귀
족에 대한 능력 있는 관료의 우위를 크게 촉진시켰다. 무후는 여든 살 되는 해
(705년)에 궁정에서 일어난 쿠데타에 의해 몰려났지만, 몇년간의 혼란이 지나
간 다음 712년에 또 다른 유능한 군주가 제위에 올랐다. 그는 역사에 현종(玄
宗;‘신비로운 조상’이라는 뜻) 혹은 명황(明皇;‘현명한 황제’라는 뜻)이란 이름으
로 알려졌으며, 그의 긴 치세 기간(712~756)에 당 왕조는 두번째의 번영을 구
가하였다.

실제로 이 당시의 당은 태종(太宗) 시대에 그러했던 것보다 훨씬 더 인구가
많고 풍요로운 제국이었다. 그러나 그와 동시에 쇠망의 징조를 보여 주기 시
작한 때이기도 했다. 재정적 문제가 심화되었으며, 정복의 흔들추는 중국 쪽

으로 되돌아오기 시작하였다. 747년에 당조에서 봉직하였던 한국인 장군 고선지(高仙芝, Kao Hsien-chih)가 군대를 이끌고 파미르와 힌두 쿠시(Hindu Kush)를 넘어가서 아랍 인들과 티베트 인들 사이의 연합 기도를 분쇄하였으나, 이것이 당의 위세가 최고조에 달한 마지막 시점이었다. 751년에 그는 페르가나 북부의 탈라스(Talas)에서 아랍 인들에 의해 참패를 당하였으며, 현종의 치세는 몇 년 뒤 반란으로 제국이 분해되는 와중에 끝나 버렸다. 이적 동맹국들의 도움으로 왕조가 회복하고 1세기 반이나 더 존속하였지만, 초기의 위세와 활력을 다시는 보여 주지 못하였다.

중앙 집권적 통치의 부활

토지 제도와 군사 제도　6세기에 있었던 군사력에 의한 중국의 재통일과, 7세기에 있었던 광대한 제국의 정복 사업은 그보다 훨씬 더 근원적인 과정——즉 안정된 중앙 집권적 정부의 복구——의 외관상의 표현에 지나지 않는다. 수세기 동안 남조(南朝)에는 강력하고 독립적인 호족들이 있었고, 북조(北朝)에는 이적들의 부족적인 분열이 있어 중앙 집권적 통치가 불가능하였다. 더구나 불교가 경제적 분열의 새로운 요인을 하나 더 가져왔다. 부유한 사원들이 대토지 소유자가 되어, 농민들이 뿌린 노동의 결실을 중앙 정부와 더불어 다투는 경쟁자로서 호족에 합세하였다. 북위와 수, 당이 이루어 낸 가장 큰 성과는 이처럼 분열된 힘들을 압도할 수 있는 제도들을 발전시킨 것이다.

5세기에 북위는 한(漢)을 붕괴시켰던 그 근본적인 문제를 해결하기 시작하였다. 말하자면, 토지를 국유화하려 한 왕망(王莽)의 노력으로 복귀하였던 것이다. 토지세[地租]는 가벼웠으나 주된 조세 부담——특히 노역(勞役)——이 인두(人頭) 단위로 자유 농민들에게 부과되었기 때문에, 정부는 번영을 위해서는 가능한 한 많은 농민들로 하여금 조세 부담자의 신분을 유지하게 하고 대농장의 농노나 노예가 되지 않도록 해야 했다. 485년에 북위는 '균전(均田)' 제도를 만들어, 신체 건강한 모든 성인 농민들로 하여금 동일한 면적의 농토를 배분받을 수 있게 하였다. 그 중 작은 부분만 누에를 치기 위한 뽕나무나 기타 다른 나무들을 심는 밭으로 영구히 소유할 수 있었다. 나머지 부분은 그 사람이 죽거나 연령 한계를 초과할 때 정부에 반환하도록 되어 있었다. 비록 '균전제'가 호족들의 토지를 몰수하기 위해 고안된 것이 아니라 오직 자유 농민들에게만 적용된 것이기는 하지만, 그것은 토지와 농민이 사유화되는 흐름을 중단시키고 중앙 정부의 재정적 기반을 안정시키는 데 도움이 되었다.

북위는 다른 사람의 행위와 납세에 대하여 상호 책임을 지도록 모든 인민을 조직적으로 편제하는 제도 역시 다시 실시하였다. 이러한 종류의 집단 보장[隣保] 제도는 고대부터 여러 형태로 존재해 왔으며, 최근에 이르기까지 지방 질서를 유지하기 위한 보갑(保甲) 제도로 존속되었다. 이 제도로 인하여 모든 이웃은 이웃에 대하여 책임을 져야 했으므로, 모든 이웃은 이웃의 감시자가 되어야 했다.

이 기간에는 병사가 농사를 지으면서 자급 자족하는 군사적 식민지[屯田]가 북방 변경 지대에 세워지기도 했다. 둔전도 한대(漢代)에 처음으로 만들어졌지만, 6조 시대(六朝時代)부터는 제국을 방어하는 영구적 요소의 하나가 되었다. 또 다른 주요 군사 제도인 민병제[府兵制]가 장안(長安) 지역에서 북위(北魏)를 계승한 서위(西魏 ; 535~557)와 북주(北周 ; 557~581)에 의해 처음으로 실시되었다. 신체 건강한 농민[丁男]들이 군사 훈련을 받고, 부족 전사와 같이 정규군으로 조직되었다. 당대(唐代)에 이르면 이 병역이 균전제하의 토지 소유자로서 농민들이 짊어져야 할 조세 부담의 일부가 된다.

수·당 왕조를 통하여 '균전제'는 매우 정교하게 되었다. 수는 이 제도를 전국에 실시하였으며 호족들로 하여금 '관인 영업전(官人 永業田)'을 최고위의 1,370 에이커 정도(100 頃)로부터 등급에 따라 할당받음으로써 이 제도에 적응하도록 강요하였다. 당대에도 호족과 관료들은 이와 비슷한 규모의 '관인 영업전'을 배당받았으며, 이에 더하여 그들이 보유하고 있는 정부의 직위에 따라 규모가 나누어진 '직분전(職分田)'을 할당받기도 하였다. 지방 정부의 각종 기관들은 공해전(公廨田)으로써 유지되었다. 그러나 농민들에게는 균등하게 토지가 분배되었다. 18 세에서 59 세 사이의 모든 신체 건강한 남자[丁男]는 약 13.7 에이커(100 畝)의 농지를 지급받고, 그 가운데서 5분의 1만을 '뽕나무 밭[桑田]'으로 영구히 소유할 수 있도록 되어 있었다. 이러한 경제적 기초 위에서, 모든 정남은 정부에 일정한 양의 곡물을 조(租)로 납부하고, 각 지역 토산의 직물 형태로 일정한 양의 비단과 삼〔大麻〕을 조(調)로 바치고, 중앙 정부를 위하여 연간 20일의 노역과 지방 정부를 위하여 일정 기간의 노역〔庸〕을 제공하도록 되어 있었다. 이러한 노동력은 때때로 직물이나 화폐납으로 대체되었다. 뿐만 아니라, 어떤 정남(丁男)은 조세나 노역을 면제받는 대신, 보통은 보수도 없이 그들 자비로 주기적인 병역을 제공하지 않으면 안 되었다.

이같이 복잡한 토지 제도를 운영하기 위해서는, 전국적 규모의 세밀한 인구 조사와 토지 등록이 필요하였다. 지금까지 남아 있는 그런 조사의 사례에 의하면 실제로 모든 농지가 특별한 범주에 따라 각 납세자에게 개별적으로 할당되었다. 그것은 19세기 후반 이전의 세계 어디에서도 발견하기 어려울 정도로 복잡한 토지 제도요 조세 제도였으나, 1세기여 동안이나 합리적으로 잘 운영되어 전성기의 중화 제국을 지탱해 주었다.

당의 번영　당의 초기에는 중앙 정부의 조세 수입이 풍족하였기 때문에, 황실과 정부 기관이 확장되는 긴 시간을 거친 다음에는 세입과 세출의 균형이 이뤄졌다. 조직에 대해 특별한 재능을 갖고 있는 중국인들은 이 무렵, 경제상 주요한 몇 가지 생활 필수품들의 가치와 대체로 일치되는 측정 단위들을 발전시켰다. 그리하여 1,000전(錢) 즉, 1관(貫)과 은(銀) 1'냥(兩)', 곡물 1'석(石)', 비단〔絹〕 1'필(疋)', 비단실〔絹絲〕 1'냥(兩)'은 모두 비슷한 가치를 갖는다. 이러한 표준적인 가치 '단위'로 계산한다면, 당시 중앙 정부의 조세 수입이 총 5,200만 '단위' 이상에 이르는 것으로 전해지고 있다. 뿐만 아니라 중앙 정부는 수백만 농민의 자유 노동과 병역을 조세 체제의 일부로서 향유하였다.

정부의 재정이 한대(漢代)보다 훨씬 더 풍족하였음은 의심할 바 없는 사실이다. 이러한 발전의 원인이 부분적으로는 기술 및 행정상의 발전에 기인하였을 것이나, 보다 주요한 이유는 두 시기 사이에 양자강 유역의 인구가 크게 증가하였다는 사실로부터 발견되어야 할 것이다. 비록 정부는 서북〔關隴〕 지방에 그대로 남아 있고 그 지방 출신의 군사적 귀족들의 수중에 놓여 있었지만, 밀과 기장을 생산하는 위수(渭水) 유역과 화북 평원의 건조한 땅은 쌀을 생산하는 양자강 하류 유역의 풍요한 전답 지대에 주요 곡창의 자리를 내어 놓았다.

수(隋)의 대운하(大運河) 개착 사업은 이러한 상황하에서 전개되었다. 제국이 풍요한 남부 지방을 충분하게 이용하기 위해서는 남중국과 수도 및 변경 지대를 연결하는 효과적인 수송 체계가 필요하였다. 양제(煬帝)는 여러 개의 낡은 운하들을 연결하고 새로운 운하들을 건설함으로써, 610년까지 양자강 남쪽 항주(杭州, Hangchow) 지방에서 황하에 이르고 그곳에서 서쪽으로 장안까지, 북쪽으로는 북경 지방에까지 뻗쳐지는 대운하 체계를 구축하였다. 오늘날의 대운하는 이 최초의 운하 체계와 북쪽으로 회수(淮水)까지는 일치되지만, 회수 이북으로는 곧장 화북 평원을 가로질러 북경까지 연결되고 있다.

이론상으로 '균전제'는 농지의 대부분이 조세를 부담하는 농민들에게 주기적으로 재분배된다는 원칙에 기초하고 있었지만, 실제로 그처럼 많은 재분배가 이뤄질 수 있었는지는 의심스럽다. 국내의 평화로 인하여 인구가 급속히 증가하였으며, 농민의 수 역시 토지 자원의 넓이보다 더 빠른 속도로 증가하였다. 그 결과 대부분의 농민들은 그들이 받아야 할 할당액보다 적은 면적의 토지를 그들의 부모로부터 받았으며, 이렇게 해서 받은 토지의 대부분은 영구히 소유할 수 있는 토지로 등록되었다. 이와 동시에 후한대의 경우와 마찬가지로, 황실에서 하사하는 토지가 점차 누적되어 조세를 부담하는 농민들에게 배분되어야 할 토지의 총량이 감소되었다. 8세기 전반기에 이르면 균전제의 전면적 붕괴가 명백하게 진행되었다. 현종 말기에 표출된 당 정부의 와해 현상은 부분적으로는 토지 제도와 조세 제도의 실패에 기인하였을 것이다. 어쨌든 균전제는 이 시기에 폐기된 뒤, 이만한 규모로는 다시는 시도되지 못하였다.

관료제와 과거제 중앙 집권적 정부를 운영하기 위해서는 믿을 만한 관료 체제의 존재가 필요 불가결하다. 한(漢)의 관영 학교 제도〔太學〕와 인재 시험 제도〔鄕擧里選〕가 무너진 다음, 3세기의 위(魏)와 서진(西晉) 왕조는 유능한 행정 관료를 확보하기 위하여 지방 정부로 하여금 인재를 9등급〔九品〕으로 분류하여 최상급의 인물을 관직에 추천토록 하였으나〔九品中正法〕, 유력한 지방 호족들은 자기 가문의 사람이나 추종자들을 최상품의 명단에 올림으로써, 결국은 이 제도의 기능을 단순히 사회적 지위를 등급짓는 것으로 왜곡시켜 버렸다.

기원후 700년경의 중국

중국의 통치자들은 수·당대에 이르러서야 비로소, 부유하고 귀족적인 호족의 철저한 지배로부터 중앙 정부를 보호하는 데 도움이 되도록 관리 충원 제도를 재편성할 수 있었다. 수의 첫번째 군주〔文帝〕는, 옛날에 한(漢)이 그러했듯이, 중앙 집권적 정부의 가장 적절한 이념적 기초로써 유교적 전통을 다시 강조하였다. 또한 그는 관료가 되려고 하는 사람들을 유교적 교육 과정에 기초하여 시험하였던 한대의 제도를 훨씬 더 정교한 규모로 재정립하였으며, 중앙 정부로부터 임명된 관료만이 주현(州縣)의 지방관이 될 수 있을 뿐 지방 귀족들은 주현관이 될 수 없다는 원칙을 재천명하였다.

당은 수의 학교 제도와 과거(科擧) 제도를 계승하여 발전시켰다. 수도에는 일련의 전문화된 국립 학교들이 있었으며, 주현(州縣) 역시 지방 학생들이 학업을 수행할 수 있는 교육 기관들을 유지하였다. 과거 시험은 수도에 있는 학교의 학생들을 위하여, 그리고 지방 정부로부터 추천받은 사람들을 위하여 실시되었다. 예부(禮部)가 정교한 의식과 더불어 시험의 진행을 주관하였다. 시험 과목으로는 당시의 정치 문제를 묻는 수재(秀才), 문장을 시험하는 진사(進士; 황제께 바친다는 뜻) 및 경전〔明經〕, 법률〔明法〕, 서예〔明字〕, 산수〔明算〕 등의 여러 가지 과목이 있었다. 그러나 마지막 세 과목은 단순히 기술적 숙련 여부를 시험하는 것으로 간주되어 낮은 관직만을 보장할 뿐이었으며, 진사는 결국 높은 관직으로 오를 수 있는 가장 인기 있고 가장 주요한 통로가 되었다. 진사과에 합격한 사람들은 관직에 임명되기 전에 이부(吏部)에서 주관하는 두번째 시험을 치러야 하는데, 여기서 그들은 필답뿐만 아니라 외모와 말하는 능력까지 평가받았다. 또한 현직 관리들을 위한 업적 시험이 있어, 공무원 승진 제도와 같은 기능을 수행하였다.

이 정교한 제도는 서서히 발전하여, 8세기에 이르러서야 비로소 그 정점에 이를 수 있었다. 그때까지만 해도 과거제는 부유하고 세력 있는 사람에게 유리한 쪽으로 기울어져 있었다. 과거를 준비하기 위해서는 긴 세월의 고전적 학습이 필요하였는데, 이것은 오직 부유한 사람만이 가능하였다. 수도의 학교들은 원래 귀족들을 위한 것이었으며, 지방 정부로부터 천거된 후보자들 역시 특권적 계급 출신이었다. 더구나 고급 관료들은 언제나 과거제를 통하지 않고서도 자기의 자제나 부하들을 관계(官階)나 관직(官職)에 추천할 수 있는 특권을 갖고 있었다.

그럼에도 불구하고, 당대의 과거 제도는 한대의 그것보다 훨씬 더 발전된 관료 조직을 창출하는 데 이바지하였다. 칼로써 권력을 장악하였던 당초(唐初)의 지도자들이나, 왕조가 와해되었던 말기의 지도자들을 제외하고서는, 관료 조직의 최고 지위에 다다랐던 사람들의 대부분이 (관료 조직의 중간층을 형성하였던 대부분의 사람들도 그러했음이 분명하다) 처음에는 진사(進士)의 칭호를 획득하여 이름을 떨쳤다.

당대의 과거 제도는 중국 문명이 낳은 위대한 성과의 하나인 능력 본위 공무원 제도의 진정한 출발이었다. 과거 시험이 정치적·경제적 성공을 위한 가장 뚜렷한 길로 인식되었기 때문에, 국가적 지도층에 참여하기를 원하는 사람들은 모두 똑같은 양식의 경전 및 문장 교육을 받고자 노력하였으며, 이로 인하여 지적으로 통일된 국가가 만들어지게 되었다. 이것은 근세의 대영 제국에서 성공적인 지배 계층을 배출해 낸 고전적 교육을 연상케 한다. 중국 교육의 기저에는 유교적 이념이 깔려 있었기 때문에, 지배 계층은 윤리적 제 규범과 기존 권위에 대한 충성심, 의식과 예의의 가치에 대한 강렬한 의식 등에 철저하게 고취되었다. 이 제도로 인해 남다른 혜택을 입은 지식인들은, 다른 많은 사회에서 그러했듯이 정부의 비판자가 되는 대신 정부의 강력한 지지자가 되었다. 출생이 미천한 사람일지라도 진사(進士) 시험에 합격하기만 하면 궁극적으로는 황제의 최고위 장관(宰相)도 될 수 있는 가능성이 항상 있었기 때문에, 과거제는 기존의 질서를 유지하는 데 필요한 하층 계급의 지지도 획득할 수 있었다.

물론, 과거제는 약점도 갖고 있다. 학문의 결과로 발생한 권위가 정치적 공직의 전통적 권위와 결합하여, 교육을 기준으로 중국 사회를 두 개의 사회 계층으로 나누는 계층 분화 현상을 중세적 귀족 권력이 소멸된 오랜 뒤에까지 영속화하는 데 이바지하였다. 과거 시험에서 문장력과 역사적 지식, 기타 학문적 주제를 중시한 것도 지배 집단으로 하여금 지나치게 학문적·문학적·호고적(好古的)인 경향을 갖게 하여 다른 보다 실질적 자질을 희생하도록 한 원인이 되었을 것이다. 과거제는, 한편으로는 다음 1,000여 년 동안 중국에 놀라울 정도의 안정을 가져오는 데 도움이 되었으나, 다른 한편으로는 변화와 진보의 속도를 떨어뜨리는 데 공헌하기도 하였을 것이다.

정부의 구조　　수(隋)는 옛날의 군(郡)을 없애고 좀더 획일적인 지방 조직인 현(縣)으로써 전국을 구획하였으며, 몇 개의 현을 다시 주(州)로 묶었다. 당(唐)은 여기에 더하여 도(道)라고 불린 보다 상급의 단위로서 몇 개의 주를 다시 묶었는데, 도의 수는 원래 10개였으나 뒤에 15개로 증가하였다.

제국을 결속하기 위하여, 당은 정교한 역참(驛站) 체계를 창출하여 수도로부터 사방으로 뻗쳐나가는 도로와 수로 위에 설치하기도 하였다. 보통 10마일 간격으로 위치한 이들 역참에서는 정부로부터 부신(符信)을 발급받아 여행하는 관리들을 위하여 숙박 시설과 말, 배 등을 제공하였다. 이로부터 역참 제도는 중국 정부의 기본 조직의 하나로서 존속하게 되었다. 이와 더불어 당은 주요한 통상로상에 관(關)을 설치하고 시장을 엄격하게 통제하여, 세를 징수하고 교역을 조정하였다. 이처럼 상업세에 대한 관심은 여전하였지만 상인에 대한 중국인들의 전통적인 경멸감 역시 계승되었다.

당대 중앙 정부의 최고 기관은 중서성(中書省), 문하성(門下省), 상서성(尙書省)이었다. 중서성은 정부의 정책과 황제의 명령[詔勅]을 기초하였고, 문하성은 관료 권력의 거점으로서, 중서성에서 기초한 조칙을 재검토할 수 있는 권리를 가짐으로써 황제의 권위를 억제할 수 있었으며, 상서성은 다른 두 기관에 의해 합의된 조칙을 실행하였다. 이처럼 권력이 삼분(三分)되고 고위 관리들의 지도력이 조직적으로 나누어짐으로써 군주 권력하의 고급한 관료 기구 사이에 권력의 분할과 균형이 보장될 수 있었다. 상서성 아래에는 이(吏), 호(戶), 예(禮), 병(兵), 형(刑), 공(工)의 6 부가 있었다. 이처럼 중국 정부에서 행정 조직을 6 분(分)하는 전통은 이후 20세기에 이르기까지 지속되었다.

특별히 언급되어야 할 기관으로 어사대(御史臺)가 있었다. 이 기관은 반역이나 악정(惡政)의 사례들을 탐색하여 그 결과를 황제에게 직접 보고할 의무를 갖고 있었다. 이 기관의 관원들은 황제의 언동에서 발견되는 불완전한 점을 황제에게 (엄청난 위험을 무릅쓰고) 지적할 의무도 갖고 있었다. 어사대는 후대의 왕조에까지 존속하게 된 중화 제국의 중요한 정부 기관이었다.

장안(長安, Ch'ang-an)은 고도로 중앙 집권화된 당 제국의 초점이자 상징이었다. 장안은 그때까지 세계에서 가장 큰 제국의 수도인 동시에 중앙 아시아를 횡단하는 거대한 내륙 교역로의 동쪽 종점이었기 때문에 아시아 전역에서 모여든 사람들로 가득 차 있었다. 시가지와 근교 및 약간의 주변 농촌을 포함한 수도권 구역의 인구는 196만 186 명에 이르렀다. 성곽은 가로, 세로가 각각 5 마일과 6 마일이 약간 넘는 큰 직사각형으로 이루어져 있었다. 시가지는 오늘날의 장기판 모양으로 설계되어 있었다. 남북과 동서로 곧게 뻗은 폭넓은 대로(大路)들이 전시가지를 110 개의 구역[坊]으로 나누고, 각 구역은 하나의 행정 단위를 이루면서 그 자체의 소로(小路)들을 포괄하고 있었다. 폭이 500 피트나 되는 중앙 대로는 시가지의 남쪽 중앙문[南大門]으로부터 북쪽의 황성(皇城;정부의 본부)과 그 너머에 있는 황궁(皇宮)에까지 뻗쳐 있어, 시가지를 동서의 양대 행정 구역으로 나누었으며, 양쪽의 구역에는 정부에서 관리하는 거대한 규모의 시장이 각각 개설되어 있었다.

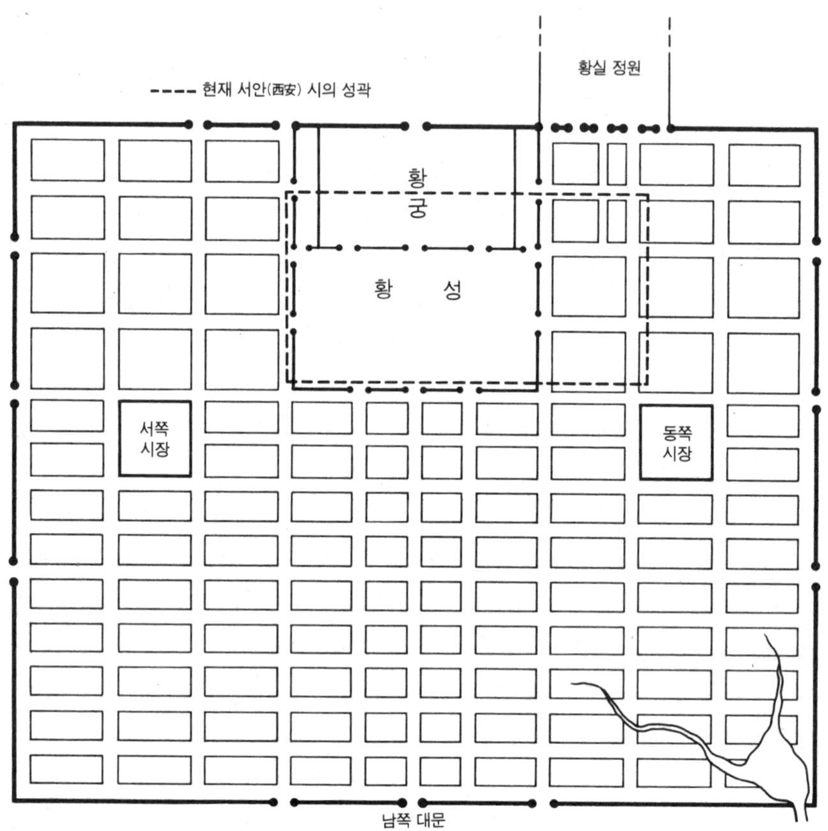

당대의 장안 평면도

장안의 모든 설계와 조직은 사회에 대한 초기 당의 엄격하고 치밀한 통제를 잘 보여 준다. 시가지의 규모와 장관은 왕조의 힘과 부를 시사한다. 7세기의 중국은 당시의 다른 모든 정치적 단위들보다 높은 곳에 우뚝 솟아 있었다. 한 (漢) 왕조 시대의 중국은 지중해 세계와 어깨를 나란히 겨누고 있었다. 그러나 당 왕조의 중국은 세계에서 가장 강대하고 가장 부유하며 여러 면에서 가장 발전된 나라로서, 탁월한 황금 시대에 거의 다다를 수 있음을 입증한 출발점에 위치하고 있었다.

불교의 동화

종파의 발달   이적(夷狄)들을 새롭고 보다 위대한 중화 제국으로 편입시켰듯이, 중국인들은 점차 불교를 흡수하여 그 문화적 내용을 풍요롭게 하였을 뿐만 아니라 중국적 가치에 대한 불교의 도전을 중화시키기도 하였다. 불교는 북위와 초기 당 황실의 보호하에서 경제적, 사상적으로 크게 번영하였다. 한 때 여승이었던 무후(武后)의 열광적인 지원하에, 불교는 700여 년경 중국에서 그 최전성기를 맞이하였다. 그러나 불교는 5세기에서 8세기까지 번성한 다음, 서서히 원시 불교와는 거의 닮지 않았으나 중국적 체제에는 쉽게 적응할 수 있는 사상과 제도로 재형성되어 갔다.

인도인들이 철학적 사색을 좋아한 결과 수많은 사상적 학파가 발생하였으며, 분류하는 것을 좋아하는 중국인들의 관행으로 인해 다양한 철학적 경향들이 몇 개의 종파로 조직화되는 결과가 나타났다. 몇몇 종파들은 인도로부터 직접 이식되어 온 것이었으니, 645년에 위대한 여행가 현장(玄奘, Hsüan-tsang)에 의해 전래된 법상종(法相宗)이 그 대표적인 경우였다. 그러나 중국에서 가장 번창하였던 종파들은 중국적 사고에 뿌리를 둔 요소들을 강조하였다. 지의(智顗, Chih-i ; 538~597)에 의해 개창되고 절강(浙江)에 있는 본산(本山)의 이름을 따서 명명된 천태종(天台宗)이 바로 이러한 종파의 하나였다. 천태종의 융성은 절충과 타협을 즐겨하고 분류에 능숙한, 전형적으로 중국적인 요소들에 근거를 두고 있었다. 이 종파는 마하야나(Mahayana ; 大乘佛敎)의 상대적 진리 개념을 발전시켜, 방대한 체계의 상충하는 불교 교리들을 서로 다른 수준의 진리로 조직화함으로써, 모순되는 모든 교리가 각각 고유한 가치를 가질 수 있도록 하였다. 그리하여 천태종은 8세기와 9세기에 지도적 위치의 종파가 되었으며, 동아시아 불교에서 가장 널리 유행한 경전인 〈법화경(法華經)〉의 성립에도 이바지하였다.

이와 거의 동시에 지도적 위치에 서게 된 또 하나의 종파는 진언종(眞言宗)이었다. 이것은 힌두 교의 탄트라(Tantra) 종파로부터 강하게 영향받은 비교(秘敎), 즉 비밀스런 교리를 갖는 종파였다. 이 종파에서는 궁극적 실체는 말로써 표현될 수 있는 것이 아니라 주술적인 표시와 상징에 의해 암시될 수 있을 뿐이라고 가르쳤다. 진언종에서 강조한 주문이나 마술적 경문과 의식과 같은 것들은 중국인들에게 쉽게 인식될 수 있었으니, 중국인들은 이미 도교나 예식을 강조하는 유교로 인해 이런 일들에 친숙해져 있었던 것이다. 특히 죽은 이에 대한 진언종의 제사는, 그것이 전통적 조상 숭배와 잘 부합되기 때문에, 크게 유행하게 되었다. 진언종의 우주관이 도식적으로 표현된 만다라(mandala, 曼荼羅)라는 그림은 그 후 중국의 불교 미술에 큰 영향을 미쳤다.

신앙을 통해 구원될 수 있다는 마하야나〔大乘〕의 교리는 아미타(Amida, 阿彌陀佛)의 서방 극락을 이름따서 정토종(淨土宗)이라 부르는 한 강력한 종파의 기초가 되기도 했다. 이 종파에서는 부처의 이름을 외우는 단순한 신앙 행위(즉 念佛)가 강조되었다. 이러한 사상은 5세기에 중국에서 뿌리를 내렸다. 수대 이래의 민중 반란들은 도교(道敎)에서보다는 이러한 유의 불교 종파로부터 정신적 영감을 얻었다. 정토종은 특히 보통 사람들에게 강한 호소력을 갖고 있었으며, 동아시아의 불교에서 수적으로도 가장 큰 세력이 되었다.

종파 운동의 마지막 종파가 궁극적으로는 가장 의미가 큰 종파였다. 그것은 명상의 종파, 즉 일본식 이름 '젠(Zen)'으로 더 잘 알려진 선종(禪宗)이었다. 이 종파는 중국에서 당 초기에 출현하였으나, 9세기 이전까지는 중요한 종파가 되지는 못하였다. 선종은 명상과 직관적 통찰, 즉 '해탈(解脫)'을 강조하였다는 점에서 원시 불교와 가까웠지만, 그 기원은 명상과 직관을 역시 강조하였던 도가 사상으로부터 유래한 바가 더 많았을 것이다. 이 종파에서는 단 하나의 진정한 실체는 각자의 마음속에 있는 불성(佛性)이라고 가르쳤다. 선종은 비록 내세와 영겁(永劫)에 대한 감각을 인도로부터 얻기는 하였지만, 이 신비주의는 전형적으로 중국적인 양식으로 개인의 세속 생활에 적용되었다. 중국에서는 명상 생활이 고되고 엄격한 독립 독행(獨立獨行)의 생활이 되었다. 선종의 반학문적·반문자적 성향은 순수하게 도가적인 것이었다. 선종에서는 문자 대신 말〔口述〕에 의한 교육을 중시하였으므로, 겉으로 보기에는 아무런 의미가 없는 것처럼 보이는 질문을 던짐으로써 일상적 논리에 매여 있는 학생들에게 충격을 가하여 스스로 깨닫게 하였다. 자연과 소박한 단순성을 사랑한다는 면에서 본다면, 선종은 겉모양만을 새롭게 바꾼 낡은 도가적 전통과 다를 바 없었으며, 따라서 선종이 예술적·시적 창의성을 크게 고무하게 되었음은 매우 자연스러운 일이었다.

선종은 비록 잘 조직된 교회를 중국에서 형성한 적은 없었지만, 다른 종파들이 엄격한 계율이나 난해한 철학으로부터 얻으려 한 것보다 훨씬 더 강력한 힘을 명상에 의한 수양〔參禪〕과 독립 독행의 강조를 통해 획득할 수 있었다. 선종은 당대 이후까지 지적 활력을 계속 보유하고 있었던 유일한 불교 종파였다. 중국 불교의 나머지 종파들은 점차 선종이나 대중적 정토종에 의해 흡수되었으며, 이 양자도 마침내는 그 고유한 특성을 상실하여 미신과의 애매한 혼합물로 용해됨으로써 중국 불교는 결국 타락의 길을 걷게 되었다.

불교의 사회적 역할 중국인들은 불교의 교의를 중국적인 것으로 중화하였을 뿐만 아니라, 불교의 제도까지 중국 사회에 보다 더 잘 적응할 수 있도록 개조하였다. 불교의 사원은 여인숙, 공중 목욕탕, 심지어 원시적인 금융 기관과 같은 사회적 기능까지 떠맡게 되었다. 사찰에서 인계받은 장례 의식의 기능은 최근에 이르기까지 지속되었다. 중국인들에 의해 불교의 가장 반사회적인 측면으로 간주되었던 독신 생활 역시 결국은 완화되어, 승려들이 결혼하여 가계(家系)를 이을 수 있도록 허용하였다.

불교의 큰 사찰들이 보유하고 있었던 대규모의 토지로 인해 중국 국가가 경험한 바 유일한 종교 문제가 제기되었다. 사찰들은 군주나 부유한 개인들에 의해 세워지고 기부되었으며, 열심한 신도들로부터 더욱 많은 토지와 재물이 기증되어 보다 더 큰 재부가 축적되는 것이 보통이었다. 사찰들은 고리 대금이나 호족들이 사유지를 축적하였던 것과 같은 여러 가지의 합법적, 혹은 비합법적인 다른 방법들에 의해 토지의 소유 규모를 확대하기도 하였다. 그리하여 군주의 눈으로 볼 때 불교 사찰은 과세 대장에서 토지와 인구를 옮겨가 버림으로써 국가의 재정을 위협하는 존재가 되었다. 따라서 사찰과 승려의 수 및 그 사유지의 규모를 제한해야 한다는 생각이 자연스럽게 발전하게 되었다. 이와 동시에, 불교가 사회에 참으로 가치 있는 존재가 되려면, 국가에 의해 통제되어야만 할 뿐만 아니라 통치의 내용을 정신적으로 보완하는 기관의 하나로서 국가에 의해 지원되어야 한다는 생각도 함께 발달하였다. 이제 중국 불교는 인도 불교의 원시적 역할로부터 더 이상 멀어질 수 없는 지점에까지 오게 된 것이다.

호족들을 통제할 수 없었던 남조에서는 불교의 사찰들도 통제하지 못하였지만, 북조에서는 사찰을 규제하는 제도가 발달되었다. 4세기에 이르면 사원을 통제하기 위하여 군주가 '승정(僧正)'을 임명하였으며, 북위는 사찰과 그 소유지에 대한 제한을 확정하였다. 당은 30명의 승려로 구성된 공인 사찰이 한 주(州)에 한 개씩 있어야 한다는 원칙을 갖고 있었으며, 이 제도를 실행하기 위하여 729년부터 3년에 한 번씩 승려 인구 조사를 실시하였다. 747년에는 새로 승려가 되는 사람의 수를 제한하기 위하여 정부에서 임명 증서를 발급하였다. 그러나 사찰과 승려의 수를 통제하려는 시도는 결국은 항상 실패하였다. 신앙이 독실한 군주와 정부 관리들이 그들 자신이 만든 규제를 끊임없이 파괴하였으며, 비밀리에 승려를 임명하는 일도 보편화되었다.

불교 사원을 규제하려는 노력은 때때로 혹독한 박해로 확대되었다. 많은 수의 중국인들은 불교를 외래 종교로서 불쾌하게 여겼을 뿐만 아니라 자해(自害)와 화장(火葬), 독신(獨身) 등과 같은 불교의 관행에 대해서도 혐오하였으니, 그 까닭은 이러한 관행들이 가정의 연속성을 위협하고 조상으로부터 물려받은 신체를 침범하는 것으로 생각되었기 때문이다. 때로는 도교 승려(道士)들의 질투심도 불교 박해의 한 요인으로 작용하였다. 그러나 불교 박해의 가장 큰 이유는 정부의 재정적 필요 때문이었다. 박해는 주로 사원 소유의 토지와 승려들을 조세 대장으로 되돌리고 금동(金銅) 불상을 비롯한 사원의 재보를 황실의 소유로 빼앗으려는 노력으로 일관되었다. 신도 개개인이 심각하게 고통받았던 것은 아니었다.

북위(北魏) 치하의 446년에 불교 박해가 있었고, 북주(北周) 치하의 574년에는 도교와 불교가 함께 박해를 받았다. 가장 규모가 크고 가장 중요한 불교 박해는 841~845년에 광신적 도교 신도였으며 반광인(半狂人)이었던 당의 황제〔武宗〕 치하에서 일어났다. 공식적 통계에 의하면, 4,600개의 사찰과 4만 개의 불당이 파괴되었고, 26만 명의 남녀 승려와 15만 명의 사원 노비들이 조세 대장으로 되돌려졌다. 이 무렵 인도에서 전래된 이 종교는 이미 내적 활력을 스스로 상실하고 있었기 때문에, 이 엄청난 박해는 불교에게 치명적 손상을 미치는 타격이 되었다. 선종은 수세기간 더 성장하여 영향력을 지속하였지만, 불교의 다른 종파들은 급속하게 쇠락하였다.

다행스럽게도 중국 불교의 지적·예술적 영광이 돌이킬 수 없을 정도로 사

돈황(敦煌) 석굴의 벽과 천정에 그려진 불교의 신들[佛陀], 성인들
[菩薩], 천사들에 관한 당대의 그림.

라지기 전에, 불교는 서북쪽 극단의 감숙 회랑(甘肅廻廊) 서쪽 끝 부근에 위치
한 돈황(敦煌, Tun-huang)에 하나의 영구적 불당을 남겨 놓았다. '천불동(千佛
洞)'이라 알려진, 정교하게 바위로 장식된 이곳 석굴 사원(石窟寺院)들 가운데
는, 하나의 거대한 불교 도서관이 이곳을 침략한 티베트 인들로부터 보호되기
위하여 1035년경부터 밀폐되어 있었다. 1900년까지 개방되지 않았던 이 도서
관은 불교 시대 중국의 유일한 문서 보관소로서, 중앙 아시아의 각종 언어와
한자로 필사된 수천 종의 문서들을 소장하고 있었다.

불교는 비록 중국 문화가 가장 찬란하게 꽃피었던 시기에 그 주요한 성분의
하나로 참여하였지만, 중국 문화에 남긴 불교의 영속적인 영향은 비교적 많지
않았다. 불교의 지속적인 공헌은 본질적 가치를 근본적으로 변질시키는 데 있
었다기보다는 차라리 중국의 전통 문화에 새로운 요소를 첨가하는 데 있었다.

그것은 다수의 민간 종교와 민간 신화의 원천이 되었다. 불교는 중국의 사상에 형이상학적 차원을 첨가하였고 중국의 문학과 예술을 대단히 풍요롭게 하였다. 그리하여 불교는 중국 문화를 풍부하게 장식하는 데는 도움이 되었으나, 유럽에서 기독교가 그러했던 것처럼 전체 문명을 개조하지는 못하였다.

중국 문화의 성장

바깥 세계와의 접촉　6조(六朝) 시대와 당대(唐代) 초기의 중국은 문화적 포용의 정신으로 충만해 있었다. 이적의 침입으로 인해 북중국은 외래의 영향에 개방되어 있었고, 불교는 멀리 떨어진 지역과의 문화적 접촉을 가능하게 한 매개체였음과 동시에 자극제였으며, 바다와 육지를 통한 지역간 교역은 한대(漢代)에 알려져 있었던 어떤 곳보다도 훨씬 더 먼 곳까지 확대되었고, 초기의 당 제국은 중국인으로 하여금 인도와 서아시아 등 거대 문명의 중심지와 직접 접촉하게 하였다. 이후 20세기에 이를 때까지 바깥의 영향에 대하여 중국이 이처럼 적극적으로 반응한 적은 한 번도 없었다.

외부와의 접촉으로 인해 여러 가지 새로운 농산물과 몇 가지 발명품들이 만들어졌다. 예를 들면, 차〔茶〕가 동남 아시아로부터 전래되었다. 차는 처음에 약으로 혹은 명상을 위한 자극제로 이용되었으나, 당대(唐代) 이후에 이르러서는 보다 일반적으로 사용되었으며, 그 뒤에는 중국에서부터 전파되어 세계에서 가장 대중적인 음료가 되었다. 의자(椅子) 역시 서방에서 전래되어 수세기가 지난 다음 점차 방석과 깔개를 대체하였다. 좀더 기술적인 발전은 중국 그 자체에서 이루어졌다. 초기에 발명되었던 종이와 도자기는 이때 와서 크게 발달되었고, 화약이 발명되어 불꽃놀이에 사용되었다. 이 외에도 바퀴가 하나 달린 손수레와 같은 발명품이 있었는데, 이것은 중국의 좁은 보도에서 물건을 옮기는 주요한 수단이 되었으나 서방에는 여러 세기가 지나서야 전파되었다. 석탄은 북중국에서 일찍이 4세기부터 이미 사용되었지만, 13세기의 유럽 인 마르코 폴로(Marco Polo)에게는 여전히 경이로운 것으로 보였다.

교역과 외국 사절의 왕래로 인해 수천 명의 외국인들이 당의 수도〔長安〕에 운집하였으며, 이들과 함께 많은 종류의 종교들도 전래되었다. 불을 숭배하는 페르시아의 조로아스터 교(Zoroastrianism), 즉 마즈다 교(Mazdaism)가 6세기에 중국에 도래하였다. 조로아스터 교와 그리스도 교의 요소를 복합한 마니 교(Manichaeism)와 기독교의 네스토리우스 파(派)(Nestorianism, 景敎)가 당의 초기에 전래되었다. 한 개의 거대한 돌기둥〔石柱〕이 781년, 장안(長安)에 있는 네스토리우스 파 교회에 세워졌다가 17세기에 이르러서야 재발견되었다. 서방에서 전래된 이들 세 종류의 종교들은 841~845년의 종교 박해중에 사실상 절멸되었으나, 또 다른 두 종류의 종교는 살아 남았다. 유태교(Judaism)가 조그마한 고립된 사회의 형태로 19세기에 이르기까지 존속하였으며, 회교(Islam)는 중앙 아시아의 중국 영내(Chinese Turkestan)와 중국 본부의 서북부 및 서남부 가장자리에서 서서히 성장하여 지금은 수백만 교도를 포용하고 있다.

당시 세계에서 가장 거대한 제국이었던 당은 이웃의 여러 민족들에 의해 부지런히 모방되었다. 그처럼 큰 비율의 인류가 중국을 최고의 군사 강국으로서뿐만 아니라 정치와 문화의 명백한 모범 국가로서 바라보았던 적은 그 이전에도 없었고 그 이후에도 없었다.

7세기에 수립된 티베트 최초의 통일 정부〔吐蕃〕와 740년경에 운남(雲南) 지방에서 타이(Tai) 집단에 의해 창건된 남조(南詔) 국가는 모두 당의 통치 체제에 의해 직접적으로 영향받았다. 당의 정치·문화적 양식은 동방의 민족들에 의해 더욱 충실하게 수용되었다. 한국 지방의 여러 왕국들〔三國〕은 수세기 동안 중국의 영향을 강하게 받았으며, 668년에 한반도를 통일한 신라(新羅)는 당을 그대로 축소해 놓은 복제판이 되었다. 713년부터 926년까지 남만주와 동만주의 삼림 지대와 동북 한국 지방에서 번영하였던 퉁구스(Tungus)족의 왕국 발해(渤海, Po-hai) 역시 당의 특정한 제도들을 흡사하게 모방하였다. 7세기와 8세기에 멀리 떨어져 있는 섬에서 또 다른 작은 당(唐)나라를 만들려고 노력한 일본의 경우는 더욱 놀라운 사례라 하겠다.

예 술   불교의 찬송가는 중국 음악에 심원한 영향을 미쳤으며, 이 기간중에 중앙 아시아의 음악과 악기가 중국 재래의 음악 전통을 사실상 대체하였다. 예술, 특히 조각 분야에 미친 외래 종교의 영향 역시 강력하였다. 사실, 종교적 성상(聖像)에 대한 불교도의 수요로 인해 이 시기는 중국 조각의 가장 위대한 시대가 되었다. 초기에는 그다지 중시되지 않았던 예술의 한 양식이

144

이 수세기 동안에 극성하였다가 당대 이후 불교의 쇠퇴와 더불어 운명을 함께 하였다.

운강(雲崗, Yün-kang), 용문(龍門, Lung-men), 돈황(敦煌, Tun-huang) 등의 석굴 사원들에 보존된 중국 불교의 조각들은 다양한 예술적 경향을 보여 준다. 어떤 것은 인도로부터 직접 영향을 받았지만, 6조 시대 북중국의 예술적 전통 가운데서 가장 중요한 것들은 중앙 아시아의 불교 예술로부터 영향받았으며, 중앙 아시아의 불교 예술은 헬레니즘의 영향을 강하게 받은 간다라(Gandara)와 그 주변 지역(지금의 서북 파키스탄과 아프가니스탄)의 불교 예술로부터 유래되었다. 그러나 초기의 중국 불교 조각은 깊은 종교적 의미가 기대된 예술이기 때문에 그 정신에 있어 희랍의 조각과 판이하게 달랐다. 사실적인 것과는 거리가 먼 불상은 딱딱하고 위엄 있는 신의 모습을 추상화한 것이었으며, 희랍의 사실주의는 겨우 불상의 옷주름과 같은 피상적 요소에만 반영되었을 뿐이었다. 그러나 당대(唐代)에 이르면 중국인의 인간주의적 관심으로 인하여 신에 대한 불교의 개념이 보다 인간적인 것으로 바뀌어졌으며, 이러한 변화가 조각에 반영되었다. 불상은 더욱 풍만해지고 더욱 생동감이 넘치게 되어, 인간의 아름다움에 대한 당대의 개념과 가깝게 접근하였다. 이 시기에는 비종교적 성격의 위대한 조각품도 있었으며 춤추는 소녀, 낙타, 말, 중앙 아시아의 마부(馬夫) 등과 같은 모양을 조각한 많은 수의 아름다운 도기들이 무덤의 부장품으로 제작되었다.

6조 시대와 당대의 불교 회화 가운데서 돈황(敦煌) 석굴 벽화를 제외하고서는 남아 있는 것이 거의 없지만, 중국 회화에 미친 불교의 영향은 대단히 컸었다. 비록 이 시기 중국의 예술적 천재(天才)는 대부분 종교적 예술에 바쳐졌을 터이지만, 비종교적 회화 역시 융성하였으며, 남중국에서는 당말(唐末)과 그 다음 시대의 위대한 회화사(繪畵史)로 성장할 독특한 예술적 경향이 문을 열고 있었다. 비록 이 세속적 예술 작품이 지금은 거의 남아 있지 않지만, 기원후 400년경에 이름을 떨쳤던 고개지(顧愷之, Ku K'ai-chih)는 중국 회화 사상 최초의 대가로서 존경받았으며, 왕희지(王羲之, Wang Hsi-chih ; 321~379)는 서예(書藝)로써 가장 위대한 명성을 획득하였다.(원색 도판 4 참조)

벽돌과 돌로 만든 탑(塔)을 제외하고서는, 종교적인 것이든 비종교적인 것이든 당대와 그 이전 시대의 건축물로서 남아 있는 것은 별로 없다. 그러나 일

기원후 672~676년경, 용문의 절벽에 조각된 거대한 수호신상〔四天王像〕. 한때는 이들 조각품들을 둘러싸고 있던 목제 구조물을 지탱하기 위하여 만들어진 사각의 구멍과 벽감(壁龕)들이 주목된다.

말 위에서 경기〔馬上球技;踘技〕 하는 여인상. 7세기에 도자기로 만들어진 높이 10인치의 작품이다.

중국에서 가장 오래된 목조 건물 당대에 세워진 오대산(五臺山) 불광사(佛光寺) 대웅전의 정면도와 단면도.

본에서는 7세기와 8세기에 중국의 건축 양식으로 불교 사찰이 세워진 것이 지금까지 남아 있기 때문에, 이 시기 중국 건축 양식의 고전적 단순미와 균형에 대한 관념을 부분적으로 보여 주고 있다. (427~428쪽 참조)

문학과 학문 불교 시대에는 자연히 가장 뛰어난 문학적·학문적 재능을 가진 사람들의 다수가 불교 서적의 저술에 헌신하였다. 그 후세대의 중국인들은 일반적으로 그들의 업적을 무시하였으며, 보다 전통적인 계통을 따르려는 노력 역시 많이 있었다. 대부분의 문학적 저작은 항상 본질적으로 귀족적인 예술이었다. 부(賦)라는 시(詩) 양식은 6조 시대 동안에도 여전히 유행하였고, 이와 나란히 산문(散文)에서는 보통 4언구(四言句)와 6언구(六言句)가 빈틈없이 짝지워지는 자구 형태로 특징지어지는 정교하고 균형된 양식, 즉 병려문(騈儷文)이 유행하였다. 6조 시대의 가장 중요한 운문(韻文) 형식은 후한 시대에 처음으로 나타난 5음절운(五音節韻)의 서정시였다. 이 시(詩) 양식은 세상의 타락을 한탄하고 사회에 대한 개인의 독립성을 주장함으로써 전형적으로 도가적 경향을 보여 주었다. 당시 시의 가장 위대한 거장이었던 도잠(陶潛, T'ao Ch'ien ; 陶淵明으로도 알려져 있다, 376~427)은 독특한 도가적 방식에 따라 자신의 불로 장생약을 술에서 찾았던 남조인(南朝人)이었다.

문학 비평 저작은 일찍이 3세기부터 나타나기 시작하였으며, 6세기에는 남조 양(梁) 황실의 황태자였던 소통(蕭統, Hsiao T'ung ; 501~531)이 중국에서 가

장 유명한 시문집(詩文集)인 〈문선(文選)〉을 편찬하였다. 정사(正史)나 경전 주
석(經典注釋), 기타 전통적 형태의 학문적 성과 역시 감소되지 않았다. 500년
경에는 신기한 저작물이 하나 출현하여 그 뒤부터 한자의 기초 교육에 이용되
었다. 〈천자문(千字文)〉이 그것인데, 여기에는 중국의 역사와 유교적인 철학이
한 글자도 반복되지 않은 채 1,000 자로 요약되었다.

　중국 학문의 새로운 양상의 하나는 백과 사전적 성격을 갖는 책을 편찬하는
것으로, 후대에 가면 거대한 몫을 점하는 분야로 발전되었다. 이러한 책들은
여러 가지 다른 형식으로 구성되었으나 가장 보편적인 저작 형태의 하나였으
니, 주(州), 군(郡)과 같은 단일한 지방 행정 단위의 역사와 자연적 특징 및 정
치·사회적 제도 등에 관하여 기술하였다. 흔히 '지방지(地方志)'라고 불린 이
런 종류의 저작 가운데서 지금까지 전해지고 있는 최초의 것은 4세기까지 연
대가 거슬러올라간다.

　이들 새로운 문학적·학문적 경향들은 모두 초기 중국의 전통에서 성장하여
당대에까지 계속되고 확장되었다. 그리하여 고급 문화에 있어 6 조 시대는 과
거와의 커다란 단절 없이 당대와 그 이후의 시대로 순조롭게 이어졌음을 보여
주었다. 이것은 아마도 낡은 것과 새로운 것의 시간이 광범위하게 중복되었기
때문일 것이다. 남조에서는 한대(漢代)의 문화적 전통이 지속되었고 이와 동
시에 북조에서는 반이적(半夷狄), 반불교(半佛敎)의 새로운 문화가 함께 존속
하였다. 중국 사회에 대한 이적 침입자와 외래 종교의 도전이 있었음에도 불
구하고, 한과 당 사이에는 로마와 중세 유럽의 사이에 있었던 것보다 훨씬 더
큰 문화적 연속성이 있었다.

제6장
당 후기와 송 ─ 중국 문화의 개화

고전적 중국에서 근대 초기의 중국으로 전환

하나의 왕조를 두 개의 주요한 시기로 나누는 것은 중국의 전체 역사를 순환적 과정으로 이해하는 전통적 해석에 배치될 것이다. 더구나 중국의 전체 역사 가운데서도 가장 찬란한 시기로 간주되어 온 당대(唐代)를 두 시기로 쪼갠다고, 전통주의자들은 특히 분개할 것이다. 그러나 왕조 순환의 밑바닥에 감추어져 있던 보다 근본적인 흐름을 간취하기 위해서는 이러한 작업이 불가피하다고 하겠다.

우리는 큰 문화적·사회적 변화가 군사적인 패배나 정치적인 붕괴 때에 일어나는 것으로 생각하는 데 익숙해져 있다. 그러나 변화란 그 무엇보다도 성장의 필연적 결과이며, 인구와 생산, 교역, 문화, 제도 등의 성장은 파괴의 시기보다는 평화의 시기에 보다 쉽게 이루어지는 법이다. 당대에 일어난 것이 바로 그러했다. 수와 당 초기에 고전적 제국(帝國)이 보다 완성된 형태로 재창출되었다. 비교적 평화스럽고 번영하였던 시기가 1세기여 지속되었던 바로 그 때에, 중국은 한(漢)이 도달하였던 것보다 훨씬 더 높은 수준으로 향상되었다. 제도와 문화면에서 비약적인 발전이 있었으며, 이것이 다시 보다 나은 성장을 가능하게 하였다.

6조(六朝) 시대와 당 초기는 여러 면에서 고대 중국사의 마지막 국면이었으며, 그 뒤를 이은 당 후기와 송(宋, Sung ; 960~1279) 시대는 근대 중국사의 첫 국면이었다. 사실 이 시기는 '근대 초기'의 국면이라 부를 수 있을 것이니, 이 시기에 발달된 문화가 20세기 초엽에 이르기까지 중국의 특징으로 존속해 왔기 때문이다. 지난 1,000여 년 동안 중국의 가장 특징적인 것으로 알려진 것들의 다수가 적어도 당대 후기에는 배태되었고 송대에는 처음으로 꽃을 피우게 되었다.

당대 후기와 송대에 성취된 문화적·제도적 수준은 그 이후의 수백 년 동안 크게 달라지지는 못하였다. 이 시기는 시간적으로 일종의 고원(高原)과 같은 때였으니, 처음에는 중국인들이 서방인들이 이룩한 것보다 더 높은 수준에 있었으나 뒤에 가서는 기술적으로 더 낮은 수준에 머무르게 되었다. 송대 이후, 중국은 그 이전의 시기보다 완만하게 변화하였고 서양에 비한다면 훨씬 더 느린 속도로 변화하였으나, 서양의 변화 속도는 근대에 이르러 더욱 가속화되었던 것이다.

고전적 중국의 후기에서 근대의 초기로 전환된 시기는 8세기경을 중심으로 진행되었다. 바로 이때부터 당 왕조가 쇠퇴하고 정복의 흔들추가 다시 중국 쪽으로 되돌아가기 시작하여 왕조 순환과 화이 관계(華夷關係)의 전형적인 면모를 보여 주었으나, 이와 동시에 중국의 사회와 문화를 개조하는 과정에서 보다 미묘한 변화가 이루어지고 있었다. 예컨대, 지적(知的) 지도자들은 불교를 거부하고 유교로 되돌아가기 시작하였으나, 이때 아주 새로운 점들이 강조되었으므로 당대 이후의 중국 철학은 흔히 신유교(新儒敎)로 불려지게 되었던 것이다. 아울러 중국인들은 강한 세속적 경향을 재강조함으로써, 지난 1,000여 년 동안 동아시아의 문화로 하여금 남아시아나 서방의 문화와 구별되는 특색을 갖게 하였다. 뿐만 아니라, 외래 종교를 거부하고 이적과의 전쟁에서 실패함으로써, 그들은 6조 시대와 당대 초기에 보여 주었던 세계주의적 정신과 문화적 포용성을 점차 상실하여 편협한 중화주의(中華主義)로 빠져들게 되었다.

8세기의 근본적 변화는 수취 체제에서도 이루어져 인두(人頭)에 기초한 조세 제도가 토지 면적에 기초한 조세 제도로 바뀌어졌으며, 이와 더불어 당 일대를 통해 국내 교역과 해외 무역이 엄청나게 증가됨으로써 그 뒤의 정부 재정과 행정의 문제가 그 이전 왕조들의 그것과는 아주 다른 성격을 갖게 되었다. 또한 이러한 경제적 변화들은 커다란 사회적 변동에 기여하였다. 당대 초기까지는 지배 계층이 귀족적 성격이 강한 강력한 문벌(門閥)들 (그 중 대부분은 군사적 기원을 갖고 있었다)로 구성되어 있었다. 그러나 사회의 지도적 지위는 점차 토지를 소유한(간혹 상업적 배경을 갖는 경우도 있다) 매우 광범위한 계층으로 넘어가게 되었는데, 이들은 보통 '진신(搢紳)'이라 불려졌다.

구 귀족 계급의 쇠퇴와 함께, 관료제(官僚制)의 진정한 승리가 도래하였다. 달리 말한다면, 완숙한 과거제(科擧制)가 당대에 출현함과 동시에 귀족 사회의 붕괴가 시작되었던 것이다. 7세기까지만 해도 관료 조직의 구성원은 주로 세습 귀족으로부터 공급되었으며, 그 기능 역시 귀족적 전통에 의한 군사적 제국의 지배를 지탱하는 것이었다. 당대 이후에는 중국인 혹은 이적 출신의 전사들이 군사력으로 왕조를 창건하는 일을 계속하였지만, 대부분의 정치와 문화는 출생에 의해서보다는 자신의 능력으로 지위를 획득한 관료들에 의해 장악되었다. 이것은 기본적으로 평등주의적 관념이 유교 사상에 항상 수용되어 있었음에도 불구하고, 그것이 중국 사회에서 진정한 승리를 거둔 것은 당대 후기와 송대에 이르러서야 가능했음을 의미한다. 그것은 또한 본질적으로 군사적 성격이 강한 사회 지도 계층이 기본적으로 문민적(文民的) 성격의 계층으로 바뀌었음을 의미하기도 한다. 송대에 이르면 문민적 관점이 우세하게 되었으며, 군사적 직업에 대한 불만이 점증하게 되었다.

이와 동시에 이루어진 또 다른 변화의 하나는 중국의 중심이 이동하였다는 것이다. 정치적 수도는 주요한 방어 문제가 상존하는 북중국에 여전히 남아 있었지만, 나라의 경제적 심장부는 양자강 하류 유역으로 바뀌었으며, 이 지역 출신 사람들이 점차 문화와 정치의 두 분야를 모두 장악하게 되었다. 문화적 중력의 중심은 중국의 농촌에서 도시로 옮겨졌다. 신흥 진신 계층은 반드시 그들의 농경지가 있는 곳에 살면서 농촌 생활을 영위하였던 것은 아니었으며, 오히려 시골에는 농장을 경영하는 데 필요한 하급의 사람들만 남겨둔 채 도시와 성읍에서 관료 생활과 상업 활동에 참여하는 것이 보통이었다.

보다 고급한 문화도 자연히 이러한 모든 경향들로부터 영향을 받게 되었다. 학문과 문학, 예술 등이 더욱 세련되어졌으며, 그 작품의 범위와 총량도 엄청나게 팽창하였다. 이러한 활동의 대부분은 초기의 전통에서부터 생겨났지만 창조성이 대단히 풍부해서, 그때까지 나온 예술적·문학적 형태 가운데 가장 전형적으로 중국적인 것을 창출하였다. 사실 정치의 경우와 마찬가지로 예술과 문학에 있어서도, 당대 후기와 송대에 형성된 양식이 20세기초에 이르기까지 중국 문화를 지배하였다. 이러한 관점에서 본다면, 8세기부터 13세기에 이르는 기간은 중국 문화의 제 2의 황금 시대였다.

당대 후기

체제의 변질 위에서 언급한 거대한 변화는 물론 서서히 진행되었으며, 그 중 어떤 것은 당대 후기에 이르러서야 비로소 시작되었다. 그럼에도 불구하고, 현종(玄宗)의 치세 기간(712~756)은 아마도 고대에서 근대 초기로 전환하는 과정에서 핵심이 되는 기간이었을 것이다. 또한 그것은 왕조 순환 과정의 결정적 전환기였음이 분명한즉, 왕조 순환의 과정은 한대에서처럼 당대에서도 변함없이 돌아가고 있었던 것이다.

현종의 치하에서 왕조는 두번째의 절정에 도달하였다. 경제적 부와 정치적 위세, 문화적 탁월성에 있어 현종의 치세는, 1세기 앞선 태종(太宗)의 치세보다 훨씬 더 밝은 광채를 발하였다. 그러나 황실과 정부를 유지하는 데 필요한 경비는 수배로 증가하였는 데 반해 수입은 결코 이를 따라가지 못하였다. 정부의 모든 조직이 원활하게 움직이지 못하게 되었으며, 한대에서 일어났던 경우와 흡사하게, 조세 수취와 군사 방비와 같은 필요 불가결한 부문에서 고장이 일어나기 시작하였다. 균전(均田) 제도(128~129 쪽 참조)가 이러한 하향 추세의 속도를 떨어뜨렸으나 그것을 정지시킬 수는 없었다.

인구의 급속한 증가와 황제가 농경지와 인민을 자신의 신료에게 하사하는 관행(많은 경우 한 번에 500 호(戶)를 하사하는 경우도 있다)으로 인해, 균전법에서 요구하는 만큼의 농경지를 농민에게 재분급하여 각 농가에 적절한 몫을 할당하는 것이 불가능하게 되었다. 노역(勞役)과 병역(兵役)을 포함한 조세 부담이, 점점 줄어든 농민들의 할당 몫에 부과되어, 농민의 소유지는 더욱 적어지게 되었다. 조세 부담이 도저히 감당하기 어려운 지경에까지 이르게 되면, 농민들은 자신의 농토에서 달아나 버리거나 자신의 소유지를 비합법적 거래를 통해 부유한 사람의 농장으로 이전시킬 수밖에 없게 되었는데, 이것은 소출물의 50퍼센트를 지대(地代)로 지불하는 것이 정부에 세금을 납부하는 것보다 실제로 압박을 덜 주기 때문이었다. 그러나 이러한 일은 남아 있는 자유 농민들에게 더욱 부담을 가중시키는 결과만을 초래하였다.

균전제가 붕괴됨에 따라, 그것과 결합되어 있던 수취 체제, 즉 정남(丁男)의 인두(人頭)에 따라 징수하는 조세 제도 역시 급속하게 와해되었으며, 정부는 이에 대신할 새로운 형태의 수입을 발견하지 않으면 안 되었다. 예컨대, 농민의 소유지에 대해서뿐만 아니라 대농장에까지 적용되었던 대단히 가벼운 농지세의 비중을 점차 증대하고, 상업세가 개발되었으며, 재산의 정도에 따라 9등급으로 나누어 모든 가구에 부과되는 호세(戶稅)도 제정되었다. 그러나 이러한 세제 개혁이 요역제(徭役制)와 민병제〔府兵制〕를 구제하지는 못하였다. 종래 요역의 핵심적 기능이었던 대운하(大運河)를 통한 북중국으로의 공미(貢米) 수송이 점차 사라지게 되었다. 723년에는 12만 명의 용병(傭兵)들이 민병〔府兵〕과 교체되어 수도를 방위하게 되었으며, 변방(邊方)의 군대에서도 직업 군인들이 민병을 대신하기 시작하였다. 요역제와 민병제는 비록 최근에 이르기까지 여러 가지 형태로 계속 활용되어 왔지만, 중앙 정부에 의해 7세기 때와 같은 중요성을 다시는 부여받지 못하였다.

이와 같은 변화들은 부분적으로는 화폐 경제의 발달과 관련된 제도적 발전을 의미하는 것이지만, 동시에 몇 가지 심상치 않은 어려움을 수반하기도 하였다. 더욱이 보통 사회의 밑바닥이나 이적 부족으로부터 고용된 직업 군인들은 중국을 지키려는 열성이 부족하였음이 입증되었으며, 복무 기간이 길었기 때문에 왕조에 대해서보다는 그들의 장군들에게 먼저 충성을 바치는 경우가 자주 있었다. 이러한 상황으로 인해 야심 만만한 장군들은 사실상 독립적인 지방 군벌(軍閥)이 될 수 있었다.

751년에 고선지(高仙芝)가 파미르 고원의 서쪽 탈라스(Talas)에서 아랍(Arab)족에 패배한 사건은 동아시아 역사에서 하나의 전환점이었다. 그것은 중앙 아시아에 대한 중국의 지배가 종식되고, 이후 5세기 동안 중화 제국의 군사적 힘이 끊임없이 쇠퇴하는 과정이 시작되는 분기점이었다. 이것은 또한 중앙 아시아에 대한 이슬람(Islam) 세력의 침투가 시작되는 출발점이기도 했다. 이와 동시에 타림(Tarim) 분지의 오아시스 국가들에서 터키 어가 인도-유럽 어를 대신하기 시작하였다.

탈라스의 패전이 있은 지 얼마 되지 않아, 당의 붕괴는 국내에서도 이루어
졌다. 현종(玄宗) 시대에 이르러 지역 사령관〔節度使〕이, 10 개의 대규모 변방
지구〔藩鎭〕의 군정(軍政)과 민정(民政)을 함께 통제하는 거의 영구적인 관직으
로 상치(常置)되었다. 터키 출신으로서 이들 지역 사령관 중의 한 명이었던 안
록산(安祿山)이라는 인물이, 현종이 총애하는 후궁 양귀비(楊貴妃, Yang Kuei-
fei)의 양자가 되어 그녀의 후원으로 3 개 지역을 함께 통제하면서 조정에서 권
력을 획득하게 되었다. 양귀비의 오라비〔楊國忠〕와 더불어 중앙 정부의 지배권
을 다투었던 안록산은 755년에 마침내 반란을 일으켰다. 그는 수도〔長安〕를 함
락하였으며, 피난하던 황제는 불만에 가득 찬 병사들의 강요에 의해 파국의
책임을 물어 양귀비와 그녀의 오라비를 처형하였다. 이 비극적인 이야기는 후
에 중국의 많은 시인과 문인들이 애호한 주제가 되어 왔다. 안록산은 757년에
자기 아들에 의해 죽음을 당하였으며, 이와 똑같은 운명이 그의 후계자이자
또 다른 이적 출신의 장군〔史思明〕에게도 되풀이되었다. 이와 동시에 현종은
제위(帝位)를 물려 주었으나, 그에게 충성하는 군대가 위구르(Uighur) 터키족
의 도움을 받아 762년에 나라의 질서를 애써 회복하였다. 그러나 당 제국 초기
의 위세는 결코 회복하지 못하였다.

정치적 분열과 재정상의 개혁   공식적 인구 조사에서 754년에는 5,288만
488 명으로 통계된 인구수가 764년에는 겨우 1,690만 명으로 떨어진 것에서 잘
나타났듯이, 안록산의 반란은 중앙 집권적 정부에 심각한 타격을 주었다. 왕
조는 외국의 군대에 완전히 의존하여, 중국 본부 이외의 지역에 대해서 다시
는 어떠한 실력도 행사하지 못하게 되었다. 중앙 아시아의 대부분은 840년경
까지 위구르(Uighur)족에 의해 계속 지배되어 있었으며, 그 이후에는 키르기즈
(Kirghiz)족이 대신하였다. 중국 본부에 대한 당의 통제력도 약화되고 있었다.
지역 사령관〔節度使〕 제도가 전국에 확대되었으며, 많은 수의 지역 사령관들은
관할 지역을 자신의 개인적 영지(領地)로 바꾸었다. 어떤 경우에는 그들의 지
위가 사실상 세습되었으며, 때로는 조정에 대하여 공개적으로 반항한 경우도
있었다.

중앙 정부의 파멸은 내부의 알력에도 기인하였다. 이미 현종의 치세중에 당

154

의 구귀족 계급과 신흥 관료 계층 사이에 권력 투쟁이 심화되고 있었다. 과거제가 1세기 동안 성공적으로 운용되고 무후(武后)의 강력한 비호가 있었기 때문에, 관료 계층은 권력의 낡은 자원에 도전하는 데 필요한 힘을 충분히 갖게되었던 것이다. 안록산의 난이 있은 뒤, 이제는 지배적 위치에 있는 관료 계층 그 자체가 몇 개의 당파로 나누어져 싸우게 되었다. 후한(後漢) 시대와 마찬가지로, 환관들도 강력한 세력으로 등장하여 관료 계층과 더불어 주도권을 다투었으며, 9세기에는 당의 황제들 대부분이 그들의 수중에 장악되어 있었다.

이러한 상황에도 불구하고, 당은 안록산의 난 이후 1세기 반 동안이나 애써 어려움을 극복하고 살아 남기 위해 노력하였다. 사실 중앙 정부는 지금까지 흔히 상상해 온 것처럼, 그렇게 무기력하지는 않았으며 그토록 혼란스러운 상황도 아니었다. 그런 일들은 언제나 상대적인 것이었다. 일본인 승려 엔닌(Ennin, 圓仁)은 838년부터 847년까지 중국에 머물면서, 훨씬 후대에 이르기까지 세계의 다른 지역에서는 필적할 만한 상대가 없을 정도로 정밀하게 관료 조직이 운영되고, 중앙 집권적으로 통제되는 번영하고 질서 정연한 사회를 그의 일기에 묘사하였다.

이러한 상황의 근본적인 이유의 하나는 안록산의 난 뒤의 복고 기간에 정부의 새로운 재정적 기초가 발전하였다는 것이다. 양자강 유역에서 수도(長安)까지 곡물을 운송하는 일이 개량되어, 직업적 노동자들의 손에 완전히 맡겨졌다. 정부의 옛 전매 제도가 부활되었으며, 소금, 차(茶), 술 등의 전매는 세입(歲入)의 중요한 원천이 되었다. 780년에는 농지와 인두(人頭), 가구에 대한 각종의 세금을 이른바 양세(兩稅)라는 하나의 조세 제도로 통합하여, 농민 개인에게 부과하기보다는 그 소유자와는 관계없이 토지 면적에 대하여 일 년에 두번씩 세금을 부과하였다.

이러한 계획은 1세기 동안이나 지속되었던 획기적 전환 과정을 마무리한 것이었다. 그때부터 중국의 역사에서는 개인(人頭)보다는 농지의 면적이 농업 관계 과세의 기본적 단위가 되었으며, 세금의 징수도 훨씬 더 간편하게 되었다. 중앙 정부는 사적 토지 소유의 발전에 대하여 과거보다 신경을 덜 써도 좋았던 것이니, 그 까닭은 그러한 사유지들이 이제는 더 이상 국가의 재정적 토대에 대한 위협이 될 수 없었기 때문이다. 사실, 중국의 토지 제도는 이제 전면적으로 바꾸어지게 되었다. 토지의 소유자들은 이제 더 이상 사실상 면제되었던 자기 소유 농지의 지위를 보호하기 위하여 정치적 힘을 보유해야 할 필요가 없게 되었으므로, 단순히 소작인[佃戶]에게 농장을 빌려 주고 세금을 납부하는 지주가 될 수 있었다. 다시 말해서, 이것은 그 당시부터 20세기에 이르기까지 중국의 농촌 경제를 특징짓던 지주 전호제(地主佃戶制)의 시작이었던 것이다.

최후의 분해 ── 5대 시대(五代時代)　　앞선 시대보다 단순화된 토지 제도와 조세 제도, 보다 다양화된 정부의 재정적 기초, 과거 제도에 기초한 개량된 행정 체계 등이, 2세기 동안 존속하였던 전한(前漢)과 후한(後漢)에 비해 3세기간이나 유지되었던 당과 그 이후의 여러 왕조들의 능력을 설명해 줄지도 모른다. 그러나 오랫동안 허약한 상태에 놓여 있었던 당이 완전하게 붕괴되는 것은 완급의 차이가 있다 하더라도 어차피 피할 수 없는 일이었다. 최후의 분해 과정은 874년 북중국에서 일어났던 대규모 민중 봉기로부터 시작되었다. 반란 지도자 중의 한 명이었던 황소(黃巢, Huang Ch'ao)는 과거 시험에 실패한 인물로서, 수도[長安]까지 점령한 적도 있었으나, 반란은 884년에 터키 출신의 장군[李克用]에 의해 끝내 진압되었다. 그러나 이 반란을 통해 지역 사령관[節度使]들에 대한 외관상의 통제조차 철저히 상실하게 되었으며, 907년에는 한때 황소를 지지하기도 했던 한 명의 지역 사령관[朱全忠]이 황제의 지위를 찬탈하여 당의 운명을 정식으로 종식시켰다.

　당의 멸망을 뒤이은 파괴의 과정은 후한말의 그것보다 철저하였으나 시간적으로는 훨씬 더 짧았다. 중국의 중부와 남부 및 북부의 일부는 여러 지역 사령관[節度使]의 후예들에 의해 분할되었으며, 그들 번진(藩鎭) 세력들은 모두 중국의 황제를 자처하였다. 그러한 왕국이 모두 14 개 있었으나, 공식적 역사[正史]에서는 이들을 모두 합하여 '10 국(十國)'이라 불렀다. 이와 동시에 북중국에서는 5 개의 하루살이 왕조들이 빠른 속도로 서로 계승하여 5대 시대(五代時代; 907~960)라 불려지게 되었는데, 그 까닭은 일단의 야심 만만한 장군들이 제위(帝位)를 찬탈하여 영속적인 정부를 창건하려 시도하였으나 성공하지 못했기 때문이다. 그 어떤 왕조도 16 년 이상 존속하지는 못하였다. 5 대 가운데 마지막 왕조였던 후주(後周; 951~960)는 주로 재정적 입장을 강화하기 위하여 불교에 대해 대규모의 박해를 실행한 것으로 기억되고 있다.

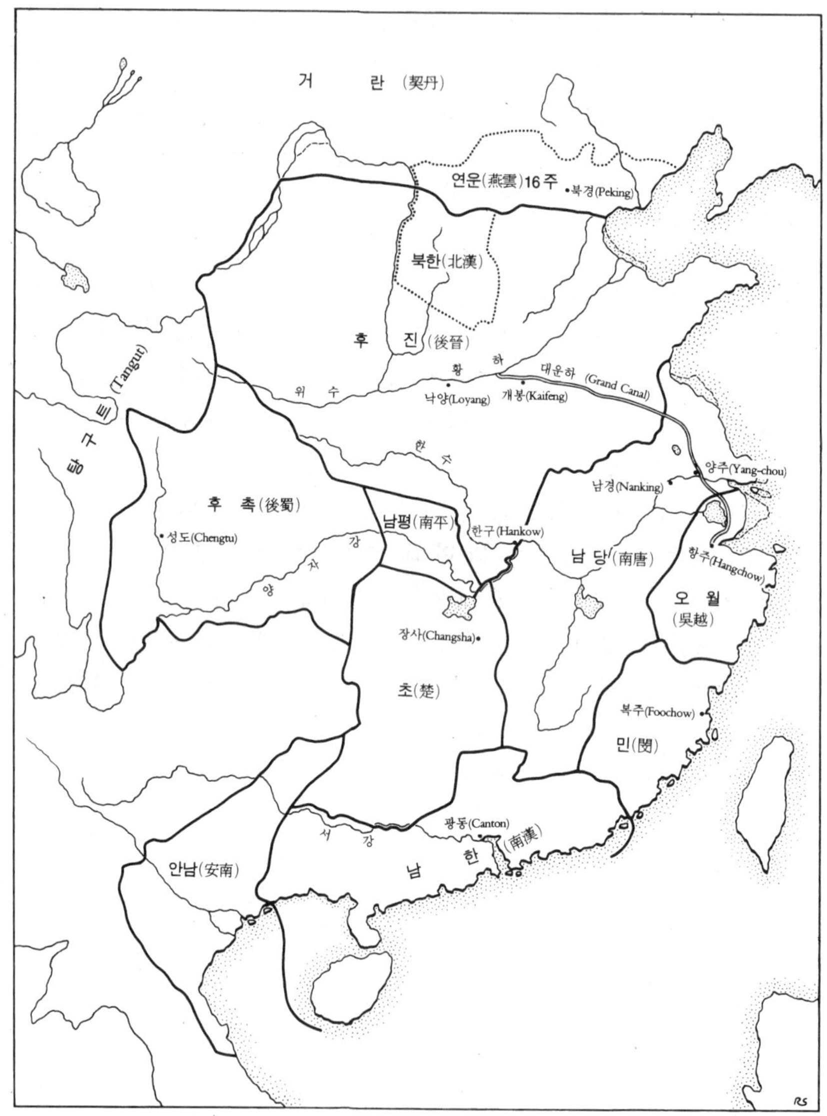

기원후 940년경의 중국

다섯 왕조를 창건한 다섯 명의 장군들 가운데서 세 명은 이적(두 명은 터키 출신이고 한 명은 이란 출신이었던 것 같다)이었다. 그리하여 중화 제국은 다시 한 번 더 자신의 심장부로 이적의 병사들을 끌어들이게 되었다. 이 무렵 이적의 부족들은 중국의 변방 부근에서 압박을 가하고 있었다. 남만주 지방의 몽고계 키탄(Khitan, 契丹)족이 5대(五代)의 세번째 왕조였던 후진(後晉; 936~946)의 왕조 창건을 도와 준 대가로 북경(北京) 부근의 변방 16 개 주(州)를 획득하였다. 그들은 비록 후진을 끝내 파괴하고 북중국을 유린하긴 하였지만, 그것을 장악할 능력은 없었음이 입증되었다. 그러나 변방 16 개 주〔燕雲十六州〕를 지배함으로써 그들이 세운 요 왕조(遼王朝; 947~1125)가 중국의 공식적 역사〔正史〕에 끼어들 수 있는 기틀이 마련되었다. 이에 덧붙여 말한다면, 키타이(Kitai)란 말은 키탄(Khitan, 契丹)의 후기 형태로서 중국에 대한 러시아 어 이름임과 동시에, 중국을 가리키는 중세 유럽의 용어인 카타이(Cathay)의 기원이기도 하다.

송 왕조

송(宋)의 건국   5대 시대의 분열에 가장 중요한 사실은 6 조 시대 동안에는 정치적 분열이 3세기 반이나 지속되었던 데 반해, 이 시기는 반세기 남짓 계속되었을 뿐이라는 점이다. 아마도 10세기까지 중앙 집권적 통치의 전통과 기술이 너무나 강력해져서, 중국이 이제는 더 이상 여러 개의 나라로 나누어질 수 없게 되었을 것이다. 어찌 되었건, 중국이 다시는 단 반세기 동안이라도 경쟁할 다수의 정치적 단위들로 분열될 수 없었다는 사실은 주목되어져야 한다. 이민족의 정복 활동으로 인해 중국이 순수한 한족(漢族)의 남중국과 이적이 지배하는 북중국으로 나누어지기도 했지만, 낡은 체제가 20세기초에 붕괴될 때까지는 제국이 여러 개의 독립적 혹은 자치적 단위들로 분열되었던 적은 다시 없게 되었다. 다시 말해서, 당대 이래의 중국은 사실상 파괴될 수 없는 하나의 정치적 단위였음이 입증된 것이다.

당이 멸망한 지 불과 53 년밖에 지나지 않은 960년에, 또 한 명의 장군 조광윤(趙匡胤, Chao K'uang-yin)이 북중국에서 여섯번째의 찬탈을 실행하였으며, 영속적 왕조를 창건하려는 노력이 이번에는 성공하였다. 역사에서 태조(太祖)로 알려진 그는 송(宋) 왕조를 창건하였으며, 그가 세운 왕조는 1279년까지 존속하였다. 그가 죽기 전인 976년에, 그는 두 개의 나라를 제외한 중국의 전역

158

을 지배하게 되었으며, 이들 나머지 두 나라는 태조의 아우이며 계승자였던 태종(太宗)에 의해 제국 안으로 병합되었다.

태조가 긴 생명의 왕조를 세우는 데 성공한 것은 부분적으로는, 당시의 가장 중차대한 문제 —— 지방 군사 지휘관들의 거의 무제한적 세력 —— 와 정면으로 대결한 그의 과단성에 기인하였을 것이다. 그는 애써 자신의 유력한 장군들을 별로 중요하지 않은 자리로 옮기거나 적당한 보상으로 은퇴시켰다. 지방에서는 지역 사령관[節度使]의 관할 범주를 단 하나의 주(州)로 제한하였으며, 그가 죽거나 은퇴하였을 때는 중앙의 관료 가운데서 파견한 문관(文官)으로 대체하였다. 또한 태조는 최고의 정예 부대를 수도 경비군[禁軍]으로 옮기는 정책을 취하였으며, 모든 군대를 중앙 정부의 직접적 통제하에 두었다. 이와 같은 여러 가지 방법을 통해 그는 중앙 정부로 하여금 막강한 군사력을 확보하게 하였으며, 과거에 당을 파멸시키고 5대 시대 동안 중국을 불안정하게 하고 분열케 하였던 군벌(軍閥) 세력을 제거하였다.

그러나 태조가 이 같은 군사적 개혁의 실행에 성공함으로 인해서 송의 가장 큰 문제 —— 이적의 위협에 직면한 군사적 취약성 —— 가 야기되었다. 송은 한 번도 한(漢)이나 당(唐)이 이룬 바와 같은 군사적 위업을 성취한 적이 없었다. 북부 월남[安南, Annam]을 제국의 판도 안으로 편입하거나 중앙 아시아나 북방 초원 지대의 일부에까지 지배력을 확장하는 일은 불가능하였다. 송은 926년에 거란(契丹, Khitan)의 요(遼, Liao)에게 잃었던 16개 주[燕雲十六州]를 회복하기 위한 싸움에서조차 실패하였으며, 1004년에는 매년 총 30만 단위의 비단과 은(銀)을 요에게 공급할 것에 동의하였다. 서북방에서는 티베트계의 탕구트(Tangut)족이 송에 세찬 압박을 가하였다. 이들은 황하가 북쪽에서 크게 굽이치는 부분[彎曲部]의 안쪽에 위치한 오르도스(Ordos, 河套) 지역과 감숙 회랑(甘肅廻廊)에서 강력한 국가를 세웠으며, 1038년에는 중국식의 왕조 이름인 하(夏, Hsia ; 역사에서는 흔히 西夏라 부른다)를 자칭하였다. 송은 한 차례 심각한 패배를 당한 뒤, 1044년부터 서하에게도 세폐(歲幣)를 보내기 시작하였다. 그 뒤부터 송과 그 북방에 이웃한 두 개의 약탈성 국가들 사이에는 마치 장기의 막다른 수와 같은 세 방향의 군사적·외교적 세력 균형이 이루어지게 되었다.

정부 조직과 관리 임용 태조와 그의 후계자들은 당대의 정부 기관보다 더 직접적으로 황제 개인의 통제하에 놓여 있는 일련의 행정 관서들을 수도에 설치하였다. 예를 들면, 당대 후기에 출현하였던 황제 측근의 작은 관서 두 개가 송대에 와서는 주요한 정부 기관이 되었으며, 그 뒤에도 계속 발전하여 이후의 중국 역사에서 중요한 역할을 수행하게 되었다. 그 중의 하나는 학사들의 부서〔學士院〕로서, 원래는 문서를 기초(起草)하는 기관의 일종이었으나, 이제는 황제의 중요한 자문(諮問) 기관이 되었다. 또 다른 하나는 군사 문제를 다루는 부서〔樞密院〕였다. 당대(唐代) 최고의 권력 기관 세 개〔中書省·門下省·尚書省〕 가운데 두 개의 이름을 계승한 중서문하(中書門下)는 6부(六部)와 기타 군소 행정 관서들을 통괄하였는데, 당대에는 이들 관서들이 상서성 아래에 놓여 있었다. 이 외에도 두 개의 중요한 정부 기관들이 더 있었으니, 정부의 모든 기능을 검정하기 위해 그 동안 정교한 체제를 발전시켜 온 감찰 기관〔御史臺〕과 국고(國庫)와 조세(租稅), 전매(專賣) 및 기타 재정 문제들을 관장한 재정 위원회〔三司〕가 그것이다. 송은 당과는 달리, 제국의 모든 조세 수익을 직접 그리고 엄밀하게 통제하였다. 이러한 이유와 더불어 일반적인 경제 성장으로 인하여, 11세기초의 정부 수입은 당대 최전성기 때의 그것보다 세 배나 되었으며, 곧 거대한 양의 잉여분이 축적되기도 했다.

송대에는 전제국의 행정 조직이 중국 역사상 과거 그 어느 때보다도 더 철저하게 수도로 집중되어 있었다. 5대(五代)의 대부분이 그러했듯이, 송의 수도는 개봉(開封, Kaifeng)이었다. 대운하(大運河)가 황하와 접합하는 곳 가까이에 위치한 개봉은 여전히 중국의 전통적인 북방 심장부에 놓여 있었지만, 장안(長安)에 비해 양자강 하류의 풍부한 쌀 생산 지역과 거의 300 마일이나 더 가까운 곳이었다. 송은 당의 주현(州縣) 제도를 바꾸지 않고 계승하였으나 순회구(巡廻區 ; 道, 뒤에는 路라고 불렀다)의 수는 증가시켰다. 이들 노(路)는 주(州)에 대하여 당대의 도(道)가 가졌던 것보다 더 큰 감독권을 부여받고 있었으며, 당대에 일어났던 것처럼 이러한 것들이 군사적 지배 아래로 떨어지는 것을 막기 위하여, 군사적 권위의 그것과는 분명하게 구별되는 감독의 기능과 영역이 이들 노(路)에 주어졌다.

행정 기관에 대한 고삐를 자신의 손안에 움켜잡고 전국에 대한 통제력을 수도로 집중시키려는 태조와 그 후계자들의 의식적 노력으로 인하여 중국 정부

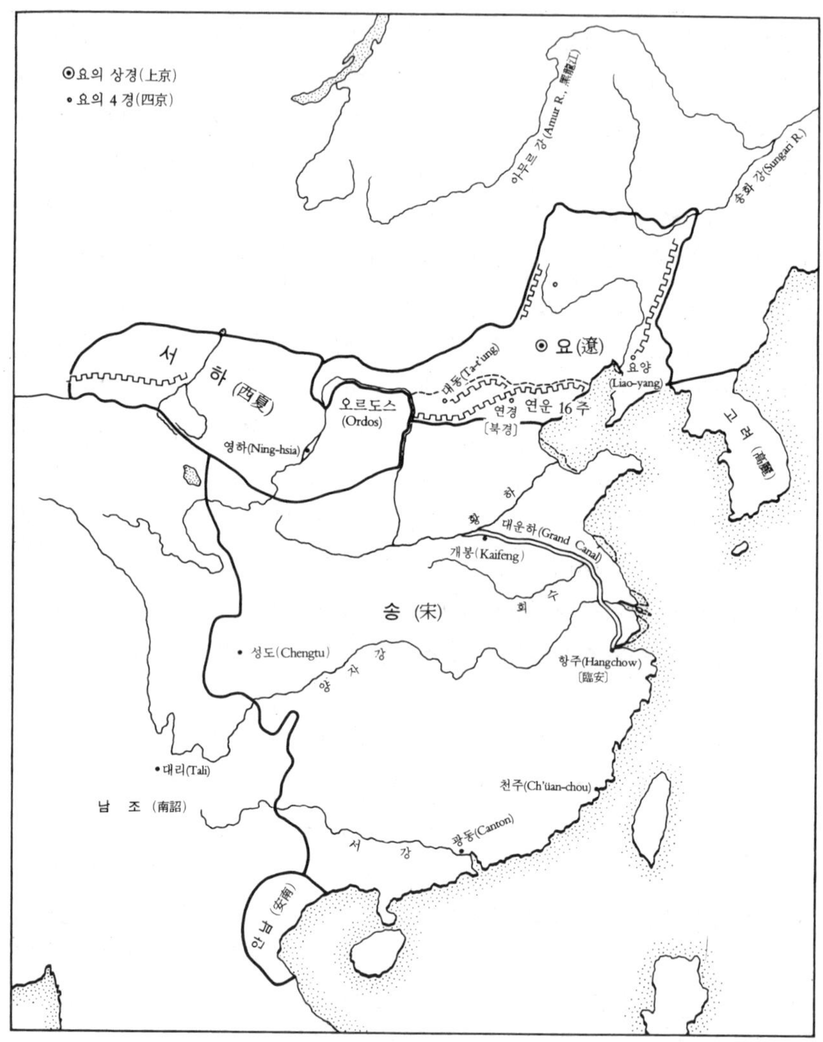

기원후 1050년경의 중국

는 그때부터 보다 중앙 집권화되었을 뿐만 아니라, 어떤 의미에서는 보다 전
제적(專制的)인 성격을 띠게 되었다. 그렇기 때문에, 송대 이전의 귀족 정치적
시대에 대응하여, 송대 이후 1,000 년간의 중국 역사는 흔히 '전체 정치'의 시
대로 불리어졌던 것이다. 그러나 이 말은 오해를 불러일으키기가 쉽다. 저항
의 권리가 천명(天命)설 가운데 함축되어 있음에도 불구하고, 중화 제국은 언

제나 이론상으로는 기본적으로 전제적이었으며 실제에 있어서도 강력한 군주의 치하에서는 대단히 전제적이었다. 송대 이후의 관리 사회가 본질적으로 귀족적 성격에서 관료적 성격으로 바꾸어졌기 때문에, 1차적으로 변화된 것은 정부가 보다 능률적으로 되었다는 것이며 그로 인하여 더욱 성공적으로 중앙집권화될 수 있었던 것이다.

송대 정치의 가장 큰 강점은 고등관 임용의 질에 있었다. 이는 대부분 과거 제도에 의존한 결과였는데, 과거 제도는 당대에 크게 발전하여 송대에 와서는 가장 완성된 형태를 갖추고 있었다. 황제 주변의 궁중 환관이나 기타 비관료적 성격의 집단들은 정치 권력과 성공적으로 차단되어 있었다. 당시의 관리 임용이 높은 수준에 있었음은 친척이나 인척 관계에 있는 고급 관료들 상호간의 밀접한 공적 접촉을 금지하는 관행이나, 황제의 종친(宗親) 및 황후와 후궁들의 친척이 중요한 직책을 맡는 것을 금지하는 규정 등에서 잘 나타나 있다.

고등관 임용은, 하급의 직위에 있는 유능한 인물을 발탁하거나, 고급 관리들로 하여금 초급 관직에 임명될 친척을 지명할 수 있도록 허락하고, 심지어는 관직을 파는 방법 등으로 이루어지기도 했다. 그러나 무엇보다 고등관 임용의 가장 중요한 원천은 과거 제도였다. 997년부터 1124년까지 평균 200명 이상의 사람들이 매년 과거 시험을 통해 관리로 임용되었으며, 1만 2,000명 혹은 그 이상되는 고급 관료의 반이 약간 넘는 수가 이들 과거 출신자로 이루어져 있었던 것으로 보인다. 뿐만 아니라 과거 시험을 통과하여 학위를 얻은 사람들이 관료 조직의 최고위직을 사실상 독점하였다.

과거 시험에는 여러 종류의 과목이 있었으나, 단순한 기억보다는 논리적 사고에 기초한 창의성과 숙련도를 크게 강조하는 유일한 시험이었던 진사과(進士科)가 가장 높게 평가받았으며, 11세기말에 이르면 다른 모든 과목의 광채를 거의 다 가릴 정도까지 되었다. 시험의 채점 과정에서 정실(情實)이 개입할 수 없도록 하기 위하여, 이름 대신 수험 번호를 사용함으로써 각 응시자의 신원을 조심스럽게 감추었으며, 글씨를 알아볼 수 없게 하기 위하여 시험 답안지가 복사되기까지 하였다.

1065년부터는 과거 시험이 3년마다 한번씩 정기적으로 시행되었다. 과거 시험은 연속되는 3종의 단계로 이뤄졌다. 첫번째 단계는 각 주(州)나 관립 학교들이 주관하는 시험이었다. 응시자의 1 내지 10 퍼센트에 불과한 이 시험의 합격자들은 수도에서 중앙 정부가 실시하는 시험에 응시하였다. 이 시험에서 다시 10 퍼센트 정도가 통과되어 '전시(殿試)'에 응시하는데, 여기서도 몇 명이 더 탈락되고 나머지 사람들에게는 첫번째 관직의 임명을 결정하는 데 도움이 될 등급이 주어진다. 시험에 실패한 응시자들은 몇 번이고 시험에 다시 응시하는 것이 보통이었다. 그 결과, 과거에 합격한 사람들의 평균 연령은 35 세 정도였을 것으로 보이지만, 나이의 범위는 10대 후반에서 70대에 이르기까지 광범위하였다.

관리의 승진은 몇 가지 요소——재직 기간, 업적 평가 제도, 어떤 특수한 임무를 위한 특별 시험, 원래 과거 시험에서 얻은 등급, 고급 관리의 보증 등——에 의하여 결정되었다. 보증[薦擧] 제도에 의하면, 특정한 고급 관리들은 이 제도가 아니면 모르고 넘어가게 될지도 모를 유망한 하급 관리들이 승진할 수 있도록 추천해야 할 의무를 갖고 있었다. 피보증인은 보증인의 인척이어서는 안 되지만, 보증인은 그의 피보증인에 대하여 책임을 져야 하며 피보증인의 잘못으로 인해 처벌을 받을 수도 있었다.

관리 임용 제도는 많은 수의 재능 있는 사람을 정부로 끌어들이는 데 성공하였다. 또한 그것은 유능한 사람들에게 보다 매력적인 문호를 열어 줌으로써 그들로 하여금 불온한 행동을 하지 못하게 하는 데 도움을 주었다. 과거 제도가 새로운 인재를 발굴하는 데 얼마나 기여했는가는 1148년과 1256년의 시험에 합격한 사람들의 명단을 통해 시사받을 수 있는데, 이 명단에 오른 사람의 반수 이상이 부계(父系)의 앞선 3대(三代) 동안 관직에 오른 기록이 전혀 없는 가문의 출신이었음이 밝혀져 있기 때문이다.

송대에 완성된 관리 임용 제도에 크게 힘입어, 960년에 있었던 조광윤(趙匡胤)의 제위 찬탈이 중국 역사상 마지막 찬탈이 되었을 정도로, 중국 정부는 매우 안정되었다. 송대 이전에는 황제가 강력한 장군이나 황후, 혹은 다른 강력한 신하들에 의해 제위(帝位)를 빼앗기는 일이 되풀이되었다. 그러나 960년 이후에는 이 같은 일이 다시는 일어나지 않았다. 왕조가 외세의 침입과 민중의 반란에 의해 파괴되는 일이 계속되었고, 황실의 일원이 제위를 훔치는 일이 교차되기는 하였지만, 신하의 입장에서 황제의 대권을 찬탈하는 데 성공한 경우가 다시 없게 되었다.

경제적 문제   송은 과거 어느 왕조보다도 더 번영하였지만, 전통적인 왕조 순환에서 흔히 나타나는 행정적 쇠퇴와 재정적 어려움이 송이 건국된 지 1세기가 조금 못 되어서 다시 나타났다. 정부의 세입은 송초 60여 년 동안에 급속히 증가하여 1021년에는 1억 5,085만 단위(각 단위의 가치는 약 1,000 전(錢)=1 관(貫)에 해당한다)라는 최고액을 기록하였으나, 그 뒤부터 점차 떨어지기 시작하여 1065년에 이르러 정부 수입은 거의 4분의 1이나 줄어들었다.

이러한 쇠락의 근저에 깔려 있는 원인의 하나는 인구의 증가였을 것이다. 근본적으로 농업 경제에서는, 어느 정도까지는 인구의 증가가 조세의 원천을 증대시키지만, 어느 한계를 넘어서면 제한된 토지 자원으로부터 생산되는 총량의 증가가 인구의 증가에 미치지 못하는 경향이 있다. 그 결과, 먹여야 할 입이 많아질수록, 조세로 징수될 잉여 생산물은 덜 남게 된다. 보다 규모가 큰 토지 소유자의 손으로 농지가 집중되는 현상이 심화된 것도 또 다른 요인이 되었을 것이다. 비록 당 중기 이래로 조세가 인두(人頭)를 단위로 하기보다는 주로 농지의 면적을 단위로 부과되었지만, 그 부담은 여전히 자산이 가장 적은 소농민들에게 과중하게 지워졌다. 인구의 증가로 인해 농장의 규모가 더욱 축소되고 농토는 지나치게 이용되어, 마침내 많은 수의 소농민들이 극도로 빈곤한 상태로 전락하거나 지주 계층이 소유한 장원의 소작인으로 내몰려졌다. 이론상으로는 지주 계층도 소농민과 마찬가지로 세금을 납부해야 했지만, 실제로는 정치적 연줄을 통해 면세의 특권을 향유하거나 부담의 일부를 회피하는 일이 자주 있었으므로, 지주 소유의 농지가 증가함에 따라 국가의 수입이 감소되는 경향이 일반화되었다.

그러나 정부의 세출은 감소되는 수입에 맞추어 조절될 수는 없었다. 과거의 왕조들이 그러했듯이 궁궐이 커지고 사치스러워짐에 따라, 또한 정부 기관이 증식되고 관료 조직이 확장됨에 따라 정부의 지출은 끊임없이 증가하였다. 어떤 역사가들은 송의 재정적 어려움이 요와 서하에 보낸 세폐(歲幣)에 기인한다고 하였으나, 이것은 별로 중요하지 않은 요인에 불과하였다. 세폐의 총량은 비단과 은으로 150만 단위에 이르렀지만, 이것은 정부 1년 예산의 2퍼센트에도 미치지 못하는 것이었다. 이보다 훨씬 더 심각한 소모는 군사적 지출이었다. 비교적 비용이 적게 드는 당의 민병제(府兵制)를 대체하였던 직업적 군대는 비효과적일 뿐만 아니라 많은 비용이 드는 것으로 입증되었다. 말(馬)이

제대로 갖추어지지 않았고 대부분 빈민들 가운데서 충당하였기 때문에, 송의 군대는 북방 이적의 용맹한 기병에 필적할 수가 없었다. 따라서 군대의 규모를 확대하는 것이 유일한 해결책으로 보였으니, 1041년에는 군인의 수가 125만 9,000명을 헤아리게 되었고 그 유지 비용이 정부 예산의 80퍼센트에 가깝게 차지하게 되었다.

왕안석의 개혁　재정적 어려움 때문에 정부는 관리들에게 봉급을 충분히 지급하지 못하였다. 이는 관리의 사기를 저하시키고 관권의 오용을 조장하였으며, 송대의 나머지 시기를 괴롭히게 된 관료들의 당파 싸움이 커 나가도록 자극하였을 것이다. 그러나 당파 싸움이 일어나게 된 보다 근본적인 이유는 이제 귀족 가문이나 외척, 환관보다는 관료가 정부를 관리하게 되었고, 그들은 대단히 어려운 재정적 문제들과 위태로운 군사적 상황에 직면하고 있었다는 것이다. 그들이 정책적 문제들에 대해서 의견을 크게 달리하였던 것이 부자연스러운 일은 아니었으나, 당파적 분쟁이나 황제의 즉흥적 결정이라는 방법 외에는 이러한 정책적 의견의 차이를 해결할 수 있는 제도적 장치가 갖추어져 있지 않았다.

1069년, 새로 즉위한 젊은 황제 신종(神宗, Shen Tsung ; 1067~1085)은 유능하나 독선적인 왕안석(王安石, Wang An-shih ; 1021~1086)을 재상〔領制置三司條例事, 同中書門下平章事〕으로 임명하였다. 그는 전통주의자들의 반대를 받는 개혁당의 영수였으며, 전통주의자들은 그들 자신이 최근 수십 년 동안 발전시켜 온 기존의 관료적 조치들을 지지하였다. 그는 정부의 재정을 지탱하고 군대를 강화시킬 일련의 철저한 개혁에 즉각 착수하였다.

왕안석은 수세기 동안 한 번도 시도한 바 없었던 종류의 경제적 조작으로 정부를 끌어들였다. 그는 정부로 하여금 어떤 지역의 특산물을 사들여 다른 지역에 팔게 함으로써, 물가의 안정을 돕고 정부가 이문을 얻게 하였다. 그는 정부가 농민에게 당시로서는 매우 낮은 이율인 20 내지 30퍼센트의 이자를 받고 대부해 주는 제도를 만듦으로써, 가난한 농민들이 자활할 수 있도록 도와 줄 수 있었을 뿐만 아니라 사적 고리 대금업자의 이윤을 국고로 전환시킬 수 있었음이 분명하다. 그는 토지 측량을 새로 실시하여 지금까지 불공정하였던 점을 제거하고 농토의 생산성에 따라 토지세의 누진적 과표를 설정하였다. 그는 그

때까지 남아 있던 요역을 조세로 대체하였다. 또한 그는 징세의 목적으로 모든 개인의 재산을 평가하였고, 물가의 조절을 시도하였으며, 정부가 개설한 전당표를 통해 비교적 싼 이자로 소규모 기업자에게 대부해 주었고, 필요한 수리(水利) 사업을 수행하였다.

군사적 측면에서, 왕안석은 보갑법(保甲法)이라는 이름으로 6 조 시대의 옛 집단 보장 방식을 부활시켰으며, 이 제도하의 여러 단위들은 일정한 몫의 훈련되고 무장된 민병을 자비로 제공해야 한다는 법령을 공포하였다. 기병대를 만들기 위하여, 그는 정부의 비용으로 말을 구입하여 북중국의 농가에 할당하고, 그 대신 배정된 각 농가의 가족 중 한 사람은 필요할 때 자기의 말과 함께 기마대 민병으로 근무하게 하였다.

또한 그는 당시 교육을 지배하면서 기부금으로 유지되고 있던 사설 학원〔書院〕과 경쟁하기 위하여 관립 학교〔官學〕의 수를 확장하였으며, 정부에서 실시하는 과거(科擧)가 기억력이나 문학적 능력을 시험하기보다 실제 정책과 행정에 관한 문제를 직접 시험해야 한다고 주장하였다. 한대의 왕망(王莽)과 마찬가지로, 그는 자신의 개혁이 경전에 근거한 것이라고 주장하기도 했다.

왕안석은 왕망과 같이 사회주의자로 혹은 비난받고 혹은 칭송받기도 했지만, 그의 개혁이 사회적 평등의 개념에 의해 유발된 것이 아니었음은 그의 유명한 선배〔王莽〕의 경우와 다를 바 없었다. 그의 개혁 가운데서 토지세의 차등 부과〔方田均稅法〕, 저리의 신용 대부 제도〔靑苗法〕, 요역의 완전한 폐지〔募役法〕 등과 같은 것은 경제적으로, 행정적으로 분명히 진일보한 것이었다. 그러나 그 밖에 물가의 조절〔均輸法〕, 생활 필수품에 대한 정부의 통제〔市易法〕, 집단 보장과 민병에 관한 제도〔保甲法〕과 같은 조치는 단순히 과거의 제도를 부활한 것에 지나지 않았다. 개혁은 자연히 그것에 의해 손해를 입은 집단들—— 대토지 소유자, 대상인, 고리 대금업자 등——의 결정적 반대를 불러일으켰다. 관료의 대부분이 지주 계층에서 나왔기 때문에 역시 개혁에 반대하였다. 사마광(司馬光, Ssu-ma Kuang), 구양수(歐陽修, Ou-yang Hsiu), 소동파(蘇東坡, Su Tung-p'o) 같은 당대 일류의 학자 출신 정치가의 대부분도 이 개혁에 반대하는 입장에 서 있었으며, 왕안석은 중국의 전통적 역사가들로부터도 가차없는 비난을 받아 왔다.

그러나 이와 같은 관료와 학자들의 반대는 기본적으로 계급적 이해에 관한

기원후 1140년경의 중국

문제는 아니었을 것이다. 그것은 관료화한 국가에 당연히 있을 수 있는 행정
적 관성 —— 이 시기부터 계속 중국 정치의 성격을 특징짓게 되는 불변성의
증대 —— 을 보다 근본적으로 반영하였다. 또한 개혁은 적지 않은 혼란을 불
러일으켰으며 기존 체제의 여러 가지 견제와 균형을 파괴하였다. 이와 같은
여러 가지 이유로 인하여, 개혁이 실제에 있어서는 과히 혁명적이지 않았을

뿐만 아니라 단순히 옛 관행으로 되돌아가는 경우가 자주 있었음에도 불구하고, 이로 인해 그 뒤 수십 년 동안 극도로 당파적인 정치가 야기되었으며, 격렬한 논쟁이 줄곧 끊이지 않게 되었다. 1085년에 신종(神宗)이 죽자, 전통주의자들은 권력을 회복하고 왕안석의 개혁을 무효화시켰다. 그 뒤부터 개혁주의자들과 전통주의자들은 교대로 권력을 장악하면서, 관료들의 싸움 자체가 보다 큰 재앙 속으로 빠져들어갈 때까지 너무나 격렬하게 정쟁을 계속하였기 때문에, 개혁이 만들어 낸 그 어떤 재정적·군사적 이익도 아무런 가치가 없는 것이 되어 버렸다.

남 송   예술을 크게 애호하고 그 자신 재능 있는 화가였던 휘종(徽宗, Hui Tsung ; 1100~1125)은, 문화적으로 찬란하고 호화로운 궁정을 주재함으로써 정부 재정을 더욱 어렵게 만들었다. 그 치세의 후기 동안에 제국은 민중 봉기에 의해 파괴되었지만, 가장 큰 타격은 바깥으로부터 왔다. 요가 있는 곳 너머 만주의 북동 지방에서, 여진(女眞, Jurchen ; 중국어로는 Ju-chen)으로 알려진 퉁구스 어족이 점차 세력을 일으키고 있었다. 1114년에 여진은 요에 대항하여 반란을 일으켰고, 그 다음해에는 '황금'을 뜻하는 금(金, Chin ; 1115~1234)이라는 중국식 왕조 이름을 자칭하였다. 2세기 전에 요에 잃었던 변방 16 주〔燕雲十六州〕를 되찾으려는 의도로, 송은 어리석게도 요에 대항하여 금과 동맹하였다. 그러나 여진의 유목 집단이 1125년에 요를 완전하게 멸망시켰는 데 반해, 중국의 군대는 성공을 거두지 못하였다. 송이 전리품의 빈약한 몫에 대하여 불만을 표시하고 있었을 때, 여진은 1126년에 의기 양양하게 개봉(開封)을 함락시키고 중국의 군대를 양자강 너머까지 추격하였다. 그러나 남중국의 많은 강과 운하들은 여진의 기병에게는 불리한 지형이었으므로, 그들은 결국 남중국으로부터 군대를 철수시켰으나, 북중국의 대부분은 그들의 영토로 보유할 수 있게 되었다.

역사에 고종(高宗, Kao Tsung)이란 이름으로 알려진 휘종의 아들은 남중국에서 애써 송조(宋朝)를 회복하여, 1138년에 그의 수도를 지금의 절강성(浙江省) 항주(杭州, Hangchow ; 당시는 臨安)에 세웠다. 그 뒤부터 송의 황제는 회수(淮水, Huai-shui) 이남 지역만을 다스리게 되었으며, 그 결과 북중국으로부터 중국 본부의 거의 전역을 지배하였던 북송(北宋 ; 960~1126)과 대비하여 남송(南宋 ;

1127~1279)이라 불려지게 되었다.

한동안 남송은 북중국을 회복하기 위하여 악비(岳飛, Yüeh Fei ; Yo Fei로 발음하기도 한다)라는 유능한 장군의 지휘하에 필사적으로 싸웠는데, 악비는 오늘날 애국자들에 의해 외세의 지배에 대한 민족적 저항의 상징으로 찬양되어 왔다. 그러나 결국은 진회(秦檜, Ch'in Kuei)가 이끈 화전론자(和戰論者)들이 승리하여 악비를 처형하고, 1141년에는 금(金)과 화친 조약을 맺었다. 이 조약에 명기된 조건은 송이 금에 칭신(稱臣)하고, 매년 50만 단위의 은과 비단을 세공(歲貢)으로 바쳐야 한다는 것이었다. 남중국을 정복하려는 금의 기도가 실패하여, 1165년에는 세폐의 총액이 10만 단위 삭감되고 노골적인 봉신(封臣)으로서의 송의 지위가 끝나게 되었으나, 금을 정벌하려 한 송의 노력은 더욱 실패하여 1208년에 60만 단위의 세폐(歲幣)와 300만 단위의 특별 배상금이 증액되었다.

남송은 지리적으로는 찌꺼기 같은 나라였고 그 정부는 전쟁을 주장하는 당파와 평화를 주장하는 당파 사이에서 찢겨져 있었지만, 여러 면에서 북송보다 풍요로운 나라였다. 남송은 중국의 경제적 심장부가 된 곳을 차지하였으며, 급속한 경제적 성장이 이루어졌다. 남송은 북송보다 훨씬 더 많은 군사적 예산을 집행하고 있었으며, 보다 더 방대한 규모의 관료 조직을 유지하였다. 항주에 있었던 그 수도는 개봉(開封)보다 훨씬 더 성대한 도시였다. 항주는 그 전성기가 지나 이적의 손에 떨어진 뒤에도, 마르코 폴로(Marco Polo)에게 세계에서 의논할 여지없이 가장 훌륭하고 가장 장대한 도시로서 깊은 인상을 심어 주었다.

남송은 1세기 반 동안 존속하면서 앞선 왕조들과 마찬가지로 왕조 순환에 대하여 둔감하지 않았다. 전시기를 통하여 행정적 쇠퇴가 계속되었다. 그렇지만 정부는 그 견실한 재정적 토대와 엄정한 관리 임용으로 인하여, 내부의 압력에 의해 붕괴될 조짐은 보여 주지 않았다. 북송의 경우와 마찬가지로, 남송은 오직 강력한 외적 몽고(蒙古)에 의해, 그리고 오직 여러 해에 걸친 대규모의 전쟁을 거친 다음에 비로소 멸망되었던 것이다.

상업 혁명

중국의 정치사는 제국이 정점에 놓여 있었던 8세기부터, 몽고에 의해 드디어 전중국이 정복당하였던 13세기에 이르기까지 군사적으로 계속 쇠퇴하고 있었음을 보여 주었지만, 그럼에도 불구하고 이 기간은 제도적으로나 문화적으로 주목할 만한 성장을 이룩한 시기였다. 이러한 성장의 밑바탕에는 중국 경제의 커다란 팽창, 특히 중국의 '상업 혁명'이라 할 만한 상업적 발전과 같은 것이 있었다. 이처럼 급속한 성장은 이전 시기의 그것보다 확실히 더 높은 경제적 수준으로 중국을 끌어올렸고, 여러 가지 측면에서 19세기에 이르기까지 변함없이 존속게 되는 경제적·사회적 양식들을 창출하였다.

이처럼 굉장한 경제 발전이 이루어진 이유의 하나는 일반적인 인구의 증가였을 것이다. 지금까지 보아 온 바와 같이, 중국의 호구 조사 수치는 인구 통계상의 상태보다는 행정적 조건을 더 잘 나타내는 것이 보통이었으나, 이 무렵의 인구 조사 수치는 분명 인구가 상당히 증가하였음을 시사하고 있다. 사실, 남중국의 인구는 8세기부터 11세기 사이에 세 배나 증가되었던 것으로 보이며, 중국 전체의 인구도 북송 시대 동안에 이미 1억을 넘었을 것이다.

기술의 진보   송대에는 농업 생산량도 상당히 증대되었던 것으로 생각된다. 예를 들면, 11세기초에 남부 월남의 참파(Champa)에서 보다 빨리 성숙하는 벼 품종을 들여옴으로써 2모작이 가능하게 되었고, 이로 인해 남중국의 미곡 생산량이 크게 증가하였다. 또 다른 요인으로는 송대에 이루어진 많은 수의 주요 수리(水利) 사업을 들 수 있는데, 이는 관개 수전(灌漑水田)으로 이용되는 농지의 전체 면적을 크게 확장시켰다. 산허리에서 경작되는 차의 재배도 증가하였으며, 12세기경에는 면화(棉花) 경작이 일반화되기 시작하여 이 나라의 직물 자원을 증대시켰다.

농업 이외의 분야에서도 기술적 진보가 있었다. 이미 고도로 발달되어 있었던 직물과 칠기(漆器)의 생산과 도자기 제조 등의 기술은 더욱 완벽해졌다. 송말에는 주판(籌板)이 사용되기 시작하여 이후로 동아시아 상인들의 주요한 계

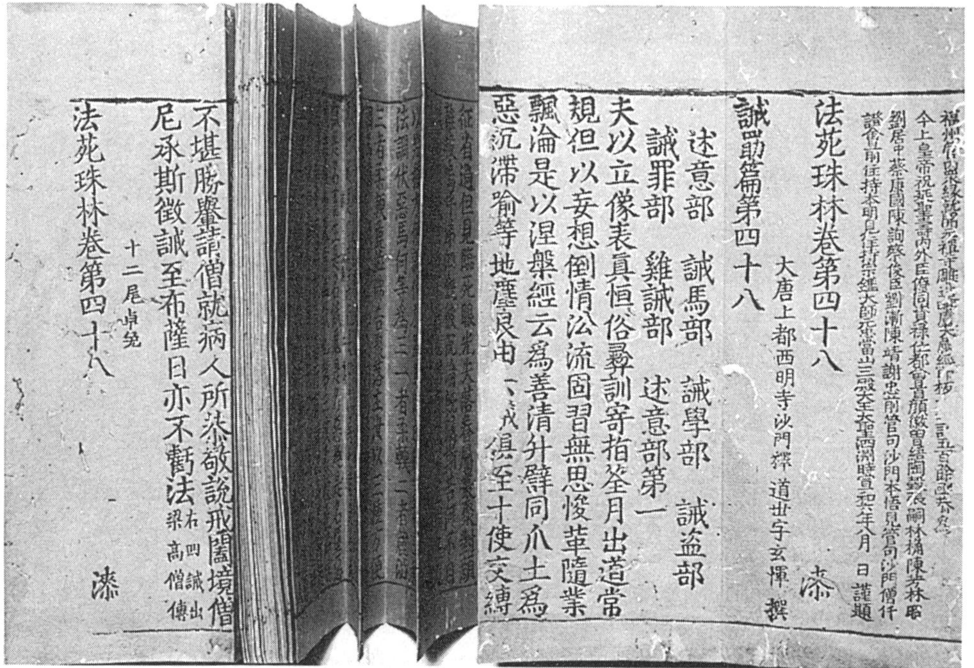

송대에 인쇄된 책 기원후 668년에 편찬되어 구텐베르크(Gutenberg) 의 성경보다 3세기나 더 일찍, 1124년에 인쇄된 불교 서적의 한 쪽. 세로 줄은 오른쪽에서 왼쪽으로 읽게 되어 있다. 오른쪽의 작은 글 자는 이 출판 사업의 목적과 후원자 명단을 열거한 것이다. 큰 글자 의 첫째 줄은 장의 제목이고, 그 다음 줄의 작은 글자는 저자의 이 름을 밝힌 것이다.

산기가 되었다. 또 다른 기술상의 향상은 화약을 폭발 무기로서 사용하게 되 었다는 것이다. 11세기초에는 수류탄 형의 폭발물과 기타 폭발물을 발사하는 장치들이 개발되어, 중국 기병의 약점을 보충하는 데 도움이 되었다.

비록 경제 성장에 직접적으로 공헌한 것은 아니었지만, 이 시기에 이루어진 가장 중요한 기술적 진보는 인쇄술의 발달이었다. 이 위대한 발명은 원래 중 요한 서적의 진본(眞本)을 확정하여 보급시키려는 욕구에 의해 촉발되었다. 그것은 석판(石版)에 새겨진 경전을 탁본(拓本)하는 관행으로부터 유래하였을 지도 모른다. 탁본이란 얇은 종이를 물에 축여 돌에 밀착시키고 그을음으로 만든 흑색 안료로, 도드라진 각면을 가볍게 두들김으로써 검은색 배경에 흰색

글씨를 나타내는 것인데, 이렇게 해서 만들어지는 것이 목판 인쇄의 원시적 형태라 하겠다. 그러나 아마도 실제의 인쇄 기술은 관용(官用)으로 크게 새겨진 인장에서 싹텄을 것이다. 7세기에는 전면에 가득 찬 목판화(木版畵)나 목판본(木版本)으로 발전하였다. 일련의 연속된 목판이 두루마리 형태로 책을 만들어 내었다. 연속된 목판으로 인쇄된 한 장의 긴 종이가 일정한 간격으로 접혀지고 한 쪽이 한데 꿰매어진다면, 그 결과는 두 면이 접혀서 이어지는 중국의 전형적인 인쇄 서적이 될 것이다.

불교 경전의 하나가 868년에 중국에서 전부 인쇄되었으며, 10세기 중반에는 유교 경전의 전부와 불교 대장경(大藏經, Tripitaka)의 전부를 인쇄하려는 계획이 사천(四川) 지방과 남중국에 있는 몇몇 독립 국가들에 의해 시도되었다. 송대에는 인쇄술이 광범위하게 전파되었으며, 다양한 형태의 인쇄 서적이 대량으로 출현하였다.

한자(漢字)의 수가 너무나 많기 때문에, 중국인들은 흔히 각자(刻字)된 목판(木板) 한 장 전체를 인쇄의 한 단위로 사용하는 것이 가장 간편하다고 생각하였다. 15세기에 이 발명품이 중앙 아시아와 중동(中東)을 경유하여 서방에 이르렀을 때, 유럽 인들은 그들이 사용하는 글자의 수가 적기 때문에 목판을 버리고 움직일 수 있는 활자(活字)를 취하였다. 그러나 나무나 도자기, 구리 등으로 만든 활자는 사실 동아시아에서 오래 전에 개발되어, 중국에서는 1030년경에 나타났고 15세기 전반에는 한국에서 많이 이용되었다.

교역의 성장 8세기부터 13세기까지 이루어진 굉장한 경제 성장의 가장 중요한 이유는 아마도 교역의 엄청난 팽창이었을 것이니, 이로 말미암아 훨씬 더 큰 지역적 분화가 가능하게 되어 전체의 생산이 증대되었던 것이다. 상업에 대한 중국인의 전통적 혐오감으로 인하여 당의 초기에는 교역의 통제와 제한이 기도되었으나, 당말과 송대에 이르러서는 교역에 씌워진 정부의 엄격한 껍질이 깨졌다. 교역은 정부에서 세운 시장의 범주 바깥으로 확대되었으며, 송대에는 오늘날의 중국에서와 같이 도시의 간선 도로를 따라 가게들이 늘어서 있었다. 또한 거대한 상업 도시들이 처음으로 출현하기 시작하였다. 즉 인구의 큰 중심지는 초기의 중국 도시들과는 달리 주로 정치, 행정의 중심지였던 것이 아니라 무엇보다도 교역의 큰 중심지였던 것이다.

이전에는 지역간의 물품 교환이 주로 정부의 조세 징수, 전매 사업 및 기타 경제적 통제 조치를 통해 이뤄졌으며, 사적(私的)인 교역상들의 역할은 주로 사치품을 취급하는 것이었다. 그러나 당말과 송대에는 사적인 교역이 크게 발달하여 정부의 사업을 압도하기에 이르렀다. 도매상과 중개상은 지방의 농산품이나 공산품 가운데 잉여분을 거두어들여 운반 상인들에게 팔았다. 행상(行商)에서부터 규모가 큰 독점적 사업가에 이르기까지 다양한 운반 상인은 광범위하게 조직된 여인숙망을 통해 활동하였다. 대규모 운반상들은 지역의 중개상을 통해 다수의 행상과 개개의 가게에 자기들의 상품을 처분하였다.

상업의 성장은 교역상 조합의 증식을 동반하였다. 교역상 조합은 행(行, hang ; 뒤에 서양인들은 hong이라고 불렀다)이라고 불려졌는데, 그 까닭은 당(唐) 초의 시장에서 거리〔行, hang〕에 따라 집단을 이루고 있었던 상인 조합에 기원을 두고 있었기 때문이다. 보다 중요한 조합은 보통 미곡, 소금, 차, 비단 등과 같은 기본적 생활 필수품을 운반하고 판매하는 행이나 돈을 보관하고 빌려주는 은행 기능의 행이었다. 큰 조합의 사업 규모는 11세기에 수도 지역에서 100명의 미곡 운반 상인들이 결성한 어느 조합의 경우, 매년 1,000만 단위에 값하는 사업을 운영했다는 것으로 미루어 알 수 있다.

대외 무역　대외 무역의 성장은 당시 상업의 팽창을 가리키는 가장 분명한 표시의 하나였으며, 추측건대 상업 혁명 전반을 고무한 자극제가 되었을 것이다. 한대 이래로 중앙 아시아를 경유하는 서방과의 무역이 계속되어 왔으며, 송대에는 중국과 직접 접해 있는 북방 혹은 서북방의 인접국들과의 육상 무역이 크게 증대하였다. 이 지역 사람들은 이미 비단이나 차와 같은 중국의 산물에 맛을 들이고 있었으며, 수백만의 중국 인구가 요, 서하, 금 등의 제국으로 편입되어 있었기 때문에 이들 물품에 대한 수요가 크게 증대되어 있었다. 이러한 상품의 수출을 통해 얻은 이익으로 인해, 송은 북방의 제국들을 위무하는 데 필요한 경비를 지불할 수 있었을 뿐만 아니라, 중국의 방비를 위해 필요한 말들을 초원 지대로부터 구입할 수도 있었다.

해상 무역은 이 당시 중국의 경제 발전에 더 큰 자극이 되었을 것이다. 인도 및 중동(中東)과의 해상 무역은 후한 이래로 적지 않은 의미를 갖고 있었지만, 8세기에 이르러 매우 급속하게 성장하기 시작하여 세계 역사상 최초의 대양

(大洋) 통상 시대라 할 만한 시기의 도래를 알렸다. 유럽 인들이 16세기초에 아시아의 남쪽 연해를 따라 이익 많은 무역에 뛰어든 것은 서양 역사상 대양 시대의 시작을 의미하였다.

조선술과 항해술의 개량이 해상 통상의 증대를 설명하는 데 도움을 준다. 돛과 노를 함께 이용하는 큰 선박을 사용하게 되었으며, 물이 새어들어올 수 없도록 가로로 차단벽을 설치하는 방법이 개발되어 침몰 가능성이 훨씬 적은 배를 만들 수 있었다. 중국인들은 적어도 3세기에는 자극(磁極)의 존재를 알고 있었으며, 중국의 문헌에는 아랍 인들에 의해 유럽에 알려지기 수십 년 전인 1119년에 나침반이 남양(南洋) 무역에서 사용되었음이 분명하게 지적되고 있다. 대양 통상이 발전하게 된 또 다른 요인은 이슬람(Islam) 제국이 흥기함에 따라 서아시아의 활력이 폭발했다는 것이다. 사실 중국의 해상 무역은 처음에는 주로 이슬람 교를 신봉하는 이란 인과 아랍 인들의 수중에 있었다. 그러나 당과 송의 치하에서 중국이 이룩한 전례 없는 번영이 이 무역의 가장 큰 유인이 되었을 것이며, 이로 인해 필연적으로 무역업자들을 중국의 항구로 끌어들이고, 일본에서 동아프리카에 이르는 모든 곳에서 중국 제품에 대한 수요를 크게 촉발하였다.

대양 통상의 번영은 외부 세계에 대한 중국의 방향을 바꾸는 결과를 초래하였다. 한때는 중국의 앞문이었던 서북 지방이 원격한 오지의 지위로 떨어지기 시작한 것에 반해, 한때는 멀리 떨어지고 중요하지 않은 지역이었던 동해와 남해 연안이 점차 대외 무역과 접촉하는 주요한 지역이 되었다. 송대에는 해상 무역이 남해 연안과 양자강 하류에 있는 몇몇 큰 항구에 집중되어 있었으며, 이곳에서의 무역은 시박사(市舶司)라는 기관에 의해 감독되었다. 해외 무역을 공식적으로 정해진 특정 항구로 제한하여 관세를 징수하는 제도는 8세기에 시작되었으며, 송대에는 이러한 관세가 정부 수입의 중요한 원천이 되었다. 당말과 북송 시대에는 해외 무역량의 태반이 광동(廣東, Canton)을 통해 유통되었으나, 남송 시대에는 차와 도자기를 많이 생산하는 지역 가까이 위치한 천주(泉州, Ch'uan-chou ; 마르코 폴로가 말하는 Zayton)가 가장 주요한 항구가 되었다.

9세기의 한국이나 일본과의 무역은 한국인들에 의해 장악되어 있었으며, 남아시아나 서아시아와의 무역은 대부분 아랍 인과 이란 인들에 의해 지배되고 있었다. 항구 도시의 지정된 지구에서 거주하고 있었던 이들 외국인들은 그들 자신의 관습법 아래서, 오늘날의 치외 법권과 비슷한 제도하에서 살았지만, 그렇다고 해서 이것이 외국 문화의 우월성을 의미하는 것은 아니었다. 이슬람 교도인 서아시아 인들은 그곳에 모스크[回敎寺院]를 세웠다. 외국인 무역상의 거류 지역 사회는 상당히 컸던 것으로 보이며, 이미 8세기의 기록에서는 광동과 양자강 하류의 대도시 양주(揚州, Yang-chou)에 살았던 수천 명의 외국인에 대하여 전하고 있다. 송대에 이르러 중국인들은 점차 해상 무역에 대거 참여하기 시작하였고, 송말에는 조선과 일본과의 통상을 지배하게 되었다. 그리하여 지금까지는 육지에서만 생활하였던 중국인들이 해양 민족으로 발전하게 되었으며, 그들 배들은 위험을 무릅쓰고 바다를 건너 마침내 아프리카에까지 이르게 되었다.

중국이 세계 경제에서 차지하였던 지도적 역할은 이 당시 중국 대외 무역의 성향에서 잘 나타나 있다. 질 좋은 면직물을 제외하고서는, 중국의 수입품은 주로 원료, 즉 초원 지대의 말과 가죽, 보석, 향신료, 상아 및 기타 열대 지방에서 온 사치품 등이었다. 반면, 몇 가지 광물을 제외하고는, 중국의 수출품은 주로 공산품이었다. 조선이나 일본과 같은 곳에서는 중국의 서적과 그림, 기타 미술품들을 열심히 구하였는데, 이들 지역의 고급 문화는 주로 중국에서 유래하였다. 중국의 동전은 동아시아와 동남 아시아의 전역에서 수요가 많았으며, 견직물과 도자기는 모든 곳에서 높이 평가받았다. 송 자기의 조각들이 잔지바(Zanzibar)와 같이 멀리 떨어진 곳에서 발견되었으며, 페르시아 만과 이집트의 중세 무역 도시들의 유적지에도 송 자기의 파편들이 널려져 있다고 한다.

고도의 화폐 경제　　당말과 송대의 중국에서 이루어진 경제 성장의 가장 분명한 표시의 하나는 통화 체계가 크게 팽창하였다는 것이다. 동전은 이미 주대 후기부터 나타나 그 뒤 광범하게 사용되어 왔으나, 송대에 이르러서는 주조된 화폐의 양이 엄청나게 증대하고, 통화 체계의 복잡성에 있어서도 커다란 발전이 있었으며, 이에 상응하여 무역과 정부 재정에 대한 화폐의 역할 역시 증대하였다.

직물이나 곡물과는 달리, 화폐로 매년 거두어들이는 조세 수입이 749년에는 겨우 200만 관(1貫=1,000錢)에 지나지 않았으나, 1065년에는 현금으로 납부된 조세액이 일 년에 3,700만 관에 이르렀으며, 남송 시대에는 현금으로 거두어들이는 정부 수입이 곡물이나 직물로 거두는 수입을 완전히 능가하였다. 앞서 있었던 대부분의 중국 정부들과 마찬가지로, 초기의 당은 거의 전적으로 농업세에 의존하고 있었으나, 북송 시대에는 정부의 전매 수입과 각종 상업세가 농업세를 능가하기 시작하였으며, 남송 시대에는 국가 수입의 대부분이 상업 분야에서 들어왔다. 비록 송대 이후의 왕조들은 송보다는 더 많이 농업세에 의존하게 되었지만, 송대에 이루어진 국가 수입의 상업적 자원의 개발은 이 시기 이후의 중국 정부들에게 제2의 중요한 재정적 토대를 제공해 주었으며, 그로 인하여 이전의 왕조들보다 더 큰 재정적 안정을 향유할 수 있게 하였다.

당말과 송대에 화폐의 사용이 증대됨으로써 중국 화폐의 자원이 크게 고갈되었다. 당대에는 매년 평균 13만 관 내지 31만 관의 동전이 주조되었다. 그러나 10세기말에는 약 88만 관이 생산되었으며, 11세기에는 일 년 생산량이 183만 관까지 상승하기도 하였다. 이 같은 수요에 대응하기 위하여 정부는 때때로 화폐 주조를 위한 동(銅)의 사용을 제한하려 하거나, 1관(貫)의 동전 수를 감소시킴으로써 일종의 가치 절하를 시도하기도 하였다. 동전의 수출을 금지하기도 하였으며, 이것이 제대로 되지 않자 화폐에 대하여 50퍼센트의 수출 관세를 부과하려는 시도도 하였다. 사천(四川)과 산서(山西)와 같은 변방 지역에서는 중국과 이적 이웃의 돈주머니 사이에 일종의 '철의 장막'을 세우려는 헛된 노력의 일환으로, 철로 된 주화〔鐵錢〕의 사용을 시험하기까지 하였다. 금과 은의 사용 —— 사금(砂金)은 무게 단위로, 은은 표준 중량과 순도를 갖춘 주괴(鑄塊)의 형태로 —— 이 동전에 가해진 압력을 완화하는 데 도움이 되었으나, 이상하게도 중국인들은 이들 귀금속들을 화폐로 주조하는 일이 매우 드물었다.

화폐 문제를 가장 흥미롭게 해결해 주고, 고도한 화폐 경제의 성장을 가장 잘 설명해 주는 것은 종이 화폐〔紙幣〕의 발달이었다. 정부와 대규모 운반 상인들은 거액의 돈을 먼 거리로 운반하는 문제에 직면하였다. 동전은 손쉽게 운반하기에는 부피가 너무나 컸으며, 그로 인하여 다양한 형태의 어음과 지폐가 발달하여 필요에 대응하였다. 811년에 당은 멀리 떨어진 곳에서 구입한 물품의 대가를 지불하는 데 사용될 이른바 '비전(飛錢)'을 발행하였다. 이들 어음은 수도에서 반제(返濟)되었다. 이 제도는 송대에 이르러 크게 번성하여, 이런 종류의 화폐가 여러 가지 발행되었다. 정부에서 발행한 어음은 매우 편리하였기 때문에, 신용의 이동을 원하는 상인들 사이에서 자주 교환되었다.

이와 동시에, 또 다른 형태의 지폐가 사설 금융업자들에 의해 발전되고 있었는데, 이들은 3퍼센트의 수수료만 제하면 현금으로 바꿀 수 있는 예금 증명서를 발행하였다. 이러한 증명서는 그 편리함으로 인하여 액면가대로 원활하게 유통되기에 이르렀다. 사천(四川) 지방에 있는 성도(成都, Chengtu)의 금융업자들에 의해 발행된 것들이 가장 유명하였으며, 1024년에 정부가 이 일을 인계받음으로써 이 예금 증명서는 세계에서 최초로 진짜 지폐가 되었다. 200전(錢)에서 1,000전(즉 1貫)까지의 액면 금액으로 정부에 의해 발행된 이들 지폐는 보통 3퍼센트의 수수료를 제하도록 되어 있었으며, 종이가 마모되었기 때문에 유효 기간이 3년으로 제한되어 있었다.

성도의 지폐는 처음에는 액면 금액 125만 6,000관으로 발행고가 제한되었고 초기에는 현금 36만 관이 견실하게 그 뒤를 받쳐 주었다. 송은 여러 가지 지방 지폐도 발행하였다. 그러나 재정적 곤란을 당했을 때 정부는 태환할 수 있을 만한 지폐의 양보다 더 많은 지폐를 인쇄하고 싶은 유혹을 떨칠 수 없었으므로, 결국 세계 어디에서나 볼 수 있는 현상을 자초하고 말았다. 화폐의 발달에 있어서나 다른 많은 경제적 면모에 있어서 송은, 19세기 이전의 중국에서는 그 어떤 시대도 이에 필적하거나 크게 능가할 수 없는 수준에 이르렀다.

사회와 문화

진신(搢紳) 계층　중국의 상업 혁명은 뒤에 유럽의 상업 혁명이 이루어 놓은 것만큼이나 큰 사회적·정치적 변혁을 가져오지는 않았다. 그것은 아마도 유럽의 봉건적인 사회적·정치적 제도들이 거대한 경제적 변화에 전혀 적응하지 못하고 붕괴됨으로써, 중국에서 일어났던 것보다 훨씬 더 근본적인 사회적 변혁을 유럽에서 불러일으켰는 데 반해, 중국의 상업 혁명은 이러한 경제적 성장에 쉽게 적응하였을 뿐만 아니라, 그것으로부터 새로운 힘을 이끌어 낼 수 있을 만큼 고도로 조직화되고 관료화된 제국 안에서 진행되었기 때문일 것이다. 반면에, 8세기부터 13세기까지 중국에서 이루어진 거대한 경제 성상은 대단히 중요한 사회적·문화적 변화를 동반하였다. 이 시기에 출현한 사회는 19세기에 이르기까지 중국의 특성을 잃지 않고 있었을 뿐만 아니라, 근세 도시 문명의 특성으로 간주되는 여러 가지 특징적인 면들을 간직하고 있었기 때문에, 어떤 의미로서는 '근세 초기'의 사회라 할 수 있을 것이다. 여하튼, 12세기 유럽의 문화가 19세기 서양의 먼 원형(原型)에 지나지 않는다면, 12세기 중국의 문명은 19세기에 서양에 알려진 중국에 비해 다소 미숙한 맛은 있지만, 훨씬 더 생기 넘치는 단계에 있었다고 하겠다.

6조 시대와 당대 초기의 고도로 귀족적인 사회가, 본질적으로 비귀족적이고 보다 평등한 송대의 사회로 변환하게 된 주요한 요인의 하나는 토지 소유제와 조세 제도의 변천이었다. 이러한 변화가 있기 전에 대부분의 토지는 자유농(自由農)의 소유지와 호족(豪族)의 대토지로 나누어져 있었고, 사실상 자유 소농민들은 잉여 생산물과 노동력을 모두 조세로 바쳤던 것에 비해 호족들은 자기 소유의 대토지를 대부분의 조세로부터 보호할 수 있었다. 뿐만 아니라 그들은 자신의 농장에 예속된 사람들의 정치적·군사적 지원에 의존할 수 있었으며, 그들의 부력(富力)과 독립적인 권력 기반으로 인하여 정부에 영향력을 행사할 수도 있었다. 그러나 이러한 제도의 변화 후에 정부는, 농지의 사적인 축적에 대하여 더 이상 반대하지 않았으며, 권력과 영향력을 비정상적으로 행사하지 않고서도 사유지를 보유할 수 있게 되었다. 그 결과 많은 수의 중소 지주들이 발생하였다. 그 반면 단순화된 새 조세 제도〔兩稅法〕는, 구귀족들이 면세의 지위를 유지하는 것을 더욱 어렵게 만들었다.

상업과 화폐 경제의 급속한 발전으로 인해 낡은 형태의 자급 자족적 대토지가 더 이상 효과적인 경제 단위가 될 수 없었으며, 동시에 정치적 지도자들을 생산하는 과거 제도의 역할이 점증함에 따라, 그리고 권력이 황제와 그 관료들의 수중으로 점점더 집중됨에 따라 대토지 소유자의 정치 권력도 축소되었다. 점차 구귀족 계급이 보다 광범위한 진신(搢紳) 계층, 즉 지주 계층 속으로 용해되어 들어갔으며, 소규모의 토지 조각을 사방에 분산시키는 것이 대규모 농장의 소유에 비해 보다 일반적인 토지 소유의 양식이 되었으며, 지주의 소유지에서 사는 농민들은 농노(農奴)보다는 차라리 소작인〔佃戶〕의 성격을 갖게 되었다.

새로운 진신 계층이 농업적 부에 의존하는 정도는 구귀족 계급의 그것보다 훨씬 적었다. 사실 농업은 송대 이래로 경제적으로 손해보는 사업이 되었던 것 같다. 토지 소유로 얻는 위신과, 정부의 징발로부터 비교적 안전하다는 점 때문에 잉여 자본이 왕왕 토지에 투입되었으나, 진신 지주 계층의 부는 상업 분야에서 유래한 경우가 흔하였으며, 또한 그것은 높은 정부 관직에 의해 가장 잘 보호될 수 있었다. 진신이 단순한 지주 계층이 아니었던 또 다른 이유의 하나는 오직 교육과 과거를 통해 높은 정치적 관직에 오름으로써, 그들의 부를 중앙 정부의 권력으로 전환할 수 있었다는 점이다. 하나의 계급으로서 진신이 전국적 범위의 정치적 영향력을 획득한 직접적 방법은 지적 성취였으며, 재부와 토지 소유는 오직 간접적인 수단이 되었을 뿐이다.

구귀족 사회와는 더욱 대조적으로, 송대에는 세습적 지위가 비교적 중요하지 않게 되었다. 경제적으로 변화가 보다 풍부한 사회에서 사회 유동성이 크게 증대하였고, 평등주의적 원칙을 좀더 많이 받아들임으로써 이러한 사회 신분의 변동이 정당화되었다. 그리하여 사회 전체의 풍조가 다양화되었으며, 이는 다시 고급 문화의 정신에 영향을 미쳤다.

사회의 도시화　새로운 사회의 또 다른 특징은 도시화의 진행이었다. 인구 10만 호(戶) 이상 되는 대규모 지방 도시가, 8세기 중엽에 26개였던 데 비해 12세기초에는 52개나 되었다. 그러나 중국 문화의 진정한 도시화는 그 숫자상의 문제가 아니라, 이 시기부터 시(市)와 읍(邑)의 거주민들이 사회를 지배하게 되었다는 데에 있다. 새로운 진신 계층은 구귀족 계급과는 달리 대부분 시와 읍에서 살았기 때문에, 농촌의 대지주라기보다는 부재 지주(不在地主)와 같은 성격을 갖고 있었다. 거의 모든 관리들과 부유한 상인들도 시와 읍에서 살았으므로, 지도적 집단의 대부분이 도시 지역에 집중하고 있었던 것이다. 따라서 고급한 문화는 자연히 고도로 도시화되어, 농촌 인구의 특성이라기보다 도시 사람의 특성이라고 할 수 있는 관심과 태도가 발전하였다.

군사적 관점에 대한 문민적(文民的) 관점의 승리는 새로운 도시 문화의 주요한 특징의 하나였다. 당대 초기까지의 중국인들은 다른 강대한 민족들과 마찬가지로 자기의 군사적 힘을 뽐내었지만, 송대 이후의 중국 문명은 현대 서양의 도시 사회에서도 볼 수 있는 것과 같이 문민적 업적을 크게 강조하는 반면

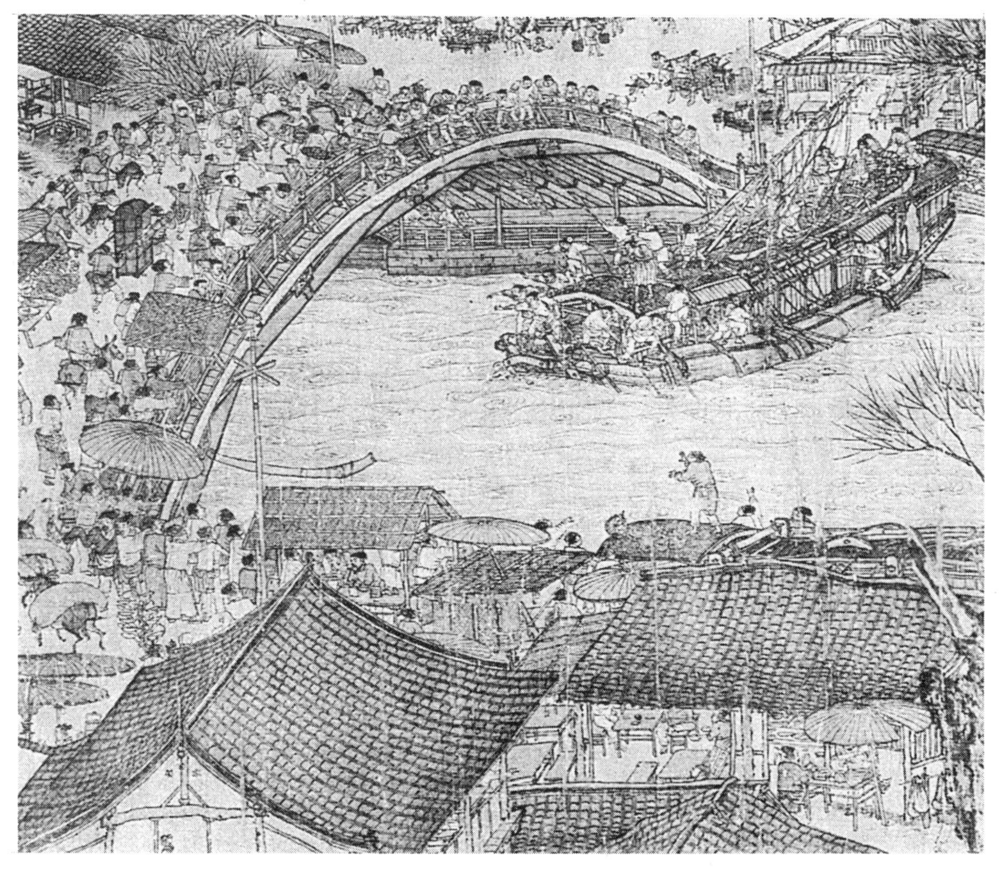

강 위의 봄 축제를 그린 12세기의 긴 두루마리 그림〔淸明上河圖；北宋 張擇端〕의 한 장면. 거리의 노점, 다리 위의 가마, 다리 밑을 지나기 위해 돛대를 낮추는 뱃사람 등이 주목된다.

군사적 생활은 경멸하는 것으로써 특징지어져 왔다. 군사적 근무는 사회의 쓰레기 같은 보잘것없는 사람들에게나 적합한 것으로 생각되었으며, 중국인들 자신의 표현을 빌리자면, 가장 좋은 쇠는 못을 만드는 데 쓰이지 않듯이, 가장 좋은 인재는 군인으로 쓰이지 않는 법이었다. 당 이후의 4 왕조 가운데서 이적의 2 왕조만이 멀리 떨어진 곳을 정복하였음은 대단히 의미 깊은 일이라 하겠다.

도시의 환경 속에서, 고급 문화는 이전보다 훨씬 더 세련되고 다양화되었으며, 보다 많은 인구가 여기에 참여하였다. 도시적인 생활 방식과 도시풍의 오락이 크게 부각되었다. 서양에서는 사냥과 승마와 같은 전원적 오락이 오늘날까지 특정 집단 가운데서 유지되어 왔지만, 대부분의 교양 있는 중국인들은 거의 1,000여 년 전에 이미 그 같은 촌스러운 유희에 등을 돌려 버렸다. 이와 동시에 다소 역설적이기는 하지만, 중국인들은 자연의 아름다움에 대한 낭만적 애정을 보여 주기 시작하였는데, 이는 서양에서 도시화가 시작될 때 나타난 특징이기도 하다.

송대의 도시 생활은 자유롭고 화려하였다. 도시는 더 이상 황성이나 다른 정치적 권위의 중심에 의해 지배되는 성곽 촌락의 집합체가 아니었다. 그 대신 오락을 위한 장소가 이제 사회 생활의 중심이 되었다. 여기에는 이루 헤아릴 수 없이 많은 주점과 찻집, 여러 가지 형태의 요리로써 전문화된 음식점, 그리고 후대 일본의 게이샤[妓生]에 비교될 만한 직업적 여성 예인(藝人)으로 특색을 이룬 집들이 있었다. 이러한 집들이나 음식점들은 왕왕 매춘굴로 변질되기도 하였다. 이 외에도 극장, 인형극, 마술사, 야담가 및 기타 여러 가지 오락이 있었다.

이 시대에는 처음으로 도시의 사회악도 자각되었다. 부재 지주와 소작인은 현대에 이르기까지 계속되어 온 중국 농업상의 문제들을 불러일으켰다. 또한 도시의 무산 계급 가운데서 극빈자들이 광범위하게 출현하였다. 사적인 자선 단체들이 당말에 나타나서, 고아와 궁핍한 노인을 돌보거나 빈궁한 주검을 매장하는 것과 같은 봉사를 수행하였다. 12세기초에는 이러한 자선 단체들이 전국에 보급되어 크게 확장되었다. 송대의 군대는 실업자를 구제하는 주요한 수단이었으나, 정부 역시 가난한 사람들을 돌보기 위하여 구호 사업과 특별 구호 창고를 마련하였다.

여성의 지위 변화 역시 문화의 도시화와 관련이 있었을 것이다. 여성은 언제나 남성에 종속되어 왔지만, 농촌에 비해 여성의 노동력이 덜 중시되는 도시로 상류 계층이 집결함으로써 여성의 지위는 이후 수세기 동안 더욱 떨어지게 되었다. 이러한 변화는 이 시기에 축첩의 관행이 더욱 확산되고 과부의 재가에 대한 사회적 통제가 더욱 강화되거나, 여성의 발을 묶는 관습이 상류 계층에 알려지게 되었다는 사실들을 통해 시사받게 된다. 소녀들의 발은 아주 어릴 때에 꽁꽁 묶여져서 활 모양의 곡선이 없어지고, 엄지발가락을 제외한 모

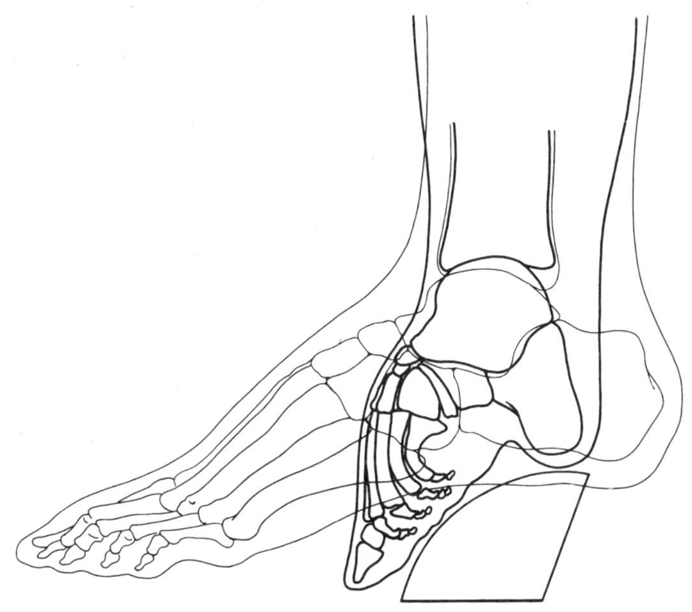

전족(纏足)　이 그림은 전족의 구부러지고 죄어진 뼈 구조를 정상적
인 발의 골격과 비교한 것이다. 5세 때부터 헝겊으로 꼭 묶인 어린
소녀의 발은 이처럼 불구의 변형으로 고통스럽게 자라지만, 이런
발 모양이 성적으로는 오히려 찬탄의 대상이 되었다.

든 발가락이 아래로 향하게 될 때까지 조금씩 구부러진다. 이렇게 해서 만들
어진 '전족(纏足)'은 정상적인 발 크기의 반밖에 되지 않아, 여성으로 하여금
한평생 동안 사실상 절름발이 노릇을 하게 하였고, 이처럼 쓸모 없는 노리개
를 먹여 살릴 수 있는 남성의 부는 더욱 두드러져 돋보이게 되었다. 발을 묶는
관습과 그 결과로 생긴 중국 여성의 어색한 걸음걸이는 외국인의 눈에는 비위
에 거슬리는 것이지만, 중국의 남성에게는 전족이 성욕을 강렬하게 자극하는
연상 작용을 불러일으켰다. 이 관습은 점차 사회 전체로 확산되어 금세기에
이르기까지 지속되었다.

　　예술적 경향　　당대의 원거리 정복 활동과 송대의 광범위한 상업적 접촉에
도 불구하고 8세기에서 13세기까지의 문화는, 새로운 외래의 영향을 비교적
조금밖에 보여 주지 않았다. 그 대신 그것은 고유한 전통을 다시 손질하여 풍

182

부하고 세련되게 한 것으로 특징지어졌다. 이러한 경향은 예술 분야도 다른 분야와 마찬가지였다. 건축은, 비록 다층(多層)의 건축물이 보다 일반화되고 원래는 곧게 뻗었던 기와 지붕의 선이 끝부분에서 점차 위로 꼬부라져 올라갔지만, 기둥(支柱)과 가로대(橫木)에 의한 본래의 건축 양식은 거의 그대로 남아 있었다. 불교의 영향 아래서 융성하였던 종교적 조각은 송대에 사실주의의 극치를 이룩하였으나, 그 뒤에 곧 급속히 쇠퇴하였다.(원색도판14 참조) 모든 종류의 공예(工藝)가 크게 번성하였으며, 송대의 도자기는 세계적인 명성을 떨치게 되었다.

그러나 무엇보다 가장 풍부한 발전을 보여 준 것은 그림(繪畵)이었으며, 송대 이래로 대부분의 중국인이 그들 미술 분야 가운데서 그림이 가장 위대하다고 생각해 온 데는 충분한 이유가 있다. 한대까지 거슬러올라갈 수 있는 풍부하고 지속적인 전통을 갖고 있는 중국 회화는 송대에 그 표준적 규범을 확립하였으며, 그 뒤의 어떤 왕조에서도 능가하지 못한 완성의 수준에 도달하였다. 후세의 중국 그림을 접근해서 살펴보면 대단한 다양성과 활력을 엿볼 수 있지만, 좀더 폭넓은 시각으로 살펴본다면, 그 대부분이 주제 면에서 이미 송대에 충분히 발전되었던 것의 변종(變種)에 지나지 않는 것처럼 보인다.

도상화(圖像畵)적 요소가 강한 불교 회화는, 비록 순수하게 세속적인 미술에 빠른 속도로 자리를 내어 주었지만, 송대에는 여전히 주요한 위치를 유지하고 있었다. 세속적 미술에서는 인물이나 인간사를 묘사하는 대신 점차 풍경을 강조하여 인간적 요소는 겨우 사소한 세부에 지나지 않게 되었으며, 대나무의 잔가지와 같은 자연의 삽화를 강조하기도 하였다. 완성에 접근하는 방법은 사실적이라기보다 차라리 인상주의적이었다. 색채는 중요하지 않은 것으로 생각되어 단색의 회화가 지배적이었다. 화가는 특정한 세부(細部)를 선택하여 자기 주제의 진정한 핵심이라고 생각되는 것에 주의를 집중하였다. 풍경화는 전체로서의 자연을 표현하였으며, 대나무 가지 하나가 우주의 축도였다. 이러한 예술의 영감은 분명 도가적이거나 선(禪)불교적인 것이었다.(원색도판7 참조)

중세 유럽이나 르네상스 시대 유럽의 미술과는 달리, 송대 회화의 특성은 그것이 우리에게는 매우 근대적인 것으로 보인다는 사실 그 자체에 있다. 미술에 대한 모든 송대인들의 태도 역시 본질적으로는 근대적이었던 것으로 생각된다. 그것은 더 이상 종교의 시녀가 아니었다. 회화는 이제 단순한 성화(聖

11세기에 곽희(郭熙)에 의해 먹물과 연한 색조로 비단에 그려진 그림의 일부.

書)나 건축 장식품이 아니라 그 자체의 미적 가치에 의해 평가되었다. 그림 그리는 사람은 이름 없는 환쟁이가 아니라 널리 알려지고 존경받는 예술가 —— 흔히 폭넓은 교육을 받고 높은 사회적 지위에 있는 사람 —— 였다. (원색 도판 5 참조)

당말과 송대에 있어 저명한 미술가의 이름은 무수히 많다. 가장 위대한 미술가 가운데는 현종 시대의 오도현(吳道玄, Wu Tao-hsüan;혹은 吳道子라고도 한다), 북송 시대의 미불(米芾, Mi Fu;Mi Fei라고도 함, 1051~1107), 그리고 남송 시대의 풍경 화가인 마원(馬遠, Ma Yüan)과 하규(夏珪, Hsia Kuei) 등이 있었다. 분류하기를 좋아하는 중국인들의 관행은 미술에도 적용되었으며, 풍경화의 남종파(南宗派)와 북종파에 대하여 많은 논의가 있었다. 미술에 대한 골동품적 애호와 고고학적 관심도 역시 컸다. 대규모의 공적·사적인 수집도 이루어

12세기말 혹은 13세기초 마원(馬遠)에 의해 둥근 부채에 그려진 풍경화.

졌다. 저명한 수장가들은 소유권과 함께 진품임을 확인하기 위하여 중요한 그림에 자신의 도장을 찍었는데, 이렇게 함으로써 작품의 가치는 떨어지지 않고 오히려 올라갔다.(원색도판 9 참조) 상세한 미술 목록과 학술적인 미술 평론이 씌어졌다. 골동품 애호가적 관심은 고미술품의 모조를 자극하기도 하여, 모조 자체가 미술의 한 작은 분야를 이루게 하였다.

문 학 그림을 그리는 능력이 엘리트 중국인들 사이에서는 소중한 재능으로 평가되었지만, 아름다운 글씨를 쓰고 문장을 지을 수 있는 기량, 특히 시를 지을 수 있는 능력은 사실상 필수적으로 요망되는 것이었다. 문자로 씌어진 언어는 언제나 높은 존경을 받아 왔으며, 높은 분학석 기량을 시험하는 과거의 발달은 명성과 행운으로 이끄는 가장 중요한 문호로서 합격자의 위신을 더욱 높여 주었다. 10세기에는 사설 학교[書堂]와 서원(書院)이 크게 증가하였으며, 인쇄술의 보급은 자연히 모든 종류의 문헌 자료를 유효하게 이용하는 데 도움이 되었고 문학과 학문의 일반적 확산에 기여하였다.

시(詩)라는 서정시 양식은 6조 시대부터 유행하여 당대에 이르러 만개하면서, 보다 자유롭고 형식에 구애받지 않게 되었다. 그것은 8세기의 이백(李白, Li Po ; 李太白이라고도 함, 701~762)과 두보(杜甫, Tu Fu ; 712~770)의 손에서 절정을 맞았다. 이백은 술을 좋아한 도가주의자였고 자유 분방한, 때로는 감상적인 방랑자였다. 그의 죽음에 관한 이야기는 믿기 어려운 것이기는 하지만 그의 자세를 특징적으로 보여 주는 것이니, 배를 타고 술에 취하여 황홀한 기분으로 수면에 비춰진 달을 잡으려다가 물에 빠져 죽었다고 한다. 두보는 보다 진지한 유가적 도덕주의자여서, 인간의 고통과 인생의 불공평함에 대하여 깊이 자각하고 있었다. 이 외에도 문자 그대로 수천 명의 당·송 시대 시인들이 후세에 이름을 남겼다. 일상어를 거의 그대로 사용하여 소박한 양식으로 시를 쓴 백거이(白居易, Po Chü-i ; 772~846)는 동아시아 전역에서 널리 알려지게 되었다. 동일한 주제의 끊임없는 반복으로 인해, 송대에 이르러 시는 보다 진부하게 형식화되어 그 생동감을 다소 잃게 되지만, 소식(蘇軾, Su Shih ; 1036~1101)과 같은 위대한 시의 대가가 송대에도 있었으니, 소동파(蘇東坡, Su Tung-po)로 더 잘 알려진 그는 저명한 서예가요, 위대한 문장가이며 사상가이기도 했다.

시(詩)가 신선함을 잃어 감에 따라, 사(詞)라는 새로운 형식의 운문이 출현하여 유행되었다. 사는 대단히 다양한 양식을 갖고 있었고 일상의 구어(口語)를 자유롭게 사용하였다. 처음에는 문인(文人)들에 의해 경시되었으나, 송대에는 소동파를 비롯한 주요한 시인들이 모두 사를 지었다. 그러나 이 양식의 운문 역시 점차 형식화되었으며, 새로운 형태의 노래 가사인 산곡(散曲)이 사의 자리를 대신하여 그 뒤의 원(元)과 명(明) 시대에 사랑받는 노래 형식이 되었다.

당말과 송대는 정형화된 산문의 황금 시기이기도 했다. 한유(韓愈, Han Yü ; 768~824)는 6조 시대 이래로 성행하였던, 화려하고 대구(對句)에 얽매인 산문

186

형식[駢儷文]을 거부하고 간명하고 직설적인 양식으로 되돌아갔다. 그러나 그
것은 약간 고풍의 취향이었고 고문체로 뒷걸음질하는 경향을 보이는 것이어
서, 문어체와 구어체 중국어 사이의 간격을 더욱 넓히는 결과를 초래하였다.
그러나 알아보기 힘든 인위적 기교로부터 산문 양식을 해방시키려는 싸움은
계속되었다. 당대(當代)의 뛰어난 역사가이자 사상가요, 사(詞)의 작가였던 구
양수(歐陽修, Ou-yang Hsiu; 1007~1072)는 글 쓰는 사람은 자기가 가장 좋다고
여기는 형식으로 자기의 생각을 아주 자유롭게 표현해야 한다고 생각하였다.
물론 이러한 관념의 이면에는 선사(禪師)들의 사상과 대화를 일상적 구어로 서
술하는 일이 점차 많아졌다는 사실이 있었다.

　이 시기에는 두 종류의 아주 새로운 문학적 흐름——대중극[雜劇]과 소설
(小說)——이 시작되었다. 비록 전통적으로 교육 수준이 높은 중국인들에게
는 저속하고 천박한 것으로 경시되었으나, 이 새로운 양식들은 마침내 높은
문학적 수준에 도달하여, 후대에 제 몫을 다하는 희곡과 소설 문학으로 성장
하였다. 이처럼 대중적 문학 양식이 이 시기에 출현하게 된 것은 문자 해득 능
력의 확산, 중국 문화의 일반적 도시화 등과 같은 요인과 관련되어 있었음이
분명하다.

　당말과 송대 문학의 뚜렷한 특징은, 비록 이백과 두보와 같은 성공을 거두
지 못한 경우도 있었지만, 대부분의 위대한 시인, 문장가, 학자들은 동시에
관리이기도 했다는 것이다. 역으로 말한다면, 대부분의 위대한 정치가들은 동
시에 문학자로서도 뛰어났다. 왕안석(王安石)은 당시의 정치적 지도자였음과
동시에 저명한 시인이기도 하였다. 그 이전에는 시인, 학자, 정치가 등의 역
할이 비교적 구별되어 있었으나, 송대까지 발전되어 온 유가적 이상형은 학
자, 시인, 정치가를 겸함과 동시에, 가능하면 사상가와 화가의 능력을 겸비하
는 '전인(全人)'이었다.

　학 술　당말과 송대에는 그 이전의 학술 양식들을 크게 확대시키고 풍부
하게 하였다. 정사(正史)는 이전보다도 더 큰 열성과 주의로써 편찬되었고, 새
로운 형태의 사서(史書)에 의해 보완되었다. 과거 중국의 역사를 하나의 체계
로서 포괄적으로 이해하는 노력이 필요하게 됨에 따라, 역사적 기록의 규모
역시 엄청나게 확대되었다. 정치가로서 왕안석의 반대자들을 지도하였던 사

마광(司馬光, Ssu-ma Kuang ; 1018~1086)의 〈자치통감(資治通鑑)〉은 사마천(司馬遷) 시대 이후 역사를 포괄적으로 기술하려 한 첫번째의 노력이었다. 그것은 기원전 403년부터 기원후 959년까지의 역사를 엄격하게 편년체(編年體)로 기술한 294권의 헌정서(獻呈書)였다. 다스리는 일에 도움이 되는 폭넓은 거울이란 뜻의 이 책 이름은 중국인 사가(史家)들의 통상적 철학을 보여 주는 것이다.

　이 방대한 양의 책에 실려 있는 자료들은 저명한 철학자 주희(朱熹, Chu Hsi)의 지도하에 12세기에 요약되고 개편되었다. 그 결과 만들어진 〈통감강목(通鑑綱目)〉에서는, 역사의 요점이 사실적 자료로부터 선별되어 사실로써 뒷받침되었으며, 도덕적 판단이 크게 강조되었다. 원추(袁樞, Yüan Shu ; 1131~1205)의 〈통감기사본말(通鑑紀事本末)〉은 같은 자료를 개편한 또 다른 책이지만 근대 서양의 역사 서술과 가까운 방식으로 주요한 사건에 따라 나누어 기술하였다. 이들 3종의 책들은 이후 중국인 학도들의 주요한 역사 입문서가 되었다.

　이 시기에는 백과 전서류(百科典書類)를 편찬하려는 경향도 크게 발전되었다. 801년 편찬된 〈통전(通典)〉과, 과거의 편집물들에 기초하여 961년에 편찬된 당대의 정치와 경제에 관한 방대한 자료집 〈당회요(唐會要)〉가 새로운 유형의 백과 전서류의 본보기가 되었는데, 이런 유의 문헌들은 그 뒤부터 과거의 정치 제도와 경제적 발전에 관한 지식의 주요한 원천으로서 정사(正史)를 보완하였다.

신유학(新儒學)

새로운 사상 조류　　당말과 송대에는, 지적 태도와 정통 사상의 분야에서도, 19세기에 이르기까지 중국의 특징으로 남게 되는 양상이 뚜렷하게 나타났다. 이 수세기 동안 지적 격동의 와중에서 사상적 종합이 이루어져 이른바 신유학(新儒學)이 형성되었으며, 그것은 20세기에 이르러 서양 사상적 충격과 혁명적인 정치·사회적 변화로 인해 와해될 때까지 거의 변함없이 중국 사상의 핵심이 되어 왔다.

　유가 사상에 대한 관심이 다시 일어나게 된 배경에는 두 개의 근본적 요인이 있다. 그 하나는 북방 이적과의 싸움에서 오랫동안 실패함으로써 중국인들의 시선이 안으로 돌려지게 되었다는 것이다. 자신의 힘에 대해 자신만만하였던 당대 초기의 중국인들은 외부 세계에 대하여 호기심이 많았고 포용력도 컸다. 713년에 칼리프가 다스리는 이슬람〔回教〕 국가의 사절이 처음으로 중국에 와서 전통적 고두(叩頭)의 예로서 황제 앞에 엎드리는 것을 종교적 이유를 들어 거부하였을 때, 중국인들은 자신들의 요구를 쾌히 포기하였는데, 이는 수세기 뒤에 유럽의 사절들에게 이 점에 대해 엄격하였던 것과는 사뭇 대조된다. 당말에 이르면서 이적에 대한 공포와 적의가 증대되어 갔음이 분명하다. 불교는 외래 종교라는 이유 때문에 항상 비판받아 왔지만, 이제는 이런 식의 공격이 더욱 일반화되고 보다 큰 영향을 끼치게 되었다. 저명한 학자이자 문필가였던 한유(韓愈, Han Yü)가, 부처의 손가락 뼈라고 상상된 것에 대하여 황제가 존경을 표한 것을 비판하면서 819년에 올린 저 유명한 상주문(上奏文)은 그 시대의 상징이었다. 20년 뒤, 841~846년의 대박해가 일어났다.

유가 사상에 대한 관심이 재생하게 된 근본적 이유의 또 다른 하나는, 과거 중국의 정치적 이상이 명백하게 성공을 거두었다는 것이다. 6조 시대에 만연하였던 정치적 환멸은 이제 희미한 과거 속으로 잊혀져 갔다. 관료제 국가가 부활되어 교육받은 관료층이 필요하게 되었기 때문에, 과거 시험이 개조되고 과거 시험의 초점이 모아진 유교의 경전과 이념이 다시 강조되었다. 물론 유교적 관념이 불교의 절정기에서도 소멸되지는 않았지만, 제국이 재통일된 뒤에는 그 세력과 인기가 계속 증대하였다. 9세기에 이르면 교육받은 계층이 유교에 철저하게 고취되어, 점차 도가의 반(反)정치적 관념을 거부하고 불교의 반(反)사회적인 것으로 간주되는 측면을 비난하였다.

그러나 신유학의 발전이 주대(周代)나 한대(漢代)에 있었던 유가적 관념의 단순한 연장은 아니었다. 그것은 부분적으로는 극적인 재발견이었으며 부분적으로는 창조적인 새로운 운동이었다. 당시의 학자들에게는 자신이 살고 있는 사회와 경전(經典)에 기록된 사회가 아주 다르다고 인식되었다. 따라서 신유가주의자들은 원래의 전망을 되찾기를 —— 고대에 있었던 것으로 믿었던 이상적 유교 사회의 재창출을 —— 희망하였지만, 이러한 희망은 그들이 살고 있는 시대의 태도와 관심에 의해 이루어졌다.

신유가적 사상가들은 지난 수세기 동안 중국인의 사고에서 그토록 중요한 의미를 갖고 있었던 몇몇 불교적 관념으로부터 강한 영향을 받았다. 그들 가운데 상당수가 불교나 도가 사상을 공부한 사람들이었으며, 어떤 사람은 선종(禪宗)의 사원에서 기거하기조차 하였다. 불교는 사람들로 하여금 형이상학적 견지에서 생각하도록 조절하였으며, 신유가 사상에 관한 새로운 사실의 하나는 그것이 유교를 위해 형이상학을 발전시켜 불교적 개념과 도가적 용어를 자유롭게 이용하였다는 것이다.

이러한 신유가 사상은 당시의 다양한 지적 조류에 기원을 두고 있었으니, 이는 마치 한대의 유가 사상이 당시의 여러 요소를 절충하였던 것과 같다. 그러나 그것은 특히 불로 장생에 대한 도가의 추구, 신과 내세에 관한 불교의 관심 등은 거부하였다. 그것은 현세의 사회 및 정치적인 일, 특히 도덕을 강조한 고대 중국인의 입장으로 되돌아갔으며, 과거 중국 사상의 불가지론적(不可知論的), 비인격신론적(非人格神論的) 경향을 다시 주장하였다.

신유가주의자들과 그들의 사상　9세기의 뛰어난 문필가이자 불교 비판자였던 한유(韓愈)는 최초의 위대한 신유가주의자였다고 부를 수 있을 것이다. 그러나 11세기와 12세기는 사상적으로 가장 큰 격동의 시기였으니, 이때 다양한 사상 학파가 다수 출현하였다. 예를 들면, 육구연(陸九淵, Lu Chiu-yüan ; 즉 陸象山, 1139~1192)은 선(禪)불교처럼 개인의 직관을 강조하였는데, 이러한 생각은 그 뒤 명대(明代)에 전성기를 맞게 된다. 11세기에는 위대한 개혁가 왕안석이 유교의 실용적·실천적인 면을 강조하였으며, 그와 시대를 같이한 구양수(歐陽修)와 같은 학자, 소동파(蘇東坡)와 같은 시인은 다른 중요한 사상적 경향을 지도하였다.

왕안석의 반대자들 가운데, 궁극적으로 신유가의 정통성을 획득한 특별한 사상적 학파가 하나 있었다. 이 사상 계통의 첫번째로 주요한 인물은 주돈이(周敦頤, Chou Tun-i ; 1017~1073)였는데, 그는 본질적으로 비(非)유가적 경전인 〈역경(易經＝周易)〉으로부터 태극(太極)이라는 용어를 추출하였으며, 태극으로부터 음(陰)과 양(陽) 및 5행(五行)이 어떻게 발생하는가를 보여 주는 우주론적 도표를 고안하였다. 정호(程顥, Ch'eng Hao ; 1031~1085), 정이(程頤, Ch'eng I ; 1032~1107) 형제는 이러한 형이상학을 한층 더 다듬었다. 정이는 또한 한유(韓愈)에 의해 재발견된 2종의 문헌 —— 〈맹자(孟子)〉와, 〈예기(禮記)〉에서 뽑힌 〈대학(大學)〉 —— 을 골라 뽑고 여기에 다시 〈예기〉의 또 다른 장(章)이었던

〈중용(中庸)〉과 〈논어(論語)〉를 더하여 4서(四書)로 알려진 범주를 획정하는 일에 크게 공헌하였는데, 4서는 그 뒤 유교의 중심 문헌이 되고 중국의 전통적 교육의 핵심적 교본이 되었다.

이 학파를 최종적으로 집대성하고 조직화한 인물이 주희(朱熹, Chu Hsi ; 1130~1200)였으니, 그는 토마스 아퀴나스(Thomas Aquinas)에 비교되기도 하는, 어떤 면으로 보아도 완벽한 유학자였다. 앞서 살펴본 바와 같이 그는 저명한 사가(史家)였으며, 정치가로서도 잠시 극적인 역할을 수행한 바도 있었지만, 무엇보다도 그는 위대한 경전 주석가였고 고전적 시대 이후 중국의 지도적 사상가였다. 그는 신유가 사상에 너무나 무거운 족적을 남겼기 때문에 동아시아에서는 신유가가 흔히 주자학(朱子學)으로 알려져 왔다.

주희 학파의 신유가 형이상학에서는, 모든 종류의 사물이 각각의 이(理), 즉 형식의 기본 원리와 기(氣), 즉 질료(質料)라 할 만한 것을 갖고 있는 것으로 생각되었다. 이가 집의 본을 설계한다면, 기는 나무와 벽돌로써 실제의 집을 만든다. 그 많은 이는 모두 무한하고 무궁하며 유일한 태극(太極)의 부분이지만, 태극은 여러 조각으로 쪼개어지는 것은 아니다. 이는 마치 수만의 하천에 비추어진 달과 같을 뿐이다.

신유가 사상이 불교의 개념으로부터 영향받았음은 의심할 바 없이 분명하다. 송대의 신유가 사상가들은 이런 종류의 형이상학을 크게 강조할 정도로 불교에 가까웠으며, 태극과 음양, 5행 등의 상호 관계를 주의 깊게 추론하여 도식(圖式)으로 설명하였고, 변화의 순환설을 발전시킴으로써 불교의 윤회 사상을 생각나게 하였다. 그러나 신유가 사상의 핵심은, 이전의 모든 유가 사상과 마찬가지로, 그 철학적 원리를 도덕과 사회 정치적 제도에 적용시키는 것이었다. 언제라도 송대의 형이상학을 의심 없이 혹은 열광적으로 받아들일 수 있도록 태세를 갖춘 이후의 세대에게는 이 학파의 윤리적·사회적 관념은 참으로 중요한 것이었다.

사람의 본성은 선하며 따라서 교화와 자기 수양만이 필요할 뿐이라는 맹자(孟子)의 신념과, 사람의 본성은 악하며 따라서 엄격한 통제와 교육이 필요하다는 순자(荀子)의 견해 사이에 있었던 묵은 논쟁이 송대에 이르러서는 절정에 달하였다. 주희와 그의 학파는 이 논쟁의 결말을 맹자에게 유리한 방향으로 이끌었다. 그들은 인간 본성의 이(理)[性]가 순수하고 선한 것임은 당연하다고 주장하였다. 인성은 다섯 가지의 기본적 덕목, 즉 사랑〔仁〕, 정의〔義〕, 예의〔禮〕, 지혜〔智〕, 신의〔信〕 등의 근원이다. 인간의 이(理)라는 진주는 언제나 인간의 기(氣)라는 진흙 속에서 발견된다. 사람의 이〔性〕는 잘 닦아서 본래 갖고 있는 광채를 충분히 빛낼 수 있도록 해 줄 필요가 있다. 따라서 교육은 바람직한 것이며 자기 수양은 더욱 중요한 것이다.

지난 1,000년 동안 알려져 온 바와 같이, 유교는 송대의 신유가 사상가들에 의해 만개되었다. 본질적으로 맹자의 사상과 송대 학인 관료(學人官僚)들의 사상에 역점이 주어졌다. 송대의 유학에는 배타적인 가족 중심의 윤리가 포함되어, 〈맹자(孟子)〉에서 상세하게 설명되었던 다섯 가지의 인간 관계〔五倫〕가 강조되었다. 군주와 신하, 아버지와 아들, 남편과 아내, 형과 아우, 친구와 친구 사이의 관계가 그것이다. 특히 마지막 것을 제외한 나머지가 모두 권위와 복종의 관계를 가리키고 있음에 주목할 필요가 있다. 또한 신유학에는 온정의 가족주의라는 유가의 정치적 이상이 있다. 국가란 가족을 확대한 것으로 간주되었다. 군주의 권위는 아버지의 권위처럼 본질적으로 윤리적인 것으로 생각되었는데, 이는 맹자가 주장한 바와 같다. 끝으로 신유학에는 관료주의적 이상이 있어 관리 등용 방식과 과거제를 통해 제도화되었다. 올바른 행위와 좋은 정치에 관한 고전적 원칙에 의해 훈련받은, 도덕적이고 학덕 높은 인물이 사회를 지도하고 관리해야 했다. 그들은 자신의 공적 임무를 사적 이익의 우위에 두고, 개인의 위험을 무릅쓰고라도 천자(天子)에게 성실하게 직간(直諫)해야 할 책임을 지고 있었다.

문화적 안정 주희의 사후, 그가 집대성한 신유학은 점차 경직된 정통 학설로 확립되어 갔다. 1313년에는 경전에 대한 그의 주석서(注釋書)들이 표준적인 것으로 인정되어 관리 임용을 위한 시험의 모든 답안이 여기에 맞도록 강요되었다. 그리하여 주희의 위대한 학문적 수준과 폭넓은 사상적 범주가 오히려 이후 중국의 지적 발전을 억제하게 되었다. 과거와 문자화된 언어에 대한 전통적 존경에 힘입어 세력을 강화한 주자학(朱子學)은 일단 정통적 학설의 지위를 확립하자, 일종의 옹색한 지적 외의(外衣)가 되어, 중국 사회의 경직성을 더욱 증대시켰다.

그리하여 신유학은 근대 초기의 비길 데 없이 안정되고 전통주의적인 사회

—— 유럽에 비해 극히 변화가 적었던 사회 ——를 창출하는 데 도움이 되었으며, 서양인과 중국인이 모두 중국은 언제나 '불변'이었다는 신화를 받아들이게 하였다. 송대 이후 중국의 비교적 느린 문화적·제도적 변화로 인해, 같은 시기에 굉장히 성장했던 서양의 문화적 강습 앞에 19세기의 중국은 무력할 수밖에 없었다. 따라서 송대 이후 중국의 비교적 완만한 변화는, 그것이 국가적 수치의 원인으로는 생각되지 않는다 하더라도, 흔히 역사적 비극으로 간주되는 것은 사실이다. 그러나 그것은 전혀 다른 시각으로 바라볼 수도 있을 것이다. 이 긴 기간 동안 중국에서 살았던 세대들이 향유한 고도의 정치적·사회적·정신적 안정이, 같은 시기에 유럽에서 일어난 생활과 사상의 끊임없는 혼란보다 오히려 더 나은 것일지도 모른다. 급속히 변화된 서양 문화에서 성장해 온 현저히 불안정한 세계 문명 속에서 살고 있는 현대인 역시, 13세기에서 19세기에 이르는 중국의 평화와 안정을 부러운 눈으로 바라볼 것이다.

중국이 어떻게 그토록 오랫동안 문화적으로 안정된 시기를 이룰 수 있었는가 하는 문제가 남아 있다. 가장 큰 이유는 13세기까지 중국이 성취하였던 정치적·사회적·지적 요소들 사이의 균형 —— 이 시기에 사상과 기술의 테두리 안에서 이루어진 일종의 완성 —— 이 있었다는 것이다. 이 균형은 너무나 견고하여 외부로부터 육중한 타격이 가해진 19세기와 20세기에 이를 때까지는 파괴되지 않았다. 다른 어떠한 고급 문명도 도달할 수 없었던 고도한 수준의 안정을 창출해 낸 그들 문화의 황금 시기를, 중국인들이 대단한 자부심을 갖고 되돌아보는 것은 당연한 일일 것이다.

제7장
중국과 이적(夷狄)——몽고 제국

　13세기부터 19세기까지, 중국인의 생활 방식은 커다란 안정을 보여 주었다. 3개의 지배 가문이 원(元; 1271~1368), 명(明; 1368~1644), 청(淸; 1644~1912) 등 3왕조 시대 동안 권력을 장악하였다. 혼란은 주로 왕조가 몰락하고 교체되는 때, 즉 14세기, 17세기, 19세기에 일어났다.

　그러나 이처럼 안정된 정치적 기록에는 한 가지 이해하기 곤란한 측면이 있다. 원과 청은 엄청나게 인구가 더 많은 중국을 황제 권력의 적법한 보유자로서 통치한 비한족(非漢族) 정복 국가였다. 정확히 말해서, 중화 제국이란 만리장성 이내의 농경 지대뿐만 아니라 주변의 중앙 아시아 지역, 특히 몽고(蒙古)와 만주(滿洲)까지 포함하는 것이었다. 한, 당, 명과 같은 한족(漢族)의 강대한 왕조들도 이러한 지역들을 지배하기도 하였다. 그러나 주기적으로, 중국의 팽창, 즉 양(陽)이 이적의 침입이라는 음(陰)에 길을 비켜 주었다. 또한 장성 바깥의 부족민들이 권력을 장악하여 제국의 일부를 지배하기도 하였다. 그러나 언제나 똑같이, 그들은 중국의 전통적 정치 제도들을 이용함으로써 대부분 중국인으로 구성된 거대한 관료 조직을 통해 중앙 집권화된 제국적 지배를 유지할 수 있었다. 중국의 정치 질서가 안정되었던 까닭의 일부는, 비한족들이 매우 강성할 때는 그들이 중국의 기본적 특징들을 변질시키지 않은 채로 중국을 지배할 수 있도록 내버려 두는 중국인들의 포용력에 있었다.

중앙 아시아의 여러 민족과 왕국

민족	어군	시기와 지역
흉노(匈奴) 〔Huns?〕	터키 어	기원전 3세기에 최초의 대초원 제국을 세움. 기원전 1세기와 기원후 1세기에 한(漢)에 의해 지배됨.
월지(月氏)	인도-유럽 어로 추측	기원전 2세기에 흉노에 대항하여 동맹할 것을 한으로부터 요청받음. 감숙에서 일리(Ili) 박트리아(Bactria)로 이주하고, 다시 인도 서북 지방으로 이동하여 쿠샨(Kushan) 왕국을 세움.
선비(鮮卑)	몽고어	기원후 3세기에 몽고 동부에 있었고, 4세기에 중국을 침입.
탁발(托跋)	대부분 몽고어	386~534년에 북중국에서 북위(北魏) 왕조를 세움.
돌궐(突厥)	터키 어	552년경에 제국을 세움. 오르콘(Orkhon) 강 유역의 동제국(600~744)과 페르시아의 사산(Sassan)족과 접. 659년 이후 인도와 유럽에 집단 침입.
회흘(回紇)	터키 어	동돌궐을 정복하고 오르콘 강 유역에 제국(744~840)을 세움. 키르기즈(Kirghiz)에 의해 축출되어, 840년경 타림 분지에서 제국을 세움.
거란〔契丹〕	몽고어	북중국과 그 인접 지역에서 요(遼) 왕조(947~1125)를 세움. 여진족에 의해 축출되어, 투르키스탄(Turkestan) 동부에 서요(西遼) 제국(1124~1211)을 세움.
여진(女眞) 〔만주족의 조상〕	퉁구스 어	북중국에서 금(金) 왕조(1122~1234)를 세움.
당항(黨項)	티베트 어	중국 서북부에서 서하(西夏) 왕국(1038~1227)을 세움.
몽고(蒙古)	몽고어	중국 전역에 원(元) 왕조(1271~1368)를 세움.

*주 : 위의 자료는 결코 불변의 정설로 확정된 것이 아니라, 많은 점이 학자들 사이에서 여전히 논쟁의 대상이 되고 있다.

194쪽에 있는 중앙 아시아의 민족과 왕국들에 관한 도표는, 전역사를 통해 중국의 북쪽 지평선 너머에 있는 대초원에서 나타났다가 사라져 간 주요 이적(夷狄) 집단의 이름과 거주지를 가리킨다. 이 기록에서 눈에 띄는 특징의 하나는 서쪽으로의 표류라 할 수 있으니, 한 민족이 다른 민족의 뒤를 이어 중국 민족이나 다른 유목 민족에 의해 서쪽으로 축출되었던 것이다. 초기의 유목 민족들이 보통 터키 어군(語群)에 속하였는데 반해, 몽고어를 사용하는 민족들은 후기에 지배적인 세력이 되었다. 초원 지대의 이들 여러 부족들로부터, 중국의 일부 혹은 전부를 지배하는 데 성공한 지도자 집단과 전투 세력이 주기적으로 출현하였다.

이처럼 중국의 정치적 생활에 이적의 영향이 끊임없이 작용하였던 까닭은 주요한 지리적 사실 —— 초원 지역과 농경 지역이 가까운 위치에서 병렬하여, 이들 지리적으로 상이한 지역에 각각 적합한 두 가지의 상이한 생활 방식과 대조적 형태의 사회 조직이 나란히 발전하였다는 사실 —— 에 기인하였다. 가장 근본적으로 대조적인 점은 강우량의 차이였다. 바다로 흘러가는 강이 하나도 없는 중앙 아시아의 초원 지대는 너무나 건조하여 조방(粗放) 농업이 불가능하였다. 적절한 수원(水源)이 없기 때문에, 티베트의 고원 지대와 몽고의 대초원은 인구가 매우 희박하였다. 이적은 중국의 약 2배나 되는 넓은 지역에서 살고 있었지만, 인구는 중국의 14분의 1에 지나지 않았던 것 같다. 따라서 이적이 갖고 있었던 힘의 원천은 대단히 흥미로운 문제다. 이적의 군사적 우월성은 그들의 기마 궁사(騎馬弓士)들이 장성(長城) 안으로 들어올 때마다 빈번하게 입증되었다. 하지만 이처럼 사납고 기동성 높은 전사들을 양산한 능력의 이면에는 과연 무엇이 있었는가?

초원 지대의 사회

초원 지대에서는, 곡물의 생산보다는 주로 동물의 사육을 통해 생활을 유지하였다. 오로지 유목 생활만을 영위하는 사람들은 양과 말의 경제에 의존하여 살았다. 양의 가죽으로 옷을 만들어 입었고, 양의 털은 천막을 만드는 펠트의 원료로 이용되었다. 양고기를 먹고, 말과 양의 젖은 치즈와 버터를 만드는 데 쓰였다. 여자들은 똥을 모아 연료로 사용하였다. 말은 운반과 양떼 관리, 사냥과 전쟁 수행을 위해 사용되었으며, 이 외에도 사막을 횡단할 때는 낙타가, 짐 수레를 끌 때에는 소가 이용되었다. 곡물과 직물, 차(茶) 등의 사치품, 그리고 무기 제조의 원료 등을 확보하기 위해 정착 지역과 최소한의 교역을 유지할 수만 있다면, 목축 경제에서는 농경의 필요성이 거의 없었다. 그리하여 개방된 초원의 유목민들은 잠시 동안은 자급 자족을 할 수 있었지만, 교역의 중심지와 완전히 단절된 채 살아갈 수는 없었던 것이다.

초원에서는 도시가 번성할 수 없었기 때문에, 문화와 기술에 엄격한 한계가 있었다. 재부는 부녀자가 걸치는 장신구의 형태로 축적되었다. 주요한 예술 양식은 볼가(Volga) 강 하류와 카스피(Caspi) 해로부터 아무르(Amur) 강에 이르는 유라시아 초원 전역에 걸쳐 발견되는 이른바 스키타이(Scythi)식, 즉 동물 문양의 금속기 양식이었다. 문자와 문학은 발달되지 못하였다. 부족의 종교는 원시적 무격(巫覡) 신앙이어서, 그들과 먼 친척이 되는 퉁구스(Tungus)족과 아메리칸 인디언의 그것과 다를 바 없이 주술사(呪術師)들에 의해 주재되었다. 초원 지대의 가장 위대한 신은 영원 불멸의 천신(天神)이었다.

유목민의 이동은 맹목적인 방랑이 아니라 계절을 기준으로 하여 이루어졌으니, 양이나 소, 말의 무리를 광활한 평원에 있는 여름 목초지에서 산간 계곡과 같이 좀더 아늑한 겨울철 목초지로 이동시키는 일을 되풀이하는 것이 보통이었다. 유목민의 기본적 권리는 경작을 위한 토지 점유가 아니라 목초지를 찾아 이동할 수 있는 권리였다. 부족의 추장은 특정한 계절에 특정한 초원을 이용하는 순환 이동의 권리를 얻기 위해 노력하였다. 그들은 밭 갈고 추수하거나 집 짓고 길 닦는 등의 정착 생활 일에 대해서는 거의 관심을 갖지 않았다. 혹독한 겨울 날씨가 가축떼를 전멸시킬 수도 있었기 때문에, 유목민들은 어쩔 수 없이 자연에 의존하는 불안한 상태에 놓여 있었다. 정착된 농경 사회의 변두리에서 살고 있었던 반(半)유목민들도 경제적으로 항상 불안정한 생활을 영위하였다. 유목민이나 반유목민이나 모두 축적된 자원이 없었기 때문에, 교역의 증대를 원하였을 뿐만 아니라 군사적 팽창에 대한 유혹을 주기적으로 받지 않을 수 없었다. 유목민들은 오랜 옛날부터 가난한 사람들이어서, 인구가 밀집된 농경 지역의 사람들에 비해 언제나 빈궁하였다.

생산의 손실이 없이는 농지를 거의 떠날 수 없었던 농경민과는 달리, 초원

대초원의 생활 알타이(Altai) 산맥 부근의 유르트(yurt), 양, 말, 목초가 있는 몽고인 천막촌. 오른쪽으로 소금기 있는 수면의 호수가 보인다.

에서 목축과 수렵 생활을 영위하는 사람들은 언제나 신속하게 동원될 수 있었다. 어렸을 때부터 그들은 말의 안장 위에서 생활하였다. 그들의 힘은 가축을 보호하거나 사냥할 짐승을 추적하는 일로부터 적을 분쇄하는 일로 순간적으로 전환될 수 있었다. 그들의 활동적인 야외 생활로 인해(초기의 미국 카우보이와 다를 바 없이), 독립적이고 자립적이며 모든 일은 혼자서 처리할 수 있는 인간형이 만들어졌다. 그들은 초원의 목동이자 사냥꾼이요 전사로서, 어떠한 일에 대해서도 준비가 갖추어져 있어야 했다. 부녀자들이 천막을 관리하고 전쟁과 정치를 제외한 유목 생활의 모든 문제를 다룰 수 있었기 때문에, 남성들의 전쟁 수행 능력은 더욱 증대되었다.

부족의 사회 조직도 그들의 군사적 힘에 기여하였다. 개인적 용맹이 뛰어난 인물이 추장이 되어 씨족을 통솔하였다. 추장이 늙고 약해지면, 젊고 강력한 인물로 교체되었다. 충성과 보호의 개인적 상호 관계는 전사들 사이에서뿐만

스키타이식(Scythian) 청동기 고양이과의 한 짐승으로부터 공격받는 뿔 달린 초식 동물. 이 같은 소위 스키타이식, 중국-시베리아식 혹은 동물 양식의 청동기는 초원 지대 민족들이 쉽게 접근할 수 있는 북아시아 전지역에서 발견되어 왔다.

아니라 크고 작은 추장들 사이에서도 유지되었으며, 강력한 개성의 소유자는 개인 관계의 최고위계에 보다 신속하게 오를 수 있었다.

유목민의 놀라운 공격력은 여러 가지 복합적 요인으로부터 왔다. 그 기술적 요소의 하나는 철제 발걸이〔鐙子〕였으니, 이것은 기원후 수세기 안에 사용되기 시작하여, 말을 타고 활을 쏘는 데 편리하고 든든한 기반을 기사(騎士)들에게 제공하였다. 잘 훈련된 말 위에 안전하게 올라타고 안장 위에서 사용하기에 알맞은 정도의 작은 합성활로 무장함으로써, 이제 유목민들은 농경민 보병에 대한 전술상의 군사적 우위를 확보할 수 있게 되었다. 이후 1,000여 년간 (400~1400년경) 화약이 소개될 때까지, 아시아에서의 군사 기술의 균형은 기병에게 유리하도록 되어 있었다.

농경민과 유목민이 만나는 만리장성이라는 경계는 불안정한 상태에 놓여 있었다. 강우량은 최소한의 수준이었고 농사는 주기적으로 재앙과 마주쳤다. 중국인과 유목민의 교역 —— 곡물, 비단, 차 등과 말의 교환 —— 은 쉽사리 정치적 문제에 얽혀들게 되었다. 변방의 반유목민들은 중국의 봉신(封臣)으로 정착하고 혹은 중국에 동화되기도 하였다. 반대로 중국의 지배력이 약화되었음이 드러나게 되면, 중국인과 이적이 뒤섞인 변방의 주민들은 새로 일어나는 유목민 지도자에게 충성을 허락하기도 하였다. 이들 신흥 지도자의 비결은 보통 행정 조직에 관한 중국적 방식을 습득하는 능력에 놓여 있었으니, 그것으로 인해 상인과 농민 및 부족 전사들을 함께 통치할 수 있는 혼합 정권을 세울 수 있었던 것이다. 중국인들은 불가피하게 이러한 변방의 이적 지도자의 출현에 부분적인 역할을 담당하였다. 이 거북한 협력 관계에서, 외래의 이질적인 지도자는 전사이자 권력 장악자라는 독특한 역할을 수행하였다.

거란 제국 거란〔契丹, Khitan〕족의 요(遼) 제국(947~1125)은 이중적 국가의 특징적 측면을 예증한다. 제국의 영역은 만주와 몽고 및 중국 본부의 동북 지역까지 확장되었다. 그리하여 제국에는 북중국과 남만주의 농경 지역, 서부 만주와 몽고의 초원 지대, 동부와 북부 만주의 삼림 계곡 등이 포함되었다. 이 왕국은 중국을 제외한 몇 종류의 부족 집단을 포괄하였다. 동부 만주에는 퉁구스(Tungus ; 만주족의 선조)족이 있어, 돼지를 사육하면서 수렵과 농경을 함께 하였다. 서쪽의 몽고 초원에는 터키 부족이 있어, 경작도 하지 않고 돼지도 기르지 않았지만 많은 양과 말, 낙타들을 방목하는 철저한 유목 생활을 영위하였다. 반(半)유목의 거란족이 이들 사이에 있었는데, 그들은 농작물, 낙타, 돼지, 말, 소 등이 모두 제 몫을 다하는 복합 경제로 생활하였다. 중앙의 혼합된 경제권에 위치한 이들 거란 부족은 제국의 건설을 주도하면서, 18 개의 핵심적 부족에서 출발하여 마침내 총 54 개의 부족으로 성장하였다.

거란 사회는 8 개의 큰 가계(家系)로 나누어진 한 씨족〔耶律氏〕에 의해 통솔되었는데, 이 씨족은 부인을 다른 주요 씨족〔蕭氏〕에서 정규적으로 취하였다. 농촌과 도시에서 정착 생활을 영위한 중국인 주민들이 그러하였듯이, 비(非)거란계 부족들도 거란 사회에 통합되었다. 중국인의 지위는 노예에서부터, 여러 가지 형태의 노예적 신분, 부분적 자유민과 완전한 자유민에 이르기까지 다양하였다. 사회 계급의 바닥에는 거란에 의해 정복된 동부 만주의 발해(渤海, P'o-hai ; 713~926) 국민이 있었다.

온전한 가계를 영구히 유지하는 중국의 씨족 제도와는 달리, 대부분의 거란 씨족은 씨족의 이름이 없고 몇 세대가 지나가면 동질성을 상실하는 경향이 있었다. 조상에 대한 제사는 중국의 관례에 따라, 오직 지배 씨족에 의해서만 지속되었다. 결혼은 중국의 관행과 아주 다른 부족의 관습을 따랐다. 즉 남자는 어머니의 동생이나 아버지의 누이, 혹은 형의 미망인과 결혼할 수 있었는데, 이는 중국의 종법제(宗法制)를 완전히 무시한 것이었다.

907년에 거란은 과거 흉노(匈奴)의 그것에 비견할 만한 부족 연맹체를 결성하였다. 그 해에 추장[耶律阿保機]이 스스로 거란의 황제임을 선언하였다. 곧이어 그는 왕조를 세워 아들을 법적 후계자로 삼았으나 형제들과의 싸움을 포함한 끊임없는 전쟁에 빠져들었다. 제국이 확장됨에 따라, 중국의 세습 군주제가 확고하게 채택되었다.

지도력을 집중시킨 능력 외에도, 거란 제국은 기병대에 힘입은 바 컸다. 군주의 기마 궁사(騎馬弓士)들은 '오르도(ordo)'로 조직되었는데, 오르도는 군주 천막의 신변 경호원을 이루었으며 뒤에 서양인들이 '호르드(horde ; 유목민 집단)'라 부르는 것의 원형이 되었다. 일찍이 922년에 그는 이 정예 경호원으로 약 2,000명의 용사들을 모든 부족에서 선발하였다. 서양 황제들의 친위대와 같이 시작된 이 정예 기병대는 약 5만 내지 7만 정도의 기병을 거느리는 부대로 성장하였다.

전시에 기병은 세 마리의 말(두 마리는 예비용임)을 사용하였다. 그는 갑옷을 입고 전장에서는 두 종류의 활을 사용하였으며 도끼와 칼, 밧줄, 마른 식량 등을 휴대하였다. 훈련은 5명 혹은 10명의 기병 단위로 사냥하는 형식으로 이루어졌으며, 지도자에게 복종하도록 엄격하게 조련되었다. 광활한 평원에서 거란의 전사들은, 10명, 100명, 1,000명 단위로 선봉 부대, 좌우익 부대, 주력 부대 및 황제 친위 부대 등으로 편성된 시계같이 정밀한 조직을 발전시켰다. 그들의 군대는 1만 정도 병력의 척후 부대에 의해 인도되었는데, 이들은 야간 순찰대와 봉화, 북, 피리, 깃발, 큰 소리로 외치는 암호, 징, 새소리 등으로 구성된 복잡한 신호들을 사용하였다. 그들은 수가 우세한 적과 접전하는 것을 피하였으나 적의 보급을 끊어 버리고, 매복과 기동의 전술을 구사하였다. 포위 작전에서는 중국인 주민으로 하여금 호[垓字]를 메우게 하였고 중국의 쇠뇌를 이용하여 성벽을 파괴하였다. 도시를 습격할 때는 중국인 포로들을 앞장세워 그들의 동향 사람들과 친척들 앞으로 돌진하게 하였다.

요 왕조 947년에 거란은 앞서 언급한 바와 같이 북중국에 있는 16개 주[燕雲十六州]에까지 남쪽으로 세력을 확장하고 읍락과 도시들을 점령하였다.

그 해에 그들은 요(遼) 왕조라는 중국식 왕조 이름을 채택하였다. 당의 몰락이라는 기회를 이용하여, 이제 그들은 북쪽에는 이적의 요소, 남쪽에는 중국적 요소라는 이중적 국가 체제를 창출하였다. 여기서 그들은 대의(大義)에 동참한 중국인 조언자들로부터 필요 불가결한 도움을 받아, 도시의 문화와 관료적 통치 방식을 습득하였다.

요의 행정은 다섯 개의 경도[五京] 아래에 조직되었으며, 그 중에서도 가장 으뜸된 수도[中京]는 만리장성 북쪽에 위치하였다. 5경에는 주변의 각급 지방 행정 조직이 소속되어 있었으며, 자체의 군 사령부와 그것을 보호할 성채와 요새화된 도시가 있었다. 정부는 이원화되어 있어 각각 독자적인 재상과 장관들이 병존하였다. 양정부의 최고 관부는 중경에 설치되어 있었다. 남쪽 지역을 담당한 정부[南府]의 형태는 6부(六部)와 감찰 기관과 같은 당대의 제도를 계승하였다. 988년에는 중국인의 관리 임용 자격을 결정하기 위하여 중국식 과거 제도가 채택되었다. 요의 군주제를 중국식 지배 체제의 형태로 만들기 위하여, 거란인은 중국의 연대 명명[年號] 관습을 이어받았고, 법정 후계자[皇太子]를 선정하였으며, 공자(孔子)를 국가의 최고 성현(聖賢)으로 추앙하였고, 유교적 조상 숭배를 실천하였다. 뿐만 아니라 중국의 언어와 문자를 행정상의 국제어(國際語)로 사용하였으며, 남쪽 지역에서는 중국 옷을 입기까지 하였다.

이러한 중국화[漢化]를 상쇄하기 위하여, 거란인은 그들 자신의 부족 조직과 의식, 그리고 그들 자신의 음식과 의복 양식을 대부분 유지하였다. 이전의 이적 침입자들과는 달리, 그들은 중국인의 바다에 빠지지 않기 위하여 구어(口語) 중국어를 자신의 국어(國語)로 이어받기를 의식적으로 회피하였다. 그들은 자신의 몽고어 체계에 적합한 두 가지 형태의 글자를 발전시켰으니, 그 중 모양이 작은 것은 알파벳식이고 큰 것은 한자(漢字)에 기초한 것이었다. (202쪽 참조) 이 두 종류의 거란 문자는 행정용으로 사용되었으나, 진정한 문학으로 발전되지는 못하였다.

요 제국은 한 번도 400만 명 이상의 인구를 가져본 적이 없었던 것으로 보이는데, 이는 북송(北宋)에 비해 현격히 적은 숫자이다. 사실 거란의 실제 인구는 겨우 75만 명 정도에 지나지 않았다. 그들 제국 전체 인구의 5분의 1밖에 되지 않는 지배층 거란 부족민들은 지배를 유지하기 위하여 분발하지 않으면

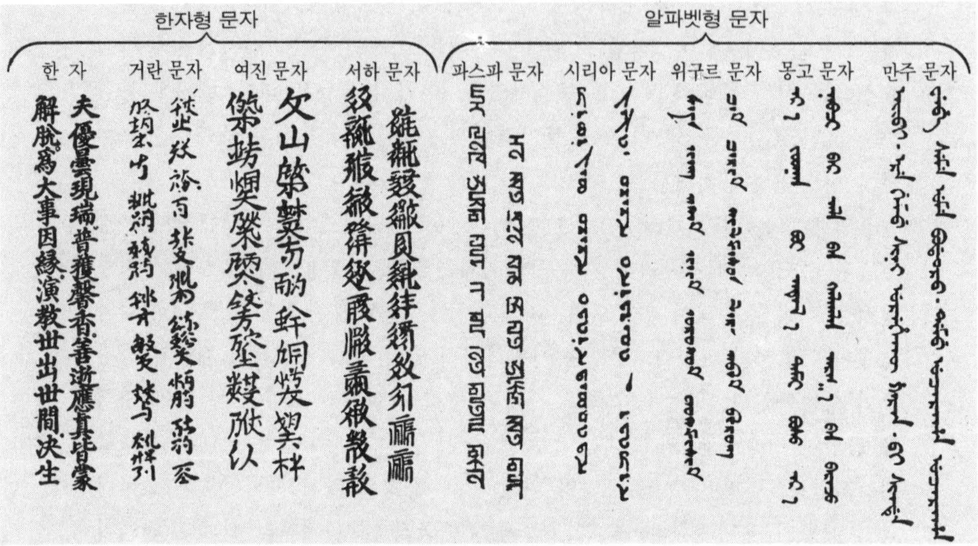

한자형 문자				알파벳형 문자				
한 자	거란 문자	여진 문자	서하 문자	파스파 문자	시리아 문자	위구르 문자	몽고 문자	만주 문자

내륙 아시아의 여러 민족들이 사용하거나 창제한 문자 여기에 보이는 예들은 그 의미와는 상관없이 형태를 보여 주기 위해 제시된 것이다. 각 형태의 서체가 두 줄씩 열거되어 있다. 이들 문자는 모두 위에서 아래로, 오른편에서 왼편으로 읽는 것이 보통이지만, 때로는 예외적인 경우도 있다. 예를 들면, 시리아 문자와 위구르 문자는 극동과 중앙 아시아에서는 거의 언제나 위에서 아래로 읽지만, 근동에서는 보통 오른편에서 왼편으로 옆으로 읽는다. 한자 이외의 한자형 문자들은 주로 한자를 모형으로 하여 발전된 것으로 믿어지지만, 아직도 그 대부분이 판독되지 못하고 있다. (파스파 문자를 제외한) 알파벳형 문자들의 기원은 아람 어(Aramaic)까지 간접적으로 거슬러올라가며, 아람 어는 현대 서양의 알파벳(alphabet)과 같은 뿌리를 갖는다. 파스파 문자는 티베트 문자에서 유래되었고 티베트 문자는 궁극적으로 산스크리트(Sanskrit ; 梵語)에 기원을 두고 있었다.

안 되었다. 그들은 결국 중국인에 의해서가 아니라 그들 후방에 위치한 다른 부족민들에 의해 압도되었다.

서하 왕국 송이 요에 버티어 낼 수 있었던 이유의 하나는 서북방에서 힘이 세 갈래로 나누어지고 있었기 때문이다. 티베트의 당항(黨項, Tanguts)족이 오늘날의 감숙(甘肅) 지방에서 서하(西夏, Hsi Hsia)라는 왕국을 세웠다. 황하의 영하(寧夏, Ning-hsia)에 위치한 수도는, 서방으로 가는 중앙 아시아의 무역로

와 몽고 지방 사이에 있었다. 그들은 관개 농업과 목축 및 교역을 혼합한 반
(半)오아시스 경제를 운용하였다. 송에 조공(朝貢)을 바치던 탕구트의 군주[李
元昊]는 1038년에 독립을 선언하고 하(夏)의 황제를 자칭하였다. 그는 지금까
지 탕구트 어를 표기하기 위하여 극히 복잡한 한자식 문자를 사용하였던 자신
의 인민들을 위하여 새로운 문자 체계를 발명하였다. 이 새로운 문자로 씌어
진 글들의 대부분은 오늘날까지 해독되지 못한 채 남아 있다. 탕구트 인들은
정부와 교육의 모형을 중국에서 따 왔지만, 불교를 국가 종교로 삼았다.

여진족의 금 왕조 북부 만주의 여진(女眞, Jurchen) 부족은 거란에 신복해
있었지만, 매력 있는 만주 남부 지역으로 남하하는 것을 방해받았기 때문에
거란의 지배에 저항하게 되었다. 그들은 1115년에 한 뛰어난 지도자[阿骨打]가
여러 부족을 통일하고 황제를 자칭한 뒤부터 강성해져서, 신속하게 요의 수도
를 점령하였다. 요 제국은 붕괴되었으나, 정부의 잔류 세력이 서쪽으로 흘러
들어가 또 다른 유목 제국을 세웠다. 이것이 바로 카라-키타이(Kara-Khitai), 즉
‘흑거란[黑契丹]’이란 것으로, 스스로는 서요(西遼) 제국(1124~1211)이라 자칭
하였다. 이 나라는 감숙 지방 서하의 변방에서부터 아무 다리야(Amu-Daria ; 서
양 고대의 Oxus 강)에 이르기까지, 파미르 고원 동쪽과 서쪽의 모든 오아시스
국가에 대한 지배권을 확립하였으나, 1211년 몽고인에 의해 끝내 멸망되었다.

요와는 달리, 여진은 중국의 북쪽 변방에 국한되지 않고, 북중국의 대부분
을 짓밟고 1126년에는 송의 수도 개봉(開封, Kaifeng)을 점령하였다. 그들의 군
대는 모든 길을 따라 남하하여 양자강까지 진격하였으나, 결국은 주요 쌀 생
산지의 북쪽 한계선에 가까운 회수(淮水)를 따라 남송(南宋)과의 경계선이 안
정되었다. (166쪽의 지도 참조)

여진도 자기네 왕조의 이름을 고향의 강 이름을 따서 금(金, Chin ; 1122~
1234)이라 정하였다. 여진의 지배하에 놓인 중국인 인구와 비교한다면, 여진인
의 점유율은 거란인이 지배했을 때의 그것보다도 더 적었다. 그들은 거란 지
배층의 이중적 행정 체제와 혼성 문화를 계승하였으나, 중국적인 양식으로
보다 가깝게 끌려들어간 것은 어쩔 수 없는 일이었다. 오늘날의 북경 지역에
위치한 수도 연경(燕京, Yen-ching)에서 그들은 중국식의 관료 국가를 세우고,
송의 모형을 따라 전국을 19개의 작은 지방 정부[府]로 나누고, 이를 다시 주

(州)와 현(縣)으로 쪼개었으며, 당대의 형태인 6 부(六部)로써 행정을 총괄하였다. 관리의 수에서는 중국인이 비(非)중국인에 비해 3대 2 정도의 비율로 더 많았다.

거란과 마찬가지로, 여진인도 대다수의 중국 복속민을 지배함과 동시에 중국의 전통으로부터 자기 고유의 문화를 보존하고자 노력하였다. 당대 이후의 이들 비중국계 민족들은 이런 관점에서 보아 로마 제국의 전통에 대항하여 스스로 프랑스 인이나 독일인임을 주장한 유럽의 부족민들을 연상케 한다. 그리하여 여진인은 거란의 알파벳식 문자를 사용하였고 두 종류의 여진 문자를 고안하기도 하였는데, 그 중 하나는 알파벳식이고 또 다른 종류는 한자에서 유래된 문자였다. (202 쪽 참조)

초기의 여진 부족민들은 거란이나 기타 비중국계 동맹국들과 더불어 끊임없는 전쟁에 항상 대비하고 있었지만, 일단 중국의 토양에 농가로서 정착한 뒤에는 이 무장한 부족도 더 이상 유능한 전사 집단으로 기능할 수 없게 되었다. 중국인들과의 경제적 관계를 통해, 그들은 때때로 중국인 토지의 소작인이 되기도 하고 때로는 빈민이 되기도 하였다. 결국은 두 민족간의 결혼도 허락되었다. 1141년에 이루어진 남송과의 화친으로 인해 금의 명목상 종주권이 확립되었고, 교역의 확대가 촉진되었다. 여진의 귀족들이 제위 계승 문제를 둘러싸고 다투는 동안, 그들의 중국인 복속민들은 인쇄와 학술, 회화와 문학, 그리고 연극 등 평화의 예술을 창조적으로 추구하였다. 금의 지배자들 자신도 유교적 규범을 따르고 경전을 배우고 중국의 시를 쓰게 되었다. 1189년 이후, 금은 몽고와 남송과의 두 전선에서 끊임없는 소모전에 휩쓸려 들어갔다. 금은 언제나 불행한 결과를 가져오는 지폐(紙幣)를 북송으로부터 물려받아 통화를 팽창시켰다. 몽고의 압력을 받은 금은 1215년에 수도를 북경 지방에서 남쪽의 개봉으로 이동시켰으며, 그곳에서 몽고는 1234년에 금 왕조를 멸망시켰다.

몽고 제국

북위와 요, 금 등의 역사에서, 우리는 몽고와 만주의 정복 왕조에서 더욱 분명하게 나타날 여러 가지 반복적 양상들을 볼 수 있다. (1) 침입자들은 보통 혼란한 시기에 북중국에서 권력을 장악한다. (2) 이적들은 중국인의 조언과 협조를, 특히 변방 지역의 중국인으로부터 얻는다. (3) 농경 지역에서 유지될 수 있는 것보다 더 많고 더 좋은 말과 우수한 이적의 기병이 초원 지대로부터 공급되었다. (4) 유화 정책이나 관용 정책을 통하여, 중국인 지방 지도자들이 유인되어 대규모의 조세 징수자와 행정 관리들을 확보하는 데 이용되었다. (5) 침입자들은 중국의 통치 제도를 이용하였고, 전통적인 행정 체제와 중국적인 사회 생활과 문화 생활이 계속될 수 있게 하였다. (6) 그러나 침입자들은 그들 자신을 위하여 장성 너머에 있는 고향을 유지함으로써, 한 민족으로서 존재한다는 자의식을 지키고 중국인과의 동화를 회피하려 하였다. (7) 화이(華夷)의 이중적 행정 체제가 지방에서 운용될 때는 주로 정복자들의 관리하에서 중국인들의 손에 의해 이루어졌다. (8) 침입자들은 행정을 위해 다른 외국인들을 고용하기도 했다. (9) 그들은 예비해 둔 군사력 —— 중국인들로 보충될 수 있는 지역 수비대와 침입해 온 유목 부족 집단 등을 포함 —— 으로 통치력을 유지하고, 수도와 핵심적 요충지를 수비하였다. (10) 중앙 아시아의 부족민들에 대하여, 정복 왕조는 분리 통치 정책을 발전시켰다. (11) 결국은, 압도적으로 수가 많은 중국인 복속민들 한가운데서, 침입자들은 중국 문화의 여러 요소들을 —— 음식, 의복, 이름, 심지어는 언어까지 —— 빌어 쓰기 시작하였다. (12) 그 궁극적 결과는 흡수되거나 축출되는 것이었다. 이 모든 양상들이 몽고의 정복 시기중에 예증되었다.

몽고인들은 몇 개의 가족으로 구성된 작은 집단의 형태로 살았으며, 각 가족은 펠트 천막, 즉 유르트(yurt) 안에서 살았다. 계절적인 이동시에는 이들 분산된 단위들이 수백 유르트의 큰 집단을 형성하였다. 기본적인 사회·정치적 단위는 가부장적 씨족이었다. 정신적 생활은 씨족에 대한 충성으로 집중되어, 노상(爐床) 숭배로 표현되었다. 혈연 관계에 의해 결속된 씨족 집단은 보다 큰 부족 단위를 형성하였다. 이러한 사회적 구조 안에서, 다른 씨족의 구성원들끼리 '의형제'가 될 수도 있었다. 동시에 일부 다처제로 인해 씨족 바깥에서 얻는 처에 대한 수요가 증대되었다. 결국, 부인이 약탈에 의해 획득되는 경우가 자주 있게 되었으며, 이로 인해 종족간의 격심한 반목과 복수를 위한 습격, 소규모의 전쟁이 촉발되었다. 그 결과, 씨족 집단이 다른 씨족에 복속되고 전 부족이 다른 부족에 예속되어 그 세력을 강화시켜 주었다. 그리하여 몽고 사

206

회에서는 '영주', '기사', '평민', '농노' (이는 유럽의 용어로서 꼭 들어맞는 말은 아니다) 사이에 충성과 보호라는 봉건적 관계의 위계 질서가 발달되었다. 이러한 개인적 관계를 통하여 강력한 개성을 가진 인물이 위엄 있는 지도자의 지위에 오르게 되었다.

칭기즈 칸의 생애　1167년경(혹자는 좀더 이르다고 말함), 칭기즈 칸(Chinggis Khan)이 태어났을 때, 몽고어를 사용하는 부족들은 여전히 공동의 이름을 갖지 못하였다. 그는 몽고인을 조직하고 통일한 위대한 인물이 되었다. 그의 개인 이름은 테무진(Temüjin)이었다. 그는 원래 귀족 태생이었으나 그가 어릴 때 아버지가 살해되었으며, 원수를 갚기 위하여 어려운 시기를 통해 악전 고투하였다. 개인적 충성을 확립하는 것은 점진적인 과정이었기 때문에, 그의 흥기는 서서히 이루어졌다. 그는 대군주에게 반기를 들기 위하여, 먼저 한 부족 한 부족씩 차례로 복종시켜 나갔다. 마침내 1206년에 케룰렌(Kerulen) 강 가에서 열렸던 몽고 부족들의 큰 집회에서, 그는 '전세계의 지배자'라는 뜻을 가진 것으로 보이는 칭기즈 칸(Chinggis Khan, 成吉思汗)이라는 칭호를 확인받았다. 페르시아 인이나 중국인 혹은 아랍 인 사가들에 의해 오랜 뒤에 씌어진 몇몇 자료들을 통해, 우리는 칭기즈 칸의 조직 방법을 엿볼 수 있다. 그는 종교적인 지지를 얻기 위하여, 영원한 천신으로부터 위임받았다는 자신의 신성한 사명을 주장하였다. 그의 정치적 구조는 가족 원리에 입각하여 조직되었으니, 가족이 씨족을 형성하고 씨족이 부족을 형성하고 부족이 그 이상의 단위를 형성하는 것이었다. 그는 칸〔汗〕 자신을 초월하는 통치의 영속적 기초로서 제국 법전, 즉 대(大)야사(Yasa)를 만들어 1206년 처음으로 공포하였고, 1227년에 죽기 전까지 계속 발전시켰다. 완전한 원전은 남아 있지 않지만, 우리는 그것이 조직의 기본 규칙을 명확한 형태로 드러낸 것임을 알고 있다. 이 조야한 유목민 족장이 가졌던 힘의 한 원천은 다른 사람으로부터 배우는 능력에 있었다. 그는 민정 체제를 건설할 때 위구르-터키 인(Uighur Turks)을 이용하였는데, 대부분이 경교(景敎, Nestorian Christians) 신도였던 이들 상업 민족은 투르판(Turfan)의 오아시스 주위에 모여 살고 있었다. 몽고인들은 몽고 말을 기록하기 위하여 이들 위구르 인의 알파벳식 문자를 채택하였다.

칭기즈 칸 개인의 친위병은 결국 1만 명 정도 규모의 정예병으로 성장하였고, 그 구성원은 씨족의 지도자와 장군들의 자제들과 친인적으로 충당되있다. 오늘날의 관리 훈련원과 비교될 만한 이 병단으로부터, 칭기즈 칸은 자신의 장군과 고위 행정 관리들을 선발하였다. 군대는 10·100·1000 단위로 조직되었으며, 여기에는 씨족의 구성원들이 용의 주도하게 혼합되었다. 1227년의 총 병력수는 12만 9,000 명 정도였는데, 이는 유목민의 수준으로는 거대한 규모이지만 중국의 기준으로 본다면 적은 수의 군대였다. 몽고인의 총 인구수가 250만 명을 넘지 못하였고 이 당시에는 100만 명에 가까웠을 것이다. 몽고의 기병은 세습 세족적 지도자들의 아래에서 싸웠다. 가죽옷과 털옷을 입고 여분의 교대용 말을 끌면서 한 번에 열흘의 낮과 밤을 안장 위에서 생활하였던 이들 기병대는 실로 믿기 어려운 거리를 달릴 수 있었으니, 헝가리에서는 사흘에 270 마일이나 달렸다는 것이다. 그들은 주로 약탈에 의존하여 살았기 때문에, 그들 눈앞에 놓여 있는 잠재적 보급 기지는 팽창을 위한 끊임없는 자극이 되었다.

몽고인들은, 마치 초원에서 사냥을 크게 할 때 포위망에 들어 있는 짐승을 압축하여 잡듯이, 전장에서는 적을 포위하여 압축하기 위해 별동 유격 기병대를 사용하였다. 영국의 긴 활보다도 더 강력한 그들의 묵중한 활은 600 피트의 거리에서도 적을 사살할 수 있었다. 그들은 기만 전술의 명수였으니, 적으로 하여금 추격하도록 유인한 다음 반격하여 포위하고 후속 부대와 단절시키는 방법을 썼다. 마르코 폴로(Marco Polo)의 진술에 의하면, 이런 종류의 교전 상태에서는 자신이 승리를 얻었다고 생각되는 순간, 실제는 그 반대로 싸움에서 패하고 있다는 것이다. 또 다른 전술의 하나는, 많은 병력을 두 날개에 숨겨 두고 중앙으로 유인되어 들어오는 적을 기다리고 있다가 그 측면을 공격하는 것이었다. 기동력과 협동력으로써, 결정적인 힘을 적의 취약점에 집중시킬 수 있었다. 그리하여 몽고인들은 화기가 사용되기 이전 시대의 공격력을 가장 높은 수준으로 끌어올렸다. 그들은 정보전과 심리전의 명수이기도 했다. 교역 통로의 상인들 가운데 심어 놓은 스파이들로부터, 몽고인들은 그들에게 희생될 사람들에 대한 정보를 얻을 수 있었다. 그들은 많은 도시들을 살육함으로써, 다른 도시들을 미리 공포에 몰아넣었다. 이러한 공포 분위기를 이용하기 위하여, 그들은 만약 지체 없이 항복하기만 한다면 종교적 소수 집단에게는 관용을 베풀고 상인들에게는 자유를 준다는 공허한 약속을 퍼뜨리기도 했다.

칭기즈 칸은 1205년부터 1209년 사이에 중국의 서북방에 있던 서하(西夏) 왕국을 굴복시켰고, 1227년에는 끝내 멸망시켰다. 그는 1211~1215년에 금(金) 제국에 대한 첫 원정을 감행하여 그 수도를 파괴하였고, 도시들을 포위 공격하여 다스리는 방법을 알고 있는 중국인들로부터 협조를 받을 수도 있었다. 이들 가운데 가장 유명한 사람은 거란(契丹) 황실의 후예인 야율초재(耶律楚材, Yeh-lü Ch'u-ts'ai ; 1190~1244)였으니, 그는 북중국을 텅 빈 목초지로 바꾸지 않는 것이 더 이로울 것이라고 자신의 새 주인을 설득시켰다. 그 대신 그는 농경지에 세금을 부과하고 광업과 공업을 진작시키는 방법을 그들에게 가르쳤다. 그 뒤 1219~1221년에 칭기즈 칸은 터키족의 호레즘(Khorezm ; 러시아령 투르키스탄에 있음) 제국을 짓밟았다. 그는 수예품 생산과 대상(隊商) 교역, 이슬람 문화 등의 중심지인 보하라(Bokhara), 사마르칸트(Samarkand) 같은 풍요하고 관개된 오아시스 도시들을 얻었을 뿐만 아니라, 무슬림(Muslim) 상인들과 재정 전문가들의 협조를 얻을 수도 있었다. 터키 부족들도 몽고의 부족 집단 안으로 융합되었다.

그리하여 칭기즈 칸은 1227년에 죽기 전까지, 중앙 아시아의 내륙 지역을 정복함으로써 광범위한 유라시아 제국의 기초를 확립하였다. 많은 사람들이 칭기즈 칸의 진정한 개성에 대하여 추측해 왔다. 그는 뛰어난 능력의 소유자였지만, 그의 동기는 매우 단순하였다. 전해진 바에 의하면, 그는 대장부의 가장 큰 즐거움은 승리, 즉 적을 정복하고 추격하여 그들의 소유물을 빼앗고, 그들이 사랑하는 사람들을 울리고, 그들의 말에 올라타서 그들의 처와 딸들을 품에 안는 데 있다고 말하였다고 한다. 유럽에서나 아시아에서나, 몽고인들은 무자비한 침략자로 기억되어 왔으며, 이러한 특성이 칭기즈 칸에서 보여진 것도 사실이다.

4개의 칸국 부족의 관행에 따라, 칭기즈 칸은 정실 부인의 네 아들에게 제국을 분할해 주었다. 수많은 그의 손자들이 제국의 확장에 힘을 보탠 뒤, 제국은 4개의 주요 칸국(汗國)으로 구성되었다. (*는 칭기즈 칸의 손자들을 가리킨다)

(a) 대칸(Great Khan)(동아시아) : 오고타이(Ögödei ; 칭기즈 칸의 셋째 아들) 1229~1241 / 몽커(Möngke, Mangu, 蒙哥)* 1251~1259 / 쿠빌라이(Khubilai, 忽必烈)* 1260~1294(1279년 이후 중국 전체를 지배) / 1368년에 명(明)에 의해 중

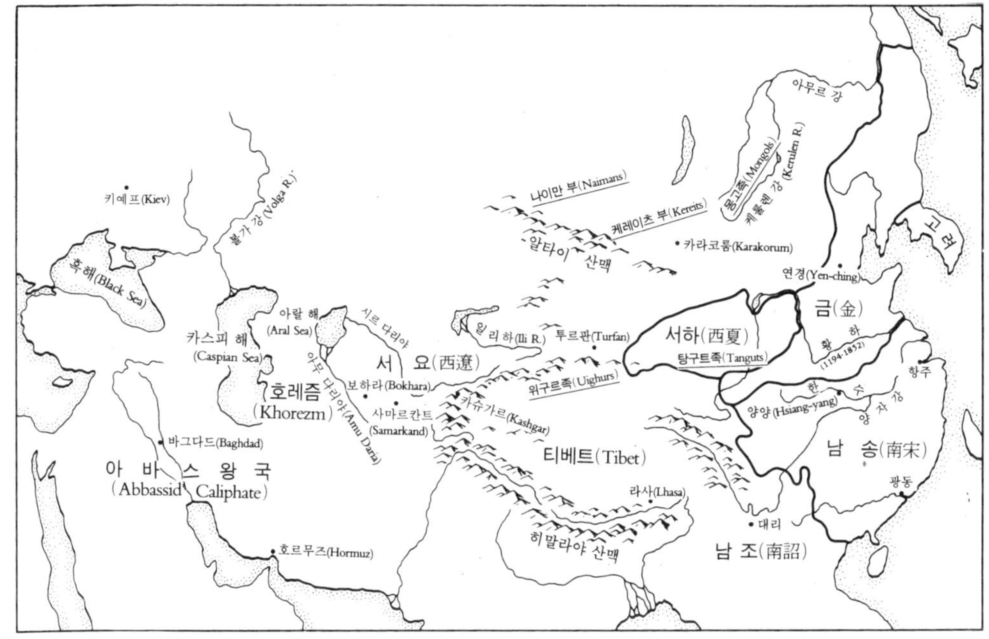

몽고 정복 직전의 아시아(1200년경)

국에서 축출됨.

(b) 차가타이(Chaghadai ; 터키 어로는 Djakhatai) 칸국 : 차가타이(察合台 칭기즈 칸의 둘째 아들) 1227∼1242 / 1370년 이후 서부가 티무르(Timur 혹은 Tamerlane, 帖木兒) 제국(1336∼1405)에 병합됨.

(c) 페르시아(Persia) 칸국〔Il-khans〕 : 훌라구(Hülegü, 旭烈兀)*에 의해 건국됨 / 1258년에 바그다드(Baghdad)를 점령 / 1335년에 멸망됨.

(d) 킵차크(Kipchak)〔黃金群落〕 칸국 : 볼가 강 하류역에서 바투(Batu, 拔都)*에 의해 건국됨, 1227∼1255 / 러시아(Russia)를 지배함 / 티무르 제국에 의 해 정복되었다가 15세기에 멸망됨.

그때까지 알려져 있던 세계의 거의 전지역으로 팽창하는 과정에서, 몽고와 터키의 혼성 부대가 1231년에 페르시아를 짓밟고, 1258년에는 바그다드에 있 던 아바스의 칼리프 왕국(Abbassid Caliphate)을 멸망시켰다. 동아시아에 있던 그 들의 군대가 북중국(1241년)과 고려(최종적으로 정복된 해는 1258년)에 대한 정복 사업을 완수하고 있을 무렵, 서아시아의 몽고군은 서쪽으로 향해 힘을 폭발시켰다. 바투의 지휘하에 그들은 모스크바(Moscow)를 불태우고 키예프(Kiev)를 엄습하고 폴란드, 보헤미아, 헝가리와 다뉴브 강 유역(1241년)을 침공하였다. 그들은 유라시아의 거대한 초원 지대의 서쪽 끝 아드리아 해(Adriatic Sea)까지 다다랐다. 그러나 바투는 1241년에 대칸(大汗) 오고타이가 몽고에서 죽었다는 소식을 전해 듣고 후계자 선거에 참여하기 위하여 그의 군대를 철수시켰다. 당시 통일된 힘을 갖지도 못하고 아무런 방비도 갖추지 못하였던 서방의 기독교 국가들은 몽고의 국내 정치 때문에 구제되었다.

바투의 황금 군락(金帳)을 계승한 후계자들은 남부 러시아를 200여 년간 지배하였다. 몽고의 초원과 투르키스탄의 오아시스 등 교통의 중심권에서 본다면 남부 러시아, 페르시아, 중국 등 3개의 농경 지역은 주변 지역이었다. 따라서 차가타이 칸국은 정치와 경쟁의 전략적 중심이었다. 이 지역에서 중앙아시아를 가로지르는 통로를 따라 설치된 몽고의 역참(驛站) 시설은 피난처와 보급물을 공급하고 비적떼로부터 보호해 주기도 했다. 교역상과 여행자들을 이동시킨 이들 통로를 통해, 몽고의 역참 제도는 정부의 사업에 필요한 물자와 사람들을 이동시키고 사건의 정보를 지배자들에게 제공해 주었다. 강인한 몽고의 급사(急使)들은 말들의 계주(繼走)를 이용하여 하루에 200 마일씩이나 달릴 수 있었다.

처음에는 4개의 칸국이 모두 각각의 정복 사업에 참여함으로써 제국의 통일이 촉진되었다. 그러나 칭기즈 칸의 후예들은 이슬람 문화를 받아들였고, 중국의 몽고 지배자들은 불교의 신도가 되거나 유교적 정치가가 되었다. 중국과 페르시아, 러시아의 국가들에는 별개의 언어와 문화, 관제, 궁정 정치, 지역적 필요성 등이 있었으며, 이 모든 것들이 비교적 수가 적었던 몽고-터키계의 대군주들 사이에 분열을 불러일으키는 요인이 되었다. 각 지역의 관료 행정은 안쪽으로, 즉 국내 문제의 방향으로 기능하였다. 몽고의 집합적 초대국은 오직 1세기 동안만 뭉쳐져 있었을 뿐이다.

남송 정복　　몽고인이 중국을 접수하는 데는 1279년에 이르기까지 한 세대 이상의 시간이 걸렸으며, 이로 인해 중국인의 생활에 깊은 각인이 남겨졌다. 남송은 몽고와 연합하여 금(金)에 대항함으로써, 요(遼)와 대항하여 금을 도와 주었던 과거의 실수를 되풀이하였으니, 결국은 몽고와의 사이에 놓여 있던 완충 지대를 제거하는 데 도움을 주어 정복자의 도래를 자초하였다. 그러나 남중국을 정복하는 데는 수십 년이 걸렸으니 —— 몽고인들에게는 서아시아의 제국들을 정복하는 것보다 훨씬 더 어려운 정복이었다 —— 이는 남송의 힘을 보여 주는 명백한 증거라 하겠다.

침입자들의 전략은 남송의 서쪽 측면을 공격하는 것이었다. 1253년에 그들은 운남(雲南, Yunnan)의 대리(大理, Tali)에 수도를 둔 비중국계 왕국인 남조(南詔, Nan-chao)를 접수함으로써, 이 지역을 역사상 처음으로 중국을 구성하는 한 부분으로 만들었다. 남송 정복은 칭기즈 칸의 가장 유능한 손자인 쿠빌라이(Khubilai, 忽必烈; 1215~1294)의 치하에서 완성되었으니, 그는 1260년에 대칸〔大汗〕이 되어 34년간 통치하였다. 쿠빌라이는 겨울철 수도로 북경(北京)을 건설하였다. 그의 군대는 양자강 이남으로 이동하여 항주(杭州)에 있던 송의 수도〔臨安〕를 함락시켰다. 그 다음에는 광동(廣東)을 함락시키고, 그 서남방에 남아 있던 송의 대규모 함대(그 대부분은 이미 몽고인에 투항하였다)의 잔여 부대를 1279년에 끝내 파괴시켰다. 1271년에 쿠빌라이는 원(元, Yüan)이라는 중국식 왕조 이름을 채택하였는데, '시초' 혹은 '근원'이라는 뜻의 이 이름은 지명(地名)에서 유래하지 않은 최초의 왕조명이었다.

정복이 생활의 한 방식이 되었기 때문에, 몽고의 사자들과 원정대는 송으로부터 물려받은 해군력을 이용하여 동아시아의 먼 외곽 지역에까지 침투해 들어갔다. 수천 대의 군함으로 이뤄진 대규모의, 그러나 성공하지 못한 함대가 1274년과 1281년에 일본으로 보내졌다. 적어도 네 차례의 원정대가 월남을 침공하였고, 버마로는 다섯 차례 침투하였다. 몽고의 사자들이 바다를 통해 실론(Ceylon)과 인도 남부를 방문하였다. 1280년대에는 남아시아의 10개 국가들이 조공(朝貢)을 보내 왔다. 1292년에는 몽고의 함대가 자바(Java)를 공격하였으나 영구적인 성공은 거두지 못하였다. 황실의 서방 지파를 이끌어 반란을 지도한 인물〔海都, Khadidu〕과의 긴 투쟁에 비추어 본다면, 알려진 세계는 모두 정복하려 한 쿠빌라이의 지속적인 노력은 훨씬 더 주목할 만한 것이었다. 칭기즈 칸을 계승한 오고타이의 손자였던 이 경쟁자는 1268년에 반란을 일으켜 차가타이 칸국을 탈취하였으며, 1301년에 죽을 때까지 중국의 대칸에 대한 지속적인 위협으로 남아 있었다.

몽고 지배하의 중국

몽고인들은 점차 자신들이 정복한 중국의 촌락민과 상인, 도시의 공예인들이 몽고의 부족 사회에 융합될 수 없다는 사실과 직면하게 되었다. 1230년부터 북중국 정복 지역의 재상이 된 야율초재(耶律楚材)는 중국인들로 관료 조직을 충당하기 위하여 학교를 세우고 과거 시험을 실시하였다. 그러나 여진인들과 마찬가지로, 몽고인들은 요대에 발달된 단순한 화이(華夷) 이중 행정 체제를 사용할 수 없다는 사실을 발견하였다. 따라서 원(元)은 당·송대의 행정 구조, 특히 중앙 정부의 6부(六部) 체제를 계승하였다. 당대 초기부터 1906년에 이르는 1,300년 동안 이 기본적 구조는 동일한 형태로 지속되었다. 이와 동시에 원은 중앙 정부를 민정, 군사, 감찰 등 3개의 분야로 나누는 체제를 계속 유지하였다. 변화는 지방의 행정 체제에서 더 크게 일어났다. 몽고인들은 금의 전례를 따라 지방 정부를 중앙 정부(中書省)의 직접적 연장 기관(行(中書)省)으로 만들었으니, 이는 중국의 제국적 구조의 완성을 향한 중요한 일보였다.

몽고인 정복자들은 어떻게 하면 중국의 방식으로 지배하면서도 권력을 계속 유지할 수 있는가 하는 오래 묵은 문제에 직면하였다. 외국인의 지배에 순순히 묵종하도록 중국 민중을 설득하지 않으면 안 되었다. 이러한 일들을 성취하기 위하여 외래의 왕조는 지방의 질서를 유지하고, 능력 있는 중국인에게 관료적 정치 생활에서 출세할 수 있는 기회를 주며, 유교적 이념과 문화를 진작시켜 학인 관료 계층을 이끌어 내지 아니하면 안 되었다. 이처럼 몹시 힘든 과업에 대해, 몽고의 일반 대중들은 아무런 준비를 갖추지 못하고 있었다. 따라서 그들이 원대 초기에 거둔 성공의 많은 부분은 쿠빌라이의 당당한 인품과, 유교적 원칙과 협력자들을 잘 이용한 그의 능력에 기인한 것으로 생각된다.

몽고인들이 피정복민들과 현저한 차이를 보인 것은 언어와 신분만이 아니었다. 관습에 있어서, 그들은 초원 기마민의 가죽옷과 털옷을 선호하였다. 음식에 있어서도 그들은 말의 젖과 치즈를 좋아하였고, 술도 말의 젖을 발효시켜 만든 것을 좋아하였다. 물이 거의 없는 초원 지대에서 생장하였기 때문에,

몽고인들은 씻는 일에 익숙하지 않았다. 그들은 성씨조차 없었다. 그들의 상이한 도덕률은 보다 큰 (그리고 중국인의 눈으로 보면 부도덕한) 자유를 여성에게 부여하였다. 더구나 몽고인들의 비중국적 특성은 중국 바깥의 광대한 지역과의 접촉을 통해 끊임없이 보강되었다. 그들은 정복 왕조를 성취한 단 하나의 완전한 유목 민족이었다. 따라서 그들과 중국인 사이의 간격은 무엇보다 문화적인 측면에서 컸으며, 정치적인 측면에서는 더욱 강력하게 지속되었다. 약탈자 이적에 대한 송대 이래의 전통적인 혐오감으로 인해, 능력 있는 남부 중국인을 원의 관료 기구에 충원하려는 계획이 저해되었기 때문에, 정복자와 피정복민 사이의 구분은 더욱 철저하게 되었다. 그들 정복자에 대하여 더없는 경멸의 말을 빠뜨리지 않았던 후세 중국인 사가들은, 몽고인들은 파괴와 극도의 폭음이나 할 줄 아는 원시적 야만인이라고 묘사하였다. 후대의 어느 중국인은 "그들은 냄새가 너무나 지독해서 가까이 접근할 수가 없다. 그들은 오줌으로 몸을 씻는다."고 기술하였다.

원주민의 적의에 직면하게 되자, 중국의 몽고인들은 다른 곳에서처럼 많은 외국인들, 특히 중앙 아시아와 서아시아에서 온 무슬림(回敎徒)들을 고용하였다. 마르코 폴로는 이렇게 기록하였다. "당신도 알다시피 대칸(大汗)은 세습적 권리에 의해 중국의 지배권을 계승한 것이 아니라 정복에 의해 장악하였다. 따라서 원주민에 대하여 자신을 갖지 못하였기 때문에, 그는 모든 권력을 타타르(Tartars, 韃靼) 인이나 사라센(Saracens) 인, 혹은 기독교인들의 손에 맡겨 두었다. 그들은 대칸의 황실에 귀속되어 헌신적으로 봉사하였으며, 또한 중국에서는 이국인이었다." 몽고인들은 사회 계급의 위계 질서를 세웠다. 그들 자신은 가장 높은 계급이었고, 그들의 비중국인 협력자들이 두번째 계급이었으며, 보다 일찍 항복한 북중국인들(漢人)이 그 뒤를 이었고, 다른 모든 계급보다도 수가 많은 남중국인들(南人)은 가장 밑바닥에 놓여졌다. 한편 중국인을 위한 법과 몽고인을 위한 법이 분리되어 있어, 몽고의 지배 계급은 중국인의 생활로부터 분리되어 있었다. 대칸의 여름철 별궁은 만리장성의 북쪽, 상도(上都, Shang-tu ; Coleridge가 말하는 'Xanadu'로서, '최고의 수도'를 뜻한다)를 떠나지 않았다. 외래인으로서의 대칸의 지배는 고도한 수준의 중앙 집권적이고 무자비한 전제 정치를 전통적 중화 제국에 주입하였다.

원 왕조 치하의 생활　쿠빌라이는 즉위하자마자 유교 사원을 보호하였으며, 곧 이어 공자의 국교를 부활시켰다. 그 뒤 그는 유학자들에게 세금을 면제시켜 주었다. 그러나 관리 등용이라는 보다 근본적인 문제에 있어, 쿠빌라이는 유능한 인재를 남중국에서 발굴하지 않았다. 과거 제도는 1237년부터 북중국에서 그 기능이 중지되었으며 남중국에서는 1274년부터 중단되었다. 그 부활은 1315년까지 지체되었다. 물론 중국인들은 서리로서 관료 기구에 참여하기는 하였으나, 유학자들이 관료 기구의 정상부에 오르는 경우는 흔하지 않았다.

외래 종교를 보호하는 몽고인들의 태도 역시 학인 계층의 적대감을 자극하였다. 많은 몽고인들이 페르시아에서 이슬람〔回敎〕을, 중앙 아시아에서는 네스토리우스 교〔景敎〕를 신봉하였다. 중국에서는 불교와 도교, 경교와 회교 등의 종교 기관이 유교의 그것처럼 모두 면세되었다. 금대와 원대에는 새로운 도교 사원〔道觀〕들이 북중국에 많이 세워졌다. 주희(朱熹) 학파의 신유가(新儒家)적 입장에서 본다면, 이처럼 다양한 종교가 동시에 성장한다는 것은 명백한 퇴보였다.

샤머니즘적 배경으로 인해 미신적 경향이 강한 몽고인들은 티베트〔西藏〕에서 발달된 불교의 한 변질된 형태, 즉 라마 교〔喇嘛敎, Lamaism〕를 받아들이게 되었다. 전승에 의하면, 불교는 8세기에 인도 서북부로부터 티베트에 전래되었다. 일단 전래된 불교는 본(Bon)이라고 알려진 티베트 재래의 토착 신앙에 의해 영향받았는데, 본은 대부분 주술과 예언으로 이뤄져 있었다. 불교와 본이 융합한 결과가 이른바 라마('라마'란 '높은 이'라는 뜻이다) 교인 것이다. 13세기에, 라마 교는 황실의 지원을 받아 몽고와 중국에까지 급속하게 전파되었다.

쿠빌라이는 중국에서 불교 승려들에 의해 이상적 불교 군주로 추앙받았다. 그의 보호하에, 산서(山西) 지방 오대산(五臺山)의 대찰을 비롯하여 불교 사찰의 수가 4만 2,000 개에 이르고, 남녀 승려의 수는 21만 3,000 명에 달하였는데, 그 중에는 라마 교의 사찰과 승려가 다수 포함되어 있었다. 유교적 학인 계층의 눈으로 본다면, 종교적 여러 종파에 대한 이 모든 보호 조처는 황제의 유교 의식의 실행만으로 상쇄될 수는 없었다. 그는 중국인의 문학적·예술적·사상적 성과들을 보호할 인재와 정책을 갖고 있지 않았다. 중국 상류 사회 지도 계층이 이 같은 기능을 수행하는 대신, 몽고인들은 전세계에 걸친 지배 체제를 유지하였고, 중국인 관료 계층은 그 아래에서 보잘것없는 기회만을 부여받았다.

한편, 인민의 생계를 개선함에 있어 쿠빌라이는 약간의 일시적 성공을 거두었다. 남송의 지주 계층은 토지를 빼앗기지 않았으며, 토지세와 요역세 및 통상적인 정부 전매제가 발전하였고, 아시아의 다른 지역과의 광범위한 접촉을 통해 교역이 촉진되었다. 아랍과 페르시아의 해상 여행자와 상인들이 광동(廣東)과 천주(泉州, Ch'üan-chou ; Zayton)와 같은 항구 도시들을 빈번하게 방문하였다. 외국과의 육상 교역은 주로 중앙 아시아 출신의 회교도 상인들에 의해 행해졌다. 그들의 협동 집단(斡脫, Ortaq)들은 무역 협회로서 기능하였을 뿐만 아니라, 그들을 보호해 주는 몽고인들을 위해 세금 징수 청부인이 되기도 하였다. 구성원 상호간에 보증하는 이들 상인 '회사'들은 원 제국의 잉여 농산물을 수집하고, 이렇게 축적된 자본의 일부를 확장된 상업 부문으로 돌리는 데 있어 핵심적 역할을 수행하였다. 그들은 또한 몽고 지배에 수반되었던 지나친 부정과 부패에도 한몫을 담당하였다. 상업은 마침내 전국적 규모로 통일된 지폐 제도에 의해 촉진되었다. 중국에 비해 경제적으로 훨씬 뒤떨어졌던 유럽에서 건너온 마르코 폴로는 종이를 돈으로 사용하는 데 대하여 경탄하였다.

쿠빌라이는 대칸의 수도를 외몽고의 카라코룸(Karakorum, 和林)에서 북경 지방으로 옮겼는데, 이곳은 만리장성을 통해 화북 평원으로 내려오는 주요한 출입구였다. 그곳에 그는 칸발리크(Khanbaligh ; Marco Polo가 말하는 'Cambaluc')라 불린 새로운 도시를 세웠는데, 터키 어로 '칸(汗)의 도시'라는 뜻이다. 그 안에는 이중 성곽으로 둘러싸인 궁궐이 있었고 공원과 창고, 호수 및 그 호수에 준설하여 쌓은 큰 언덕 등이 갖추어져 있었다.(229쪽 참조) 새로운 수도의 인구를 먹여 살리기 위하여, 대운하를 황하에서 북경까지 연장시킴으로써 곡물이 양자강 하류 유역에서 운송되었다. 이 제2의 대운하 석축 제방 위로 항주에서 북경에 이르는 포장된 공도(公道)가 달리게 되었는데, 1,100 마일 거리의 이 길을 횡단하는 데는 40 일이 걸렸다.

쿠빌라이의 손자 테무르(Temur, 鐵穆耳)가 1294년에 그를 계승하여 강력한 중앙 정부를 유지하였으나, 1307년에 그가 죽은 뒤 몽고의 중국 지배는 급속히 약화되었다. 그 다음 26년 동안, 7명의 군주가 황제의 지위를 차지하였다.

216

공개적인 내전은 1328년부터 시작되었다. 이와 동시에, 초기에는 교역을 자극하였던 지폐가 이제는 아무런 보증도 없이 점차 많은 양으로 발행되었으며, 그로 인하여 지폐가 더 이상 조세 수납용으로 받아들여지지 않게 되었고 그 가치가 계속 떨어졌다. 설상가상으로, 황하가 되풀이되는 홍수를 일으켜 북부 안휘(安徽, Anhwei) 지방과 강소(江蘇, Kiangsu) 및 남부 산동(山東, Shantung) 지방과 같이 잘 관개된 생산 지역을 황폐화시켰다. 이렇게 해서 재정적·도덕적·정치적 파탄이 잇달아 일어났다.

서방과의 첫 직접적 접촉　중앙 아시아의 교역 통로에 대한 몽고 제국의 지배로 인해 많은 유럽 인들이 중국의 궁정으로 여행할 수 있게 되었다. 마르코 폴로는 '카타이'(Cathay ; 'Khitai'에서 유래하여 특히 북중국을 가리키는 이름)란 말을 직접 갖고 돌아온 많은 사람들 중의 한 명에 지나지 않았다. 1240년경부터 1340년경까지의 1세기는 아랍-터키 인들이 중앙 아시아와 근동(近東)을 지배하여 중국과 서방 사이에 장벽이 가로놓여 있었던 전후 시기 사이의 막간과 같은 시기였다. 이 몽고의 세기 동안에 유럽 인 여행자들은 몇 가지 통로를 통해 카타이에 도달할 수 있었다. 즉, 남부 러시아와 일리(Ili)를 통해 초원 지대를 가로지르는 험난한 여정, 흑해를 건너 고대 비단길의 중앙 아시아 오아시스들을 통과하는 마르코 폴로 같은 이탈리아 상인들이 택한 길, 해로로 시리아(Syria)와 십자군에 의해 세워진 라틴 국가들로 가서 거기서 다시 바그다드(Baghdad)와 중앙 아시아를 통과하는 길, 그리고 마지막으로 아랍 인들의 방해로 통행이 어렵지만 해상 통로로 인도양을 거치고 동남 아시아를 돌아 남중국의 항구들에 이르는 길 등이 그것이다. 서아시아 사람들로 붐비었던 이들 통로를 통해, 많은 유럽 인들이 중국에 도착하였고 몇몇 사람은 여행 기록을 남기기도 했다. 그들의 기록에 의하면, 주로 포로가 된 러시아 공예인들과 병정이었던 많은 수의 희랍 정교도들이 대칸의 궁정에 있었다고 한다.

　중세 기독교 국가와 동아시아의 접촉은 기독교의 이단(異端) 네스토리우스 파(景敎) 신앙이 일찍이 페르시아로부터 이 지역으로 침투한 사실에 의해 촉진되었다. 그것은 비록 중국에서는 소멸되었으나, 거란과 여진족 사이에서 부활되어 위구르-터키족과 몇몇 몽고 부족들 사이에 널리 전파되었다. 쿠빌라이의 어머니가 경교 신자였다. 네스토리우스 파는 약 25 개의 대교구를 갖고 있었으며, 1275년에는 바그다드에 있는 종대수교가 북경에 대주교 관구를 개설하였다. 이단으로 간주되었음에도 불구하고 네스토리우스 파 교회는 교황청과 접촉하고 있었다.

한편, 서방의 기독교 국가들은 십자군의 열정에 빠져 있었다. 그리하여 서방 기독교 국가와 몽고 그리고, 이슬람 사이의 외교적 관계를 위해 무대가 마련되었다. 근동에서의 몽고 세력 팽창에 대항하기 위하여 사라센(Saracen)의 사자들이 프랑스와 영국의 도움을 요청하였으며, 몽고가 페르시아와 바그다드를 정복한 뒤에는 몽고의 일칸(Il-khans)들이 이슬람 세력에 대항할 도움을 얻기 위하여 1267년에서 1291년까지 적어도 일곱 번이나 서방에 사자를 보내었다. 1241년 이후 유럽에 대한 몽고의 위협이 줄어들게 되자, 교황청측에서는 사라센에 대항할 몽고의 도움을 얻을 수 있는 가능성을 탐색하기 위하여 페르시아와 몽고 및 중국 등지에 일련의 저명한 프란체스코 회 수도사들을 외교 사절 및 선교 사절로 파견하였다. 동방과 서방 사이에 교환된 이들 사절들은 아무런 외교적 성과도 거두지 못하였지만, 교황청에서 파견한 사절의 노력으로 로마 카톨릭의 전초 기지가 몬테코르비노의 요안(John of Montecorvino)에 의해 중국에 세워졌다. 그는 대칸의 보호하에 전교하였으며, 이탈리아 상인의 도움으로 교회를 짓고 150명의 성가대 소년들을 가르쳤는데, 그들이 부른 '그레고리안 성가'가 황제의 귀를 즐겁게 해 주었다. 6,000명의 개종자들이 1304년에 북경에서 세례를 받았는데, 그들 가운데 많은 사람이 비중국계였던 것 같다. 중국에서의 카톨릭 전교는 원말에 이를 때까지 계속 발전하였으나 그 이후에는 중단되었다.

아시아로 건너간 서방 상인들의 수는 수도사의 수보다 훨씬 많았음이 분명하지만, 기록을 남긴 상인은 마르코 폴로 한 사람뿐이었다. 그는 두번째의 중국 여행에 나선 아버지와 삼촌과 함께 1271년에 출발하였다. 상도(上都, Xanadu)와 북경(北京, Cambaluc)에 도착한 마르코 폴로는 쿠빌라이에게 봉직하면서 17년(1275~1292)을 보낸 다음, 1295년에 베니스로 돌아왔다. 그의 〈세계견문록〉은 제노아의 감옥 안에서 한 직업적 소설 작가에게 구술한 것이었다. 그것은 단순한 여행담이 아니라 매우 정통하고 객관적이며 체계적이고 과학적인 논문이다(원본은 남아 있지 않지만, 많은 이본(異本)을 포함하여 이탈리아어, 라틴 어, 프랑스 어 및 기타 언어로 기록된 120종의 필사본이 발견되

보헤미아(Bohemia)
튜턴 기사단 (Teutonic Knights)
폴란드 (Poland)
베니스(Venice)
헝가리(Hungary)
모스크바(Moscow)
키예프(Kiev)
킵 차 크 칸
다뉴브 강
콘스탄티노플 Constantinople
흑해(Black Sea)
황 금
지 중 해
(Armenia)
아르메니아
코카서스(Caucasus)
그루지아(Georgia)
카스피 해
해(Mediterranean Sea)
시리아(Syria)
메소포타미아
타브리즈 (Tabriz)
보하라(Bokhara)
성지(聖地, Holy Land)
바그다드 (Baghdad)
페 르 시 아
헤라트(Herat)
아 프 리 카(Africa)
칸국(Khanate of Pers
〔일 칸국〕
아라비아(Arabia)
지다(Jidda)
메카(Mecca)
호르무즈(Hormuz
아덴(Aden)
마르코 폴로의 여행로
일본 원정로
자바에 이른 통로(1292~93년)
정화의 항로(명대 초기, 1405~1433)
모가디쇼(Mogadisho)
인   도

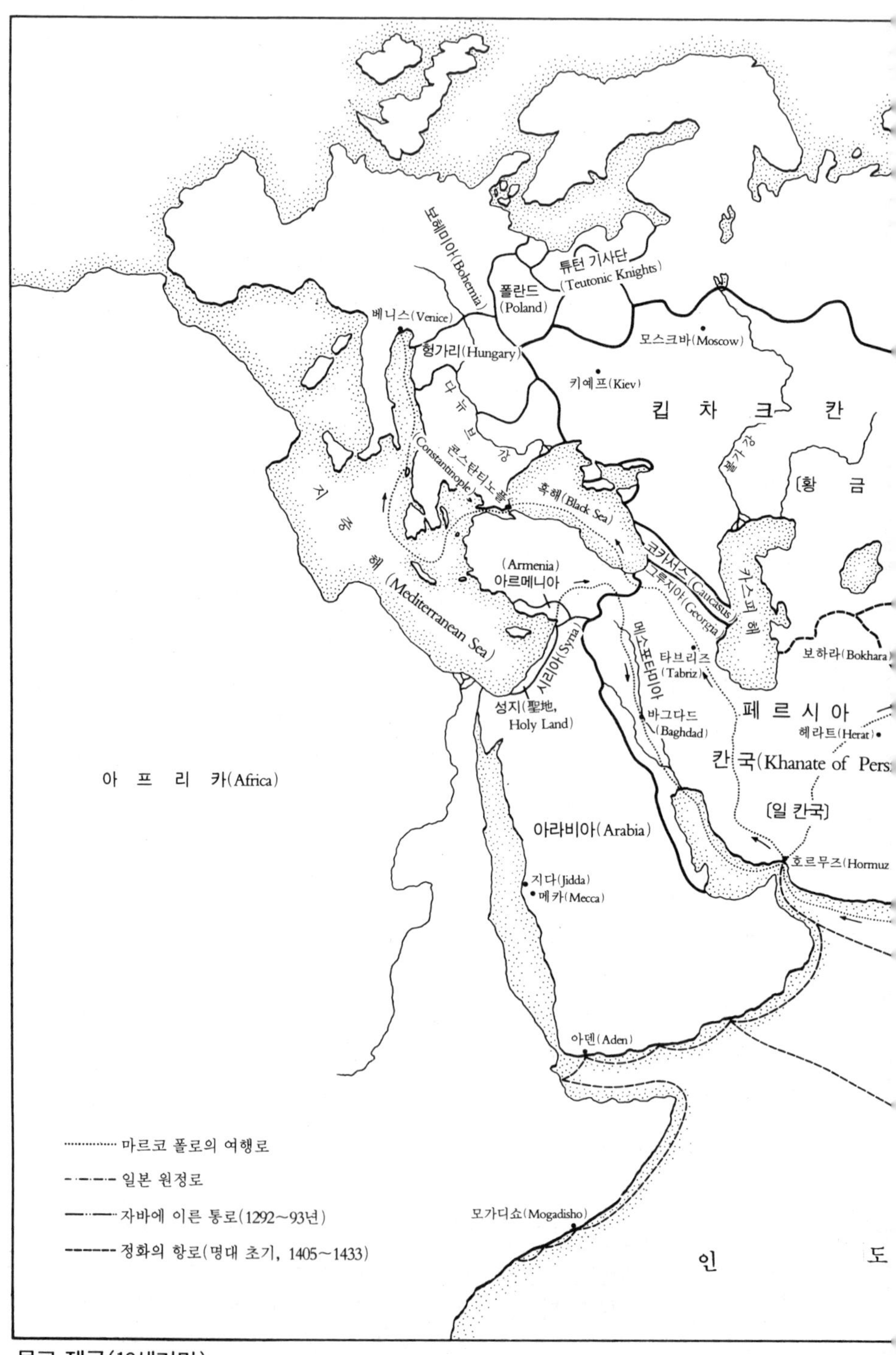

몽고 제국(13세기말)

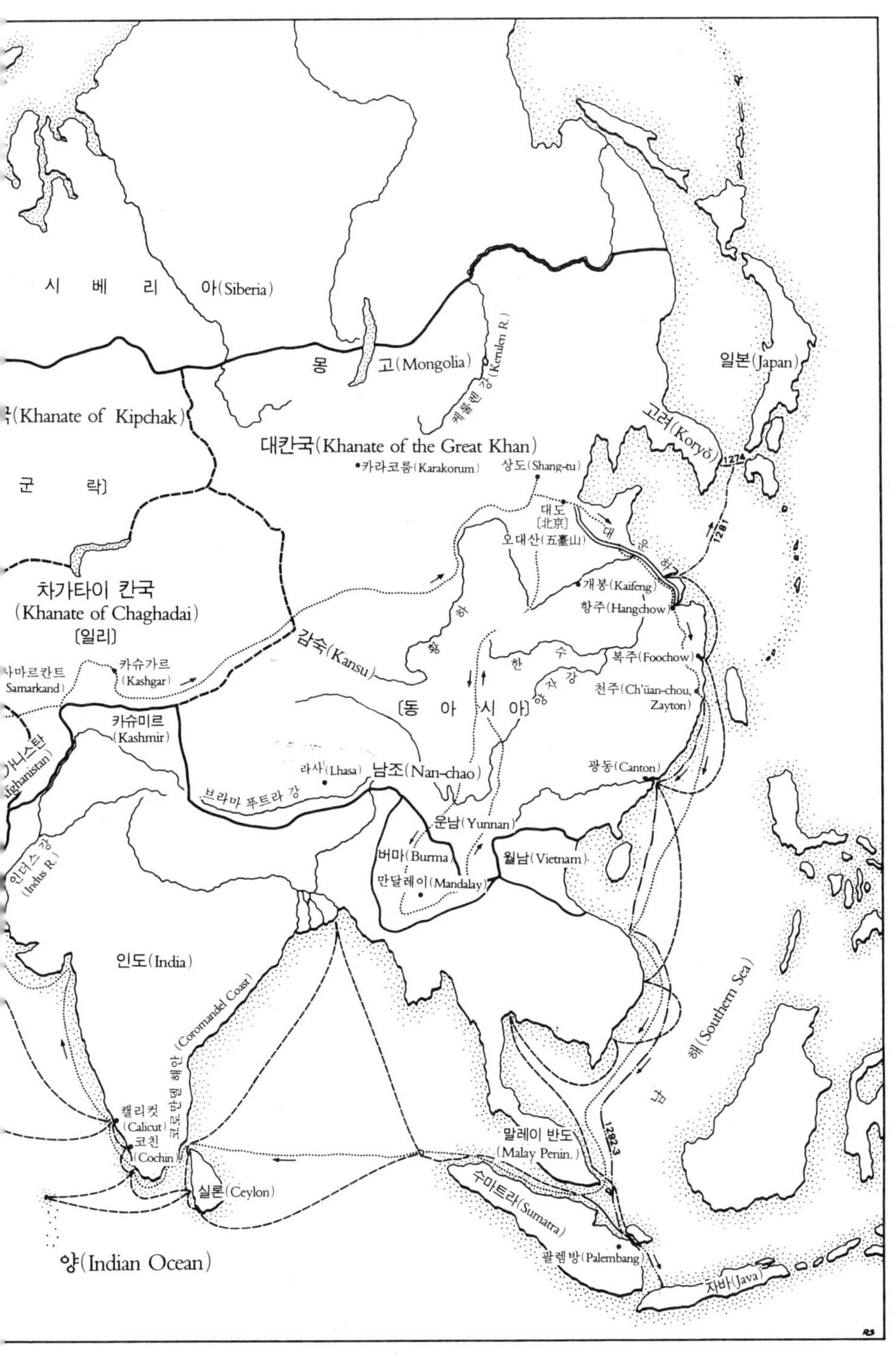

시 베 리 아(Siberia)
몽 고(Mongolia)
케룰렌 강(Kerulen R.)
일본(Japan)
(Khanate of Kipchak)
고려(Koryŏ)
1274
대칸국(Khanate of the Great Khan)
군 락)
•카라코룸(Karakorum)
상도(Shang-tu)
대도(北京)
1281
차가타이 칸국
(Khanate of Chaghadai)
〔일리〕
오대산(五臺山)
개봉(Kaifeng)
항주(Hangchow)
사마르칸트(Samarkand)
카슈가르(Kashgar)
감숙(Kansu)
복주(Foochow)
황 하
천주(Ch'üan-chou, Zayton)
카슈미르(Kashmir)
〔동 아 시 아〕
한 수
장 강
가니스탄(Afghanistan)
라사(Lhasa)
남조(Nan-chao)
광동(Canton)
브라마 푸트라 강
양자강
운남(Yunnan)
인더스 강(Indus R.)
버마(Burma)
월남(Vietnam)
만달레이(Mandalay)
인도(India)
(Coromandel Coast)
해(Southern Sea)
캘리컷(Calicut)
코친(Cochin)
코로만델 연안
남
1292·3
말레이 반도(Malay Penin.)
실론(Ceylon)
수마트라(Sumatra)
양(Indian Ocean)
팔렘방(Palembang)
자바(Java)

었다). 일찍이 마르코 폴로만큼 대단한 이야깃거리를 가졌던 여행자는 없었다. 그의 이야기는 유럽의 대중 앞에 개진된 중국의 지리, 경제 생활, 중국 정부에 관한 최초의 일관된 설명이었다. 13세기 후반의 중국은 크기에 있어서뿐만 아니라 문화와 기술에 있어서도 유럽보다 우월하였기 때문에, 그의 증언은 믿을 만한 것이었다. 중세기말에 '마르코 폴로'는 터무니없는 말의 별칭이 되었다. 그러나 그의 영향은 지속되었다. 콜럼버스(Columbus)는 마르코 폴로의 책을 복사하여 그곳에 주석을 기입해 두었다. 시간이 그 베니스 인의 정당함을 입증해 주었다. 예컨대 산에서 캐낸다는 불타는 '검은 돌'도 석탄이었음이 증명되었다. 19세기에 이르러 그의 여정이 구체적으로 확인되었다.

마르코 폴로와 같은 인물이 동아시아에도 있었으니, 그는 북경 태생의 네스토리우스 파 수도사였던 라반 사우마(Rabban Sauma)였다. 그는 1278년에 중앙 아시아를 가로질러 일칸의 궁정에 갔다가 이슬람에 대항할 기독교도들의 협조를 얻기 위하여 유럽으로 보내졌다. 1287년에 사우마는 콘스탄티노플을 거쳐 나폴리, 로마, 파리 등으로 갔다. 그는 프랑스와 영국의 국왕들을 만났고, 추기경 회의에서 네스토리우스 파의 교리를 설명하였으며, 교황의 앞에서는 비록 언어는 다르지만 의식은 같다는 것을 보여 주기 위하여 성찬 의식을 집전하였다.

중국과 서아시아의 접촉과 비교한다면 몽고 치하에서 이뤄진 유럽 인의 접촉은 매우 사소한 것이었다. 몽고의 정복이 아랍과의 교역을 크게 촉진시켰다. 이 교역은 대상(隊商)에 의해 바그다드에서 북경까지 가기도 했고, 배로 페르시아 만의 호르무즈(Hormuz)에서 제이톤(Zayton ; 福建의 泉州에 대한 아랍어 명칭)을 비롯한 남중국의 여러 항구까지 가기도 했다. 중세의 여행자들 가운데서 아랍 인들은 비록 유럽에 많이 알려지지는 않았지만, 동아시아에 대하여 가장 정통하였다. 몽고 시대에 만들어진 가장 풍부한 여행담은 이븐 바투타(Ibn Batuta)가 지은 것이었으니, 그는 1325~1355년의 기간 동안 중앙 아시아에서 방랑하였으며, 아랍의 교역로를 따라 돌아다니면서 어떤 곳에서는 정착하여 가족을 갖기도 하였다. 그는 중국에서 어떤 아랍 인을 만났고 사하라(Sahara) 사막에서는 아랍 인의 동생을 만났다고 주장하였다.

몽고가 힘을 갖고 있던 시기에, 러시아와 페르시아, 메소포타미아 등은 중국 문화로부터 충격을 받았다. 중국의 기술적 수준이 일반적으로 세계의 다른

〈수호전(水滸傳)〉의 삽화 도끼를 휘두르고 있는 사람의 지휘를 받는 무뢰배들이 처형될 운명에 놓여 있는 동료를 구출하기 위하여 관리(검은 모자를 쓰고 말 탄 사람)와 그 수행자 일행을 매복 기습하고 있다. 폭넓은 보급을 위해 쉽게 복제할 수 있는 형태의 명대 목판본에서.

지역을 능가하였던 1,000 년의 마지막이 가까워 오면서, 중국으로부터 많은 것들——몇 가지만 언급한다면 화약, 지폐, 인쇄술, 도자기, 직물, 카드놀이, 새로 발견된 의약품, 예술의 주제 등——이 서쪽으로 유출되었던 시기가 몽고의 세기였다. 이러한 문화적 영향이 가장 강력하게 미쳤던 곳이 페르시아와 아랍 세계였으며, 이곳을 경유하여 유럽에 간접적으로 영향을 미치기도 하였다. 역으로, 중국이 가장 많은 영향을 받은 것도 아랍-터키의 문화였다. 이슬람〔回教〕은 중국에서 영속적으로 뿌리를 내릴 수 있었지만, 기독교는 그러지 못했다. 그 이후로 감숙(甘肅)과 운남(雲南) 지방에는 회교 신앙이 강력하게 남게 되었다. 광동(廣東)과 천주(泉州)와 같은 항구에서는, 아랍 공동체들이 고유한 관습법과 책임 있는 지도자 아래에서 살아갈 수 있도록 허락되었다.

몽고 치하의 중국 문화　이 접촉의 세기에도, 몽고인 정복자들 자신이 그러하였듯이, 외래의 사물들은 중국에서 피상적인 의미만 가질 뿐이었다. 과거 제도와 같은 몇몇 전통적 제도들이 단지 부분적으로 유지되었을 뿐이지만, 그렇다고 해서 그러한 것들이 다른 것으로 대체되었던 것은 아니다. 중국 문화의 매력이 너무나 강하여서 중앙 아시아의 많은 사람들 —— 탕구트(黨項) 인, 위구르(Uighurs) 인, 네스토리우스 교도, 회교도 등 —— 이 유학자로서 혹은 전형적인 중국 화가나 서예가로서 이름을 떨쳤다. 몽고인이 역사 편찬의 책임자가 되어 송·요·금 3대에 관한 정사(正史)가 편찬되었다. 중국의 학술은 두드러지게 번성하지는 않았지만, 그렇다고 해서 크게 쇠퇴하였던 것도 아니다. 풍경화와 자연화의 위대한 전통 역시 찬란하게 유지되었다.

희곡과 소설 등 2종의 새로운 문학 형식이, 이 시기 동안 전통적인 문어(文語) 대신 구어체(口語體), 즉 백화문(白話文)이 점차 사용된 것과 관련되었다. 희곡과 소설은 모두 당시 도시의 보다 광범위한 독자에까지 미치기 위하여 매일 사용하는 말에 가까운 형식을 사용하지 않으면 안 되었다. 원의 행정에서도, 중국의 고전 교육을 받지 못한 많은 관리들도 쉽게 알아볼 수 있게 하기 위하여 공문서에 보다 일상어에 가까운 구어체를 사용하였다. 중국인 학자들의 입장에서도, 공직 생활의 기회와 고전 연구의 장려가 더욱 적어졌음을 알았기 때문에 자신의 재능을 순수하게 문학적인 노력으로 돌리지 않을 수 없었다. 희곡 제작은 12세기에 이르러 금은 북경에서, 남송은 항주(杭州)에서 번성하기 시작하였다. 1,000여 편에 가까운 연극의 이름이 이때부터 전해져 내려왔다. 원대부터 많은 연극 대본이 인쇄되었다. 그 주제는 인간적 정열과 효도, 정절, 충성 등 사회적 의무의 갈등과 같은 전형적으로 중국적인 것이었다.

중국의 희곡은 많은 노래와 춤을 반주하기 위하여 관현악을 곁들이는, 오페라와 비슷한 것이었다. 엘리자베스 여왕 시대의 영국에서 그러하였듯이, 무대 장치와 사실적인 소도구가 사용되지 않았다. 그 대신 대단히 다양한 관례들——가상의 문지방을 넘어가거나 있지도 않은 계단을 올라갈 때, 혹은 가상의 군마를 잡아탈 때 취하는 손, 소매, 눈, 발 등의 양식화된 동작——이 발달되었다. 여성의 역할이 보통 남성들에 의해 연기되었고, 그들의 가성(假聲) 노래와 춤, 섬세한 동작 등이 각별히 감상되었다. 낭만적인 줄거리, 뛰어난 연기, 해학적인 대사, 화려한 의상, 그리고 격렬한 동작 등 이 모든 것이 광범위한 인기를 얻을 수 있는 도시 예술을 창출하였다.

희곡이 주로 수도에서 성장하였다면, 소설은 직업적 만담가들에 의해 일반 민중들 가운데서 만들어졌다. 당대 불교의 기이한 이야기들이 역사 이야기나 순수한 상상의 사랑 이야기와 모험담으로 발전하였고, 이러한 것들이 직업적 만담가들에 의해 길고 엉성한 구조의 소설로 만들어졌다. 떠돌아 다니는 만담가들을 위해 만들어진 후견용(後見用) 대본이 이들 삽화적 이야기들의 초기 기록 형태였으며, 여러 사람의 손에 의해 조금씩 자세하게 보충되어 초기 소설이 되었다. 그 대부분은 길이가 굉장히 길다. 주인공은 학인 관료가 아니라 보통 낮은 계층의 사람이 아니면 군인 출신이었다. 모든 소설은 당시의 구어체에 가까운 문장으로 씌어졌다. 후대의 소설들은, 작가가 자신의 이름을 감추는 경우가 흔하게 있었지만, 보통은 교육받고 문학적 재능도 있는 단일 작가의 작품이었다(주요한 소설들에 대해서는 296~298쪽에서 좀 더 충분하게 논의될 것이다). 주요한 소설들의 대부분이 명·청 시대에 완숙한 형태를 갖추었거나 혹은 실제 처음으로 지어졌지만, 그 뿌리는 원대나 그 이전의 시기로 소급된다.

소설은 글을 읽을 줄 아는 중국인들의 대다수가 가장 쉽사리 감상할 수 있는 문학의 종류가 되었다. 비록 경전 교육을 받은 학자들에 의해서는 통상적으로 경시되었지만, 소설은 사회적 가치들을 담아둔 그릇으로서, 혹은 그것을 비춰 주는 거울로서 폭넓은 영향력을 가진 주요한 문학 양식이 되었다. 원대에 소설과 희곡이 출현하였음은 몽고 치하 학인 계층의 좌절감과 더불어 중국 문화의 생명력을 아울러 예증해 주는 것이라 하겠다.

제8장
명대의 국가와 사회

중국의 '문화주의'

1368년부터 1644년까지의 명(明) 시대는 인류의 역사에 있어, 정치 질서가 잘 유지되고 사회가 안정되었던 위대한 시기의 하나였다. 평균 1억 정도의 인구가 276년 동안 비교적 평화스럽게 살았다. 명대에서 청대(淸代)로 이어지는 변화는 비교적 완만한 것이었다. 명의 세력이 쇠퇴하고 1644년에 만주인(滿洲人)들이 북경을 점령한 다음, 곧 만주인에 의한 전중국의 정복이 이루어졌다. 그러나 이 전쟁과 파괴의 상황은 1618~1648년의 30년 동안 근세 유럽의 군대들이 저질렀던, 조직적인 약탈과 살육에 비한다면 매우 제한된 것으로 보인다. 여하튼 명의 정치 질서와 사회 질서는 너무나 안정된 것이어서 1644년부터 1912년까지의 또 다른 267년 동안의 이민족인 청조(淸朝) 치하에서도 근본적인 변화 없이 계속 유지되었다. 그리하여 14세기 중엽부터 20세기초에 이르기까지, 중국은 전통적인 길을 따라갔다.

근대 중국 민족에게는 불행한 일이지만, 이 놀랄 만한 안정이 유지되었던 바로 그때에 근대 유럽에서는 르네상스와 종교 변혁, 국민 국가의 성장, 신세계와 지구 전역으로의 팽창, 그리고 그 뒤를 이은 프랑스 혁명과 산업 혁명 등

실로 역동적인 발전이 이루어지고 있었다. 지난 6세기 동안에 서방에서 일어났던 이들 근본적인 변혁에 대비할 만한 그 어떠한 변화도 중국인들은 경험하지 못하였다. 중국은 전세계를 삼켜 버릴 듯 소용돌이친 서방 역사의 급류 바깥에 남아 있었으며, 그 결과 19세기에 이르면 경제·정치적 조직뿐만 아니라 물질 문화와 기술의 많은 측면에서도 서방에 뒤떨어지게 되었다. 안정의 시기가 길게 지속됨으로써 동아시아 문명권이 비교적 낙후되고 저개발된 상태에 놓여지게 되었다. 그러나 이처럼 팽창하는 서방 세계와 비교하여, 명·청 시대를 쇠퇴한 시대로 낙인 찍거나 그 진정한 성과들을 무시해서는 안 된다. 이 시대에 관하여 좀더 탐구하게 되면, 개혁과 성장에 관한 많은 증거들을 발견할 수 있을 것이다. 중국 사회가 변화하지 않았던 것이 아니라, 변화의 속도와 정도가 서방의 그것보다 느리고 적었을 뿐이다

안정을 창출해 낸 요인의 하나는 '전통 안의 변화'라는 중국적 역사관이었다. 사회의 지도자들은 전통에 충실하였다. 현재 일어나고 있는 어떠한 것도 과거로부터 전승되어 온 풍부한 경험의 본에 맞추어져야 했다. 오늘날의 서방인들이 19세기부터 계승해 온 진보의 관념 대신, 명·청 시대의 중국인들은 자신의 관념적 규범을 과거에서 발견하였다.

이처럼 영감을 얻기 위하여 한, 당 혹은 송과 같은 위대한 시대로 되돌아가려는 생각은 몽고에 대한 깊은 혐오감을 동반하였다. 일반적으로 외족의 지배는 외래의 사물에 대한 적대감을 불러일으켰다. 이러한 생각은 점차 중국 문명의 영역 밖에 있는 모든 것에 대한 관심을 잃어버리게 하였다. 바깥 세계에 대한 눈길을 돌려 버림으로써 중국적 생활에 대한 내성(內省)의 경향이 점차 강하게 나타났다. 우리는 이미 골동품적 예술에 대한 관심과 송대 역사학의 발전에서 이러한 경향을 목격한 바 있었다. 이 시기부터 바깥 세계에 대한 공포와 경멸, 중국인의 배타적 생활 방식에 대한 편협한 전념 등이 뒤섞여 민족적 우월감이 점차 조성되었다. 결국 이러한 자민족 우월감이 중국의 대외 관계를 지배하였고, 외래의 자극에 대한 지적·심리적 면역성을 중국에 가져다 주었다.

이러한 태도는 근대의 민족주의와 공통된 점이 많다. 그러나 다른 점들도 있다. 민족주의자 집단은 다른 집단으로부터 정치적으로뿐만 아니라 문화적으로도 침범당할 것을 두려워하기 때문에 자신의 특이성과 우월성을 주장

한다. 따라서 민족주의는 일반적 경쟁 심리나 불안감 등과 밀접하게 결합된 듯이 보인다. 서구 기독교 국가라는 공통의 문화권 안에서 민족 국가들이 발생한 것에서도 볼 수 있듯이, 민족주의란 보통 문화적 소단위, 특히 작은 언어 집단이 동일 문화권 안의 다른 소집단들에 대하여 주장한 것이다. 반면에, 중국인들은 문화적 열등감을 전혀 보이지 않았다. 정치적 예속은 두려움의 대상이 될 수 있었지만, 문화적 복속이란 상상도 할 수 없는 일이었다. 따라서 중국인들이 외국인을 혐오하는 감정은 문화적 우월성에 대한 완전한 자신감과 결합되어 있었다. 중국은 문화적 소단위의 하나로서 반응한 것이 아니라, 세계의 주변 민족에 비해 군사적으로 비교적 열세에 놓여 있었던 때조차도 자신의 문화적 우월성을 철저하게 확신하였던 거대한 민족 중심적 세계로서 반응하였다. 민족주의와의 이러한 유사성과 상이성으로 인하여, 우리는 과거 중국인들의 이러한 태도를 가리켜 '문화주의'라 지칭함으로써, 중국인들의 관점에서 보면 보다 큰 문화적 전체 안에 포괄된 국가라는 보다 협소한 정치적 단위보다는 차라리 전체 문명권이 진정 중요한 단위었음을 시사하고자 한다.

중국적 생활 방식에 이처럼 충실하였던 태도의 밑바닥에는 한 가지 주요한 정치적 사실이 있었으니, 그것은 전중국이 하나의 중앙 정부 아래서 하나의 행정 단위로 존속하였다는 사실이다. 비교적 규모가 작은 유럽의 국가들이 끊임없이 분열되고 있었던 것과 비교되는, 이 놀라운 응집성은 지리적 요인만으로 설명될 수 없을 것이다. 유럽에서 가장 떨어진 곳보다 더 먼 광동(廣東), 운남(雲南), 중앙 아시아 등의 왕국 변방에 황제의 조서(詔書)를 말〔馬〕로 전달하는 데는 보통 한 달 정도가 걸렸다. 중국의 뿌리깊은 통일성은 그 사회에서 확립되어 온 사상과 행동의 습성에 의해, 제도적 근거를 통해 설명되어야 할 것이다. 중국 국가는 중국 문화와 동일한 경계를 가진 것으로 간주되었다. 전체의 생활 양식은 통일된 제국과 거의 동일시되었기 때문에, 그 중 하나가 다른 하나를 의미하게 되었던 것이다. 그것은 마치 로마 제국이 서방에서 생명을 유지하면서 프랑스, 영국 및 기타 국가들의 출현을 방해하였던 것과 같다. 문화와 정치의 동일시로 인하여, 명·청 시대의 중국인 지도층은 외래의 사물에 관심을 두지 않았으며 때로는 적대시하기까지 하였다. 그리하여 문화주의는 전시기를 통하여 충만하였던 보편적 태도였다.

명대의 정치

명 왕조의 창건　몽고 지배의 쇠퇴는 황실 안에서 이루어진 동족 상잔의 경쟁에 의해 촉진되었다. 1333년 이후 15년 동안 북중국에서 빈번하게 일어났던 기근은 황하의 혹심한 범람에 의해 절정에 달하였다. 홍수와 기근은 곡물 창고를 고갈시켰다. 1340년대에는 거의 모든 지방에서 반란이 산발적으로 일어났다. 1351～1353년에는 몇몇 주요한 반란 지도자들이 출현하였으며, 그들 가운데서 누가 천명(天命)을 계승할 최적임자로 남을 수 있을 것인가를 결정하기 위하여 전형적인 왕조 교체기적 경쟁이 시작되었다. 이들 가운데 어떤 이는 송대 황제들의 후손이라고 자칭하였고, 어떤 이는 미래의 부처인 미륵불(彌勒佛, Bodhisattva Maitreya)의 내림을 예언함으로써 종교적 지지를 호소하였으며, 어떤 이는 비밀 결사의 도움을 받았다. 비밀 결사 가운데서 가장 유명한 것은 백련교(白蓮敎)였다. 천태종(天台宗)의 한 분파였던 백련교의 직접적 기원은 12세기의 전반기까지 거슬러올라간다. 지배 왕조에 저항하였던 다른 집단과 마찬가지로, 이 결사 조직도 살아 남기 위하여 비밀스러운 형태를 취하지 않을 수 없었다.

반란을 일으킨 이들 중국인 영웅들 가운데 최후의 승리를 거둔 인물은 주원장(朱元璋, Chu Yüan-chang ; 1328～1398)이었으니, 그는 천부의 능력과 좋은 기회로써 천자(天子)의 지위에까지 오른 비천한 평민으로서 한(漢)의 건국자 유방(劉邦)과 그 이름을 나란히 하였다. 그는 남경(南京)의 서북방 회수(淮水) 지역에서 태어났다. 양친을 잃은 그는 불교 사원에 사미승으로 들어가 글을 깨칠 수 있는 기회를 갖게 되었다. 한동안 그는 목숨을 부지하기 위하여 구걸하기까지 하였다. 그러나 1352년, 나이 25세가 되었을 때, 그는 한 반도(叛徒)의 무리에 참여하였다(아마도 그는 백련교에도 가입하였을 것이나, 뒤에 이 사실을 부인하였다. 그것은 역사적 기록에 남기기에는 현명하지 못한 과거였다).

주원장과 그의 무리는 양자강을 건너 1356년에 남경을 점령하였는데, 이곳은 주요한 경제 지역인 양자강 삼각주에 가까이 위치한 전략적 기지였다. 1367

년까지, 그는 양자강 상류와 하류의 모든 경쟁 세력들을 패퇴시킨 다음 양자강 유역을 모두 지배하게 되었다. 한편, 몽고의 지도자들은 중국인 반란 세력을 공격하는 대신 자기들끼리 싸웠다. 1368년에 주원장은 북경(北京)을 점령하였으나 남경을 그의 수도로 계속 사용하였다. 그는 명(明) 왕조의 첫번째 황제임을 자칭하면서, 연대의 이름[年號]으로 홍무(洪武, Hung-wu ; '거대한 군사력'이란 뜻)를 선택하였으나, 그의 전(全)치세 동안 이 연호만을 사용하였기 때문에 이 연호는 명조 첫 황제[太祖]의 치세를 표시하는 칭호로 바꿔졌다. 이처럼 한 황제의 치세 기간에 한 연호만을 사용하는 관례가 명조와 청조의 전시기를 통하여 하나의 양식으로 고정되어, 이 시기의 황제들은 보통 그들 치세의 칭호[年號]로써 알려져 있다.

두번째의 강력한 군주는 영락(永樂, Yung-lo ; 1403~1424 치세)제였다. 홍무제의 네번째 아들이었던 그는 자신의 세력 근거지를 북경에 두고 있었는데, 이곳에서 그는 남경에서 제위에 오른 홍무제의 손자인 자신의 조카에 대하여 반란을 일으켰다. 그는 남경을 함락할 때까지 파괴적인 내전을 수행하였으며, 43세의 나이에 제위를 찬탈하여 영락(永樂 ; '영원한 기쁨'이란 뜻)이라는 치세 칭호[年號]를 취하였다.

남경은 홍무제에 의해 제국의 수도로 건설되었는데, 높이 60피트, 둘레 20마일 이상이 되는 세계에서 가장 긴 성벽으로 에워싸인 도시였다. 영락제는 1421년에 명의 수도를 북경으로 옮기고 남경은 보조적 수도로 남겨 두었다. 그는 몽고인들이 했던 것보다 더 광대한 계획으로 북경을 다시 건설하였다. 높이 40피트, 둘레 14마일 이상의 주성곽은 9개 성문을 가진 정방형의 공간을 형성하였으며, 각 성문은 바깥 문[外門]에 의해 보호되었다. 한가운데에는 주위가 5마일쯤 되는 황성(皇城)이 서 있었다. 다시 그 안에는 황궁(皇宮)인 자금성(紫禁城)의 높고 붉은 성벽이 있었으며, 그 주위는 2마일 정도 되는 해자(垓字=壕)로 둘러싸여 있었다. 도성 전체의 주축을 따라 궁성의 남쪽에서 북쪽으로 가로지르면서, 흰색 대리석의 축대 위에 솟아 있는 황금빛 기와의 당당한 궁전들이 늘어서 있었다. 명대에 세워진 이 위대한 건축물들의 대부분은 오늘날에도 제국의 비길 데 없는 기념물로서 그대로 서 있다. 북경성 남쪽에 서 있는 성벽과 7개의 성문은 16세기에 첨가된 것이다.

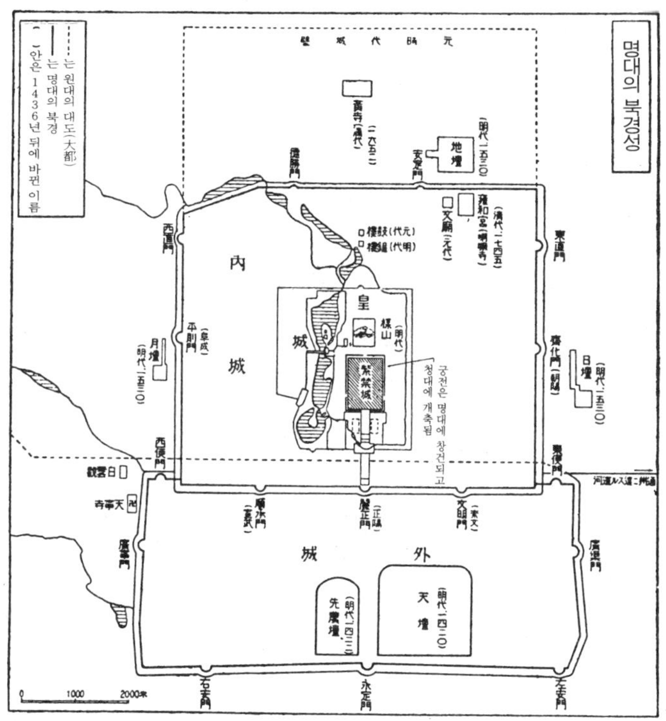

명대와 청대의 북경 윗부분과 중심부 : 원대의 수도, 대도(大都)의 유적지로서, 그 북쪽 성벽은 명대에 파괴되었다. 중심부 : 왼쪽에 호수, 주축에 자금성(紫禁城), 즉 궁성, 북쪽에 (호수에서 준설한 흙으로 만든) 전망을 위한 작은 산 등을 에워싸고 있는 황성(皇城)과 그 둘레의 내성(內城). 아랫부분 : 하늘에 제사지내는 제단(天壇) (오른쪽)과 농사의 신에게 제사지내는 제단(先農壇)(왼쪽)이 있는 외성(外城 ; 청대에는 華城). 주성(主城) 바깥의 동쪽, 북쪽, 서쪽에는 각각 태양(日)과 땅(地), 달(月)에 제사지내는 제단이 있다.

명의 전제 정치   17명의 명대 황제들이 통치한 시기는 다음과 같은 몇 단계의 국면으로 나누어 볼 수 있다. (1) 홍무제(1368~1398)의 치하에서 건국되고 통합된 초창기, (2) 영락제(1403~1424)와 그 후계자들에 의해 정력적으로 건설되고 확장되었으나, 15세기 중엽에 이르러 제국의 자원을 과도하게 소모하기 시작한 시기, (3) 제국의 힘이 국내외에서 점차 쇠퇴해진 시기, (4) 16세기 후반의 개혁 시기, (5) 17세기 초까지 재난이 격화되어 마침내 붕괴되었던 시기.

명대의 이러한 측면은 명말의 도덕적 유학자들에 의해 열성적으로 연구되었는데, 그들은 중국인 국가가 붕괴되는 장면을 목도하였던 것이다. 그들 유학자들과 그들을 계승한 청대의 학자들은 왕조의 쇠퇴에 대하여 도덕적 해석을 내리면서, 여러 황제들의 개인적 결점과 관리들의 잘못, 그리고 관료 조직을 분열시킨 당쟁(黨爭) 등을 분석하였다. 당시 정치에 대한 오늘날의 기초 연구에 의하면, 명대의 황제는 그보다 더 높은 어떠한 법률이나 헌법상의 억제 장치에 종속되지 않았다. 권력은 황제 개인에게 집중되었다. 황제는 자애로운 절대 군주나 난폭한 전제 군주가 될 수 있었으며, 혹은 불규칙적이고 불안정하며 개인적인 기초 위에 있는 총신(寵臣)과 같은 다른 사람들로 하여금 자신의 권력을 행사하도록 내버려 두기도 하였다. 명의 정부는 그 정상부에 위대한 인물을 모셔야만 했고, 그렇지 않으면 재앙을 당해야만 했다.

명조의 창건자는 32년간 군림하면서 자신의 형적을 왕조에 너무나 강하게 남겨 두었기 때문에, 그의 개성은 특별한 의미를 갖고 있었다. 홍무제는 그 초상화에서 사납고 돼지 같은 얼굴을 가진 사람으로 묘사되었다. 그는 젊은 시절에 고생하였으며, 황제로서도 외롭고 엄격하게 생활하였다. 그는 검약함을 맹목적으로 숭배하였고 공포와 의심, 때로는 망상과 난폭한 격분에 사로잡히기도 하였다. 그는 매우 무자비하여 사소한 잘못에 대해서도 무서운 고문을 가했다. 그는 유서에서 다음과 같이 술회하였다. "31년간 나는 하루도 쉴 새 없이, 근심과 걱정으로 고통을 받으면서, 하늘(天)의 의지를 실현하려고 노력하였다." 아마도 왕조 창건자의 이처럼 편집광적인 기질이 명대 전제 정치의 성장을 설명하는 데 도움이 될 것이다. 홍무제가 자신의 손아귀에 권력을 집중시킨 배경에는, 걸출한 능력으로 자수 성가한 정복자로서의 그의 경험도 작용하였을 것이다. 그는 자신의 개인적 역할을 제도화하였다.

1380년, 승상(丞相)과 관련된 광범위한 음모를 진압하면서, 홍무제는 과거 왕조들의 중심된 행정 기구였던 중서성(中書省)을 폐지시켰다. 이 뒤로부터 황제의 통치는 개인적이고 직접적인 것이 되었다. 이러한 제도적 변화는 명대뿐만 아니라 청대의 황제들에게도 보다 전제적인 역할을 부여해 주었다. 그러나 홍무제는 자신의 개인적 행정 업무를 위하여 대학사(大學士)들을 이용하였는

3명의 명대 황제들 1368~1398년에 홍무제(洪武帝)로서 통치한 명나라 창건자 주원장(朱元章). (왼쪽) 1403~1424년 동안에 명조의 기반을 확립한 영락제(永樂帝). (중앙) 1573~1620년 동안 통치하면서 재앙의 원천이 되었던 만력제(萬曆帝). (오른쪽)

데, 이들은 공문서들의 홍수(하루에 100여 건이나 되는)를 처리하고 황제의 비답(批答)을 기초하였다. 결국 그들은 내각(內閣)이란 기구로 비공식적으로 제도화되었는데, 이것은 일종의 내각과 같은 것으로 6부(六部)보다 상위에 놓여 있었다. 그러나 내각은 군주의 단순한 조수에 지나지 않는 것으로, 그들 자신이 주도하여 집행력 있는 행동을 취할 수는 없었다.

상당한 수준의 권력을 손에 넣었던 또 하나의 집단은 환관(宦官)이었다. 홍무제는 바로 이러한 가능성에 대하여 강력하게 경고한 바 있었다. 그는 3 피트 높이의 금속 명판(銘板)에 다음과 같은 글을 새겨 궁중에 세워 두었다. "환관은 행정에 일체 관련해서는 안 된다." 그는 환관의 수와 직급, 칭호, 의복 양식 등을 제한하였고 문서의 취급을 금지시켰으며, 정사에 대해 이러쿵저러쿵 말하는 자를 해임시켰고 문맹 상태로 남아 있도록 명령하였다. 그럼에도 불구하고 황제의 남자 후손을 얻기 위하여 여성 규방을 계속 유지해야 할 필요성 때문에, 환관 제도는 궁중의 필요 불가결한 부분으로 남아 있었다. 그 뒤의 황제들은 궁중에서 성장하였으며 때문에 그들 어린 시절의 동반자이자 교훈자였던 환관들에게 의탁하는 경우가 흔히 있었다. 환관의 직급과 임무가 궁중 안에서 증식되었으며, 그들의 영향력도 행정의 모든 부문에까지 점차 확장되었다. 1420년에는 환관을 위해 궁중 학교가 세워졌고, 환관의 수도 수천 명으로 증가하였다. 북경에 있는 한 중앙 관서〔東廠〕에서, 그들은 황제만이 접근할 수 있는 관리 인사에 관한 비밀 명부를 관리하였다. 사실상 그들은 오늘날의 안보 체제와 다를 바 없는 한 독립적인 행정 조직이 되었다. 환관들은 궁내에 거주하면서 가족에 충성하지 않고 오로지 그들 상전에게만 의존하였고, 어떠한 학인 관료보다도 황제와 더 가깝게 되었다. 따라서 그들은 황제가 신뢰하는 대리인으로서 큰 영향력을 끊임없이 행사하였으니, 심지어는 군대의 지휘관이나 지방 행정의 감독관이 되기도 하였다. 명대에는 궁정 안에서 이들 환관들과 대학사들 사이에, 혹은 궁중의 이들 집단과 수도에 있는 관료 조직, 즉 외조(外朝)의 고급 관료들 사이에 권력 투쟁이 끊임없이 전개되었다.

황제 지배의 전제적 성격은 조정에서 고급 관리에게 체형을 가하는 또 다른 관행에 의해 명백하게 입증되었다. 일찍이 홍무제는 몽고인의 전례를 따라 관리들을 공개적으로 그리고, 격식을 갖추어 대나무로 때렸다. 홍무제는 축하하는 글 가운데 끼워져 있는 경멸적인 말장난(同音異義의 어구를 이용한)을 의심하여 여러 번에 걸쳐 10여 명의 관리들을 처형하였다. 이러한 처우는, 형벌이란 무지한 대중을 위해 필요한 것이지만 우수한 사람들은 군주의 도덕적 모범이 갖는 힘에 의해 움직여져야 한다는 유교적 원리와 모순되는 것이었다. 유교 경전의 자구를 숭상한 것으로 유명하였던 명조 정권은 경전의 정신을 위반한 것으로도 악명을 날리게 되었다.

명조의 또 다른 현상은 당쟁(黨爭)이었다. 관료의 붕당들이 연속된 논쟁으로 격렬하게 휩쓸려 들어갔으며, 반대자들을 미워하고, 가능하면 자기 붕당에 속한 사람들을 관직에 임명하며, 권력에서 소외되었을 때는 권력을 장악하고 있는 사람들을 비난하였다. 그러나 황제의 무제한적 권력과 관료들의 당쟁은 주로 제국의 관료 조직의 수준에서 이뤄진 것이었는데, 제국의 관료 조직이 분포한 범주란 제국 안에서 매우 제한되어 있었다. 지방 행정의 수준에서는 황제 권력이 유보되어 거의 행사되지 않았기 때문에, 안정된 사회 질서가 유지될 수 있었다.

정부의 구조 명대의 황제들은 전대로부터 물려받은 중앙 정부의 구조를 그대로 유지하였다. 첫째, 6부(六部) 및 기타 몇몇 기관들 산하의 민정 담당 관료 기구, 둘째, 중앙 집권화된 군사 조직, 셋째, 독립적인 감찰 기관 등이 그것이다. 서방인의 눈에는 이들 3종의 기구 가운데서도 감찰 기구, 즉 도찰원(都察院)이 가장 흥미롭게 보일 것이다. 수도에 있는 최고의 감찰 부서에는 110명의 조사 담당 관찰관〔御史〕이 있었다. 그 밖에도 6부의 각 부에는 그 운영 상태를 감시하는 특별 감찰관원이 있었다. 일반 문관 가운데서 선발된 감찰관들은 보통 청렴 결백한 개인적 성품을 기준으로 뽑혀진, 낮은 직급의 젊은 관료들이었다. 그들은 임무 수행을 위해 보통 1년간씩 지방으로 파견되어 재판의 처리와 의례의 집행, 곡창과 학교의 관리 상태를 조사하고 관리들의 보고와 백성들의 고소를 접수하였다. 그들의 권력은 군주 권력에 직접 접근하여 다른 관리들을 탄핵하고 황제에게 (위험을 무릅쓰고) 직간할 수 있다는 사실에서 연유하였다. 그러나 이처럼 폭넓은 권력도 무제한적인 것은 아니었으니, 그 까닭은 감찰관들도 흔히 9년 혹은 그 이내의 임기를 마친 다음에는 일반 문관직으로 복귀해야 하며, 그들 역시 다른 모든 관리들과 마찬가지로 황제의 변덕스러운 기분과 생각에 내맡겨져 있었기 때문이다. 종신 임기에 의해 보장받지도 못하였고 그들 상전의 노여움으로부터 면제되지도 못하였기 때문에, 이들 '황제의 눈과 귀들'은 사실상 자신의 안전에 대해 관심을 갖고 상급자들이 매기는 유리한 공적 평가에 매달리는 다른 모든 동료들과 다를 바 없는 관료였으며, 때로는 뇌물과 협박 등에 노출되기도 하였다.

세 부분으로 이루어진 명과 청의 이 행정 체제는 최근의 국민당(國民黨)과 중국 공산당의 정치 체제와 흥미롭게 비교된다. 1928년 이래로, 중국은 당(黨)과 군(軍) 및 정부 등 세 가지의 기본 조직을 통해 통치되었다. 현대 중국의 집권당들은 마치 왕조의 일가를 계승한 것처럼, 통치자들을 배출하고 그 응답을 기대하였다. 군과 민간 정부와 나란히 운영된 당 기구는 옛날의 감찰 기능의 일부까지 계승하였다. 이 중국적 3각(三脚) 체제는 미국 헌법하의 그것과 같은 권력의 분리 혹은 권력의 균형은 아니지만, 균형된 행정 체제라 부를 수는 있는 것이다. 군대가 체제의 힘을 유지시켜 주고, 문관(文官) 조직은 행정을 실행하며, 감찰 기관(그리고 환관)은 모든 일을 감시하였다.

명대의 지방 민정 구역은 15개의 성(省)으로 구분되었으며, 그 뒤 청대에는 더 분할되어 18개 성으로 증가되었다. 각 성은 몇 개의 지방 단위로 나누어지고 더 작은 단위로 다시 쪼개어졌다. 대체로 명 제국 안에는 159개의 부(府)와 234개의 주(州), 총 1,171개의 현(縣)이 있었다. 청대에는 부가 총 183개, 현은 1,470개 정도로 확장되었다. 지방의 행정 장관들은 회피(廻避)에 관한 법에 따라, 친척이나 고향 친우들과의 공모에 빠져들지 못하도록 그들의 출신 지역에서는 근무하는 것이 허락되지 않았다. 지방 행정은 각 성의 행정 장관(布政使)에 의해 주도되었다. 또한 독자적인 관속들을 거느린 사법 장관(按察使)이 있었다. 세번째로 높은 관리는 각 성의 군 사령관(都指揮使)이었다. 그리하여 각 성은 중앙 정부의 경우와 마찬가지로 행정, 군사, 감찰 등 세 가지 기능을 대표하는 관료 집단의 관리하에 놓여 있었다. 최종적으로 각 성의 최고 위에 지사(巡撫)가 조정관으로서 첨가되었다. 이러한 일련의 행정 체계 역시 앞서 살펴본 바와 같이, 순회하는 감찰관들에 의해 감시되었다.

명대의 군사 제도는 홍무제가 발전시킨 5,600명 단위의 친위대에 기초를 두고 있었다. 각 단위(衛)는 1,120명씩의 보다 작은 5개의 단위(所)로 나누어졌는데, 이들 병사들은 직업적 군인으로 등록되었다. 1393년에 이르면, 병부(兵部) 아래에 493개의 단위(衛)가 있어, 5군 도독부(五軍都督府)의 지휘하에 내륙 아시아의 변경과 연안 지방의 전략적 요충지 및 대운하와 수도에 주둔하였다. 그리하여 본래는 친위대였던 부대 단위(衛)가 주둔군이 되었으나, 지방의 민간 행정부와는 독립적이었다. 등록된 병사의 지위는 세습적이었으며, 병농 일치(兵農一致)의 자급 자족적 군대라는 고대적 이상을 실현하고자 하는 희망으로, 다수의 병사들이 생계를 위한 농토를 지급받았다. 그러나 이러한 중국인 주둔군이 비전투적 사회에서 유능한 병사들을 유지한다는 것은, 거란이나 여진 혹은 몽고의 군대보다 더 어렵다는 사실은 필연적인 것이었다.

수도에서와 마찬가지로, 지방에서도 새로운 행정 기관들이 비공식적으로 출현하여 뒤에는 제도화되기에 이르렀다. 그 가운데는 도대(道臺)라는 순회 감독관이 있었는데, 이들은 처음에 소금 전매, 경찰, 세관, 하천 관리 등과 같은 일에 관련된 특수한 기능을 조정하기 위해 임명되었다. 결국, 각 성은 이

명대의 중국

같은 여러 가지 목적을 위하여 여러 개의 순회 감독관 구〔道〕로 나누어졌으며,
이 도(道)는 성(省)과 주(州) 사이의 새로운 행정 단계가 되었다. 또 다른 발전
은 부패와 실정을 조사하기 위하여 새로운 순회 감독관과 특별 사절들이 파견
되었다는 사실이다. 이들 관리들은 지방 행정에 더욱 통일된 집행 능력을 가
져다 줄 수 있도록 일정한 지역 안의 특정한 행정·감찰·군사적 권한을 부여
받았다. 명대 중엽에 출현한 각 성의 최고 지사〔巡撫〕와 보통 2개의 성을 담당
한 총독(總督) 등의 관직은 여기에서 발전된 것이었다.

토지, 인민, 조세　　토지와 인민에 대한 명 정부의 통제는 토지와 인민을 등록한 상세한 대장의 작성으로 돋보이게 되었다. 1393년에 작성된 대장에는 어림잡아 총 1,000만 호의 가구와 6,000만 명의 인구가 등록되었다. 이 인구 등록은 현대적 방식의 인구 조사에 기초한 것이 아니어서, 한대의 그것보다도 많지 않은 총계를 보여 주고 있다. 우리는 단지 1393년의 실제 인구가 이 통계 수치의 배는 되지 않았을까 하고 생각할 수 있을 뿐이다. 1393년의 토지 등록 대장에는 사용중인 토지가 총 1억 2,900만 에이커(acre) 정도로 기록되었는데, 이는 오늘날 경작지로 추계되는 면적의 반에도 미치지 못하는 것이다. 각 소유지는 종류와 생산량에 따라 분류되고 이에 따라 과세되었다.

조세는 8세기의 양세법(兩稅法, 154~155 쪽 참조)에까지 거슬러올라가는 전통을 따랐다. 명대의 여름철 세금〔夏稅〕은 겨울 동안에 키워 초여름에 수확하는 보충적 곡물〔冬麥〕에 대하여 여덟번째 달에 징수하였다. 추곡세는 전년도 여름에 키워 가을에 수확한 농산물, 특히 양자강 유역의 미곡(쌀)에 대하여 두번째 달에 징수하였다. 차와 소금에 대하여 통상적으로 부과하였던 정부의 전매세도 계속 유지되었다. 명은 송·원대처럼 지폐의 발행도 계속하였지만, 금속 화폐로 태환할 수 없도록 하였기 때문에, 지폐는 가치를 상실하게 되어 1450년에는 폐기하지 않을 수 없게 되었다.

각 가구〔戶〕는 3등급, 5등급 혹은 9등급으로 분류되었고 (많은 복잡함이 있었다), 16세에서 60세 사이에 등록된 성인 남자〔丁男〕 수에 따라 요역(徭役)을 제공할 의무를 갖고 있었다. 요역의 한 종류는 조세 징수와 공공 사업에 관련된 지역적 책임을 부담하는 것이었다. 이러한 요역은 이갑(里甲) 제도 아래에서 조직되었다. 이상적으로는, 이웃하는 110 가구〔戶〕가 한 단위(里, 즉 마을)를 형성하도록 되어 있었다. 이 단위 안에서, 일 년씩 10개의 유력한 가구가 나머지 100 가구의 10분의 1씩을 감독하여 한 갑(甲), 즉 한 분대를 이루게 하였으며, 이 갑을 단위로 하여 그 해의 지역적 요역에 대한 책임을 부담하게 하였다. 다른 가구들도 10년 주기로 요역을 교대로 부담하였다. 그리하여 이갑 제도는 송대로부터 계승되어 온 보갑(保甲) 제도라는 상호 보증 제도(129, 165 쪽)와 한편으로는 공통된 면을 가지면서도, 또 다른 한편으로는 별개의 독특한 특징을 갖게 되었다. 역시 성인 남자에게 할당된 또 다른 종류의 요역은 큰 관공서에서 규정된 잡일을 수행하거나 그렇지 않으면 그 대가로 현금을 지불하는 것이었다. 그 외에도 정부에서 운영하는 역참(驛站)이나 지방의 민병대에서 근무하는 일 등, 인민에게 할당된 요역의 형태는 여러 종류가 있었다.

명의 법 체제는 전통적 원칙을 재적용하는 동일한 양식을 보여 주었으나 전대의 그것에 비해 새롭고 철저한 면이 있었다. 행정법과 형법을 포괄하는 종합적 법전[大明律]이 1397년에 처음으로 간행되었다.

그러나 현대적인 기준에서 본다면, 명대 초기의 통치는 여전히 피상적인 수준에 머물러 있었다. 명 정부는 사회의 모든 측면을 조직하고 통제할 수 있는 특권을 주장하였다. 그러나 실제에 있어 명 정부는 일상 생활면에서는 중국 인민을 간섭하지 않았다. 각 성에는 오직 2,000여 개의 주요한 관직이 있었을 뿐이다. 중요하지 않은 직책까지 포함한다 하더라도, 1800년대 청 제국의 전체 문관수는 2만 정도에 불과하였다. 이처럼 소수의 만다린(mandarin ; 서양인들이 중국인 관리들을 가리켜 부른 별칭)만으로도 국가를 통제할 수 있었던 까닭은 오직 각 지방의 유력한 엘리트들, 다시 말해서 (과거 시험을 통해 획득한) 학위를 소지한 향신(鄕紳) 계층에 의해 수행되었던 기능 때문이었다.

명대의 사회와 문화

과거 시험 명대에 중국에 대한 순수한 중국인의 통치가 회복되자, 몽고 이전 당·송의 제도로 되돌아가려는 정신이 활기를 띠게 되었다. 이는 곧 과거 제도의 중요성을 되살려 주었다. 명·청대에는 과거 시험에 세 가지의 주요한 단계가 있었다. 첫번째 단계는 현(縣)에서 치르는 예비 시험으로서, 부(府)에서 매 3년에 두번씩 시행되는 시험에 응시할 자격을 부여하였다. 이 시험에서는 합격자에게 옛 이름으로는 수재(秀才 ; '뛰어난 재능'이란 뜻)라 불린, 개업 유자격자 혹은 학사(學士)의 칭호에 비견할 만한 최하급의 학위를 수여하였다. 이 학위의 소지자는 요역과 체형(體刑)을 면제받을 특전을 향유하는 특권적 학인 계층임을 인정받았다. 이 같은 하급 향신 계층의 지위를 유지하기 위하여, 학위 소지자들은 매 3년에 한 번씩 시행되는 상례적인 시험에 합격하지 않으면 안 되었다. 두번째 단계는 또 다른 예비 시험을 거쳐 성도(省都)에서 개최되는 3년 주기의 큰 시험[鄕試]에 응시하는 것이었으니, 이곳에서는 수천 명의 응시자들이 붓과 종이를 갖추고 시험장에 걸게 배열된 벌집 같은 작은 방에 각각 갇혀서 며칠을 보내도록 되어 있었다. 100명 내지 200명의 경쟁자들 중 한 명씩 정도의 비율로 성 단위의 학사, 즉 '거인(擧人)'이 되는데, 이 사람은 북경에서 3년에 한 번씩 시행되는 세번째 단계의 전국 시험[會試]에서 경쟁할 수 있는 자격을 얻었다. 전국의 시험에서 성공하게 되면, 전국 단위의 학사, 즉 '진사(進士)'가 되어 황제가 친히 주재하는 마지막 시험[殿試]을 궁정에서 치르고 관등과 관직을 받았다.

관료 제도는 과거 시험을 치르지 않고도 진출할 수 있는 특권을 어떤 사람에게는 융통성 있게 허용하였다. 세습 특권이 그 한 수단이었으니, 고급 관료의 아들은 그 아버지의 공적을 고려하여 학위, 즉 과거 급제자의 지위뿐만 아니라 때로는 관직까지도 받을 수 있었다. 앞선 모든 왕조 시대에 그러하였듯이 명·청 시대에도 돈을 주고 학위를 손에 넣는 것이 또 하나의 방법이 되었다. 이것은 황실의 창고에 기부함으로써 가능하였다. 일반적으로 돈을 주고 학위를 살 경우에는 학위 취득만이 허락되었을 뿐 실제 관직은 허용되지 않았다. 이것은 향신(鄕紳) 계층이 되는 것을 허락하는 것이지 관료 계층으로 진입하는 것을 허락하는 것이 아님을 의미하였다. 따라서 돈을 주고 획득한 학위는 돈으로 얻은 것임을 분명하게 명시하면서, 상인이나 지주와 같은 부유한 사람들에게 학인(學人) 엘리트의 지위를 허락하였다. 즉, 그들이 지불하는 돈의 대가로 그들에게 부여하는 자격의 인정은, 진짜 학인에게는 가장 높은 위신을 보장해 준다는 골격 안에서 가능하였던 것이다. 이런 식으로 학위를 파는 것은 한편으로는 야심 만만한 비(非)지식인들을 체제 안으로 끌어들이는 안전판이 되었으며, 다른 한편으로는 특히 궁핍할 때 왕조를 유혹하는 수입의 원천이 되었다. 19세기에는, 가장 낮은 학위 소지자의 약 3분의 1이 돈을 주고 그것을 얻었다.

일반적으로 말해서, 과거 시험은 대량의 관료군을 배출하여 나라에서 가장 뛰어난 재사(才士)들을 공직에 충당시키는 데 성공하였다. 지리적 대표성을 보증하기 위하여 각 현과 성에서 합격할 수 있는 인원의 할당수가 제한되어 있었다. 응시자의 답안지는 때로 익명과 공평함을 보장하기 위하여, 읽혀지기 전에 이름을 쓰지 않은 채 복사되기도 하였다. 성시(省試)를 위해서 시험관이 중앙에서 파견되었다. 시험의 관리는 관리들의 이후 경력을 관리하는 이부(吏

제국 정부의 과거 제도   다른 성도(省都)에서처럼, 남경(南京)의 넓은 울안에 서 있는 수천 개의 칸막이 시험장.

部) 대신, 예부(禮部)에서 담당하였다. 이러한 모든 관행들은 선발 과정의 공평성과 객관성을 보장하였다.

이 제도의 한 가지 약점은 그 시험 문제의 제재를 송대에 유교의 정수로 선택된 4 서(四書)와, 주희(朱熹) 학파의 송대 학자들(190~191 쪽 참조)에 의해 주석된 5 경(五經)으로 제한한 데 있었다. 형식적인 구성을 지향한 결과, 마침내 1487년에 명은 8 개의 주요한 표제하에, 모두 700 자를 넘기지 않고 평형과 대구를 많이 사용하면서 시험지를 작성하는 고정된 형식을 채택하였다. 이것이 저 유명한 '팔고문(八股文)'인 바, 뒤에 문학적 구조의 압제를 사상에 강제하는 것이라고 비난되었다.

과거 응시자를 준비시키는 제도에는 현(縣)과 주(州) 단위에 세워지도록 지정된 이른바 관립 학교가 있었다. 그러나 이들 학교의 가장 주요한 기능은 학인(學人)들을 등록시켜 정기적으로 시험을 치게 하는 것이었지, 체계적인 교육과 숙식 시설을 제공하는 것이 아니었다. 학인들의 실제 시험 준비는 가정에서, 때로는 집안 학교에서 시작되었다. 따라서 가정 교사를 둘 수 있는 유력한 집안, 특히 학문을 자극하고 인도해 줄 부모와 가정의 전통이 있는 학인 관료가의 자제들은 유리한 입장에 놓여 있었다.

명·청 시대에 수백만 명에 의해 암송되었던 주요한 초급 독본은 13세기에 만들어진 〈3자경(三字經)〉이었다. 그것은 기초적 지식과 원리를 간결하게 요약하여, 각 행(行) 세 자씩 356행이 번갈아 가면서 각운을 맞추는 운율의 형태로 표현하였다. 첫 행은 인간의 본성이 근본적으로 선하다는 맹자의 핵심 사상을 전하려는 내용으로 되어 있는데, 중국에서 보편적으로 받아들여졌던 이 관념은 원죄를 확신하였던 서방의 선교사들에게는 장애물이 되었다. 그리하여 초급 학습의 과정이 동시에 철학적 교의의 주입 과정이기도 하였다.

학 술 명대의 지적 피라밋의 정상부에는 한림원(翰林院)이 있었는데, 여기에는 회시(會試)의 합격자[進士] 가운데서 뛰어난 인물들이 신중하게 선발되어, 궁정의 중요한 문필 업무를 수행하였다. 명초의 중화주의적 반동은 이 유교 교리의 아성에서 주로 이루어졌다. 이 외에도 300여 개의 사설 학원[書院]이 학술 연구와 토론 및 편찬 사업 등의 중심으로서 송대의 원형을 본따서, 보통은 고급 관료와 부유한 상인들의 후원하에 전국의 각지에서 설립되었다. 어떤 서원은 황제의 격려를 받은 경우도 있었다. 서원에서는 저명한 학자들과 학생들을 모아 생계비와 학자금 및 작은 도서실을 제공하였으며, 학술 서적을 출간하고 인쇄 목판들을 보존하기도 하였다.

학문과 예술에 대한 황제의 후원은 유교 국가와 유교 문화의 장(長)으로서 황제의 지위를 유지하게 하는 중요한 수단이었다. 이러한 전통으로 인해 1만 1,095권에 달하는 방대한 〈영락대전(永樂大全)〉—— 이전 시대부터 전승되어 온 역사, 정치, 윤리, 지리 등에 관한 주요 저작을 모두 집대성한 것 —— 이 1407년에 편찬되었다. 2,000명 이상의 학자들이 동원되어 편찬된 이 전집은 너무나 방대하여 인쇄할 수가 없었다. 지금까지 남아 있는 것은 400권도 채 되지 않는다. 그 뒤 2세기 동안 궁정과 관료들, 서원과 가문들에 의해 지원된 출판이 홍수를 이루어 계속되었다. 이 시대의 문학 작품과 방대한 규모의 편

三字經 章炳麟重訂

人之初 性本善 性相近 習相遠
苟不教 性乃遷 教之道 貴以專
昔孟母 擇鄰處 子不學 斷機杼
孟母姓仉曾三遷其居以教孟子孟子廢學母斷
織以警之孟子懼旦夕勤學卒成大儒
荀季和 有義方 教八子 名俱揚
荀季和東漢時潁陰人名淑桓帝時補朗陵侯相
蒞事明理稱爲神君子八人並有才名時謂之八

〈3 자경(三字經)〉 근대에 인쇄된 판본의 첫장. 오른쪽 위의 구석에 책 제목이 있고 본문은 셋째 줄부터 시작된다. 주석은 작은 글자로 인쇄된다.

찬류, 무수히 많은 전문적 논문들과 순수 문학의 많은 장르들을 설명하려는 노력은 같은 시대 전유럽의 문학을 설명하려는 시도보다 더 쉬운 일이 아닐 것이다. 한 가지 예를 든다면, 몇몇 선구적 소책자들이 길을 인도한 다음, 한 학자〔李時珍〕가 26년의 세월을 소모하여 거의 2,000여 종에 달하는 동물과 식물 및 광물성 약물을 그림을 곁들여 설명하고, 8,000종이 넘는 처방을 제시한 〈본초강목(本草綱目)〉을 편찬하였다. 1578년에 완성된 이 책은 천연두 예방 접종〔種痘〕과 수은(水銀), 요드〔沃素〕, 대풍자유(大楓子油), 에페드린〔喘息藥〕 등의 사용 및 현대 세계에서도 여전히 조제되는 다양한 종류의 약물들을 설명하였다. 이 외에도 산업 기술에 관한 한 권의 도해편람(安應星에 의해 저술되어 1637년에 출간된 〈天工開物〉)이 쌀, 비단, 소금, 도자기, 금속, 석탄, 종이, 무기 및 기타 중국의 전근대적 기술에 의한 많은 생산품을 제작하는 데 사용되는 방법과 도구들을 설명하고 있다.

명대 학술의 활력은 송대에 꽃피웠던 것과 같은 종류의 사회적 성장 과정을

명대의 관리이자 사상가였던 왕
양명(王陽明, 王守仁 ; 1472~1529).

반영하였다. 2세기에 걸친 명대의 국내 평화로 인해 상당한 수준의 경제적 성
장——교역과 공업 분야뿐만 아니라 농업 생산과 인구에 있어서도 커다란 성
장——이 이루어졌다. 따라서 도시 생활도 번창하게 되었으니, 보다 많은 책
들이 인쇄되어 유통되었고, 교육의 혜택이 보다 광범위하게 미치어졌으며,
보다 세련되고 보다 서민화된 도시 문화가 꽃을 피웠다. 이러한 배경하에서
광범위한 학인 계층이 생산되고 관료 계층이 확대되었다. 그러나 중국인들의
생활 문제 역시 유가적 사상가들로 하여금, 사회에 대한 통합된 견해를 유지하
고 학자의 역할을 그 범주 안에 국한시키도록 힘과 부담을 함께 안겨 주었다.

후기의 중국과 일본에 가장 큰 영향을 미친 명대의 사상가는 왕양명(王陽明,
Wang Yang-ming ; 1472~1529)이었으니, 고급 관료로 성공하였던 그는 자성적(自
省的) 명상을 통한 정신적 계발과 사회 안에서의 적극적인 윤리적 행동을 다
함께 주장함으로써 주희의 정통적 이론을 뛰어넘었다. 왕양명은 송대 사상(宋
學)의 이상론적 신유가 학파, 즉 심학(心學)의 학통을 발전적으로 계승하였는
데, 이 학파는 지배적인 주희 학파의 이성론(理學)을 반대하여 소수 학파를 형

성하였던 주희의 동시대 인[陸九淵]으로부터 유래하였다. 일반적으로 이 심학파는 천(天)과 인(人)의 관계를 명확하게 구분하고, 나아가서는 '천리(天理)'와 '인욕(人欲)'을 분명하게 구별하였던 주희의 이원론 체계를 부정하는 경향을 띠었다. 그 대신 이 학파에서는 양자를 하나의 영역이 포함된 부분들로 봄으로써, 불교에 보다 가깝게 접근하였다. 이러한 전통 위에 구축되었던 왕양명의 가르침은 유교의 범주 안에서 일어난 선종(禪宗)의 반란과 같은 의미를 갖고 있었으니, 그것은 명상과 직관적 지식에 보다 큰 강조점을 두었기 때문이다. 이리하여 "사물을 탐구함으로써 지식을 확대한다."는 〈대학(大學)〉의 구절에 대한 주희의 해석은 수정될 수 있었다. 그 대신 왕양명은 자기 마음속에 있는 이(理)를 탐구함으로써 성취할 수 있는 '직관적 지식의 확대'를 주장하였다. 선종에서 그러하였듯이, 이러한 일을 성취하는 본질적인 과정은 일종의 해탈로 이끄는 명상이었다. 그러나 유교적 자기 수양이란, 불교도들이 세상에 대한 일체의 애착을 끊어 버리듯 모든 욕망의 소멸을 기대하는 것이 아니라, 오직 이기적인 욕망만을 제거함으로써 다른 사람들이나 우주 만물과의 조화를 충실하게 성취할 것을 목적으로 하였다. 이로 인하여 왕양명은 '지식과 행동의 일치[知行合一]'를 강조하게 되었다. 그가 주장한 바에 의하면 "지식은 행동의 시작이며, 행동은 지식의 완성이다."라는 것이다. 이러한 논리는 오늘날에 이르기까지 중국인과 일본인의 이상으로 남아 있다.

신사 계층   과거의 최종 단계[會試] 합격자[進士] 수는 명대 전체를 통틀어도 2만 5,000 명에 지나지 않았다. 그러나 하급 학위의 소지자 수는 어떤 시기일지라도 50만 명 정도는 헤아렸다. 모든 수준의 이들 학위 소지자(과거 합격자)들은 중국에서 '신사(紳士)'로 불려졌다. 영어로는 '젠트리(gentry)'라는 말이 그들에게 적용되어 왔지만, 신사라는 용어는 조심스러운 정의를 필요로 한다. 그것은 개인과 가문에 다 같이 적용되고 정치·사회적 의미와 경제적 의미를 다 함께 함축하고 있기 때문에 애매 모호한 말이다. 엄격하게 정의한다면, 신사란 학위를 소지한 개인을 가리킨다. 그러나 개인이 가문의 그림자에 가리워진 중국에서는 신사 가문(즉, 과거에 급제한 학위 소지자를 가지고 있는 가문)이란 것이 존재할 수 있다. 개인은 학위를 확보함으로써 신사가 되었다. 그러나 농경에 기초한 군집 사회에서는 농경지를 보유하는 것이 학문

신사(紳士)의 이상 덕행의 보상을 그림으로 설명한 18세기의 작품. 왼쪽 그림의 설명(보이지 않음)에는 다음과 같이 씌어져 있다. "10월이 되어 겨울철 추위가 다가온다. 부지런한 사람은 식량과 의복을 넉넉히 갖고 있다. 그들은 잔치를 벌여 술을 마시고, 놀이를 즐기며, 친척들을 대접한다. 아이들은 공부에 열중하고 부모는 안락한 삶을 즐긴다." 오른쪽 그림은 11월의 겨울 풍경을 보여 준다. 집안에는, 옷감 짜는 일을 다 마친 여자들이 따뜻한 옷을 입고 화롯가에 둘러앉아 술을 마시며 즐기고 있다. 길에는, 지금까지 게으르게 생활해 온 사람들이 추위와 고통에 떨고 있다.

적 연구를 수행하는 데 가장 중요한 경제적 뒷받침이 되었으므로 지주 겸 신사 가문의 존재가 매우 일반적이었다. 학위 소지자와 지주가 중복된 경우가 상당히 많았음은 분명하지만, 얼마나 많이 중복되었는지를 정확히 알기는 어렵다.

유교 국가의 특수한 힘은 신사 계층이 공적인 보수 없이 지방의 공동체에서 그토록 많은 공공 기능을 수행하였다는 사실에 있다. 그들은 보통 시장 거리에 있는 대저택에서 살았지만 행정 도시에도 연락원과 주택을 유지하고 있었다. 영향력 있는 사람으로서, 그들은 오늘날에는 관리들에 의해 수행되는 많은 활동에 대하여 책임을 지고 있었다. 그들은 제방과 둑, 관개 수로와 운하, 도로와 다리, 나루터 등의 건설과 유지와 같은 공공 사업에 필요한 기금을 모으고 그 일을 감독하였다. 그들은 공중 도덕에 대해서도 책임을 지고 있었기 때문에, 지방의 유교 시설물들과 의식을 유지하였다. 또한 그들은 학교와 서원들을 지원하였고, 지방사(地方史) 혹은 지방지(地方志)를 편찬하였다. 풍년이 들었을 때는 고아들을 후원하고 연소자들을 돌보아 주었다. 재해가 들었을 때는 구호 물자를 제공하였다. 혼란한 시기를 만났을 때는 지방 민병을 방어군으로 조직할 수 있도록 허용되었다. 이러한 활동의 대부분의 경우, 그들은 공적 격려나 인정을 받았지만 특정한 관직에 임명되거나 어떤 보수를 받았던 것은 아니다. 따라서 이들은 고대 로마의 기사단이나 현대 미국의 실업가층 등 지방 공동체에서 지도력을 행사하였던 비공식적 집단들과 같이, 매우 다른 사회에서 기능하였던 다른 계층들과도 어느 정도 비교될 수 있을 것이다.

정부의 이익은 이기적인 기회주의와 반대되는 공공 정신과 도덕성이 신사들 사이에서 유지되는 것에 있다. 이러한 목적을 위하여, 지방의 유교 사찰〔鄕校〕에서는 유교 교리가 암송되었고 황제의 도덕적 훈계가 공표되었다. 1397년에는 홍무제의 6조 훈유(六條訓諭)가 모든 마을에 게시되도록 명령이 내려졌다. 이 훈유의 내용은 "효도하고, 노인과 조상을 공경하며, 자식들을 가르치고, 생계를 평화롭게 추구하라."는 것이었다. 이리하여 위대한 학문적 전통이 국가 수장의 비호하에 일반 평민에까지 주입되었으며, 신사 계층은 지방 엘리트로서 질서 있는 촌락 생활에 지도력을 교대로 제공하였다. 비록 세습의 관점에서 본다면 신사는 귀족이 아니었지만 이것은 사실상 엘리트 체제였으니, 학위 소지자들은 직계 가족을 포함하여도 전체 인구의 2퍼센트를 넘지 않았음에도 불구하고 소수의 관료 계층을 제외한다면, 최고의 사회적 권위를 향유하고 있었다.

대외 관계

조공 제도　홍무제는 제위에 오르자 곧 국내 문제뿐만 아니라 대외 관계에 있어서도 중화 국가의 거대한 구도를 재확립하고자 노력하였다. 그는 조선, 일본, 안남(월남), 참파(Champa), 티베트 등 주변 국가들에 사자를 보내 자신의 즉위를 선포하였다. 거의 1세기 전에 몽고의 원정대가 파견되었던 이들 국가들과 기타 다른 나라들로부터 중국이 이미 활용해 온 해외 교역 통로를 따라 조공(朝貢) 사신들이 곧 도래하였다.

중국 군주와 다른 나라 군주들 사이의 군신 관계는, 중국이 전세계 나라들 가운데서 가장 크고 가장 오래된 나라일 뿐만 아니라, 사실상 그들 문화의 근원이요 원천이라고 간주하는 전통적 '문화주의〔中華主義〕'의 표현이었다. 조공 관계란 '세 번 무릎꿇고 아홉 번 엎드려 절하는' 고두(叩頭)를 행하는 일뿐만 아니라, 국제 관계의 다른 측면들——예컨대, 사자의 교환과 외교 관계의 처리, 본국인의 송환과 범법자의 인도, 중외(中外) 교역의 규제, 그리고 이민족 부족과 그 군주들을 위협하고 감언 이설로 꾀어 매수함으로써 자기를 방어하려 한 중국인의 특별한 노력들——까지 포함하였다. 한마디로 말해서, 외국의 군주를 높고 낮은 계급 체제로 편입시켜 이를 의례적 형식으로 표현하는 것은 중국의 군주가 국내에서 유지하려 한 '유교적' 사회 질서를 바깥 세계로까지 확연시킨 것에 지나지 않았다. 속국의 왕에게는 공식적 임명장과 그의 공문서에 사용될 인장이 주어졌으며, 이러한 공문서들의 연대는 중국 군주의 연호로 표기하도록 되어 있었다. 천자는 잘 순종하는 조공국의 정부에 대하여 부모와 같은 관심을 표명하면서, 새로운 군주의 즉위를 확인하고, 때로는 외침에 대해 군사적으로 보호해 주기도 하며, 흔히 중국과 교역할 수 있도록 은혜를 베풀고 어떤 경우에는 도덕적 설교와 훈계를 내려 보내기도 하였다. 그것은 침략적인 제국주의는 아니었다. 오히려 그것은 방어를 목적으로 한 문화주의의 표현이었으니, 외국의 군주들은 만약 그들이 중화 왕국과의 접촉을 원한다면, 그 조건을 받아들이고 천자의 보편적 우월성을 인정하지 않으면 안되었던 것이다. 중국과의 교역은 대단히 큰 가치를 갖고 있었을 것이다. 조공

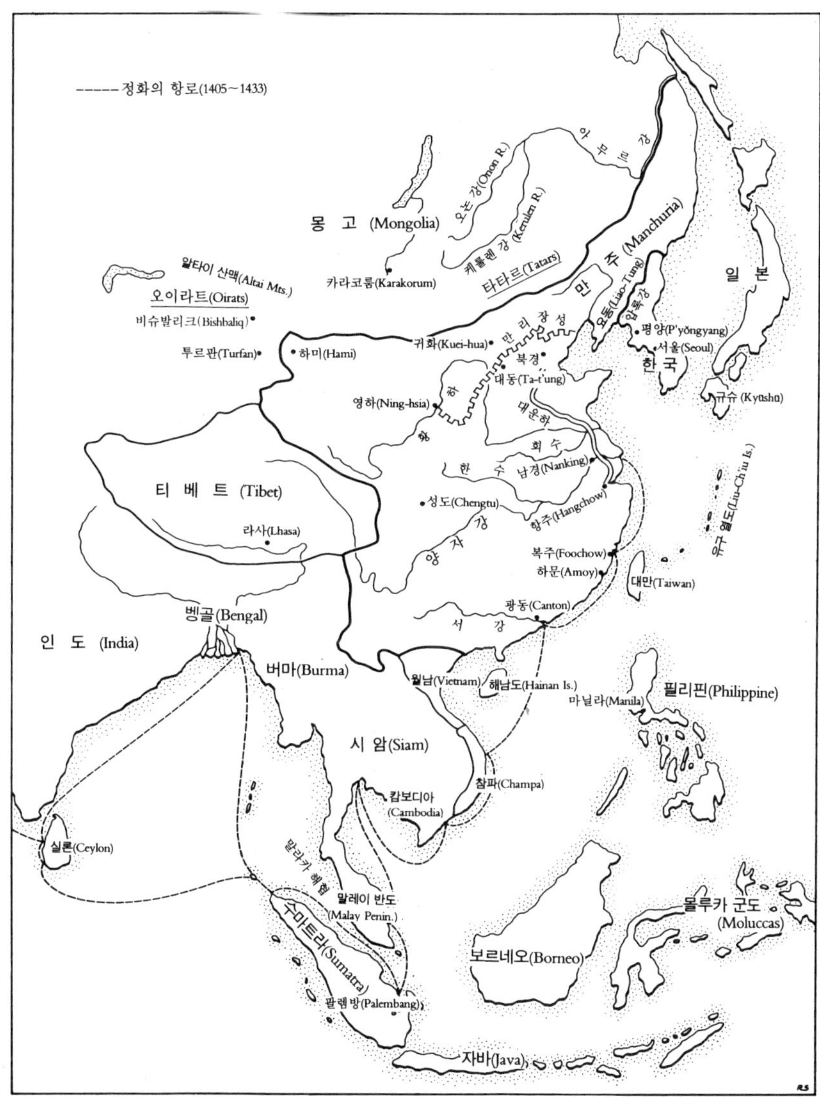

명(明) 제국과 그 대외 관계

이라는 형식은 그것에 대해 지불해야 할 대가였다. 다른 많은 대규모 구도와
마찬가지로, 이 역시 철저하게 실행되지는 못하였다. 중국인 사가들은 적어도
기록상으로는 조공의 형식을 계속 유지시킴으로써 그것이 중요한 것인 양 보

이게*하였다. 그러나 조공은 조공을 행하는 측의 입장에서는 전혀 다르게 간주된 경우가 흔히 있었다.

조공 제도는 여러 가지 목적에 기여하였다. '일본의 왕'으로 하여금 중국의 항구를 약탈하는 일본 해적〔倭寇〕을 억제하게 하기 위하여, 홍무제(洪武帝)는 1367~1372년 동안 세 번에 걸쳐 일본에 사자를 보내 여러 가지 권유 방법——포로된 왜구를 송환하거나, 자신의 조칙(詔勅)으로 위협하고, 중국인 승려를 사자로 보내는 등——을 사용하였으나, 아무런 소용이 없었다. 일본인들의 해적 행위는 계속되었다. 비록 조공 사신이 오기는 했지만, 그들이 언제나 공손한 태도를 취한 것도 아니며, 일본의 군주로부터 온 것도 아니었다. 그리하여 홍무제는 일본의 봉건적 통치자였던 아시카가 쇼군〔足利將軍〕에게 다음과 같은 글을 보내었다. "너희 어리석은 동이(東夷)들! 바다 건너 그토록 먼 곳에서 살면서…… 너는 방자하고 불충하며, 너의 신하들에게 나쁜 짓을 저지르게 놓아 두고 있다." 일본인들도 지지 않고 대응하였다. "하늘과 땅은 넓어서, 한 명의 군주에 의해 독점되지 않는다."

조공 활동이 최고조에 달하였던 영락제(永樂帝) 때는 일본이 겉보기로나마 중국에 충성을 나타내었던 짧은 시기가 있었으니, 이때 일본의 봉건적 통치자는 조공을 단지 중국과의 유리한 교역을 독점할 수 있는 수단으로 간주하였으나 겉으로는 매우 공손한 말로 표현하였던 것이다. 영락제는 1374년에 폐쇄하였던 남부 해안 지방의 시박사(市舶司)를 1403년에 다시 열고, 조공 사신들을 영접하기 위하여 각지에 숙소를 세웠다. 이리하여 일본의 사절은 여러 해 동안 해마다 내왕하였다. 통상적인 방식에 따라, 중국의 조정에서는 일련 번호가 종이에 기록된 통관 부절(符節)을 준비해 두었다가, 필요할 때 그것을 원장(原帳)에서 떼어 내 속국의 통치자에게 보내고 원장의 나머지 부분은 보관해 두었다. 사절단이 조공품을 가져오거나 교역을 위해 지정된 중국의 항구에 올 때는 선박과 화물, 인원 등의 수량이 모두 규약에 의해 특정한 수량으로 제한되었다. 이러한 것들은 일련 번호가 적힌 통관 부절의 하나에 기록되었으며, 원장의 나머지 부분과 꼭 들어맞는지 여부를 살펴 부절의 진위를 확인하였다. 이렇게 해서 모든 사절단이 진짜임을 확인받았고 사기꾼들은 적발되었다. 일본의 쇼군〔將軍〕은 교역 독점권을 유지할 수 있었고, 중국인들은 해적을 구별해 낼 수 있었다. 1433년부터 1549년까지, 보통 수백 명으로 구성된 일본의 대규모 사절단이 11 회에 걸쳐 부절 세도하에서 영파(寧波, Ningpo) 항구를 거쳐 중국 조정에 왕래하였다. 이로 인한 여러 가지 문제들이 야기되었다. 일본에서는 공식적 부절을 얻으려는 경쟁이 일어났고, 중국에서는 난폭한 일본 무사들과의 충돌이 있었으며, 북경에서는 교역 물자의 값을 깎으려는 지루한 승강이가 계속되었는데, 이들 교역 물자 가운데는 수백 톤의 구리 원광과 유황 및 수천 자루의 일본도 등이 포함되어 있었다. 사절단의 구성원들은 사사로운 교역을 위해 그들 자신의 물건을 가져오기도 하였다. 그뿐만 아니라 '쇼군'이 그러했듯이, 그들 역시 황제로부터 풍족한 양의 선물을 하사받았다.

해양 원정   영락제가 수행한 주요한 사업의 하나는 남부 및 동남 아시아의 나라들을 조공 체제 안으로 편입시키는 일이었다. 그의 동기는 여전히 의문스러운 일로 남아 있지만, 이 야심 만만한 모험은 1405년에 시작되어 1433년까지 계속된 일곱 차례의 대규모 해양 원정에 의해 이루어졌다. 이들 원정의 대부분은 정화(鄭和, Cheng Ho)라는 회교도 환관에 의해 주도되었는데, 그는 본래 운남(雲南) 지방 출신이고 회교도였기 때문에 남아시아의 회교도 군주들을 다루는 데 매우 적합한 인물이었다. (218~219쪽 지도를 참조) 제 1 차 원정 함대는 1405~1407년에 62 척의 배에 2만 8,000 명을 싣고 항해하여 인도에까지 다다랐으며, 2 차와 3 차 때도 역시 그러하였다. 1413~1415년의 4 차 항해에서는 아덴(Aden)과 페르시아 만의 호르무즈(Hormuz)에 있는 아시아 일주 항로의 끝부분에까지 다다랐다. 5 차 항해시에도 아덴까지 갔다. 1431~1433년의 일곱번째 항해에서는 2만 7,500 명을 싣고 출항하여 호르무즈에 다시 도달하였다. 이때 중국의 함선이 아프리카의 동안까지 방문하였는데, 이곳에서는 중국의 도자기 제품과 동전이 이미 수세기 전부터 알려져 있었다. 일곱 명의 중국인이 메카(Mecca)에도 간 적이 있었다.

세계는 일찍이 이처럼 규모가 크고 뛰어난 솜씨의 선박 조종술을 본 적이 없었다. 중국의 함대는, 1498년에 포르투갈 인들이 배로 아프리카를 돌아 인도에 도달한 것보다 거의 1세기나 앞서, 그리고 1588년에 스페인의 무적 함대가 영국을 돌아온 짧은 항해로써 서양의 역사를 만들었던 것보다는 1세기 반이나 앞서, 인도양을 가로질러 항해하였다. 정화의 항해는 중국인들의 배 만드는 기술과 아시아 항로의 항해 기술이 발달되었기 때문에 가능하였다. 그의 원양

항해용 정크〔中國帆船〕들은 상당히 규모가 커서, 어떤 것은 길이가 400피트가 넘는 것이 있었고, 4중의 갑판과 여러 개의 방수 격실을 갖추고 있었다. 그들은 자세한 항해 지침에 따라 항해하였고 나침반도 사용하였다. 이 놀라운 원정대는 동남 아시아의 연안뿐만 아니라 실론(Ceylon)과 남부 인도의 두 해안 및 중동과 동부 아프리카까지 침투하여 중국 해양 교역의 자원을 개척하였다. 그들은 월남이나 시암(Siam)과 같은 전통적인 조공 국가들 외에도, 50여 개의 새로운 곳을 방문하였으며, 그곳의 군주들은 조공국의 일원으로 편입되었다. 호르무즈와 아프리카 연안으로부터 중국에 네 차례의 사절이 내도하였고 벵골(Bengal)에서는 열한 번이나 왔다. 수마트라(Sumatra)와 실론의 군주들은 무력에 굴복되어 회답하였다. 회답할 때는 타조와 얼룩말, 기린 등을 가져왔는데, 특히 기린은 중국의 전설에 나오는 상서로운 '기린(麒麟)'으로 칭송되었다.

이 장대한 해양 원정은 활력이 넘쳐흘렀던 시기의 충만함을 표현한 것이다. 이러한 원정이 환관의 지도자들에게는 모험과 명성, 그리고 경제적 이익을 가져다 주었을 것이다. 앞선 시대에 교역로로서 이미 잘 닦여진 곳에서는 상업적 이익도 작용하였을 것임이 분명하며, 중국에서 이민 간 사람들이 이미 동남 아시아의 항구들에서 대규모의 해외 중국인 공동체를 이루고 있었다. 알려진 모든 세계를 중국적 조공 체제 안으로 편입시키려는 정치적 의도 역시 원정의 또 다른 동기가 되었을 것으로 보인다. 육로로 교역하는 멀리 떨어진 지역은 정규적으로 조공국에 편입되었다. 해로로 교역하는 나라들이라고 안 될 이유가 어디에 있겠는가? 이 웅대한 개념은 몽고 황제들의 마음속에도 있었고 천자의 천하 지배 관념 안에도 함축되어 있었다.

명대 원정의 원인에 대하여 곰곰이 생각하다 보면 왜 이러한 원정들이 갑자기 중단되었으며, 왜 그 뒤에 다시 계속되거나 모방되지 않았는가 하는 의문이 일어난다. 원정이 중단된 이유의 하나는 몽고에 대한 명대 초기의 전역(戰役)과 북경 성의 건설이 제국의 국고를 고갈시키기 시작하여 엄청난 경비 문제에 봉착하였다는 것이다. 거대한 규모의 함대는 화려한 구경거리와 기이한 이야깃거리를 제외하면 매우 값비싸고 대단히 비생산적인 모험이라고 비난받을 수 있었다. 명초의 원정은 특히 궁정의 환관들에 의해 조성되었고, 환관들의 활동은 학인 관료들에 의해 반대되었기 때문에, 정화의 위업은 실제 역사의 기록에서는 거의 소외되었다.

명대 초기에 해양으로 팽창할 수 있는 역량을 이처럼 드러냈다는 것은, 정부와 공공 정책에 대한 중국인들의 전통적 생각이 그러한 팽창에 대하여 실제로 반대하지는 않는다 하더라도 기본적으로 무관심하였다는 사실로 미루어 보아, 차라리 극적인 것이었다고 하겠다. 교역과 해외 팽창에 관하여 오늘날 우리 세계의 입장에서 바라본다면, 당시 중국인들의 능력과 실제 실행의 차이는 실로 현저한 것이었다.

광동, 하문(廈門, Amoy), 천주(泉州), 영파(寧波) 등의 어선단과 교역용 정크선에 기초를 둔 중국의 해군력은 꾸준히 증강되었다. 중국은 동아시아를 지배할 수 있는 해군력을 갖추기 직전의 단계에까지 와 있었다. 명의 함대는 동해의 어떤 지점으로도 군대와 교역 상품을 대량으로 운송할 수 있는 항해 능력과 병참 능력을 발전시키고 있었다. 그러나 이렇게 시작된 발전은 1433년 이후에 중단되고 말았다. 중국의 황제 가운데서는 항해왕 헨리(Henry)와 같은 인물이 나타나지 않았다. 당시 포르투갈의 경우와는 달리, 명의 조정은 해상 여행에 대해 지속적인 관심을 갖지 못하였으며, 해군력의 가능성에 대해서도 파악하지 못하고 있었다. 지속적 발전이 이루어지지 못한 명대의 항해는 단지 절연된 역작, 단순한 위업으로만 남아 있다.

명의 반상업주의 능력과 실행의 이러한 차이는 중국 사회의 본질을 이해하는 데 단서를 제공한다. 정화는 프랜시스 드레이크(Francis Drake) 경과 엘리자베스 여왕 시대의 다른 선장들이 대영 제국의 기초를 쌓기 시작한 것보다 1세기 반 전에 살았고 항해하였다. 당시의 중화 제국은, 비록 대외 무역에 있어서는 그러하지 못하였다 하더라도, 국내 교역에 있어서는 규모와 분량 면에서 전유럽의 그것보다 더 크고 많았다. 그러나 명대의 중국은 그렇게 할 수 있는 능력을 보여 주었으면서도, 실제로 해양 세력이 되는 데는 실패하였다. 이러한 태만으로 인하여, 중국 해안은 곧 일련의 비한인(非漢人) 해양 민족들 —— 일본인, 포르투갈 인, 스페인 인, 네덜란드 인, 끝으로 영국인과 미국인 —— 에 의해 지배를 받게 되었다. 동아시아 해역에 대한 통상 및 해군의 지배로 인해, 마침내 제국주의적 팽창 세력이 출현하여 결국은 전통적 중화 제국을 무너뜨리고 붕괴의 과정으로 이끌었다. 궁정 환관이요 고위급 인사였던 정화는 뒷날 유럽의 상인 모험가들을 자극하였던 것과 같은 바로 그런 동기들을 갖고 있지 못하였다. 그의 권한과 지위는 그가 인도양을 순항하고 있을 때조차도, 여전히 황제의 손에 맡겨져 있었다. 정화는 조직자이고 지휘관이었으며 외교관이자 유능한 조신(朝臣)이었으나, 무역업자는 아니었다. 그의 원정대에서는 버지니아(Virginia) 회사나 동인도 회사와 같이 식민지를 개척하거나 해외 정부를 수립할 수 있는 권한이 주어진 특허 회사가 하나도 발전하지 못하였다. 동남 아시아로의 중국인 이민은 이미 진행되고 있었으며, 이러한 지역에 사는 중국인들의 수는 그곳으로 오는 유럽 인들의 수를 언제나 능가하였다. 그러나 중국인 국가들은 이들 해외의 상업적·식민적 가능성에 대하여 내내 무관심하였다. 명과 청의 정부는 그 주요 재원을 토지세로부터 얻었을 뿐, 교역세로부터 얻었던 것은 아니다. 그들은 세계를 휩쓸기 시작한 거대한 상업 혁명에 참여하기를 거부하였다.

이 반(反)상업주의를 이해하기 위하여 제도적, 경제적, 사상적, 그리고 전략적 측면에서 접근할 수 있을 것이다. 제도적 측면을 설명하려면, 바다와 멀리 떨어져 있는 북중국 평원이라는 고대 중국의 초기 환경 문제로 되돌아가야 한다. 이곳에서 관료 계층은 세금 징수자로 출현하여, 그들 자신과 국가를 유지하기 위하여 농업을 장려하고 그 생산물을 거두어들였던 것이다. 이러한 농경 관료적 사회에서, 상인은 관료 사회에 종속되고 이용되었다. 지금도 그러하듯 중국 대륙이 비교적 자급 자족할 수 있다는 이유만으로, 점증하는 경제적 관심이 대외 무역보다는 국내 교역에만 집중되었다. 그러나 당·송·원대 동안에 상업이 성장한 뒤에도, 명과 청 정부가 초기의 전통적인 농경 중심의 자세로 복귀한 까닭은 무엇인가? 아마도 그 이유의 하나는 우리가 이미 언급한 바 있는 문화주의, 특히 명대 사상의 모체로서 신유가주의가 정통성을 확보하였다는 것에 있을 것이다. 이것은 고대의 상업 경시 풍조를 비롯한 고전적 가치들을 부활시켰다. 대외 교역은 강력한 환관들의 손에 맡겨져 있었기 때문에, 관료 계층이 더욱 혐오하는 바가 되었다. 또 다른 설명은 아마도 전략적 측면——몽고의 정복이 반복되는 것을 미리 막아보겠다는 명의 결심——에서 가능할 것이다.

몽고 문제　홍무제가 몽고 세력을 격파하는 데 몰두한 뒤에도, 이 문제는 명대 초기 대외 관계의 주요한 초점으로 여전히 남아 있었다. 홍무제의 목적은 몽고 전체를 복속시키는 것이라기보다는, 그들에게 공격적인 힘을 제공해 주는 부족의 통일을 파괴하는 데 있었다. 중국이 통일되기 전에도, 명의 군대는 초원 지대를 가로질러 몽고 군대를 격파하고 두 번이나 카라코룸을 점령하였다. 군사적 패배와 위협, 매수 혹은 기타 수단에 의해 평화를 회복한 몽고의 추장들은 변방에 정착한 몽고인들을 다스리도록 위임받았고 칭호와 작위, 사례 및 교역의 기회 등이 주어졌다. 분할 통치책의 일환으로, 중국인들은 외몽고의 순수한 초원 유목 민족들에 대항하기 위하여 내몽고의 반(半)유목민들과 동맹 관계를 유지하려고 노력하였다.

중앙 아시아의 차가타이 칸국에서 칭기즈 칸의 마지막 계승자요, 유럽 인들에게는 테머레인(Tamerlane ; 1336~1405)으로 알려진 정복자 티무르(Timur)가 1369년에 권력을 장악했다. 그의 수도 사마르칸트(Samarkand)로부터, 그는 모든 방향으로 맹렬하게 세력을 확장하여 페르시아와 메소포타미아를 짓밟고 남부 러시아의 금장 칸국을 패퇴시켰으며 한때는 북부 인도까지 침공하였다. 티무르는 중국 조정과도 가끔 접촉하여 그것을 전복할 야심을 품기도 하였다. 1405년에 그가 죽었을 때, 그는 중국을 정복하여 회교 국가로 만들기 위하여 대규모의 군대를 이미 동쪽으로 이동시키고 있었다. 그러나 그의 죽음은 몽고 시대의 종말을 고한 것이었으며, 특히 중앙 아시아의 통일을 유지시켜 그 인근의 농경 문화권을 위협할 수 있는 몽고인의 능력에 종지부를 찍었다. 통일된 중앙 아시아의 종말은 그것을 경유하여 이루어진 동서 아시아 사이의 교역과 접촉을 감소시켰다. 명과 청의 치하에서는 이 육상 통로가 단절되었으며, 몽고의 여러 부족은 오직 중국과의 교역에만 더욱 의존하게 되었다.

15세기 초에 이르면, 몽고 부족이 쪼개어져(247쪽의 지도 참조), 동부 몽고에 타타르(중국어로 Ta-tan(韃靼)이나, 유럽 인들에 의해 'Tartar'로 와전됨)족이 있었고 서부 몽고에는 오이라트(Oirat, 瓦剌)족이 있었다. 중국의 전략은 서로 적대하게 만드는 것이다. 영락제는 몽고에 대한 원정대를 지휘함으로써, 그리고 변방에 위치한 그들 가운데서 동맹자를 발견함으로써 권력에 오를 수 있었다. 1403년에 제위를 찬탈한 다음, 영락제는 다섯 차례나 몸소 원정대를 이끌고 멀리 초원 지대 너머까지 진격하였다. 1410년에는 10만 명의 병력과 마차 3만 대의 보급품을 동원하여 오이라트 부족을 위압하고, 그들에게 물자를 증여하여 중립을 지키게 하였으며, 케룰렌(Kerulen) 강을 건너 타타르 부족을 패퇴시켰다. 그러나 그는 1414년에 오이라트 부족이 동쪽으로 세력을 확장하였을 때는, 군대를 이끌고 케룰렌 강으로 되돌아가 이번에는 오이라트 부족을 패퇴시켰다. 명의 이 두 차례 원정에서는 대포가 사용되었다. 곧 이어 타타르 부족이 변방의 침략을 감행하였다. 1422년, 영락제는 또 다른 군단의 23만 5,000의 병력과 보급 차량 11만 7,000 대, 당나귀 34만 마리를 이끌고 나갔다. 그러나 타타르 부족은 서쪽으로 도망하였으며 1423년과 1424년의 원정에서도 그들을 잡을 수는 없었다.

1421년에 영락제가 수도를 남경에서 북경으로 옮긴 것은 몽고에 대한 방어에 치중해야 할 명조의 급선무를 상징하였다. 북경은 몽고에서 북중국 평원으로 내려오는 길목의 주요 관문 부근에 있었으며 제국의 전략은 이 변방에 집중되었다. 그리하여 대명 제국의 수도가 중국의 전통적 경계, 즉 만리장성으로부터 겨우 40 마일밖에 떨어져 있지 않은 곳에 위치하게 되었다. 이곳은 내륙 아시아로 향하고 있었던 왕조들——요·원·명·청 및 1949년 이래의 중화 인민 공화국——에 의해 사용되었다. 남방의 수도들은 남방에서 일어난 왕조나 해외 교역으로 방향을 맞추고 있었던 정부에 의해 사용되었으니, 항주(杭州)는 남송 시대에, 남경은 명초와 태평 천국(太平天國; 1853~1864) 시대 및 1927년 이후 국민당 정부 시대에 수도로 사용되었다. 북경은 중국의 인구와 생산물의 중심지로부터 멀리 떨어져 있었다. 유목민들의 공격을 받기 쉬운 북경의 전략적 취약성은 실로 놀라운——단순한 우연이라기에는 너무나 놀라운——사실이었다. 이 문제에 대한 설명은 중국의 수도는 내륙 아시아의 비중국인 지역의 수도로서도 기능해야 했었다는 것이다. 이적은 언제나 군사적이었으며, 중화 제국의 정치적 구성 분자였다. 따라서 그 수도는 중국 변경의 바깥으로 끌려나올 수밖에 없었다.

몽고를 징벌하기 위한 명의 원정은 당근(회유)과 매(위협)라는 방법으로 그들을 해롭지 않은 존재로 묶어 두려는 노력의 일부였다. 예컨대 오이라트 부족은 1408년에 조공 관계를 맺고 거의 매년 사절을 보내었는데, 이는 일종의 역(逆) 조공이라 할 수 있는 보조금으로써 평화를 지키게 하려는 위장 수단이었을 뿐이다. 이들이 매년 북경에 보내는 사절단은, 중앙 아시아에서 온 수백 명의 상인들을 포함하여 모두 2,000~3,000 명에 달한 때도 있었다. 조공 사절은 중화 제국의 손님이기 때문에 산서 지방 대동(大同, Ta-t'ung)에서 만리장성으로 들어서면, 이들 무리들은 오늘날 북경에 초대받은 문화 사절단이 그러하듯이 지방 당국으로부터 숙소와 향연을 제공받았다. 오이라트 부족은 조공품으로 그들의 주요 토산품인 말 등을 바쳤으며, 황제의 '회사품(回賜品)'으로는 주로 비단과 수자 직물(繻子織物)을 받았다. 자금성에서의 조공품 헌상이 있은 다음에는 시장에서 며칠간의 자유 교역이 있었다. 이처럼 수지맞는 교환의 상황하에서 이적들은 전통적 궁정 의식인 '3궤 9고(三跪九叩)'의 예를 순순히 받아들였다. 유목민들의 복속을 얻은 대가로, 중국은 변경에서 수도에 이르는 통로상의 약탈과 북경에서의 술주정 난동을 감수하지 않으면 안 되었다. 몽고인들에게는 이 여행이 신비로운 매력과 경제적 이익을 뜻하였으니, 조공 사절단에 의해 보호받은 회교도 무역상들이 그들에게 지불하는 사례금도 적지 않았던 것이다. '조공'을 가져온 많은 이들은 먼 곳에 있는 군주, 때로는 실재하지도 않는 군주를 대표한다고 주장하였지만 실제로는 대부분 상인이었다. 명의 〈만력회전(萬曆會典)〉에는 대상(隊商) 교역의 좁은 자연 통로인 하미(Hami)의 길로 조공을 진상한 서역(西域)의 38개 나라 이름이 열거되어 있다. 예컨대, 그 나라들 가운데 소아시아의 럼(Rum) 왕국(오래 전에 멸망한 로마의 동부)이 1618년에 조공을 헌상한 것으로 기록되었다. 명은 이 중앙 아시아의 소규모 조공 무역을 재정적 가치를 가진 것이라기보다는 차라리 말썽 많은 전사들을 변경에서 조용히 잠재울 정치적 수단으로 간주하였다.

해외 원정이 끝나게 된 바로 그 1430년대 말에, 내륙 아시아의 변방에서는 몽고의 난폭한 위협이 재연되었다. 오이라트 부족의 새로운 추장[也先]은 하미를 복속시키고 난 다음, 부족에 대한 자신의 영향력을 동쪽으로 조선에 이르는 전통로에까지 확장시켰으며, 1449년말에는 형식을 벗어 던지고 자신의 부족 병력을 변경에 따라 이동시켜 대동(大同)으로 접근하였다. 궁정 생활의 산물이었던 당시의 유약한 명 황제는 그 수석 환관[汪振]의 무분별한 지배하에 놓여 있었으며, 그에 의해 전장으로 이끌려 나가 어리석게도 침공군과 대적하기 위해 대동으로 진군하였다. 오이라트 부족은 진격하여 중국 군대를 패배시키고 추격하여 괴멸시켰으며, 황제를 포로로 사로잡았다. 그러나 그들이 북경에 이르렀을 때, 그들은 명의 병부 상서 등이 대포로 방어 태세를 갖추고 새로운 황제를 즉위시켜 전(前)황제에게는 아무런 관심도 보이지 않는다는 사실을 발견하였다. 성벽 앞에서 며칠을 보낸 뒤, 오이라트 부족은 몽고로 되돌아갔다. 그 다음해에 그들은 쓸모 없게 된 황제를 돌려보내고 수지맞는 조공 관계를 다시 곧 시작하였다.

그 다음 세기의 명-몽고의 관계는 변방 침략과 조공 사절의 혼합이었다. 1550 년에, 동부 몽고의 새로운 지도자 알탄 칸(Altan Khan, 阿勒坦汗)은 대규모의 공격군을 통합하여 북동쪽에서 만리장성을 넘어 들어와, 철수하기 전 며칠 동안 북경 주위를 노략질하였다. 명의 성벽 수비와 봉화대 및 변방의 군사적 농경지[屯田] 등은 침략자를 도운 중국인 탈주병들에 의해 상쇄되었다. 이들 투항 중국인들은 정착 행정을 확립하려 한 알탄 칸에 협조하였다. 그는 만리장성 밖, 대동의 서북방에 위치한 귀화(歸化, Kuei-hua)에 도읍을 세웠다. 마침내 1570년대에 이르러, 그는 회유되어 '순의왕(順義王)'이라는 칭호를 부여받았다. 그러나 만주 제국이 일어날 때까지 몽고의 약탈 행위는 중국의 변방을 계속 괴롭혔다.

일본과의 분쟁　일본과 몽고의 조공 사절에 치러야 할 비용이 너무나 컸기 때문에, 명 조정은 15세기 전반이 지난 뒤부터는 차라리 해외로부터의 조공이 거의 중지된 상태에 놓여지도록 내버려 두는 편을 택하였다. 북경에 온 수백 명의 관리와 상인들을 먹여 살리고 운송하고 선물을 주는 데 드는 경비가 그들과의 교역만으로는 보상되지 않았던 것이다. 동남 아시아에서 오는 사절의 수는 점점 줄어들었다. 유구(流球, Ryūkyū) 열도만이 2 년마다 한 번씩 정규적으로 해상을 통해 조공하는 유일한 나라로 남아, 실제로 중국과 일본간 교역의 간접적 통로의 역할을 담당하였다. 이처럼 중국의 위세가 퇴색하고 변방이 무질서해져 가는 정황하에서, 1514년에 바다를 통해 중국에 다다른 최초의 유럽 인이었던 포르투갈 인 모험가들은 당시의 중국인들의 눈에는 오직 중국 해안가에서 광범위하게 증가하고 있던 해적과, 바라지도 않는 관계들의 한 조그마한 증가분으로 비쳐졌을 뿐이다. (원색 도판 16 참조)

신사 해적단이 이룬 약간의 공적이 영국에서 칭송되었던 엘리자베스 여왕 시대보다 1세기 이전에, 항해 능력의 발전으로 인해 일본에서는 해외 모험가들이 양산되었다. 드레이크(Drake) 경이나 호킨스(Hawkins) 경과 같이, 일본인들은 기회가 닿는 대로 번갈아 가면서 교역도 하고 약탈도 하였다. 그들의 큰 배는 300 명이나 태워 옮길 수 있었다. 갑자기 상륙하여 긴 칼을 휘두르며 마을을 공격하는 해적들은 식량과 인질, 전리품을 약탈해 가지고 도망하였다. 중국측 기록에는 왜구(Wo-k'ou; 일본어로는 Wakō로 왜소하다는 뜻을 함축한 경멸적인 말)라고 표현되어 있지만, 실제로 이들 약탈자들 가운데는 많은 중국인들도 포함되어 있었다. 몽고의 습격 때와는 달리, 이 약탈에 참여한 불충한 중국인들은 주요 참가자라기보다는 차라리 조언자였다. 명대 말기에 들어가면, '왜구' 가운데 중국인들의 수가 실제로 더 많게 되었다.

명은 이처럼 점증하는 혼란에 대한 대책으로 해상 교역을 금지시킴으로써, 농경과 토지에 대한 관심의 집중으로 대외 통상에 무관심하였던 조정의 일반적 입장을 반영하였다. 해상 교역 금지령은 선원과 선장으로 하여금 생계를 위해 밀수와 해적 행위를 하도록 강요하는 효과를 가져왔다. 1550년 이후의 왜구 약탈은 진짜 침략이 되었다. 해적들은 그 뒤 1840년에 영국 기지가 되었던 상해 남쪽 주산(舟山, Chusan) 도에 기지를 두었으며, 1552년에는 절강 지방의 내륙 도시들을 공격하였고 다른 해적들은 양자강을 거슬러올라갔다. 방어하는 입장에서, 명의 해적 소탕 책임자들은 변절한 지도자들에게 현상금과 사면을 베풀어 매수하고 주산의 해적 소굴을 공격하였다. 그러나 재앙은 더욱 증가되었다. 남부 중국 해안에 대한 일본인들의 괴롭힘은 16세기말에 일본이 정치적으로 재통일되었을 때에야 비로소 줄어들게 되었다.(원색 도판13 참조) 그러나 일본의 재통일은 명의 조정을 더욱 위협하고 더욱 피폐시키는 형태로 일본의 군사적 힘을 집중시켰다.

북경은 일본에서의 첩보 활동과 조선측에서 보내어 온 정보를 통해 일본이 조선을 경유하여 중국을 침공하려는 의도를 갖고 있음을 알게 되었다. 1592년에 일본이 조선을 공격해 왔을 때, 명의 조정은 남쪽 지방으로부터 함대를 보내어 일본을 공격할 것인가, 아니면 조선의 변경에 군대를 주둔시킬 것인가, 그렇지 않으면 평화를 위해 협상할 것인가를 결정하기 위하여 논란을 벌였다. 마침내 조정은 남만주와 북중국을 방어할 목적으로 조선을 원조해야 할 종주국의 의무를 이행해야 한다고 결정하였다. 그러나 명군이 압록강을 건넜을 때는 한반도 전체가 이미 일본인의 수중에 들어가 있었다. 1592년 중엽에 중국군이 평양을 공격하였으나 참패하였으며, 시간을 벌기 위하여 협상을 시작하였다. 1593년초에 그들은 일본군을 기습 공격하여 평양에서 몰아내었으며, 수도 서울의 교외에까지 진군하였으나 매복 기습을 당하여 다시 패퇴하였다.

중국군 기병의 짧은 칼이 일본군 보병의 긴 칼과 창, 총에 대적할 수 없음이 입증되었다. 협상과 소모전이 (1597년에 두번째의 침공이 있은 다음) 1598년에 일본군이 최종적으로 퇴각할 때까지 계속되었다. 일본의 제1차 조선 침공 시에 명이 소모한 전비의 총액은 1,000만 냥(兩)이 넘었으며, 그 뒤 제2차 침공시에도 이와 비슷한 전비가 소모되었다. 몽고에 대한 끊임없는 재정 지원과 북경 궁성의 재건 등으로 인해, 명의 행정은 이미 파산 상태에 가까워져 있었다. 일본의 조선 침공은, 점점 줄어드는 명의 재정적 자원에 가해진 마지막 부담이 되어, 1600년 이후 안에서는 유적떼가 창궐하고 밖에서는 이적이 침략할 길이 마련되었다.

명대의 경제

경제 성장 중국의 경제사를 연구함에 있어, 우리는 언제나 제국 정부와 나라 전체를 구별하지 않으면 안 된다. 우리는 이미 명조의 반상업적 태도와 그 재정적 파탄에 이르는 과정을 보았다. 그러나 만약 명대 후기의 경제를 전체적으로 살펴보면, 거의 모든 측면——인구와 경작지 면적, 대외 무역의 양, 수공예품과 공업 제품의 생산, 그리고 아마도 화폐의 사용에 이르기까지——에서 성장하였다는 증거를 많이 발견할 수 있다.

조세로 공납된 곡물(서양인들에 의해 '貢米'로 불려짐)은 북경의 새 수도를 먹이기 위하여 회수와 양자강 하류역의 쌀 광주리로부터 운송되지 않으면 안 되었다. 산동 지방 주변의 해상 수송은 왜구의 방해를 점점 더 많이 받았으며, 어떤 경우든 경비가 많이 들었다. 따라서 영락제는 제2의 대운하 체계의 일부로 쿠빌라이 칸에 의해 처음으로 건설되었다가 사용되지 않았던 서부 산동의 '접속 운하'를 다시 팠으며, 15개의 갑문을 설치하였다. 이제 3,000척 이상의 밑창이 얕은 배가 운하 통로에서 사용되었으며, 1415년 이후에는 해상 운송이 더 이상 이루어지지 않았다. 그러나 공미를 운하 주변의 집하장으로 수송하는 일은 여전히 농민의 요역 의무의 일부분이어서, 그들에게 무거운 부담이 되었다. 따라서 영락제의 후계자들은 이 운송의 임무를 지방 수비대의 어떤 수송 담당 사단에 전적으로 위임하고, 그 수를 12만 명에서 16만 명으로 증강하였다. 1430년대부터 이 새로운 제도를 통해 보통 300만 부셸(약 20만 톤) 이상, 어떤 때는 500만 부셸 이상을 매년 수도로 공급하였다.

북중국과 남중국 사이의 교역이 북경과 운하 체계의 성장에 의해 자극 받았다. 양자강과 남중국에서의 교역도 증대되었다. 예컨대, 오늘날 안휘성의 가장 남쪽의 상인들은 그들의 활동을 다른 성으로까지 광범위하게 확대하였다. 옛 지명을 따서 '신안(新安) 상인'이라고 불려진 이들은 모든 종류의 상품들—— 가까운 강소성(江蘇省) 경덕진(景德鎭)의 생산 중심지에서 온 도자기, 각 지역에서 생산된 차와 비단, 그리고 소금, 목재, 식료품 등—— 을 거래하였다. 자연히 그들은 관료계와 밀접한 관계를 발전시켜 그처럼 광범위한 활동들에 대한 관료들의 보호를 요구하였다.

이처럼 확장된 시장과 약간 규모가 커진 제조업으로 인해 특수한 수공예품의 생산이 성장하였다. 경덕진에 있는 황실의 가마〔爐〕에서는 궁정과 상류 계층에서 사용할, 심지어는 수출을 위한 대량의 자기 제품이 생산되었다. 고령(高嶺; 경덕진 동쪽의 언덕 이름)토라는 이름의 특수한 흙〔含水硅酸礬土〕을 다른 물질과 적절히 배합하여 섭씨 1,400 도 정도의 열을 가하면, 희고 단단한 반투명의 물체가 되어 강철로도 생채기를 낼 수 없게 된다. 이 자기는 유럽 인의 눈으로 보면 정말 우수한 제품이었으니, 당시 유럽 인들은 그러한 기술을 갖지 못하여 그것을 '차이나웨어(Chinaware)'라고 불렀다. 또한 소주(蘇州, Soochow)는 교역과 금융 및 제조 공업, 특히 비단의 방직과 염색의 전국적 중심지가 되었다. 상해의 내륙에 위치한 부근의 송강(松江, Sungkiang) 지역은 남북의 다른 지방에서 솜 원료〔原綿〕를 사 와서 그 완제품을 그곳으로 다시 내다 팔음으로써, 명대 말기 면제품 생산의 중심이 되었다. 광동의 철판 냄비(불 위에 직접 놓고 사용하는 납작한 요리구)는 중국 전역과 해외 및 중앙 아시아로 널리 수출되었다.

이러한 국내 상업의 성장으로 인해 16세기에 이르러 전국의 주요 중심지, 특히 북경에는 수많은 지역적 동업 조합과 그 회관들이 세워졌다. 이들 조합들은 주로 같은 지역—— 성, 주, 현, 또는 시 ——에서 온 관료와 상인들에 의해 조직되었으며, 먼 곳 특히 수도에서 서로 접촉하고 돕는 데 편리한 중심으로 기능하였다.

한편 중국의 해상 교역도 조공 제도의 테두리 밖에서 명대 말기에 꾸준히 발달하였다. 동남 아시아와 남아시아에서 오는 사절단이 줄어든 반면, 해외로 나가는 중국인 상인들은 더욱 많아지게 되었다. 간단히 말한다면, 대외 무역은 이제 더 이상 아랍 인과 같은 중개상들에 의해 중국으로 수입되는 형태로 이루어지지 않고, 이제는 중국 제품을 갖고 외국으로 나간 중국인 상인들이 돌아오는 길에 외국 상품을 갖고 중국 해안선에서 정크 선이 왕래하는 교통의 흐름에 쉽사리 끼어 들어오는 형태로 이루어졌다. 정부는 이 같은 교역을 장려한 바도 거의 없었고 때로는 금지한 바도 있었지만, 그것은 끊임없이 계속 발전해 나갔다.

일조 편법(一條鞭法) 개혁　토지와 요역에 대한 전통적 과세 방식은 16세기 동안에 점차 개혁되어, 화폐 지불로 바뀌지고 여러 가지 작은 세목들이 한 조목으로 통합되어 간단하게 되었다. 이러한 세제 개혁은 '일조 편법'이라는 이름으로 알려지게 되었다(一條編法의 編은 '한 조목으로 묶는다'는 뜻이나, '一條鞭法'과 음이 같아 함께 사용된다).

토지세 및 요역상의 악폐는 지방 문서의 변조로부터 시작되었다. 236～237쪽에서 살펴본 바와 같이, 명대 초기의 소유 토지와 호구는 몇 등급으로 분류되어 매 10년마다 재분류하게 되어 있었다. 각자의 조세 부담은 무엇보다 지방 문서에 기록된 자신의 분류 등급에 의해 결정되었다. 그러나 이 제도의 관리 책임은 지도적 호구[上等戶], 즉 보다 부유한 집안에 맡겨져 있었기 때문에, 이들은 문서를 변조함으로써 자신에게 할당된 부담을 회피할 수 있는 기회를 갖고 있었다. 이들 이해 당사자들은 공모와 뇌물 수수에 의해 그들 자신의 조세 부담을 감소시킬 수 있었으므로, 그 지역에 할당된 조세 총액에 대한 보다 가난한 호구의 부담을 증가시키는 결과를 초래하였다. 많은 방법이 사용될 수 있었다. 성인 남자[丁男]의 수를 감추거나 기록에서 토지를 모두 지워 버리고, 하인이나 소작인의 이름으로 토지를 등록하거나 사유지를 정부 소유지로, 또는 사적인 인물을 관리로 등록하기도 하였다. 부유한 집은 특전을 향유할 수 있었기 때문에, 영세한 집안에서는 흔히 조세 부담을 회피하기 위하여 부호들에게 사사로이 사례금을 지불하고 그 대가로 토지 소유의 명의를 옮기는 등 부호들의 보호를 기대하기도 하였다. 그 결과, 공식적인 등록 문서는 불과 몇 세대 만에 무의미하게 되었고, 징세는 무질서하게 되어 강자가 약자에게 세금을 강제로 떠맡기는 횡포에 지나지 않게 되었다. 국가 수입은 자연히 부족하게 되어, 위에서는 정부가 손실을 입고 밑에서는 가난한 농민들이 이전보다 더욱 착취된 반면 중간에 위치한 부호 집안들과 말단 관리들만이 서로 야합하여 이득을 보았다. 농촌의 지도적 호구로 구성된 이 중간 계층은 과거 시험과 매관을 통해 학위 소유자를 다수 배출하였으므로, '지주 겸 신사'라는 지배 계층이 되기도 하였다.

이러한 상황의 혼란은 조세의 다양성에 의해 가중되었다. 무엇보다 토지의 소유 형태가 복잡하였다. 심토(心土)에 대한 권리를 어떤 사람이 갖고 있다면, 그 땅의 지표(地表) 사용권은 다른 사람이 갖고, 이 사람은 다시 소작인에게 지표 사용권을 임대할 수 있으며, 임대받은 사람이 다시 다른 사람에게 빌려 줄 수도 있었다. 토지의 차용 역시 여러 가지 형태를 취하고 있었다. 노동력의 부담은 이보다 더 복잡하였다. 요역은 토지보다 안정성이 덜한 요소, 즉 성인 남자의 수에 기초하여 할당되었으며 그 지방의 필요에 따라, 그리고 그 지방 유력자의 결정에 따라 다르게 할당되었다. 제도가 더욱 부패해짐에 따라, 요역에 대한 요구가 가난한 농민들에게는 너무나 과중하여 처음에는 각 집[戶]들이, 그 다음에는 마을의 일부[甲]가, 마지막에는 마을 전체[里]가 도망가기 시작하였다. 징세 할당액이 줄어드는 경우는 거의 없었기 때문에, 뒤에 남는 사람들에 대한 부담은 더욱 많아지게 되었다. 끝으로, 점점 더 많아진 조세 종목들이 현금 지불로 대체됨에 따라 조세 징수자들은 여러 가지 부가세와 특별세들을 첨가하고, 요역을 은으로 불공정하게 대체하며, 원래의 요역이 필요 없게 된 뒤에도 과세액을 그대로 유지할 모든 기회를 다 갖고 있었다. 그 결과, 화폐납 조세라는 무제한의 거미줄이 농민들을 얽어 묶었으니, 일년 사시절 수없이 많은 종류의 조세가 이름뿐이거나 억지로 만들어 낸 목적을 위하여 부과되었으며, 아무런 일반적 계획도 없이, 그리고 아무런 상부의 통제나 지시도 없이 불공정하게 평가, 부과되고 불확실하게 기록되었던 것이다.

일조 편법 개혁은 어려운 처지에 몰린 많은 지방 관리들에 의해, 신뢰할 수 있는 조세 체계와 정규적인 조세 징수를 유지하기 위한 필사적인 노력으로, 한 지방을 이어 또 다른 지방에서 점진적으로 수행되었다. 그것은 주로 1522~1619년의 기간중에, 다시 말해서 명의 행정이 효과적으로 기능하였던 마지막 세기에 일어났다. 이 개혁은 두 가지의 주요한 의도—— 여러 가지의 조세 종목을 모두 한 가지 혹은 몇 가지의 종목으로 통합하는 것과 그것을 은으로 거두는 것 —— 로 이루어져 있었다. 기본적 개혁의 하나는 백 가지나 되는 토지 세율 대신에 두세 가지의 세율만 있도록 하기 위하여 토지 분류를 단순화하는 것이었다. 또 다른 개혁은 토지세들을 통일하는 것으로, 어떤 때는 30 혹은 40 종이 되는 상이한 세목들을 2~3 종목으로 통합하였다. 요역도 이와 비슷하게 통일되었다. 그 다음에는, 토지세와 요역이라는 두 개의 주요한 부문이 통합되어 하나의 종목을 만들 때도 있었다. 끝으로, 징수 일자와 징수 기관이 통일되어, 착취와 협잡의 기회를 감소시켰다.

이 개혁의 결과로 조정된 재정적 상황은 각 군마다 별도의 소득 세법을 갖는 미국의 경우보다 더 간단해진 것 같지는 않다. 일조 편법 개혁은 단지 근대적 조세 체계로 향한 부분적인 진척이었을 뿐이다. 개혁을 실시한 다음, 정부는 은으로 받은 조세 수입을 고용 노동자에게 지급할 임금으로 사용하였는데, 이들 임금 노동자들은 이전에는 일반민들에게 요구하였던 노동역의 임무를 수행하였다. 공동체는 이제 더 이상 그들의 세곡(稅穀)을 정부의 곡창으로 운송하도록 강요받지 않았다. 또한 개혁은 마을의 이갑(理甲) 조직의 장(長)을 통해 간접적으로 조세를 납부하였던 종래의 방식도 폐지하였다. 그 대신, 납세자는 이제 지방 관청 앞에 놓인 정부 징세관의 은궤에 자신의 세은(稅銀)을 직접 넣고 공식 영수증을 받았다.

이전의 몇몇 왕조들은 처음에는 현물세와 노동역에 의존하여 시작되었으나, 제도가 타락하여 화폐납 세수에 크게 의지하게 됨으로써, 개혁으로 그것을 단순화시켰던 것이다. 명대 말기에는 이러한 화폐 사용의 증가가 앞서 이미 언급한 바 있는 활기찬 경제 성장과 관련된 것이었고, 부분적으로는 외국으로부터 유입된 은과 무관하지 않았다.

명조의 종말

사가들의 인간적 약점 —— 방대한 양의 역사 기록 가운데서 사실의 해석을 위한 증거를 찾을 수 있는 능력 —— 을 참작한다 하더라도, 명대 말기의 극적인 사건들 가운데는 왕조 멸망시에 흔히 볼 수 있는 전통적 양상의 모든 것이 포함되어 있었다. 즉 무기력하고 무책임한 군주들, 권력을 잘못 행사하는 부패한 총신들, 관리들 사이의 분파적 질시, 재정적 파탄, 자연의 재앙, 반란의 봉기, 그리고 끝으로는 외세의 침입 등이 그것이다. 명말의 이러한 현상들은 그것이 당대의 위대한 재상이요, 만력(萬曆)제 치세초(1573~1582)의 수석 대학사(大學士)로서 최고의 권력에 오른 장거정(張居正, Chang Chü-cheng)의 정력적인 개혁 노력이 실패한 다음에 나타났다는 점에서 특히 돋보이게 되었다. 장거정은 외조(外朝)와 좋은 관계를 유지하였던 젊은 황제에게도 크게 영향력을 미치고 있었다. 그는 면세된 토지에 대하여 다시 과세함으로써 토지세 수입을 증가시키려고 노력하였다. 그는 관료 계층과 황실의 끊임없이 늘어나는 초과 수입과 특전을 제한하려 하였다. 그러나 장거정은 그의 모든 노력에도 불구하고 황제의 탐욕을 막을 수 없었다. 1582년에 그가 죽은 뒤, 1620년까지 38 년이나 더 군림하였던 만력제[神宗]는 철저히 무책임하게 되었다. 그는 수년 동안 계속해서 대신들의 접견을 회피하였고, 정사의 집무와 필요한 관리 임명을 거부하였으며, 각종의 악폐를 방치하고 국가의 재원을 낭비하였다. 1620년에 15세의 나이로 제위에 오른 새 황제는 주로 문예 창작에만 관심을 갖고 있었던 투미한 사람이었다. 그는 자기 유모와 가까운 친구요 태후궁의 집사였던 환관 위충현(魏忠賢, Wei Chung-hsien ; 1568~1627)에게 정부를 맡겨 두었다. 위충현은 환관의 악폐를 적나라하게 보여 주었다. 그는 소규모의 환관군으로 궁정을 장악하고 제국 전역에 스파이망을 설치하여, 관료 조직 안에서 지조 없는 기회주의자들을 규합하고, 자신의 정적을 공직 생활에서 추방하였으며, 지방에서 터무니없는 신종 조세를 거두어들였다.

당쟁——동림당　　이러한 악폐에 대한 유교적 저항이 주로 일단의 학자들에 의해 이루어졌으니, 이들의 긴 투쟁과 궁극적인 실패는 중국 정치사에 있어 실로 가슴에 사무치는 한 장을 이루고 있다. 동림(東林, Tung-lin)이란, 양자강 하류역의 무석(無錫, Wusih)에 있었던 한 서원의 이름이었다. 동림 서원은 그 대부분이 조정의 당파 싸움에서 밀려난 10여 명의 전직 학인 관료들에 의해 주도되었다. 이 서원의 구성원들은 회원으로 가입된 부근의 서원들에서 강의하였으며, 전통적인 유교적 행동 원칙을 재강조하는 도덕적 십자군으로서 신속하게 다른 곳의 학인과 관료들 사이에 그 영향력을 미치고 있었다. 그들은 왕양명 이래 16세기에 크게 유행하였고 유교와 불교 및 도교를 뒤섞어 놓은 것처럼 보이는 철학적 절충주의를 비난하였다. 그들은 원상 그대로의 도덕적 상태를 가장 중요한 것으로 강조하고, 내각 대학사와 환관 등 여러 종류의 권력 기관들을 공공연히 규탄하였다.

물론 동림당의 개혁론자들이 덕행의 완전한 독점자는 아니었다. 1610년에 그들은 당(黨), 즉 황제의 권위와 관료의 협동을 파괴하는 것으로 오래 전부터 매도되어 온 일종의 조직적 집단이라고 역공을 받았다. 당파 싸움은 국가 정책의 차원에서보다는 대신들의 도덕적 자질을 문제삼아 전개되었다. 동림당 십자군의 진행에는 오르내림이 있었다. 그들은 1620~1623년에 지배적인 입장이 되었으나, 그 직후에 환관 위충현이 권력을 완전히 장악하였다. 1624년에 동림당의 지도자 한 사람이 살인과 황후의 강제 낙태를 비롯한 24개조의 큰 죄목을 들어 위충현을 고발하였다. 위충현은 개혁론자들의 정적을 동원하여 폭력으로 보복하였다. 동림당을 지지하는 700여 명의 숙청자 명단이 작성되었다. 지도급 인물들이 규탄되고, 유죄로 선고받고, 파면되고, 명예를 잃고, 투옥되고, 고문을 당하고, 매를 맞아 죽었다. 동림 집단은 1627년에 위충현이 권력을 잃었을 때에는 이미 사실상 완전히 제거되어 버렸다. 이처럼 사악한 목적으로 천자의 비밀 경찰 기관이 환관들에 의해 조작됨으로써, 명조의 도덕적 타락은 완성되었다.

반란의 봉기　　그러나 명의 몰락은 정치를 잘못했다기보다는 정치를 포기하였기 때문일 것이며, 환관의 부도덕에 기인한다기보다는 체제의 문제를 제대로 파악하는 데 체제 자신이 실패하였기 때문일 것이다. 진짜 문제는 조세의 부담이 너무 지나쳤다는 것이 아니라 조세 수입이 적절하지 못했다는 것이다. 정치적 고통은 폭정에서 온 것이라기보다는 행정의 마비 상태에서 온 것이라 하겠다.

1628년 서북방의 섬서(陝西, Shensi) 지방이 극심한 기근에 강타당하고 있었을 때, 이자성(李自成, Li Tzu-ch'eng)이라는 역졸(驛卒)이 정부의 현명하지 못한 경제 정책으로 인해 자신의 직업을 잃고 말았다. 그는 당시 이미 유적떼에 가담하고 있었던 아저씨의 무리에 끼여들었으며, 화북 평원 귀퉁이, 산서 남부 지방[太行]의 산기슭에 자신의 소굴을 마련하였는데, 이곳은 세계 제2차 대

전중에 일본군이 중국의 비정규군을 쫓아 내지 못하였던 바로 그곳이었다. 이자성은 하남(河南)과 사천(四川) 지방을 약탈하여 더 많은 추종자들을 얻었으며, 마침내는 조직된 정부 형태와 같은 것을 만들 수 있었다. 적어도 두 명의 학자들이 그에게 가담하여 대중적 지지를 얻을 수 있는 방법에 대하여 조언하였다. 그들은 이자성의 영웅적 자질에 관한 노래와 이야기를 퍼뜨렸으며, 그를 도와 굶주린 사람들에게 음식을 나누어 주고, 관리를 임명하고, 왕조를 선포하고, 칭호를 수여하였으며, 자기들의 화폐를 발행하기도 하였다. 1643년까지 이자성은 호북, 하남, 섬서 등의 상당 부분을 장악하였다. 1644년에는 서북방에서 북경을 급습하여, 명의 마지막 황제로 하여금 자금성을 굽어보는 언덕의 누각에서 목을 매달게 하였다.

한편 이자성의 최대의 경쟁자였던 장헌충(張獻忠, Chang Hsien-chung)이라는 또 다른 반란 지도자는, 인간의 조직자라기보다 인간의 살육자로서 더 큰 명성을 얻었다. 1630년경부터, 그는 치고 달아나는 전술로 북중국을 광범위하게 약탈하였다. 마침내 1644년에는 사천 지방을 침공하여 정부를 세우고, 6부와 내각을 완비하여 진짜 진사(進士)들을 우두머리로 하여 과거 시험을 치르고 화폐를 발행하기도 하였다. 그러나 장헌충의 주요 관심사는 폭력적 전술로써 반대자들, 특히 신사들을 탄압하는 것이었다. 그는 신사 계층의 지지를 잃었으며, 1647년에 만주인들에 의해 죽음을 당하였다.

이리하여 명 왕조는 이적 침입자들에 의해 교체되기 전에 이미 중국인 반란자들에 의해 파괴되었다. 그러나 만주인 정복자들은 명조 치하에서 2세기 이상 기능하였던 주요한 정부 기구들을 계속 유지하여 사용하였다. 따라서 명조의 몰락은 이들 기구들의 구조에 결함이 있었기 때문이라기보다는, 왕조 순환의 종말을 상징하는 축적된 긴장으로 기능 부전 현상이 일어났기 때문이라 하겠다.

제9장
절정기의 전통 중국 —— 청조

만주족 왕조의 흥기

청조는 아메리카가 식민지로 개척되었던 17세기초에 시작되어 1911년까지 계속되었다. 그리하여 청대는 근세의 대부분을 점하였음에도 불구하고, 비교적 변화가 적었던 정치 체제와 사회 질서에 의해 지배되었던 시기였다. 청대는 전통적 중국의 절정과 바닥을 함께 맛보았다. 18세기에 제국의 인구와 영토는 사상 최대의 것이었으며, 행정상의 기교와 안정성은 높은 수준에 놓여 있었다. 그러나 19세기에는 엄청난 재앙과 직면하게 되었다.

여기서 우리는 일단 이 드라마의 제1막, 즉 만주족이 중국의 국가와 사회를 통할하는 데 성공하여 19세기초에 이르는 과정에 대해서만 살펴보고자 한다. 그러나 우리가 그들이 성취한 바를 연구하면서 놀라지 않을 수 없는 것은 그들이 전통적 질서를 유지하는 데 성공하였던 바로 그만큼이 이후 몰락의 한 요인이 되었다는 사실이다. 중국적인 전통은 너무나 확고하여서, 제도와 가치들을 철저하게 바꾼다는 것은 쉽게 상상할 수 없는 일이었다. 만주족은 혁신자로서보다는 전승자로서 성공하였으므로, 중국적인 구도의 개조를 그들에게 기대할 수는 없었다.

만주족이 성공한 이야기는 칭기즈 칸이 이끈 몽고인의 그것과 같았다. 적절한 시기에 한 강력한 지도자가 민족을 통일하여 민족 공통의 이름을 부여하고, 자기의 자손이 전중국을 지배할 때까지 진군케 했다. 무장한 이들 만주족은 금 왕조(1122~1234)의 창건자와 같은 퉁구스 어족인 여진족에서 나왔다. 그들은 중국 문화와 행정의 변두리에서 세력을 일으켰는데, 이곳에서 그들은 철저하게 복속되거나 중국화되지 않은 채 전임자 몽고인이나 중국으로부터 선택적 입장에서 배울 수 있었다.

만주의 남변, 즉 요동 지방(遼河의 동쪽을 뜻하나 遼東半島를 포함한다)은 고대에는 한때 중국의 일부였으며, 북중국 같은 집약 농업에 적합하였고 한(漢) 제국의 영토 안에 들어 있었다. 그곳은 바다를 통해 산동 반도와 쉽게 교통할 수 있는 곳이었고 명대 치하에서는 산동성의 일부였다. 그러나 요동은 전략적으로 공격받기 쉬운 취약 지역이어서 언제 잃을지 모르는 허무한 곳이었다. 북쪽의 위협으로부터 그곳을 방어할 수 있는 자연적 장벽은 어느 곳에도 존재하지 않았다. 반면에 만주의 전지역과 마찬가지로, 이 지역과 중국의 육상 접촉은 만리장성이 해안과 만나는 산해관(山海關, Shanhaikuan)에서 쉽게 끊기게 되어 있었다. 여기서는 산과 바다 사이의 평탄한 땅 수마일만 장악할 수 있어도 누구나 병마개를 여닫듯이 만주와의 통행을 통제할 수 있었다. 결국 요동은 비록 중국의 영토로 편입되어 있을 때라도 중국인과 이적이 서로 침투할 수 있는 곳이었으며, 강력한 이적이 농경에 종사하는 중국 인구를 통제하여 지배 왕조와 경쟁할 수 있는 곳이기도 하였다.

여기에 대한 중국측의 방어책은 고정된 성벽에 의존하는 것이 아니라 인간 관계에 의존하는 것, 즉 느슨한 고삐로써 관계를 조절하는 정책〔羈縻政策〕에 의해 부족들에 대한 중국의 정치적 지도력을 확립하는 것이었다. 홍무제는 몽고 변방에 위(衛)라는 군사 단위를 설치하였고, 영락제는 이 제도를 만주의 부족들에게 확대하였다. 영락 시대만 하더라도 178개의 위가 세워졌으니, 이는 중국식 분할 통치 전술의 지표라 하겠다. 이들 위는 세습적 부족 지도자들 아래에 놓인 부족적 군사 단위였다. 이들 부족장의 가족에게는 중국식 성(姓)이 주어졌고 그의 딸은 황제의 후궁으로 간택되었다. 성의 사용으로 족보의 편찬이 용이하게 되었음은 물론이고 적출(嫡出)과 상속의 개념도 발전시켰다. 마치 영연방 전역에서 지금까지 수여되고 있듯이, 황제의 작위와 훈장의 수여는 이적(夷狄)을 제국으로 편입시키는 데 기여하였다. 또 다른 대책은 부족의 추

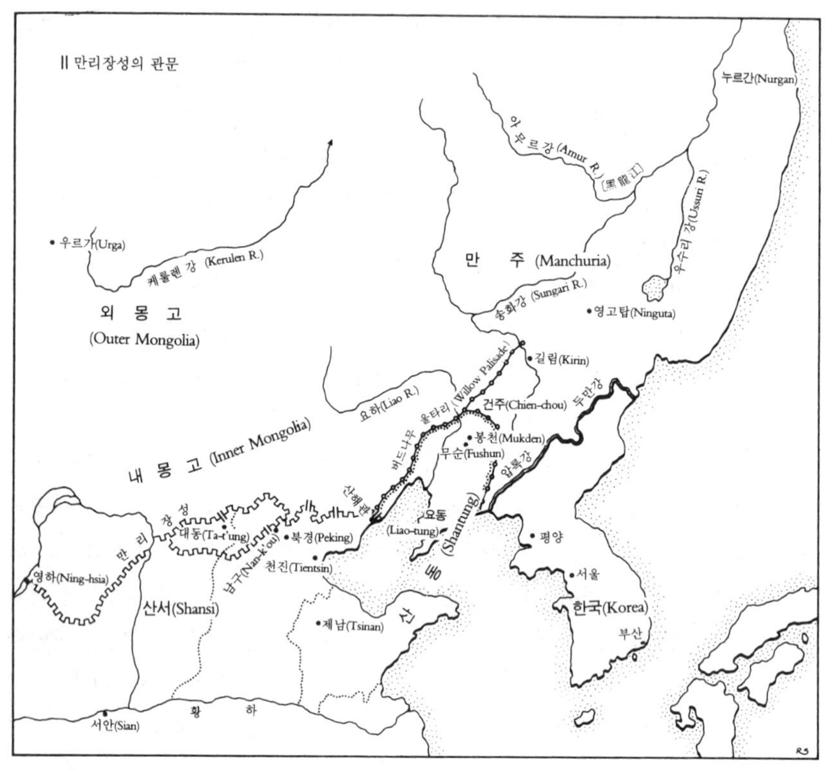

만주족의 흥기

장을 재외자(在外者)가 되도록 하는 것이었으니, 그의 거처를 중국의 도시나 수도에 위치한 보다 쾌적한 환경으로 옮겨 중국화하게 하였던 것이다.

최초의 여진 위(衛)는 1403년에 요동의 동북방에 설치되었다. 만주인 부족의 수가 늘어남에 따라, 한 번에 200명에서 600명에 이르는 집단들이 해마다 북경으로 줄지어 행진하여 연도의 주민들을 놀라게 하였다. 명은 봉천(奉天, 오늘의 瀋陽) 부근, 남만주의 남쪽 변방에 말 시장〔馬市〕을 열어 만리장성 안에서 이러한 소란이 일어나는 것을 미연에 방지하고자 하였다. 명이 쇠약해짐에 따라 만주의 세력이 일어나게 된 곳이 바로 이 변방이었다. 중국의 방어책은 이적을 중국화하여 황제의 충직한 신하로 만들게 하는 것이었으나, 이러한 과정은 오히려 이적에게 그들 고유의 전투력과 그들이 중국 방식에서 배운 모든 것을 결합할 수 있는 기회를 제공하였다. 그 결과 만주에서는 여러 제도와 새로운 국가 권력의 가공할 만한 종합이 이루어졌다.

중국화된 만주 국가 창건 만주 국가의 창건자 누르하치(Nurhachi, 奴兒哈赤; 1559~1626)는 권력을 장악하기 위해 투쟁함에 있어, 칭기즈 칸의 전통을 따라 자기 아버지와 할아버지의 죽음을 갚는다는 명분을 내걸었다. 그의 부조(父祖)는 중국의 요동군 사령관과 이와 손잡은 여진족 추장이 연루된 싸움에서 피살되었으므로, 이들은 누르하치의 당면한 표적이 되었다. 그는 아버지를 계승하도록 한 중국측의 책봉을 받아들였지만, 자신의 가족과 부족을 동원하여 1586년에 이 경쟁자를 전멸시켰다고 한다. 그는 자기의 집을 요새화하고, 한 강력한 추장의 딸과 또 다른 추장의 손녀와 결혼하였으며, 비적떼를 진압하여 중국측의 칭찬을 받기도 하였다. 30여 년에 걸친 교섭, 결혼과 동맹의 타협, 그리고 산발적인 전투 등을 통해 누르하치는 북쪽에 위치한 4개의 주요 여진 부족들을 통합하고 명에 감연히 도전할 수 있는 지위에 오르게 되었다. 이와 동시에, 그는 마시(馬市)에서 교역하여 의약적 효과가 있다는 인삼 뿌리를 취급하였는데, 당시에 인삼은 이미 회춘을 필요로 하는 노령의 중국인을 위하여 만주에서 수출되는 값비싼 사치품이 되어 있었다. 누르하치는 요동의 동북 변방에 3중, 4중의 성벽으로 에워싸인 요새화된 성채를 쌓았다. 가장 안쪽의 성채는 누르하치 자신과 그 씨족을 위한 것이었고, 중간 성채에는 그의 장군들과 가까운 수하들을 위한 300여 채의 주택이 있었으며, 바깥 성채는 수천 명의 전사와 그 가족들을 위하여 마련되었다. 중국인 기술자와 조언자들이 그를 도왔다. 어떤 중국인은 누르하치의 고문으로 30년이나 기여하였다.

누르하치는 서쪽으로 명과 몽고 부족들과의 분쟁을 피하고 자기 종족의 통합에 주력하였다. 그가 이룩한 최대의 성과는 새로운 행정 제도, 특히 '기(旗)'제도의 개발이었으니, 이 제도는 1601년 이후부터 서서히 출현하였다. 처음에는 300명의 전사들로 구성된 여러 부대들이 노란색, 흰색, 푸른색, 붉은색으로 채색된 4종의 깃발〔四旗〕아래로 배치되었다. 뒤에 다시 네 개가 더하여졌는데, 색깔은 같지만 그 테두리를 붉은색으로 둘렀으며 붉은색의 깃발에는 흰색 테두리를 둘렀다. 이들 여덟 종류의 깃발 아래 모든 부족민들이 편성됨으로써, 부족적 조직에서 관료적 조직으로의 전환이 이루어졌다. 하인이나 노예가 된 중국인 포로들을 포함한 모든 인민이 이제 각자의 깃발 아래로 등록

되었고, 이 새로운 국가의 행정 단위를 통해 징세와 징병이 이루어졌다. 세습적 부족장들 대신에, 이제는 8기(八旗)가 장교를 임명하고 서기를 두어 계산을 담당케 하였다. 새 국가가 주변의 종족들을 정복하여 귀의자들을 얻게 되자, 중국인 8기와 몽고인 8기가 더하여져 모두 24기가 되었다. 1644년에 이르러서는 278개의 만주인 부대와 120개의 몽고인 부대, 165개의 중국인 부대가 약 16만 9,000명의 군대를 이루었으며, 총병력 가운데서 만주인은 반이 채 되지 못하였다.

8기와 그것을 구성하는 부대들이 전투의 단위가 되었던 것은 아니다. 오히려 각 부대들은 필요한 과업을 수행할 부대를 만들기 위하여 일정한 할당 병력을 차출하였다. 예를 들면, 1634년의 내몽고 원정을 위하여 각 부대는 20명씩의 기병과 8명씩의 위병을 차출하여 약 1만 1,000명의 부대를 만들었다. 8기병(旗人)이 배당받은 토지가 여러 곳에 흩어져 있어 기인이 아닌 사람들의 소유지와 섞여 있었다는 점에서 8기는 명대의 위(衛)와 같지 않았다. 따라서 8기병들은 비록 자기의 토지를 소유하고 또 그곳에서 생계를 취하였지만, 한 장소에 고착되어 있지는 않았다.

누르하치가 이룩한 또 하나의 성과는 행정적 목적을 위한 문자 체계의 개발이었다. 그는 번역관으로 하여금 여진말을 변형된 몽고 문자로 표기하게 하고, 뒤에 다시 글자 옆에 구분 발음 부호(점과 동그라미)들을 덧붙이게 하였다. 곧 〈맹자〉가 만주어로 옮겨져 이용되었다. 이러한 새로운 문자 체계로 인해 유교적 국가 이념의 신속한 차용이 가능하게 되었다.

1616년에 누르하치는, 마치 1122~1234년의 금 왕조를 계승하는 것처럼, 후금(後金) 황제를 자칭하였다. 1618년에는 그는 공공연히 명을 공격하여 요동의 일부를 빼앗았으며, 중국인의 도움을 얻어 민정 체제를 발전시켰다. 1625년에 누르하치는 수도를 동남쪽의 봉천(奉天, Mukden)으로 옮겼다. 1626년에 그가 죽은 뒤, 태조(太祖)라는 묘호(廟號)가 추증되었다. 세 명의 유능한 지도자들이 그의 뒤를 이었으니, 누르하치의 여덟번째 아들 아바가이(Abahai; 1592~1643)와, 아바가이의 여섯 살 난 아들을 위해 제위를 사양한 채 섭정으로써 실질적 통치권을 행사한 누르하치의 열네번째 아들 도르곤(Dorgon, 多爾袞; 1612~1650), 그리고 누르하치의 증손인 강희(康熙)제 등이 그들인데, 특히 1661년에서 1722년에 이르는 61년간의 강희제 치하에서 왕조의 기초가 확고하게 정립되었다.

초기의 만주 지도자들은 자신의 지도력을 확립하기 위하여 먼저 집단적으로 결정하는 종래의 씨족적 지배 방식을, 새로운 군주제 원칙에 종속시키지 않으면 안 되었다. 황족의 지도자들은 한 국가 회의체〔議政王大臣會議〕에 들어가 그곳에 소속되었다. 결국 만주의 황족은 정치에서 완전히 손을 떼게 되었으나, 그럼에도 불구하고 그 구성원들은 수도에 모여 살았다. 그들이 일차적으로 국가에 기여한 역할은 강력한 군주를 제위에 앉히고, 여자와 환관이 정치에 간여하는 두 가지의 악폐를 회피하는 것이었다.

그들 나름대로, 만주의 군주들은 앞서 몽고인들이 했던 것보다 훨씬 적극적으로 유교적 통치 방식에 관심을 기울였다. 그들의 성공은 중국적 방식으로 국가 권력을 조직하고 중국인 협력자들을 활용한 데 기인하였다. 관료 체제가 부족 체제를 대신하게 되자, 문자를 익힌 서기관과 행정관들이 그 당시 대강의 만주인 수의 10여 배나 되는 300여 만 명의 요동 지방 중국인 가운데서 충당되었다. 이들 중국인들은 강력하고 성공적인 '유교적' 형태의 정부에 참여할 수 있다는 전망에 매료되었다. 1631년에 6 부가 봉천에 세워지고 이것과 비슷한 것이 북경에도 세워졌다. 감찰 기관과 그 밖의 관서들도 모두 명대의 모형을 따라 설치되었다.

만주 체제가 그 형성기에 화이(華夷) 융합적 성격을 갖고 있었음은 만주의 공직에 오른 수많은 요동 지방 중국인들을 통해서도 확인할 수 있다. 예를 들면, 1633년경에 세 명의 요동 출신 명조 관리들이 만주로 넘어갔다. 그 뒤 이들 세 명 모두가 군대를 이끌고 남중국을 정복하였고, 이들은 제후왕으로 책봉되었다. 이들 가운데 한 명〔尙可喜〕은 23 명의 아들을 두었는데, 그 중 11 명이 청조의 장군이 되었고 3 명은 추밀원(樞密院)의 성원이 되었다.

만주인의 정복 활동   초기의 만주 지도자들은 군사적·행정적 역량을 쌓아올림으로써 북경의 제위를 노리는 선두 주자가 되어 있었다. 아바가이는 1627년에 조선을 공격하였고, 1636~1637년에 다시 공격하여 복속국으로 만들었다. 그는 원정대를 이끌고 만리장성의 험로를 통해 1629년과 1632년, 그리고 1634년에 북중국을 침입했다. 그는 내몽고를 쳐서 복속시켰고 네 차례의 원정으로 아무르(Amur, 黑龍) 강 유역을 지배하에 넣었다. 이 맹렬한 팽창의 과정

272

에서, 아바가이는 1636년에 왕조에 이름을 청(淸, Ch'ing)으로 바꾸었다.

1644년에 만주가 중국을 정복할 때 핵심적 역할을 한 인물은 명의 요동 출신 장군 오삼계(吳三桂, Wu San-kuei ; 1612~1678)였다. 이자성의 반란군이 북경에 접근하자, (264쪽 참조) 명의 황제는 오삼계를 불러들여 구원케 했다. 그러나 수도는 그가 도착하기 전에 이미 함락되었으며, 이자성은 오삼계를 향하여 진격하였다. 그는 중국인 유적(流賊) 반군에 항복하는 대신에 차라리 만주족에게 항복하는 쪽을 선택하였으며, 그때 도르곤의 기병(旗兵)은 관문〔山海〕의 동쪽에서 기다리고 있었다. 그는 도르곤에 항복하고, 함께 이자성을 쳐서 북경에서 그를 내쫓고 소탕하였다. 이리하여 변방에서 반란을 일으킨 비중국인들이 중국인의 협조를 받아, 중국 안에서 일어난 반란 세력을 제거할 수 있었다. 만리장성 밖에서 제위를 빼앗는 것이 안에서 붙잡는 것보다 쉽다는 것이 입증되었다. 만주국은 방어하기에 유리한 바깥 기지에서 경쟁적 제국 체제로 발전할 수 있었던 데 반해, 중국 안에서 일어난 반란 세력은 비적(匪賊) 이상의 수준으로 일어나기가 매우 어려웠던 것이다.

북경이 함락된 뒤 3년 동안, 오삼계는 만주 왕조의 정착을 도우면서 한편으로는 자신을 위해 커다란 권력을 획득하였다. 그는 운남(雲南, Yunnan)과 귀주(貴州, Kweichow)에 자신의 영지〔藩〕를 확보하고 독점 무역을 발전시켰으며, 그러면서도 자기의 군대를 유지하기 위해 중앙의 청조 국고를 억지로 짜내었다. 또 다른 두 개의 영지도 요동 출신의 중국인 장군들에 의해 광동(廣東, Kwangtung)과 복건(福建, Fukien)에 세워졌다. 그리하여 남중국은 여러 해 동안 만주 정권의 중국인 협조자들의 지배하에 놓여져 있었는데, 이들 지방 세력은 북경의 그것에 필적하였다. 1673년에 오삼계가 청에 대항하여 반란을 일으켰을 때, 다른 두 개의 번국(藩國)도 곧 호응하여 이른바 '3번(三藩)의 난'이 일어났다. 이 대규모의 내전은 만주 왕조를 몰아낼지도 모른다는 위협과 놀라움으로 아홉 살 난 강희제를 사로잡았다. 그것은 1681년에 이르러서야 겨우 진압되었다.

접수되어야 할 중국의 마지막 부분은 대만(臺灣), 즉 중국인이나 일본인은 타이완(Taiwan) 섬이라 부르고, 포르투갈 인들에 의해서 포모사(Formosa ; '아름답다'는 뜻)로 명명된 섬이었다. 비록 무역상들과 해적들이 자주 드나들고 복건 지방민들에 의해 식민(植民)되기도 하였지만, 대만이 명의 행정 구역으로

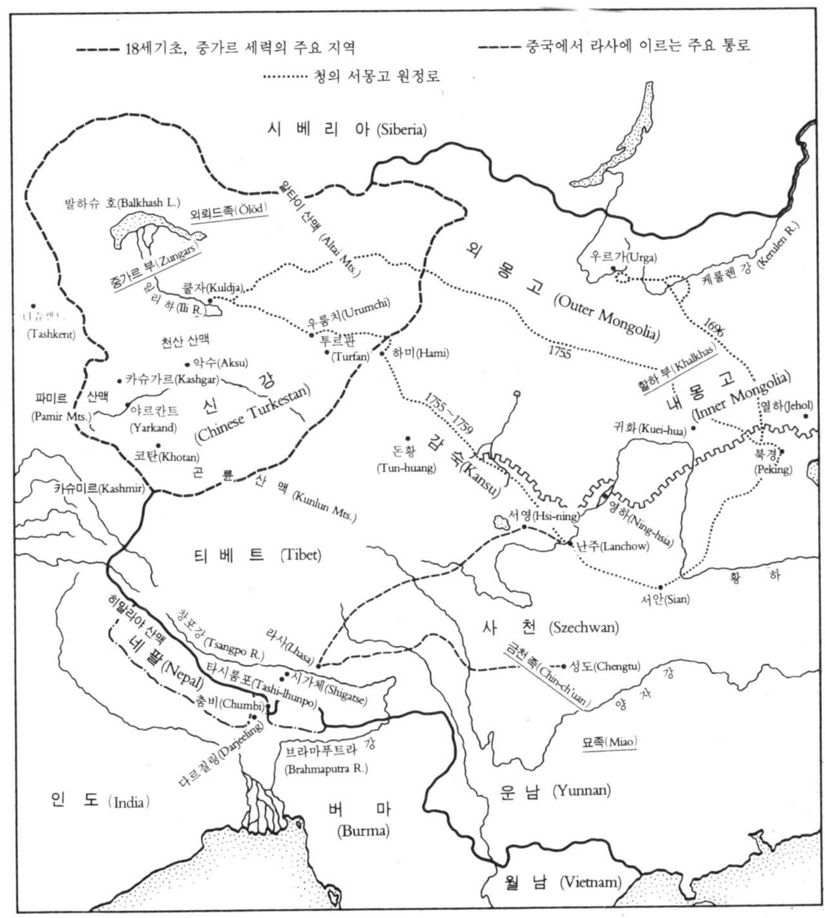

청대의 중앙 아시아(1800년경까지)

편입된 적은 한 번도 없었다. 1624년부터 1662년까지 바타비아(Batavia ; 오늘날
의 자카르타)의 네덜란드 동인도 회사가 이 섬에 몇 개의 교역소를 유지하고 있
었다. 만주에 대한 마지막 저항은 정성공(鄭成功, Cheng Ch'eng-kung, ; 1624～
1662)과 그 가족에 의해 대만에서 지속되었다. 이 사람의 아버지〔鄭芝龍〕는 모
험적인 해상 무역상과 해적으로 세력을 일으켰다. 그는 마카오(Macao)에서 포
르투갈 인과 접촉하고(이들이 그에게 기독교도로 세례를 주었다), 마닐라
(Manila)에서는 스페인 인과, 히라도(Hirado, 平戶)에서는 일본인과 접촉하였으
며, 이곳에서는 그에게 정성공을 낳아 준 일본인 처를 얻었다. 그의 아들 정성

공은 남경과 복주(福州, Foochow)로 피난한 명 조정의 총신이 되어 주(朱)라는 황실의 성을 받아 흔히 '국성야(國姓爺, Kuo-hsing-yeh)'라 불려졌는데, 네덜란드 인들의 '콕싱가(Koxinga)'란 말은 여기서 유래하였다. 그는 1646년부터 1658년까지 퀘모이(Quemoy, 金門島)를 포함한 아모이(Amoy, 廈門) 지역을 근거지로 하여 복건 해안의 상당 부분을 지배하였다.

콕싱가의 해상 세력에 대한 청조의 대책은 과거의 전통에 따른 대륙 봉쇄책이었다. 명대의 왜구에 대한 대책을 흉내내어, 그들은 대외 교역을 제한하였다. 콕싱가는 남경을 공략하려는 대대적인 시도로써 보복하려 하였다. 그러나 그는 패퇴하여, 1661년에 900여 척의 배들을 이끌고 대만으로 건너가 네덜란드 인들을 몰아냈는데, 이 네덜란드 인들은 1663~1664년에 그를 공격하려는 청조를 돕기 위해 함대를 파견하였다. 콕싱가가 죽은 뒤에는 아들이 그의 정권을 계승하였다. 청은 이제 중국 해안과 섬들의 인구를 강제로 소개시켜 10 마일 이상 안쪽 내륙으로 옮기고, 척후(斥候) 방책을 쳐서 본토의 인적 자원과 식량, 교역 비단 등으로부터 대만을 격리시키는 비상 방책에 의존하였다. 대만 정권은 이러한 노력에 의해 손상을 입지는 않았지만, 결국은 '3 번의 난'을 지원하는 일에 가담하게 되었다. 이 반란을 진압한 다음, 청은 1683년에 대만 섬을 점령하였다. 그리하여 만주의 정복 활동은, 1644년의 갑작스러운 성공에도 불구하고, 실제로는 1618년부터 1683년까지 2 세대나 걸려서야 완수되었다.

내륙 아시아에서의 청 제국   근대에 이르기까지, 내륙 아시아를 지배하지 못하고서는 중국에 대한 지배력도 쉽게 유지될 수 없었다. 처음부터 청은 내몽고의 몽고족을 자기들의 새 국가 안으로 병합시키는 일에 착수하였다. 이로 인하여 그들은 17세기말에 외몽고를 정복하고 18세기에는 일리(Ili) 지방과 중국령 투르키스탄을 정복하였으며, 티베트에는 보호령을 설치하기에 이르렀다.

만주는 내몽고를 처음에는 군사적으로 공격하고, 그 다음에는 복속국으로 편입함과 동시에 동맹자로서 몽고 8 기(八旗)에 편입하였다. 청조는 재능 있는 몽고인에게 활동의 무대와 기회를 제공하였다. 또한 청조는 명대의 중국인들이 몽고인을 통제하는 데 사용한 방책들——즉 몽고 부족들에게 고정된 지리적 범주를 지정해 주고, 새로운 추장의 계승을 확인해 주며, 관직과 작위를 수여하고, 부족 상호간의 협의와 교통 통신을 감시하며, 일정한 시장에서의 규정된 교역을 허락하고, 정규적 조공 사절들에게 관례적인 선물을 하사하는 일 등——을 강화하였다. 요컨대, 청은 문화와 통상 및 사치의 원천이라는 중국의 이점을 계속 이용하였으며, 정통성과 영예 및 은총의 원천이라는 천자(天子)의 역할을 계속 유지하였다. 이러한 분할 통치책은 내몽고와 외몽고에 대하여 사용되었고, 정통성의 원칙은 찬탈자에 대하여 적용되었으며, 반란 세력에 대해서는 황제의 동맹 세력이 이용되었으니, 이렇게 하여 어떤 한 명의 몽고 지도자에게 권력이 축적되는 것이 방지되었다. 이처럼 복잡한 체제를 운영하기 위하여 만주는 속국 감독 기관〔理藩院〕을 세웠는데, 이는 만주인이 새로 만든 제도로서 전통적인 6부와 같은 지위에 있었다.

이 체제의 운용은 끊임없는 주의와 간헐적인 전투를 필요로 했다. 17세기말에, 1449년 명의 황제를 사로잡았던 몽고 추장〔也先〕의 한 후손이 중국령 투르키스탄의 북쪽 초원 지대에서 세력을 일으켰는데, 이곳은 알타이(Altai) 산맥과 일리 하(河) 유역으로서 서아시아로 가는 일반적 통로였다. 이 새로운 지도자는 서몽고 부족의 하나인 중가르(Zungars ; 準喀爾) 부의 갈단 칸(Galdan Khan)이었다. 갈단은 라사(Lhasa)에서 라마(lama) 교의 승려로 교육받았으며, 티베트로부터 값진 정신적 지원을 받았다. 1670년대에 그는 멀리 동쪽으로 하미(Hami, 哈密)에 이르기까지 중국령 투르키스탄의 오아시스들과 회교도 주민들을 접수하였다. 마침내 그는 외몽고를 가로질러, 멀리 케룰렌(Kerulen) 강까지 동몽고를 약탈하였다. 결국 청의 강희제는 1696년에 명의 영락제처럼 몇 개의 부대로 편성된 8만의 병력을 친히 지휘하여 케룰렌 강까지 진군하였다. 갈단의 군대는 우르가(Urga) 남쪽의 큰 전투에서 패퇴하였는데, 이 전투에서 청은 대포를 사용함으로써 유목 기병대의 1,000 년 전통에 종말이 다가왔음을 암시하였다.

마지막 해결은 1750년대에 이루어졌다. 몽고 부족의 반란과 살육, 찬탈과 침략, 그리고 이주 등이 오랫동안 이어진 다음, 청의 군대가 1755~1757년에 세 번이나 연달아 일리 지역을 점령하여 중가르 부를 사실상 소탕하였으며, 1758~1759년에도 중국령 투르키스탄에서 일어난 회교도 반란을 진압하고 악수(Aksu), 야르칸트(Yarkand), 카슈가르(Kashgar) 및 기타 오아시스들에 대한 지배력을 확립하였다. 이처럼 중국의 천자가 멀리 파미르 고원에 이르는 타림

중국 황제의 정복 활동 일리(Ili)와 중국령 투르키스탄(Turkestan)의 정복을 축하하기 위하여, 건륭제(乾隆帝)는 북경에 있는 카톨릭 선교사들이 그린 16장의 그림을 파리로 보내어 동판에 새기게 하였다. 1772년에 그려진 이 그림은 1758년의 만주 군영을 보여 준다. 격투와 창싸움, 활쏘기 등이 진행되는 동안, 중앙의 대형 천막에 앉아 있는 사령관이 좌우에 막료와 장수들을 거느리고, 꿇어앉아 있는 대표단을 접견하고 있다.

분지를 지배하게 된 것은 한·당·원 등의 선례를 이어 네번째의 주요한 시기였다.

티베트의 제국 편입 서몽고를 복속시키는 과정에서, 청의 군주들은 티베트(西藏)에 대한 지배력까지 확보하지 않을 수 없었으니, 그 까닭은 라사에 집중되어 있는 라마 교회가 티베트 인들의 생활뿐만 아니라 몽고인들의 생활에까지 강력한 영향력을 행사하게 되었기 때문이다. 수세기 동안 티베트 인들은 중화 제국의 주변 국가로서의 역할을 수행해 왔다. 당대에 그들은 적지만 강한 군사적 세력으로 출현하여 인도나, 멀리 중국의 장안(長安)까지 약탈, 유린

할 수 있었다. 원대에는 라마교 신앙의 인기가 몽고인에까지 신속하게 확산되었다. (126, 143, 214 쪽 참조) 명대 초기에는 티베트와의 조공 관계가 정규적으로 기록되었으며, 특히 영락제는 티베트의 사절을 맞아 관작을 수여하고 책봉을 확인하였다. 그러나 명대 동안에 티베트의 교회에서는 개혁 운동이 일어났다. 중국에 오지 않은 한 명의 라마 총카파(Tsong-kha-pa, 宗喀巴 ; 1357~1419)는 티베트 불교 안에서 수도 규율의 부활을 목표로 한 위대한 종교 개혁가였으니, 그는 독신 생활을 강조하고 예불과 참회, 피정 및 기타 수도 생활의 여러 가지 일과를 규정하였다. 그의 개혁 운동은 보통 그 신도들이 입은 예복의 색깔로 인해 구교인 홍파(紅派)와 구별하여 황파(黃派)로 불려졌다. 명대 말기에는 그 영향력이 몽고 지방으로 전파되었으며, 이로 인해 몽고인들은 기존의 라마 교 홍파와 개혁을 주장하는 새로운 황파 사이의 정치·종교적 분쟁 속에 휩쓸려 들어갔다.

라마 교의 환생 신앙에 따라, 황교의 우두머리인 총카파의 계승자는 새로 태어나는 어린아이 가운데서 발견되도록 되어 있었다. 그의 제 3대 계승자가 몽고에 갔을 때, 동몽고의 한 강력한 왕자가 그에게 '달라이(Dalai, 達賴 ; '모든 것을 포용한다'는 뜻) 라마'라는 인상적인 칭호를 주었으며, 그가 1588년에 그곳에서 죽었을 때, 그의 후계자는 몽고인 아기로 환생하여 발견되었다. 이렇게 해서 동몽고와 서몽고, 그리고 두 개의 티베트 종파들이 모두 종교적인 권력 관계로 빠져들어갔다. 황교의 제 2의 고위 성직자는 보통 판첸 라마(Panchen Lama, 班禪喇嘛)로 알려진 타시 라마(Tashi Lama)로서, 그는 라사 서쪽의 타시룬포(Tashi-lhunpo)라는 대사원에 있었다. 제 3의 인물은 외몽고 교회의 영원한 수장으로 1600년경에 출현한 이른바 '살아 있는 부처(活佛, 몽고어로는 Hutukhtu 라고 한다)'로서, 오늘날의 울란 바토르(Ulan Bator)인 우르가(Urga)에 있었다.

첫째, 달라이 라마가 티베트의 세속적 군주가 되었을 때, 둘째, 중국의 청조 군주가 그에 대한 보호 정책을 확립하였을 때, 이 내륙 아시아의 종교적 정치 분야에도 마침내 질서가 부여되었다. 비록 황교의 수장으로 오랫동안 인정되었지만, 달라이 라마가 티베트에서 세속적 권력을 얻을 수 있었던 것은 오직 그에게 부여된 칭호와 몽고와 만주의 지원을 교묘하게 이용할 수 있었기 때문이다. 만주가 중국을 정복하기 전에도, 서몽고의 한 부족이 황교를 위해서 1641년에 라사에 개입하였다. 이 부족은 홍교의 지지 세력을 분쇄하고 외래의

청의 라마교 보호 5대 달라이 라마(1617~1682)가 다시 지은 포탈라(Potala) 사원, 즉 라사(Lhasa)에 있는 달라이 라마의 궁성.(위) 티베트와의 관계뿐만 아니라 몽고와의 관계에도 도움이 될 것으로 기대하고, 청의 황제들이 북경 북쪽 열하(熱河)의 하궁(夏宮)에 세운 포탈라 사원의 축소판.(아래)

몽고 지배하에 나라를 통일하였으며, 제 5대 달라이 라마(1617-1682)를 라사의 정신적 제왕의 지위에 앉혔고, 이곳에 그는 자신의 거대한 궁궐인 포탈라(Potala) 궁을 다시 세웠다.

강희제가 서몽고 문제에 직면하였을 때, 자연히 그는 달라이 라마를 몽고를 통제할 수 있는 핵심적 존재의 하나로 간주하게 되었으니, 몽고의 라마교 사원들은 이미 수많은 젊은이들을 교회의 평화스러운 생활로 끌어들이고 있었던 것이다. 강희제가 기울인 관심의 결과는 청의 정신적 지원하에 1705년에 이루어진 또 다른 몽고의 라사 개입이었다. 이로 인해 서몽고의 중가르 부에 의한 반청(反淸), 반격 개입이 뒤따랐으며, 이는 다시 1720년에 청의 첫번째 직접적 무력 개입을 야기시켰다. 곧 격렬한 티베트 내전이 1727~1728년에 전개되어 1만 5,000에 달하는 두번째 청군을 끌어들였다. 이제 달라이 라마의 통치는 청의 황제가 파견한 두 명의 티베트 주재 사무관〔amban, 駐藏大臣〕과 주둔군의 감독하에서 이뤄지게 되었다. 청의 세번째 개입은 1750년에 중가르 부의 음모가 다시 일어나 많은 살육이 벌어짐으로써 촉진되었다. 이 같은 정치적 통제의 붕괴 현상에 대한 청측의 해결 방안은, 청의 지속적인 보호하에 달라이 라마를 궁극적으로 충분한 세속적 권력의 확고한 지위에 세우는 것이었다. 그 뒤로부터 그는 티베트 주재 중국 관리와 1,500 명의 청 주둔군의 감호하에 4 명의 대신 회의를 통해 통치하였다. 이렇게 수많은 시행 착오를 겪은 다음에, 티베트의 정치 권력은 청 제국의 권력 안으로 확고하게 편입되었다.

청의 중국 지배

만주 세력의 보전 중국에서 당면한 만주족의 기본 문제는 권력을 계속 장악할 수 있는 단결된 소수 민족으로 스스로를 보전하는 것이었다. 이들의 전체수는 제국 인구의 2 퍼센트에 지나지 않았기 때문에, 이것은 만만치 않은 일이었다. 그들은 자신의 특수한 지위, 특권, 수입 등을 보전하고 중국인과의 구별을 유지하며, 그들의 민족 의식과 만족 동질성을 지키지 않으면 안 되었다.

지배 가문의 힘을 유지하는 방법의 하나는 물질적 자원을 쌓는 일이었다.

그 수입은 광대한 토지의 소유와 특별세의 징수 및 투자 등으로 축적되어 통상적인 국가 수입에 못지 않았으나, 황실 담당 관서〔宗人府〕에 의해 독립적으로 은밀하게 관리되었다. 이러한 재원은 궁정뿐만 아니라 황족까지 부양하였으며, 황족들은 특별 관부를 통해 관할되고 친왕(親王)으로부터 아래로 12 등급으로 나뉘어 조직되었다. 아들에 의해 계승된 작급(爵級)은 아버지의 그것보다 한 단계 낮추어져, 아들에게 자신의 역량을 입증할 수 있는 자주적 유인을 제공하였다. 또한 만주인 귀족들이 있어, 31 등급의 귀족 계급으로 나누어졌고, 황제로부터 작위와 급여금을 하사받았다.

그 밖의 만주인들은 모두 기인(旗人)으로서, 경작할 토지와 급여금을 지급받았으며, 중국의 지방 사법권에 적용받지 않았다. 모든 만주인에게는 교역과 노동에 종사하는 것, 중국인과의 결혼, 중국인 관습을 따르는 것 등이 금지되었다. 전통적인 씨족 제도가 보전되었고 만주어에 의한 교육이 강제되었다. 반면에, 모든 중국인은 순종의 상징으로 만주인처럼 머리카락을 변발(辮髮)로 땋고 머리의 나머지 부분은 깎도록 강요받았다.

만주의 군사적 지배력의 유지를 위하여 8 기군(八旗軍)을 두었다. 공식 명부에는 1644년에 16만 9,000 명 정도였던 8 기병이 18세기에는 35만 명 정도로 증가한 것으로 기록되어 있으나, 여기에 등록된 병력수가 실제로 그대로 유지되었던 것은 아니다. 8 기군은 서양인들이 '타타르(Tartar, 韃靼) 장군'이라 부른 만주인 고위 장군들의 지휘 계통에 배치되었다. 그 주둔지는 3 개의 선형 전구(扇型戰區) —— 첫째, 북경 주변의 25 개 소규모 주둔지, 둘째, 중앙 아시아로부터의 침입에 대비한 서북 지방의 전략적 거점들, 셋째, 중국 인구의 주요한 중심지(成都, 南京, 杭州, 福州, 廣東 등)와 남중국의 전략적 거점들 —— 에 위치하였다. 약 400 명씩으로 구성된 8 기군 병영〔旗營〕들은 도시의 요새화한 주거 지역에서 가족들과 떨어진 곳에 세워졌는데, 13세기의 몽고인 선임자들이 성곽의 바깥에 주둔한 것과는 같지 않았다.

명대 군사 제도하의 잔여 병력과 그 뒤에 더 징모된 중국인 병력은 '녹영(綠營)'이라 불리운 중국인 보안대로 흡수되었다. 17세기말에는 이 부대 병력이 모두 59만 4,000 명을 헤아렸으며, 19세기초에는 1,202 개 부대의 64만 명이 작은 단위 부대와 병영으로 분산되어 있었다. 지방의 경찰군으로서 비적을 진압할 목적으로 설치된 이 녹영은 거의 집중되어 있지 않았고 8 기병의 공격력을 갖도록 기대되지도 않았다. 전반적으로 말해서 군사 지휘권은 중국인과 만주인 사이에, 병부(兵部)와 중앙군과 지방 주둔군 사이에, 그리고 전제국의 고급 문관과 무관 사이에 조심스럽게 분배되어 있었다. 군대 유지에 충분하지 못한 빈약한 재원과 더불어, 이러한 지휘권의 분배는 조정에 대하여 독립적인 군사 세력이 성장하는 것을 방해하였다.

만주인들은 자기 자신을 보전하고 자신의 중국 지배를 유지할 주요한 방법의 하나로서, 자기들의 고향을 중국적 생활이나 문화로부터 분리된 기지로서 유지하였다. 정복 이후의 중국화 과정은 지나치게 빠른 속도로 진행된 것처럼 보였다. 중국에 거주한 만주인은 중국어를 배우고 있었고, 반면에 요동의 중국인들은 북쪽 만주로 밀려들고 있었다. 이러한 현상을 중단시키기 위하여, 1668년에 북부 및 중부 만주가 중국인 이민에 대하여 문을 닫았다. 버드나무 울타리〔柳條邊牆〕(垓字를 따라 버드나무를 심은 것으로 명대부터 시작되었다)를 산해관에서 봉천의 북쪽을 거쳐 다시 압록강까지 수백 마일을 확장하여 중국인 거주 지역의 법정 한계를 표시하였다. 그리하여 수렵지와 산림, 하천 등을 포함하여 만주의 대부분이 부족민들을 위해 보전되었다. 이 지역을 봉쇄한 재정상의 동기는 인삼(人蔘)의 전매에서 비롯되었다. 이론상으로 의약적 효과가 있는 이 식물 뿌리는 우수리(Ussuri) 강과 다른 하천 연안의 구릉 지대에서 채취되었으며, 소금 전매 제도의 일반적 모형을 따라 특별 관청에서 매년 1만여 명의 인삼 채취꾼들에게 허가증을 팔았던 것이다.

제한된 수의 만주인이 50여 배나 많은 인민을 어떻게 지배할 수 있었는가? 오늘날의 중국인들은 이러한 역사적 사실로 인해 창피스러운 기분을 갖는다. 몇 가지 계열의 설명이 있다. 첫째, 만주인과 같은 비중국인도 동아시아의 대 '중화' 제국의 일부라는 점에서 중국인의 입장과 다를 바 없었다. 내륙 아시아의 이 작은 이적(夷狄)은 싸우고 권력을 장악할 때 필요해서 발달한 제국의 성분이었다. 만주족의 수는 제국이 중국과 내륙 아시아를 함께 포용하는 데 필요한 황족과 고위 감독관 및 주둔군을 공급하는 데 충분할 정도였을 뿐이다. 유럽 인들이 19세기의 식민지에서 그러하였듯이 만주인들은 통치라는 부담을 짊어졌으며, 또한 그로 인해 모든 힘을 소모하였다. 다른 측면들——청조 치하의 중국은 90 퍼센트 정도 중국인에 의해 지배되었다는 것, 청 정부는 처음부터 순수한 만주 정부가 아니라 만주와 중국의 종합이었다는 것, 만

만주인 군주들의 휴가 신료들이 지켜보는 가운데, 황제의 활에 적중되기 좋도록 몰이꾼들이 숫사슴들을 교묘하게 몰고 있다.

주인 군주는 오직 자신의 신하들과 마찬가지로 중국화함으로써 권좌에 머무를 수 있었다는 것 ―― 을 강조하는 입장도 있다.

이 두 가지 견해는 서로 상반되지 않을 뿐만 아니라, 나아가서는 중국은 정치 생활이 관료 계층에 의해 독점된 전제 국가여서, 중국의 민중은 누가 권력을 잡고 있든 상관없이 어떠한 경우에도 정치 생활에 거의 참여할 수 없다는 생각과도 모순되지 않는다. 제국의 통치력은 피상적인 것이어서 사회의 상층부에만 국한될 뿐, 촌락에까지는 미치지 못하였다. 중국의 정치 형태는 국가와 문화가 종합된 것이었다. 그 국가적인 면에서는 고도로 집중화되어 있었지만, 문화는 민중 속으로 널리 확산되어 있었다. 국가는 이민족 독재 정부에 의해 지배될 수 있었지만, 반면에 중국의 문화 생활은 계속 인민 가운데에 확고히 뿌리를 내리고 있었다.

청의 행정 장성 안에서 중국을 지배함에 있어, 청은 오직 기존의 체제에 만주족의 권력과 왕조의 지배력을 끼워 넣기 위하여 명대의 행정 구조를 개조하였을 뿐이다. 청조 지배의 세 가지 요소는, 예비로 남겨둔 기본적인 군사력, 천자에 의해 행사되는 기본적 정치력, 그리고 중국인 협조자의 행정 활동에 대한 만주인의 감독 등이었다. 만주인 군주들은 처음부터 지주 신사 가문, 지방의 공동체 생활을 지도한 학인 신사〔鄕紳〕 및 명조의 관료 등 중국인 상류 계층을 회유하였다. 지방의 지주와 행정 관리들은 일반적으로 그들이 복종하는 한 그대로 내버려 두었다. 만주인들은 사회 혁명이나 농업 혁명의 깃발을 올리지 않았다. 오히려 그들은 명의 마지막 황제를 예를 갖추어 북경에 묻어 주었고, 자기들은 명에 반대하는 반란을 평정하여 중국에 평화와 질서를 가져다 주기 위하여 왔다고 주장하였다. 이러한 주장은 북중국의 대부분의 지방 관리들로 하여금 새 왕조를 받아들이도록 설득시켰다. 이런 사람들의 대표적인 예가 홍승주(洪承疇, Hung Ch'eng-ch'ou ; 1593~1665)였으니, 그는 진사 출신으로 명조에서 5개 성의 총독을 역임한 바 있었다. 1639년에 만주족을 진압하기 위하여 전속된 그는 오히려 그들에게 포로가 되어 후한 대우를 받았다. 북경이 함락된 뒤에 그는 대학사가 되었으며, 1645~1659년에는 남중국에서 치러진 청의 전역에 필요한 물자를 동원하는 데 주요한 행정적 역할을 수행하였다.

1644년 이후 북경 정부는 만주인과 중국인의 양두(兩頭) 체제가 되었다. 6명의 대학사(大學士) 가운데서 3명은 중국인이고 3명은 만주인이었다. 6부(六部)는 각각 두 명씩의 장관[尚書], 즉 1명의 만주인 장관과 1명의 중국인 장관을 두었으며, 4명의 차관[左右侍郎]들 가운데서 2명은 만주인이고 2명은 중국인이었다. 이 제도는 한 명의 장관으로 각 부의 수장을 삼는 대신에 일종의 공동 관리체를 창출하였기 때문에, 서양인 저자들은 청조 치하의 6부를 가리켜 '6위원회(Six Boards)'라 불러 왔다. 이와 마찬가지로 만주인들은(약간의 몽고인들과 더불어) 지방 행정의 정상부에서도 중국인 가운데 섞여 있었다. 초기에는 기인(旗人)이나 실제로는 만주인의 하인(원래는 가내 노예) 노릇을 한 중국인들에게 기본적인 신뢰가 주어졌었다. 청은 감찰 기관[都察院]에서도 만주인과 중국인을 같은 수로 임명함으로써 이원적 통제 체제를 완성시켰다. 지방에서는 56명의 감찰관[御史]이 15개의 순회 구역[道]으로 나뉘어 배치되었다. 만주인과 중국인이 나란히 함께 일하였다. 전반적으로 양두 체제는 중국인 피임명자 가운데 청에 충성하는 중국인 기인을 많이 기용함으로써 안전하게 유지되었다.

청은 명대의 15개 성(省) 가운데 3개를 쪼개어 장성 이남에 총 18개의 성을 설치하였다. 이제 각급의 지방 행정관——현의 행정 기관[知縣], 주와 부의 지사[知州, 知府], 순회 감독관[道臺], 4종의 성 단위 행정 장관(민정 담당 장관[布政使], 사법 담당 장관[按察使], 과거제 담당관[學政], 소금 전매 담당관[鹽法道]) 등——의 정상부에 각 성에 한 명씩(直隸省과 四川省은 제외)의 순무(巡撫)가 임명되었다. 유럽 인들에 의해 흔히 '바이스로이(viceroy)'라고 불려진 총독(總督)은 2개의 성에 한 명씩 임명되었는데, 약간의 예외도 있었다. 순무와 총독이 동시에 존재하는 모든 성에서 중요한 업무가 발생하면, 양자가 함께 황제에게 상주(上奏)해야 했다. 각 성은 대체로 함께 일하는 중국인 순무와 만주인 총독에 의해 다스려지는 것이 보통이었다. 양자는 모두 자신의 군대를 갖고 있었지만, 만주인 장군 아래에 놓인 8기병이 보통 각 성의 주력 부대를 형성하였다.

만주인과 중국인을 한데 묶음으로써 처음에는 통역과 번역의 문제가 발생하였다. 초기의 청 정부는 2개 국어를 사용하였다. 대개는 중국인 기인이었던 중국인 통역가들은 처음에는 모든 만주인 고급 관료들을 돕기 위하여 임명되

청대 초기(1800년경까지)의 중국 본부

었다. 청말에 이르기까지, 청은 북경에 있는 중국어 문서들을 만주어로 정밀
하게 번역하는 의례적인 행위를 지속해 나갔지만, 만주인들이 중국어를 배웠
기 때문에 2개 국어를 병용하는 절차의 필요성은 오히려 일찍부터 소멸되어
버렸다. 강희제 치하에서 편찬된 만주어 사전은 후손에게 남겨 주어야 할 언
어를 지키는 데 도움이 되려는 목적을 갖고 있었다. 한편 지방 행정은 청대 전
시기를 통하여 중국어로 수행되었으며, 지방 행정관은 거의 모두가 중국인이
었다.

청의 전제주의　　황제의 손안으로 권력을 끌어모으는 것은 원·명·청대를 통해 계속된 경향이었다. 청대에는 행정적, 입법적, 사법적으로 중요한 모든 결정들과 중요치 않은 많은 결정들이 황제 자신에 의해 이루어지지 않으면 안 되었다. 이처럼 황제 개인에게 권력을 집중시키는 일은 강희제를 계승하여 1723년부터 1736년까지 통치한 옹정(雍正)제의 치하에서 한 단계 더 진전되었으니, 아마도 그 까닭의 일부는 그가 제위에 오르게 된 배경에 있었을 것이다.

강희제는 13세 때부터 헤아릴 수 없이 많은 딸들과 35명의 아들들을 낳았는데, 그 중 20명이 성장하였다. 황태자로 지명된 아들이 정신적으로 건강하지 못하게 되자, 황위 계승을 둘러싸고 형제들 사이에 음모가 일어났다. 강희제가 죽자, 옹정은 북경에서 즉각 군대의 지원을 받아 과감하게 자신의 즉위를 선언하였다. 그가 부황의 뜻을 무시하였고 심지어는 부황을 시해했을지도 모른다는 유언비어가 시기하는 반대파에 의해 유포되었다. 어찌 되었건, 옹정제는 자신의 황제 권력을 안전하게 지킬 수 있는 모든 수단을 다 썼다. 5명의 그의 형제가 감옥에서 죽었으며, 그들의 지지자들도 희생되었다. 나아가서 그는 황실의 자제들이 8기병을 움직일 수 없도록 양자를 분리시켰다. 그는 황태자의 지명을 금하여, 황제가 임종시에 후계자를 결정하도록 하였다. 옹정제는 행정 분야에서 스파이와 비밀 수단을 광범위하게 이용하였다. 그는 새로운 양식의 문서인 '궁정 건의서〔公車上書〕'가 오직 자신에 의해서만 개봉되고 보낸 사람에게 직접 되돌려 보내지도록 하여, 제국 전역의 신뢰할 수 있는 관리들로부터 비밀 보고를 직접 받을 수 있도록 하였다.

청이 명대의 행정 기구에 추가한 것 가운데 가장 중요한 것은, 1729년에 옹정제가 정책 결정의 최고 기관으로 설치한 군기처(軍機處)였다. 내각 대학사(內閣大學士)도 대부분의 일상적 업무를 계속 다루었지만, 새로 설치된 군기처('군사적 기밀을 다루는 관서'라는 뜻으로, 때로는 '秘閣'이라고도 불려졌다)는 긴급한 사안을 황제와 함께 직접 처리하였으며, 내각에 비해 덜 형식적인 문서를 사용하였고 절차도 덜 복잡하였다. 군기 대신은 보통 5~6명이었는데, 흔히 이들 가운데 2~3명이 내각 대학사를 겸임하여 두 기관 사이에 약간의 동질성을 가져다 주었다. 군기처는 매일 새벽에 황제와 만났다. 이 기관의 사무는 특별히 선발된 32명의 비서들에 의해 처리되었는데, 이들 가운데 반은 만주인이고 반은 중국인이었다.

황제는 부지런히 일하는 사람이었고 부지런히 일한 사람이었다. 옹정제는 엄청나게 많은 양의 문서에 일일이 자신의 의견〔批註〕을 적어 두었다. 건륭〔乾隆〕제 역시 1736년에서 1795년에 이르는 긴 치세 기간의 대부분을 이처럼 성실하게 보냈다. 군기처 비서의 한 사람은 이렇게 썼다. "10명 이상이나 되는 우리 동료들은 이른 아침 근무를 5~6일에 한 번씩 교대하는 데도 피로를 느끼는데, 황제 폐하는 어떻게 그것을 매일매일 할 수 있었는가?"

국가와 문화의 융합 만주족의 통제라는 요소를 중국 전래의 행정 체제 가운데에 끼워 넣은 것은 만주족의 성공적 지배를 위해 요구된 첫번째의 조건이었을 뿐이다. 두번째 요구 조건은 과거 시험을 통해 재능 있는 중국인들을 폭넓게 기용하는 일이었다. 연속된 고도의 경쟁 과정으로 나뭇가지처럼 나누어진 이 고된 시험 제도는 약하고 비정통적인 것을 키질하듯 가려 내었다. 청대에는 매 3년에 두 번씩 열리는 현(縣)의 시험에서 매번 2만 5,000명 정도의 최하급 학위 소지자들이 배출되었다. 3년에 한 번씩 성도(省都)에서 치르는 시험에서는 약 1,400명의 합격자를 낳았고, 그 뒤에 북경에서 치르는 시험에서는 200명이 약간 넘는 진사(進士)들을 배출하였다. 통상적으로 30대 중반이었던 진사들은 온 나라의 정예요, 1,200년이나 된 칭호의 소지자였으며, 현의 장관〔知縣〕으로 임명될 자격을 갖고 있었다.

황제는 과거 제도의 정점에 위치한 궁정 시험〔殿試〕을 친히 주재함으로써 근면하고 충성스러운 학자들에게 포상으로 보답하는 현인 스승의 화신이 되었다. 일단 엘리트로 인정된 뒤에도, 학인 관료들은 여전히 그들 제국의 수장이 윤리적 가르침의 샘이요, 학문과 예술의 수호자이기를 기대하였다. 만주인 황제들에게 진정한 시험이 된 것은, 과연 그들이 중국 학문의 수호자가 되어 천자라는 유일한 수장 권위의 아래서 국가와 문화가 통일된 상태로 유지되도록 할 수 있는가 하는 것이었다. 중국을 지배하기 위해서는 정치적·군사적 지도력뿐만 아니라 문화적 지도력까지도 갖추지 않으면 안 되었다.

이러한 두 가지 지도력을 함께 갖춘 전형적인 인물이 강희제(1661~1722)였다. 7세에 제위를 계승한 그는 13세 때부터 직접 통치하기 시작하였다. 27세가 될 때까지, 그는 '3번의 난'과 같은 위기를 만나 8년 내전(1673~1681)에서 승리하였다. 그는 대군을 이끌고 몽고까지 진격하였고, (279쪽) 만주족 안

북경의 거리 풍경 강희제(康熙帝)의 생일을 축하하기 위하여 1713년에 제작된 두루마리 그림. 한 사람 혹은 두 사람이 장대를 매고 가는 장면, 북경의 이륜 마차, 가게의 등롱(燈籠)과 깃발 등이 주목된다.

에서 전사 수렵꾼의 전통을 계속 발전시켰으며, 장성 북쪽의 열하(熱河, Jehol)에 여름철 궁성〔夏宮〕을 세우기도 했다. 중국의 지배자로서, 그는 학인 신사의 근거지인 양자강 하류 유역의 여러 성에 이르기까지 남중국을 여섯 번이나 대규모로 순수(巡狩)하였다. 이러한 일들이 진행되는 도중에도, 그는 특별한 주의를 기울여 회수(准水)와 황하의 범람을 막고 운하를 통해 곡물을 북경으로 운송하는 체계를 유지하는 데 노력하였다. 1670년에 내려져 신성한 칙령〔聖諭〕으로 알려진 16개조의 윤리 신조에서는, 관리들과 신사들로 하여금 촌락에서 보름마다 한 번씩 백성들이 올바른 행위에 대하여 알아들을 수 있도록 명확하고 상세히 설명하게 했다.

강희제가 이룩한 주요한 이념적 성공은 중국인 학인 계층에 대한 것이었다. 그 자신이 경전에 정통해 있었고 강렬한 지적 관심을 갖고 있었다. 수많은 지도급 학자들이 만주 정권에 대한 일체의 협조를 거부하였지만, 강희제는 1679년에 〈명사(明史)〉 편찬자를 뽑는 특별 시험을 실시하여 그가 초빙한 188 명의 정상급 학사들 가운데서 152 명이나 응시하게 하는 데 성공하였다. 또한 그는 궁정 안에서 근무할 중국인 학자들과 서예가 및 화가들을 뽑기도 했다. 중요한 저작들이 그의 후원하에 만들어졌고 때로는 황제 자신이 서문을 쓴 경우도 있었다. 이 가운데는 저 유명한 〈강희자전(康熙字典)〉과 제국의 행정 지리서, 주희(朱熹)의 전집 등도 포함되어 있었다. 또한 그는 〈대영 백과 사전(*Encyclopaedia Britannica*)〉보다 훨씬 더 방대한 백과 사전인 〈고금도서집성(古今圖書集成)〉의 편찬을 후원하였다. 이 전서는 마침내 5,000 권의 책으로 출판되었다. 이리하여 이 만주인 황제는 명대의 어떠한 황제 못지않게 열심히, 그리고 당당하게 중국의 학문을 후원해 주는 인물이 되었다.

지방 주민에 대한 통제는 형벌의 공포를 가슴에 새기게 하는 단순한 신체상의 문제에 그치는 것이 아니라, 문화적 조치들과 잦은 도덕적 훈계까지 포함하는 것이었다. 기근을 통제하기 위해 정부의 곡창이 거미줄 같은 조직망을 갖추고 있었고, 고전 학습을 널리 확산시키기 위해 서원과 지방 학교〔書堂〕들이 있었으며, 연로하고 유덕한 사람들에게 공적 명예를 주는 제도〔敍爵〕가 있었고, 지방의 신령에게 제물을 바치는 공적인 의례가 있었으며, 신성한 칙령을 상세하게 설명해 주는 공적 신분의 강사가 있었다.

이웃 가족과 집단을 이루어 서로 책임지는 제도〔隣保制〕는 유가적 구상과 법가적 구상의 혼합이 가장 잘 예증된 것이었다. 지금까지 살펴본 바와 같이(69, 70, 236 쪽) 원래 법가적 기원을 갖고 있는 이 제도는 진(秦)에 의해 이용되었고 한·북위·당·송에 의해 전승되어 오면서 명칭은 다양하게 변화되었으나 실제 내용은 크게 달라진 바가 없었다. 송대에는 보갑(保甲) 제도로 알려졌던 이 제도는 특히 토지에 뿌리를 둔 농경 정착 사회에 적합하였다. 명은 촌락 단위의 상호 연대 책임을 이용하여 모든 구성원의 신원을 확인하고, 이웃으로 하여금 악인으로 의심되는 모든 사람에 대한 정보를 제공하도록 장려함으로써 질서를 유지하려 하였다.

청은 보갑 조직을 완성시켰다. 이론상으로는 100 호(戶)가 1 갑(甲)을 이루고

10 갑이 1 보(保)를 이루도록 되어 있었다. 각 단위의 장(長)은 마을 사람들에 의해 선거되었으나, 그들이 신사일 수는 없었다. 그들은 주민의 등록에 대하여 책임을 지게 되었고, 각 호가 그 집에 누가 살고 있는가를 정확하게 알려 주는 문패를 게시하도록 감시할 책임을 갖고 있었다. 이것은 '자치'의 한 형태라기보다는 오히려 공적으로 요구된 것이면서도 실제의 성격은 비공적인 국가 조직의 일부였다.

제국 시대 말기의 중국 문화

학술 ─ 고증학파　17세기의 중국인 학자들이 직면한 가장 주요한 사실은 명조의 중국 지배가 붕괴되고 이적 정복자들이 다시 출현하였다는 것이다. 17세기의 대부분을 소모하였던 왕조 교체의 과정에서, 어떻게 하면 말기의 명 조정에서 환관들의 부패에 대항하여 유교적 이상을 높이 추어올릴 수 있는가, 과연 자신의 충성을 구왕조에서 신왕조로 옮겨야 할 것인가 등과 같은 많은 윤리적 문제들이 제기되었다. 당과 송의 문화를 여전히 숭배하고 몽고의 폭정을 혐오하였던 명말의 학자들은 반복된 외세의 정복에 의해 깊은 불안에 빠지게 되었다. 그들은 중국 바깥의 비중국인 전투 민족이 중국을 지배할 힘의 잠재적 소유자로서 유기적인 정치 기능을 보유할 수 있다는 어떠한 생각도 거부하였다. 많은 이들이 명에 대한 충성을 굳게 지켰으며 만주인 아래에서 봉사하기를 거절하였다. 그 대신 그들은 외세의 침입은 오직 국내의 무질서에 의해서만 가능하다는 전통적 가정을 고집하였으며, 이적 침입자들에게 문을 열어 준, 바로 그 도덕적 몰락의 원인을 발견하려고 노력하였다.

고염무(顧炎武, Ku Yen-wu ; 1613~1682)는 이러한 새로운 경향의 학문을 지도한 인물 중의 한 명이었으니, 만주인에 대항하여 싸움으로써 명에 충성하였던 그는 개인적인 적에 의해 박해를 받은 바 있었으며, 1650년경부터는 간헐적인 여행과 연구의 생활을 영위하였다. 그는 북중국을 광범위하게 여행하였고, 농경, 교역, 치수 및 공업과 광업 문제까지 가깝게 접촉할 기회를 가졌다. 이러한 여행의 기록과 연구의 결과로서 주요한 지리서〔天下郡國利病書〕와 다양한 주제의 논설집〔日知錄〕이 저술되어 널리 읽혀졌다.

청에 봉사하기를 거부한 고염무는 명이 붕괴한 원인에 대한 날카로운 명제를 발전시켰다. 그는 신유가 —— 이른바 '송학(宋學)' 혹은 주희의 '성리학(性理學)' —— 로서 명대에 지배적 위치에 있었던 학파의 무익하고 관념적인 사변(思辨)을 비난하였다. 또한 그는 신유가 가운데서도 영향력이 큰 왕양명에 (242~243쪽) 의해 더욱 발전되어 온 형이상학적 분파를 공격하였다. 고염무는 직관과 자기 수양에 대한 왕양명의 관념론적 강조가, 경전에서보다는 차라리 불교의 선종(禪宗)으로부터 실질적 영향을 받았다는 사실을 올바르게 분간하였다. 그는 이렇게 해서 결과된 선입 관념을 무비판적으로 받아들이는 태도와 4서(四書)와 과거를 통해 조립식으로 만들어진 정통적 경전 해석이라고 선전하는 태도를 공격하였다. 그는 이러한 태도로 인해 중국인의 사고가 고정된 틀 속에 묶여져 정치적 현실을 직면하거나, 이적의 정복으로부터 중국을 구원할 수 있는 능력을 갖지 못하게 되었다고 생각하였다. 그는 '8고문(八股文)'이 진시황제의 분서(焚書)보다 더 큰 해독을 끼쳤다고 주장하였다.

중국 학인 계층의 이러한 지적 결함을 고치기 위하여, 고염무는 '사회에 실제로 쓰이는 지식'을 추구할 것을 주장하였다. '송학'에 대한 이 같은 공격이 경전에 대한 공격을 의미하는 것은 결코 아니었다. 오히려 그는 청대 한학파(漢學派)를 일으킨 주요한 인물로서, 송대 이전의 저작으로 되돌아감으로써 고전적 유산을 다시 연구하려고 노력하였다. 성현의 시대에 보다 더 가깝고 신유가의 형이상학적 선입 관념과 같은 것도 없었던 한대 학자들의 주석(注釋)이 경전의 지혜를 보다 더 정확하게 반영하였을 것으로 생각되었다. 지금까지 정통적 지위를 향유해 왔던 송학은 이제 공격을 받으면서 서서히 물러났으며, 청대의 신선한 관념들은 주로 새로운 한학의 추종자들로부터 나오게 되었다.

이 새로운 접근은 귀납적 방법의 사용을 동반하였으니, 소수의 선택된 문헌에서 증거를 찾지 않고 광범위한 자료에서 증거를 모았으며, 증거를 시험하기 위해 새로운 가설을 세웠던 것이다. 이러한 방법은 음운학(音韻學) 분야(고대의 발음을 결정하기 위하여 古詩의 押韻을 연구하는)에 처음으로 적용되었다가 언어학, 어원학, 문헌 비판 등 보다 폭넓은 연구로 확연되었다. '고증학(考證學)'이라고 불리운 이 새로운 경향은 고전적 연구의 주제를 크게 확대시켰다. 실제로 이런 종류의 연구를 통하여, 고대 문헌들의 신빙성을 확인할 수 있게 되었다. 예를 들면, 한 위대한 학자[閻若璩]는 30년간 〈상서(尙書)〉를 연구한 뒤, 문헌 분석과 역사적 추론을 통해 1,000년 이상이나 존경받고 과거 시험에서도 사용되었던 이 존귀한 '고문(古文)' 경전이 사실은 위작(僞作)이었음을 입증하였다. 그리하여 고염무의 뒤를 이은 많은 학자들을 통하여, 한학은 수없이 많은 중국의 고전 문헌에 대한 새롭고 탁월한 수준의 비판적 지식을 이룩할 수 있었다.

어떤 사람들은 이런 성과를 가리켜 전근대 중국에서 이룩한 과학적 방법의 성장이라고 높게 평가하기도 하지만, 이 경우 과학적 방법이란 용어는 오직 문헌 연구의 제한된 분야에만 적용될 수 있을 뿐, 자연 과학과 기술 분야에는 적용시킬 수 없다. 중국에서의 수많은 원시 과학적 발견과 발명들은 유가적 학자들보다는 오히려 자연을 사랑하는 도가주의자들과 관련되어 있었다. 자연에 대한 학문이 중국에서 시작될 때는 전도가 유망하였지만, 그렇다고 해서 서양의 근대 과학처럼 의식적으로 합리화되고 제도화되었던 것은 결코 아니었다. 청대의 학자들도 현실적 필요성이나 일터의 작업과는 계속 절연되어 있었다.

신유가에 대한 청대의 재평가는 형식 철학에 영향을 미쳤다. 예를 들면, 대진(戴震, Tai Chen ; 1724~1777)은 형식〔理〕과 물질적 재료〔氣〕의 두 가지 요소로 이루어졌다는 주희의 이원론〔理氣二元論〕이 경전의 오독(誤讀)에 기초한 것이라고 공격하였다. 송대의 학자들은 도가나 불교의 개념에 잘못 이끌려서, 이(理)를 인간의 물질적 자연 위에 겹쳐 놓여져 인간의 물질적 욕망을 적절하게 제한해 주는 초월적 개념으로 받아들였다. 그러나 대진은 이(理)란 생의 과정에 본래부터 갖추어져 있는 사물의 내재적인 내적 구조로서, 여기에는 욕망도 포함된다고 주장하였다. 그는 내성적(內省的) 명상을 통해 이(理)를 파악하여 순간적으로 깨달음에 이를 수 있다는 신유가의 주장을 부정하였다. 그 대신, 그는 이란 객관적으로 존재하며 따라서 오직 연구를 통해서만, 즉 '광범위한 학습, 신중한 탐구, 정확한 사고, 명석한 추리, 그리고 진지한 처리'에 의해서만 파악될 수 있다고 주장하였다. 몇 마디 말만으로 청대의 사상을 평가할 수는 없지만, 대진 같은 체계적 사상가들도 위대한 송학의 전통을 수정하는 데 그쳤을 뿐 그것을 뒤엎지는 못하였음이 분명하다. 그들이 공헌한 바는 여전히 '전통 속에서의 변화'였을 뿐이다.

황제의 학문 장려―부문 서원(敷文書院) 이 목판화는 절강성 호숫가 봉황산(鳳凰山)의 만송봉(萬松峯)에 있는 자연 환경과 잘 어울린 서원 건물들의 정연함을 보여 준다. 1733년에 옹정제(雍正帝)로부터 보조금을 받은 이 서원은 건륭제(乾隆帝)의 네번째 남방 순수(巡狩) 때에 황제의 방문을 받았으며, 이때 황제는 시를 지어 학자들과 화답하였다.

관(官)의 학문 지배 18세기 지적 활동의 대부분은 제국적 체제의 그늘 안에서 수행되었다. 옹정제는 학자들에게 일거리를 주기 위하여 서원(書院)들에 보조금을 지급하였다. 1736년부터 1795년까지 제위에 있었고, 실제로는 63년 간이나 권력을 장악하고 있었던 건륭(乾隆)제는 수많은 학인 편집자들에 의해 편찬된 약 57 종의 방대한 규모의 출판물에 재정적 지원을 제공하였다. 청대의 학문은 직접·간접적으로 관리 생활에 의존하고 있었다. 예를 들면, 의류상의 아들이었던 대진은 주요한 관리의 집에서 주로 가정 교사와 편집인으로서 생계를 유지하였다. 그는 〈4고전서(四庫全書)〉의 편찬을 위해 1773년에 건륭제에 의해 임명된 저명한 학자들 가운데 한 명이었다. 〈4고전서〉는 4 종의 문헌 ──── 경전〔經〕, 역사〔史〕, 철학〔子〕, 문학〔集〕 ──── 을 황제의 명령으로 방대한 규모의 문고(文庫)로 편찬한 것으로, 그때까지 만들어진 수많은 저작들을 때로는 공통된 주제로 묶어 하나의 총서로 출판하는 전통의 절정을 보여 주었다. 건륭제의 이 초특급 문헌 수집에는 1만 5,000 명에 달하는 수많은 필생(筆生)들을 고용하였고, 20년 가까운 시간이 소모되었다. 편찬자들은 명대의 대규모 전서인 〈영락대전(永樂大全)〉에서(240 쪽) 희귀본들을 복사하는 일로부터 시작하였다. 영락제의 문헌 수집이 1만 1,095 권의 필사본을 만들어 낸 데 비해, 〈4고전서〉는 3만 6,000 권 이상으로 이뤄졌으며 3,450여 종의 완본을 포함하게 되었다. 또한 7 부의 필사본이 만들어졌다. 1만 230여 종의 서적을 해제(解題)한 목록〔四庫全書總目提要〕이 출판되었다.

중국의 학계에 대한 황제의 지배는 〈4고전서〉의 편찬 시기와 병행하여 15여 년간 계속되었던 문자옥(文字獄)을 통해 실증되었다. 주요한 저작들을 모두 찾아 냄으로써 못마땅한 서적들을 탄압할 수 있는 기회가 마련되었다. 2,300여 종의 서적이 전면적 탄압의 대상 명단에 올랐으며, 다른 350 종의 책들도 부분적 탄압의 대상이 되었다. 목적은 반청적(反淸的)이거나 반항적인 책, 이전의 이적(夷狄) 왕조들을 모욕한 책, 혹은 변방 문제나 안보 문제를 다룬 책 등을 파괴하려는 것이었다. 특정한 저자들의 경우는 그들의 모든 저서와 심지어는 비명(碑銘)까지 파괴되었으며, 대체로 비정통적인 것처럼 보인다거나 단순히 문장이 조잡하다는 이유만으로도 파괴되었다. 검열관이 다음과 같이 쓴 경우도 있었다. "이 책에는 반역의 증거를 보여 주는 곳은 없지만, 실없는 소리를 터무니없이 늘어놓고 칭찬의 말이 나오도록 꾸민 경우가 많이 있으니, 마땅히 불태워 버려야 한다." 문자에 대한 이러한 독재의 사례는 많이 있었지만 그 중에서도 공자와 청조 황제들의 이름을 무엄하게도 피휘(避諱)하지 않고 그대로 인쇄함으로써 불행을 당한 어느 사전 편찬자〔王錫侯〕의 경우가 대표적이다. 그와 그의 가족 21 명이 체포되어 북경으로 보내졌다. 그는 처형되었고, 두 명의 아들과 세 명의 손자가 노예의 신분으로 전락하였다.

문화 생활　청 정부는 공적 사업에 필요한 지적 재능을 신사 계층에서 확보할 것을 기대하였다. 평민들은 문화적 기록에서는 크게 보이지 않았다. 그들에게 우주의 원리를 설명해 주는 것은 여전히 도교와 불교였으며, 그들 생활의 초점은 여전히 가족과 촌락이었다. 그러나 중국 촌락민들의 전근대적 일상 생활을 복원하는 것은 사실상 불가능하다. 우리가 알고 있는 것의 대부분은 보통 지주로서 농민에게 의존해 지내는 지배 계층에 관한 것이다. 그들은 교육받은 도시의 상류 계층으로서, 개인 정원이나 수집된 예술품들을 즐기고 직접 붓글씨와 그림을 그릴 수 있는 재산과 여유를 갖고 있었다. 또한 그들은 자랑할 만한 것은 아니었지만 소설을 읽고 극장에서 도시의 군중과 어울리기도 했다. 물론 명대의 청백자와 청대의 다색채 자기와 더불어 최고의 완성도를 보인 강서 경덕진(景德鎭) 황실 가마〔窯〕의 도자기는, 유럽에서 인기를 얻기 오래 전에 이미 중국인 감정가들에 의해 높이 평가되었다. 이들 위대한 문화적 전통의 계승자들은 무엇보다도 골동품에 강렬한 관심을 갖고 있었던, 수집가이자 감정가였으며 비평가였다. 그들의 아마추어적 관념은 고전적 교육의 자연스러운 결과였다. 그들이 지향하는 바는 인문주의적인 것, 즉 전통의 원칙과 온당한 가치를 이해하는 것이었다.(원색 도판 13 참조)

이러한 문화 생활은 광범위하게 확산되었으나, 그 중심은 남송(南宋)을 직접 계승한 양자강 하류 삼각주 지역의 상업 도시들이었다. 항주(杭州, Hang-chow)는 아름다운 서호(西湖)와 숲으로 뒤덮인 구릉, 그리고 수많은 사찰들로 유명하였다. 소주(蘇州, Soochow)의 여성은 제국에서 가장 아름다웠다. 속언에서도 "위에는 천국이 있고, 아래에는 소주와 항주가 있다."고 하였다.

교양 있는 사람들이 즐기는 주요한 취미 생활의 하나였던 회화는 명대에 이미 잘 확립된 경향이 청대에도 계속되고 있었다. 1,000 명이 넘는 명대 화가들의 이름이 우리에게 전해져 내려오고 있으며, 청대의 경우 더 많은 화가의 이름이 알려져 있음은 물론이다. 명의 황제들은 예술가들을 후원하였으며, 선종(宣宗 ; 1426~1435)은 그 자신 재능 있는 화가였다.(원색 도판 9~13 참조) 남송 풍경화의 뒤를 이어 안개 낀 원경과 각진 모양의 소나무, 가파른 벼랑 등을 즐겨 그린 한 보수적 경향의 화풍이 마원(馬遠, Ma Yüan), 하규(夏珪, Hsia Kuei) 등과 같은 대가들에 의해 이끌려졌다. 소주를 중심으로 활동한 또 다른 경향의 화가들도 있었다. 이들 학인 신사 예술가의 아마추어적 관념을 가장 잘 표현한 사람은 동기창(董其昌, Tung Ch'i-ch'ang ; 1555~1636)이었으니, 부유한 비평가였던 그는 시와 서예와 더불어 회화야말로 자연의 힘과 인간의 교감을 반영함

296

으로써 인간 정신을 가장 높은 수준으로 표현한다는 견해를 천명하였다. 천박하고 감상적인 것을 피할 수 있는 기교와 심미안은 옛 대가들에 대한 면밀한 연구를 통하여 체득되지 않으면 안 되었다. 이러한 견해로 인해 자연에 대한 감상과 전통에 대한 연구가 서로 결합되었다. 화가들은 기법에 대하여 세심한 주의를 기울였다. 예컨대 17세기의 저 유명한 〈개자원화전(芥子園畵傳)〉에서는 화가의 기법에 관한 용어들이 도해(圖解)되었다. 동기창과 그의 동료 비평가들은 중국 회화의 모든 전통을 평가하고 분류하였다. 청대에는 개인 소장품들이 북경의 궁정으로 흡수되어 들어갔다. 심미안은 어떠했는지 몰라도, 건륭제는 대단한 열성을 갖고서 8,000여 점에 이르는 그림을 수집하여 황실에 소장하였다.

중국의 회화는 유교보다는 도교와 불교의 정신을 구체적으로 표현한 인문주의적 예술의 성격이 뚜렷한 한 분야일 뿐이다. 이 책에서도 그토록 무겁게 강조하였던 정치 제도와 경제 조직은 중국인의 생활 윤곽을 형성한 것이기는 하지만, 결코 중국인 생활의 모든 면을 요약한 것은 아니었다. 공적인 세계가 성현의 지배를 받았음은 확실하지만, 대다수 개인의 사적인 생각까지 성현이 지배하였던 것은 아니었다. 따라서 상류 계층의 일상 생활은 그들이 재미로 읽었던 몇 가지 책들을 통해 보다 가깝게 접근해 볼 수 있을 것이다.

문 학　가장 광범위하게 읽혀진 작품의 하나는 당대의 기괴하고 초자연적인 이야기의 전통을 계승하여 포송령(蒲松齡, 1640~1715)이 지은 〈요재지이(聊齋志異)〉였다. 이야기의 대표적인 내용을 예로 든다면, 2명의 아름다운 소녀가 한 외로운 젊은이를 번갈아 찾아가서 그의 마음에 들기 위하여 온갖 방법으로 서로 다투어 애를 쓰다가 청년이 탈진하여 거의 죽을 지경에 이르게 되자, 사실은 인간의 탈을 쓴 요괴와 여우 요정(여우 요정은 여우로 굴속에서 살지만 가끔 아름다운 여자의 형태로 사람들 가운데 나타나는 짓궂은 존재다)이었음이 밝혀진다는 것이다. 이러한 이야기에 나오는 등장 인물은 말할 것도 없고, 상황이나 행동까지도 유교적인 것과는 아무런 관련이 없다. 그러나 작가가 풍부한 문학적 인유(引喩)를 사용하여 고전적 문체로 글을 썼기 때문에, 교육받은 소수의 지식인들만이 읽을 수 있었고 실제로 이들 사이에서 크게 유행하였다.

중국 군주로서의 건륭제 학자의 예술 작품들에 둘러싸여 있는 황제가 자신의 초상화 옆에 앉아 있다.

보다 폭넓은 애독자들을 위하여, 낭만적인 주제와 사실적인 묘사의 통속 소설들이 가상의 이야기들을 풍부하게 제공해 주었다. 규모가 큰 소설들의 대부분은 그 구성의 일부가 송말과 원대에 짜여졌지만, 실제로 씌어진 때는 명대였다. 가장 인기 있었던 소설의 하나인 〈수호전(水滸傳)〉은 1121년경에 살았던 어느 산적[宋江]에 관한 전설에 기원을 둔 것이었다. 36 명의 동료들과 함께 그는 아마도 황하와 대운하가 연결되는 지점과 가까운 어느 큰 늪 지대[梁山泊]에 소굴을 두고 있었던 것 같다. 직업적인 만담가들이 이 비적의 무용담을 군데군데 시가(詩歌)를 집어 넣은 이야기로 발전시켜 이야기꾼으로 하여금 노래하게 하였다. 원대의 희곡 작가들도 이러한 주제들을 사용하였다. 이야기의 몇몇 장면들이 1300년경에 만담가 조합의 회원들에 의해 연극 대본에 기록되었다. 이때에 이르러 비적들이 충실하고 정의로운 영웅이 되고, 사악하고 부패한 관리들의 희생물이 된 피압박 민중의 투사가 되었으며, 그들의 수도 108명으로 늘어났다. 최종적 형태로 씌어진 〈수호전〉은 몇몇 작가들이 연속으로 합작하여 만든 작품이었으며, 수세기 동안 대중적 기호에 맞추어 점차 발전되어 온 진정한 대중 소설이었으니, 유교적 체제가 자초하였으면서도 고의로 무시하려 하였던 광범위한 저항 문학의 한 예라 하겠다.(223쪽 참조)

한 명의 저자(누구인지는 아직도 알려지지 않았지만)에 의해 창작된 최초의 사실주의적인 위대한 소설은 명말에 씌어진 〈금병매(金甁梅)〉였다. 도시의 일상 생활에서 쾌락을 추구하는 이 소설의 줄거리에서는 대중적 전설이나 영웅적 모험, 초자연적 요소 등이 배제되어 있으며, 여자 주인공의 개성이 설득력 있게 묘사되었다. 이 소설이 호색 문학적 성격을 갖고 있다고 해서 당시의 사회 풍속과 가족 생활을 반영해 주는 사료적 가치가 감추어지지는 않는다.

조설근(曹雪芹, Ts'ao Hsüeh-ch'in)이 지은 〈홍루몽(紅樓夢)〉은 중국 가족 제도에 대한 기념비적인 저작이다. 조설근의 조상은 만주족에 봉사하여 재산을 쌓았다. 이 가문을 세운 사람은 만주인에게 포로가 되어 황실에서 하인으로 봉사하였다. 그의 후손들은 돈벌이 되는 지위를 얻어, 조설근의 할아버지 대에 이르면 강희제의 네 차례 남중국 순수 때에 황제를 영접할 수 있었을 만큼 부유하게 되었다. 그는 서예가이자 문필가였고, 당시(唐詩)의 고급스런 황실 판을 출판할 정도로 문학의 애호가이기도 했다. 그가 죽은 뒤에 부채가 남게 된 것은 그다지 놀라운 일이 아니었다. 옹정제는 그가 황실에 진 부채의 일부를 징수하기 위하여 1728년에 그의 가족 재산을 몰수하였다. 그때 이 집의 가족 수는 노비를 포함하여 모두 114 명이었으며, 남경에 13여 채의 저택이 있었고 약 300 에이커의 토지를 갖고 있었다. 조설근은 이렇게 사라져 버린 온 집안 사람들에 대한 기억을 어렸을 때부터 간직한 채 궁핍하게 살았다. 그는 주로 1750년대에 쓴 그의 소설에서, 부유한 어느 신사 가문이 서서히 몰락해 가는 과정에서 등장하는 갖가지 유형의 개성 있는 인물과 사건들, 그리고 그 성격의 강점과 약점들을 묘사함으로써, 자신의 초상을 그렸던 것이다. 두 사촌간의 좌절된 사랑 이야기는 이 소설에 뒤섞여 있는 몇 가지 주제 가운데서 가장 비극적인 것일 뿐이다.

직업적 만담가들이 시장 바닥에서 벌여 놓은 이야기들이 재능 있는 문인들에 의해 점차 백화문(白話文) 소설로 발전해 나간 것에 반해, 희곡은 문학으로서 거의 발전하지 못하였을 뿐만 아니라 광범위하게 읽혀지지도 않았다. 연극은 노래와 춤, 격렬한 동작과 저속한 농담의 결합으로 인해, 그 대본에 씌어진 대사는 몇 줄 되지도 않아, 학인 계층의 관심을 끌 만한 분학 형태로 발전할 수 있는 여지가 거의 없었다.

이 5세기 반〔明淸時代〕 동안에 대한 연구가 같은 기간의 일본에 대한 연구에서 이미 성취한 바와 같은 철저하고 섬세한 수준에 접근하게 되면, 중국 제국 시대 말기의 문화에 대한 오늘날의 인상은 바뀌어질 것이다. 그러나 명과 청에 대한 우리의 전반적 인상은, 계승된 전통 속에 풍부한 그 문화가 너무나 확고하게 묻혀져 있어 창조적이라기보다는 비판적이며, 때로는 반복적이고 퇴영적이기까지 하다는 것이다. 예컨대 건축 부문에서 본다면, 북경의 웅장한 궁궐 건축은 고대부터 잘 시험된 형식 ── 흰 대리석 계단, 육중한 황금빛 기와 지붕을 받쳐 주는 붉은색 기둥과 들보 ── 에서 유래한 것이었다. 넓은 처마 아래에 놓인 들보는 찬란하게 채색되었지만, 그 구조는 건축 양식의 퇴영적인 면을 드러내 보인다. 당대와 송대의 건축은 큰 나무로 만든 받침대〔拱包〕를 복잡하게 연결하여 무거운 기와 지붕의 무게를 기둥으로 옮겨 주었다. 일본의 나라〔奈良〕에서도 볼 수 있는, 당대 건축 양식의 크고 쌍둥이 팔을 가진 받침대는 실용적이고 장식적인 기능을 동시에 갖고 있어, 몇 개의 원주（圓柱）로 거대한 지붕을 지탱케 하는 목조 구조물에 균형과 아름다움을 더해 주었다. 그러나 명·청 시대에 이르면, 받침대의 크기가 보다 작아지고 수는 무수히 많아지면서 연속적으로 배열되어, 이제 실질적 기능보다는 처마 돌림띠와 같은 기능 ── 즉 중요한 구조적 요소로서의 기능 대신에 흔적만 남은 퇴화된 장식물로서의 기능 ── 만을 수행하게 되었다.

왕조 몰락의 시작

군사적 타락　쇠망의 징조는 1800년까지 적어도 세 가지 형태 ──8 기병의 군사적 무력, 관료 기구 정상부의 부패, 크게 증가된 인구의 생계 곤란 ──로 미리 나타났다. 동아시아 대륙을 거의 2세기 동안이나 지배하였던 8 기병이 활력을 잃어 갔다. 건륭제 치하의 10 대 전역（十大戰役）은 관에서 편찬한 사서（史書）들에서 크게 찬양되어 있지만, 그 대부분의 경우가 초기의 만주족 정복 활동과 범주를 달리하였다.

10대 전역 가운데 세 가지——두 번은 중가르(Zungars) 부에 대한 것이고 한 번은 투르키스탄(Turkestan)을 평정한 것으로, 중앙 아시아에서 청의 지배 지역을 넓힌 1750년대의 전략적 성과——는 이미 언급하였다. 그러나 다른 일곱 번의 전역——사천(四川) 지방의 반란을 진압하는 전역이 두 번 있었고, 대만(臺灣, Taiwan)의 반란(1787~1788)을 진압하는 전역이 한 번, 버마(1766~1770)와 안남(安南;1788~1789), 그리고 티베트와 인도 사이의 변방에 위치한 네팔(Nepal)의 호전적인 구르카(Gurkhas)족(1790~1792) 등을 징벌하기 위하여 원정대를 파견한 것이 네 번 있었는데, 마지막 경우는 두 번으로 계산된다——은 이미 확보한 변경에서의 경찰 활동이라는 성격을 띠고 있었다. 건륭제의 장군들은 거의 모두가 만주인이었고 바쁜 생활을 영위하였다. 예를 들면, 복강안(福康安, Fu-k'ang-an;1796년에 죽음)은 사천, 감숙, 대만 등지에서 군대를 지휘하고 구르카족과 싸웠다. 티베트를 침공한 구르카족과 싸우기 위하여, 그는 1792년에 군대를 이끌고 세계의 지붕을 가로질러 1,000 마일 이상이나 행군하여, 침입자들을 히말라야(Himalaya) 통로를 통해 네팔의 고향으로 되쫓았으며, 그 뒤로 구르카족은 1908년까지 5년마다 한 번씩 북경에 조공을 보내었다.

일곱 번의 전역은 모두 제국의 변두리에서 일어났고, 일단의 직업적 만주인 장군들에 의해 지휘되었으며, 엄청난 경비 지출이 요구되었는데, 때로는 이들 장군들의 손으로 마련되기도 하였다. 예컨대 사천-운남 변방의 산악 지대에서 일어난 반란의 경우, 비록 그들의 총인구는 3만 호도 채 안 되었지만 자기 나라의 바위투성이 협곡에 돌로 만든 수천 개의 요새를 만들어 두었기 때문에, 청은 오직 대포를 가지고서야 그들을 격퇴할 수 있었다. 그들에 대한 두번째의 전역에서는 5년의 시간과 7,000만 냥(兩)의 은전(銀錢)이 소모되었는데, 이는 북경에서 보통 거두어들이는 현금 수입의 2년치보다 더 많은 액수였다. 청대 중기의 전역에 대한 철저한 연구가 이루어질 때까지는, 부패한 금전상의 동기가 전역의 수행 과정에서 일역을 담당하였을 것으로 추측할 수 있을 뿐이다. 각 전역에 할당된 제국의 대규모 예산은 작전을 지연함으로써 어떤 기득의 이익을 낳았던 것으로 보인다. 이미 알려진 바와 같이 복강안은 1780년부터 1795년까지 계속해서 여러 성의 총독을 역임하였을 뿐만 아니라, 화신(和珅, Ho-shen;1750~1799)의 심복이기도 했다.

화신은 이전의 악명 높았던 환관들을 생각나게 하는, 간신배의 고전적 전형

1787년에 대만을 침공하여 삼합회(三合會)의 반란을 진압한 위대한 만주인 장군 복강안(福康安). 건륭제는 친필로 시를 지어 승리를 축하하였다.

이었다. 그의 발호는 황제가 노쇠하였음을 보여 주는 징조였다. 만주인들은 이전 왕조들의 지도층을 괴롭혔던 악폐가 일어나는 것을 신중한 대처로써 미리 막는 데 성공하였다. 황실의 여러 왕자들, 변경의 군사 지휘관들, 새로운 이적 침입자들, 지방에 견고하게 버티고 있는 대토지 소유 호족들, 조정의 환관들, 황후와 그 인척들, 심지어는 관료들 사이의 당파 싸움까지 —— 이 모든 것들에 대하여 주도 면밀하게 대비하였으므로, 국가의 집중된 권력이 감소되지 않은 채 황제의 손안에 그대로 남아 있었다. 미리 막을 수 없었던 단 한 가지 일은 황제 자신이 나이를 먹는다는 사실이었다. 건륭제는 65세였을 때 멋있게 생긴 25세의 어느 친위병에게 크게 매료되었으며, 영리하지만 파렴치한 이 만주인은 황제의 총애를 얻어 대신이 되었고, 이후 20년간 국가를 좌지우지 하였다. 화신은 마치 별똥별처럼 제5등급의 관직에서 1년 만에 대학사로 뛰어올랐다. 그는 국가 세입과 인사 문제를 담당하는 주요한 직책을 차지하였고, 자기 아들과 황제의 막내딸을 약혼시켰으며, 20여 개의 상이한 지위를 동시에 가지기도 하였다. 그는 자신과 비슷하게 부패한 심복들과 도당을 만들어 전국적 규모로 조직을 구축하고, 모든 관리들을 쥐어짜서 재물을 거두어들였다. 그가 몰락한 뒤, 그의 정적들이 주장한 그의 사유 재산은 15억 달러 정도의 값어치였다고 한다.

북경에서 진행된 화신의 득세 과정을 통해, 우리는 군부의 부패가 문관의 부패와 어떻게 결부되어 있었는가를 쉽게 이해할 수 있다. 8기병에 대한 보급은 날이 갈수록 나빠지고 훈련도 빈약하게 되었으며 사기도 떨어져 갔다. 봉급을 받는 관리들과 군대는 올라가는 물가의 압력 아래 놓여 있었다. 병영 안에서 급료로 받는 쌀에 의존하여 살아가야 하는 빈곤한 기인(旗人)들은 생계를 이어나가기 위하여 장인(匠人)이나 소규모 상인, 혹은 무뢰배가 되지 않을 수 없었다. 마침내 중국 안에서 비교적 평화스러웠던 1세기 이상이 지난 다음, 만주의 군사 기구가 그 본래의 기능을 상실하였음이 대규모 농민 반란에 의해 여지없이 드러나 버렸다.

백련교도의 반란　1796~1804년, '백련교도(白蓮敎徒)의 난'이라 불리는 큰 반란이 호북, 사천, 섬서 등 3성이 경계를 맞대는 산악 지대, 즉 한수(漢水) 상류와 양자강 협곡 사이의 비교적 접근하기 어려운 지역에서 일어났다. 여기에서는 인구가 많은 저지대에서 이주해 온 가난한 정착민들이 굶기를 밥 먹듯 하면서 척박한 산지 위에 새로운 공동체를 이루고 있었다. 이 이주는 비록 정부에 의해 장려되기는 했지만 거기에 따른 적절한 행정 조직과 통신 체계 및 군사적 통제를 동반하지 못하였다. 말단 세리들의 부당한 강제 징세로 인해 야기되었음이 분명한 불만의 표출은 백련교를(227쪽 참조) 표방하는 사람들에 의해 지도되었다. 원말 명대에 활동하였던 이 종교적 결사 조직은 이제 그 신봉자들에게 부처의 강림, 명의 부흥, 그리고 현세와 미래의 고통으로부터의 개인적 구원 등을 약속하였다. 반란은 일어나자마자 곧 격렬하게 반청적(反淸的) 성격을 띠게 되었으나, 그 이상의 이념적 발전을 이루지 못하였을 뿐만 아니라 정부 조직을 창출하지도 새 왕조의 이름을 선포하지도 못하였다. 반란의 초기 단계에서는 조직력이 허술한 반도들과 무능력한 제국 군대가 산간 마을들을 장악하고 지방 군사력의 자원, 즉 인력과 식량의 공급원을 서로 빼앗기 위하여 다툰, 결정적이지 못한 싸움이었다. 그러나 양위(讓位)한 건륭제가 1799년에 죽을 때까지 권력을 장악하고 있었던 화신의 부패한 행정부는 청의 군사적 노력을 좌절시켰다.

양측이 여러 해 동안 그 지방 현장을 괴롭힌 다음에야 이루어진 '백련교도의 난' 진압은 여러 가지 고전적 양상들을 보여 주었다. 무엇보다 먼저 필요했던 것은 8기병의 군기와 사기를 회복시키는 일이었다. 이러한 일들은 1799년 가경(嘉慶)제가 사실상 권력을 장악하여 좀더 박력 있는 만주인 사령관을 지원한 뒤에야 비로소 가능하게 되었다. 우선 '성벽을 견고하게 하고 들판을 깨끗하게 하는[堅壁淸野]' 체계적인 계획을 실행하여, 농사짓는 주민들을 방벽이나 방책으로 둘러싸인 수백 개의 마을 안으로 모으고 열린 들판에 있는 양곡을 모두 옮기게 하였다. 이렇게 모아진 지방의 인력은 자위 경비대[鄕勇]로 조직되어, 중앙 정부로부터 급료와 식량의 일부를 지급받았다. 반란이 가져다 준 황폐와 궁핍으로 인해, 이 민병대의 충원은 어렵지 않게 이루어졌다. 어떤 민병들은 반도들을 추격기 위한 공격군으로 조련되기도 하였다. 정부는 추격하여 절멸시키는 전투와 함께 회유 정책도 병행하여, 항복한 졸개들에게 특사를 베풀고 반군 지도자의 머리에 현상금을 붙임으로써 반란의 지도자들과 추종자들을 이간시키려 노력하였다. 이처럼 반도의 식량 보급과 신병 충원을 끊고 부락에서 군사력을 조직하여 반란의 대열에서 탈주하도록 고무하는 등, 청의 진압은 다방면에 걸쳐 진행되었다. 이러한 계획은 마침내 실효를 거두어 8기병들은 초기의 실패를 다소 만회할 수 있었다. 그러나 만주인 전사들은 무적이라는 명성을 잃어버렸다. 정부의 이러한 승리는 사실 30만 명 정도의 향병을 사용하였기 때문이며, 그 뒤에 정부는 이들의 무장 해제를 시도하지 않을 수 없게 되었다.

인구의 증가　세기의 전환기에 일어난 이 민중 반란의 뒤에는, 유례없는 국내 평화와 번영 및 인구 증가의 시기가 있었다. 그러나 인구 수의 증가는 결국 그것을 가능하게 한 번영과 평화를 파괴하였다. 공식적 인구 통계는 1741년의 1억 4,200만 명에서 1851년의 3,200만 명으로 매년 증가하였음을 기록하고 있다. 이러한 증가는 이민과 공업화가 함께 진행되는 신생 국가에서는 가능할지 모르나, 근대 초기의 중국과 같이 오래 되고 인구가 밀집된 농업 국가에서는 놀라운 수치라고 하겠다.

통계적이라기보다 의례적이라고 할 수 있는 청대 인구 수치의 특성은 그것이 집계되고 보고되는 방법에서 온 것이었음이 분명하다. 이러한 일은 1741년부터 마을 보갑(保甲)의 장(長)들에 의해 수행되었다. 각 호의 문패에 기록된 인구수는 그들 장들이 관심을 기울인 많은 일들 중의 하나였을 뿐이었다. 그들은 향촌의 모든 불법 행위들——밤 도둑, 도박, 범인 은닉, 불법 주전(鑄錢), 소금 밀매, 폭력, 패거리 행위, 낯선 사람의 출현 등——도 보고하지 않으면 안 되었다. 더구나 절차가 통일되어 있지 않았으며 출생, 사망, 여성, 어린이, 비중국인 소수 민족, 이주민 등에 관한 보고는 확실한 것이 아니었다. 한마디로 말하여, 근대 이전의 중국은 근대적 인구 조사를 성취하지 못하였다. 반면에 인구수에 대하여 매년 올리는 보고는 관례화되고 의례화되었다. 어떤 성(省)에서는 전년도 대비 증가 비율을 0.3 퍼센트 혹은 0.5 퍼센트 등으로 고정시켜 매년 규칙적으로 증가한 것으로 보고하였다. 건륭제가 알아차렸듯이, 인구수가 매년 똑같이 늘었다. 어처구니없는 일이다.

청대에 만들어진 통계 수치의 이 같은 특성은 경사가 가파른 증가 곡선이 수평에 가깝게 수정되어야 한다는 사실, 즉 청대 초기의 중국 인구는 통계 수치가 가리키는 것보다 더 많았고, 청대 말기의 인구는 보다 적었을 것임을 시사한다. 예컨대, 명대의 인구 총계는 6,000만을 넘지 않았던 것으로 집계되었는데, 이 수치는 약 1500년 전 한대에 이미 도달한 것이었다. 우리의 추측으로는, 명대의 인구가 실제로는 1600년에 1억 5,000만에 이르렀으며 이러한 통계는 청대에까지 이어졌을 것이다. 인두세와 토지세를 통합하는 중요한 행정적 변혁이 18세기초에 이루어지고, 지방에서 징수될 통합 조세[地丁銀]의 할당액이 1711년 수준으로 영구히 동결될 것이라는 조칙이 선포되었다. 이러한 조치는 인구 총계를 계산하는 데 작용하는 유인(誘因)을 역으로 바꾸어 놓았을 것이다. 지금까지는 한 지역을 책임 맡고 있는 관리가 보통, 인구의 총수와 토지의 총액에 따라 자신에게 할당되는 징세 부담액이 올라가는 것을 피하기 위하여 통계 수치를 낮추어 보고하였을 것이나, 이제는 황제의 보살핌으로 백성의 수가 순조롭게 증가하고 있음을 보고함으로써 황제의 마음을 흡족게 하려 했을 것이다. 정확하게 보고하라는 황제의 요구가 인구의 대폭 증가를 초래한 것이다. 1800년경 총인구수는 3억 정도였을 것이나, 황제에게 보고된 수는 이보다 더 많은 3억 5,000만이었다.

그렇다고 하더라도, 이것은 공업화가 아직 시작되지도 않은 오랜 전통의 농경 국가에서는 실로 엄청난 성장이었다. 역사가들은 주로 18세기의 국내 평화와 질서, 더 많은 농지의 개간과 빨리 숙성하는 벼의 생산을 통한 식량 공급의 증가 등을 예로 들어 이 현상을 설명해 왔다. 옛날에는 볏모가 못자리에서 논으로 옮겨 심어진 뒤 150여 일이 걸려야 성숙하였다. 그러나 빨리 익는 벼종자가 참파(Champa ; 지금의 월남 남부 지방)에서 수입되어 개량됨으로써, 벼의 성장 기간이 100 일로, 그 다음엔 60 일, 40 일, 19세기에는 30 일로까지 점차 줄어들었다. 이것은 2 모작(二毛作), 3 모작까지 가능하게 했다. 새로운 작물의 이용 역시 또 다른 요인으로 작용하였다. 옥수수, 고구마, 담배, 땅콩 등이 모두 16세기 내지 17세기초에 아메리카 대륙으로부터 중국에 전래되었다. 고구마는 벼를 심을 수 없는 모래 많은 땅에서 자랄 수 있을 뿐만 아니라, 다른 어떤 작물보다도 단위 면적당 영양분을 더 많이 제공해 주기 때문에, 궁핍한 남중국 사람들의 식량이 되었다. 인구 증가의 또 다른 요인들은 공중 건강에 영향을 미치는 위생적 관행의 측면, 대외 무역의 증가와 그 결과로 수반된 수공예품의 생산과 교역의 증가, 그리고 아직 상세하게 연구되지 못한 또 다른 국내 경제의 발달 등에서도 찾아볼 수 있을 것이다.

중국의 인구 통계학적 성장이 어디에 기인하였든, 그것과 필적할 만한 청의 행정 역량의 성장이 동반되지 못하였다. 인구는 두 배로 늘었을지 모르지만, 관료 계층의 수와 그들의 대민 행정 역량은 그렇게 되지 못하였으며, 평화와 질서를 유지해야 할 군사적 힘도 배가 되지 못하였다. 오히려 그 반대로, 국내 문제가 점증하고 있던 바로 그 시간에 청 정부는 모든 면에서 그 효용성을 상실하고 있었다. 이 두 가지의 추세가 서로 밀접하게 관련되어 있음은 물론이다. 지금까지 중국의 긴 역사에서 그토록 흔히 보아 왔듯이, 못쓰게 된 정부와 해결되지 않는 문제들이 타락의 소용돌이 속에서 서로의 상황을 한층 더 악화시켰다. 그러나 이번에는 해외에서 도래한 새로운 요인으로 인하여, 정부와 사회의 모든 전통적 체제가 유례없는 위기에 봉착하여 19세기말과 20세기 초에 그 절정을 이루었다. 서양의 침입으로 인해 청말의 전개 과정은 복잡하게 되고, 혹자의 말을 빌린다면 뒤틀려지게 되었다.

서양과의 초기 접촉

유럽의 팽창은 자주 거론되는 이야기다. 서양인의 편협한 견지에서 본다면, 근대 초기에 지구를 정복하기 위해 나간 것은 그리스 로마의 전통과, 유대 그리스도 교 전통에서 유래하여 유럽의 근대 국가들을 창출한 바 있는 그들 문화의 우월성으로 인해 이루어진 어쩔 수 없는 일이었다. 유럽 인들이 근대적 힘을 일으키게 된 유래는, 당(唐)의 전성기와 시대를 같이하였던 중세 암흑기가 지난 다음 도시가 성장하였을 때까지 거슬러올라간다. 그들은 십자군의 영향, 상인 계급의 성장, 베니스(Venice)와 제노아(Genoa)의 동부 지중해와의 통상, 인도로부터 들어오는 향신료의 교역을 장악하기 위한 이탈리아와 이베리아의 경쟁 등을 강조한다. 그러나 중국인의 시각에서 본다면, 중국 서북방의 유라시아 반도에 살고 있는 유럽 인들은 쌀, 설탕, 차, 면화 등을 많이 생산하기에는 너무나 먼 북쪽(35 도에서 55 도 사이)에 위치한 가난한 민족들이며, 따라서 그들보다 앞서 나타난 여러 이적들과 마찬가지로, 마지못해 그들과 교역하고 중국으로 끌어들이는 것이었다.

어떤 관점에서 본다 하더라도, 당·송 시대와 마르코 폴로가 살았던 바로 그 시대의 중국은 규모면에서나 성과면에서 같은 시기의 중세 유럽보다 훨씬 더 위대한 문명 지역이었다. 그 지표의 하나로서, 전역사의 긴 과정에서 영향력의 주류가 유럽에서 중국으로 흐르지 않고 중국에서 유럽으로 어떻게 흘렀는가를 생각해 볼 수 있다. 첫째, 중앙 아시아를 거쳐 로마로 교역된 비단이 있었고, 그 다음에는 중국에서 퍼져 나간 일련의 위대한 발명품들 —— 문자 사용 능력을 확산시킨 종이와 인쇄술, 위생적 청결을 유지하기 쉬운 도자기, 한(漢)의 군대에 의해 사용된 석궁(石弓), 주철(鑄鐵), 운하의 수문, 외바퀴 손수레, 바다에서 배의 방향을 잡는 선미(船尾)의 방향타, 항해에 필요힌 나침반, 화약, 기타 모든 것 —— 이 있었다. 이러한 물질적 기술은 회화와 같은 예술 부분은 말할 것도 없고, 과거 제도를 포함한 관료제적 통치 방식에서 보여 준 중국인의 탁월한 역량과 병행한 것이었다. 한마디로 말해서 유럽 인의 팽창은 그들의 탐욕과 호기심, 열정과 애국심뿐만 아니라, 어떤 점에서는 그들의 후진성을 반영하는 것이기도 했다.

인구 150만 명밖에 되지 않는 조그마한 나라 포르투갈의 모험가들이 중국과 유럽 관계의 기조를 형성하였다. 1498년에 아프리카를 돈 다음 그들은 1511년에 말레이(Malay) 반도의 말라카(Malacca)를 취하고, 1514년에는 중국의 동남 해안에 도달하였는데, 이곳에서는 이들에 앞서 일본에서 온 것으로 보이는 해적들이 말썽을 일으키고 있었을 뿐이었다. 중국인과의 평등을 요구한 그들의 주장은 정당한 것으로 받아들여진 것 같지 않다. 많은 포르투갈 인들은 중국인이 조종하는 중국 정크 선을 타고 왔다. 당시의 유럽 인들은 대부분 매일 목욕하는 일에 익숙해져 있지 않았으며, 그들은 대부분의 아시아 인들보다 체모가 더 많았을 뿐만 아니라 더 강한 체취를 지녔기 때문에, 배에서도 좁고 악취를 풍기는 구석에서 나타나는 것이 보통이었다.

중국 해역에서 활동한 최초의 포르투갈 인 탐험가들은 중국과 유럽의 문화적 평등을 입증하는 데 거의 실패하였다. 1517년에 포르투갈 인들은 '포르투갈 국왕'의 사신을 '중국 국왕'에게 보내었다. 광동(廣東, Canton)에 도착한 이들 사절 일행은 서양 고유의 격식대로 경의를 표하기 위해 예포를 쏘았으나, 중국인들의 예절 감각을 무시한 것이어서 즉각적인 사과를 요구받았다. 사신들은 다른 조공 사절들과 마찬가지로 교역선 감독 관청〔市舶司〕에서 유숙하였으며, 평소의 중국식대로 북경으로 보내졌다. 한편 또 다른 포르투갈 인들은 그들의 일상적 방식대로 광동강 입구의 바깥쪽에 위치한 한 섬에 요새를 쌓고 대포를 장치하였다. 교역을 방해하고 중국법을 우롱한 이들 반(半)해적들은 강도와 갈취, 그리고 중국인 유괴범에게서 중국 어린이들을 사는 등의 범죄 행위로 비난받았다. 모든 포르투갈 인들이 1522년에 광동에서 쫓겨났으며, 그들의 첫번째 사신은 그곳 감옥에서 죽었다. 16세기의 전반이 끝나기 전에, 그들은 지방의 중국인들로부터 허가를 얻어 조그마한 마카오(Macao) 반도에 교역의 근거를 둘 수 있게 되었다. 중국 당국은 이 반도에 성벽을 둘러쳐서 바

끝과 차단하였으며, 포르투갈 인들에게 그들 자신의 지방 정부를 운영할 수 있도록 해 주는 대신에 토지세와 관세를(1887년까지) 징수하였다. 이들 아시아의 포르투갈 인들은 대체로 명말에 이르러 네덜란드 인들에 의해 세력을 잃었으며, 네덜란드 인들은 1641년에 말라카를 빼앗았으나 그들의 주요한 노력은 동인도에 집중되었다.

예수회의 성공담　유럽 인들은 두 개의 전선——교역과 복음 전도——에서 중국인들과 만났지만, 처음에는 종교적 접촉이 통상보다 더 활발하였다. 명이 붕괴하고 청이 정복 활동을 전개하는 동안, 소수의 예수회(Jesuit) 선교사들이 중국 문화에 정통하게 되어 고급 관료들의 비호를 받고, 북경에서 조정의 관직을 얻게 되었다

이들 예수회 개척자들 가운데서도 가장 위대한 인물이었던 마테오 리치(Matteo Ricci ; 중국명은 利瑪竇, 1552~1610)는 1582년에 임지를 중국으로 배정받았다. 리치는 인상적인 개성을 가진 이탈리아 인으로서, 키가 크고 정력적이었으며, 곱슬 수염에 푸른 눈, 종이 울리는 듯한 목소리를 갖고 있었다. 중국보다 더 일찍 들어갈 수 있었던 인도와 일본에서의 경험을 토대로, 리치와 그의 동료들은 자기들의 사명을 지역적 상황에 적응시켜 나갔다. 일본에서처럼 중국에서도 그들은 위에서부터 아래로 활동해 나감으로써, 상류 계층의 정예 분자들을 매료시켰다. 그들은 가능한 한 중국의 형식을 차용하였으며, 마카오에 거류하는 포르투갈 상인들과는 공개적인 관계를 일체 회피하였다. 그들은 곧 불교 승려의 복장을 버리고 유학자의 예복을 차려 입었다. 설교 대신에, 그들은 중국인 학자들과 담소를 나누면서 프리즘(分光), 시계, 그리고 지리적 지식을 설명함으로써 그들의 호기심을 유발하였다. 무엇보다도 그들은 관화(官話), 즉 북중국 표준어를 유창하게 구사하게 되었으며, 중국의 경전을 깨치게 되었다. 이로 인해 리치는 그리스도 교가 한대의 유학과 양립할 수 있는 지혜와 윤리의 체계임을 납득시킬 수 있었다.

중국인 재사(才士)와 마찬가지로, 리치는 1601년에 고급 관료들의 후원을 받아 북경에 자신의 거처를 세울 수 있었다. 두 개의 시계와 피아노의 전신인 클라비코드(clavichord)를 헌상하여 황제(萬曆帝)의 마음을 얻게 되자, 그와 그의 동료들은 이 기계들이 어떻게 작동되는지를 보여 주기 위하여 궁정으로 불려

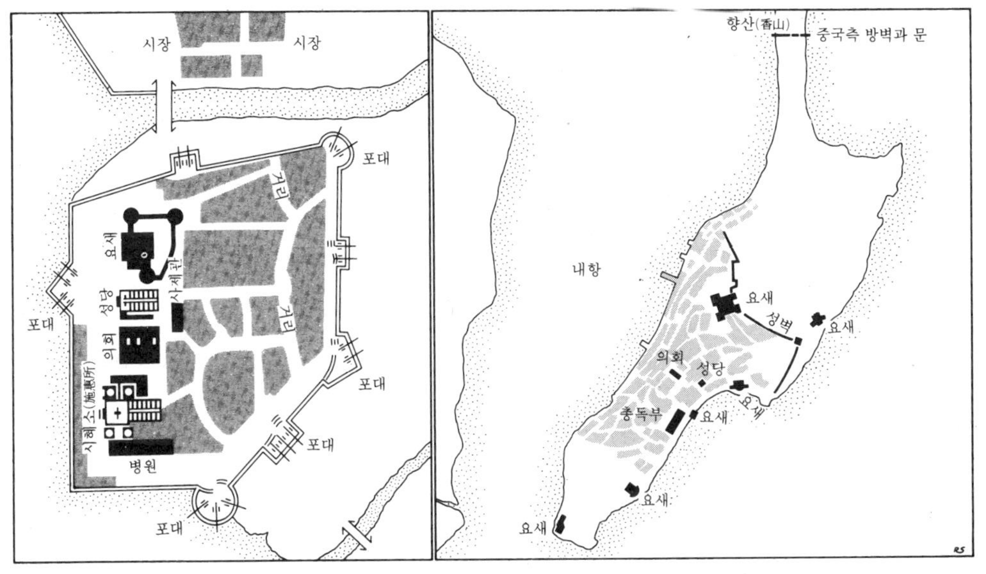

말라카의 포르투갈 인 근거지(왼쪽) 와 1840년대의 마카오(오른쪽)

갔다. 마침내 리치는 조공 진상자의 범주에서 벗어나, 한 명의 학자로서 황제의 봉록을 지급받았다. 불과 몇 년 안에, 그와 그의 동료들은 국가의 대신들까지 포함하여 약 200명의 기독교 개종자들을 만들었다.

리치의 후계자들은 서양의 천문학 지식을 중국의 역법(曆法) 개정에 적용시킴으로써 그들 자신이 가장 쓸모 있는 존재가 될 수 있다는 사실을 알게 되었다. 천자는 천체의 위치와 4 계의 절기(節氣)를 정확하게 예시할 수 있는 달력(日曆)을 유지해야 할 결코 쉽지 않은 특별한 책무를 갖고 있었다. 당시 북경의 천문대(天文臺)에서 근무하던 회교도 전문가들은, 그들과 서로 경쟁하던 구식의 중국인 천문학자들과 다름없이 시대에 뒤떨어져 있었으며, 1610년에는 일식(日蝕)을 예측하면서 몇 시간의 착오를 범하였다. 이러한 실책이 예수회원들에게 기회를 제공하였다. 1622년에 중국에 온 독일인 예수회원 요하네스 아담 샬 폰 벨(Johannes Adam Schall von Bell, 湯若望 ; 1591~1666)은 숙련된 천문학자로서 궁정에서 한 직책을 확보하였으며, 1632년에는 그곳에서 처음으로 미사를 집전하기도 하였다.

명말에 이르기까지, 예수회원들은 황족 가운데서 많은 개종자들을 만들었으며, 황제는 점차 그리스도 교의 영향을 받게 되었다. 선교사들은 7,000여 권의 서양 서적을 북경으로 가져와서, 이를 근거로 삼아 한문으로 저술하였다. 17세기에, 그들은 헌신적인 중국인 학자들의 도움을 받아 그런 책을 약 380종이나 지을 수 있었다. 이런 저작들은 주로 그리스도 교에 관한 것이었지만 천문학, 수학, 지리학, 의학, 기상학, 기계학, 약학, 해부학, 동물학, 논리학 및 유럽의 정치와 교육에 관한 논문들도 포함되어 있었다.

명 정권의 몰락으로 인하여, 많은 중국인 학자들에게는 왕조가 이제 더 이상 충성의 대상이 될 가치를 갖지 못하였다. 서양의 과학과 그리스도 교의 윤리적 가르침이 결합하여 다수의 뛰어난 개종자들을 매료시켰으며, 이들 개종자들은 두 문화의 병용을 위해 진실로 협력할 수 있었다. 가장 유명한 개종자는 서광계(徐光啓, Hsü Kuang-ch'i ; 그리스도 교명은 서 바오로, 1562~1633)였는데, 그는 1604년에 최종 과거 시험〔殿試〕에 합격하여 한림원(翰林院)에 들어가기 전에 이미 그리스도 교 신자가 되었다. 그는 마테오 리치와 함께 유클리드(Euclid) 기하학의 처음 6권을 완전히 번역하였다. 서광계는 1632년에 내각 대학사가 되었다. 그는 선교사들에게 고급 관료계에 출입할 수 있는 기회를 제공하였으며, 세련된 문장으로 씌어진 한문 저술로써 그리스도 교를 소개할 수 있도록 도와 주었다. 서 바오로와 아담 샬 역시 서양 무기를 얻을 수 있도록 명의 조정을 도왔다. 만주인을 격퇴하기 위하여, 샬은 1636년에 주물 공장을 세워 약 20문의 대포를 주조하였다. 한마디로 말해서, 서양의 종교보다 서양의 기술이 더 쉽게 받아들여진 것이다.

1644년에 만주인의 정복이 이루어진 뒤, 청은 아담 샬에게 천문대장〔欽天監正〕의 직책을 계속 위임하였다. 젊은 황제〔順治帝〕는 여러 해 동안 그를 자주 접견하면서 '노인장'이라고 불렀으며, 북경에 그리스도 교 교회〔聖堂〕를 지을 수 있도록 허락하였다. 강희제(康熙帝)의 긴 치세 기간(1662~1722) 가운데 중간 20~30년간이 북경 예수회의 영향력이 최고조에 달하였던 시기였다. 선교사들은 황제와 가깝게 접촉할 수 있는 기회를 향유하였는데, 때로는 거의 매일 만날 때도 있었다. 그들은 '예수회의 나무껍질', 즉 키니네(quinine)라는 새로운 약을 황제에게 준 적도 있었으며, 서양의 방법을 사용하여 중화 제국을 조사하고 지도를 만들도록 위임받기도 하였다. 그들의 지위는 황제의 조신(朝臣)과 같은 것이었으니, 다른 관료들과 마찬가지로 고두(叩頭)의 예를 행하여

유럽에서 그려진 북경의 예수회원들 ① 리치와 그가 개종시킨 주요 인물. 예수회 회원으로서 중국에서 그리스도 교를 처음으로 전파한 마세라타의 마테오 리치(Matteo Ricci of Macerata) 신부. (왼쪽) 중국의 내각 대학사로서 그리스도 교의 법을 전파한 이(서의 잘못) 바오로. (오른쪽)
② 자신의 천문학용 기구들과 함께 있는 아담 샬(Adam Schall) 신부. 황실 천문대의 책임자로서, 그는 색깔 있는 봉오리가 달린 모자를 쓰고 네모난 관원 표지가 부착된 청조 문관의 관복을 입고 있다. 이 그림들은 1673년에 출판되었다.

완전한 복종의 뜻을 표하고, 교묘한 기교로 지식을 과시하였으며, 선물을 나누어 주기도 하여 조정에서 지인(知人)을 만들었다.

중국과 유럽의 문화적 관계 예수회 선교사들은 양대 문화가 서로 접촉함에 있어 개척자로서의 역할을 수행하였다. 두 갈래의 길을 만난 그들은 두 전선에서 모두 공격을 받았다. 그러나 보다 주요한 공격이 그들과 경쟁 관계에 있었던 같은 유럽 인으로부터 왔음은 의미 심장한 일이라 하겠다.

몽고의 말을 받는 건륭제 이 그림을 그린 카스틸리오네(G. Castiglione, 중국명은 郎世寧 ; 1688~1766)는 예수회의 평수사로서, 1715년에 북경에 와서 3대의 황제들에게 궁정 화가로 봉사하였다.

건륭제의 여름 별궁〔圓明園〕에 예수회원들이 지은 건축물 이 건물〔海晏堂〕의 유럽식 장식은 이탈리아 저택을 연상케 하는 전망대와 계단 등과 결합된 벽기등 위에 얹힌 중국식 기와와 중국적 로코코풍의 세부를 보여 준다.

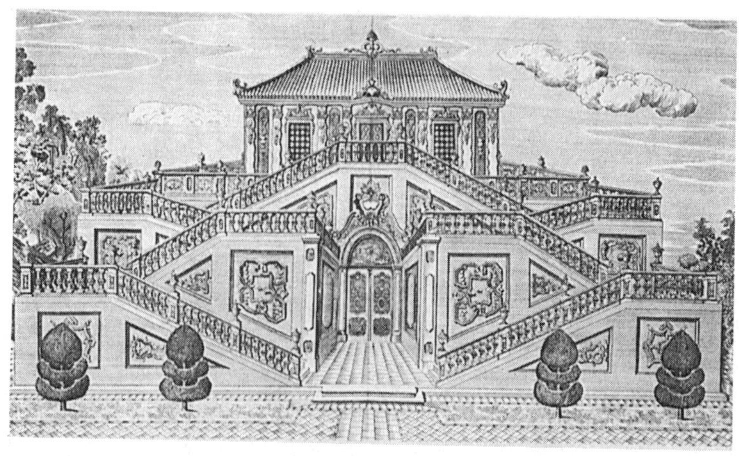

중국과의 접촉을 먼저 시도한 유럽은 처음에는 그곳으로부터 오는 충격을 더 크게 받았다. 북경에서 온 영향력 있는 예수회 저작들을 통해 알려진 중국의 이미지는, 계몽 운동의 과정에서 계시 종교와는 전혀 다른 자연적 도덕 체계를 갖고 있는 오래 묵은 사회의 한 예로서 형상화되었다. 도덕과 종교의 관계에 관한 철학적 논쟁 과정에서, 볼테르(Voltaire)와 이신론자(理神論者)들, 그리고 중농주의자(重農主義者)들은 예수회원들이 서술한 중국을 인용하였다. 18세기의 유럽에는 중국적인 것들이 크게 유행하여, 합리적인 유교 윤리나 자애로운 전제(專制) 체제와 같은 관념적 이미지뿐만 아니라 건축, 도자기, 가구, 장식 등의 중국적 양식, 즉 중국풍이 크게 유행하였다.

북경에서 예수회원들은 천문학자, 번역가, 지도 제작자, 화가, 조각가, 건축가 및 공학자로서 황제에게 계속 봉사하였으니, 요컨대 그들은 서양에서 동양에 온 최초의 전문 기술자였다. 그들은 북경 근처에 있는 오래된 여름 별궁인 원명원(圓明園)에 조정에서 약간 유행했던 유럽풍의 일부로서, 베르사유(Versailles) 궁을 축소한 바로크풍의 건축물과 복합 분수대를 설계하였다. 그러나 예수회원들은 본직이 선교사였으며, 중국의 견고한 현실에 그리스도 교의 보편적 교리를 적용시키려 한 그들의 노력은 문화적 적응, 즉 중국화라는 좁은 길로 그들을 이끌었다. 사실 아시아에서 예수회가 일반적으로 성공한 비결은 바로 이 적응에 있었다. 중국에서는 그리스도 교가 "불교를 쫓아 내고 유교를 완성시켰다."는 서 바오로의 말처럼 그리스도 교 신앙은 유교적 관행에 첨가될 수 있었다. 이러한 위치의 토대는 경전에 원문의 형태로 들어 있는 유교적 규범을 '고대의 지혜'로 받아들이되, 주로 신유가를 이루는 방대한 경전 해석과 주석의 대부분을 근거가 박약하고 잘못 안 것으로 거부하고, 도교와 불교를 우상 숭배로 공격하는 것이었다.

예수회의 타협에 대하여 현지의 선교사들이 반발하지 않았던 것은 아니다. 집 안의 사당 앞에서 조상 숭배의 제례(祭禮)를 올리는 것이 단순한 '세속적 의례'이며, 따라서 그리스도 교인들에게 허용될 수 있는가, 그렇지 않으면 '이교도의 우상 숭배'여서 용납될 수 없는 것인가? 공자에 대한 국가적 의식과 지방 행정 장관들의 기우제(祈雨祭)는 어떤가? 많은 신학자들에게는 예수회원들이 중국의 경학자(經學者)들로 하여금 그리스도 교를 받아들이게 하기 위하여 너무 지나치게 타협하여, 초기의 예수회원들이 유일신만을 흠숭해야 한다는 핵심적인 신앙 조항을 파괴했음이 분명한 것으로 여겨졌다. 결국 이교도의 세계는 영적 실체로서의 진정한 하느님 관념을 갖지 못하였기 때문에, 경전의 표현으로써는 하느님을 설명할 수 없다는 것이었다.

1640년대에 이르러, 도미니크 회(Dominican)의 탁발 수사들과 필리핀에서 건너와 복건(福建, Fukien) 지방에 거점을 확보한 프란체스코 회(Franciscan)의 수도사들이 허용되어야 할 전례(典禮)에 관한 이 논쟁을 로마〔敎皇廳〕에 조회하였다. 그들은 멕시코와 필리핀과 같이 문화적 저항이 약한 나라에서 쌓은 경험에 근거하여 아주 다른 선교 방법을 갖고 있었으니, 이들 나라에서는 일반민들에 대한 직접적이고 비타협적인 복음 전파를 방해할 강력한 지방 관료들이 존재하지 않았다. 결국 그들은 청빈의 지시를 따르고 거리에서 설교하였으며, 예수회원들이 배웠던 교훈의 대부분을 무시하였다. 1701년에는 중국에 59명의 예수회원과, 29명의 프란체스코 회원, 18명의 도미니크 회원, 주로 프랑스 외방 선교회에서 온 15명의 재속(在俗) 신부 및 6명의 아우구스티누스 회원(Augustinians)들이 있었다. 그 중에서 예수회만이 70개의 선교사 거처와 208개소의 성당과 공소(公所)를 갖고 있었다. 그리스도 교 공동체의 전체 수는 어림잡아 30만 명에 이르렀지만, 그 지도력은 갈래갈래 찢어져 있었다. '전례 논쟁'은 중국에 있던 여러 수도원들과 선교 단체들끼리, 혹은 그들과 유럽의 지지자들 사이에서 1세기 동안(1640~1742)이나 들끓었으며, 결국은 교황과 청조 황제 사이의 논쟁으로까지 비화되었다.

한편 그리스도 교에 대한 유학자들의 반감은 몇 가지 관점 —— 원죄, 동정녀의 출산, 예수의 신성과 같은 교리에 대한 합리적인 회의, 도교·불교·유교적 가르침에 대한 문화적 방어, 난잡한 성행위, 어린이 유괴, 죽은 이의 눈과 심장을 뽑아 내는 행위와 같이 잘못 알려진 그리스도 교 관행에 대한 뚜렷한 혐오 등 —— 에 근거를 둔 것이었다. 그리스도 교 반대를 지도한 중국인 양광선(楊光先, Yang Kuang-hsien ; 1597~1669)은 매우 정감적인 인물이었으나 철저하게 외국을 혐오하는 사람이었다. 그는 중국인을 옛날에는 하느님을 믿었으나 마테오 리치가 올 때까지 진리의 길을 잃고 있었던 헤브라이(Hebrew) 민족의 한 지파로 묘사한 예수회 저술문을 인용함으로써, 중국인의 자존심을 자극하였다. 또한 그는 최근에 죽은 순치제(順治帝)에게 나쁜 주술을 걸었다는 죄목으로 아담 샬 신부를 고발하였다. 이 사건은 만주 조정을 경악게 하였으니,

만주인들은 무당의 주술에 대한 전통적인 신념을 갖고 있었기 때문이다. 사형 선고를 받은 샬은 다행히도 지진이 일어나 이 선고를 인정할 수 없다는 하늘〔天〕의 뜻으로 해석되어 목숨을 구할 수 있었으나, 천문학자로 봉직하고 있던 5 명의 중국인 기독교 신자들은 처형되었다. 그리스도 교는 그 개종자들이 마치 비밀 결사 조직처럼 비교(秘敎)적 의식으로 사사로운 조직을 만들고 있었기 때문에 자못 수상쩍은 존재로 남아 있었으나, 그것이 외세와 연결되어 있다는 점에서 실로 파괴적인 것으로 보였다.

예수회의 몰락은 유럽에서의 행동으로 인해 더욱 재촉되었다. 1700년에 파리에서 논쟁이 진행되는 동안, 북경에서 예수회원들은 자위책으로서 중국 전례에 대한 그들의 견해를 지지한다는 회칙(回勅)을 확보하였다. 이것은 불에 기름을 끼얹은 격이었으니, 교황의 특권이었던 신학적 판정을 이제는 강희제가 내리고 있었기 때문이다. 포르투갈과 프랑스의 이익을 대표하였던 그리스도 교 신부들이나 그들과 경쟁 관계에 있었던 수도회의 신부들은 이제 북경에서 어렵게 얻은 그리스도 교의 지위를 파괴하기 시작하였다. 황제와 교황과의 힘겨룸에서, 예수회원들은 주로 황제의 편에 서 있었다. 강희제는 예수회원들을 로마에 파견하여 69 개조의 문서를 교황 앞에 내놓았다. 그러나 교황은 반(反)예수회의 입장을 재확인하는 1715년의 교서(敎書)로써 여기에 답하였다.

중국인의 관행과 타협한 예수회의 태도는 북경 조정에서 1세기 이상이나 받아들여졌으며, 강희제는 그의 긴 치세 기간을 통해 선교사들이 쓸모 있고 믿을 만하다는 사실을 경험으로 알고 있었다. 그러나 이제 예수회에 대한 교황의 공격은 무례하고 신뢰하기 어려울 뿐만 아니라, 도저히 받아들일 수 없을 것으로 다가왔다. 강희제는 한 명의 예수회 특사를 러시아를 경유하여 로마로 보내었으나, 교황의 회답은 일층 더 격화된 비난일 뿐이었다. 1722년부터, 옹정제(雍正帝)는 궁정 정치에 연루되지 않을 수 없었던 선교사들에 대하여 태도를 바꾸어 중국의 그리스도 교에 대하여 적극적으로 탄압하기 시작하였다. 북경을 제외한 모든 지역의 많은 성당이 몰수되어 세속적 목적으로 사용되었으며, 선교사들은 몸을 숨기지 않을 수 없게 되었다. 1724년에 옹정제는 자기 아버지〔康熙帝〕의 성유(聖諭)에다가 그리스도 교를 이단적 종파로 규탄하는 주석을 덧붙였으며, 이는 1세기 이상이나 청의 정책으로 남게 되었다. 1742년에 교황의 또 다른 교서가 발표되어 전례 논쟁을 종식시킴으로써 이후 2세기 동안의 교회 입장을 결정하였다. 이 교서는(1938년까지) 카톨릭 선교사들로 하여금 모든 그리스도교 신자들이 '중국의 전례'를 실행하는 것을 금하도록 확실하게 서약할 것을 요구하였다. 건륭제의 치하에서도, 북경 이외 지역의 선교사들은 계속 박해를 당하였다. 그들은 간신히 삶을 영위할 수 있었고, 여행할 때는 변장하였으며 도시 안으로는 들어갈 수도 없었다. 신도의 수도 크게 줄어들었다. 반(反)그리스도교적인 관습이 민중의 가슴에 심어지게 되었다.

초기의 중국·러시아 관계　유럽 인의 중국 접촉은 해상 통로와 북경에서 온 예수회원들의 편지에 주로 의존하고 있었기 때문에, 중국으로 접근하는 또 다른 방법, 즉 러시아 인에 의해 일찍 개척된 시베리아 횡단 육상 통로는 서양인들에게 그다지 주목받지 못하였다. 이 통로를 이용한 러시아 인들이 수송과 보급상의 보다 큰 문제에 직면하였음은 물론이다. 서양인들의 배는 자급 자족하면서 뛰어난 기동력으로 자기들의 장비를 갖춘 채, 이민족 왕국들을 통과할 필요도 없이 전력을 다하여 그들을 말라카나 광동으로 데려다 줄 수 있었다. 해상으로는 대규모의 군사력을 갑자기 수송할 수도 있었다. 포르투갈의 갈리온 배나 네덜란드와 영국의 인도 무역선도 (동인도 회사 소유) 낙타 대상(隊商)들보다 더 많은 물품을 옮길 수 있었다.

끝없이 펼쳐져 있는 시베리아를 횡단한 러시아의 식민지 개척은 느리고 점진적이면서도 비교적 지속성이 강한 것이 특징이었다. 러시아 인들이 태평양에 다다른 것은 1637년이어서 영국인들이 뉴 잉글랜드(New England)를 발견한 때와 거의 같은 시기였으나, 동아시아에 침투해 들어간 것은 바다로 온 서구인들보다 결과적으로 훨씬 뒤떨어졌다. 영국의 함대는 동아시아를 태풍처럼 갑자기 덮쳤기 때문에 저항하기 어려웠으나 영속적인 것은 아니었다. 러시아의 식민지 개척자들은 마치 빙하처럼 전진하였다. 오늘날의 미국인들은 서구의 전통을 계승하여 바다를 통해 극동과 접촉해 왔다. 러시아 인의 전통은 달랐다.

1580년에 오브(Ob) 강 유역으로 침투해 들어가기 시작한 러시아 인들은 북극권으로 흘러들어가는 인접의 큰 강(Ob 강, Yenisei 강, Lena 강 등)들의 상류를 횡단하였다. 그곳은 기후와 지세가 살기에 부적당하였고 인구가 모여 사는 곳도 없었다. 모스크바(Moscow)에서 온 관리들에 의해 세워진 이 광활한 지역의

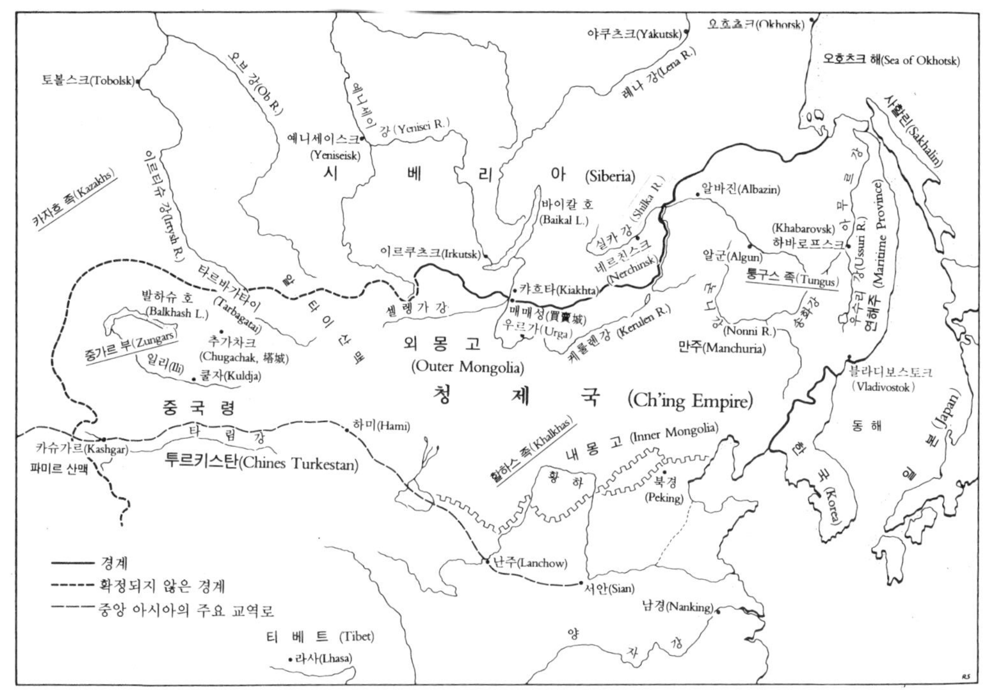

러시아와 중국의 초기 접촉

행정 체계는 기생적(寄生的) 성격을 띠고 있어, 역참 통로로 연결된 요새 주둔지의 거미줄 같은 조직을 통해 지방의 여러 부족들로부터 모피류의 조공품을 거두어들였다. 식량 공급이 안정되지 못하였기 때문에 러시아 인 개척자들은 곡물이 자라는 지역을 찾았으며, 그 결과 여름에는 거룻배로, 겨울에는 썰매로 좀더 산물이 풍부한 나라에, 결국은 바다에까지 다다를 수 있는 아무르(Amur) 강〔黑龍江〕에 매료되지 않을 수 없었다. 1643년 이후, 야쿠츠크(Yakutsk)에서 온 코사크(Cossack) 기병대가 아무르 강을 따라 내려가면서, 그 지방의 부족민들과 싸우고 요새화한 교역 거류지를 세웠다. 예니세이스크(Yeniseisk)에서 바이칼(Baikal) 호를 거쳐 온 또 다른 코사크 원정대는 1656년에 아무르 강의 주요한 지류〔Shilka 강〕 강가에 있는 네르친스크(Nerchinsk)에 교역 거류지를 건설하였다. 1665년에는 알바진(Albazin)에 영구적인 전초 기지와 요새가 세워졌다.

아무르 강 유역 안에 건설된 이들 전초 기지들은 러시아 인들을 청 제국과의 분쟁으로 몰아 넣었다. 북만주 지방의 여러 부족들은 북경에서 새로운 왕조를 세운 그들의 대군주에게 호소하였다. 그러나 만주와 러시아 관계의 첫번째 단계에서는, 청의 군주들은 강력한 입장에 있지 않았다. 만주족의 중국 정복은 1681년이 되어서야 사실상 완료되었으며, 그러는 동안에 몽고에 대한 그들의 지배권이 더 멀리 서북방의 일리(Ili) 지역에서 일어난 중가르 부의 흥기로 인해 강력한 도전을 받고 있었다. 서부 몽고의 여러 부족들은 이미 북쪽 시베리아에서 러시아 인들과 접촉한 바 있었으며, 동부 몽고 역시 이미 네르친스크에서 러시아 인들과 교역하고 있었다. 따라서 강희제의 목표는 아무르 강 유역에서 러시아 인들을 쫓아 내는 것뿐만 아니라 그들과 몽고인들이 점점 더 가까워지는 것을 막는 것이었다.

외교적 관계는 이미 1619년부터 비공식적으로 시작되었다. 좀더 공식적인 관계의 시도는 러시아 군주〔차르〕가 중국의 황제에게 보내는 편지와 함께 북경으로 한 사절을 보낸 1654년에 이루어졌다. 이 사절의 목적은 중국의 종주권을 인정하지 않으면서 교역만 성립시키려는 것이었으며, 따라서 그는 고두(叩頭)의 예를 거부하였다. 그를 담당한 중국측 관리들은 교역에는 관심이 없었으며, 유럽처럼 상호 평등한 국제 관계를 요구한 러시아 사절의 주장은 청이 동아시아 국제 질서를 주도할 수 있는 이념적 기초를 위협하였다. 또 다른 러시아 사절은 다채로운 경력의 스파타르 밀레스쿠(N.G. Spathar-Milescu ; 'Spathar'는 사실상 칭호였다)였으니, 그는 콘스탄티노플에서 교육받고 서유럽에서 폭넓은 경험을 쌓은 바 있는 지적인 그리스 인이었다. 그는 처음으로 라틴 어로 된 신임장을 갖고서 1676년에 북경에 도착하였고, 예수회 선교사를 통역관으로 고용하였다. 그러나 그는 황제가 차르에게 보내는 선물을 받을 때 무릎꿇기를 거부하였기 때문에 추방되었다.

1680년대초에 중국 안에서의 통치력을 확고하게 한 다음, 강희제는 남만주에서 아무르 강 유역에 이르는 지역에서 역참 통로를 수륙 양면에서 체계적으로 개발해 나갔으며, 역들과 곡창 및 군사적 거류지〔屯田〕들을 세우고, 만주의 하천 계통에서 작전할 수 있는 해군을 창설하였다. 러시아 인들은 곧 아무르 강 하류역에서 쫓겨났다. 우세한 청의 군대가 마지막으로 남아 있던 알바진의 작은 요새를 포위 공격하였다. 이 같은 압력을 받은 러시아 조정은 협상하기로 결정하고 네르친스크로 대사를 파견하였다. 때마침 서부 몽고 부족에 의해 청의 지위가 여전히 위협받고 있었기 때문에, 시의가 적절하였다. 스빠타르 밀레스쿠의 전례를 따라, 강희제는 두 명의 예수회 선교사들을 러시아 인과의 협상시에 통역과 고문으로 삼았다. 두 명의 예수회원들이 강을 건너 양쪽 진영 사이를 쉴 새 없이 오가는 동안 수많은 혼란과 의혹과 흥정이 있었지만 끝내 합의에 도달하였으며, 예수회원들이 라틴 어로 된 조약문 정본과 만주어, 중국어, 몽고어, 러시아 어로 된 부본들을 작성하였다. 1689년에 맺어진 이 네르친스크 조약은 평등의 견지에 입각한 것이었다. 그것은 러시아가 아무르 강 유역으로 진출하는 것을 저지하였지만, 대상(隊商)으로 북경과 교역할 수 있는 안정된 기반을 러시아에 제공하였다. 러시아 인들은 알바진의 요새를 파괴하고 아무르 강 유역에서 철수할 것에 동의하였다. 이 조약으로 북부 만주의 경계는 확정되었으나, 그 서쪽 끝, 즉 몽고와 시베리아 사이의 경계는 확정하지 않은 채로 남겨 두었다.

네르친스크 조약에 의해, 강희제는 동부 몽고에 대한 러시아의 원조를 미리 막을 수 있게 되었다. 1689년 이후 10여 년 동안에, 그는 갈단(Galdan) 칸을 최종적으로 패퇴시킬 수 있었으며, 서부 몽고에 대한 자신의 지배권을 주장하기 시작하였다. 이제 러시아의 무역 대상들은 공식적인 허가를 받아 보통은 반(牛)통상적, 반(牛)외교적 지위를 가진 사절단을 동행하여, 몽고를 가로지르고 우르가(Urga)를 거쳐 북경에 이르게 되었다. 이번원(理藩院)의 감독하에서 이루어진 이 초기의 대상 교역은 중국적 조공 양식에 꼭 맞도록 되어 있었다. 사절단의 수는 200명으로 제한되었으며, 결국은 번호로 구별된 부절(符節) 제도 아래에서 행하여졌다. 북경에서 그들은 조공 사신들을 위한 숙소와 흡사한 러시아 숙소에 들어 감시되었다. 러시아의 사절은 고두의 예도 행하였다.

중국과 러시아 관계는 내륙 아시아의 통제를 위한 청조의 복잡한 전략에서 중요한 요소로 계속 남아 있었다. 18세기에도 중가르 부는 여전히 러시아 인들과 싸우고 교역하고 협상하였으니, 피터(Peter) 대제 치하에 있었던 당시의 러시아 인들은 중가르 부의 서쪽 변경을 끊임없이 침식하고 있었던 것이다. 러시아 인들은 그들 나름대로 북경에서 영속적인 통상 및 외교의 발판을 확보하려 하였고 예수회로부터 독립된, 그들 자신의 통역관을 갖길 원하였다. 이러한 노력은 러시아 정교회 선교단으로 결실을 맺게 되었으니, 이들의 표면상의 목적은 청의 수도에 형성된 소규모의 러시아 인 망명자 공동체의 영적인 필요를 충족시켜 주는 것이었다. 1690년대에 모스크바는 그것을 러시아 정교회 신부들이 교역 대상을 따라 북경으로 가기 위한 구실로 이용하였다. 1722년 이후, 옹정제는 예수회의 성가를 상쇄시키기 위하여 러시아 정교회 선교단의 설립을 환영하였다. 또한 그는 서방에서의 러시아와 중가르 부의 동맹을 방해하고 동부 몽고에 대한 러시아의 영향력을 소멸시키기를 원하였다.

이러한 러시아 인의 통상적 이해와 만주인의 전략적 이해가 1727년에 또 다른 중요한 협정을 낳았다. 러시아 대사는 1,500 명의 군대와 100 명의 수행원을 데리고 왔다. 북경에서 6 개월이나 협상한 다음, 그는 우르가 북쪽의 몽고 시베리아 국경에 있는 캬흐타(Kiakhta)로 철수하였다. 그곳에서 체결된 조약으로 러시아와 청 제국 사이의 국경선이 획정되었고, 러시아는 몽고로부터 결정적으로 축출되었다. 러시아 인들은 3 년에 한 번씩 공식적인 대상을 북경으로 보낼 수 있고, 러시아 정교회 선교단이 그곳에 머무르면서 교회를 짓고 언어 공부하는 학생들을 파견할 수 있도록 허락받았다. 그러나 1730년 이전 1세기 동안에 온 러시아 선교사들은 6 명에 지나지 않았다. 청 조정은 교역에 관심이 있었던 것이 아니라 정치적 안정을 원했으며, 이를 위한 최선의 정책은 고립이었다. 청의 현실주의는 서부 몽고에 대한 러시아의 중립을 보장받기 위하여 사절단을 두 차례 파견한 것으로 예증되었으니, 한 번은 1731년에 모스크바로 보내졌고 또 한 번은 1732년에 페테르스부르크(St. Petersburg)로 보내졌다. 만주인 사절들은 비록 꿇어앉아 세 번 절하는 약식의 고두이기는 하지만, 청이 북경에서 러시아 사절들이 고두의 예를 행하기를 기대하였던 것과 똑같이 러시아의 조정에서도 동방의 사절들에게서 기대하였던, 바로 그 고두의 예를 실행하였다. 이처럼 현실적인 청의 외교는 성공하였다. 1760년에 이르러 티베트에 대한 청의 지배력이 견고하게 확립되었고, 서부 몽고의 위협은 투르키스탄(Turkestan)에서 분쇄되었으며, 러시아 인의 접촉은 멀리 떨어진 변경에서 통제되었다.

광동 무역　　접촉의 범위를 제한함으로써 안정을 추구하려 한 청의 대외 정책은 광동(廣東)의 해상 교역을 통해 보다 손쉽게 이루어질 수 있었다. 18세기에 이르러, 중국은 유럽의 새롭고 보다 강력한 팽창 형식에 직면하게 되었다. 네덜란드의 동인도 회사와 버지니아(Virginia)와 매사추세츠(Massachusetts) 만에 자리잡은 또 다른 특허 회사들과 마찬가지로, 영국의 동인도 회사는 중앙의 통제하에 주요 자원들을 광범위하게 가져오는 사설 조직이었지만, 왕실로부터 받은 특허에 의해 특정 지역과의 국가적 무역을 독점하면서 해외 문제를 처리할 수 있는 광범한 권력을 획득하였다. 이 회사는 교역 거류소를 건설하여 무장하였고, 그곳의 동포들에 대한 재판권을 행사하였으며, 함대를 이동시킬 수 있는 해군력을 개발하는 등, 상인의 특전과 정부의 특권을 사실상 모두 갖고 있었다. 결국, 이 회사는 특허가 끝나는 1858년까지 인도를 통치하였다. 팽창하는 영국의 대중국 무역은 인도에 기반을 두고 있었으니, 당시의 인도는 동인도 회사의 활동 가운데서 통상의 정신이 가장 뚜렷하게 남아 있었던 곳이다. 중국의 차에 대한 영국 대중의 수요가 크게 증가되었을 때, 영국과 인도 및 중국은 곧 3각 무역으로 연결되었다. 그리하여 영국 보호하 인도의 세입은 광동 무역에 부분적으로 의존하기 시작하였다.

1699년에는 영국의 해외 상관(商館)과 교역 기지가 광동에 건설되었다. 이후 60년 동안, 영국과 중국 무역은 우리가 '광동 체제'라고 부르는 것으로 점차 제도화되었다. 이 같은 발전의 과정에서, 영국은 마침내 그들의 모든 사업을 광동으로 집중시켰으며, 그들의 수출 무역은 차와 비단에 집중되었다. 18세기 동안에 차 무역은 커다란 기득 권익이 되어 그 이상의 발전을 자극하였으니, 영국은 자국에서의 이익을 위하여 차 무역을 독점하고 인도에서 중국에 이르는 교역을 통해 그 재원을 해외에서 조달하려고 노력하였으며, 청은 광동에서 차 무역을 통제함으로써 그것으로부터 이익을 얻으려고 노력하였던 것이다.

중국측의 입장에서는 해상 교역이 청대 동안에 너무나 크게 증가하여 조공 체제의 틀로서는 감당하기 어렵게 되었다. 그러나 유럽 인과의 광동 무역은 조공 체제 밖으로 팽창한 2종의 대규모 통상 이해 가운데 하나였을 뿐이었고, 다른 하나는 중국인 상인들이 동남 아시아를 상대로 한 무역이었다. 실제로 이들 중국인 무역업자들이 조공 체제를 뛰어넘어 확장하는 길로 안내하였으며, 서양인들은 단지 이들이 만들어 놓은 통로로 움직였을 뿐이었다. 중국인들의 이러한 '정크 선' 무역(유럽 인들이 이렇게 불렀지만, 'junk'란 '배'를 뜻하는 말레이 어이다)에서, 중국의 배들은 크기에 있어서 상대방 유럽 인들의 배와 필적하였으며 수에 있어서는 훨씬 능가하였다. 가장 큰 정크 선은 1,000톤의 짐을 실을 수 있었으며 180명의 선원을 태웠다. 보통 크기의 150톤 급 정크 선은 고물[船尾]이 높고 순풍을 받기 위해 누름대로 받쳐진 큰 삼각돛을 달고 있었고, 6 노트(knot) 혹은 8 노트까지 속력을 낼 수 있어, 동인도 회사의 배와 잘 비교되었다. 수천 척 혹은 수백 척에 달하는 이들 견고한 상선들이 매년 아모이(Amoy, 廈門)나 광동과 말라카(Malacca) 해협 사이를, 겨울에는 남쪽으로 여름에는 북쪽으로, 쉴 새 없이 내왕하였다. 그들은 수많은 기항(寄港)을 경유하는 상세한 항해 지침을 따랐다. 동남 아시아와의 이 교역은 중국 선박들로 이루어졌기 때문에, 낡은 조공 형식으로 이를 규제할 수 없었다. 그 대신 청의 관리들은 전통적인 방편을 이용하였다. 그들은 행(行, Hang ; 172 쪽 참조)이라는 상인 조직을 지명하여 무역 행위를 책임지는 중개상으로 허가하였다.

이와 비슷한 방법으로, 유럽 인과의 광동 무역을 취급하고 있었던 중국인 상인들도 점차 서양인들에 의해 코홍(Cohong ; Kung-hang(公行)에서 전화된 말로서, '공식적으로 허가받은 상인들'이란 뜻)이라 불린 상인 조합으로 조직화되었다. 그것은 대서방 무역의 독점권을 부여받은 6 개 내지 12 개의 공행으로 이뤄져 있었다. 이것은 중국내의 교역에 활용된 규제 장치 —— 자유 사기업에게는 여지를 거의 남겨 주지 않은 채, 오로지 관(官)에 의해 허가되고 관에 대해서만 책임지는 조합 독점제 —— 와 동일한 방식이었다. 광동 대외 무역의 관세를 담당하기 위하여, 북경의 황실 담당 관청에서 위임받은 한 명의 고급 관료[粵海關監督]가 파견되었는데, 외국인들은 그를 가리켜 '호포(Hoppo)'라 불렀다. 중국인 상인 조합, 즉 행상(行商)들은 호포에게 거액의 수수료를 지불하고 외국의 상선과 무역상들에 대하여 책임졌다. 광동에 입항하는 모든 배들은 '안전한 상인'으로 행동할 것임을 그들 행상 가운데 하나에 의해 보증 내지 '보장'을 받았다. 외국측에서도 영국 동인도 회사의 광동 위원회가 모든 영국 선박과 사람들에 대하여 책임을 지고 있었다. 이러한 방법으로, 1760년에 이르기까지 영국과 다른 유럽 인들의 무역은 중국의 통제하에 놓여지게 되었다.

외국 상인들은 (외국인 부인을 데려오지 못한다든가, 가마를 탈 수 없다는 등) 수없이 많은 규제에 의해 제약받았다. 그들은 광동성 안으로 들어갈 수 없었으며, '13 개 상관[13 行]' 즉 외국 중개 상회로 알려진 강기슭 지역으로 제한되었다. 그들의 교역은 법적으로 공행만을 상대하도록 되어 있었다. 한편 모든 외국인들은 중국의 형법 절차에 따르도록 되어 있었는데, 중국 형법은 개인에게 시민권을 거의 부여하지 않을 뿐만 아니라 마음대로 가두거나 고문할 수 있도록 되어 있었다.

광동에서의 그림같이 멋있는 생활과 교역은 하나의 전설이 되었다. 13 행에서 안정한 거처를 마련한 젊은 서양인 무역상에게는, 이국적인 환경 속에서 커다란 이익을 볼 수 있고 때때로 유명한 행상들과 접촉할 수 있다는 전망이 있었다. 교역에 집중하다 보면 사업 영어――즉, 제한된 수의 외국어 단어를 중국어 체계에 맞추어 사용하는 국제 혼성어로서, 지금도 홍콩에서는 여전히 들을 수 있다―― 이상의 영어를 사용할 필요도 거의 없었다. 학질에 걸려 죽지만 않는다면, 젊은이들은 빠른 시일 안에 행운을 잡을 수도 있었지만, 중국 문화에 대해서는 거의 배우지 않았다. 광동에서의 영국과 중국의 관계는 비교적 쉬운 일이었으니, 그것이 주권 정부에 의해 다루어지지 않고 일개 무역 회사에 의해 취급되어, 독립 국가 사이의 평등성이라는 문제를 야기하지 않았기 때문이다.

이리하여 광동은 세계의 무역 체제 안으로 편입되어 들어왔으나, 중화 제국은 여전히 그것을 이해하지 못하고 정치적으로 단절된 상태로 남아 있었다. 무역 확장에 대한 중국인들의 전통적인 무관심을 깨뜨리는 일은 당장의 현실적 이익에 보수적인 관심을 쏟고 있었던 동인도 회사보다는, 영국 제품의 판로를 찾고 있던 정부 지도자들에게 더욱 긴박한 일이었던 것 같다. 이미 동서양을 막론하고 중상주의 대신에 자유 무역이 주장되고 있었다. 1784년부터 진취적 정신의 젊은 미국인들이 광동에서 경쟁하기 시작하였다. 사(私)무역업자들은 인도 시장에 접근하고 동인도 회사의 독점을 폐지시키기 위하여 여론을 환기시키고 있었다. 이것이 1793년에 있었던 마카트니(Macartney) 대사 파견의 배경이었다.

비록 경비는 동인도 회사에서 부담하였지만, 이 사절은 영국 국왕에 의해 파견되어 군함을 타고 천진(天津, Tientsin)에 도착하였다. 마카트니는 영파(寧波), 천진 및 기타 북쪽의 지점에서 교역할 수 있도록 허가해 줄 것을 요청하였으며, 영국의 상품을 저장하고 선박을 수리할 수 있는 섬을 한 곳 이상 이용할 수 있는 권리를 요망하였고, 정상적인 수수료에 더하여 사적으로 선물하거나 '갈취'하는 중국 제도 대신에 명문화된 정규적인 관세표를 요구하였다. 그러나 처음부터, 이 영국의 사절은 조공 제도에 적응하는 문제와 부딪치게 되었다. 그는 굉장한 선물들을 가져왔지만, 중국의 관리들은 이를 '조공품'으로

324

분류하였다. 또한 그들은 마카트니에게 고두의 예를 행하도록 강청하였으며, 그는 이를 단호히 거부하였다. 황제〔乾隆帝〕는 칙유(勅諭)를 내려 조지(George) 3세 왕의 '공손한 순종 정신'을 칭찬하였으나, "천조(天朝)는 물산이 풍족하여 갖고 있지 않은 것이 없다."는 점을 지적하였다. 이 직접적 접촉을 통해, 영국인들은 중국에 대해 약간의 지식을 얻었으나 광동 무역 체제에는 아무런 변화도 가져오지 못하였다. 조공에 대한 독단적 견해는 중국의 기록들에서 확증되었다. 1795년에 온 네덜란드의 대사도 이러한 관념을 더욱 강화시켜 주었으니, 이들 네덜란드의 사절들은 중국의 신년 하례(新年賀禮) 때에 중국의 종속국에서 온 사절들과 함께 줄지어 서 있는 자신을 발견하였으며, 많은 행사중에 고두의 예를 행하였기 때문이다.

마카트니 특사가 실패한 이면에는 광동의 행상과 관리들의 기득 권익이 놓여져 있었다. 이러한 기득 권익이 너무나 강력하였고 동인도 회사가 그 말기에 너무나 신중해졌기 때문에, 어떠한 외교적 노력으로서도 광동 체제는 변함없이 지속되었다. 1816년에 파견된 앰허스트(Amherst) 특사는 마카트니 때보다도 준비가 불충분하였을 뿐만 아니라, 운이 나쁘게도 그때 마침 영국은 중국의 조공국이었던 네팔(Nepal)과 싸우고 있었다. 앰허스트가 북경에 도착하였을 때 그의 중국인 수행원이 잘못 전달하였고, 화가 난 황제는 접견도 하지 않은 채 그를 쫓아 내도록 명령하였다.

19세기의 두번째 4반 세기에 이르러, 유럽은 새롭고 엄청난 활력으로 팽창하고 있었으나, 서방과 북경의 접촉은 17세기의 그것보다도 나아진 것이 없었다. 중국의 제국적 전통을 계승한 청의 군주들은 국내 통치를 위한 제도들을 완성하였고 일리(Ili), 라사(Lhasa), 캬흐타(Kiakhta) 및 광동(Canton)에서 비중국인과의 관계를 안정시켰다. 유럽과 북아메리카까지도 중국과의 접촉을 이룰 수 있었으나, 이러한 접촉이 이루어진 첫 3세기는 성공적으로 억제되었다. 중국인의 생활 방식은 본질에 있어서는 깨뜨려지지 않은 채 그대로 남아 있었다.

제10장
월남—중국적 양식의 한 변형

중국 문명의 영역

유럽의 바다와 반도들은 여러 방향으로 밖을 향해 뻗쳐 있어 다양성과 확장에 기여하였지만, 중국이라는 거대한 덩어리는 대부분 육지로 둘러싸여 그 자체로서 완비되어 있었다. 많은 이유로 인해, 중국의 해양 발전은 유럽의 그것에 비해 보다 제한되고 지체되었다. 최근에 이를 때까지, 중국의 주요한 대외 접촉은 주로 육지를 통해 이루어졌으며, 중국인들에게는 대륙 쪽으로 직집 접해 있는 변방만이 매우 중요한 것처럼 여겨졌다.

중국의 북쪽과 서쪽에 있는 몽고와 투르키스탄(Turkestan)의 대초원과 사막들, 그리고 티베트의 춥고 건조한 고원은 중국의 집약적 농경 생활과는 근본적으로 다른 유목 생활의 바탕이 되었다. 몽고어와 터키 어, 만주어, 티베트어 등은 중국어와 전혀 같지 않았고 또한 한자로 씌어질 수도 없었다. 그리하여 내륙 아시아는, 중국인 생활의 주변에 위치한 변치 않는 요소의 하나로서, 언제나 전략적으로는 회피할 수 없는 존재이면서도 문화적으로는 융합될 수 없는 요소였다. 이로 인하여 유목 부족들이 중국 경제와 정치의 가장자리에 참여하는 공생 관계가 이루어졌다. 단지 중국적 형태의 농경이 가능한 북쪽과 서쪽의 제한된 부분만이 중국인 이주민에 의해 채워지고 중국 사회로 완전하게 통합되었다. 이러한 일은 수세기에 걸쳐 만주 중부의 대평원과 관개가 가능한 내몽고 지방, 티베트 고지의 동쪽 골짜기, 중국령 투르키스탄의 일부 오아시스들에서 이루어졌다.

그러나 고대 중국의 남쪽 상황은 이와 아주 달랐다. 여기에는 집약적 농경과 중국적 생활 양식이 확산되는 것을 가로막는 기후상의 장벽이 존재하지 않았다. 언어상으로나 문화적으로 고대 중국인의 그것과 관련되어 있었던 양자강 유역 및 남중국 저지대 혹은 평야 지대의 사람들은 일찍부터 중화 제국에 완전히 흡수되었다. 오직 월남(越南, Vietnam)에서만, 중국의 문화적 영향이 그 정치적 지배를 앞질렀다. 월남어는 중국어와 무관하지 않을 것이고 월남의 문자 문화는 대부분 한자 문화에 기원하였으며, 그 땅은 오랜 기간 동안 중국의 지배하에 놓여 있었다. 그러나 이러한 사실들과 그 동안에 중국적 모형을 열심히 모방하였음에도 불구하고, 10세기 이래로 월남인들은 정치적으로 중국과 독립된 상태를 유지하였다.

월남 너머에 있는 동남 아시아의 다른 나라들은 동아시아 문명권 안으로 흡수된 적이 없었으며, 그들 문명의 대부분은 힌두 교와 불교 국가인 인도에 기원을 두고 있었다. 초기 동아시아사상(史上)의 불가사의한 의문 가운데 하나는, 왜 중국인들은 자신의 영향력을 동남 아시아에 미치기 위하여 남중국해의 몬순 계절풍을 좀더 많이 이용하지 않았는가 하는 점이다. 7월에는 북쪽에서, 1월에는 남쪽에서 불어 오는 이 계절풍은 1500년 이후 유럽 인들의 초기 무역을 용이하게 하였으며, 중국인들이 말라카(Malacca) 해협이나 자바(Java) 섬으로 배를 타고 가서 다시 돌아오는 데에 언제나 유용하게 이용될 수 있었다. 그러나 역사적 기록에 의하면, 남아시아와 동남 아시아 사이의 해상 무역——인도의 동쪽 해안에서 벵골(Bengal) 만을 경유하는, 그리고 그 뒤에는 인도의 서쪽 해안과 페르시아 만에서 인도양의 모든 통로를 경유하여 스파이스(Spice) 제도에 이르는——이 중국에서 동남 아시아로 내려가는 해상 무역에 비해 훨씬 일찍부터 중요하게 되었고, 그 뒤에도 계속 그 중요성을 유지하고 있었다. 기원후 1세기에 이르면, 이 인도양 무역의 규모가 이미 상당히 커지게 되어 중국인들에게도 알려지게 되었지만, 그 뒤에도 중국인들은 인도양 무역의 주변에만 참여하였을 뿐이었다.

초기의 중국인들은 원거리 해상 무역이나 해외 팽창에 대하여 관심을 갖지 않았다는 것이 평탄한 답이 될 것 같다. 기원후 초기의 수세기 동안 동남 아시아에 미쳤던 인도의 통상·종교상의 영향력은 그 뒤 회교도 이산민(離散民)들에 의해 보충, 대신되었으며 인도네시아(Indonesia)와 말라야(Malaya)는 이들에 의해 대부분 회교도로 개종하게 되었다. 1500년 이후에는 포르투갈, 네덜란드, 영국 등의 식민 세력이 줄을 이어 들어왔다. 이처럼 긴 시기를 통해 인도와 아랍 세계, 그리고 종국적으로는 유럽의 해양 국가들로부터 동남 아시아에 내도한 무역업자, 선교사, 조언자 등 모두는 동남 아시아의 현장에서 본다면 중국보다 더 먼 곳에서 온 사람들이었다. 중국인들이 문명의 중심인 중국에서 마음 편하게 머물고 싶어하는 충동의 표명은 놀라울 정도로 대단했다. 매우 많은 수의 중국인들이 최근에 동남 아시아의 모든 나라로 이민하였음에도 불구하고, 중국인 인구가 압도적으로 많은 도시 국가 싱가포르를 제외한 그들의 거류 지역은 이질적인 문명 안에 고립되어 있는 문화적 섬으로 남아 있다.

중국의 동쪽에서는, 월남의 발전과 아주 비슷하게 한국의 역사가 전개되었다. 한국(韓國, Korea)도 그 고급 문명(문자 체계, 유교적 학문, 정치 제도, 주요한 예술 형태 등)의 기원이 중국에 있었으며 이따금 중국의 지배하에 놓인 적도 있었다. 그러나 한국은 월남보다는 지리적으로 더 많이 중국으로부터 떨어져 있었으며, 중국어와 어원을 달리하는 알타이 어계의 한국어는 강력한 언어의 장벽을 제공하였다. 월남인들과 마찬가지로, 한국인들은 보통 중국의 종주권을 인정하였고 정치·사회적 제도의 모형을 중국의 그것에서 찾았으나, 독립적인 자아(自我)에 대한 뚜렷한 의식을 잃은 적은 한 번도 없었다.

한국 너머 동쪽에서는, 일본이 동아시아 문명의 좀더 독특한 변형을 만들어 내었다. 그들의 고급 문화는 모두 사실상 중국에 기원을 두고 있었지만, 독립적 자아 의식은 월남인이나 한국인보다도 더 뚜렷하였다. 강력한 언어의 장벽이 일본인을 중국인과 떼어놓았으며, 고립된 섬에 위치한 덕택에 그들은 한 번도 중국에 의해 정복된 적이 없었다. 일본인들도 때때로 중국의 막연한 종주권을 인정하였고 중국의 제도들을 모방하려고 노력하였지만, 그들이 발전시킨 문명에는 중국의 자취가 훨씬 미미하게 남아 있으며, 많은 종류의 기본 양식에 있어서도 중국의 그것과 날카롭게 대립하는 경우도 있다.

동아시아 문명권의 4개 국가 단위——중국, 월남, 한국, 일본——에 대한 비교 연구는 이보다 훨씬 많은 수의 서양 국가적 실체들에 대한 연구에 못지않은 성과를 거둘 수 있다. 이들 국가 단위들에 공통된 특징들은 다른 문명권, 특히 남아시아의 인접 국가들과 이들을 구분지어 준다. 이와 동시에 이들 4개의 국가 단위들은 요리, 의상, 주택 건축, 생활 장식 등의 기본적인 문제에 있어, 서양의 여러 국가 단위들보다는 서로 비슷하지 않았던 것 같다. 또한 이들 4개 국가 단위들은 분명히 구별되는 3가지 형태의 역사적 발전과 제도적 구조를 보여 준다. 그 중의 하나는 중국 그 자체 —— 스스로의 힘으로 발전하는 거대한 중심 단위 —— 의 것이다. 두번째 형태는 월남과 한국에 의해 대표되는데, 이곳에서도 중국의 정치·사회적 양식이 지리적, 문화적으로 다소 상이한 환경에 놓여 있는 훨씬 작은 단위들에 충실하게 적용되어, 그 결과 중국에 거의 필적하며 좋은 대조를 이룰 만한 역사가 전개된 것이다. 세번째 형태는 일본이었으니, 이곳에서도 중국의 고급 문명이 대량으로 받아들여졌지만, 지속적인 접촉이 어려울 정도의 거리로 떨어져 있고 상이한 환경에 놓여 있었기 때문에, 그 결과는 왕왕 중국에서 존재하였던 것과는 근본적으로 다른 것이 나타났다.

월남의 초기 발전

선사 시대부터 인류는 내륙 아시아를 가로질러 오아시스나 초원 지대를 전전하였듯이, 단편적인 기록만을 남기면서 남부 아시아의 해안을 따라 어떤 강 유역에서 다른 강 유역으로 주거지를 옮겨다녔음이 분명하다. 그리하여 볼가(Volga) 강 하류에서 아무르(Amur) 강까지 유라시아 초원 지대의 전역에서 발견되는 금속 공예품의 '스키타이(Scythi)' 양식, '중국-시베리아(Sino-Siberia)' 양식, 혹은 '동물' 양식이 중국의 영향을 따라, 초기의 동손(Dong-Son, 東山; 북부 월남의 청동기 유적지) 문화에서도 나타났던 것으로 보인다. 이 시기의 또 다른 유적이 이곳에서 멀지 않은 서쪽의 타일랜드에서 발견되었다. 만약 월남 민족의 역사가 이 청동기 문화까지 거슬러올라간다면, 그들이 선사 시대에 남부 중국에서 동남 아시아 반도로 이주한 몽고계 민족임을 알 수 있게 된다. 월남인들이 말하는 언어와 그들이 사용하는 말투는 단음절, 단음조의 타이(Thai) 어군과 유사점을 갖고 있지만 몬 크메르(Mon-Khmer) 어, 즉 캄보디아 어의 요

동손〔東山〕에서 나온 청동제 전사
(戰士) 조각품.

소들도 많이 섞여 있다. 버마 인, 타이 인과 마찬가지로, 월남인 역시 북부에
서 일어나 남쪽으로 확장되었다. 그러나 이들 세 민족들 가운데서, 월남인은
중국으로부터 영향을 가장 많이 받았고 인도의 영향은 가장 적게 받았다.

　하노이(Hanoi) 부근, 홍하(紅河, Sonkoi R.) 델타(삼각주)의 풍요로운 쌀 생산

지대인 통킹(Tongking, 東京)은 북부 월남의 심장부다. 이곳과 남중국을 가르는 낮은 산들과 밀림은 침범될 수는 있지만 윤곽이 명확한 장벽을 형성한다. 기원전 3세기말경 중국이 최초로 통일되었던 시기에 처음으로 중국의 통제력이 이 지역에까지 미쳤다. 그때부터 중국인들은 이곳을 중국 문화의 남쪽 경계와 오랫동안 관련된 이름인 남비에트(Nam-viet), 즉 관화(官話) 중국어로는 난예(Nan-yüeh, 南越)라고 불렀다. 중국형의 쌀 경작과 관료적 행정 조직은, 중국 세력이 남쪽으로 팽창될 때 처음에는 우회하여 통과하였던 남중국의 산악 지역보다는, 오늘날 광동(Canton)과 하노이 부근의 삼각주 관개 평야에 더 쉽게 세워질 수 있었다. 기원전 2세기의 거의 전시기 동안, 북부 월남은 광동에 중심을 두고 중국으로부터 분리되어 나온 남월(南越)이란 국가의 지배하에 놓여 있었다.

기원전 111년에 한(漢)이 남월국을 병합함으로써, 북월남 전역에 세 개의 군(郡)이 설치되어 중국의 통치 체제가 확립되었으며, 중국의 문자 체계〔漢字〕와 유교적 고전 학습, 중국적 관료주의 등이 이 지역에 주입되어 촌락의 고유한 토착 문화를 압도하게 되었다. 기원전 2세기에 중국인에 의해 이루어진 이 북월남 정복은 두 가지의 중요한 결과를 낳았다. 동남 아시아에서는 처음으로 홍하 델타 지역이 쌀 경작에 기초를 둔, 인구가 밀집하고 중앙 집권화된 사회를 유지하는 지역이 되었다. 사냥과 고기잡이, 그리고 베어서 태우거나 괭이로 제초하는 원시적 농경 등 초기의 경제가 잉여물을 거의 생산하지 못하였는데 반해, 금속 쟁기와 견인 가축을 사용하는 집약적 쌀 농사는 생활 수준을 높이고 도시 문화를 지탱하게 하였다. 중화 제국은 북월남을 사실상 근 1,000년간(기원전 111~기원후 939)이나 병합하였다. 그러나 중국 사회의 이 같은 팽창은 육지를 통해 군사·행정적으로 흡수한 사건이었다. 그것은 바다를 이용한 것이 아니었으며 동남 아시아의 다른 지역에까지 다다른 것도 아니었다.

이렇게 해서 중국의 행정 방식과 문헌에 기록된 고대 중국 문화의 거의 모든 것이 —— 남중국으로 확산된 것과 똑같이 —— 북월남 전역에 확산되어 관개 평야의 농경 문화를 건설하였으나, 산악 주변의 고지대 사람들은 비교적 자연 그대로의 상태로 남아 있었다. 낮은 산악 장벽의 남쪽과 북쪽에 위치한 두 델타 지역, 즉 광동과 통킹은 근 1,000년간이나 중화 제국의 가장 남쪽 부분으로 유지되었다.

문화적 경계선상에 위치한 월남   비록 월남의 고급 문화와 정치에 중국의 흔적이 새겨져 있지만, 월남인의 생활에는 다른 동남 아시아 인들과 공통된 특징이 있었다. 선사 시대부터 동남 아시아의 생활 양식은 인도와 중국의 그 것과 구별되었다. 쌀의 관개 농업, 소·물소·코끼리 등의 이용, 금속 공예, 항해술 등 월남의 기술은 인도나 중국의 그것과 일치하거나 양자 모두의 기술 과 겹쳐지기도 하지만, 빈랑나무 열매를 씹는 습관이나 문신, 토템 신앙, 그 리고 여성에게 높은 지위를 부여하는 사회 구조 등의 월남 사회 관습은 보다 독특한 것이었다. 그 외에도 깜짝 놀랄 만큼 다양한 문화적 특징들이 수입되 어 들어와 본래의 양식에 첨가되었다. 월남의 문화적 수입품은 주로 중국에서 온 것이지만, 월남을 제외한 동남 아시아의 거의 전지역 ―― 특히 버마, 시암 (Siam), 캄보디아 ―― 은 법률, 정치, 종교 등 여러 분야에서 인도의 영향을 압도적으로 많이 받았다. 그리하여 월남인들은 문화적 경계선상에서 살았으 며, 중국 문명권 밖에 있는 남쪽과 서쪽의 사람들과 접촉함으로써 그들의 자 의식과 궁극적으로 중국으로부터 독립하려는 의식이 끊임없이 강화되었다.

월남인들이 누구보다 먼저 접촉한 사람들은 고지대 사람들, 즉 뒤에 프랑스 인들이 '산지민(山地民, montagnards)'이라 부른 사람들이었는데, 이들은 통킹 분지를 에워싸고 있는 산맥과 북월남 남쪽 연안의 길고 좁은 땅과 붙어서 나란 히 달리는 산맥에 드문드문 흩어져 있었다. 건조한 땅에서 풀을 베고 태운 후 쌀을 경작하여 비교적 빈곤하게 살아가는 이들 고지대 사람들은 언어상으로도 구별되어 동화되지 않은 상태로 남아 있었으며, 문자를 사용하는 저지대의 도 시 중심적 문화 바깥에 놓여 있었다. 그들은 얌전한 교역 상대였으며, 몽고 초 원의 기마 민족과는 달리 그들 촌락 공동체에서 너무나 고립되고 분산된 상태 에 놓여 있었기 때문에, 침략당할 때를 제외하고서는 아무런 군사적 체계가 수립되어 있지 않았다. 월남의 군주들은 흔히 그들을 명목상의 조공 관계로 끌어들이려고 노력하였다.

인도화한 참파(Champa) 왕국은 남월남의 연안에 위치하여, 적어도 15세기에 이르기까지, 월남 역사의 거의 전시기를 통해 군사적 문제를 계속 야기시 켰다. 참(Chams)족은 언어와 그 외 다른 면에서 인도네시아와 연결되어 있는 해양 민족이었다. 그들의 왕국은 해안에 고립된 작은 마을들로 분산되어 있었 으며, 해상 교역과 해적 활동을 전업으로 하여 번성하였다. 참파는 수세기가

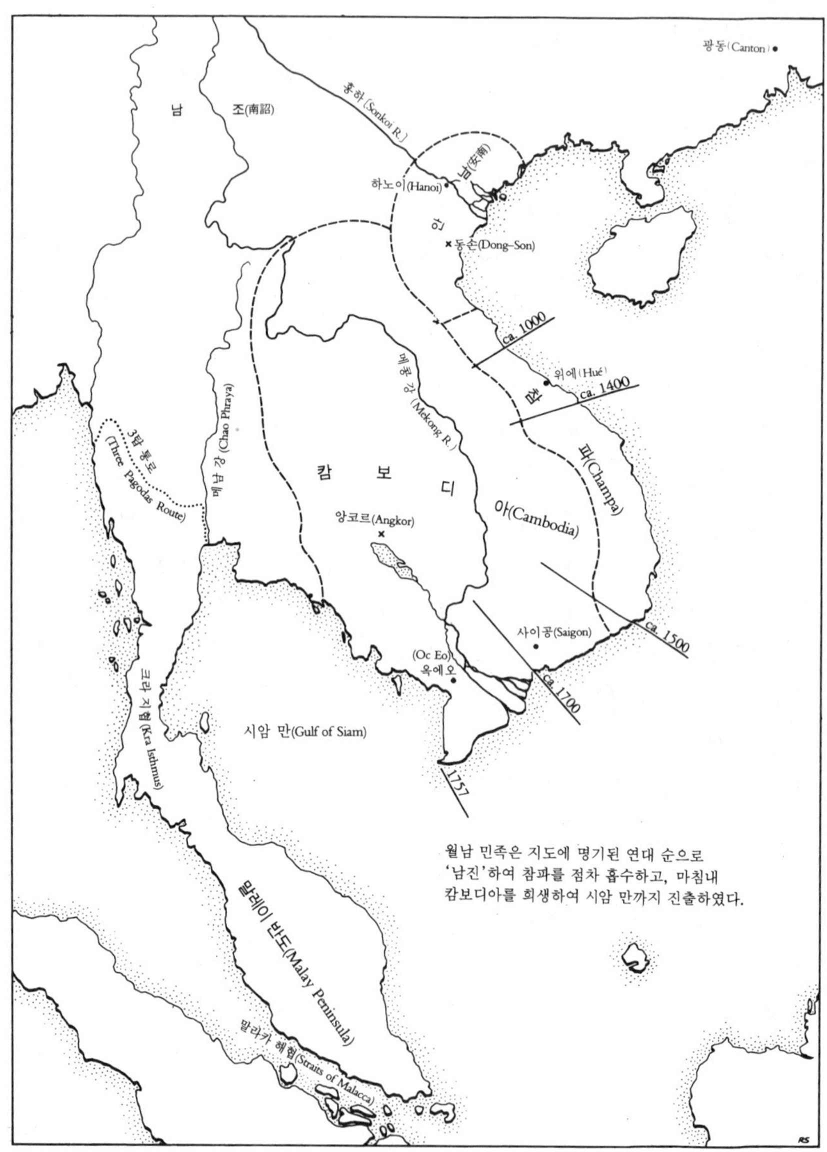

인도 차이나의 초기 왕국들

넘도록 월남과의 분쟁에 거듭 휩쓸려 들어가, 북쪽에서 남쪽으로 팽창하는 월
남인들에 의해 점차 흡수되었다. 남쪽 변경을 확장하는 이 전쟁[南進]은 월남

역사에서 끊임없이 등장하는 주제였다.

한 제국이 붕괴한 기원후 220년부터 수·당에 의해 중국의 재통일이 완료된 618년까지 4세기 동안의 분열 시기에, 중국의 다른 지역이 그리하였듯이 북월남도 내전을 경험하였다. 그러나 북중국이 내륙 아시아에 있는 여러 부족의 실제 침입으로 고통을 받은 것에 비해, 제국의 반대편 변방에 위치한 북월남은 주로 인도에서 오는 교역과 종교에 의해 영향을 받았다. 로마 제국과 인도 사이의 초기 교역로는 이제 동쪽으로 인도양을 거쳐 말라야까지 확장되었고, 이곳에서 다른 배로 옮겨 실은 화물들이 반도의 잘록한 허리 부분을 거쳐 수마트라, 자바, 참파 및 기타 동남 아시아의 다른 지역 사이의 해상 교역로로 들어갔다. 중국인과 인도인 승려와 순례자들이 이러한 통로를 드나들면서, 종교뿐만 아니라 산스크리트(Sanskrit, 梵語)에 관한 지식과 법률과 행정에 관한 인도인의 관념들을 전해왔다.

당(唐;618~907) 제국의 활기찬 정부 아래서, 북월남의 홍하 델타 지역과 약 17 도선까지 내려가는 연안의 길고 좁은 땅은 안남 도호부(安南都護府)라는 중국의 관료 기구에 의해 통치되었다. 유교라는 제국 이념의 정치적 측면——고전 학습, 과거 제도, 공식적 신봉(信奉) 등——이외에도, 북월남은 그 당시 중국의 (북월남을 제외한) 나머지 지역과 한국, 일본 등에서 번성하고 있었던 마하야나(Mahayana, 大乘) 불교의 영향을 깊이 받기도 했다. 이것은 동아시아 문명의 이 남쪽 끝 연장 부분을 동남 아시아의 다른 지역과 구별지어 주는 또 다른 요소이기도 하였으니, 캄보디아와 라오스(Laos) 등 동남 아시아의 나머지 지역에서는 결과적으로 테라바다(Theravada), 즉 히나야나(Hinayana, 小乘) 불교가 압도적으로 우세하게 되었던 것이다. 마하야나 불교는 부처의 가르침에 대한 보다 폭넓은 해석과 숭배의 대상이 되는 많은 보살(菩薩, Bodhisattva)들, 평신도와 여성이 종교적 공동체에 참여할 수 있는 더 많은 기회 등을 신봉자들에게 제공해 주었다. 이 같은 특징적인 면과 또 다른 특징들이 테라바다 불교보다도 더 폭넓은 호소력을 갖게 하였다. 한편, 국가가 종교를 감독하는 중국의 제도 아래에서, 월남의 불교도 중국에서처럼 정부의 감독과 통제 아래 놓이게 되었다. 월남에서는 중국에서보다 더 많이 불교가 도교나 유교와 동화되어, 월남인들이 '3교(三敎)'라 부르는 합성체로 융합되었다. 테라바다의 나라들에서 볼 수 있는 관행들과는 대조적으로, 월남의 마하야나 승려 집단은 사회의 다른 계층들과 덜 날카롭게 구별되어 있었고, 수도원 제도도 덜 강력하게 발달되었으며, 사찰과 수도원들이 전국적 규모의 조직으로 성장하여 국가에 대해 독립적인 권력을 획득하는 것도 허용되지 않았다. 이렇게 제한되고 통제되었기 때문에, 월남 사회에서 수행한 불교의 역할은 버마나 타이, 캄보디아 등에 비해 적었다.

그토록 다양한 영향들이 만나는 이 문화적 변경에서, 월남 예술과 건축의 독특한 양식이 사리탑, 탑, 종교적 기념물의 석각 등에서 나타났다. 이러한 양식들은 중국을 경유하여 중앙 아시아에서 들어온 영향과 해상 통로와 참파를 경유하여 인도와 인도네시아에서 들어온 영향이 융합되었음을 반영하였다. 예컨대, 해상 교역로를 넘어 수마트라의 스리비자야(Srivijaya)에 있는 불교의 중심지와의 접촉이 계속되었다.

중국으로부터의 독립　당대가 끝날 무렵, 국가적 주체 의식을 강하게 가진 월남 상류 계층이 중국의 제국적 통치 구조 아래의 지방에서 성장하고 있었다. 긴 기간 동안 당(唐)의 중앙 권력이 몰락하면서 남중국에 혼란이 조성되자, 939년에 마침내 월남의 독립이라는 상황이 결과로 나타났다. 그 뒤에도 이따금 중국의 지배가 강요되기도 했지만 결코 오래가지는 못하였다. 따라서 중국인에 의한 직접적인 지배 대신에, 조공 관계에 의한 새로운 지위가 부여되었다. 이러한 일은 중국의 직접적 지배(기원전 108~기원후 313)가 끝난 한국 북부 지역에서도 일어났지만, 월남의 사회적 발전에 관해 우리가 알고 있는 바는 한국의 그것(제 11 장 참조)만큼 분명하지는 않다.

월남 역사의 이 시기에 출현한 최고의 영웅은 정부령(丁部領, Dinh Bo Linh)이었으니, 그는 지방 호족의 할거 상태를 극복하여 전국을 통일하고, 968년에 황제의 칭호를 획득하였다. 그는 곧 중국의 새로운 왕조 송(宋)의 한 조공국으로 참여하였으며, 그의 호전적인 후계자들은 남방의 참파를 간헐적으로 공격하였고 북방에서 때때로 침입해 오는 세력에 대항하여 자신을 방어하였다. 이러한 전쟁의 시기에도 불교의 승려들은 평화의 예술을 계속 유지하였다. 그들 탑(塔)들은 신앙뿐만 아니라 학습과 복지 사업의 중심 역할까지 수행하였다.

새로운 월남 국가는 주로 후(後) 이(李, Li) 왕조(1010~1225), 즉 전(全)월남사의 15 개 왕조들(도표 참조) 가운데서 네번째 왕조의 기간중에 건설되었다.

월남의 주요 정권

정 권	수 도	시 기
후(後) 이(李, Li) 왕조	하노이(Hanoi)	1010~1225
진(陳, Tran) 왕조	하노이	1225~1400
후(後) 여(黎, Le) 왕조	하노이	1428~1789
통킹의 막(莫, Mac) 왕조	하노이	1527~1592
	카오-방(Cao-Bang)	1592~1677
통킹의 정(鄭, Trinh) 씨	하노이 (1592년부터)	1539~1787
위에(Hué)의 완(阮, Nguyen) 씨	위에(Hué)	1558~1777
서산(西山, Tay-son)의 지배자들	사이공 (Saigon)	
	위에	
	하노이	1788~1802
완(阮, Nguyen) 왕조	위에	1802~1945

그것은 홍하 델타에 근거를 둔 통일된 중국식 정권을 2세기 동안 유지하였는데, 홍하 삼각주 지역은 겨울철 가뭄과 여름철 홍수에 대비하여 관개 사업과 제방 쌓는 일을 중앙에서 집중적으로 관리할 필요가 있었다. 이 정부에서 봉급을 받는 관료는 과거 제도를 통해 중국식으로 충원되었다.

이(李) 왕조를 이은 진(陳, Tran) 왕조는 중국 쪽에서 침입해 온 몽고에 대항하여 자신을 지키지 않으면 안 되었다. 몽고는 서남부 중국을 접수하여, 타이족이 운남(雲南, Yunnan) 지방의 남조(南詔, Nan-chao) 왕국에서 오늘날의 타일랜드로 이동하는 것을 가속화시켰을 뿐만 아니라, 송(宋)이 지배하는 중국을 1279년에 마지막으로 정복한 다음 몇 차례의 원정대를 동남 아시아로 파견하였다. 특히 그들은 1283년에 참파를 침입하였고 1257년과 1285년, 그리고 1287년에는 월남을 침공하였으나 일시적인 성공만을 거두었으며, 오직 서쪽으로 버마의 북부와 중부만을 1303년에 정복하여 지배하였을 뿐이었다. 몽고는 하노이를 세 번이나 점령하였지만, 매번 철수하여 월남을 직접 지배하는 대신 조공을 받아들이지 않을 수 없었으니, 이는 명·청 시대까지 지속된 양식이었다.

명의 첫번째 군주가 조공 제도를 회복시킨 14세기말에 하노이는 참파의 공격 아래에 놓여 있었으며, 1400년에 이르러서는 월남의 진 왕조가 찬탈자의 손 안에 떨어졌다. 정력적인 팽창주의자였던 명의 영락제(永樂帝)는 이 문제에 개입하여 질서를 회복하고, 나아가서는 월남을 다시 중국의 일개 행정 단위로 만들려고 결심하였다. 그의 군대는 1406년에 하노이를 어렵지 않게 정복하였지만, 월남에 대한 중국의 제국적 지배는 다른 곳에서 실패한 경험이 있는 다수의 중국인과 마음속에 애국심이 남아 있는 월남인들로 구성된 관료군에 불안하게 의존하고 있었다. 명의 점령군에 대한 보급으로 많은 비용이 소모되었고 연락도 충분하게 이루어지지 못하였다. 정치, 교육 및 종교적 중국화를 위한 여러 가지 정력적인 계획은 탐욕스러운 경제적 착취를 동반하였다. 마침내 1418년에 월남 독립 전쟁이 발발하여 중국 정권을 점점 더 효과적으로 괴롭혔다. 1427년에 이르러 북경의 새 황제는 월남에 환멸에 느끼고 군사적 손실에 지쳐 버렸다. 그는 8만 6,000명의 군대와 관리들을 철수시키고 다시 재래의 조공 관계를 받아들였다.

월남 저항 운동의 지도자 여리(黎利, Le Loi)가 후(後) 여(黎, Le) 왕조(1428~1789)를 세웠다. 그의 왕조는 중국적 기준으로는 보기 드물게 긴 수명을 누린 다음, 이에 상응하는 수준의 정치적 쇠퇴를 보여 주었다. 당시의 월남은 북경에 정규적으로 조공을 보냈지만, 한국(韓國)보다는 북경에서 훨씬 멀리 떨어져 있어, 보다 더 큰 자주성을 주장할 수 있었다. 여리는 "우리는 우리 자신의 산과 강을 갖고 있으며 우리 자신의 관습과 전통을 갖고 있다."고 하였다. 한국과는 달리 월남은, 중국의 왕조처럼 대월(大越, Dai Viet)이라 자칭하였고 그 군주 역시 중국 황제처럼 '황제'라 자칭하였다(그러나 월남의 군주들이 중국에 조공을 보낼 때는 조심스럽게 '왕'이라 자칭하였다). 또한 월남은 전역사를 통하여 남쪽으로 끊임없이 팽창하여, 한국과는 달리 새로운 비(非)중국적 영향들을 계속 받아들였다. 한국과 월남을 상세하게 비교하면 아마도 유사점보다는 차이점이 더 많을 것이다.

월남 국가의 성장　후(後) 여(黎) 왕조의 가장 강력한 황제였던 여(黎) 성종(聖宗; 1460~1497)은 당과 명의 모형을 아주 상세하게 본떠서 하노이(Hanoi, 河

內)의 수도에 자신의 중앙 정부를 세웠다. 그는 제국을 13 개의 도(道)로 나누고, 그것을 다시 52 개의 부(府)와 178 개의 현(縣), 50 개의 주(州)로 세분하였다. 그는 3 년에 한 번씩 과거 시험을 시행하였고, 문관과 무관의 등급을 9분하고 각 등급을 다시 세분하였다. 그들은 공식적으로 3 년에 한 번씩 인구를 등록하고 조세 할당액을 수정하였다. 황제는 확장된 남쪽 변방에 군사적 식민지(屯田)를 건설하였다. 그는 형법과 행정법의 법전을 공포하였고, 모든 촌락에서 주기적으로 읽혀지고 설명되어야 할 24 개조의 도덕률, 즉 계율도 공포하였다. 수도에서 학문과 덕행을 장려하는 일에서부터 지방에서 복지와 공공 사업을 유지하는 일에 이르기까지, 모든 종류의 행정이 중국의 그것을 모방하여 이루어졌으며, 왕조의 연대기(年代記)와 다른 편찬물들이 한자로 씌어졌다. 명의 창건자처럼, 여 성종은 견고한 고급 관리들의 과두 정치 체제를 제거하고 그 대신 관료주의적 행정 조치를 강화함으로써 군주의 권력을 주장하였다. 기록상으로는 월남의 국가 및 문화 체제와 중국의 그것 사이에 고도의 유사성이 두드러지게 나타나지만, 중국적 구조와 용어라는 공식적 겉모양에 가려져 있는 두 사회의 실체가 과연 얼마나 다른가 하는 의문이 흥미롭고 아직 풀려지지 않은 문제로 남아 있다.

한 가지 중요한 차이점은 중국의 중앙 정부를 본뜬 월남의 모조품이 제국에 적용된 것이 아니라, 중국의 일개 지방 정도 크기의 지역에 적용되었다는 사실에서 나타난다. 그 결과, 월남 정부는 관료가 과다하게 많았으며 많은 관직들이 유명 무실한 한직으로 퇴화됐다. 더구나 관료 기구의 조직과 규칙이 빌려 온 것이었기 때문에, 그것을 변경하는 것은 쉬운 일이 아니었다. 관리들은 중국에서보다도 더 보수적이었으며, 중국에서는 이미 오래 전부터 사용하지 않게 된 많은 고풍스러운 용어와 형식들이 월남에서는 여전히 유지되고 있었다. 이에 더하여 중국의 고급 문화, 문학, 의상 및 행동 규범까지 차용해 옴으로써, 중국에 영향을 받은 월남 지배 계층은 그들 자신의 민족, 그리고 그들 동남 아시아의 열대성 생활 양식으로부터 더욱 현격히 멀어지게 되었다. 그러나 여성의 높은 사회적 지위――예컨대, 부인과 딸이 재산을 상속, 보유할 수 있는 보다 큰 권리――와 같은 월남 초기 문화의 특징들은, 이러한 관습들이 월남 민족 가운데서 계속 유지되었기 때문에 법전에도 표현되어 있었다.

월남의 지속적인 남진(南進)은 참파의 해적 행위로 인해 자극받은 것이었으

338

니, 항해에 능숙한 이들 참파족은 월남과 캄보디아의 빈번한 침입을 받아 그 때마다 거듭 반격하였다. 참파는 기원후 2세기부터 1471년에 이르기까지 14 개 정도의 왕조에 의해 통치되었다. 그들은 통상적으로 중국의 조공국으로 참여 하였고 왕왕 이웃 나라들에 대항하여 도와 주기를 중국에 기대하였다. 한편 경작이 가능한 해안의 좁고 긴 땅을 따라 남쪽으로 영토를 계속 확장해 간 월 남인들도, 참파와의 주기적인 전쟁으로 인해 여러 차례 국운(國運)의 변전(變 轉)을 경험하였다. 그러나 그들은 14세기에 이르러 위에(Hué)를 얻으며, 1471 년에는 마침내 참파를 정복하였으니, 참파의 잔여 세력은 1720년까지 멀리 남 쪽 끝 부분에서만 잔존하고 있었다. (332쪽의 지도 참조)

불행히도 새로 확장된 월남은 산맥이 해안과 너무 가깝게 접근하여 허리 부 분이 유난히 길고 좁게 늘어나 있었기 때문에 통일을 유지하기에는 어려운 반 면, 상이(相異)함을 지키기에는 쉽게 되어 있었다. 비록 후려(後黎) 왕조가 1428년부터 1789년까지 주권을 장악하고 있었지만, 이 왕조 치하의 실질적 지 배 세력은 여러 조각으로 나누어지게 되었다. 막 씨(莫氏)가 하나의 왕조로서 1527년부터 1592년까지 북부 월남(Tongking이라고도 부르는 '東京'지역)을 통치 하여 중국의 인정을 받았다. 그 뒤 중국은 무력한 후려 왕조에게 통킹의 남쪽 에 대한 지배를 계속 인정해 주었지만, 권력은 두 개의 거대한 지배적 가문으 로 나누어졌다. 1620년부터 1674년까지, 하노이에 근거를 둔 북부의 정(鄭, Trinh) 씨(1539~1787)와 위에에 근거를 둔 중·남부 지역의 완(阮, Nguyen) 씨 (1558~1777) 사이에 긴 내전이 전개되었다. 1674년에 이르러 내전의 정돈(停 頓) 상태에 빠진 정씨 정권과 완씨 정권은 또 1세기간 두 개의 분리된 정부를 계속 다스림으로써, 남북이 정치적으로 분열되었던 월남의 오랜 전례를 고착 화시켰다. 완씨 정권은 계속 남쪽을 압박하여 캄보디아와 다툰 결과, 월남인 이주민들이 침투해 들어가 있던 변방 지역을 접수하였다. 완씨 정권은 1700년 에 이르러 사이공(Saigon) 지역에 두 개의 도(道)를 첨가하고, 1750년에는 반도 의 남쪽 끝에서 두 개를 더하여 마침내 메콩(Mekong) 강 멜타[三角洲] 전지역 을 개척하게 되었다.

북부의 정씨 정권과 남부의 완씨 정권은 모두 후려 왕조의 '황제(皇帝 ; 월남 어로는 hoang-de, 중국어로는 huang-ti)'에 대해 지속적인 충성을 표방하는 '국주 (國主 혹은 國王)'를 우두머리로 하였다. 양 정부는 중국식으로 행정 체계를 확립하여 징세를 목적으로 생산력에 따라 토지 소유 상태를 분류하고 인구를 등록하였으며, 지방군을 징집하고 경작을 격려하여 조세 할당액을 지정하였고, 소금 교역과 광업을 규제하고 유교의 경전을 출판하며 과거 시험을 통해 관료를 선발하였다. 각 지방의 행정은 민정관과 재정관 및 사법관에 의해 운영되었다. 보다 견고한 중국적 전통을 갖고 있는 북부 정권은 중국으로부터의 서적 수입을 금지시키면서도 앞장서서 한자로 기록한 자신의 역사서를 만들고, 한자보다도 더 번거롭지만 고유한 문자 체제인 남(喃, nom) 혹은 자남(字喃, chu nom)으로 시(詩)를 만들기도 하였다. 자남은, 이 목적을 위해 창제한 한자 같은 문자로 월남의 구어(口語)를 옮겨 쓰는 체제인데, 흔히 음가(音價)를 가진 한 개의 한자와 의미의 값어치를 가진 또 하나의 한자를 결합하여 하나의 월남 문자를 만들었으니, 이는 과거에 중국과 이웃한 내륙 아시아의 수많은 민족들이 시도하여 비슷한 성과를 얻었던 노력과 흡사한 것이었다. (202쪽의 문자판 참조)

근대 초기의 월남을 이루고 있었던 1만 7,000여 개의 촌락[社]은 재산을 촌락 공동체가 공유한다는 고대적 관념을 계속 간직하고 있었다. 지방의 지도력은 유력 인사들로 구성되는 촌락 회의의 수중에 있었으며, 이들 유력 인사들은 가부장적 권위와 지주로서의 재부, 과거 시험에서의 성공 혹은 개인적 자질 등에 대한 일반 촌락민들의 일치된 의견에 의해 그 지위를 유지한, 지속적이고 비공식적인 명사들이었다. 촌락 회의는 공유 토지(보통은 사용되고 있는 토지 총액의 5분의 1을 넘지 않는다)의 사용을 매우 가난한 사람이나 당연히 받아야 할 자격이 있는 사람에게 지정해 주었다. 또한 촌락의 장[社長]은 일반적으로 촌락 회의에서 선출된 다음에 조정(朝廷)에서 임명하는 것이 관례였다. 그리하여 조세 징수 및 기타 촌장의 활동들은 이들 지방 명사들의 동의에 의존하고 있었다. 보다 광범한 도(道)의 수준에서는, 조정에 대한 이들 지배 계층의 충성이 왕조 통치의 안정을 유지하는 데 핵심적 요소가 되었다. 그러나 이들이 보다 광대한 농장을 사적으로 소유하려 했던 만성적인 추세는 중국에서처럼 일반 촌락민과 중앙 정부 모두에게 위험 신호가 되었다.

월남 문화와 중국 문화 사이에는 구어(口語), 종족 기원, 민속, 관습 등의 여러 측면에서 많은 기본적 차이점이 있었지만, 중국식 가족 제도와 엘리트 중심의 통치 체제는 월남의 지배 계층에 의해 적극적으로, 그리고 유용하게 유월남의 자남(字喃) 문자　월남인들이 만들어 낸 문자는 한자(漢字)에 변화를 준 것이지만, 한자와는 뜻을 달리하면서 오직 음(音)을 표현하기 위해 사용되었다.

지되었다. 월남의 사회적 문제 역시 중국의 그것을 생각나게 한다. 즉 조세와 병역을 지나치게 착취당한 농민들은 자포자기하여 촌락을 버리고 도망하였고, 지방의 지도자들은 중앙 정부에 대항하여 지역 세력을 구축하였다. 유교적 국가 의식이 월남에서는 판에 박힌 고식적인 행사가 되는 경향이었던 반면, 중국에서 생장하여 월남에서 통합적 성격의 새 종파로 표현된 불교는 17세기와 18세기에 다시 융성하게 되었으니, 이는 월남에서의 종교적 생활이 중국에서보다도 더 절충주의적 경향을 띠었다.

도전에 대한 중국식의 대응과 전통의 재확인

서양과의 접촉 19세기 중엽에 이를 때까지, 월남과 유럽의 관계는 오직 주변적 관심의 대상이 되었을 뿐이다. 양자의 관계는, 일본인이나 중국인 상인들이 자주 왕래하였던 월남 항구를 포르투갈 교역상들이 비단 원사를 사기 위해 16세기에 찾아왔을 때부터 시작되었다. 1615년에는 일본으로 들어가지 못하게 된 예수회원들이 포르투갈 인들의 뒤를 이어 월남에 도래하였다. 선교사들은 비록 북부에서는 정씨 정권으로부터 배척되었지만, 남부에서는 서양과의 교역과 서양 무기에 보다 많은 관심을 갖고 있었던 완씨와 불안정한 관계를 유지하였다. 그리스도 교 개종자들은 때때로 대량으로 학살되었고 선교사들도 박해를 받았다. 그러나 그리스도 교 공동체는 나름대로 정치적인 역할을 맡게 되었으며, 선교사들은 의학적·과학적 능력을 통해 조정에서 때때로 영향력을 행사하였고 민간에서는 가끔 반란을 지원하는 세력으로서 영향력을 갖고 있었다.

월남의 예수회원들은 중국에 있는 그들 동료들과 마찬가지로 월남 구어(口語)의 음을 라틴(Latin) 알파벳으로 적기 시작하였다. 로마자로 표기하는 이 방법은 결국 오늘날의 월남어 표기 방식이 되었다. '국어(國語, qnoc-ngu ; 중국어로는 Kuo-yü)'라 불리는 이 표기법은 그 이전의, 사용하기 번거로운 자남(字喃) 방식에 승리를 거두었다. 그러나 월남 고유의 일상적 문학이 로마자로 쓰는 국어로 만들어지기 시작하였음에도 불구하고, 20세기초에 이를 때까지 한자(漢字)가 공식적·학술적 목적을 위하여 계속 사용되었다.

1658년 이후 외방 전교회(Société des Missions Etrangères)를 통해 카톨릭 선교를 의욕적으로 지원한 프랑스의 동방 정책은 프랑스 인 예수회원인 저 유명한 개척자 알렉상드르 드 로드(Alexandre de Rhodes)에 의해 고무되었으니, 그는 1627년부터 북부 월남에서 선교를 시작하였고 그 뒤 국어로 그리스도 교 서적을 출판하기도 하였다. 프랑스 선교회는 지방의 박해와 다른 그리스도 교 세력과 수도회들의 질시로 인해 많은 괴로움을 당하였지만, 이러한 어려움에 굴하지 않고 계속 남부의 완씨 영역에서 활동하여 월남에서 프랑스의 전통적 권익을

342

창출하였다. 프랑스 동인도 회사(東印度會社) 역시, 17세기 동안에 네덜란드와 영국의 노력이 실패로 끝났음에도 불구하고 이곳에서 교역을 증진시키려고 노력하였다. 이러한 지속적인 노력과 작은 성공을 배경으로 하여, 프랑스의 선교 활동은 18세기말에 이르러 커다란 행운과 만나게 된다.

서산 반란　1771년에 광범위한 농민 반란이 일어나기 시작하였는데, 이 사건의 의미에 대한 평가는 이제 겨우 시작되었을 뿐이다. 이 반란은 다른 많은 월남인들처럼 완(阮, Nguyen) 씨 성을 가진 세 명의 형제에 의해 영도되었으나, 이들은 보통 위에(Hué)의 남쪽 고원의 한 지명에 연유한 서산(西山, Tay-son)이란 이름으로 불려지고 있다. 그들은 1778년에 사이공을 취하고 1786년에는 하노이를 장악하여, 완씨와 정씨의 지방 통치를 종식시켰다. 서산 형제들은 전국을 남부, 중부, 북부 등 세 부분으로 나누었다. 소멸의 운명에 놓인 여(黎) 왕조의 군주가 반란에 대항할 수 있는 도움을 요청하였기 때문에, 중국의 원정군이 1788년에 북부 월남을 침입하여 여 왕조의 권리 주장자를 외형적으로 왕위에 복귀시켰다. 이러한 침입에 반격하기 위하여, 서산 형제들 가운데서 가장 머리가 좋은 북부의 지배자가 1788년에 광중(光中, Quang-trung) 황제를 자칭하였다. 하노이를 점령한 청(淸)의 군대는 광중 황제의 공격을 받아 2주일도 안 되어 축출되었으며, 그 뒤 새 황제는 전통적 방식으로 즉시 북경에 사자를 보내어 조공국으로 인정해 줄 것을 요청하였다.

광중은 1788년부터 1792년에 40세로 죽을 때까지 정력적으로 통치하였다. 농민 반란의 농민 지도자로서 권력을 획득한 최초의 월남 군주였던 광중은 중국적 모형을 단순히 모방하기보다는 그것을 혁신하는 방향을 취하였다. 예컨대 그는 중국식의 문관 제도를 희생시켜서, 월남 정치에서의 지배적 역할을 자신의 혁명군에게 맡기려 하였다. 그는 더 나아가 자신의 조정에서 고전적 한자를 사용하는 관행을 철폐하려 하였고, 심지어는 중국의 경전을 자남(字喃)으로 번역하는 정부의 특별 기관을 창설하기까지 하였다. 그는 북경으로 조공을 보냄과 동시에, 한편으로는 남부 중국에 대한 해적 행위를 조장하였다. 서산 반란과 그 결과로 출현한 정권은 새로운 민족 정신, 즉 반(反)전통적이며 반(反)외세적(특히 反中國的)인 정신의 전개를 미리 암시하였다. 서산 운동은 어떤 점에서는 1850년대에 중국에서 일어난 태평〔太平天國〕 반란과 비교될 수 있는 것이었다. 권력을 오래 장악하지 못하였다거나 서양의 지원을 확보한 전통적 세력에 의해 무너졌다는 점에서 양자는 비슷하였다.

1777년에 폭력에 의해 권력에서 내몰렸던 완 씨 가문의 살아 남은 어린 후계자 완복영(阮福映, Nguyen Anh)은 프랑스 선교회 소속 사제인 피뇨 드 베엔(Pigneau de Behaine)과 힘을 합하였다. 사제와 왕위를 노리는 이 젊은이는 비록 야심은 달랐지만 망명자라는 입장은 다르지 않았다. 1787년에 피뇨는 완복영의 어린 아들을 데리고 베르사유 궁에 도착하여, 프랑스는 완복영을 다시 권좌에 앉혀야 한다고 루이 16세를 설득시켰다. 그는 후자의 이름으로 프랑스와 코친 차이나(Cochin China, 남부 월남의 프랑스식 이름) 사이의 조약을 체결하였으나, 그의 희망과는 달리 1789년에 함대를 보낼 수 있도록 충분한 지원 부대를 모집하는 일에 정부의 도움을 얻는 데 실패하였고, 단지 인도의 프랑스 거점인 퐁디세리(Pondichery)로부터 수백 명의 의용병과 보급품들을 얻는 데 성공하였을 뿐이다. 그러나 이러한 프랑스의 지원은 완복영이 갓 탈환한 사이공에서 권력을 공고히 하는 데 전략적 가치가 있음이 입증되었다. 프랑스 의용병들은 프랑스 인[Vauban]의 탁월한 구상하에 완복영의 육군과 해군을 훈련시키고 요새를 건설하였으며, 피뇨는 그의 대외 관계를 조종하였다.

완복영은 어려운 전투를 계속한 끝에 마침내 위에와 하노이를 장악하였으며, 1802년에는 통일 월남의 가륭(嘉隆) 황제임을 자칭하면서, 1945년까지 지속된 완 왕조를 창건하였다. 이것은 남부의 메콩(Mekong) 강 멜타 지역[Cochin China]이 중부와 북부까지 함께 지배하는 정권의 치하로 들어가게 된 첫번째 사건이었다. 내전과 분열이 진행되었던 지난 2세기 이상의 기간 동안에 전국이 반으로 쪼개어져 지역적 통치가 전개되었지만, 후려(後黎) 왕조 치하에서 통일되어 있다는 상징적 허구는 한번도 포기된 적이 없었다. 이제 오늘날의 월남을 이루는 전지역이 통일되었고, 그 통치 체제로 재건되고 강화될 수 있었다.

가륭제는 처음에는, 그의 전국 통일을 지원한 약 400명의 프랑스 인 동료 병사들의 도움으로, 서구화에 대하여 약간의 관심을 보여 주었다. 사실 몇몇 프랑스 인들은 월남에서 고급 관리가 되기도 하였다. 그러나 나폴레옹 치하의 프랑스는 유럽 문제에 너무나 몰두하여 월남과의 관계를 좁힐 수 있는 이 절호의 기회를 유리하게 이용할 여유가 없었으며, 완조(阮朝)의 군주들도 지나치

344

게 애국적이고 지방 문제에 여념이 없었기 때문에 유럽에 많은 관심을 보여 줄 수 없었다.

중국적 방식의 유지　새 왕조는 서양과 보다 폭넓게 접촉할 출발점에 서 있었음에도 불구하고, 전통적 관념들을 실행에 옮김으로써 왕조를 강화할 수 있기를 기대하였다. 그래서 다소 고전적인 중국풍의 '복고(復古)' 방식으로 명·청 전성기의 중국 제도들을 꼼꼼하게 본떠서 정부의 모형으로 삼았다. 가륭제(1802~1820)와 명명(明命)제(1820~1841)는 모두 청을 전형적으로 모방하여, 당시 북경 정부의 외형적 구조와 관용어(官用語)의 다수를 모사(模寫)하였다. 수도 위에는 비록 유럽풍으로 고안된 24개의 요새와 당당한 규모의 성채로 에워싸여 있었지만, 그것은 대체로 황성(皇城)의 성곽 안에 궁성(宮城)과 금성(禁城)이 있고 수도 전체를 다시 성곽이 둘러싸고 있는 북경(北京)의 작은 복제물이었다. 또한 그곳에는 중국적인 복사물로서 6부(六部)와 한림원(翰林院), 도찰원(都察院) 등이 있어 중국의 그것과 동등한 법정(法定) 기능과 동일한 한자 이름을 갖고 있었다. 황제는 후궁과 환관들이 있는 궁전의 내정(內廷)에서 통치하여, 그 명령을 '외정(外廷)', 즉 수도에 있는 관료 조직의 수뇌부로 전달하였다. 월남의 북부, 중부, 남부 등 3개의 주요 지역은 31개의 성(省)으로 나누어지고, 각 성은 다시 하급 단위〔府, 縣〕로 세분되어, 중국에서처럼 많은 수의 행정 단위가 위계 질서를 이루었다. 중국의 행정에서 볼 수 있는 많은 특징들——1년에 두 번씩 거두는 조세 징수, 5년에 한 번씩 하는 인구 조사와 등록, 노동역〔徭役〕, 공공 목적의 곡창, '성실성을 유지'하기 위해 봉급에 더해 주는 수당, 심지어는 타락한 매관 매직(賣官賣職)까지——이 월남에서도 면밀하게 복사되었다. 1812년에 제정된 가륭제의 법전〔皇越律例〕은 청의 그것〔大淸律例〕을 그대로 베낀 것이었다. 명명제는 1839년에 자신의 관료들이, 앞서 그들에게 할당된 촌락 토지에서 나오는 개인적 수입에 의존하는 대신, 오직 봉급에만 의존하게 함으로써 자신의 중앙 정부를 더욱 강화시켰다. 그는 또한 중국 변경에서 사이공에 이르는 관용 도로를 건설하였다. 약 750 마일이나 되는 이 도로를 통하여, 제국의 역참(驛站) 체제는 과거 시험 응시자들과 관리들 및 서신(書信)들을 이 역에서 저 역으로 수송하였다.

　중국의 영향은 부분적으로는, 만주가 중국을 정복한 17세기에 남쪽으로 월남 중부와 남부로 흘러들어가 자기들의 마을을 세울 수 있도록 허락빌고 지방 주민들과는 따로 떨어져 살게 된, 명 황실의 난민 후예라는 특수한 집단을 통하여 월남에 전달되었다. 이들 '명향(明香)'민들(이미 현존하지 않는 왕조를 위해 제단의 불을 꺼뜨리지 않고 있는 사람들)은 월남인들과 결혼하였고, 그들의 아들들은 관료 계층에 들어갔다. 그들 자신의 지도자 밑에서 해외 중국인 교역 공동체를 형성하면서 월남인의 생활과는 격리된 상태를 유지하였던 후대의 이주민들과는 달리, 명 황실의 후예들 가운데 일부는 문화적 중개자가 되어 후에의 조정에 대한 자신들의 충성을 북경에서 나타낼 수 있었으니, 북경에서의 그들은 중국 경전에 대한 정통한 지식과 능숙한 중국 구어(口語) 실력으로 인해 중국의 제도적 발전에 뒤떨어지지 않았기 때문이다. 두 문화를 다 잘 아는 이들은 북경에 갔다 온 뒤에 매일매일 월남 군주에게 중국의 현황을 설명하였고 그곳에서 중요한 출판물을 갖고 돌아오기도 했다. 어떤 사절들은 북경에서 '조공학자'로 받아들여져, 유구(琉球, Liu-ch'iu)와 한국 및 다른 조공국들에서 온 학자들과 같이 중국 정부의 비용으로 수년 동안 그곳에서 머물렀다.

명명제는 이 같은 접촉 통로의 도움을 받아 유교의 활발한 부활을 지원하였으며, 그 당연한 결과로서 서양을 혐오하는 경향이 확대되었다. 그는 1822년에 진사(進士, tien-si, 중국어로는 chin-shih ; 수도에서 치르는 시험의 합격자)를 위한 과거 시험을 시행하였고, 하급 학위의 이름도 당시 중국에서 통용되는 칭호와 일치시켰다. 중국 고전에 대한 연구가 장려되었고, 대규모의 지리서와 역사서들이 편찬되었다. 그는 북경의 관료 기구를 축소 복제한 자신의 정부 조직을 조정하기 위하여 명대 초기에 중국에서 발전된 것과 같은 내각(內閣, noi cac ; 중국어로는 nei-ko)을 1829~1830년에 설치하였다. 뒤이어 1834~1835년에는, 청의 옹정제(雍正帝)가 1729년에 설치했던 것처럼 군사와 기타 중요한 문제들을 다루기 위해 고급 관료들로 구성된 추밀원(樞密院)을 창설하였다. 명명제는 강희제(康熙帝)를 본떠서, 유교적 덕목과 5륜(五倫)의 윤리를 존중하도록 신하들에게 훈계하는 10조(十條)의 성유(聖諭)를 공포하였다. 또한 월남 고유의 시문학이 조정의 안팎에서 꽃을 피웠으나, 이러한 시문학과 월남 토착 예술의 주제들 및 인도로부터 영향을 받은 다른 문화적 요소들은, 모두 중국으로부터 상세하게 복사해 온 조정의 이념과 관료 기구의 구조 및 의례(儀禮) 등과 공존하였다.

완 왕조 초기의 군주들은 대외 관계에 있어 두 갈래의 길을 만났다. 중국으로 향한 길에서는, 그들은 청의 조공국으로 계속 참여하여 1803년부터 1853년까지 약 14회의 정기적 사절단을 북경으로 보내었다. 그러나 이와 동시에 보다 작은 지역을 다스리는 지방 군주들에 대해서는, 그들 스스로 천자(天子)임을 자처하였다. 문화적으로 상이한 캄보디아 인들은 '오랑캐(夷狄)'로 불려졌다. 약소한 라오스(Laos) 군주에 대하여 완조는 스스로 중국(中國) 즉, '가운데에 위치한 나라'임을 자처하였는데, 이 이름은 고대 중국인들의 용어를 빌린 것으로 오늘날에는 중국의 국명이 되었다. 외국인의 조공 선물이나 교역세, 사치품 등은 마치 만주인들이 북경에서 그러했던 것처럼, 황실 담당 기관인 종인부(宗人府)에서 모두 거두어 궁정의 사적 재보(財寶)로 제공하였다.

중앙 권력을 구축하려는 명명제의 정력적인 '복고' 노력은 그가 국내에서 직면했던 어려움을 가리키는 지표였다. 이 문제는 아직 철저하게 분석되지는 않았지만, 약점의 몇 가지 원천은 명백하다. 소농민의 반란이 빈번하였다. 우리는 중국에서처럼 인구의 증가가 생활 수준을 저하시켰을 것임을 짐작할 수 있다. 그러나 제국을 위한 노동력의 징발은 위에서 새로운 수도를 건설하고 지방에서 도로와 치수를 유지, 관리하는 데 필요한 기본적인 요소였다. 새 영토인 남부의 사이공 지역은 비록 하노이 지역보다는 인구가 덜 밀집되어 있었지만, 대토지 소유자와 경제적으로 몰락하여 안정되지 못한 소농민 사이에 현격한 경제적 간극을 보여 주었다. 이 변방 지역에서는, 이민과 토지 장악의 과정이 훈련된 공무원과 행정적 규제의 적절한 확장을 동반하지 못하였다. 이와 동시에, 교육에 있어 명백히 후진적이었던 남부는 과거 시험에서도 매우 빈곤한 성과를 나타내었다.

조직뿐만 아니라 이념까지 지배하도록 위임받은 유교적 군주로서, 명명제는 수련 수도자들의 임명증 수여를 제한하여 불승(佛僧)의 수를 통제하였고 사찰의 신축과 기증까지 규제하였다. 이렇게 통제되고 보호된 월남의 불교가 작은 규모와 미약한 영향력의 존재로 전락함으로써, 정부의 관료 기구에 대항할 만한 존재는 이제 더 이상 남지 않게 되었다.

한편 로마 카톨릭 교회는 유교적 군주 정체에 주요한 위협이 되었다. 월남에서의 프랑스의 영향력이 카톨릭을 강력하게 지원하였다. 가륭제를 도운 선교사들과 프랑스 인 모험가들 가운데는 월남 정치에 개입한 카톨릭 빨치산들이 포함되어 있었다. 어떤 선교사들은 사이공 시역의 최고위 총독(總鎭)이자 서양 무기를 구하려고 애쓴 명명제의 반대자였던 여문열(黎文悅, Le Van Duyet)을 지원하였다. 황제는 즉위 후 5년이 지난 1825년에 이르러 그리스도 교의 가르침이 월남의 국가 체제와 양립할 수 없는 충성을 요구한다는 사실을 확신하고서, 그리스도 교를 이단으로 금지시키는 칙령을 처음으로 공포하였다. 당시 월남의 그 작은 지역에는 이미 30만 명 이상의 카톨릭 개종자들이 있었으니, 이는 전중국의 카톨릭 개종자 수와 맞먹는 것이었다. 1833년에 그리스도 교 신도들이 반란에 휩쓸리자, 황제는 선교사의 투옥과 처형을 포함한 일련의 박해 계획을 진행시켰다. 이것은 결과적으로 제국주의를 추구하는 프랑스 인들에게 개전(開戰)의 구실을 제공하였다. 명명제는 외래 종교에 이념적으로 대응하기 위하여 그리스도 교의 영향을 가장 많이 받은 지역에서 유교적 가르침을 설교할 지방 학자들을 임명하였다.

이러한 방어적인 노력에도 불구하고, 명명제는 맹목적으로 외국을 혐오하는 사람은 아니었다. 그는 일찍이 샴(Siam)의 서구화를 추구하였던 몽쿠트(Mong-kut)왕(1851~1868)의 시대보다도 앞서, 그리고 중국과 한국보다는 훨씬 앞서, 서양을 배우고 서양이 가져다 준 문제들을 다루려고 노력하였다. 그는 서양의 기선을 구입하였고 1839년에는 몇 척의 기선을 건조하려 시도하였다. 그는 대외 교역을 금지하자는 주장에 대하여, 그것이 월남의 설탕 생산자들을 파산시키고 자기 나라가 서양을 배우는 것을 방해한다는 이유를 들어 반대하였다. 중국이 처한 상황을 날카롭게 관찰한 명명제는 중국 조정이 광동 무역에서 반사적(半私的)인 이익이 성장하도록 허용한 잘못을 범하였다고 믿었으며, 월남에서의 대외 교역을 관에서 엄격하게 통제하는 방식을 선택함으로써 자연히 유럽 인들을 불쾌하게 하였다. 1840년에 그는 다음과 같이 자신의 소견을 피력한 바 있었다. "북조(北朝, 즉 北京을 가리키며, 위에는 南朝였다)에서는 황실의 제왕(諸王)들과 고급 관리들이 모두 아편을 피운다……. 그들 자신의 나라가 그런 형편에 놓여 있다면, 그들이 다른 외국들을 어떻게 지배할 수 있겠는가?"

전체로 보아서, 명명제는 유럽에 대하여 북경의 조정이 알고 있었던 것보다 훨씬 더 많이 알고 있었던 것 같다. 그는 한자로 번역된 성경을 직접 읽어 본 다음에야 비로소 그리스도 교를 박해하였다. 사실 그는 1840년에 그리스도 교에 대하여 모종의 타협을 이루기 위하여 파리와 런던에 사절을 파견하였지만, 그리스도 교 선교사들의 적의로 인해 아무런 성과도 거두지 못하였다. 그는 완조의 가장 강력한 군주였지만, 문화의 기본적 갈등을 회피할 수 없었다. 외세의 침입에 저항하는 정책은 그의 후계자들, 즉 소치(紹治, Thieu-tri)제(1841~1847)와 사덕(嗣德, Tu-duc)제(1848~1883)에 의해 계속되었다.

제11장
초기의 한국—중국형 국가의 출현

한국사의 시작

환 경　한국(韓國, Korea)은 비록 중국 때문에 작아 보이고 월남 크기의 3분의 2밖에 되지 않지만, 실제로는 보통 크기의 나라이며 인구는 보통 나라보다 더 많다. 어떤 이는 한국이 미국의 일개 주인 미네소타(Minnesota)보다 조금 더 클 뿐이라고 말함으로써 그 왜소함을 강조하지만, 한국이 잉글랜드와 스코틀랜드, 웨일스를 합친 것보다 별로 작지 않다고 말하는 것이 더 의미 있을 것이다. 5,000만에 가까운 한국의 현재 인구는 전통적인 서유럽 '강대국들'의 인구에 비해 그렇게 적은 것이 아니다.

기후는 중국 북부와 중부의 그것과 흡사하여, 여름에는 덥고 습하며 겨울에는 건조하고 대단히 춥다. 한국의 거의 전지역은 산악 지대이며, 전국토의 5분의 1만이 경작에 적합하다. 북쪽 변경을 따라 이어진 거대한 산악 장벽이 만주로부터 한국을 효과적으로 떼어 놓고 있으며, 이들 산맥으로부터 남쪽으로 돌출하여 동해안을 따라 남북으로 뻗은 거대한 산맥이 한반도에 가시 모양 등뼈를 이루고 있다. 대부분 헐벗은 낮은 산들은 비교적 척박하고 삐죽삐죽 침식된 화강암 덩어리다. 동해안의 좁고 긴 땅은 협소하고 좋은 항만이 거의 없지만, 서해안과 남해안의 평야는 대단히 넓어서 온 나라를 먹일 만한 양의 쌀을 생산한다. 서해안은 비록 간만의 차가 유난히 심하여 항해가 곤란하기는 하지만, 톱니 모양으로 깊이 굽은 서쪽과 남쪽의 해안선은 수많은 항만을 가져다 준다.

한국인의 조상들은 대부분 북방에서 반도로 흘러들어갔던 것으로 보이며, 만주 지방에서 한반도로 향한 민족 이동은 역사 시대 이후까지도 계속되었다. 오늘날의 한국인은 만주와 북중국, 몽고 등에서 살고 있는 몽고계의 다른 민족들과 체격면에서 아주 닮았고, 남중국 사람이나 일본인과 비교한다면 키가 좀더 크고 광대뼈가 더 튀어나왔다. 음절이 많고 굴절이 심한 그들의 언어 역시 북아시아의 알타이 어족과 그들의 관련성을 시사한다.

고고학적 자료로서는 두 가지 유형의 신석기 토기가 있다. 서남 해안 지역에서 발견되는 빗살무늬〔櫛文〕 토기는 아마도 중국 해안에서 바다를 건너온 영향을 보여 주는 것 같고, 한반도의 전지역에 광범위하게 퍼져 있는 적갈색의 평평한 토기는 육지로 건너온 것임이 분명하다. 만주와 산동 지방(그리고 훨씬 더 멀리 유럽과 동남 아시아)에서 보이는 큰 돌〔巨石〕로 만든 방과 흡사한 고인돌은 한국의 전역에서 발견되지만 특히 서북 지방에 많이 집중되어 있으며, 남방에는 북방의 고인돌과는 모양이 다르지만 그것에서 유래한 것으로 보이는 형태의 고인돌이 존재한다. 일본에서도 그것을 모방한 것이 발견되어 고인돌 문화가 대륙에서 바깥으로 흘러나갔음을 시사해 준다.

초기의 한국인들은 처음에는 고기잡이〔漁撈〕와 사냥〔狩獵〕으로 생활하다가 그 뒤에 점차 농경으로 전환한 부족민이었음이 분명하다. 그들은 북아시아와 일본에서 살았던 다른 초기 사람들과 마찬가지로 반(半)종교적이며 세습 귀족적 성격을 가진 추장들의 지배하에서 살았을 것이다. 그들은 애니미즘〔精靈崇拜〕적 경외감에 사로잡혀 자연계의 모든 현상과 사물에 정령이 깃들어 있다고 생각하였고, 그들 자신의 조상들이 토템 동물이었다고 믿었다. 그들은 샤먼(Shaman)이라는 영매(靈媒)를 통해 해를 끼칠지도 모를 정령들을 달래려 했는데, 한국의 샤먼들은 고대 일본에서처럼 흔히 여성이었다. 뒷날 중국 문화에 의해 압도된 뒤에도, 병들거나 죽을 때는 여성 주술사(무당)들이 초청되었다.

중국의 속령 — 낙랑(樂浪) 세상을 창조한 신의 아들과 사람의 형체를 취한 암곰이 결합하여 태어난 단군(檀君)이 기원전 2333년에 한국의 첫 국가를 세웠다는 이야기는 물론 순수한 신화일 뿐이며, 중국 상(商) 왕실의 후예인 기자(箕子, 중국어로는 Ch'i-tzu)가 남만주로 흘러들어와 기원전 1122년에 조선(朝鮮)이란 나라를 세웠다는 전승 역시 전설일 것이다. 그러나 기자 전설은 기원전 1,000여 년 동안 중국의 문화적 영향이 만주와 한국으로 서서히 흘러들어갔음을 반영한다. 이 기간 동안, 흉노(匈奴)와 중국의 힘이 확장됨에 따라 만주로부터 밀려오는 활발한 인구의 이동 물결을 타고, 농경과 청동 및 철에 관한 약간의 지식이 한국으로 서서히 침투해 들어갔다. 기원전 3세기초에 이르러서는, 북중국에 위치한 연(燕)나라가 한국 북부와 만주 남부에 대하여 약간의 통제와 영향력을 행사하였던 것같이 보이며, 기원전 2세기초에는 북중국에서의 반란이 실패한 뒤 한국으로 망명한 위만(衛滿, 중국어로는 Wei Man)이 한반도의 북반부에 대한 지배력을 획득하여, 기원전 194년에는 조선(朝鮮)이라는 이름의 중국화한 국가를 창건하고 현재 북한(北韓)의 수도인 평양에 수도를 세웠다.

한(漢)의 무제(武帝)가 기원전 109~108년에 조선을 정복하였을 때, 중국은 한국에 대한 직접적 지배력을 확대하여, 한반도의 3분의 2쯤 되는 북쪽 지역에 4개의 군(郡)을 설치하였다. 4군 가운데 3개의 군은 기원전 75년까지는 모두 포기되었지만, 옛 조선의 수도였던 평양의 낙랑군(樂浪郡)은 한국 전역에 대한 애매 모호한 종류의 종주권을 행사하기 위하여 계속 유지되었다. 중국 문명의 풍요로운 전초 기지로 남아 있었던 낙랑군은 25개의 현(縣)으로 나누어져 있고 인구는 약 40만 명으로 기록되어 있다. 그 지도적 중국인 가문들의 무덤에는 화려한 칠기 조각 등, 한대 최고 수준의 유물들이 상당수 있었다.

한국 내의 중국 속령은 전쟁과 왕조 쇠망으로 인해 오랜 기간 중국과 단절된 상태에 놓여 있었을 때에도 계속 살아 남았다. 중국인 세력은 한국 중부의 서쪽 한강(漢江) 유역에 제 2의 군인 대방(帶方, 중국어로는 Tai-fang)을 설치하였던 기원후 3세기초에 이를 때까지 한국 안에서 여전히 강력한 힘을 갖고 있었다. 그러나 4세기초에 이적(夷狄)이 북중국으로 쇄도한 직후에, 중국의 이 속령들은 한국의 여러 부족 국가들에 의해 소멸되었다. 전승에 의하면 낙랑군이 멸망한 해는 기원후 313년이라 하며 대방군의 붕괴도 그 직후에 이루어졌을 것이지만, 4세기의 나머지 상당 기간 동안에도 부유한 중국인 가문들이 한국의 일부 지역에서 약간의 지역적 권위를 유지하고 있었다는 증거가 있다.

한국 안에 있었던 중국 군현들의 역사적 역할은 그 비슷한 시기에 영국 안에 있었던 로마의 속령들과 상당히 비슷했다. 비록 그 뒤를 이은 한국의 여러 왕국들이 이들 외국 속령들의 정치적 권위를 직접 계승한 것은 아니었지만, 그들 고급 문화의 상당 부분은 이들 중국 문명의 전초 기지와의 접촉에서 유래되었다. 사실 한의 속령들과 한국의 왕국들 사이의 문화적 연속성은 영국 내의 로마 속령과 앵글로색슨(Anglo-Saxon)족의 영국 사이의 그것보다 훨씬 더 컸던 것으로 보인다. 이 점이 바로 한국인들이 보다 신속하게 통일된 민족 국가를 이룰 수 있었던 배경의 하나가 될 것이다.

원주민 왕국들의 출현　중국의 속령들이 망각의 세계로 사라져 간 기원후 4세기 동안에, 순수하게 자생한 세 왕국이 역사의 빛을 받고 출현하여 한반도를 서로 나누게 되었다. 북부의 고구려(高句麗), 서남부의 백제(百濟), 그리고 동남부의 신라(新羅) 등이 그들이다. 전승에 의하면, 신라는 기원전 57년에 백제는 기원전 37년에, 고구려는 기원전 18년에 건국되었다고 하지만, 신라와 백제는 사실 그보다 훨씬 뒤에 세워졌다.

한국에서 발달한 최초의 순수한 원주민 국가인 고구려는, 원래 만주 중부의 퉁구스계 부여(扶餘, 중국어로는 Fu-yü)족에서 갈라져 나온 다섯 부족으로 구성되었다. 이들 부족들은 남쪽으로, 지금의 북쪽 경계를 이루는 압록강(鴨綠江) 중류의 북쪽 산악 지역으로 이동하였다. 지세가 험준한 이곳에서, 고구려 부족들은 기마 전사들의 귀족 사회를 유지하면서, 생계의 일부를 주변 농경 민족으로부터 획득하는 공물과 약탈품에 의존하였다. 고구려 부족들은 기원후 12년에 중국의 권위에 대하여 저항하였고, 그 뒤로 중국인들과 혹은 남만주의 풍요로운 농경 지역의 비(非)중국계 군주들과 간헐적인 전쟁 상태에 놓여 있었다. 압록강 가의 그들 수도 지역은 고구려의 약탈에 대한 보복으로 이들 주변의 강력한 이웃들에 의해 244~245년과 342~343년에 두 번 침탈되었다. 이 같은 외부의 압박과 끊임없는 내부의 격변에도 불구하고, 고구려는 계속 살아남았을 뿐만 아니라 국력을 점차 증진시켰다. 낙랑군이 313년에 중국의 일부로서 더 이상 존속할 수 없도록 종식된 것도 바로 고구려의 세력이 신장된 결과였다. 고구려는 기원후 4세기중에 한반도의 3분의 2에 해당하는 북부 지방과 나아가서는 만주 지방으로까지 세력을 뻗쳐나갔으며, 5세기중에는 다른 부여 부족의 잔여 세력을 흡수하였다.

중국에 의한 직접적 지배를 한 번도 받은 적이 없는 한국의 남부는 초기에는 한(韓)*이라는 부족민들의 거주 지역이었는데, 오늘날 남한의 공식적 이름인 '대한(大韓)'은 이들의 이름에서 유래되었다. 한반도의 서남부에는 50개의 마한(馬韓) 부족들이 산재해 있었으며, 12개씩의 진한(辰韓)과 변한(弁韓)은 동남부와 남해안 동북 끝 부분에 각각 위치하고 있었다. 특히 변한 지역은 초기의 철 생산 중심지이자 일본과의 교역 중심지이기도 했다.

4세기 전반에는 보다 중앙 집중적으로 조직된 백제라는 이름의 국가가 앞서 중국의 대방군이 위치하였던 한강(漢江) 유역에서 출현하여, 마한 전체 지역에 대한 지배력을 확장하였다. 이 나라의 창건자는 만주 중부로부터 남쪽으로 도피한 부여민의 지파였던 것으로 보인다. 한편 동남부의 진한 지역은 고구려의 영향 아래로 떨어졌던 것으로 보이나, 4세기 후반에 이르러서는 이 지역에서 신라라 불린 독립적 왕국이 발전하여, 처음에는 고구려와 밀접한 관계를 갖고 있었다. 변한 지역에서는 위의 3국과 비교할 만한 중앙 집권적 왕국이 출현하지 못하였지만, 이 지역의 여섯 부족은 가야(伽倻)라고 알려진 연맹체를 이루었다. 이 연맹체는 당시 일본의 신흥 국가 야마토〔大和〕와도 느슨하게나마 연결되어 있었는데, 그 까닭은 교역상 이유뿐만 아니라, 가야 사람들이 최근에 일본으로 건너간 부족들과 밀접하게 관련되어 있었고, 그로 인해 자연히 인접한 국가들과의 다툼에 섬 사람들의 도움을 기대하였기 때문일 것이다. 일본인들은 가야 지방에 일종의 요새와 같은 것을 유지하면서, 미마나〔任那〕라고 불렀다.

4세기말부터 7세기 후반까지, 한반도의 대부분은 고구려, 백제, 신라 등 세 국가의 영토로 나누어졌다. 그리하여 한국인들은 3세기에 중국이 세 부분으로 나누어졌던 시기의 이름을 본떠서 이 시기를 삼국(三國) 시대라고 불렀다.

삼 국

고구려와 백제의 경쟁 관계 4세기에 중국의 속령이 소멸되었다고 해서 한국에서 중국 문화의 영향력이 감소된 것은 아니었다. 비록 순수한 중국 문화

---

*한국의 韓과 중국의 漢 왕조의 漢과는 다른 글자로 씌어진다.

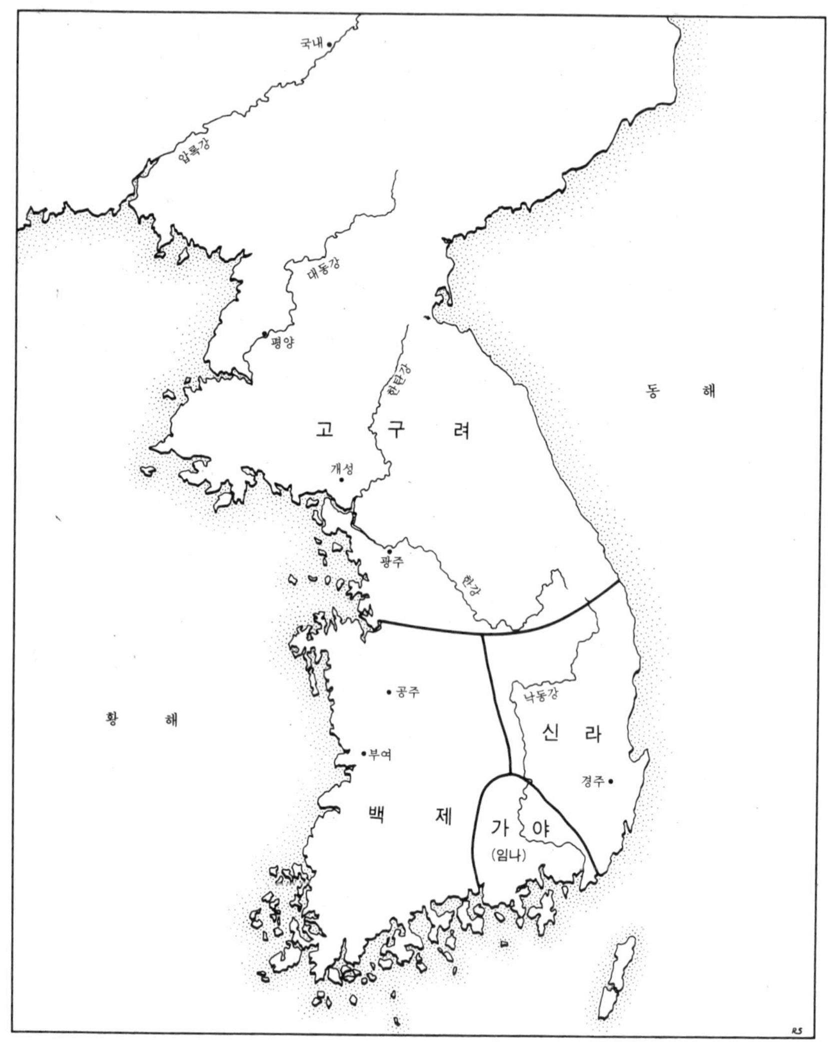

삼국 시대(기원후 500년경)의 한국

의 고도(孤島)는 어디에도 더 이상 존재하지 않게 되었지만, 중국 문명은 이제 반도 전역에 훨씬 더 광범위하게 퍼져나가기 시작하였다. 한(漢) 제국이 붕괴된 뒤의 어지러운 상황으로 인해 한국으로 유입되는 중국인 난민들과 중국화한 북방인들의 물결이 계속 이어졌으며, 한국의 원주민들이 세운 세 왕국은 격렬한 상호 경쟁에서 어떤 이로움을 얻으려는 희망으로 중국과의 접촉을 적극적으로 기대하였고, 이 위대한 이웃으로부터 도래하는 문화적 혁신을 기꺼이 받아들였다.

고구려가 낙랑군과 남만주 일부의 중국화한 주민들을 병합한 일은 당연히 고구려 사회와 정치적 조직에 근본적인 영향을 미쳤다. 또한 고구려는 4세기 중엽부터 북중국에 세워진 거의 모든 주요 국가들과 조공 관계를 유지하였으며, 5세기에는 남중국에서 연속된 일련의 왕조들과도 조공 관계를 새로 갖게 되었다. 그리하여 고구려는 중국 문화를 그 원천에서부터 직접 수입할 수 있었다. 372년에 북중국의 전진(前秦) 왕조에서 파견된 불교 승려가 불교를 고구려에 공식적으로 소개하였으며, 이 새로운 종교는 점차 전사회에 커다란 영향을 미치게 되었다. 이와 거의 동시에 '(모든 동아시아)세계'가 유교 경전의 가르침으로 조직화되었으며, 고구려 역시 중국식의 법전(法典)을 발전시키기 시작하였다.

고구려의 중국화는 427년에 수도를 압록강 부근의 국내(國內)에서, 앞서 낙랑군의 치소(治所)였던 평양(平壤)으로 옮김으로써 한 걸음 더 나아갔다. 그 뒤부터 정부는 점차 중국식의 농업세와 요역에 의존하게 되었으며, 조직화된 군대와 더불어 중국식의 복잡한 관료 체제가 발전되어 북중국을 지배한 동시대의 이적(夷狄) 왕조들과 흡사한 방식으로 복속민을 통제하였다. 낡은 부족 사회와 전통적 의식이 불가피하게 쇠퇴하기 시작한 반면 국가는 전체적으로 크게 번영하였으며, 이는 국내와 평양 부근의 왕들과 귀족들의 거대한 석실(石室) 분묘들 —— 여기에는 4세기와 5세기의 가장 뛰어난 중국식 벽화가 들어 있다 —— 에 의해 입증된다.

중국과의 육상 접촉이 고구려에 의해 차단된 백제는 해로를 통해 남중국의 동진(東晉) 왕조와 조공 관계를 수립하였으며, 불교는 384년에 남중국으로부터 백제에 공식적으로 소개되었던 것으로 전해지고 있다. 백제의 정치와 문화에 대해서 알려진 것은 많지 않지만, 그 아름다운 기와와 기타 유물들이 중국식 미술 공예가 고도로 발달되었음을 시사하고 있다. 불교와 중국 문화가 일본에 성공적으로 전달되는 데 백제가 중요한 역할을 하였다는 사실은, 백제 사람들이 중국 문명의 원리에 대하여 진실로 통달해 있었음을 확실하게 가리킨다. 신라는 중국과 더욱더 차단된 상태에 놓여 있었지만, 일찍이 381년에 북중국에 사절을 보내었다.

압록강변 국내(國內)의 고구려 초기 수도 부근에 있는 5세기 무덤
〔舞踊塚〕 속 벽화의 일부.

4세기에 고구려가 남쪽으로 세력을 확장하고 이와 동시에 백제가 국가 기반을 강화함으로써, 이들 두 왕국은 한강 주변 지역에 대한 쟁탈전에 빠져들지 않을 수 없게 되었다. 369년에 이곳을 침입한 고구려의 군대는 백제에 의해 격퇴되었고, 다시 고구려를 침입한 백제는 371년에 그 왕을 살해하였다. 이렇게 시작된 양국의 전쟁은 거의 3세기 동안 지속되었다. 백제는 첫판에서 승리하여 비교적 인구가 많고 풍요로운, 한국에서 가장 훌륭한 농경 지역을 차지하였으나 이토록 오래 끈 전쟁 기간의 대부분은 백제가 고구려에 비해 잘 조직되지 못하고 약하다는 사실을 입증하는 시간이었다. 아마도 마한 지역이 원래는 수많은 부족 단위로 나누어져 있었다는 점이나, 백제의 지배 가문이 외부에서 왔다는 점 등이 그 결속의 기초를 위태롭게 하였을 것이다. 백제는 자신을 유지하기 위하여 신라나 일본과의 동맹을 끊임없이 구하지 않을 수 없었다.

무용이 탁월한 광개토왕(廣開土王;391~413)의 영도하에, 고구려는 여러 방향으로 세력을 크게 확장하였으며, 그 다음 세기에는 반도에서 가장 앞서 가는 세력이 되었다. 414년 압록강 북쪽 기슭의 국내에 세워진 기념 비석에는 백제, 가야 연맹 및 그 일본 연합 세력과의 전역 등을 포함한 광개토왕의 위업이 새겨져 있다. 475년에 고구려는 백제로 하여금 그 수도를 한강의 조금 남쪽 부분인 지금의 광주(廣州) 지역에서 남쪽인 지금의 공주(公州)로 옮기도록 강요하였으며, 538년에 백제는 다시 그 수도를 더 남쪽인 부여(扶餘;만주의 그것과 같은 이름)로 옮기지 않을 수 없게 되었다.

신라의 승리　　한반도의 동남방 맨 끝 구석, 오늘날 경주(慶州) 부근의 수도를 중심으로 한 신라는 처음에는 중국 문화의 영향을 크게 받지 않은, 비교적 후진적인 지역이었다. 초기의 신라는 백제와 가야 지방에서 온 왜구(倭寇)에 대항하여 어렵게 자신을 지키지 않으면 안 되었다. 그러나 긴 안목으로 보면, 고구려와 백제 등 보다 중국화된 국가들의 그것에 비해 덜 부식된 그들의 부족 조직과 귀족적 사회 구조로 인해, 신라는 보다 큰 결집력과 지속된 힘을 갖게 되었다.

신라는 원래 부족의 지도자 회의에 의해 통제되는 여섯 부족의 연합체였으나, 6세기초 법흥왕(法興王;514~539) 치하에 이르러 보다 강력하고 보다 통합된 군주제 국가로 강화되기 시작하였다. 중국식의 왕호(王號)는 503년에 채택되었으며, 법흥왕은 불교를 국교로 받아들이고 왕의 권위를 새 종교와 일치시킴으로써, 낡은 부족 단위들에 대한 중앙 집권적 권위의 이론적 근거를 제시하였다. 6세기중에 신라는 관료제적인 중국식 정치 체제의 단편적인 여러 요소들을 차용하여, 행정 능률을 크게 높이고 지방 통제를 강화할 수 있게 되었다.

신라인의 낡은 귀족적·부족적 체질이 중국적 정치 개념에 의해 깨끗이 씻어진 것은 아니었지만, 중국식 관복(官服) 제도에 의해 가리워지기는 했다. 이것은 어느 정도까지는 고구려와 백제도 해당되는 경우이며, 한국사 전체를 통하여 외면적으로는 더욱 중국화되었음에도 불구하고 세습적·귀족적 특권에 대한 감각은 언제나 강력하게 살아 남았다. 그 결과 중국과는 달리 군주제의 분명한 약점과 낮은 계층의 확실한 지위 저하가 있었던 것이다.

이처럼 오래 존속된 귀족제적 경향은 모든 관인(官人)의 지위를, 세습적 '골품(骨品)'에 기초하여 17 등급으로 나누는 초기 신라의 관위(官位) 제도에서 가장 잘 나타난다. 매우 광범한 왕족들을 위해 확보해 둔 최고위의 두 골품(聖骨과 眞骨)은 관료 체계의 최고위 다섯 등급을 독점하였고, 그 다음의 골품(六頭品)은 상위의 아홉 등급 가운데 여섯 등급을 독점하였으며, 네번째 골품(五頭品과 四頭品)은 나머지 관위를 가질 수 있었지만, 최하위의 세 골품 가계에는 평민의 역할만이 주어졌다. 이와 마찬가지로 신라 군대의 핵심은 중국에서처럼 농민 가운데서 징병된 사람들이 아니라, 귀족 가운데서 선발되어 동지애를 기르고 육체적 훈련과 군사적 기술을 습득한 젊은 전사 집단(花郞徒라고 불렸다)으로 이루어져 있었다.

초기 신라의 군주와 귀족들의 무덤에서 발견된 금팔찌, 금허리띠, 금귀고리, 금관 등은 야성의 장려한 아름다움을 간직하고 있어, 한국의 이 구석진 지역에는 중국의 영향력이 비교적 약하게 미쳤음을 보여 주고 있다. 가지진 뿔처럼 생긴 왕관에는 여러 가지 장식이 주렁주렁 달려 있고, 그 중에는 일본의 '곡옥(曲玉)'(408쪽 참조)과 같은 것도 포함되어 있다. 특히 이런 종류의 장식품은 초기 신라의 착용물이 여전히 원시 한국인의 토템 숭배와 정령 숭배의 의식과 밀접한 관계를 갖고 있음을 시사한다.

불교와 중국식 정치 제도가 신라 고유의 부족 사회와 융합함으로써 6세기에 이르러 갑작스러운 힘의 폭발을 낳았던 것 같다. 신라는 백제와 연합하여 551년에 고구려로부터 한강 상류 유역을 빼앗은 다음에, 나시 옛 동맹국에게로 화살을 돌려 한강 하류 지역을 빼앗았다. 이 사건은 신라에게 한국 서해안의 출구를 제공하여, 황해를 건너 중국과 직접 접촉할 수 있게 해 주었다. 그 뒤 몇 년 동안, 신라는 한국의 동해안을 따라 멀리 위쪽까지 지배력을 확장하였으며, 남쪽으로는 일본인들의 성가신 반도 거점이었던 가야를 소멸시켜 버렸다.

589년에 수(隋) 왕조에 의해 중국이 재통일된 결과, 중국의 군사력이 다시 한 번 반도 안으로 침투해 들어오기 시작하였다. 그러나 이때 중국이 마주친 한국의 왕국들은, 기원전 108년에 한무제(漢武帝)로부터 침략받은 조선국(朝鮮國)보다는 훨씬 더 강력한 국가였다. 598년에 고구려는 수의 대규모 공격을 물리쳤으며, 612~614년에 있었던 수의 세 차례 원정은 너무나 참혹하게 끝이 나

도기(陶器)로 된 5세기 혹은 6세기의 신라 기마 전사상.

경주(慶州) 부근에서 나온 5세기 혹은 6세기
의 신라 금관(金冠).

삼국 시대(668년 이전)의 청동
불상(미래불인 彌勒佛, Maitreya).

서 수 왕조의 몰락에 기여하였다. 618년에 수를 계승한 당 왕조 역시 644년부
터 659년까지 전개된 일련의 대규모 원정에서 성공하지 못하였지만, 660년에
전략을 바꾸어 대규모의 군대를 해상을 통해 백제로 파견하였다. 신라와 힘을
모은 중국인들은 애써 백제를 멸망시키고, 663년에는 백제를 돕기 위해 파견
된 일본군도 격퇴하였다. 한편 당과 신라는 방향을 바꾸어 고구려를 공략하였
으며, 668년에는 근 7세기 동안이나 존속해 온 이 왕국을 종식시켜 버렸다.

　한이 그러했던 것처럼, 당은 한국에서 정복한 땅을 제국의 판도 안으로 병
합하기를 희망하였지만, 신라는 고구려와 백제 유민들의 도움을 받으면서 평
양 부근의 좁은 허리 부분 이남의 한반도 전역에서 중국인들을 10 년 안에 몰

아내는 데 성공하였다. 결국 당은 신라를 하나의 조공국으로, 그러나 반도의 남쪽 3분의 2를 지배하는 자치 국가로 받아들이지 않을 수 없었다. 이렇게 해서 중국의 두번째 식민 지배 시대는 실현되지 않았으며, 신라는 오늘날의 한국을 구성하는 영역의 대부분을 차지하는 통일 국가로 등장하였다.

한국은 신라에 의해 통일된 이래로 가끔, 그리고 비교적 짧게 정치적으로 분열되었던 시기가 있긴 했지만, 기본적으로는 통일된 나라로 계속 유지되었다. 이미 7세기에 이르면 한국은 지리적 범주나 인종, 언어 및 기초적 문화에 있어 오늘날의 한국과 본질적으로는 동일한 나라가 되었으며, 그 후 한국인들은 줄곧 정치적 연속성에 대한 강렬한 감각을 갖고 있었다. 전세계의 현존하는 나라들 가운데서, 통일된 정치적 실체로서 한국보다 분명하게 긴 역사를 가진 나라는 중국밖에 없다.

신라 시대

중국형 정치 보다 더 많이 중국화된 백제와 고구려 남부의 인구가 신라로 편입되고 신라와 중국의 직접적 접촉이 더 잦아짐에 따라, 중국의 정치 제도와 문화를 차용하는 일이 더욱 많아지게 되었다. 매년 조공 사절단이 당의 수도〔長安〕로 파견되었으며, 많은 수의 학생과 승려들이 중국에서 긴 학습의 시간을 보내었다. 그 결과 신라는 철저한 불교 국가가 되었으며, 정치적으로는 작은 당나라로 개조되었다 —— 아마도 신라는 자신을 모든 측면에서 에워싸게 된 중국이란 거대한 국가를 모방한 많은 나라들 가운데서도 가장 충실한 축소판이었을 것이다.

중국의 주변에서 당을 모방한 다른 나라들 가운데서, 만주의 발해(渤海, 중국어로는 P'o-hai)라는 국가는 흔히 한국인들에 의해 그들 역사에서 뺄 수 없는 한 부분으로 간주되어 왔다. 발해는 713년에 고구려의 유민과 부여인 및 여러 퉁구스계 부족들의 잔여 세력에 의해 북만주에서 세워졌다. 발해는 신라가 자치적 조공국으로 가졌던 것과 같은 관계를 당과 맺을 수 있었으며, 중국형의 행정 체제를 수립하고 중국식의 불교 사원을 세우고 한자로 쓰인 문학을 만들었다. 최전성기의 발해는 만주의 대부분과 한국의 북쪽 3분의 1을 지배하였으

362

며, 중국 및 일본과 폭넓게 교역하였다. 이 나라는 2세기 이상이나 존속하였으나 926년, 거란(契丹)에 의해 멸망되었는데, 거란은 곧 이어 중국의 북쪽 변방에서 요(遼) 왕조를 창건하였다.

당의 모형을 한국에 이식하려 한 신라의 시도에는 정치 제도뿐만 아니라 학문과 종교까지도 포함되어 있었다. 지금까지도 서 있는 천문(天文) 관측 시설〔瞻星臺〕이 647년 이전에 수도에 건립되었으며, 유교 경전을 가르치기 위해 국립 대학〔國學〕이 682년에 설립되었다. 전국이 중국 방식대로 아홉 개의 주(州)로 나뉘어지고, 주는 다시 군(郡)과 현(縣)으로 세분되었다. 수도 경주(慶州)가 동남단의 불편한 곳에 위치하고 있었기 때문에, 다섯 개의 보조 수도〔小京〕가 세워졌지만, 경주는 여전히 권력의 중심으로 남아 있었을 뿐만 아니라, 중국식으로 기와를 얹은 큰 집들로 이루어진 대도시로 성장하였다.

689년에는 귀족의 사유지를 중국 방식처럼 그들에게 할당해 주는 토지로 전환시키려는 시도가 있었지만, 이러한 노력은 실패로 끝나 버리고 757년에는 완전히 포기되었다. 한편 722년에는 당(唐) 초기의 토지 제도와 조세 제도를 본떠서 농민에게 농지를 분급하려는 노력이 시작되었다. 일본에서 보관되고 있는 한국의 문서에 의하면, 중국식의 토지 등록이 적어도 755년까지는 유지되고 있음을 알 수 있지만, 이 제도가 얼마나 성공했는지는 확인하기 어렵다.

중국식 정치 제도와 경제 제도의 채택은 아마도 부분적으로는, 낡은 부족 사회의 붕괴와 그 결과로 생긴 정치적 결집력의 상실로 인해 불가피하였을 것이다. 그러나 세습적 특권에 대한 전통적 감각이 너무나 강하게 남아 있어서, 중국식 정치의 모형을 철저하게 채택하는 것을 방해하였다. 바로 이 무렵 중국에서는 과거 제도가 정치와 사회를 형성하는 중요한 요소로서 출현하였지만, 한국에서는 이 제도를 차용하려는 어떠한 진지한 노력도 기울여지지 않았다. 그 대신 관직을 취할 수 있는 자격이 여전히 세습적 골품에 의해 결정되었으며, 정부의 전체가 왕실과 다른 귀족 가문들에 의해 지배되는 상태로 남아 있었다. 조정이 중국 모형을 따라 만들어진 질 좋은 공예품의 생산을 독점하였다. 조세를 바치는 중국식의 농민을 광범하게 창출하려는 노력이 있었음에도 불구하고, 대부분의 한국 농민들은 사실상 농노의 상태에 머물러 있었으며, 이들의 노동은 중앙 정부를 지탱하는 데 사용되기보다는 세습 귀족의 재부를 증대시키는 데 이용되었다.

신라의 문화 7세기는 중국에서 불교의 전성기였으며, 이 시기의 한국인들에게 가장 매력적이었던 것도 유교가 아니라 이 인도의 종교였다. 불교는 중국 문명의 위세를 등에 업고 중국에서 발달한 낙관주의적 마하야나(Mahayana, 大乘佛敎)의 형태를 띠고 들어왔기 때문에, 한국인들에게는 재래의 고유 신앙보다 훨씬 더 큰 보호의 힘을 제공해 줄 뿐만 아니라 세속적·영적인 보상을 모두 풍족하게 약속해 줄 것으로 보였다. 불교를 동반한 아름다운 예술 역시 직접적인 매력을 갖고 있었으며, 같은 시대의 일본인들과 마찬가지로 한국인들은 중국의 가장 고급한 예술적 기교를 습득하는 데 놀라운 능력을 보여 주었다. 이는 그리스도 교로 새로 개종한 북부 유럽 인들이 그리스도 교와 융합하게 된 지중해 연안의 고전적 예술을 흡수하는 데 많은 시간이 걸리고 그다지 성공하지 못하였던 것과는 판연히 대비된다.

중국으로 유학간 다수의 한국인 승려들 가운데서 어떤 이들은 인도로 가는 여정을 끝까지 포기하지 않았지만, 다른 이들은 중국 불교의 여러 종파들을 갖고 한국으로 되돌아왔다. 믿음을 통해 구원을 얻을 수 있다는 '정토(淨土)' 종의 단순한 가르침이 특히 유행하게 되었지만, 신라 시대의 후기에는 선(禪, 중국어로는 Zen)종이 유력한 종파가 되기도 했다. 왕과 귀족들은 아름다운 사원들을 세우는 데 많은 재부를 소모하였으며, 마침내 이들 사원들은 너무나 부유하고 강력하게 되어 정부는 이들의 토지 소유에 제한을 가하지 않을 수 없게 되었다.

직사각형의 돌과 벽돌로 만든 신라 시대의 수많은 사탑(寺塔)과, 돌이나 청동으로 만든 수많은 불상들이 남한 전역에서 발견되는데, 그 예술적 수준은 당대(唐代)의 중국에서 만들어진 그 어떤 것과 비교해도 손색이 없다. 751년에 경주에서 몇 마일 남쪽에 세워진 사찰 불국사(佛國寺)의 불상들, 이 사찰의 뒤편 산등성이에 높게 위치한 석굴암(石窟庵)의 큰 석불(石佛), 그리고 얕게 양각(陽刻)한 석조상(石彫像)들은 당의 양식으로 만들어진 최고 수준의 불교 예술품이다. 아름다운 형상을 얕게 양각하여 장식한 11 피트 높이의 대형 청동종〔奉德寺鐘〕역시 신라 불교의 위대한 유물 가운데 하나로서 지금 경주 박물관에 소장되어 있다.

신라의 문화 발전을 제한하는 한 가지 요인은 초기의 일본에서처럼 고유한 언어를 옮겨 쓰기 위한 적절한 문자 체계가 결여되어 있었다는 점이다. 초기

751년 경주 부근에 세워진 불국사(佛國寺)의 석탑〔多寶塔〕.

의 한국인과 일본인들이 알고 있었던 유일한 문자 체계는 한자(漢字)였지만,
한자는 음절이 많고 굴절이 심한 그들 고유의 방언을 쓰는 데는 매우 적합하지
못하였다. 결국 그들은 모든 기록을 외국어로 표기하지 않을 수 없었다. 이러
한 상황으로 인해 중국의 영향력이 두 나라로 침투해 들어가는 것이 더욱 용이

경주 부근 석굴암(石窟庵)에
있는 8세기의 양각 조상(陽
刻彫像).

하였을 것이며, 한국의 경우는 결국 지방의 지명(地名)과 개인의 이름을 중국
식 이름으로 바꾸는 결과가 초래되었다. 중국과 월남에서처럼, 한국에서도 신
라 시대부터 내내 개인 이름이 김(金), 박(朴), 혹은 이(李)──── 가장 일반적인
이 셋을 합하면 오늘날 한국 인구의 약 절반에 해당한다──── 와 같은 한 자(혹
은 때로 두 자)의 성(姓)과 그 뒤에 붙는 한 자 혹은 보통 두 자로 된 개인 이름
으로 이루어진다.

　외국어로 적는다는 불리한 조건에도 불구하고 신라에서는 역사 기록, 불교
서적, 한시(漢詩) 등의 기술과 같은 문학 활동이 수없이 많이 이루어졌다. 그
결과 고유한 한국어 어휘와 이름들을 한 음절 한 음절씩 한자로 옮겨 쓰기 위
한 이두(吏讀)라고 불리는 기록 방식이 개발되었다. 이 방법으로 인해 한국어
어휘로써 중국의 전적을 설명하고 한국어로 지어진 시를 기록할 수 있게 되었
지만, 이두로 기록되어 지금까지 전해지고 있는 시는 몇 편 되지 않는다.

신라의 쇠퇴와 몰락 668년의 한국 통일을 뒤이은 신라의 황금 시대는 8세기 중엽에 이르러 기울어지기 시작했다. 이때에 이르러 재래의 부족 사회는 이미 심각하게 파괴되었다. 예컨대, 왕족은 너무나 광범위하게 확장되어 서로 경쟁하는 군소 단위들로 분열되고, 골품은 이제 더 이상 사회를 결집하고 조직하는 힘을 갖지 못하게 되었으며, 화랑도라 불린 귀족 자제들의 전사 집단은 나약한 예술 애호가 집단으로 퇴화하였다. 한편 중국에서 차용해 온 정치 제도들은 능력에 기초한 진정한 관료 체제의 창출에 성공하지 못하고 퇴화하기 시작하였으니, 이는 마치 그것과 똑같은 제도들이 일련의 중국 왕조들에서도 1세기 남짓 운용된 뒤에는 많은 국력을 소모하면서 효율성이 크게 떨어지게 된 것과 흡사하다. 재래의 결속감이 약화됨에 따라 가문들끼리 재부를 다투고 정부 관리들끼리 권력을 다투는 일이 더욱 격심해졌으며, 새로운 관료 제도들이 이러한 긴장 상태를 이완시키는 데 적절하지 못하다는 사실이 입증되었다.

  신라의 운명을 크게 바꾸어 놓은 전환점은 10년 이상의 반란이 있은 뒤 왕〔惠恭王〕이 암살되었던 780년에 왔다. 그 뒤 1세기 반 동안에, 왕족 내의 경쟁적인 여러 가계에서 나온 20명의 왕들이 폭력으로 왕위를 얻고 잃으면서 일련의 짧은 치세들을 서로 이어나갔다. 이 같은 연속된 분쟁의 결과로서 822년에 단명의 경쟁 국가가 옛 백제 땅에 세워졌으며 다른 반란 사건들이 그 뒤를 따랐다. 부유한 호족(豪族)들이 지방에서 독자적인 지배력을 확보하였으며, 심지어 상인들도 경제적 권력뿐만 아니라 정치적 권력까지 구축하였디.

  상업적 배경을 가진 가장 특색 있는 인물은 장보고(張保皐)였다. 그는 중국의 동해안을 따라 위치하면서 이 당시 동지나해의 통상을 지배하였던 것으로 보이는 한국인 교역 공동체들의 지도자로 부상하였다. 828년에 한국으로 돌아온 장보고는 한반도의 서남단에 떨어진 한 섬〔莞島〕에 자신의 본부〔淸海鎭〕를 설치하고 사실상 해상 교역의 왕자가 되었다. 그는 839년에 신라 왕위를 다투는 후보 가운데 한 명을 왕위에 앉히는 데 도움을 주었으나, 자신의 딸을 왕비로 들이려 하였을 때 귀족들의 깊은 편견과 충돌하여 846년에 몰락하였다.

  889년에 이르러 중앙의 권위가 와해되고 농민 반란이 온 나라를 휩쓸기 시작하였다. 3년 뒤에 후백제(後百濟)라는 나라가 비천한 출신의 한 인물〔甄萱〕에 의해 서남방에서 세워졌으며, 901년에는 신라 왕실의 한 서자〔弓裔〕가 북부

에서 후고구려(後高句麗)를 건국하였다. 그의 신료 가운데 한 냉이요, 싱업적
배경을 갖고 있었던 왕건(王建)이 918년에 이 새로운 국가의 지배력을 장악하
였으며, 935년까지 신라의 잔여 세력을 흡수하는 데 성공하고, 그 다음해에는
후백제를 멸망시켜 한국을 다시 통일하였다.

고려 전기

고려의 정치   왕건은 국가의 이름을 고려(高麗)로 바꾸었는데, 이는 고구
려(高句麗)를 줄인 말이고 '코리아(Korea)'란 이름의 본래 말이다. 고려 왕조는
918년부터 1392년까지 4세기 반 이상이나 지속되었으며, 중국적 정치 양식을
한국에서 확립하려는 또 다른 흐름이 그 첫 세기를 장식했다. 신라 시대 후반
부의 긴 반란과 전쟁의 세월이 낡은 골품 제도와 모든 부족적 질서를 쓸어 버
리고, 국가 건설의 새로운 출발을 위하여 정치 마당을 깨끗하게 비워 두었다.
고려 왕들의 사후 칭호〔廟號〕는 점증하는 중국의 문화적 자취를 상징하였다.
예컨대 왕건은 태조(太祖)로 알려져 있는데, 이는 거의 동시대에 살았던 송
(宋)의 첫번째 황제의 묘호이기도 했다.

고려 정부의 기본적 구조는 태조와 그의 두 후계자인 광종(光宗；949~975)과
성종(成宗；981~997)의 치하에서 형체를 갖추었으며, 그 제도는 11세기를 통해
계속 수정되고 개선되었다. 수도는 한강(漢江) 어귀의 조금 북쪽에 위치한 개
성(開城)에 있었다. 개성은 중국의 기준으로 보아도 당당한 규모의 도시였으
며, 장안(長安)의 방식대로 장기판 모양으로 구획되고 거대한 궁성이 우뚝 솟
아 있었다. 제 2의 수도인 '서경(西京)'이 고구려의 옛 수도였던 평양에 세워
졌으며, 그보다 더 작은 수도들이 옛 신라의 수도였던 동쪽의 경주〔東京〕와 남
쪽의 오늘날 서울〔南京〕에도 세워졌다. 중앙 정부의 제도들은 당(唐)과 송(宋)
의 그것과 매우 근사한 것이어서, 당의 그것과 같은 3 성(三省), 중추원(中樞
院), 전통적 6 부(六部) 및 보다 덜 중요한 다수의 행정 기관들이 갖추어졌다.
958년에는 과거 시험 제도가 중국의 모형에 따라 실시되었으며, 유교 경전을
가르치고 과거 시험을 준비시키기 위하여 중앙 정부가 관리하는 학교들이 설
립되었다. 중앙군이 강력한 상비군(常備軍)으로 만들어졌으며, 전시에 대비하

여 국가 동원 체제가 개발되었다.

태조의 치세중에 변경이 평양 지역에서 북쪽으로 밀려올라갔으며, 고려는 곧 팽창하는 거란(契丹) 세력과 부딪치게 되었다. 거란은 947년에 요(遼) 왕조를 세웠으며, 993년과 1010년에는 두 차례에 걸쳐 고려를 대거 침공하여 수도를 약탈하고 고려에게 요의 종주권을 받아들이도록 강요하였다. 1018년에 감행된 요의 세번째 침공은 큰 손실을 입고 격퇴되었으며, 그 결과 고려는 압록강 하류까지 이르는 한반도 북부에 대한 영구적인 지배권을 확립할 수 있었다. 1033년부터 1044년까지, 고려는 압록강 어귀에서 동쪽으로 지금의 원산(元山) 부근의 약간 북쪽에 있는 동해안에 이르기까지 북방 경계를 따라 장성(長城)을 구축하였다. 그리하여 11세기에 이르러서는 동북방 구석을 제외한 오늘날 한국의 전역이 통일된 한국 정부의 지배 아래로 들어오게 되었다.

사회와 경제   고려 왕조의 출발은 매우 성공적이었으며, 당당한 규모로 중앙 집권화된 중국형의 정부가 발달하였다. 그러나 이 같은 겉보기와는 달리 고려의 사회는 중국의 사회와 크게 달랐다. 비록 골품은 사라졌지만, 한국인들은 여전히 중국인들보다 훨씬 더 분명하게 세습적 계급들로 나누어져 있었다. 사회의 정상부에는 태조의 동료였던 세습 귀족과 옛 신라의 귀족 출신으로 태조를 지원한 강력한 가문들이 있었다. 이들 귀족적 가문들은 수도에 집중하여 정부의 고위직을 독점하면서 폐쇄적인 지배 집단을 구성하였다. 이론상으로는 다른 사람들도 관료 기구에 접근할 수 있도록 과거 시험이 개방되어 있었지만, 실제로는 계층적 편견과 고전 학습을 오래할 수 있는 기회의 결핍 및 사소한 제한들로 인해 평민들은 정부에서 배제되었다. 고급 귀족의 자제들은 과거 시험을 치르지 않고서도 관직을 받을 수 있었으며 과거 시험으로 이끌어 주는 학교들은 대부분 그들에게만 개방되었다. 무관(武官)은 비록 문관(文官)과 매우 차별되고 문관보다 훨씬 아래의 지위로 간주되기는 했지만, 그들 역시 순수하게 세습적인 준(準)귀족이 되었다.

귀족들은 이론상으로는 당대 초기의 제도처럼 그들을 먹여 살릴 토지를 관등(官等)과 관위(官位) 및 관직(官職)에 따라 정부로부터 지급받았지만, 실제로는 이런 땅들이 곧 그들 개인 소유의 사전(私田)이 되었으며, 나머지 공전(公田), 즉 조세를 바쳐야 하는 땅들도 그들의 손안으로 끌려들어가는 경향이 있었다. 그 결과 중앙 정부의 조세 기반은 출발 때부터 취약하였고 그 뒤에도 계속 약화되었다.

비록 많은 토지가 귀족들의 대농장 안으로 흡수되었지만, 이들 가문들은 자신의 농장에서 살지 않고 개성에 모여 살았다. 정치적 지도력과 정치적 활동은 모두 중국에서보다도 더 철저히 수도에 집중되어 있었으니, 그 까닭은 아마도 한국이 비교적 작은 나라이고, 요(遼)와 같은 반(半)유목 제국의 기동력 있는 기마 부대가 가하는 위협에 대하여 중앙 집중적으로 대응할 필요가 좀더 컸기 때문일 것이다. 수도의 관계(官界)와 지방의 그것 사이에는 큰 차이가 있었다. 귀족들은 지방의 관직을 거의 갖지 않았을 뿐만 아니라 또한 그것을 기피하여, 지방 정부를 주로 군소 지방 귀족들의 손에 맡겨 두고, 그 대신 그들을 인질 제도[其人制]로써 엄밀하게 통제하였다.

농사를 지어 조세로써 정부를 지탱하고, 지대(地代)로써 귀족을 먹여 살리는 대부분의 인구는 '양민(良民)'이라 불리운 평민이었다. 평민 아래에는 '천민(賤民)'이 있었는데, 이들 대부분은 노비였지만 광산과 도자기 공장, 역참(驛站), 기타 특별한 일에 종사하는 정부의 노동자들도 여기에 포함되었으며, 때로는 마을 전체의 농민들이 천민에 포함되기도 했다. 이러한 세습적 천민 집단은 신라 시대부터 존재했지만, 고려 시대에는 더 많이 있었던 것으로 보인다.

당대 후기와 송대의 중국과 비교한다면, 고려의 경제는 후진적이었다. 9세기의 한국 상인들은 동아시아의 국제 교역에서 중요한 위치에 있었으나, 그 뒤로는 점점 미미한 존재로 전락하여 나라 안에서조차도 상인 계급의 역할은 보잘것없는 것이 되어 버렸다. 수도를 제외하면 고정된 상점이 사실상 없었으며, 교역은 행상에 의해 정기적 장날에 이루어졌다. 정부는 996년부터 동전(銅錢)을 주조하기 시작하였지만, 교역의 대부분은 여전히 물물 교환의 형태로 이루어졌다. 국가의 부(富)는 징세를 통해 수도에 크게 집중되었고, 사유 농장에서 생산된 잉여 농산물은 그들의 귀족 지주들에게 바쳐졌으며, 대부분의 질 좋은 공예품의 생산도 수도에 집중되어 궁정과 귀족에 공급되었다. 고려에 갔다 온 송의 사자(使者)들도 수도의 궁궐이나 대저택들과, 수도를 제외한 한국 전역의 누추한 오두막들의 대조적인 모양에 대하여 언급하였다.

고려의 문화 불교는 고려 시대 전기에 한국에서 전성기를 누렸고, 귀족 생활과 귀족 문화에서 큰 자리를 차지하였다. 태조(太祖)는 자손에게 남긴 '열 가지 훈계[十訓要]'에서 왕조의 성공은 오로지 부처의 보호에 달려 있다고 말했다. 사원들은 많은 토지를 기증받았고, 때로는 중국의 경우처럼 은행의 기능을 맡거나, 역시 이 시기에 일본에서 일어났던 것처럼 그들의 재산을 보호하기 위하여 그들 자신의 사병(私兵)을 기르기까지 하였다. 불교의 '국사(國師)'들은 정부 안에서 조언자의 역할을 수행하였던 것으로 보인다. 왕자 출신의 승려 의천(義天)은 11세기 후반에 중국에서 천태(天台, 중국어로는 T'ien-t'ai)종을 갖고 왔으며, 이 종파는 곧 고려 불교에서 지배적인 세력이 되었다. 그러나 약 1세기 뒤에 또 다른 승려가 선(禪)의 요소로부터 조계(曹溪)종을 발전시켰으며, 이 종파 역시 그 뒤에 유력한 지위를 얻게 되었다.

이 시기 불교의 활력을 보여 주는 표지의 하나는 11세기중에 불교 대장경을 모두 인쇄한 일이었다. 이 목적을 위해 60년 이상이 걸려 새겨진 목판(木版)들은 그 뒤 13세기에 몽고가 침입하여 모두 파괴되었지만, 이 국가적 고난은 1236년부터 1251년까지 새로운 목판 한 질을 새기는 또 다른 큰 노력을 고무하였다. 8만 1,000장이 넘는 이 목판과 약간의 낡은 목판들이 남한의 아름다운 가야산(伽倻山)에 높이 위치한 해인사(海印寺)에서 지금까지 보관되고 있어, 세계에서 유례없는 초기 인쇄의 독특한 자료가 되고 있다.

불교는 고려 시대에 이르러 때로는 상충되는 불교 종파들끼리 융합하게 되었으며, 그때까지 남아 있었던 샤머니즘(巫覡信仰)의 의식과 풍수 지리설(風水地理說)과 같은 여러 가지 도교(道敎)적 개념들까지도 포함하게 되었는데, 특히 풍수 지리설은 불교 사원들의 위치 선정에 영향을 미쳤다. 사실 불교는 교리 내용이 너무나 혼란스럽고 성격이 완전히 다른 사상들이 뒤섞여 있었기 때문에 자신의 실체를 상실하기 시작하였다. 이와 더불어 동일한 시기에 중국에서도 불교가 쇠락하였다는 사실도 고려 시대 이후 인도 종교가 급속히 타락하게 된 원인이 되었을 것이다. 비록 한국이 명목상으로는 1,500여 년 동안이나 불교 국가였다고 하지만, 지금의 남한(南韓) 국기가 불교 시대 이전의 중국 철학을 상징하는 모양——음(陰)과 양(陽)이라는 상호 보완적인 두 요소가 두 개의 콤마[句點] 모양으로 서로 휘감겨 있고, 〈주역〉에 나오는 4종의 8괘(八卦)가 그 둘레를 에워싸고 있다——을 그리고 있다는 사실은 의미 심장한 일이라 하겠다.

고려의 불교 예술은 신라 시대 예술의 탁월한 수준에서 쇠락하였음을 보여 주는 반면, 풍경화 그리기와 도자기 제조와 같은 세속적인 예술이 심미적 노력의 중심으로 자리잡았다. 백색과 회색의 흙을 상감(象嵌)하여 아름다운 무늬를 만들고 우아한 모양으로 형태를 갖춘 담녹색의 고려 청자는 송의 자기로부터 자극을 받았으면서도 송 자기와는 아주 다르게 발달하여, 세계 도자기 예술사상 가장 위대한 승리의 하나가 되었다.(원색 도판 11, 12 참조)

고려 시대에는 학술 활동과 문학 활동이 더욱 활발하게 이루어졌다. 1055년에 유학을 가르치는 최초의 사설 학교가 설립되었고, 다른 학교들도 그 뒤를 이었다. 저명한 학인 정치가였던 김부식(金富軾)이 1145년에 지금까지 남아 있는 한국의 역사 저작 가운데 가장 오래된 〈삼국사기(三國史記)〉를 편찬하였다. 이 책은 초기 한국 역사에 관한 한국 고유의 가장 중요한 문자 자료이며, 이 책의 기사 내용은 13세기에 승려〔一然〕가 편찬한 〈삼국유사(三國遺事)〉에 의해 일부 보완된다.

고려 후기

조정에 대한 군사적 지배   중국식 중앙 집권적 지배 체제는 1세기 조금 넘게 성공적으로 기능한 다음, 11세기 후반부터 붕괴의 조짐을 보여 주기 시작하였다. 이러한 현상은 앞서 신라 시대에도 일어났고 일련의 연속된 중국 왕조들에서도 되풀이해서 일어난 바 있다. 귀족 사유지가 정부의 조세 기반을 끊임없이 침탈하고 귀족의 가문들끼리 조정의 권력을 놓고 다툼에 따라, 정부의 권위는 점차 기초부터 흔들리게 되었다. 왕정 체제는 신라 시대처럼 비교적 취약한 상태로 남아 있었으며, 왕위를 점유했던 사람들의 다수가 궁정 파벌 다툼의 인질에 지나지 않았다. 11세기 중엽에, 김(金)씨 가문이 왕실과의 통혼(通婚)을 통해 조정에서 지배적 지위를 획득하였고, 그들을 대신하여 막강한 권력을 구축한 이(李) 씨 가문은 1126년의 궁정 쿠데타로 끝내 소멸되었다. 그 결과 불교 승려 묘청(妙淸)이 풍수 지리설과 음양설의 대가로서 권력을 획득하였다. 그는 평양으로 수도를 옮기려는 노력이 실패로 돌아가자 1135

년에 반란을 일으켰지만 학인 정치가였던 김부식(金富軾)에 의해 곧 진압되었다.

중앙 정부에 대한 보다 심각한 도전은 무관(武官)으로부터 왔다. 이들은 시종 일관 문관보다 좋지 않은 대우를 받아 왔기 때문에 깊은 불만을 품게 되었으며, 1170년과 1173년에 정중부(鄭仲夫)가 지휘하는 궁중 경호병들이 궁정 쿠데타를 실행하여 문관들을 살육하였다. 그러나 무관들은 곧 서로 분열되어 다투었다. 정중부가 제거되었고, 지도자가 되기를 희망한 또 다른 사람들이 같은 운명을 만났다. 한편 대규모의 농민 반란이 1176년에 폭발하였으며, 그 다음 수십 년 동안 노비와 농민들의 반란이 전국을 휩쓸었다.

마침내 최충헌(崔忠獻)이라는 무관이 1196년에 조정에 대한 지배권을 획득하게 되었으며, 그 다음 수십 년 동안 수도에서 자신의 지위를 안정시키고 전국에 약간의 질서를 회복시킬 수 있었다. 그 과정에서, 그는 반세기 이상이나 지속하게 될 군사 지배 체제를 구축하였다. 그는 자신의 권력 기반을 개인적 충성을 기대할 수 있는 3,000명의 궁정 경호 부대와 일단의 노비병단에 두었고, 자신의 지지자들에게 토지를 할당하는 은택을 베풀고 국가를 사실상 통제하는 사적(私的) 정부 조직〔晋陽府〕을 만들었으며, 일련의 여러 왕들을 자신의 꼭두각시로 이용하였다. 1219년에 최충헌의 권력을 계승한 그의 아들 최우(崔瑀)는 약간의 문관들을 정부로 되돌아오게 하여, 비록 그 자신의 철저한 통제하이기는 했지만 새로운 체제가 좀더 안정되게 되었다.

지주 귀족에 의한 왕위의 찬탈이 아닌 권력의 찬틸, 그리고 무가(武家)에 의한 지도력의 장악과 사적 행정 기관을 통한 국가의 통제는 중국의 정치적 규범과는 상당히 동떨어진 것이었다. 그 까닭의 일부는 송 왕조가 비교적 허약하였고, 송과 한국 사이에 반(半)유목민적 이적의 기원을 가진 요(遼) 왕조와 금(金) 왕조가 차례로 끼여들었기 때문일 것이다. 그러나 중국적 모형이 이처럼 변형된 보다 기본적인 원인은 낡은 한국적 양식의 재출현에 있었던 것으로 보인다. 귀족 가문들 상호간의 날카로운 경쟁, 최씨 정권이 기초한 전사(戰士) 집단, 그리고 다른 무가들에 대한 통제를 공고히 하는 혈족 관계의 결속 등은 모두 초기 신라의 부족 전사 사회를 연상케 한다.

고려에서 일어나고 있었던 것은 거의 동시대에 일본에서 일어나고 있었던 것과도 상당히 유사하였으니, 그 까닭은 초기의 귀족적·부족적 전사 사회로부터 계승된 특징들이 일본인들이 중국에서 빌어 온 정치 제도들을 변형시키고 아주 봉건적인 경험이 될 것임이 분명한 길을 준비하기 시작했기 때문이다. 그러나 고려는 한 가지 본질적 관점에서 일본과, 혹은 수세기 앞선 원시 봉건적 유럽과 구별된다. 최씨와 다른 무가들은 토지나 경작 인구와 아무런 밀접한 관계를 갖고 있지 않았다. 그들은 거대한 규모의 사유지를 소유하고 다른 지역에서 거두어들인 조세 수입을 스스로 할당해서 갖기도 했지만, 그들 자신이 이러한 토지를 직접 경영하거나 그곳에서 그들의 군사력을 끌어 내지도 않았다. 그들은 퇴락한 중앙 정부 안에서 본질적으로 사적(私的)인 성격의 군사 세력 집단으로 남아 있었다. 일본과 원시 봉건제적인 유럽 상황과의 이 근본적 차이는 아마도, 만주와 몽고의 반(牛)유목 제국들로부터 계속해서 가해진 압력이 한국으로 하여금 지방 분산적인 봉건 체제로 잘게 쪼개지는 대신, 중앙 집권적인 군사력을 유지할 필요가 있도록 작용했기 때문일 것이다.

몽고의 정복　고려는 앞서 살펴본 바와 같이 993년부터 1018년 사이에 거란족의 요 왕조로부터 일련의 침입을 받았으며, 1104년에는 급속히 세력을 일으킨 만주(滿洲)의 퉁구스계 여진(女眞)족과 처음으로 다투게 되었다. 여진족은 1115년에 금(金) 왕조를 세웠으며, 그 뒤에 곧 중국 북변에서 요를 멸망시키고 송으로부터 북중국 전역을 탈취하였다. 고려는 지금까지 중국의 종주권을 받아들여 매년 조공 사절을 보내었는데, 이제 다시 금에게도 조공하게 되었다.

　13세기초에 흥기한 몽고(蒙古) 세력은 거란이나 여진이 그러했던 것보다 더 큰 위협을 한국에 가하였다. 몽고를 피하여 만주에서 도망한 여진족이 1215년에 한국 북부를 전란에 빠뜨렸으며, 1231년에는 몽고가 대거 반도를 침입하였다. 그들이 수도를 포위하자, 고려는 평화를 요청하여 막대한 조공의 요구를 감수하고 몽고의 주둔군과 감독관을 전국에 받아들이기로 했다. 그러나 최우는 1232년에 한국의 중서부 해안과 떨어진 강화도(江華島)로 조정을 옮겼는데, 그 까닭은 이곳에서는 가공할 만한 몽고의 기병을 더 효과적으로 막을 수 있을 것으로 기대했기 때문이다. 그 뒤 4 반 세기 동안 한국인들은 몽고에 대항하여 유격전을 전개하였으나, 몽고인들은 온 나라를 거듭 짓밟고 다니면서 1254년 한 번의 침입 때만 해도 20만 명 이상의 포로를 끌고 갔다. 마침내 1258

374

년에 최씨의 네번째이자 마지막 집정관이 암살되었으며, 그 다음해에는 강화도의 조정이 몽고에 항복하였다. 그러나 실제로는 1270년까지는 개성으로 돌아가지 않았으며, 몽고에 대한 산발적인 저항이 1273년까지 지속되었다.

이미 아시아의 대부분과 동유럽의 많은 부분을 짓밟고 중국 정복을 거의 마무리할 단계에 있었던 몽고는 한국에서 견고한 지배력을 확립하였다. 그들은 반도의 북부를 병합하였고, 몽고의 공주를 고려에 거듭 출가시킴으로써 고려 왕실을 사실상 몽고 지배가의 한 지파로 만들었으며, 고려가 몽고에 종속되었음을 분명히 하기 위하여 정부 조직의 명칭을 바꾸었고, 몽고의 주둔군과 관리들을 통해 이 나라를 통제하였다. 고려의 귀족은 문화적으로 많이 몽고화되었으며, 흔히 몽고인 공주들에 의해 지배되었던 왕실의 가족조차도 고려에서보다는 북경(北京)에서 거주하는 일이 더 많았다.

매년 보내는 조공의 부담은 농민들에게 무겁게 떨어졌으며, 1274년과 1281년에 일본에 보낸 몽고의 두 차례 대규모 원정대를 준비하는 일은 특히 성가시며 부담이 큰 일이었다. 두 번 다 한국인은 900여 척의 함선을 건조하고 엄청난 양의 보급품을 공급하고 상당한 규모의 군대를 함께 파견하도록 요구받았다. 이리하여 몽고가 지배한 시기는 평민들에게 경제적 고통의 시간이었고, 상류 계층에게는 정치적·정신적 압박의 시기였다. 이와 동시에, 한국이 거의 전세계를 포괄하는 몽고 제국의 일부였다는 사실은 한국이 다른 어떤 때보다도 해외로부터 오는 문화적·기술적 영향에 더 개방되어 있음을 의미하였다. 이 시기에 이루어진 여러 가지 혁신 가운데는 면화(棉花)의 재배, 화약의 사용, 서아시아로부터의 천문학적·수학적 지식의 차용 및 중국으로부터 온 신유가(新儒家) 사상의 강렬한 충격 등이 있었다.

고려의 몰락　　몽고 대왕(大王)의 굳건한 손이 고려 왕조를 1세기여 받쳐 주었으나, 이 같은 표면의 아래에서는 중앙 정부의 기초가 산산조각나고 있었다. 농경지는 계속 공유지에서 귀족의 사유지로 흘러들어갔으며, 지금까지 조세품을 내어 오던 평민들이 호족들의 노비나 농노로 변신하였다. 정부의 세입은 계속 줄어들었으며, 감소된 정부 관리들에게 지급할 적절한 재원도 더이상 존재하지 않았다. 외세 침입과 내전의 기간이 길어짐에 따라, 사회 계층의 변환이 약간 이루어졌으며, 평민이었던 다수의 사람들이 천민의 지위로 전락하였다.

또 다른 혼란의 요인은 되풀이되는 왜구(倭寇)의 침략이었으니, 이는 수세기 앞서 유럽에서 자행된 고대 스칸디나비아 인들의 약탈과 비슷한 것이었다. 왜구의 공격은 13세기부터 시작되어 14세기 중엽에는 그 피해 규모가 심각한 수준에 이르렀다. 왜구들은 해안 지방과 도시들을 약탈하여 때로는 그 주민들로 하여금 이 지역을 포기하고 보다 안전한 내륙 지방으로 이주하게 하였을 뿐만 아니라, 정부의 생사가 걸린 곡물 조세의 해상 수송를 혼란에 빠뜨리기도 했다.

고려 왕조는 몽고 세력에 너무나 많이 의존하게 되었기 때문에 몽고 제국이 붕괴된 뒤 오래 지나지 않아서 고려 왕조도 몰락하였다. 1340년대에 중국에서 반란이 폭발하여 몽고 세력의 종말이 가까워짐에 따라, 공민왕(恭愍王 ; 1351~1374)은 조정에서 몽고의 영향력을 감소시키고 몽고에의 종속성을 최소화할 수 있도록 정부의 구조를 재편하였으며, 한반도 북부에 대한 통제력을 회복하였다. 또한 그는 승려 신돈(辛旽)의 도움을 받아 그 동안 사유지로 흡수되었던 토지와 인민을 정부가 다시 되찾을 수 있도록 열심히 노력하였다. 이러한 정책은 자연히 귀족들의 반대에 부딪쳤으며, 1371년에 신돈이 축출되고 그 3년 뒤에는 공민왕 자신도 암살되었다.

중국의 반란 집단(紅巾賊)이 1359년과 1361년에 한국으로 넘쳐들어와 한반도의 북부를 소란케 하였고 심지어는 개성을 공략하기도 하였다. 중국에서 새로 창건된 명(明) 왕조와 연합할 것을 주장하는 사람들과, 몽고와의 옛 결합 관계를 지지하는 사람들 사이에 격렬한 논쟁이 조정에서 일어났다. 그 결과 친원파(親元派)가 승리를 거두었지만, 1388년에 명의 군대가 고려의 북방 변경에 출현하자, 그들에 대항하기 위해 파견된 장군 이성계(李成桂)는 이러한 시도의 어리석음을 깨닫고 중국인들을 공격하는 대신 남쪽으로 회군(回軍)하여 조정을 장악하였다. 수년 동안 자신의 권력을 다진 뒤에, 그는 1392년에 왕위를 찬탈하여 474년간에 걸친 고려 왕조의 치세를 종식시켰다.

제12장

이(李) 왕조 시대의 한국 —— 모범적 유교 사회

개량된 중국형

유 교　1392년에 이성계(李成桂)가 세운 정권은 1910년까지 지속되어 모두 518년이나 존속하였는데, 이는 제국 시대 중국의 어느 왕조와 비교해도 거의 두 배나 긴 기간이다. 이성계는 신흥의 명(明) 왕조와 조공 관계를 신속하게 확립하고, 자기 왕국의 이름으로 조선(朝鮮)이라는 옛 이름을 명으로부터 받았다. 그러나 조선은 이성계의 성(姓)을 따서 흔히 이(李) 왕조라고 불려져 왔다. 이 왕조는 5세기 동안 중국과 밀접한 접촉을 유지하였고 중국에 대한 확고한 충성을 보여 주었다. 조공 사절은 처음에는 매 3년마다 한 번씩 보내어졌지만, 이 왕조는 횟수를 점차 증가시켜 1년에 세 번씩 보내었다. 이들 조공 사절을 통해 중국 영향의 새로운 물결이 한국에 계속 와 닿아, 이미 잘 확립되어 있는 중국적 정치·문화 양식을 더욱 강화하였다.

이 왕조는 한국에서 유교가 절정을 이룬 시기였다. 그 이유의 하나는 당 왕조의 후반부터 중국 자체에서 유교를 다시 강조하게 되었고, 송 왕조 시대에는 주희(朱熹)와 다른 위대한 학자들의 손에서 철학이 발달되고 조직화되었기 때문이다. 또 다른 이유의 하나는 한국이 고려 시대 말기부터 북경에 중심을 둔 몽고(蒙古) 제국의 한 종속 단위로서, 그 뒤에는 이 왕조가 명에 빈번하게 보낸 조공 사절을 통해 중국과 밀접하게 섭촉해 왔다는 점이다. 마지막 이유는 한국인들이 중국적 정치 방식을 사용하는 데 점점 더 성공하고 특히 중국의 과거 시험 제도를 이때에 철저하게 채택함으로써, 지배 계층 전체의 관심을 유교적 개념과 그것을 수록한 경전으로 집중시켰다는 사실이다. 이제 명성과 성공으로 가는 길은 유교적 학술과 사상의 습득에 있기 때문에, 여러 세대의 야심 만만한 한국 소년들은 그들 자신을 위해 이름을 높이고 가문을 위해 권력과 특권을 획득한다는 희망으로 중국 유교 서적들을 열심히 공부하였다.

이 왕조 초기의 한국인들은 중국의 노선을 따라 자신의 가치 체계와 사회적 관습을 이전의 어느 때보다도 더 철저하게 개조할 수 있다는 열정을 갖고 유교를 채택하였다. 한국은 비교적 작은 나라였으며, 따라서 크게 죽 뻗어 있는 중화 제국에 비해 다루기가 더 쉽고 동질성을 유지하기가 더 용이한 단위였기 때문에, 중국에서보다도 더 철저하고 균일하게 유교 사상에 의해 침투되었을 것이다. 사실 한국은 여러 면에서 거의 모범적인 유교 사회가 되었으며, 중국에서 나타난 것보다 더 극단적인 모양으로 유교적 정치 형태의 강점과 약점을 함께 보여 주게 되었다.

예를 들어, 한국인들은 중국인들보다도 더 형식적 교육을 중시하게 되었다. 이것은 아마도 언어와 교육의 주제가 모두 외래적인 것이어서 중국인보다는 한국인 소년들에게 더 많은 훈련이 요구되었기 때문에 필요하게 되었을 것이다. 아마도 유교 경전에 대한 이 같은 집중적 연구의 결과로서, 한국인들은 유교적 원칙들에 대하여 융통성 없이, 그러나 성실하게 애정을 바치고 유교적 의식에 대해서도 거의 열광적으로 충실하게 되었다. 효성(孝誠)이 찬양되어 성실하게 실천되었으며, 부모의 상(喪)을 입은 3년 기간이 의무적으로 지켜졌다. 부인의 정조가 엄격하게 강요되었으며, 과부의 재가(再嫁)는 혹독히 비난되었다. 한문(漢文) 예술이 높이 평가되었으며, 유교의 경전은 지배 계층의 정신을 집중시키는 지적 관심의 대상이 되었다.

유교적 학문을 강조함으로써, 지적 관심의 범주를 좁히고 사상의 독단성을 키우는 결과가 초래되기도 했다. 이조 초기의 유교는 처음에는 교조적(敎條的)이라기보다는 실용적인 성격이 강하였으나, 결과적으로는 신유가(新儒家)의 주희(朱熹) 학파가 과거 시험에서 유일하게 인정받는 해석으로 확고한 지위를 얻게 되었다. 주자학〔性理學〕은 처음에는 주로 한반도 동남방의 경상도〔慶尙

道)에 분포한 이른바 '사림(士林)'파라 불리운 재야(在野) 학자들에 의해 발달하였으나, 김종직(金宗直; 1431~1492)이라는 학자의 지도 아래서 이 학파는 그 가르침을 조정의 경직된 정통 학설로 만드는 데 성공하였다. 아마도 유교가 차용된 이념이었기 때문에, 주희의 원리는 결국 중국에서보다도 한국에서 더 협소하게 제한되었을 것이다.

지적 영역을 제한시키는 유교 정통 학설의 영향은 단번에 나타나는 것이 아니었으며, 15세기는 사실 한국의 지적 노력이 결실을 맺은 황금기였다. 한문으로 된 다수의 중요한 학술 서적들이 이 시기에 나타났다. 백과 전서(百科全書), 지리서, 거대한 의학 개론서, 유교 경전에 관한 주석서 등이 있었으며, 유교적·학문에서 중심된 위치를 차지하는 역사서도 당연히 포함되어 있었다. 이 시기에 편찬된 대규모 역사서 가운데는 1451년에 편찬된 〈고려사(高麗史)〉와 1484년의 〈동국통감(東國通鑑)〉이 있었는데, 양자 모두 중국 역사학의 뛰어난 전통을 따른 것이었다.

유교의 흥기는 동시에 불교의 지위 저락을 의미하였다. 불교는 이미 고려 후기에 점증하는 타락과 감소되는 지적 활력의 징조를 보여 준 바 있었으며, 15세기에 이르면 그 쇠퇴의 경사가 가파르게 되었다. 비록 조정에서 이따금씩 약간의 총애를 불교에 보여 주기도 했지만, 정부는 사원과 승려의 수를 철저하게 제한하였고 1425년에는 여러 종파들을 두 개의 종파로 통합하도록 강제하였다. 사찰들은 흔히 멀리 떨어진 곳에서 도피의 천국으로 남아 있었지만, 한국 불교는 신학적 혼란과 오늘날 불교가 처한 낮은 사회적 평가의 애서한 상태로 가라앉았다.

정 부 새 왕조의 출발로 인해 이성계는 중국적 정치 제도를 창출하는 일을 새로 시작할 수 있게 되었으며, 그 결과 신라나 고려가 이룩했던 것보다 훨씬 더 중국적 모형에 가까운 비슷한 것이 만들어졌다. 비록 그는 서북방에서 여진을 격퇴하고 남방에서 왜구를 물리침으로써 비로소 두각을 나타낸 무인(武人)이었지만, 범상치 않은 능력을 가진 정치인이었음이 입증되었다. 그는 이미 왕위를 찬탈하기 이전부터 나라 안에서 경쟁자들을 깨끗이 제거하고, 토지를 자신의 지지자들에게 다시 나누어 주었으며 정부를 개조하기 시작하였다. 그가 1398년에 양위(讓位)하여 태조(太祖)라는 사후 이름〔廟號〕으로 역사

속으로 물러날 때까지, 새 정권은 잘 출발하였으며, 그의 아들이자 1400년부터 1418년까지 통치한 세번째 왕인 태종(太宗)과 태종의 아들 세종(世宗;1418~1450)의 치하에서 완성되었다.

수도는 그 이전부터 죽 존속해 온 한강(漢江) 유역의 서울에 세워졌으며, 전국은 여덟 개의 도(道)로 나뉘어졌다. 19세기말에 이르러 8도 가운데 세 개 도를 제외한 나머지 5도가 남과 북으로 반분되어 오늘날의 13도가 생기게 되었다. 도는 중국 방식으로 군(郡; 중국의 縣) 및 그와 근사한 행정 단위들[府, 牧 등]로 세분되었다. 중국에서처럼 지방 정부의 몇몇 고급 관직만이 중앙에서 파견된 관료로써 충당되었으며, 역시 후기의 중국 역사에서 볼 수 있는 것처럼 이들 지방관들은 해당 지역 출신자들 가운데서 임명되는 법이 없었다. 세종의 치세중에 압록강과 두만강을 따라 오늘날의 북쪽 경계선이 분명하게 획정되었으며, 동북방 끝 부분에 여섯 개의 군사 도시[六鎭]가 세워지고 압록강 상류를 따라 군대가 주둔하는 네 개의 군[四郡]이 설치되어 북쪽 변방에 대한 한국의 통제가 확고하게 되었다.

명(明)의 형법전(刑法典)이 1395년에 채택되었으며, 2 년 뒤에는 고유한 행정 법전(行政法典)이 첨가되었다. 여러 차례의 개정이 있은 뒤에, 1485년에 법전의 최종적 형태가 갖추어졌다. 중앙 정부의 기구들이 중국의 그것과 아주 비슷하게 되었다. 국가 최고 회의[議政府]와 국가 비서실[承政院], 전통적인 여섯 개 행정 기관[六曹]과 기타 덜 중요한 여러 기관들이 있었다. 매우 독특한 중국적 제도인 감찰 기관이 특히 잘 발달되었다. 사실상 두 개의 감찰 기구가 있어, 그 중의 하나[司憲府]는 정책과 관료들의 행동을 면밀히 조사하여 비판하도록 되어 있었으며, 다른 하나[司諫院]는 왕의 행동에 대하여 간쟁(諫爭)하는 임무를 부여받고 있었다. 세종의 치세중에 설치된 재능 있는 학자들의 집합처 [集賢殿]는 문화적 쇄신을 위한 핵심적 기구로 기능했지만(아마도 명의 翰林院 과 비교할 만한 기관이었을 것이다), 1456년에 세조(世祖)에 의해 철폐되었을 때는 이미 정치적 세력이 되고 있었다. 그 이중적 기능은 20여 년 뒤에 홍문관 (弘文館)에 위임되었으며, 홍문관은 곧 감찰 기관의 세번째 가지로 발달하였다. 왕에게 강의하는 경연(經筵)은 치국(治國)을 주제로 하는 최고 수준의 세미나로서, 하루에 세 번씩이나 만나 주로 중국의 유교 경전을 강독하였다. 그러나 결국 그것은 격렬하게 정책을 토론하는 광장이 되었다.

남도와 북도의 경계
두만강
압록강
경 북
함 남
평 안
북 남
평양
황 해
동 해
개성
강 원
서울
강화도
경 기
황 해
충 청
남 북
경 상
경주
불국사
북 남
해인사
전 라 북
남
부산

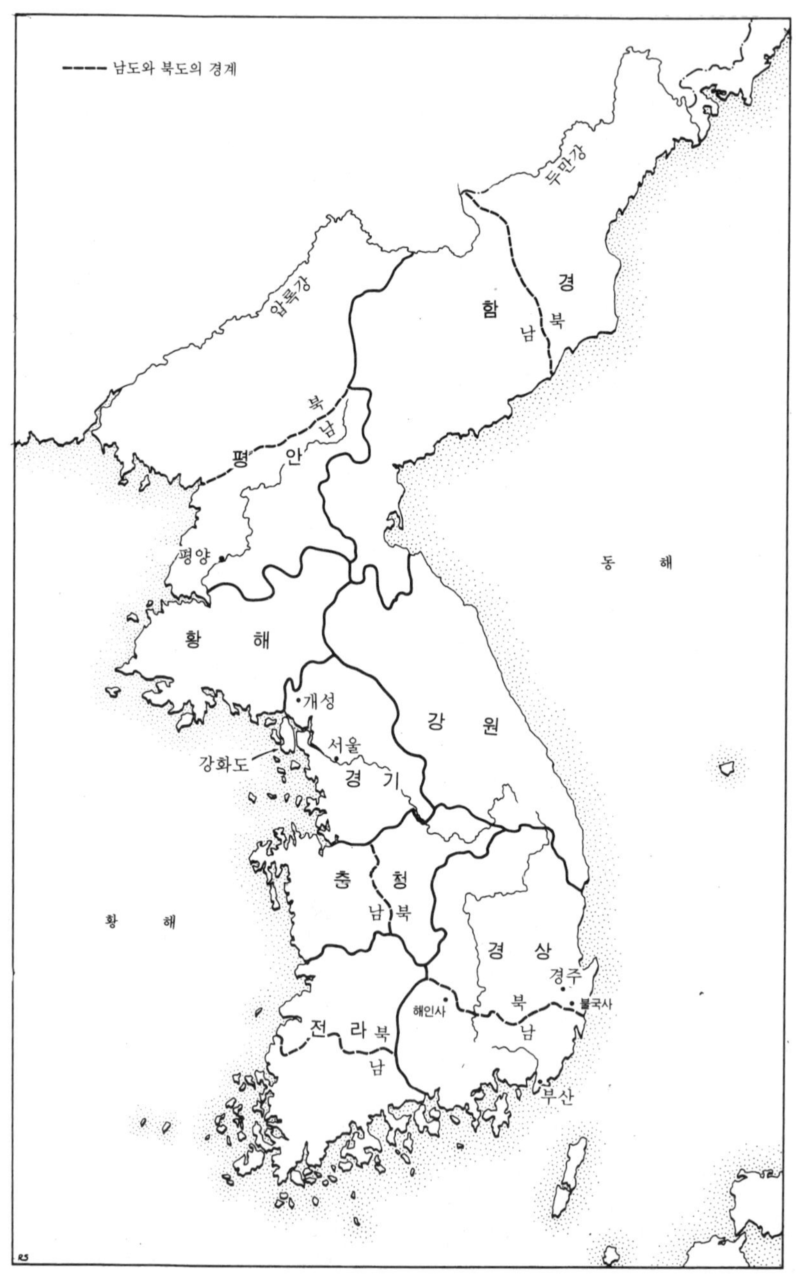

이조 시대의 한국

과거 제도   중국의 과거 제도가 고려 시대에도 관료를 선발하는 데 어느 정도 이용되었지만, 이(李) 왕조의 치하에서는 중국에서 그러했던 것처럼 과거(科擧) 제도가 고급한 관직으로 오르는 가장 주요한 통로가 되었다. 대부분의 한국 촌락들은 전도가 유망한 학생들에게 과거 시험이 요구하는 어려운 한문 경전들을 교육시키는 초보적 단계로서 그들 자신의 조그마한 사설 학교〔書堂〕들을 발전시켰으며, 제 2 단계의 학교들이 정부에 의해 수도〔四學〕와 각 지방〔鄕校〕에서 운영되었다. 제 2 단계의 학교를 졸업하면 3년에 한 번씩 유교 경전과 한문예(漢文藝)를 시험하는 하급 과거〔生進科＝小科〕를 치르는 자격을 부여받았으며, 100 명이 각 부문〔生員科, 進士科〕에서 합격하였다. 문예를 시험하는 과목의 합격자에게는 진사(進士)라는 높은 명예의 학위가 주어졌다.

하급 과거에서 성공한 사람들의 일부는 고급 시험〔文科＝大科〕을 준비하기 위하여 수도에 있는 대학〔成均館〕에 들어갔다. 그러나 왕조가 계속됨에 따라, 점점 더 많은 최종 학위 후보자들이 지방 학교에서 곧바로 이 시험에 응시하였다. 다른 많은 후보자들은 먼저 가문의 특권〔蔭敍〕을 이용하여 하급의 관직을 얻고 나서 다시 이 탐나는 최종 학위를 얻으려 노력하였다. 고급 시험은 각 도에서 갖는 초시(初試)와 수도에서 치르는 최종 시험〔覆試〕으로 나누어졌으며, 복시에서 선발된 33 명에게는 보통 그 시험 등급에 따라 관품(官品)과 관직(官職)이 즉각 주어졌다. 이러한 시험들 모두가 처음에는 3년에 한 번씩 치러졌지만 가외로 임시 시험들이 자주 치러졌으며, 실제로는 최종 시험이 1년에 한 번보다도 더 빈번하게 행해졌다.

일련의 무과(武科) 시험이 문관 시험과 나란히 병행되어, 고급 문관으로 들어가는 사람들보다 상당히 많은 수의 사람들에게 무관이 될 수 있는 자격을 부여하였다. 또한 의학, 법률, 외국어 등과 같은 기술 분야에서 관직을 얻으려는 후보자들을 위한 관립 학교와 특별 시험〔雜科〕이 있었다.

과거 제도는 중국에서 그러했던 것과 같은 장점과 단점의 일부를 나타냈다. 과거는 단지 사회적 지위나 무용(武勇), 재부 등만을 기준으로 하기보다는 개인의 지적 능력을 기준으로 선발된 고급 관료를 생산하였다. 비록 중국에서처럼 고급 관직이 재부를 얻을 수 있는 가장 확실한 일로 인정되기도 했지만, 과거 제도는 정부 관리로서 봉직하는 일이 상층 계급의 커다란 이상이 되게 하였다. 그것도 지적 성향을 가진 사람과 문학적·철학적 훈련을 쌓은 사람들이 정부 조직을 맡도록 했다. 이와 동시에 과거 제도는 학문적·문학적 기술에 대한 교육과 상고적(尚古的)·역사적 관심만을 너무나 지나치게 강조하게 되었다. 이러한 경향은 중국에서보다 한국에서 더 심하게 지적 독창성과 실용적 능력의 발전을 억누르게 되었을 것이다. 왜냐하면 학문은 외국어로 표현되지 않으면 안 되었고, 역사적 관심은 대부분의 한국인들이 오직 서적을 통해서 알 수 있는 다른 나라와 다른 사회에 관한 것이었기 때문이다. 그러나 이러한 약점들이 있었음에도 불구하고 한국에서의 과거 제도는 5세기 동안이나 존속된 관료주의적 정부 형태를 만들어 내었으니, 비록 그것이 초기에 성공적이었다가 후기에 기능이 저하되기는 했지만, 아마도 이처럼 긴 수명을 유지한 정부는 세계 역사에서 따로 찾아보기 어려울 것이다.

사회와 문화

계급 구조　이 왕조는 과거 제도를 성실하게 채택함으로써 앞서 있었던 한국의 여러 국가들보다 훨씬 더 많이 중국화하였으나, 중국과는 다른 근본적인 차이 하나가 여전히 남아 있었다. 과거에서 성공하고자 하는 사람들에게 공평하지 못한 교육적·경제적 제한이 있었으며 계급적 장벽도 있었다. 사실 한국 사회는 옛부터 내려온 분명한 계급 구분의 전통을 그대로 간직하고 있었으니, 이는 처음부터 줄곧 중국 사회의 커다란 개방성과 날카롭게 대조되는 것이었다. 문관 시험〔文科〕에서 성공할 만한 사람은 대체로 양반(兩班;문자상으로는 ‘두 개의 집단’이란 뜻으로 문관과 무관을 가리킨다)이라 불리운 세습적 지배 계급에 국한되었다. 무관 시험〔武科〕은 훨씬 더 넓게 열려져 있었지만, 보다 중요한 무관직의 임명은 일반적으로 이 양반 계급에 제한되어 있었다. 전문가 시험〔雜科〕 역시 사회에서 전문가로서의 역할을 수행하는 세습적 집단에 제한되었다. 그리하여 한국인들은 세습적 신분 개념을 개인 능력을 시험하는 과거를 통한 관료 선발과 결합시켰다.

　양반 가문들은 과거를 장악함으로써 정치적 지도력과 고급한 관직을 독점할 수 있었음은 물론이고, 토지의 대부분을 소유할 수도 있게 되었다. 비록 토지의 일부가 지지와 봉사에 대한 보답으로 관리들에게 분급되었지만, 이론상으

1394년에 건립되었다가 1867년에 재건된 서울 경복궁의 근정전(勤政殿))의 모습.

로는 당대 초기의 제도와 같이 모든 토지의 소유권은 국가에 있었다. 태조는 자신의 관료들에게 수도 부근의 경기도(京畿道)에 있는 토지를 나누어 주었다. 그는 수십 명의 주요 지지자들을 '공신(功臣)'이라는 특별한 명부에 올리고 그들에게 많은 토지와 노비 및 중요한 특권들을 부여하였다. 그보다 더 많은 수의 '하급 공신(原從功臣)'들에게는 더 적은 보답이 주어졌다. 태조의 후계자들도 빈번한 왕위 계승 다툼이 있은 다음에는 같은 방식으로 지지자들에게 보답하였다. 이러한 토지들은 처음부터 세습이 가능한 소유지로 인정되었으며 그 뒤에 매우 심각한 잘못을 범하였을 때에만 벌로서 몰수되었을 것이다. 이처럼 토지를 아낌없이 거듭 분급해 준 결과, 전국의 많은 부분이 양반 가문들이 소유하는 사유지(私有地)로 쪼개지게 되었다. 바로 이들 가문들이 중앙 정부의 고급 관료들을 다수 배출하였기 때문에 토지 소유와 정치 권력은 거의 같은 뜻을 갖게 되었다. 그리하여 사회적 지위, 토지의 소유, 그리고 정치적 지도력은 모두 양반 계급의 손안으로 집중되었다.

그러나 양반은 몇 가지 점에서 그들이 대신하였던 고려의 귀족과는 같지 않았다. 그들은 고려 귀족보다 훨씬 더 광범한 사회 집단을 형성하였으며, 수도에 완전히 집중되어 있지도 않았다. 수도의 최상급 귀족 가문들과 정치적 실권을 장악한 또 다른 가문들은 서울에서 살았지만, 대부분의 양반 가문들은 지방에 있는 그들 사유지에서 거주하거나 적어도 가족의 일부는 시골에서 살았다. 더구나 양반의 사유지는 초기 한국 역사상의 대부분의 장원들이 그랬듯이 조세를 완전히 면제받았던 것은 아니었다. 지주가 거둔 지조(地租)의 15분의 1은 보통 중앙 정부에 조세로 돌려졌다. 그뿐만 아니라 양반의 사유지는 한 덩어리로 합쳐진 장원이 아니라 소규모의 분산된 땅 조각으로 이뤄져 있었다. 따라서 양반의 토지 소유 형태는 어떤 면에서는 송대 이후 중국의 지주제(地主制)와 비슷하였으며, 폐쇄적인 세습적 계급이라는 사실만 제외한다면 양반은 중국의 소위 '신사(紳士)'와 거의 같은 존재가 되었다.

양반과 그 아래 계급들 사이에는 넓고 거의 건널 수 없는 간격이 가로놓여 있었지만, 그들 양반과 왕(王)의 사이에는 그만한 간격이 존재하지 않았기 때문에, 왕은 단지 '동등한 무리 가운데 첫째'보다는 조금 더 높은 존재로 간주되었을 뿐이다. 선대의 왕들과 마찬가지로 이조의 왕들에게도 그들이 종주권을 인정하였던 중국 천자(天子)의 반(半)종교적 분위기와 독특한 지위가 결여되어 있었다. 이러한 차이를 나타내는 표지의 하나가 '공신' 제도였으니, 이는 왕이 강력한 양반 가문의 지지를 받아야 할 필요가 있었음을 보여 준다. 또 다른 표지는 이조 시대에는 감찰 기구〔臺諫〕가 상당히 번성하였다는 것이다. 감찰 기관이 3종이나 있었을 뿐만 아니라, 감찰관들은 흔히 중국에서는 볼 수 없는 저돌성으로 왕과 그 관료들을 혹독하게 비판하여, 때로는 감찰 기관을 주요한 정책 결정체로 만들기도 했다.

양반 아래에는 '중인(中人)'이라 불려진, 비교적 규모가 적고 법적으로 규정되지 않은 계급이 있었다. 이들은 하급 공무원으로 봉사하면서 정부 안에서 여러 가지 특수한 전문직을 수행하였다. 이들은 정부의 전체 기능에 있어서 결코 빠뜨릴 수 없는 중요한 존재였음에도 불구하고, 상위의 정책적 지위에 오를 기회를 거의 갖지 못하였다. 본질적으로 세습적 집단인 중인 계급은 이 왕조가 창건되기 이전부터 있었음이 분명하지만, 많은 수의 양반 서자(庶子)들 가운데서 새로 보충되기도 했다.

인구의 대부분은 평민〔良民〕들로 구성되었으니, 이들은 대부분 조세와 요역을 부담하면서 정부의 토지〔公田〕를 점유하고 있었으며 혹은 양반의 사유지에서 반(半)농노로 존재한 경우도 있었다. 그들은 이전 시기보다 더 긴밀하게 토지에 매여 있었으나, 그들이 경작하는 토지에 대한 그들의 권리를 정부가 보장해 주었기 때문에, 일반적으로 이전보다는 다소 형편이 나은 입장에 있었던 것으로 생각된다. 지대(地代)는 보통 수확의 50퍼센트였지만, 1444년에 정부는 지대를 토양의 상대적 생산성에 연동시키는 방식을 정착시키려는 노력을 시도하였다.

고려 때처럼, 가장 낮은 계급은 '천민(賤民)'이라 불려졌다. 관노비(官奴婢)와 사노비(私奴婢), 관영 공장의 노동자, 백정(白丁 ; 원래 살생을 금하는 불교의 교리로 인해 천시되었다), 배우, 기생 등과 같이 특수한 전문 분야에 종사하는 사람들이 천민에 속하였는데, 특히 기생은 후대의 일본 게이샤〔藝者〕와 비슷한 여성 연예인이었다.

경제와 문화   고려 시대처럼 이 왕조의 한국은 경제 발전에서 중국에 크게 뒤떨어졌다. 통상과 상인에 대한 공적인 경멸은 부분적으로는 중국의 유교적 관점에 기인한 것이지만, 한국은 보다 작고 보다 고립된 나라라는 단순한 이유로 인해, 그것은 중국에서보다도 한국에서 더 어리석은 영향을 경제에 끼쳤을 것이다. 중국과의 조공 관계는 약간의 사치품을 가져다 주었으며, 일본과도 제한된 통상 접촉이 있었지만 주로 일본이 주장하여 이루어진 것이었다. 역로(驛路)와 역참(驛站)은 정부의 목적을 위해 유지되었으나, 국내 교통은 대부분 원시적 상태로 남아 있었다. 정부는 가끔 동전(銅錢)을 주조하고 지폐(紙幣)를 발행할 때도 있었지만, 대부분의 교역은 물물 교환에 의해 이루어졌다. 가게〔商店〕와 상업 도시는 발전하는 속도가 느렸으며, 대부분의 공예품은 수도에서 정부의 손에 의해 제조되었다.

그리하여 한국은 유교적 학문과 중국적 정치 제도가 기능하고 있었음에도

이조 중엽에 그려진 전형적인 중
국식 단색화. "어부와 나무꾼."

불구하고 중국과는 아주 다른 나라로 남아 있었다. 이것은 사회 구조와 경제
발전의 측면뿐만 아니라 다른 보다 가시적인 측면에서도 그러하였다. 농가의
토담과 버섯 모양의 초가 지붕은 벽돌과 기와 지붕으로 만든 중국의 집과 매우
대조적인 것이었다. 이 무렵에 이미 의자를 사용하고 벽돌이나 진흙을 높게
돋우어 가열하는 침대에서 잠잤던 중국인과는 달리, 한국인들은 옛부터 직접
바닥에 앉거나 누웠으며, 진흙으로 만든 방바닥은 기름 종이로 덮고 방 바깥
에서 불을 지펴 연도(煙道)를 통해 열이 전달되도록 하였다. 대부분의 중국인
남녀가 몸에 꼭 죄는 바지와 웃도리를 입었는 데 반해, 한국인 남자들은 느슨

말총으로 만든 전통적인 갓을
쓰고 흰옷을 차려 입은 한국인.

하고 자루처럼 풍덩한 바지를 입었고 여자들은 매우 낙낙한 치마와 짧은 저고
리를 따로 입었다. 검은색 말총으로 만든 한국 남자의 모자와 코끝이 치켜올
진 신발은, 각각 중국과 중앙 아시아에서 유래한 것처럼 보이지만, 역시 중
국인들이 착용하는 것과는 판이하게 달랐다. 또한 중국인들이 검은색과 암청
색의 옷을 많이 입었는 데 반해, 한국인들은 상(喪)중에 흰 옷을 입어야 한다
는 규칙을 너무나 엄격하게 지켰기 때문에, 그 결과 평상시에도 남자들(농민
이나 도시 거주자들의 구분 없이)은 쉴 새 없이 세탁해야 하는 비실용적인 흰
옷을 입는 것이 관습이 되었다. 배추를 소금에 절여 굉장히 맵게 만든 김치를
비롯한 한국의 음식 역시 매우 독특하였다. 이 모든 표면상의 차이 밑에 깔려
있는 사회적인 차이는 중국인들에 비해 좀더 즉흥적인 한국인들의 아주 독특
한 성격이었다. 더구나 한국어는 중국어와는 전혀 다른 유형의 언어였으며,
중국어는 한국에서 오직 문자의 형태로, 그리고 학문적·정치적 목적만을 위하
여 사용되었다. 이 왕조의 한국은 비록 모범적인 유교 국가이기는 했지만, 문
화적으로 중국에 흡수될 위험은 전혀 없었다.

기술과 예술　이조 초기에는 여러 분야에서 많은 기술적 쇄신이 있었다. 수학의 발전이 있었고 새로운 천문 기구가 만들어졌으며, 1442년에는 우량을 측정하는 계기〔測雨器〕가 발명되었다. 그러나 가장 중요한 기술적 쇄신이 유교적 학술과 관련된 것이었음은 조금도 이상한 일이 아니다. 그것은 활자에 의한 대규모 인쇄였다. 중국인들은 11세기부터 활자를 사용하였고 한국에서는 이미 1234년에 금속 활자가 주조되었지만, 세계에서 최초로 활자를 광범하게 상용한 곳은 15세기의 한국이었다. 당시의 위대한 학술 활동의 일환으로, 한국 조정은 1403년부터 1484년까지 여덟 건의 야심 만만한 인쇄 사업을 활자를 사용하여 수행하였다.

　이 시기의 가장 주목할 만한 지적 업적은 한자(漢字)의 한국어 발음을 나타내고, 한국의 고유한 언어를 표기하기 위한 뛰어난 수준의 표음(表音) 문자 체계를 발명한 일이었다. 오늘날 한글(한국의 글자)이란 이름으로 불려지는 이 문자 체계는, 세종(世宗)의 직접적 지도하에 1443년에 집현전(集賢殿) 학자들에 의해 개발되었다. 한글은 아마도 세계의 상용 문자 가운데서 가장 과학적인 문자 체계일 것이다. 기본적 모음(母音)은 수직으로 곧게 그은 선과 수평으로 곧게 그은 선으로 표시되고 그 한 쪽 혹은 다른 쪽에 짧은 선을 가감하여 여러 종류의 모음으로 변화되며, 한 개의 짧은 선은 단순 모음을 나타내고 두 개의 짧은 선은 'y'음이 포함됨을 나타낸다. 자음(字音)은 각 선으로 표현되며, 대기음(帶氣音;h음)을 추가하여 발음하는 자음〔有氣音〕은 그렇지 않은 자음〔無氣音〕의 형태에 선을 하나 더 첨가함으로써 나타냈다(예를 들면, ㄱ과 ㅋ, ㄷ과 ㅌ, ㅂ과 ㅍ, ㅈ과 ㅊ). 한글 체계는 이 같은 개개의 글자들을 음절 단위로 다발지어 묶음으로써, 알파벳 문자의 장점과 음절 문자(예컨대 漢字)의 이점을 모두 아우를 수 있었다.

　한글은 간단하고 한국어를 표기하는 데 거의 완벽한 체계이지만, 처음에는 한문 원전을 해설하거나 고유한 노래와 시들을 적는 데만 사용되었다. 결국 그것은 대중적으로 소모된 이야기들이나 여자와 기타 교육을 거의 받지 못한 사람들 사이의 서신을 적는 일 같은 하찮은 목적으로 사용하게 되었으며, 중요한 학술 업적이나 정부의 문서 등은 모두 한자로 계속 씌어졌고, 교육받은 계급들은 한글을 경시하였다. 한글이 제자리를 찾게 된 것은 1945년에 한국이 일본으로부터 독립을 쟁취한 뒤였다. 한글은 한자에 의해 보완될 수도 있고

한 글

모 음 : ㅏ a ㅑ ya, ㅓ ŏ ㅕ yŏ, ㅗ o ㅛ yo, ㅜ u
ㅠ yu, ㅡ ŭ ㅣ i.

자 음 : ㄱ k ㅋ k', ㄷ t ㅌ t', ㅂ p ㅍ p',
ㅈ ch ㅊ ch'.

기타 자음 : ㅅ s, ㄴ n, ㅁ m, ㅇ ng.

음 절 : *Chosŏn 조 선   Taedong 대 동
ch'ŏnmin 천 민   T'aejong 태 종
Puyŏ 부 여   yangban 양 반
P'yŏngyang 평 양

*k, t, p와 ch는 모음 사이에 놓일 때는 유성음(g, d, b, j)으로 발음한다. ㅇ자는 ng이라는 끝 발음을 표시하거나 첫 자음이 없음을 가리킬 때 사용된다. Ae는 'ㅐ(ai)'로 씌어진다.

단독으로 사용될 수도 있었으며, 그것이 처음 발명되었을 때처럼 20세기에도 한국어를 표기하는 데 뛰어난 기능을 가진 문자 체계임이 입증되었다.

이조 시대에 유교가 지배적이었음은 예술에서도 반영되었다. 탁월한 불교 예술은 존재하지 않았으며, 가장 주요한 예술 활동은 문학적 전통과 밀접하게 관련된 회화와 서예(書藝) 분야에서 이루어졌다. 주제와 표현법에 있어, 중국 회화와 서예의 영향이 뚜렷하였다. 한국의 화가들은 두 개의 다른 사회 집단에서 배출되었다. 양반 출신의 화가들에게 서예와 회화란 사회적으로 인정받은 솜씨를 표현하는 것이었기 때문에, 그들은 취미의 수준을 굳이 고집하였고 학문적 경향의 관심을 갖고 있었으며, 중국적 규범에 단단히 묶여져 있었다. '중인(中人)' 계급 출신의 직업 화가들은 본래 조상의 초상화를 그리는 일에 종사하였다. 도자기 제조 분야에서는 고려 청자의 전통이 종식되었으며, 도공(陶工) 예술은 보다 단순하고 보다 조야(粗野)하게 되었으나 도자기의 이용이 평민들 사이에 보다 광범하게 확산되었다.

정치적 분열

왕과 유학자들의 다툼　　전형적인 왕조 순환의 방식대로 이 왕조는 최초의 100여 년간 빛나는 번영을 구가하였지만, 그 첫번째 세기가 다 지나기도 전에 정부는 쇠퇴의 징조를 보였다. 양반들의 지지를 열망하였던 왕들은 '공신(功臣)'들을 만들고 그들에게 토지를 분급하는 일에 너무나 관대하였기 때문에, 그 결과 새로운 관료들에게 지급할 여분의 토지가 충분하지 못하게 되었고 정부의 수입은 세출과 균형을 이루지 못하게 되었으며, 잔여 공전(公田)에서 사는 농민들에게 부과된 조세와 요역의 부담은 도저히 견딜 수 없을 정도로 무거운 압박이 되었다. 이러한 상황이 세조(世祖 ; 1455~1468)로 하여금 조세 부담자에게 토지를 돌려 주고 왕의 수중으로 조정의 권력을 되돌리도록 할 것을 결심하게 하였다. 그는 토지 조사 제도를 수립하여 실제로 관직을 갖고 있는 사람만이 토지를 소유할 수 있도록 제한하려 하였으며, 심지어는 유교적 양반 계급을 상쇄할 수단으로 불교를 애호하기까지 하였다. 그러나 양반 가문들의 권력을 감소시키려는 이러한 노력은 실패하도록 운명지어져 있었다. 세조 자신조차도 지지 세력을 구하기 위하여 세 번씩이나 공신들을 새로 만들지 않을 수 없었던 것이다.

세조가 죽은 다음해에 그의 **孫子** 성종(成宗 ; 1469~1494)이 왕위에 올랐다. 어린 나이에 왕이 된 성종은 군주의 유교적 의미에 대하여 주의를 기울이도록 철저하게 교육받지 않을 수 없었으며, 그 결과 자기 신료들의 비판에 대하여 매우 관대하게 되었다. 세조가 떠남으로써 정부의 정상부에서는 힘의 공백 상태가 조성되었으며, 감찰 기관[臺諫]의 일부 관료들은 이러한 상황을 이용하여 조정을 지배하려 하였다. 그들은 대부분 김종직(金宗直)이라는 대유학자의 영향을 받아 이상주의적이나 지나치게 이론만을 고집하는 젊은이들이었다. 감찰 기구 안의 안전하고 행정적으로 책임은 지지 않는 안전 지대에서, 그들은 세조와 협조하였던 연로한 행정 관료들에 대하여 맹렬한 비난을 쏘아 보냈다. 그들이 갖고 있던 가장 주요한 공격 근거는 세조가 1455년 조카로부터 왕위를 찬탈하였다는 것이었으며, 이 문제가 이후 관료 사회 안에서 전개된 분파적 논쟁의 기본 골격이 되었다. 감찰 기관들의 무제한적 공격으로 인해 늙은 관료들이 관직에서 물러나고, 정부에서의 강력한 지도력의 발휘는 거의 불가능하게 되었다. 철학적으로 유교적 이상에는 상당히 가까워졌지만, 성종의 치세 동안 정부는 취약하고 분열된 상태로 놓여 있었다.

1494년에 왕위에 오른 성종의 아들 연산(燕山)은 이러한 상황을 몇 년간 용인하다가, 1498년에 이르러 정부에 대한 유교적 비판에 맞서 김종직의 추종자 40~50여 명을 처형하고 유배 보내거나 해임시켰다. 1504년에 연산은 무모하게 자신과 충돌한 관료들에 대한 훨씬 더 광범하고 광포한 공격을 시작하였으며, 그의 이러한 공포 정치는 1506년에 남아 있는 관료들에 의해 왕위에서 축출될 때까지 계속되었다. 비록 연산의 비행에 대한 정적들의 설명이 얼마나 정확한지는 알 수 없지만, 그는 말년에 편집증(偏執症)으로 고통을 받고 난잡하고 방탕한 일에 탐닉하였던 것으로 보인다. 어떻든 그는 이조 제왕 명단에 합법적으로 오르는 것을 관료들로부터 거부당하여, 역사에서는 오직 '연산군(燕山君)'으로만 알려지고 있다.

당 쟁   연산군이 몰락한 뒤에 체제를 다시 장악한 양반 관료들은 권력의 전제적 행사를 억제하는 수단으로서 감찰 기구들을 다시 일으켰으며, 감찰 기구에 소속된 젊은 관료들과 책임 있는 행정 관직을 맡고 있는 연로한 관료들 사이의 싸움이 곧 다시 재연되었다. 저명한 유학자인 조광조(趙光祖)가 감찰 관료〔臺諫〕들의 지도자가 되었다. 조광조는 비록 자신의 지지자들로써 정부를 채우기 위하여 과거 제도를 우회하여 천거(薦擧) 제도를 이용하는 데 주저하지 않았지만, 그와 그의 지지자들은 중국의 고대에 있었던 것으로 가상되는 이상적 유교 국가를 재창출하려는 노력의 일환으로 기존의 제도와 고급 관료들에 대하여 맹렬한 공격을 가하였다. 그러나 결국은 그의 반대자들이 왕의 비호를 받아 자기들의 동조자들로 감찰 기구들을 채우게 되었고, 이러한 기구들을 이용하여 조광조와 그 지지자들을 처형하고 귀양 보내거나 관직에서 축출할 수 있었다.

이제 일련의 힘있는 사람들이나 관료 집단들이 반대 세력을 파괴하는 권력 기반으로서 감찰 기관을 이용하는 방식이 고착화되었으며, 이 왕조에 남아 있던 사람들에게는 이런 종류의 분파 싸움이 이 나라 특유의 것이 되었다. 처음

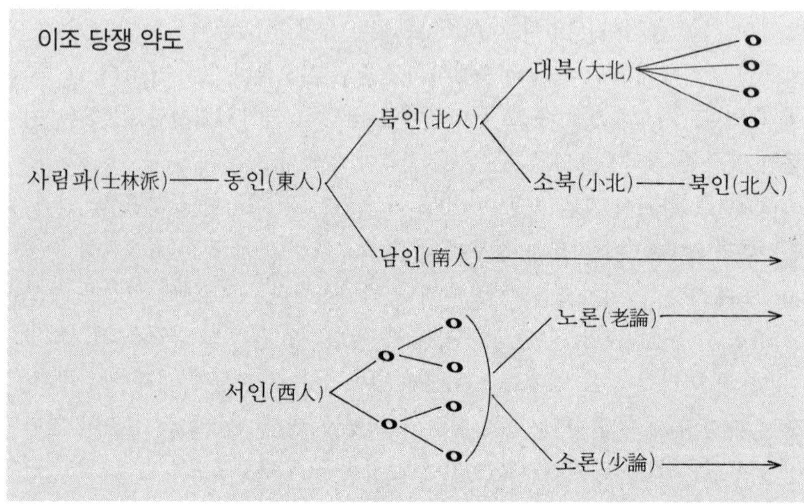

에는 사상적·행정적 불화로 인해 형성되었던 당파(黨派)가 점차 통혼(通婚)까지 거부하는 사실상 세습적인 집단화로 전환되었다. 위로는 최고위 관료들로부터 아래로는 최하위의 학생 후보자에 이르기까지 전(全)학인 관료 계층이 이 당파에 참여하게 되었다. 원래의 논쟁 근거가 분명하지 않게 되었으며, 당파의 형성이 상호간의 싸움에서 세대간의 싸움으로 확대되고, 고급 관직의 권력과 특권 및 경제적 이익에 대한 아주 공개적인 싸움으로 발전하였다.

당파 싸움이란 광범한 관료 사회에서는 어디서나 불가피한 일이겠지만, 특히 전통적인 중국형의 정부에서는 다른 경우보다 더 심각한 분열상을 보여 주는 것 같다. 유교에서는 올바른 행위가 정치적 지도력의 기초로서 강조되었기 때문에, 한 사람의 정책과 그의 도덕적 가치 사이에는 아무런 구별이 없어, 서로가 서로를 번갈아 가면서 공격하게 되었다. 그 결과, 반대되는 정책이 정직한 의견 차이의 산물로 받아들여지지 않고 도덕적 사악함의 표지로 간주되는 것이 보통이었다. 정치 제도가 단지 보편적 윤리 질서의 반영으로만 생각되었기 때문에 그것에 대해 의견을 달리할 수 있는 여지가 없었다. 다른 의견에 동의한다는 개념이 존재하지 않았다. 의견 대립이 있은 뒤에 다수의 의견을 좇아 결정하는 것은 만족스럽게 생각되지 않았다. 의견의 만장 일치나 적어도 대다수의 일치가 필요하였다. 실제 문제는 복잡하고 해결하기 어려운 경우가 보통이기 때문에, 현명하고 충성스러운 사람들 사이에서도 언제나 의견의 일치를 보지 못할 여지가 충분히 있었다. 더구나 유교적 이상과 정치적 현실 사이에는 필연적으로 폭넓은 간격이 있게 마련이었다. 예컨대 과거 제도는 관료 후보자들을 매우 공정하게 공급하는 방법이었지만, 실제의 관직 임명과 그 뒤의 승진은 주로 고급 관료들의 비호에 의해 좌우되었으며, 이들 고급 관료들은 서로 권력을 다투는 경우가 빈번하였다.

당쟁은 중국에서도 되풀이하여 일어난 문제로서, 송대에는 왕안석(王安石)의 개혁에 대한 커다란 논쟁 과정에서 특히 위험스러운 수준에까지 다다른 적이 있었다.(164~167쪽 참조) 그러나 중국의 당쟁 문제는 그 강도나 지속 기간에 있어 이조 시대 한국의 당쟁만큼이나 심각하지는 않았다. 이 같은 차이가 생기게 된 까닭의 하나는 아마도 한국에서는 왕권이 취약하였기 때문일 것이다. 반면 중국은 강력한 황제와 중앙 행정 기관들이 그 이름에 걸맞게 기능하면서, 경쟁 관계의 당파들 사이에서 정책을 결정할 수 있었고 양측을 모두 어느 정도 통제할 수 있었다. 1506년에 연산군이 퇴위한 다음부터 한국에는 진정으로 강력한 군주가 없었고, 강력한 중앙 행정 기구조차도 없었다. 양반이라는 특권 계급의 일원이라면 그 관직이 보잘것없더라도 왕권이나 고급 관료들을 그다지 두려워하지 않았다. 감찰 기구들과 경연(經筵)은 논쟁과 개인적 공격을 위해 이상적인 연단을 만들어 주었다. 그 결과, 중국에서 주기적으로 발생한 것과 같은 당쟁이 한국에서는 정치적 규범이 되었을 뿐만 아니라, 양호한 정부의 상궤(常軌)로부터 크게 일탈하여 몰락한 반대자들을 수없이 많이 처형하고 한꺼번에 관료 수백 명씩을 숙청하기에 이르렀다.

당파적 논쟁에 참여한 사람들은 흔히 유교적 사상과 예의라는 관점에서 자신의 논거를 제시하였고 주로 윤리적 근거로써 반대자들을 비난하였다. 역사적 기록들은 반대자들의 철학적 사설(邪說), 불충(不忠), 부도덕성, 무엇보다도 유교적 예절에 맞도록 충실하게 살지 못한 잘못 등에 대한 독선적 공격으로 가득 차 있다. 특히 적절한 복상(服喪) 기간이 격렬한 논쟁의 주제가 되었다.

한국에서 당파 싸움이 오래 지속되었다는 사실이, 중국과는 달리 당파가 세습적으로 형성된 까닭을 설명하는 데 도움을 준다. 이러한 현상의 또 다른 이유는 당파의 지리적 근거가 지방에서 발달했다는 것이다. 많은 양반 가문들, 특히 권력에서 소외된 가문들은 그들이 소유하는 땅 위에서 살았으며, 당파의 지도자들은 이곳에서 친척과 제자들을 그들 주변에 모을 수 있었고, 이들 친지들은 당파의 지도자들이 조정에서 정치적 복수를 감행할 수 있도록 영구적인 지리적 기반을 제공해 주었다.

송대 중국의 서원에서 이름과 운영 방식을 본뜬 서원(書院)이라는 사설 학원의 발달도 이러한 현상과 관련되어 있었다. 첫번째 서원이 1543년에 창립되었으며, 16세기가 끝나기도 전에 100개 이상의 서원이 주로 남방에서 건립되었다. 서원들은 보통 전원 환경에 위치하였고 흔히 정부로부터 기증받았다. 초기의 서원들은 유학을 크게 진흥시키는 데 기여하였으며, 점차 주요한 교육 기관으로서의 관학(官學)의 위치를 대신하였다. 그러나 서원은 지방에 위치하고 있었기 때문에, 지방에 있는 조정 당파들의 여러 근거들과 관계를 맺게 되었으며, 교육을 가문과 당파의 계열에 따라 분리시킴으로써 당파 분열을 심화시키는 데 공헌하였다.

16세기 후반에 이르러 관료 사회의 대부분은 두 개의 큰 당파로 나누어지게 되었으나, 각 파의 지도자들이 서울에서 거주하는 위치에 따라 '동인(東人)'과 '서인(西人)'으로 불려졌다. 결국은 동인이 승리하게 되었지만, 1591년에는 '북인(北人)'과 '남인(南人)'으로 다시 쪼개어져 처음에는 남인이, 그 다음에는 북인이 득세하였다. 승리를 얻은 북인이 다시 '대북(大北)'과 '소북(小北)'으로 나누어졌다. 당쟁의 주전자는 쉴 새 없이 들끓으면서 조정의 정치를 지배하였다. 말할 필요도 없이, 정부의 지도력은 미약하고 불안정한 상태에 놓여 있었다.

외세의 침입　16세기말에 당쟁이 격렬하게 고조되고 있었을 때, 재앙은 일본인의 대거 침입이라는 형태로 바깥에서 들이닥쳤다. 그때까지만 해도 이 왕조는 외세의 침입을 받은 적이 거의 없었다. 이조가 창건되었던 바로 그 해인 1392년에, 일본에서는 아시카가[足利] 쇼군[將軍]들이 약간의 권위를 확립하였으며, 왜구(倭寇)를 어느 정도 통제할 수 있게 되었다. 한국은 일본인 교역상들과 어부들에게 부산(釜山)과 한반도 동남방에 위치한 또 다른 두 개의 항구를 이용할 수 있도록 허락하였으며, 그 뒤 세 개의 남쪽 항구에 거주하던 일본인들이 1510년에 반란을 일으키고 왜구가 1555년에 서남 해안을 공격한 것을 제외하고는 별다른 분쟁이 일어나지 않았다.

그러나 1590년에 도요토미 히데요시[豊臣秀吉]가 일본을 재통일함으로써 상황은 바뀌었다. 알렉산더 대왕처럼 더 많은 세계를 정복하려는 욕망의 포로가 된 그는 중국을 정복하려는 자신의 계획에 동참하거나 자유롭게 통과할 수 있도록 길을 내 주기를 한국에 요청하였다. 한국이 이를 거절하자, 히데요시는 1592년에 16만여 명의 군대를 한국에 파견하였다. 당시의 한국은 지도력이 분열되어 있었고 한국의 군대에는 일본의 화기에 대항하여 버틸 만한 능력이 갖추어져 있지 않았기 때문에, 일본인들은 효과적인 저항을 거의 받지 않았다. 한 달도 되지 않아 침략자들은 서울을 점령하였으며, 서남방의 끝부분만을 제외하고 온 나라를 휩쓸었다. 한 부대는 멀리 북쪽으로 두만강(豆滿江)을 건너 지금의 만주(滿洲) 땅까지 침입하기에 이르렀다.

그러나 명(明)이 그들의 조공국을 돕기 위해 와서, 북쪽으로부터 일본인들에게 압박을 가하였다.(257쪽 참조) 일본인들에게 가해진 보다 심각한 위협은 한국의 해군 제독 이순신(李舜臣)에 의한 것이었으니, 그는 철판으로 갑판을 덮은 '거북선'으로 일본의 해군을 여러 차례 패배시키고 그 병참 조직을 파괴하였는데, 어떤 이는 그가 만든 거북선이 세계 최초의 장갑(裝甲) 전함이었다고 주장한다. 유격대〔義兵〕의 저항 역시 한반도에 와 있던 일본 세력의 기초를 위협하였다. 이처럼 여러 방면에서 맹렬한 공격을 받은 일본인들은 중국인들과의 휴전 협상으로 들어가, 남쪽에 있는 근거지로 후퇴하였다. 일본은 스스로 승리자임을 자처하였고 명은 일본이 번속국(藩屬國)임을 인정해야 한다고 요구하였기 때문에, 화평 교섭은 여러 해를 끌었다. 마침내 히데요시는 1597년에 대규모의 군대를 다시 보내어 공격을 재개하였으나, 두 개의 남도(南道)에서 제한된 승리만을 거두었을 뿐이었다. 다음해에 히데요시가 죽자, 일본인들은 서둘러 본국으로 철수하였다. 1600년에 일본에서 권력을 장악한 도쿠가와(德川) 가문이 1606년에 한국과 우호적 관계를 회복하였으며, 이러한 관계는 19세기 후반에 이르기까지 깨어지지 않은 채 유지되었다.

일본의 침입은 비록 오래가지는 않았지만 한국으로서는 엄청난 재앙이었다. 많은 문화재와 유물이 파괴되었고 중앙 정부는 더욱 약화되었으며, 농업이 심각하게 쇠퇴하였고, 토지 대장이 상실되고 조세 체제 전체가 무너져 버렸다. 지금까지 조세를 내었던 엄청난 양의 토지가 이 혼란의 시기중에 양반의 사유지로 병합되거나 광범한 왕실 성원들에 의해 사유화되어, 조세 수입이 3분의 2 이상이나 감소되었다.

이 왕조는 일본의 침략으로부터 완전히 복구되지 않았으며, 이번에는 북쪽에서 가해진 새로운 강습으로 인해 복구는 더욱 어려워지게 되었다. 한국에서의 전역으로 인해 남만주에서 주둔하고 있던 중국의 군대가 철수하여, 만주세력이 흥기할 수 있도록 길을 닦아 주었으며, 만주는 16세기말에 국경을 넘어 한국의 북부를 침략하기 시작하였다. 1624년에 한국에서 돌발한 심각한 반란[李适의 亂]이 1627년에 만주가 대거 침입하도록 길을 열어 주었다. 만주는 임박한 명과의 결전에서 측면을 안전하게 할 목적으로 1636년에 10만 명의 군대로써 한국을 다시 침입하였고, 그 다음해 초에는 명에 대한 충성을 새로 창건된 청(淸) 왕조로 전환시킬 것을 한국에 강요하였다. 그 뒤부터 한국의 조공사절은 청으로 보내졌지만, 명에 대한 충성은 이 왕조가 끝날 때까지 한국인의 마음속에 강하게 남아 있었다.

이(李) 왕조의 후기

정치적 쇠퇴의 심화　일본과 만주의 침입은 한국의 역사에서 주요한 전환점이었음이 분명하다. 정치적 구조는 원래의 중국적 양식으로부터 더욱 왜곡되었으며, 경제뿐만 아니라 사회 제도까지도 변화되지 않을 수 없는 상황에 놓여 있었다.

전쟁 기간중에 비변사(備邊司)가 중앙 정부에서 가장 실행력 있는 회의체로 등장했다. 이 기관은 새로운 군사 훈련 제도를 만들고 17세기중에 네 개의 영구적인 군사 기지를 세웠는데, 이는 서울의 친위대와 함께 '5군영(五軍營)제'라 불려졌다. 여기에는 농민 가운데서 징병된 사람들은 거의 활용되지 않았으며, 병사의 대부분은 지원병이었다. 조세는 주로 직물[布帛]로 바쳐졌고, 병역 대신에 평민에게 부과되어 조세 부담의 주요한 부분이 되었다. 재래의 토지세가 급속히 쇠락하였기 때문에, 원래의 조세 체계와는 거의 관계 없는 굉장히 많은 종류의 새로운 세금이 부과되었다.

1623년에 서인이 쿠데타로 권력을 장악하여 경쟁자들을 처형하거나 추방하였으며, 비슷한 쿠데타들이 17세기를 통하여 뒤를 이었다. 남인과 서인이 1674년 이후 20여 년간 권력의 안팎에서 일진 일퇴를 거듭하다가, 마침내 서인이 1694년에 결정적인 승리를 거두었다. 그러나 그들은 곧 '노론(老論)'과 '소론(少論)'이라는 두 개의 주요한 당파로 분열되었다. 18세기 중엽에 노론이 잠시 승리하였으나, 얼마 지나지 않아 노론의 권력 독점은 깨져 버렸으며, 영조(英祖)는 남아 있는 네 개의 당파들——노론, 소론, 남인, 북인——사이에 균형을 이루게 하여 그 중 어떤 당파도 고급 관직을 독점할 수 없도록 하였다.

17세기와 18세기의 이조 정부는 겉보기에는 여전히 중국의 그것을 모범으로 삼고 있었지만 실제로는 상당히 달랐으며, 지배 계층이 숭상한다고 공언하는 유교적 이론과 정부가 운용하는 실제의 방법 사이에는 관련이 거의 없었다. 간헐적인 궁정 쿠데타를 제외하고는 전국이 여전히 통일되고 대체로 평화스러운 상태에 놓여 있었다. 길고 비교적 강력하였던 영조(英祖 ; 1724~1776)와 그의 손자 정조(正祖 ; 1776~1800)의 치세 동안에는 행정과 조세 제도가 적당한 효율로서 작용하였고, 법전이 개정되어 유행되었으며, 역사 기록이 인쇄되었고, 백과 전서와 기타 정부와 관계된 주제의 책들이 여러 종류 편찬되었다. 1777년과 1795년 사이에는 네 벌의 활자가 주조되어 당시 조정의 학문 비호가 활기차게 이루어졌음을 시사하였다.

경제적·사회적 변화   이 왕조 후기의 한국은 중국과 비교하여 경제적으로 후진적인 나라였으며, 이 무렵 급속히 발전하고 있었던 일본과 비교해도 경제적으로 뒤떨어져 있었다. 그럼에도 불구하고 기술 향상, 특히 농업 기술의 발전에 힘입어 상당한 수준의 경제 발전이 이루어졌다. 황무지가 개간되고 수전(水田) 관개가 증가되었으며, 빨리 익는 벼가 개발되어 많은 땅에서 여름에는 쌀농사 짓고 겨울에는 다른 곡식을 기르는 2모작(二毛作)이 가능하게 되었다. 농업 생산의 증가는 상당한 인구 증가를 가져왔다. 1669년에 등록된 인구는 500만 명에 가까웠으며, 18세기 중엽에는 700만 명을 족히 넘었다. 1669년의 서울은 이미 20만 명에 가까운 상당히 큰 도시였다.

농업 생산과 인구의 증가는 상업의 성장에 자극이 되었을 것이지만, 중앙 정부의 허약함 역시 이와 똑같이 중요한 요인이었다. 왜냐하면 중앙 정부가 강하지 못함으로 인해, 상업에 가한 초기의 제한들을 계속 유지할 수 없게 되어 보다 자연스러운 경제 발전을 허용하지 않을 수 없었기 때문이다. 외세의 침입이 있기 전에도, 일종의 세금 징수 청부인들이 정부를 위하여 '공물(貢

物)'이라 불리운 지방의 특산물을 수집하였다. 이 당시 이러한 공물은 주로 곡물세로 대체되었으며, 이들 징수인들은 더 큰 활동의 자유를 획득하여, 자기들이 모은 곡물을 조정과 수도에 공급하는 데 필요한 여러 가지 생활 필수품들로 교환하는 도매상으로 발전하였다. 다른 상인들도 정부의 제한으로부터 어느 정도 자유로워졌으며, 한국의 교역상들은 일본과의 관계에 보다 적극적으로 개입하고 중국과의 물자 교환을 위해 북경으로 가는 조공 사절과 동행하기 시작하였다. 수도에 있던 정부의 공예인〔官匠〕들도 허약해진 조정으로부터 자유를 허락받아 사영 수공업자〔私匠〕로 발전하였다. 마침내 동전도 일반적으로 사용되기 시작하였으며, 결국 대부분의 조세가 현금 지불로 대체되었다. 18세기에 이르면 약간의 상업 자본까지 서울에 출현하여 이자를 받고 돈을 빌려 줄 수 있게 되었다. 그리하여 한국은 수세기 전에 중국에서 일어났고 같은 시기에 훨씬 빠른 속도로 일본에서 진행되었던 것과 같은 종류의 상업적 발전을 서서히 경험하기 시작하였다.

전쟁의 혼란, 정부 통제의 쇠퇴, 그리고 경제의 성장 등, 이 모든 것이 낡은 계급 체제의 끊임없는 침식을 초래하였고 중국의 그것과 좀더 가까운 자유로운 사회 구조를 발전시켰던 것으로 보인다. 전쟁의 파괴는 계급간의 교차를 상당히 허용하였고, 정부의 파산으로 인해 계급적 지위와 심지어는 관직까지도 대가를 지불할 수 있는 사람들에게 팔지 않을 수 없게 되었다. 인구의 증가와 상업적 부(富)의 발전이 낡은 계급 체제의 붕괴를 더욱 촉진하였다. 한때는 쓰레기 같은 존재로 버림받았던 상인들이 유력한 인사가 되었으며, 수도에 있는 양반 대가(大家)들도 상업적 활동을 통해 수입을 증대시켰다.

수세기에 걸쳐 양반 계급이 크게 증식되고 패배한 당파들이 정부의 현직에서 오랫동안 소외된 결과, 다소 차이가 나는 두 개의 집단——정치 권력에 계속 접근할 수 있었던 대가(大家)들과, 평민과의 구별이 점차 없어져 가는 다수의 양반들——으로 분리되기 시작하였다. 많은 양반들이 더 이상 토지를 소유하지 못하고 단순한 농부가 되었다. 점점 증가한 다수의 평민들도 양반의 신분을 주장할 수 있게 되었던 것으로 보인다. 어느 지역의 인구 통계는 양반 신분을 주장하는 가문들이 17세기말에는 인구의 10분의 1도 안 되었는데, 19세기 중엽에는 약 50퍼센트로 증가되었음을 가리킨다.

노비와 평민의 구별도 희미하게 되었다. 노비들은 직업 군인이 됨으로써 그들 신분에서 도피하였으며, 정부에 소속된 공예인[官匠]들도 사영 수공업자[私匠]로 전환하여 평민이 되었다. 1484년에 35만 명을 헤아렸던 것으로 알려져 있는 관노비(官奴婢)는 1655년에 19만 명으로 줄었고, 18세기 중엽에 이르러서는 2만 7,000 명으로 감소되었다. 이 같은 숫자의 감소 현상은 사노비(私奴婢)에서도 일어났던 것으로 보인다.

지적 발전   이(李) 왕조 후기의 고급한 문화 활동의 대부분은 중국적 모형을 모방한 것이었기 때문에 독창성이 제한되어, 미술 및 문학 작품의 다수가 중국적 주제의 단순한 변종에 지나지 않게 되었다. 그럼에도 불구하고 경제와 사회 분야에서 이루어진 깊이 있는 구조적 변화가 문화 분야에까지 약간의 충격을 가하기 시작하였다. 압박받는 평민들뿐만 아니라 남인(南人)과 같이 권력으로부터 오랫동안 소외되었던 양반의 당파 가운데서도 정치와 사회의 전(全)체제에 대하여 각성하는 징표가 나타나게 되었다.

외래의 영향도 이러한 변화의 야기에 기여하였다. 조공 사절로서 북경에 간 한국인들이 17세기에 그곳에서 예수회 학자들과 접촉하기 시작하였으며, 이러한 접촉을 통하여 카톨릭 그리스도 교와 서양의 과학에 관한 약간의 지식이 한반도로 전달되었다. 18세기 후반에 최초의 그리스도 교 선교사인 주문모(周文謨)라는 중국인이 1795년에 이 나라로 들어가기도 전에, 몇몇 양반들이 한국인들에 의해 '서학(西學)'이라 불렸던 그리스도 교를 신봉하였다는 사실은 당시 한국에서의 불만스러운 상황의 정도를 시사하는 것이다.

정부는 그리스도 교가 조상 숭배와 유교적 상례(喪禮)를 인정하지 않는다는 사실을 발견하고 몹시 불쾌하게 여겼다. 이 종교는 1785년에 금지되었고, 1791년에는 적극적으로 탄압되었다. 10 년 뒤에 최초의 중국인 선교사 주문모와 다수의 한국인 개종자들이 처형되었으며, 카톨릭 운동과 밀접한 관계에 있었던 저명한 학자 정약용(丁若鏞 혹은 丁茶山; 1762~1836)은 멀리 떨어진 섬으로 유배되어 그곳에서 18 년을 보내게 되었다. 조정에서 쫓겨난 이 종교는 지방으로 확산되어 중국인 선교사들의 비밀스런 활동에 의해 전파되었으며, 1836년 이후에는 프랑스 선교사들이 활동하였다. 보다 가혹하고 규모가 큰 박해와 처형이 1839년과 1866년에 뒤를 이었다.

한국에서 그리스도 교 신앙이 제한되고 비밀스러운 존재로서만 존속하였는

신윤복(申潤福 ; 1758~ ?)이 그린 술 파는 여자.

데 반해, 한국인들이 북경의 예수회원과 중국 서적으로부터 얻은 서양의 과학 지식이라는 요소는 그보다 훨씬 더 광범한 영향을 미쳤다. 이 새로운 사상과 당시 중국의 경험주의적 고증학파(考證學派)의 영향으로 '실학(實學)'이라 불리운 활기찬 지적 운동이 일어났다. 이 운동을 이끈 가장 주요한 인물은 정약용과 그 선배인 이익(李瀷 ; 1681~1763)이었는데, 이익은 서양의 과학에 매료되었지만 그리스도 교는 거부하였다. 이 두 학자는 모두 오랫동안 권력에서 소외된 남인(南人)에 속해 있었다.

실학자들은 공허한 형식주의와 정통적 유교의 의식에 대하여 등을 돌리고 당시의 문제를 해결할 실용적 방책을 주장하였다. 그들은 토지 제도와 정부 조직의 개혁, 기술의 쇄신, 과학적 지식, 농업 생산, 평민의 복지, 사회적 평등의 향상 등을 강조하였다. 어떤 실학자들은 중농주의적 입장에서 상업을 경멸함으로써 유학자들의 통상적 한계를 보여 주었으며, 자기들이 주장하는 개

혁을 원시 유가(儒家)에서 발견하였다는 것으로써 정당화하려고 시도하기도
했다. 그러나 그들의 평등주의적 경향, 과학과 기술에 대한 관심, 과감한 개
혁의 주장 등은 그 이후에 한국에 들이닥친 커다란 변화로의 길을 준비하는 데
도움이 되었을 것이다.

지적으로 유망한 또 다른 징표의 하나는 한국이 중국과는 별개의 존재라는
사실을 점차 자각하게 되었다는 점이다. 이러한 자각은 많은 실학자들과 또
다른 몇몇 학자들에게서 분명하게 엿볼 수 있다. 그 결과 한국에 대한 역사 서
술과 지리 및 언어에 대한 연구가 폭발적으로 이루어졌다. 이 같은 민족 의식
의 출발은 아마도 예수회의 자료에서 얻은, 중국 너머의 세계에 대한 지식에
의해 자극되었을 것이다. 보다 대중적인 수준에서도, 중국으로부터 문화적으
로 독립하려는 기운이 일어났다. 한글이 마침내 한국어 운문뿐만 아니라 한국
어로 된 산문 소설에도 사용되기 시작하였다. 미술 분야에서도 중인 계급 출
신의 직업적 화가들이 중국 양식(386쪽 참조)과는 아주 다른 종류의 풍속화를
그리기 시작하였으며, 한국의 서예(書藝)도 중국적 규범으로부터 뚜렷이 독립
된 양식을 보여 주기 시작하였다. 이리하여 고삐 풀린 민족주의가 20세기에
한국을 휩쓸게 될 바탕이 마련되었다.

이(李) 왕조의 노쇠   실학자들의 실용주의적 경향과 민족 의식의 고무가
있었음에도 불구하고, 한국의 사회와 정치는 여전히 시대에 뒤떨어지고 비효
율적이며 변화에 강력하게 저항하는 태도를 낡은 방식으로 계속 유지하였다.
사실, 이 왕조 전(全)시대의 가장 두드러진 특징은 정권이 초기의 예기(銳氣)
를 잃고, 인민의 사회적·경제적 욕구를 효과적으로 억누르는 일을 그만둔 뒤
에도 놀라울 정도로 정권을 오랫동안 존속한 점이다.

한국인들이 차용한 중국의 관료적 정치 제도가 갖고 있는 특징의 하나는 새
로운 왕조의 출발을 통해 주기적으로 원기를 회복한다는 것이었다. 일본과 만
주의 침입으로 참혹한 피해를 입은 17세기초의 한국도 그처럼 신선한 출발을
필요로 하였음이 분명하지만, 이 왕조는 또다시 3세기나 더 존속하였다. 18세
기에 영조와 정조의 긴 치세가 안정성을 높이고 상황을 약간 개선하였을 것이
지만, 19세기에 이르면 하강 곡선이 다시 급경사를 이루게 되었다. 조세 제도
는 전보다 더 혼란스럽고 부적당하게 되었고, 관료 사회는 더 부패하였으며

정부는 더욱 무력하게 되었고, 인민들의 불만은 더욱 고조되었다. 외척(外戚) 가문들이 정부를 지배하게 되었으며, 과거 제도는 마침내 거의 무의미한 형식으로 전락하였으니, 그 까닭은 이제 가문의 결합이 시험 결과를 결정하는 결정적 요인이 되었기 때문이다.

왕조 쇠퇴기의 중국에서처럼 인민은 흉작에 대한 대책을 갖고 있지 않았다. 기근이 이 나라의 풍토병이 되고, 기근이 할퀸 자국을 전염병과 무질서가 뒤따랐으며, 도적떼가 도처에서 창궐하였다. 1671년 한 해에 기근과 질병으로 죽은 사람이 일본의 침략으로 죽은 사람보다도 더 많았다고 전해지며, 1784년에는 50만여 명이 기아로 죽었다고 한다. 19세기초에는 홍수가 전국을 황폐화시켰다. 1811~1812년에는 주요한 농민 반란[洪景來亂]이 서북 지방에서 일어났으며, 그 뒤 수년간 또 다른 반란들이 뒤를 이었다. 1862년에는 동남방에서 대규모의 민중 반란[晋州民亂]이 폭발하여 전국의 대부분 지역으로 확산되었다.

중국사의 유리한 위치에서 이 왕조를 바라본다면, 이러한 상황하에서 그처럼 오랫동안 지속될 수 있었던 사실이 이상하게 보인다. 심하게 타락한 관료제 국가는 중국과 같은 거대한 제국에서보다 한국과 같이 작은 나라에서 더 오랫동안 유지될 수 있다고 할 수 있을 것이다. 중국과의 또 다른 차이점은 외래의 침입자들이 중국에서 그랬던 것처럼 한국의 왕위를 탐하지는 않았다는 점일 것이다. 만주인들은 중국에서 새로운 왕조를 출발시켰지만, 한국의 경우는 몽고가 고려에 대해서 그랬던 것처럼 단지 종속국으로 편입시키고 밖에서 이 왕조를 지지해 주었을 뿐이다. 아마도 외래 침입자들과 토착 지배자들 사이에서 반복된 권력의 간만(干滿) 현상이 신선한 왕조의 출발을 가져다 주지 않았다면, 후기 중국의 여러 왕조들도 거의 끝없는 노쇠의 상태에서 잔존해 나갔을 것이다. 이 왕조가 1910년에 일본이라는 외세의 손에 의해 종말을 맞았다는 사실은 실로 의미 심장한 일이라 하겠다.

이미 앞서 살펴본 바와 같이, 중국인들은 송대 이후 내내 정치 및 사회 제도의 비상한 안정을 이룩하였다. 이러한 일은 경제와 사회, 정치 및 가치 체계 사이의 놀라운 균형을 창출함으로써 가능했던 것이다. 비록 정체와 부동(不動)의 위험이 없었던 것은 아니지만, 이 기간 동안의 중국을 특징짓는 것은 그 내적인 힘과 사회적 조화였다. 그러나 한국에서는 중국의 그것과 비슷한 수준의 제도적 안정이 중국보다 훨씬 높은 수준의 문화적 정체와 정치적 부동 및 사회적 불화를 초래하였다. 아마도 중국의 사상 체계와 정치 체제가 보다 작고 보다 문화적으로 동질성이 높은 나라에 적용될 경우에는 치명적 수준의 획일성을 낳게 되지만, 중국은 지리적으로 광대하고 문화와 언어의 다양성이 크며 왕조의 변화가 보다 신속히 이루어졌기 때문에 적어도 부분적으로는 이러한 위험에서 빠져나올 수 있었다.

중국인들은 유교 사상과 중국적 정치 체제를 직접 만든 당사자이지만 한국인들은 그것을 빌어서 사용한 차용자일 뿐이라는 사실이 한국과 중국을 다르게 만든 또 다른 이유가 될 것이다. 유교의 평등주의적 이상과 반대되는 계급 구조를 유지하고 있었으면서도, 차용자로서의 한국인들은 중국인들보다 더 강한 경직성을 갖고 유교 체제의 사소한 점에까지 집착하였다. 혁신을 위해서는 중국에서보다 한국에서 더 큰 용기가 필요하였을 것이다. 또한 외국어로서 한자가 가하는 중압이 창조적인 노력을 억제하였을 것이다. 학술과 사상의 방향이 한국을 향하지 않고 중국을 강하게 지향하였던 점도 한국의 지도자들이 자신이 살고 있는 사회의 실제 문제에서 눈을 돌려, 문헌에서나 나오는 시·공간적으로 멀리 떨어진 비현실적 세계에 관심을 갖게 한 하나의 요인이 되었을 것이다.

앞서 살펴본 바와 같이, 한국에서도 18세기와 19세기초에 변화의 기운이 있었지만, 그러한 실학자들의 노력에도 불구하고 한국은 고장나 버린 정치·사회 체제의 틀 안에서 허덕이고 있었으며, 한국 사회의 지도력은 대부분 한국의 현안 문제에 대하여 전향적으로 대응하기보다는 오히려 중국의 고대를 뒤돌아보고 있었다. 한국은 '변화가 없는' 중국보다 더 정체적이고 유동성이 없게 되었다. 그것은 분명히 더욱 폭넓은 혁신을 필요로 한다. 그리하여 19세기에 이르러 한국은 그 역사에서 몹시 쓰라렸던 한 시대의 막을 열게 되었다.

제13장
고대 일본——중국 문명의 섭취

국토와 민족

지리적 영향　일본의 초기 역사는 한국의 초기 역사와 평행하게 나아갔지만 그 후로 둘은 갈라졌다. 한국이 중국적 패턴의 홍미있는 변형이었던 것에 비해 일본은 중국, 한국, 월남과 문화적으로 많은 것을 공유하고 있긴 해도 사회·정치 구조에 있어서 그들과 현저하게 대조를 이루었다. 의미 심장하게도 일본과 동아시아 문명의 다른 구성원들 사이의 많은 상이점들이, 결과적으로 일본과 서양 사이의 유사점들이었음이 판명되었다. 봉건 제도는 그 두드러진 예이다. 지난 세기 동안 보다 급격하게 이루어졌던 일본의 근대화 또한 마찬가지인데, 중국이나 아시아의 다른 지역에서 찾아질 수 있는 것보다 동시대의 서구에 더욱 가까운 유사점들을 만들어 냈다.

동아시아 문명에 있어서 일본이 독특한 역할을 수행한 주된 이유는 상대적으로 멀리 떨어진 섬나라로서의 위치에 기인하였을 것이다. 이 점에서 보면 유라시아 대륙의 다른 끝에 있는 영국과 매우 유사하지만, 일본이 그 이웃들로부터 고립된 것은 훨씬 더 큰 것이었다. 도버 해협의 21 마일에 비해 한국과 일본 사이에 있는 쓰시마(Tsushima, 對馬) 해협은 대략 115 마일이다.

한국이나 월남과 달리 일본은 중국 군대에 의해 침략을 받은 적이 없었다.

따라서 중국의 영향은 덜 지속적으로, 그리고 덜 강력하게 일본에 침투하였고, 변화들은 상대적으로 더디게 왔으며 외부적 압력보다는 내부적 발전이나 외국의 방식들의 자발적 채택에 기인하였다. 결과적으로, 보다 고유한 문화가 유지될 수 있었다. 오래되고 시대에 뒤떨어진 습관과 제도들이 새로운 것들과 함께 보존될 수 있었다. 하나의 극적인 예는 천황가가 모든 실질적인 정치적 권력을 상실한 후에도 1,000년 동안 모든 정치적 권위의 이론적 원천으로서 존속하였던 점일 것이다.

상대적인 고립은 일본인들로 하여금 다른 나라 사람들보다 훨씬 더 문화적 차용을 의식하게 만들었다. 외국의 영향이 내륙의 경계를 넘어서 스며들지는 않았지만 바다를 통해서 매우 현저하게 전해졌다. 그들의 초기 역사에 있어서 일본인들은 외국의 영향들을 분류하여 '토착적인' 특성들과 그것들을 대비시키는 습관을 개발하였다. 일본 역사에서 원시적인, 따라서 아마도 토착적인 일본적 속성이 자주 강조되어 왔던 것은 그것의 결과였다. 또 다른 결과는 일본인들이 단지 문화적 차용의 국민에 지나지 않는다는 신화인데, 사실은 그들의 지리적 고립으로 인해 대부분의 나라들이 갖고 있는 것보다 그들 자신이 그들 문화의 더 큰 부분을 발전시켰던 것으로 보여진다.

일본은 중국이나 미국과 비교되어 흔히 소국으로 간주된다. 일본은 미국의 몬태나 주(州)만한 크기이다. 그러나 보다 타당한 비교는 서구 유럽의 나라들과 되어야 할 것이다. 비록 프랑스보다는 작지만 일본은 영국, 이탈리아 혹은 통일된 독일보다 크다. 인구의 면에서 일본은 의심할 여지없이 대국이다. 수세기 동안 일본은 서구 유럽의 어떤 강대국보다도 훨씬 많은 인구를 보유하였다. 오늘날 1억이 조금 넘는 인구를 가지고 있는 일본은 세계에서 6위를 차지하고 있다.

비록 국토가 주(主) 섬인 혼슈(Honshū, 本州)의 중앙부에서 높아져서 1만 2,389피트 높이의 후지(Fuji, 富士) 산의 원추형 화산 봉우리와, 일본 알프스의 1만 피트 정상들에 이르는 극심한 산악 지형이었지만 이와 같은 거대한 인구가 지탱되어 왔다. 전체 면적의 5분의 1도 안 되는 땅이 농업에 적합할 뿐이지만, 충분한 강수량, 무더운 여름, 그리고 관개 농토에서의 집약적인 벼농사 등이 결합되어서 일본을 경작지당 생산량이 가장 높은 나라의 하나로 만들었다. 일본 농업 지역의 대부분은 연속된 울퉁불퉁한 언덕들에 의해 서로 구

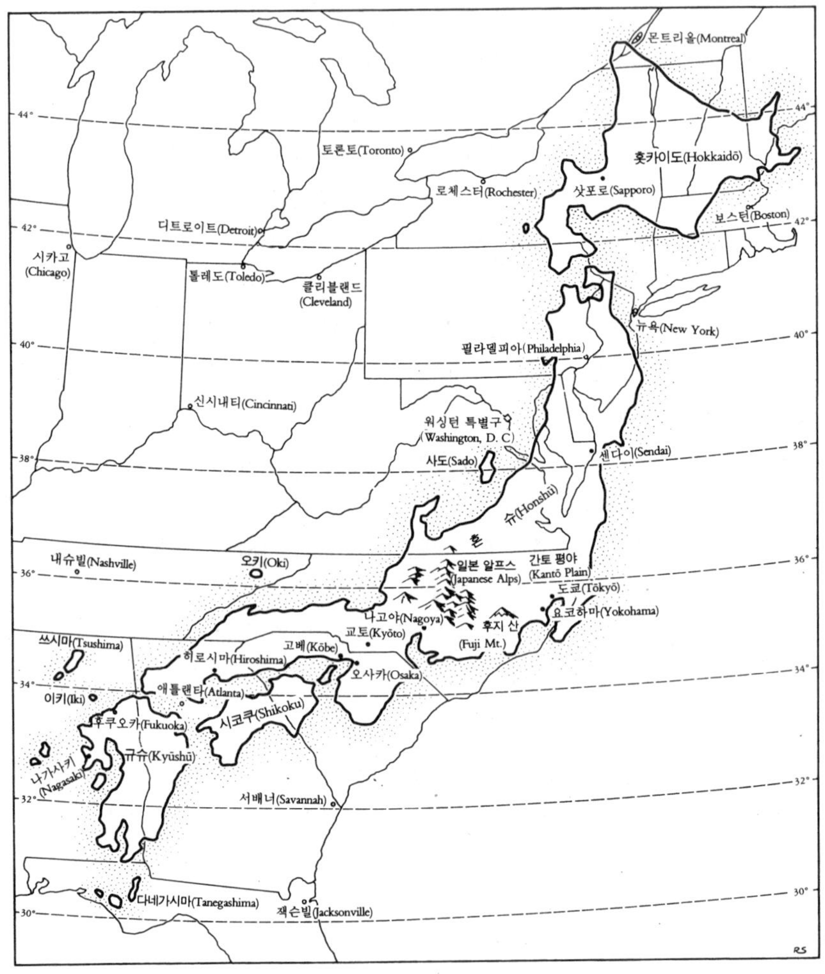

미국에 겹쳐 놓은 일본

분된 강의 좁은 계곡들과 해안의 충적 평야로 이루어져 있다. 따라서 육상 교통은 쉽지 않으나 둘러싸고 있는 바다가 외부 세계와의 접촉뿐 아니라 섬들과 해변 지역들 사이의 연결을 가능케 했다. 바다는 또한 풍부한 수산 자원도 제공하였는데, 그것은 일본인들의 식단에 있어서 단백질의 주요 공급원이었다.

일본의 기후는 상쾌하여 동일한 위도상의 멕시코 만으로부터 메인 주에 이르는 북아메리카의 동부 해안과 대체적으로 비슷하다. 유별나게 많이 내리는 눈이 일본해 연안의 북부 지방을 두껍게 덮어 버리는 네 반해, 태평양의 남쪽 해안을 따라서 전개되는 비교적 온난하고 일광이 많은 겨울은, 북쪽으로 도쿄(Tōkyō, 東京) 지역에 이르기까지 이모작을 가능케 한다.

민족과 문화의 기원   오늘날 우리가 알고 있는 것처럼 일본인들은 그들의 가까운 이웃인 한국과 중국같이 몽고족 계통의 동질적인 민족이다. 일본어는 한국어나 북아시아의 알타이계 언어들과 유사한 고도의 굴절어(屈折語)이다. 따라서 한국에서와 같이 중국과 매우 다른 형태의 언어가, 중국 영향의 쇄도에도 불구하고 일본의 문화적 독특성을 보존하는 데 도움을 주었다.

기원후의 초기 몇 세기까지, 혹은 그것보다 훨씬 앞서서 일본인들은 현재 그들의 신체적·언어적 특징들을 형성하였던 것으로 보여진다. 지배적인 요소들은 의문의 여지없이 근접한 대륙, 즉 한국과 그 북쪽 지역에서 왔다. 고고학적 증거들은 이러한 사실들을 확증적으로 보여 준다. 한국에서부터 일본으로의 사람들의 이동은 역사 시대까지 계속되었다. 그러나 아마도 다른 집단들이 혼합체 속에 흡수되었을 것이다. 명백하게 원래 코카시아 인의 후예들인 아이누족들은 지난 세기까지 북쪽의 섬인 홋카이도(Hokkaidō, 北海道)의 주된 주민들이었고, 한때 북부 일본의 대부분을 차지했던 것으로 보여진다. 그들은, 많은 일본인들이 그들의 몽고족 이웃들보다 얼굴과 신체에 모발이 더 많다는 사실을 설명하여 주는 점에서 아마도 감지할 수 있을 정도로 일본인의 혈류(血流)에 영향을 주었다. 고대 일본 문화 특성들의 일부와 일본어의 요소들은 또한 동남 아시아의 말레이 지역과의 유사성이 있음을 시사해 준다. 이러한 사실은 동남 아시아로부터 일본으로 사람들이 직접적으로 이동한 결과가 아니라, 일찍이 중국의 남쪽 해안 지역으로부터 남쪽으로는 동남 아시아로, 그리고 동쪽으로는 한국과 일본으로의 문화적인, 그리고 아마도 인종적인 확산의 결과일 것이다.

적어도 두 번의 구석기 문화의 물결이 일본 열도에 도달하였는데, 최초의 것은 대략 10만 년이나 20만 년 전의 것이었다. 새끼줄 모양의 토기의 특징을 따서 '조몬(Jōmon, 繩文)'이라 이름붙여진 최초의 신석기 문화는 약 6,000년 전에 일본 전역으로 확산되었다. 조몬 인들은 움집에서 살았고 수렵, 어로, 열매·뿌리·조개 채집으로 생활하였다. 그들은 광범위한 패총(貝塚)과 디자인의 풍부함과 창조성에 있어서 어떤 다른 석기 문화도 능가할 수 없는 풍부한 토기를 남겨 놓았다.

기원전 3세기에 새로운 문화가 서부 일본에서 조몬〔繩文〕 문화를 대체하였고, 기원전 1세기말까지는 동쪽으로 멀리 간토(Kantō, 關東) 평야까지 확산되었다. 전형적인 토기 출토 지역의 이름에서 유래되어 야요이(Yayoi, 彌生)로 불려지는 이 문화는 단순한 녹로(轆轤) 토기에 의해서, 오늘날까지 통용되고 있는 관개 기술을 이용한 미곡 경작을 포함한 농업에 의해서, 그리고 청동과 철이 존재했던 것에 의해서 특징지어진다. 청동의 유물들은 주로 상징적인 목적들을 위해 사용되었던 것으로 보여지는데 기능적이기에는 너무 얇은 중국식의 거울, 무기, 방울 등을 포함하고 있다. 청동이나 철뿐 아니라 야요이 문화의 농업은 의심할 여지없이 궁극적으로 중국에 기원을 둔 것이었고, 중국 전한(前漢)의 동전과 거울이 야요이 유적에 존재하는 것은 중국과의 문화적 접촉이 있었던 명백한 증거이다.

기원후 3세기에 역사적 수도 지역인 긴키(Kinki, 近畿) 지방의 야요이〔彌生〕 인들은 그들 지도자들의 무덤 위에 거대한 흙봉분을 세우기 시작하였다. 이러한 풍습은 규슈(Kyūshū, 九州) 지방으로, 후에는 간토(Kantō, 關東) 지방으로 확산되어 갔다. 따라서 다음 세기의 문화는 고분(古墳) 문화로 알려지게 되었다. 일부의 고분들은 전반부가 방형(方型)이고 후반부가 원형인 독특한 열쇠 구멍 모양을 하고 있다. 최대의 것은 닌토쿠(Nintoku, 仁德) 천황의 무덤으로 알려진 것인데, 높이는 약 120 피트, 길이는 약 1,500 피트에 달한다. 많은 봉분들 위에는 원통의 토기들로 이루어진 동심원들이 발견되었고, 일부의 원통 토기들 위에는 단순하지만 매혹적인 인물, 동물, 집 모양의 형상들이 놓여져 있다. 이것들은 '하니와(haniwa, 埴輪)'로 알려져 있다.

고분 문화와 관련된 많은 특징들은, 새로운 침략자들이 밀려들어온 것과 혹은 무역과 군사적 접촉을 통해서 한국으로부터 전해진 강력한 새로운 영향들을 보여 준다. 고분 문화는 명백하게 귀족적이었고, 그것의 지도자들은 곧고 길쭉한 철제 장검을 휴대하고 금속판으로 만들어진 갑옷과 투구를 쓰고 덧댄 의복을 입은 말을 탄 무사들이었는데, 이 모든 것들은 동시대의 한국과 만주(滿洲)의 것과 아주 유사하다. 이 시대의 고분들로부터 발견되는 곡옥(曲玉)은 신라(新羅)의 금관에 붙어 있는 것과 동일한 것이다.

조몬〔繩文〕시대의 토기상.(위) 말과 무사를 상징하는 하니와〔埴輪〕.(아래)

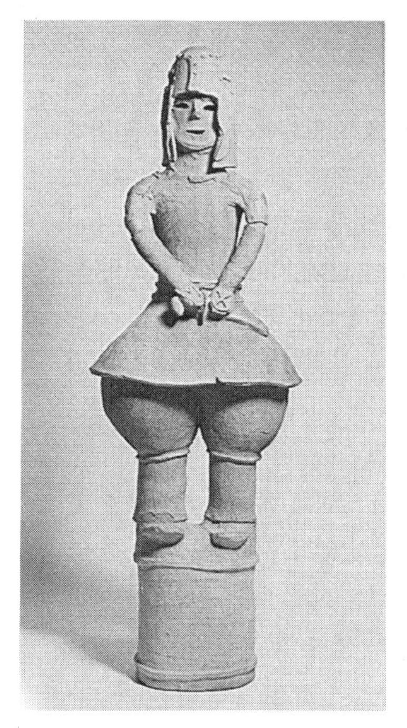

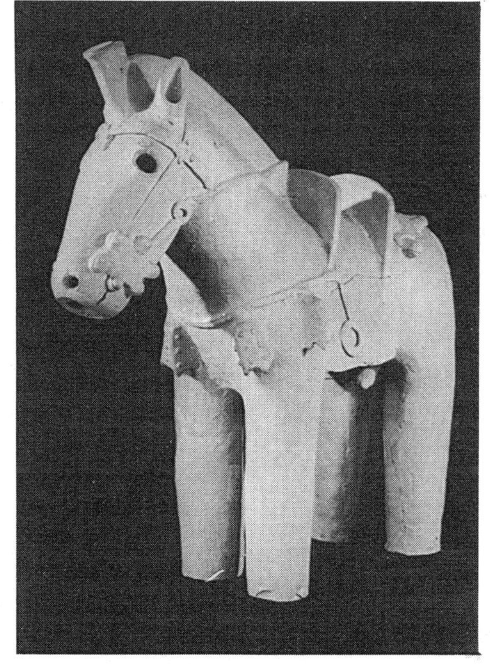

동시에 고분 문화는 분명하게 야요이 문화로부터 성장한 것이며 본격적인 역사 시대 일본의 직접적인 조상이었다. 그것의 토기는 비록 더 단단하고 더 높은 열에서 구워졌지만 야요이 토기와 유사하다. 철이 농구를 만드는 데 널리 사용되고 있었지만 농업 기술은 동일했다. 고분 시대의 주거지는, 비교적 최근까지 일본 농촌의 주거지들과 아주 흡사하게 지상에 세워진 초가의 구조물들이었다. 고분 문화는 점차적으로 5,6세기 초기 역사 시대의 일본으로 바뀌어 갔다.

고대 일본 사회

고대의 기록　고고학적 증거들과 동시대의 중국 역사서들, 그리고 고대의 신화들과 전설들을 기록한 일본 후대의 기술들을 종합해 보면, 일본 국가 출현의 어렴풋한 모습을 그려 볼 수 있다. 가장 중요한 중국측 기록(서기 297년 이전에 편찬된 〈삼국지〉)은 한국에서부터 일본으로의 통로를 자세히 보여 주고, 열도의 주민들을 묘사하고 있다. 그것은 일본인들을 법에 순응하고, 술마시기를 좋아하고, 주술(呪術)과 의례적 정화에 종사하고, 농업에 친숙하고, 어로와 축조에 능숙하며, 문신이나 다른 신체상의 표시에 의해 나타나는 엄격한 사회적 차별의 사회 속에 살고 있는 사람들로 묘사하고 있다. 전국은 1,000 호(戶)에서 7만 호까지 이르는 그 크기가 다양한 100 개의 '나라'들로 나누어져 있었고, 일부는 왕들에 의해 다른 일부는 여왕들에 의해 지배되었다고 기술되어 있는데, 아마도 여자 가장제로부터 남자 가장제로의 과도기였을 것이다. 서부 지역에 있던 나라들은 일종의 여자 제사장이었던 미혼의 여왕인 야마타이(Yamatai, 邪馬台) 왕국의 히미코(Himiko, 卑彌呼)의 지배하에 있었는데 그녀의 무덤 위에 거대한 봉분이 건설되었다.

〈삼국지(三國志)〉와 다른 중국의 사서들은, 서기 57년에 최초로 일본에 있는 나라들의 사신이 중국 조정에 내방했음을 기록하고 있다. 5세기 중국의 한 역사서는, 그 세기초에 일본의 지배자가, 동쪽으로는 털이 많은 사람들(아마도 아이누족이었을 것이다)의 '55국'을, 서쪽으로는 '66국'을, 북쪽으로는 바다를 건너 한국의 남부를 정복했다고 기록하고 있다.

두 개의 가상 중요한 고대 일본의 기록들은 712년에 편찬된 〈고지키(Kojiki, 古事記)〉와 720년에 편찬된 〈니혼쇼키(Nihon shoki, 日本書紀, 혹은 니혼기)〉이다. 이 두 역사서의 저자들은 지배 가문의 권위를 높이고, 중국의 그것에 비견될 길고 존경할 만한 중앙 집권적 지배의 상을 창조하려는 노력으로 종종 모순되는 신화들과 전설들을 짜맞추었다. 후기에 관한 기술들이 상당히 신빙성이 있는 것에 비하여 이 서술들은 기껏해야 초기 사건들에 대한 어렴풋한 암시만을 줄 뿐이다.

두 저술들은, 일본 열도를 만들고 태양 여신 아마테라스(Amaterasu, 天照)를 포함한 여러 신들을 낳은 자매신을 중심으로 한 창조 신화로부터 시작된다. 아마테라스의 손자인 니니기(Ninigi, 瓊瓊杵)는 지상에 내려와서 규슈〔九州〕에서 토착화된 일련의 신화들의 중심이 되었다. 그는 아직도 일본에서 천황 권위의 상징이 되는 3종의 신기(神器)를 가지고 왔다. 이것들은 동경(銅鏡 ; 아마테라스의 상징이고 이세 다이진구에 보관되어 있다)과 철검, 그리고 곡옥(曲玉)의 목걸이다.

니니기의 손자(혹은 증손자)는 세토(Seto, 瀬戸) 내해를 따라 올라가 긴키〔近畿〕 지방을 정복하고 그 지역의 야마토〔大和〕 평야에 일본 국가를 수립하였다. 이것은 기원전 660년에 일어났던 것으로 기록되어 있다. 후대 일본의 천황들처럼 이 최초의 '천황'은 중국식의 시호(諡號)로 알려지는데 그의 경우는 '신성한 무사', 즉 짐무(Jimmu, 神武)였다. 그 후 서기 100년경에 한 호전적인 왕자가 처음으로 규슈 지방과 이어 간토〔關東〕 평야의 이적(夷狄)들을 정복하였고, 그로부터 약 1세기 후에 한 황후(皇后)가 한국을 정복하였다. 서기 400년경 한국의 백제(百濟) 출신 서기(書記)들이 한문으로 기록을 남기기 위해 조정에서 임명을 받았다.

주로 신화적인 이 이야기의 배후에는 약간의 역사적 사실들이 존재한다. 문화적 물결은 한국으로부터 북규슈에, 그리고 세토〔瀬戸〕 내해를 거슬러올라가 긴키 지방에까지 도달하였다. 긴키는 최초의, 그리고 가장 거대한 고분 축조의 중심지가 되었다. 일본 전승 속의 야마토(Yamato, 大和)국은 중국의 역사서들 속에 등장하는 여(女) 제사장 겸 여왕이었던 히미코(卑彌呼 ; 태양의 공주를 의미한다) 치하의 야마타이〔邪馬台〕 국일 것이다. 최초의 태양 여신〔아마테라스〕과 종종 등장하는 여왕들은 여성 가장제에서 남성 가장제로의 과도기를 묘사하고

412

있는 중국측 기술들과 잘 맞아떨어진다고 볼 수 있다. 야마토[大和] 국에 의한 규슈와 간토 지방의 정복은 5세기까지 완료되었다. 한국의 남부에 일본인들의 근거지가 있었다. 서기 400년경에 백제의 서기들이 유입되었다는 기록은, 거의 불가능할 정도로 오랜 동안 재위했던 지배자들로부터 정상적인 수명과 믿을 만한 활동들을 보여 주는 천황들로의 변화와 일치한다. 사실상 5세기초에 있어서의 고고학적 증거들과 중국의 역사서와 일본의 전설들은 하나의 그럴 듯한 이야기로 합쳐지게 되는데, 그것은 6세기 후반까지 설득력 있는 역사가 된다.

'씨성(氏姓)' 제도　　　역사의 빛 속으로 서서히 출현한 일본은 초기의 한국 사회와 같이, 아마도 로마 시대의 게르만 부족이나 후대의 스코틀랜드 씨족에 어느 정도 비견될 수 있는 본질적으로 부족 사회였다. 그것은 '우지(uji, 氏)' 로 불려진 많은 수의 동족 집단 혹은 의사 동족 집단으로 나누어져 있었다. 각 '우지'는 세습적인 족장의 지배하에 놓여 있었고, 흔히 '우지'의 조상으로 여겨지는 '우지가미[氏神]'를 숭배하였다. 귀족적인 '우지'에 종속하는 것으로는 '베(be, 部)'로 알려진 농업 공동체, 혹은 어로, 축조, 도기 제조, 주술 등과 같은 다른 여러 기능들을 행하도록 조직된 직업적인 집단들이 있었다. 일부의 '우지'들은 그들보다 약한 이웃의 '우지'들에 대한 지배권을 확보하여 '우지'들의 연합체를 형성하였다. 아마도 이러한 종류의 집단들이 3세기 중국의 역사서 속에 등장하는 100개의 '나라'들을 구성하고 있었을 것이다. 일본의 많은 지역에 산재한 다수의 거대 고분은 그러한 집단들에 의해 보유됐던 권력과 부의 좋은 예증들이다.

야마토[大和] 국은 아마도 주도적인 태양계 '우지'의 지배하에 놓여 있던 그러한 '우지' 연합체에 기원을 두고 있었을 것이다. 그러나 5세기까지 그것이 다른 '우지'국들에 대해 확보한 지배권은 모호한 것에 지나지 않았다. 그것은 이들 종속적인 '우지'들을 지방의 일정 지역들을 관할하는 '지방 봉신'들과 태양계(우지)에 직접적으로 봉사하는 '참근 봉신(參勤封臣)'으로 분류하였고, 이들 두 형태들은 실제의 혹은 가공의 가족 관계 설정에 의해 그것에 맺어지게 되었다. 6세기까지 태양계는 이들 봉신들을 흡사 임명에 의한 관리들인 것처럼 다루었고, 또한 그들의 영역에 태양계에 직접적으로 종속되는 농업의 베

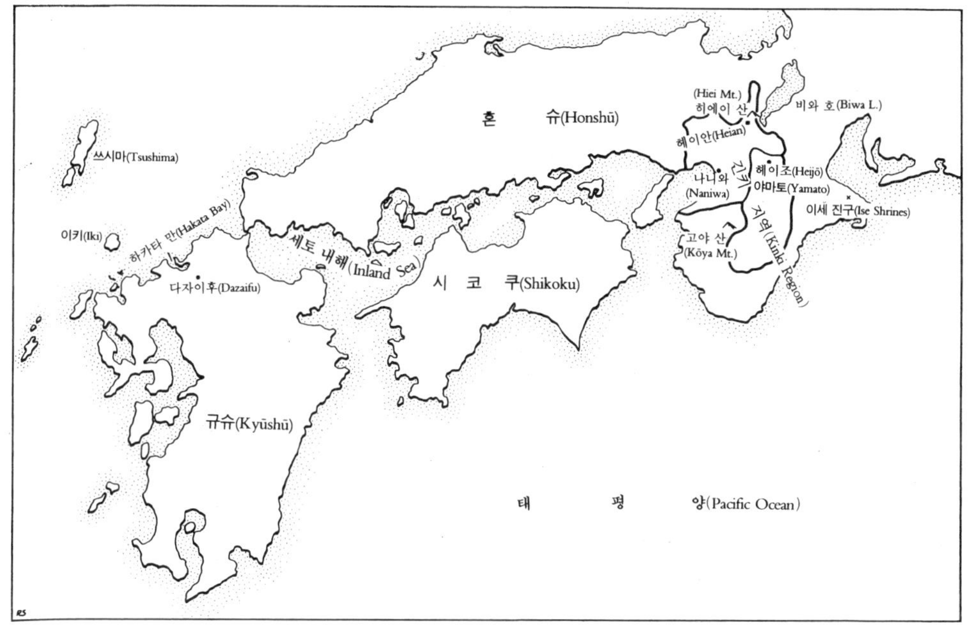

고대의 서일본

〔部〕를 창출하는 것에 의해 지방의 ‘우지’를 희생시키며 자신의 부와 권력을 확대시켜 나가고 있었다.

　‘우지’ 제도에 좀더 질서를 부여하기 위하여 야마토 조정은 신라(新羅)의 골품제(骨品制)를 연상시키는 관위에 의해 ‘우지’를 조직화하였다. 두 개의 최대 관위들인 태양계 하급의 일족에 사용된 ‘오미(Omi, 臣)’와 비혈연 ‘우지’의 가장 중요한 것에 사용된 ‘무라지(Muraji, 連)’는 각각 ‘오오미〔大臣〕’와 ‘오무라지〔大連〕’의 밑에 놓이게 되었고, 이들 두 명의 관리들이 머지않아 지배자의 최고 장관들이 되었다.

신토〔神道〕　　중국의 역사서들과 일본의 전설들은 고대 일본에 있어서 종교와 정치 사이에 명확한 구분이 없었음을 분명하게 보여 주고 있다. 그의 인민들에 대한 지배자로서 ‘우지’의 우두머리의 기능과, 우지가미〔氏神〕에 대한 숭배의 유지자로서의 그의 역할 사이에 어떤 구분도 존재하지 않았다. 오늘날에도 천황가는 야마토의 초기 태양계 ‘우지’의 사제적 기능을 보유하고 있다.

태양계의 정치적 지배는 그들의 조상신인 태양 여신〔아마테라스〕의 다른 '우지가미'들에 대한 우위로써 표현되었고, 태양 여신에 대한 숭배는 '우지'의 신앙으로부터 국가 종교로 성장하였다. 다른 여러 종류의 '우지' 숭배는 태양 여신의 지배를 명백하게 보여 주는 공식적인 신화 속에 통합되었다. 8세기까지 3,000개 이상의 공식적으로 인정되고 위계화된 지방 진자〔神社〕들이 있었고, 그 중 약 4분의 1은 정부에 의해서 유지되는 것이었다.

'우지' 숭배는 단지 그 밑에 깔려 있는 물활론적(物活論的) 자연 숭배의 외부적 표출에 지나지 않았다. 고대의 일본인들은 위협적인 동시에 혜택도 주는 자연의 모습에 압도되어, 다양한 자연 현상들을 그들이 '가미〔神〕'라는 이름 하에 숭배하는 정령(精靈)이나 신으로 생각하였다. 따라서 그들은 태양 여신의 경우와 같이 자연 현상과 종종 동일시되는 그들의 조상들뿐 아니라 폭포, 산, 거목, 이상하게 생긴 바위, 심지어는 유독한 해충까지 공경하였다. 경외심을 불러일으키는 천황들과 다른 사람들이 쉽게 가미〔神〕의 범주 속에 들어가게 되었다. 따라서 일본 천황 가계의 신성(神性)은 서구에서 의미하는 신성과는 커다란 격차가 있다. 남근(男根) 숭배와 미신(米神)을 숭배하는 진자〔神社〕들이 유행했던 것에서 보여지는 것처럼 자연의 풍성함은 특별히 숭배를 불러일으켰다. '우지가미〔氏神〕'와 자연 신들은 거울, 칼 혹은 곡옥(曲玉)과 같은 대상들에 의해 흔히 상징화되었다.

자연 숭배와 그것과 관련된 '우지' 숭배는 후대에 불교와 구분하기 위하여 '신들의 도(道)'인 신토(Shintō, 神道)로 불려지게 되었다. 그러나 그것은 조직화된 종교가 아니라 차라리 제식들과 태도들의 느슨한 결합체였다. 그것은 의식적인 정화의 개념을 제하면, 조직화된 철학이나 분명한 도덕적 규정들을 가지고 있지 못했다. 악신의 추방이나 정화의 의식들 혹은 의식적인 절제가 신체적 불결함, 성교, 월경, 출산, 질병, 부상, 혹은 죽음에 의해서 야기된 의식상의 부정(不淨)을 제거할 수 있는 것으로 간주되었다. 이러한 의식들을 행하고 영매(靈媒)와 주술자로서 봉사했던 사제 계급은 아마도 한국과 동북 아시아의 샤먼(Shaman)들의 일본적 변형임을 보여 주는 것이었다. 현대 일본인들의 정결함에 대한 고집과 온천과 깊은 욕조에서 목욕하는 것에 대한 선호는, 이러한 의식적 정화의 초기 개념들로 돌아가려는 것일 것이다.

오늘날 일본은 여전히 무수한 '신토 진자'들에 의해서 점재되어 있다. 일부

이세〔伊勢〕에 있는 내궁(內宮)의 사전(社殿). 비록 매 수십 년마다 다
시 지어졌지만, 진자의 건물들은 고대의 건축 양식을 나타내고
있다.(위) 작은 진자〔神社〕 앞에 있는 도리이〔鳥居〕.(아래)

는 태양 여신의 이세 다이진구[伊勢大神宮]와 같은 거대한 숭배의 장소들인데, 그것은 비록 정기적으로 재축조되었지만 분명하고 단순한 선들 속에서 6세기 경 일본의 건축 양식을 나타내고 있다. 다른 것들은 높은 나무들 사이에 세워진, 혹은 원래 지방의 '우지 가미'에 봉납된 조용한 촌락의 '진자'들이다. 많은 것들은 단지 산꼭대기나 다른 경치가 좋은 곳에 있던 작은 상자 모양의 구조물들에 지나지 않았다. 이 '진자'들은 모두 두 개의 기둥과 하나 혹은 두 개의 대들보로 이루어진 단조로운 대문인 '도리이(torii, 鳥居)'에 의해서 특징지어진다.

'진자'에서 행해지는 예배는 복잡하지 않아 대체로 '가미'의 주의를 끌기 위해 박수를 치고, 그 다음 절을 하고, 대개는 헌물을 드리는 것으로 이루어져 있다. 의식적 정결은 물로 양치질을 하는 것에 의해, 혹은 사제가 신성한 나뭇가지를 흔드는 것에 의해 이루어진다. '진자'의 축제[마쓰리]는 즐거운 일이다. '진자'에 이르는 길에 세워진 음식과 오락의 노점들은 축제적 기분을 자아낸다. 때때로 심하게 술에 취한 마을의 젊은이들은 개별 가정들과 상점들을 방문하고 정화하기 위하여 신위(神位)를 꺼내어 휴대용 신전 속에 넣을 수가 있었다. '신토'는 따라서 아시아나 유럽의 고등 종교들과 비교할 때 단순하고 조금은 원시적인 종교인 채로 남아 있으나, 그 태도와 관례들은 역사를 통하여 일본 문화의 중요한 구성 요소로서 존속하여 왔다.

중국적 패턴의 채용

한국과 중국의 영향　야마토[大和] 국가의 점증하는 힘과 제도적 복잡성은 아마도 부분적으로는 대륙, 특별히 한국과의 계속적인 접촉의 결과들이라 하겠다. 한국에서부터 일본으로 지속적인 사람들의 유동은 9세기초까지 계속되었다. 많은 도래인(渡來人)들은 잘 조직화된 집단들로서 건너왔고, 그 지도자들은 그들이 보유했던 지식과 기능으로 인해 야마토 조정에서 두드러진 직책들을 차지하였다. 815년에 편찬된 한 가계 기록부에 등재된 1,182개의 귀족 가문의 3분의 1 이상이, 한국으로부터의 기원이나 한국에 있던 한(漢)나라의 식민지 가문들의 후손을 통한 중국의 혈통을 주장하였다.

  사람들의 유입은 한국 남부의 가야(伽倻 ; 일본에서는 미마나〔任那〕로 부름)에 있던 일본의 근거지가 지속되는 동안 촉진되었다. 일본의 신화들은 이 근거지를 정복의 산물로 그리고 있지만, 이 지역의 주민들과 일찍이 일본으로 건너갔던 집단들과의 연합 결과로 보는 것이 더욱 타당할 것이다. 일본의 가야 지배는 4세기 후반에 절정에 달한 것으로 보이나, 그것은 562년에 멸망되었고, 663년까지 그것을 부활시키려는 일련의 노력들이 모두 실패하였다.

  불교는 한국을 통하여 일본에 전해진 대륙 문화의 많은 요소들 중의 하나였다. 그것은 추측건대 오랜 기간에 걸쳐서 일본 열도에 유입되었을 것이지만, 그것의 공식적인 도입은 백제(百濟)가 불상과 불경을 야마토 조정에 선물한 552년(비록 보다 정확히는 538년이지만)으로 기록되어 있다. 새로운 종교는 보수적 집단들에 의해 반대되었지만 '오오미〔大臣〕'의 직책을 보유하고 있던 소가(Soga, 蘇我) '우지'에 의해서 지원을 받았다. 587년의 왕위 계승 전쟁에서 그들의 경쟁자들에 승리를 거둔 후에 소가 가문은 조정에 불교를 확립하였다.

  불교 철학의 심오함은 당시의 일본인들에 의해 거의 이해되지 못하였으나, 대륙의 종교는 토착 신앙의 그것보다는 우월한 마법적 힘을 소유한 것으로 흥미를 끌었다. 기독교가 지중해(地中海) 문명을 북유럽에 전파하는 매개체의 역할을 했던 것처럼, 그것은 또한 중국 문화의 많은 것을 일본에 전파시키는 운반 수단이 되었다.

  지금까지 대륙으로부터의 문화적 유입은 완만하고 무의식적인 과정이었으나, 불교의 유입과 함께 일본인들은 대륙 문명의 요소들을 이식하려는 의식적인 노력을 시작하였다. 결과로써 문화적 차용의 비율이 급격히 증가하여 일본 역사에 있어서 새로운 시대를 열게 되었다.

  추측건대 이 급격한 변화에는 몇 가지 이유가 있었을 것이다. 그 하나는 중국이 그 어느 때보다도 거대한 문화적 견인력을 발휘하기 시작하고 있었다는 점이다. 589년에 수(隋)나라는 350년 이상의 분열 후에 중국을 재통일하였고, 618년에 중국 역사상 가장 위대한 시대의 하나였던 당(唐)나라가 시작되었다. 이 시기까지 일본인들은 보다 빠른 속도로 배우는 것을 가능케 했던 문화적 수준에 도달하였던 것으로 보여진다. 게다가 족제적·신화적 유대에 토대를 둔 우지〔氏〕 제도는 시대의 요구에 부적합한 것임을 증명하고 있었다. 지방에 대

한 강력한 통제가 불가능하게 되었고, 조정에 있어서 대(大)'우지'들이 태양
계를 압도하게 되어 그들간의 권력 투쟁이 중앙 정부를 종종 혼란에 빠뜨
렸다. 명확한 상속 제도의 결여로 인해 계승 전쟁이 빈번하였다.

쇼토쿠〔聖德〕 태자　587년의 소가〔蘇我〕 가문의 승리는 그들을 야마토 조정
에서 최상의 존재로 만들었다. 그들의 우두머리는 질녀를 왕위에 앉혔고, 그
녀의 조카이고 반쯤은 '소가' 가문에 속하는 쇼토쿠(Shōtoku, 聖德) 태자를 섭
정에 임명하였다. 쇼토쿠와 소가 가문은 일본의 사회와 정치를 중국 패턴에
따라서 형성하려는 그들의 의지를 보여 주는 일련의 중요한 개혁들을 실행하
였다.

604년에 쇼토쿠는 '17조 헌법'*이라고 알려진 법령을 공포하였는데, 그것
은 지배자의 완전한 우위, 정부의 중앙 집권화, 그리고 능력에 기초한 관료제
등과 같은 혁명적인 중국의 사상을 옹호하였다. 그것은 또한 불교에 대한 숭
경을 명령하였고 유교적 덕목들을 칭송하였다. 같은 해에 쇼토쿠는 중국력(中
國曆)을 채택하였다. 아마도 이때에 중국 달력과 역사에 대한 관심이, 일본인
들로 하여금 중국의 대주기인 1260년을 역산하여 기원전 660년을 일본 국가의
시작으로 선택하도록 이끌었던 것으로 보여진다.

603년에 쇼토쿠는 중국의 중앙 집권적 관료 지배의 중요한 요소인 관리들이
보유하고 있던 직책에 따라서 부여된 그들을 위한 개인적인 조정의 관위제(官
位制)를 채택하였다. 이것들이 지위의 주된 표시로서의 세습적인 '우지'의 관
위를 점차적으로 대체하였다. 8세기 중엽까지 영구적인 형태를 이룩한 조정의
관위제는, 각각이 정(正)과 종(從)의 계급으로 나누어진 숫자가 붙은 8개의 관
위를 가지고 있었고, 제4위로부터 그 아래의 계급들은 다시 상(上)과 하(下)
의 등급들로 나누어져 있었다. 모든 정부의 관직은 정1위(正一位)로부터 종
8위하(從八位下)에 이르는 26개의 개개의 관위 중의 하나를 지녔다.

일본인들은 앞선 세기들에 있어서 중국에 사절을 파견하였으나 쇼토쿠는
보다 대규모의 사절을 다시 보내기 시작하여, 607년에 한 번, 그 다음해에 또
한 번, 그리고 614년에 세번째 사절을 파견하였다. 이 사절들이 일본인들에게

---

*그것은 일부에 의해서 후대의 위작으로 간주되고 있지만 어쨌든 그것은 쇼토쿠의 사상을 대
변하고 있다.

얼마나 중요한 것이었는가는 그들의 규모와 그들이 감수해야 했던 극심한 위험으로부터 판단될 수 있을 것이다. 8세기까지 각각의 사절을 위해 통상적으로 4 척의 새로운 배를 건조하였고, 대략 500 내지 600 명의 사람들이 그것들을 타고 출항하였다. 이 무렵 한국의 적대 행위로 인해 한국의 연안을 따라가는 통로가 위험했으므로, 일본인들은 나침반의 혜택이나 계절풍에 대한 지식 없이 500 마일의 광활한 바다를 건너 직접 중국으로 항해하려고 시도하였다. 838년의 마지막 사절에 동행했던 승려 일기 작가 엔닌(Ennin, 圓仁)의 생생한 기술 속에서 볼 수 있는 것처럼 재앙은 빈번한 것이었다.

사절 파견의 중요성은 그들의 외교적 업적이나 부수적인 교역에 있었던 것이 아니라 일본의 사절 단원들이 중국에서 배우는 것에 있었다. 불교 승려들, 중국 역사와 문학을 연구하는 학자들, 화가들, 그리고 음악가들과 같은 온갖 종류의 유학생들이 사절단에 동행하였다. 사절단이 중국에 있는 동안 혹은 다음 사절단이 그들을 귀국시키기까지 아마도 수년 동안 공부하면서, 이들은 일본 조정에서 높게 평가를 받았으며 일본의 문화적 변용에 크게 공헌한 지식과 기술을 습득하였다. (원색 도판 17 참조)

'다이카(大化)' 개혁   쇼토쿠의 사후에 소가(蘇我) 가문은 그들의 전제적인 통치에 의해서 조정의 다른 가문들을 소외시켰고, 후에 덴치(Tenchi, 天智) 천황이 된 한 왕자와, 상으로 후지와라(藤原)라는 새로운 성씨가 주어진 한 지원자가 꾀한 쿠데타에 의해서, 645년에 마침내 멸망하였다. 후지와라노 가마타리*(Fujiwara no Kamatari, 藤原鎌足, 614~669)였던 그는 수세기 동안 일본 조정을 지배할 수 있었던 한 귀족계 가문의 시조가 되었다. 덴치와 가마타리는 집권화된 정부의 중국식 모델에 토대를 둔 두번째의 대개혁에 착수하였다. 이전의 사절단으로부터 귀국한 유학생들이 중요한 역할을 수행하였고, 653년과 669년 사이에 다섯 차례나 더 사절단이 보내졌다. '큰 변화'를 의미하는 다이카(Taika, 大化)가 645년에 시작된 중국식 연호(年號)의 명칭으로 채택되었다. 그 후 수년간에 걸쳐서 실시된 개혁들은 흔히 '다이카 개혁'으로 불려졌다.

중국식 건물들을 지닌 수도가 세토(瀨戶) 내해의 동단인 나니와(Naniwa, 難

---

*동아시아의 다른 나라들에서와 같이 성씨가 이름의 앞에 온다. 소유격의 노(の)는 이 이름을 후지와라의 가마타리로 만드는데 나중에 이름으로부터 생략되게 되었다.

波, 현재의 오사카)에 세워졌다. 중앙 정부의 관부들이 설치되었고, 지방에 대한 단일한 지배를 확립하고 중앙 집권화된 중국식 조세 제도를 제정하기 위한 노력이 경주되었다. 그리고 이러한 노력을 촉진시키기 위해 670년에 호구 조사가 실시되었으며 중국식 법전이 정비되었다. 이들 개혁들은, 현존하는 제도들과 여러 '우지'들의 권력과의 실용적인 절충과 함께 단편적인 것으로 되었다. 법률 중의 많은 것들이 단지 종이 속에서만 존재한 것이었다. 그러나 일본 국가는 당(唐) 정부의 모습에 따라서 재형성되기 시작하였다.

덴치의 후계자들은 그의 개혁들을 이어 나갔고 새로운 중앙 집권적 지배 체제가 702년에 시행된 다이호(Taihō, 大寶) 율령 속에 마침내 구현되었고, 710년에 처음으로 영구적인 것으로 상정된 수도를 설정한 것에 의해서 상징적으로 나타났다. 이것은 흔히 후대의 이름인 나라〔奈良〕에 의해서 알려진 헤이조(Heijō, 平城)로 소나라(혹은 야마토) 평야의 북단에 위치하였다. 나라가 수도였던 710년부터 784년까지의 시대는 일본에 있어서 중국의 정치적 패턴의 전성기로 통상 간주되고 있다.

나라〔奈良〕 시대

정 치　　당(唐)의 수도인 장안(長安)은 중국의 중앙 집권화된 정치의 상징이자 중심부였다. 일본인들은 그것에 필적할 만한 수도를 만들기 위해 최선을 다하였다. 나라(Nara, 奈良)는 장안과 똑같은 바둑판 모양으로 설계되어 가로 세로가 각각 3, $2\frac{3}{2}$ 마일인(장안은 각각 6, 5 마일이었다) 직사각형으로 북단에 황궁(皇宮)이 위치하고 있었다. 기와 지붕의 황궁 건물들과 훌륭한 불교 사원들이 세워졌다. 그러나 이와 같이 축소된 규모도 8세기에 일본이 필요로 했던 것보다는 지나치게 웅장한 것이었다. 방어해야 할 적이 존재하지 않았기에 도시의 성곽은 존재하지 않았고, 도시의 서쪽 반은 결코 실현되지 못하였다. 정치의 중심이 옮겨 간 후에 도시 전체가 쇠퇴해 갔고, 현대의 나라는 나중에 수도에 모여 있던 불교 사원들과 '신토 진자'들의 곁에서 성장하였다.

수도 건설의 두번째 노력은 보다 지속적인 것이었음이 판명되었다. 전시대를 통하여 가장 강력한 천황이었던 감무(Kammu, 桓武) 천황(781~806)은 나라

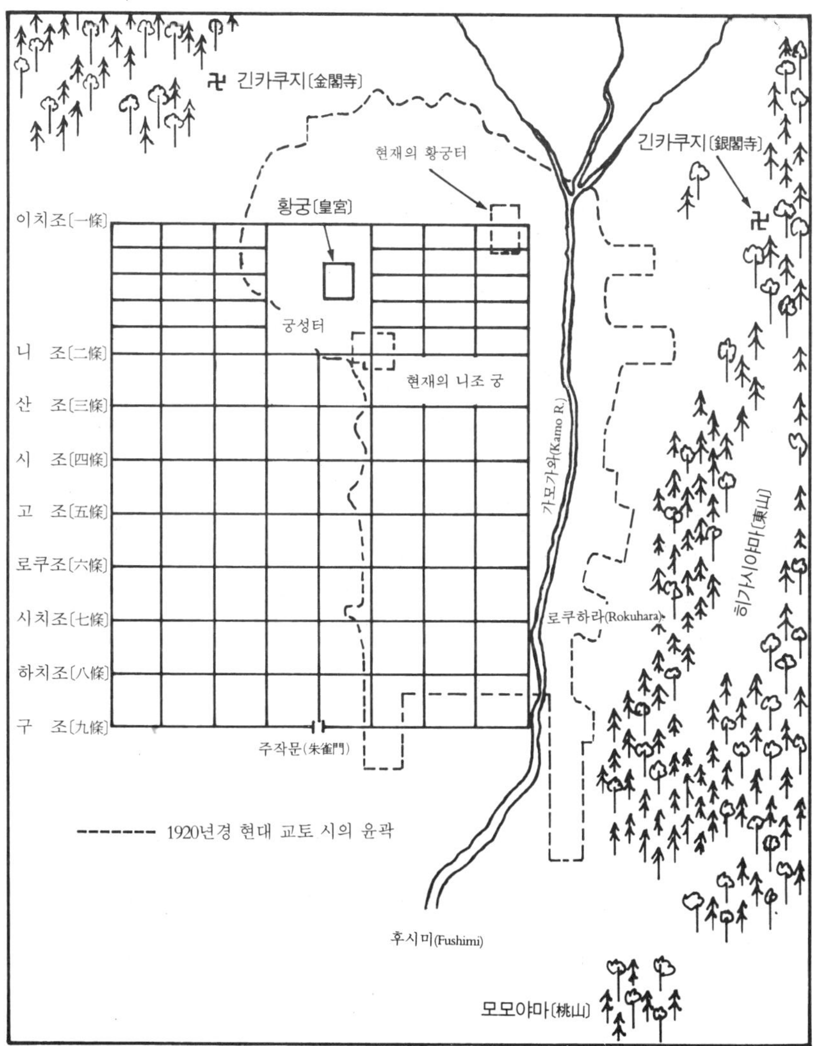

헤이안쿄(교토)

를 떠나기로 결정하였는데, 그것은 아마도 대사원 세력들의 압박 때문이었을 것이다. 784년에 수마일 북쪽에 수도를 세우려는 노력이 실패로 끝난 후에 그는 794년, 나라 평야의 바로 북쪽에 있는 작은 교토 평야의 북단에 헤이안 (Heian, 平安)이라 불려진 새로운 도시를 건설하였다. 약간 더 커진 규모(3,

$3\frac{1}{3}$마일)에 또다시 바둑판 모양으로 설계된 헤이안은 여전히 도시의 성곽과 서쪽의 절반이 결여되어 있었다. 그러나 그것은 현재의 교토(Kyōto, 京都) 시가 되어 존속하였고, 1868년까지 일본의 공식적인 수도로 남아 있었다. 그것은 주통로들의 원래 바둑판 모양의 설계를 여전히 유지하고 있다.

새로운 정치 체제는 다이호〔大寶〕 율령과 후대의 율령들 속에 자세하게 기술되어 있는데 그것들은 중국의 것들을 정밀하게 따른 것이었다. 이들 율령들에 있어서의 기본적인 개념은, 야마토의 지배자는 중앙 집권적 국가의 모든 권위와 권력을 자신에게 집중시키고 있는 중국식의 황제가 되어야 한다는 것이었다. 쇼토쿠의 시대 이래로 그는 중국식의 명칭인 '덴노〔天皇〕'로 불려졌다. 그러나 천황의 역할의 변화는 실제적인 것에 있어서보다는 이론적인 점에 있어서 더욱 큰 것이었다. 천황들은 대부분 그들을 둘러싸고 있는 조정의 대가문들에 의해서 계속해서 압도되었고, '신토' 숭배의 수장으로서, 그리고 중국식 지배자로서 이중의 의식상 기능이 그들의 직책을 의식적으로 너무 번거로운 것으로 만들었다. 따라서, 조기에 퇴위하는 것이 이미 8세기에는 일반적인 관행이 되었고 19세기까지 하나의 원칙으로 남게 되었다. 그러나 과거에 빈번했던 여성의 지배는 중국의 영향을 받아서 포기되었다. 이 기간 동안에 한 불교 승려가 재위중의 여황(女皇)에 대한 자신의 영향력을 통해 천황이 되려고 시도하였으나, 770년에 그녀가 죽고 그가 귀양을 가게 된 후 9세기 동안 다시는 여자가 천황에 즉위하지 못하였다.

천황 밑에 있는 일본의 중앙 정부는 그것이 내부적 발전이 아니라 의식적인 적응의 산물이었기 때문에, 중국 당나라의 원형보다도 더욱 단순하고 논리적인 기구였다. 어디든지 일본인들이 필요하다고 느끼면 그것은 중국적 패턴으로부터 벗어났다. 정상에는 세 명의 장관들에 의해 대표되는 '다이조칸〔太政官〕'이 있었다. 그 아래에는 나카쓰카사쇼〔中務省〕와 구나이쇼〔宮內省〕를 포함시키기 위하여 중국의 6성(省)이 아닌 8성(省)이 있었다. 세속적인 '다이조칸'과 나란히 천황의 제사적 기능을 감독하고 많은 '신토 진자'들을 통제하기 위하여 진기칸〔神祇官〕이 있었다.

조정의 의식들과 예식들은 주로 중국에 기원을 둔 것이었다. 중국으로부터 차용한 관현악과 당당한 춤은 그것들 중의 중요한 일부였다. 중앙 아시아와 인도의 영향을 포함한 이들 당(唐)의 춤과 음악(일본에서 '가가쿠〔雅樂〕'로 알려져 있다)은 아직도 일본의 궁정에서 유시되고 있어서, 세세에서 최고(最古)의 완전하게 공인된 음악과 무용의 전통들을 이루고 있다.

전국은 중국식의 구니〔國〕로 재조직되었고, '구니'는 다시 군〔郡〕과 고〔鄕〕로 나누어졌다. 9세기까지 66개의 '구니'가 있었고, 그곳들에 이르는 간선 도로에 따라서 수도 지역(후에 긴키〔近畿〕로 불리었다)과 도〔道〕들로 묶어졌다. 이들 중 해안을 따라 간토〔關東〕 평야에 이르는 도카이도(Tōkaidō, 東海道)는 가장 유명한 것이 되었다. 일찍이 행정적인 부심으로 발달하였던 북규슈의 다자이후(Dazaifu, 大宰府)는 규슈 전역에 걸쳐서 어느 정도의 통제력을 행사하였다.

수도로부터 파견된 장관인 고쿠시〔國司〕와 다른 관리들이 '구니'를 지배하였으나, 군〔郡〕과 고〔鄕〕의 관리들은 지방의 지도자들이었다. 모든 농토는 이론상 정부의 소유였고, 자세한 토지와 인구 대장에 근거해서 경작자들에게 균등하게 분배하도록 되어 있었다. 농민들은 현물 곡식, 옷감, 노역의 형태로 균일세를 부담하였는데, 노역이 조세 부담 중 가장 힘든 것이었다. 군역(軍役)은 이론상 노역 속에 포함되어 있었으나 강력한 외적이 존재하지 않았기에 실제로 일본인들은 중국식의 징병제를 발전시키지 않았고, 궁중 수비대가 귀족들의 영역으로 남게 되었다.

사 회   율령(律令)들을 보면 일본인들이 거의 완전하게 당나라식의 중앙 집권화된 관료 정치와, 매우 복잡한 토지 소유 제도와 조세 제도를 받아들인 것처럼 보인다. 실제는 아마도 전대의 '우지' 사회와 보다 많이 타협한 것이었다. 그러나 7세기와 8세기 동안에 중앙 정부의 권력이 의심할 여지없이 더욱 공고해지고 확장되었다. 남규슈가 국가 속에 완전하게 통합되고, 8세기말과 9세기초에 걸친 일련의 군사 원정이 북혼슈에서 아이누족의 세력을 격파함에 따라 효과적인 지배 영역이 확장되었다. 672년의 계승 전쟁과 764년의 승려 찬탈자에 반대한 봉기는 거의 2세기 동안에 최후의 심각한 내부적 혼란들이었다. 8세기의 토지 대장들은 균등하게 토지를 분배하는 한덴〔班田〕제를 유지하려는 세심한 노력이 있었음을 보여 준다. 이들 토지로부터 상당량의 조세가 수도로 흘러들어갔고, 그 비율은 서서히 줄어들었지만 수세기 동안 계속되었다. 이 시기에 성립된 정치 형태들과 관직명들은 적어도 1,000년의 정치적 변천의 이론적 틀과 용어를 이루면서 19세기까지 존속하였다.

그러나 나라 시대의 일본은 여러 가지 점에서 당대의 중국과 크게 달랐다. 비교하면 그것은 여전히 경제적으로 후진적이었다. 예를 들면 일본 정부는 708년에, 그리고 그 후 때때로 중국을 본떠 동전을 주조하였으나, 물물 교환이 여전히 일반적인 것으로 남아 있었다. 예전 조정의 '우지'는 보다 광범위한 조정 귀족(구게[公家]로 알려져 있다)으로 변화되었으나, 계급간의 구분은 여전히 명확하게 남아 있었고, 교육적 능력을 평가하는 위대한 중국 관료제 개념은 간단하게 무시되었다. 중국식 중앙 대학이 만들어졌으나 그것은 재능 있는 관료를 폭넓게 충원하는 통로가 아니라, 주로 조정 귀족들의 자제들을 교육하는 데 이용되었다.

조정의 귀족들은 상응하는 조정 관위에 따라서 세 개의 명확한 층으로 구분되었다. 반면에 군(郡) 단계의 직책으로 강등된 지방에서 '우지' 귀족의 후손들은, 대부분 독립적인 외직(外職)의 관위 체계에 속하게 되었다. 그들의 밑에 있는 농민들은, 지방 '우지'에게 종속적인 농노와 같은 베[部]의 일원으로부터 중앙 정부에 직접 조세를 바치는 시민들로 변용되면서, 그들의 지위와 권리에 있어서 약간의 상승을 성취하였다. 그들은 또한 정부에 의해서 보장된 토지에 대한 경작권을 보유하였다. 가정된 전농토에 대한 국유화와 모든 농민들에 대한 과세는, 율령들이 내포하고 있는 것만큼 철저하게 시행되었던 것은 아마도 아니었을 것이다. 예전 '우지' 귀족들의 많은 농업적 부가 거의 아무런 타격을 받지 않은 채 남아 있었다. 당의 제도에 적합하게 최고 관위의 귀족들은 단지 그들의 관위 때문에 그들 토지로부터의 수입을 보유하였고, 하급의 귀족들은 그들의 관직 때문에 더 좁은 토지로부터의 수입을 확보하였다. 따라서 귀족적인 '우지' 제도의 일부 요소들이 아마도 중앙 집권화된 정부의 중국 제도들 껍데기 아래에서 존속하였다. 그러나 고고학과 역사의 기록이 분명하게 보여 주고 있는 것처럼, 쇼토쿠 태자의 시대로부터 나라 시대에 이르기까지 일본 국가의 재조직화는, 지방 '우지'의 부와 한때 독자적이었던 권력을 엄청나게 감소시켰다.

불교 미술　일본의 정치적 변화는 기술과 문화에 있어서의 위대한 도약을 동반한 것이었다. 이미 살펴본 대로 불교는 일본인들에 의해서 의식적으로 받

나라 부근의 호류지〔法隆寺〕에 부속된 아마데라〔尼寺〕에 있는 7세기말의
목조 불상(왼쪽)과 나라 부근의 야쿠시지〔藥師寺〕 청동 삼존.(오른쪽)

아들여진 대륙 문화의 첫번째 요소였고, 그것과 관련된 예술들은 초기의 차용
들 중에서 두드러진 것이었다. 그것들은 곤란한 언어의 장벽이 방해를 하지
않았기 때문에 정치적·철학적 사상들이 그러했던 것보다는 더 수월했을 것으
로 보여진다.

일본 초기 불상들의 일부는 한국으로부터 전해진 것이거나 한국 이민들의
창작품들이었으나, 이미 7세기에 일본인들 자신이 완벽한 아름다움을 지닌 작
품들을 만들어 내고 있었으며, 나라 시대의 전신 불상과 사실적인 인물상은
이 시대 동아시아 예술 중에서 최상의 작품들에 속하는 것이었다. 일본의 조
각가들은 중국인이나 한국인들과 달리 거의 돌을 사용하지 않고 청동, 나무,
진흙 및 옻칠을 능란하게 사용하였다.

일본인들은 중국의 건축술과 교량 건설의 기술, 그리고 다른 많은 기술들을
완벽하게 습득하였다. 7세기와 8세기 동안에 일본에 세워졌던 불교 사원들은

고전적인 당(唐) 건축술의 남아 있는 최상의 실례들이다. 쇼토쿠에 의해서 나라 평야의 서단에 창건되었으나 명백하게 수십 년 후에 재건된 사원인 호류지(Hōryūji, 法隆寺)의 금당(金堂)과 탑은 아마 세계에서 가장 오래된 목조 건물일 것이다. 금당은 쇼토쿠 시대의 아름다운 불상들로 가득하며, 벽은 인도 불교 동굴 사원들에 있는 회화들을 연상시키는 프레스코화(1949년 화재에 의해 대부분 손상되었다)로 덮여져 있다. 수도 나라는 장중한 기와 지붕의 건물들과 높은 탑들을 가진 많은 대사원들로 아름답게 꾸며져 있었는데 그 중의 일부가 아직도 서 있다.

일본에서 불교가 가졌던 많은 초기의 매력은, 국가와 또한 개별 가문들의 마법적 수호자로서의 그것의 평판에 의존하였다. 가문들은 수호적인 가문의 사원들을 설립하였는데, 이것은 보기에 따라서는 앞선 시대의 '우지' 숭배를 연상시키는 것이었다. 나라〔奈良〕의 도다이지(Tōdaiji, 東大寺)는 중앙 정부와 천황가를 위해 그러한 기능을 담당하였다. 천황들은 열성적으로 사원들을 건설하였고 그것들에 기부를 하였으며, 770년경에는 조정이 100만 개의 불교 부적을 인쇄하였는데, 그 중의 많은 것들이 세계 최초 인쇄의 예로서 남아 있다.

쇼무 천황(聖武天皇;724~749 재위, 756년 사망)은 불교에 대한 모든 천황의 후원자들 중에서 가장 열렬한 사람이었다. 그는 중앙 집권화된 세속 정부와 병행할 불교에 대한 국가 숭배를 창출하기 시작하였다. 741년에 그는 각 '구니'에 '고쿠분지〔國分寺〕'와 '아마데라〔尼寺〕'의 설립을 명령하였고, 752년에는 수도의 도다이지〔東大寺〕에 최고의, 그리고 보편적인 부처인 로샤나〔盧舍那〕불의 53피트의 거대한 청동좌상을 공양하였다. 후대의 훼손과 수리에 의해 퇴색되어 그것은 더 이상 위대한 예술 작품은 아니지만 여전히 세계에서 가장 큰 청동상 중의 하나다. 공양 예식에 사용된 의식의 물건들이 쇼무의 개인적인 소유물들과 함께 가까이에 있는 쇼쇼인〔正倉院〕이라 불리는 거대한 창고 속에 남아 있어서 악기, 병풍, 옷감, 양탄자 및 무기와 같은 8세기의 특이한 보물을 이루고 있고, 그 중의 많은 것들이 중국으로부터 혹은 아시아의 더 먼 곳으로부터 수입된 것들이다.

불교의 확산 처음에 불교는 주로 수도에 집중되어 있었고 일반적으로 지배 계급에 한정되어 있었다. 그러나 8세기와 9세기에 그것은 전국으로 점차

나라 부근에 있는 8세기의 도쇼다이지〔唐招提寺〕의 강당〔講堂〕.

확산되어 나갔고 불교 사상이 사회 전체에 영향을 미치기 시작하였다. 새 종교는 그것과 함께 새로운 내세에 대한 개념과, 자선과 봉사에 관한 새로운 윤리적 가치들을 가지고 왔다. 7세기 후에 매장이 감소되고 화장이 채택된 것은 불교의 영향에 그 이유를 찾을 수 있을 것이다. 살생을 금하는 불교의 계율이, 당시의 일본인들 사이에 호전적인 잔인성이 명백하게 감소하고, 귀양이 사형을 대신하게 되고, 생선 외에 육식을 반대하는 편견이 늘어난 이유들을 설명해 줄 수 있을 것이다.

토착적인 종교가 이미 뿌리를 잘 내린 일본에서, 왜 불교가 그렇게 급속도로 성공할 수 있었을까 하는 질문이 떠오른다. 해답은 아마도 부분적으로 신토〔神道〕와 불교가 서로 다른 철학적 수준에서 작용하여 그것들이 서로 심각하게 대립하지 않았다는 사실에서, 그리고 이미 중국에서 증명된 것과 같이 불

나라 부근의 야쿠시지〔藥師寺〕
에 있는 7세기말의 목탑.

교가 확산되면서 만났던 신앙들에 적응하고, 또 그것들을 흡수할 수 있었던
불교의 능력 속에서도 부분적으로 찾아질 수 있을 것이다. '신토'의 가미〔神〕
들과 숭배가 부처들과 보편적인 불교 원리들의 종속적인 지역적 현시(顯示)로
서 불교에 조화될 수 있었다. 심지어는 태양 여신〔아마테라스〕이 로샤나〔盧舍
那〕불과 동일시되었는데 그것의 다른 명칭인 다이니치〔大日〕가 이러한 개념에
도움을 주었다. '신토'의 불교에 대한 점증하는 종속은, 12세기 신곤슈〔眞言
宗〕 승려들에 의해서 '료부〔兩部〕 신토'라는 이름하에 정교화되고 체계화되
었다. 19세기에 가서야 비로소 '신토'는 불교로부터 다시 분리해 나가게
된다.

7세기와 8세기 동안 인도로부터 중국에 전해졌던 교종(敎宗)의 몇몇 종파들
이 일본에 소개되었다. 분류하기를 좋아했던 중국인들을 따라서 일본인들은,

8세기의 중국 전도승 감진(鑑眞)의 칠기상.

이것들을 나라 육종[奈良六宗]으로 이름붙였다. 이들 중 최후의 것은 실패한 다섯 번의 시도 후에, 754년 마침내 일본에 도착한 장님인 중국 승려 감진(鑑眞, 일본음으로는 간진)에 의해서 도입되었다.

'나라 육종' 중 넷은 독립된 종파로서 아직도 존재하고 있으나 모두 9세기 초에 소개된 두 개의 새로운 종파들에 의해서 곧 압도되었다. 그것들의 성공은, 부분적으로는 나라를 중심으로 성장한 구종파의 대사원들에 대한 종교적 평형추를 조정이 열망한 것에 기인하나, 새로운 종파들이 인도의 철학적 심오함보다는 일본에서 가졌던 불교의 경향들을 대표했다는 사실에 아마도 더 많이 기인하였을 것이다. 두 개의 새로운 종파들은 804년 중국 사절단에 동행했던 유학승들에 의해서 소개되었다.

고보 다이시(Kōbō Daishi, 弘法大師)는 806년에 '신곤슈[眞言宗]'를 가지고 일본에 돌아왔다. '신곤슈'의 주문, 마법, 예식 및 사자를 위한 의식에 대한 강조는 중국에서만큼 일본에서도 인기가 있었음이 판명되었다. '신곤'의 철학적

430

개념들의 체계적 표상들인 불상과 불화의 복잡한 도해(圖解)와 정교한 만다라
(曼茶羅)는 또한 당시의 종교 미술에 커다란 영향을 주었다. 나라 평야의 남쪽
고야(Kōya, 高野) 산에 있는 고보 다이시의 수도 본부는 아직도 일본에서 가
장 인상적인 불교 기관의 하나이며, 그는 그에 관해서 많은 신화들과 전설들
이 만들어진 일본의 가장 유명한 종교적 영웅으로 남아 있다.

덴교 다이시(Dengyō Daishi, 傳敎大師, 最澄)는 805년 덴다이슈〔天台宗〕를 가지
고 중국에서 귀국하였다. 그것이 가진 전형적인 동아시아적 절충주의와 대립
하는 불교의 교리들을 각각이 자신의 방식으로 유효한 진리의 다른 단계들인
것으로 분류하는 것이 중국인들에게만큼 일본인들에게도 매력을 가지고 있
었다. '덴다이슈'의 수도 본부는 교토의 북동쪽 수마일의 히에이(Hiei, 比叡)
산의 정상 가까운 곳에 있는 엔랴쿠지(Enryakuji, 延曆寺)였고, 그곳에서 '덴다이
슈'는 수도의 영적인 수호자로서 간주되었다. 엔랴쿠지의 3대 주지(住持)였던
여행기 작가 엔닌〔圓仁〕은 '덴다이슈'의 원래의 가르침을 '신곤슈'의 밀교적 의
식과 결합시키는 것에 의해 덴다이〔天台〕의 후대 지배를 확실하게 하였다.
덴다이의 다양성으로부터 후대 종파 운동의 대부분이 나타났다.

표기와 문학　중국의 패턴에 대한 수용은 자연적으로 중국의 필기 제도를
차용하는 것을 포함하였다. 그러나 상형 문자인 한자는 다른 언어들, 특히 다
음절이며 고도의 굴절어인 한국어와 일본어를 표기하는 데 잘 맞지 않았다.
한자를 사용하는 것이 확고하게 확립된 후에 두 나라가 음성의 표기법에 대해
서 알게 된 것은 두 나라 모두에게 있어서 하나의 주된 역사적 비극이었다.

각각의 문자가 개별적인 의미와 음운을 나타내는 한자는 전체로서 차용될
수 있었다. 사실상 수천 개의 중국의 어휘들이 이런 식으로 점차로 일본어 속
에 포함되게 되었다. 그러나 고유한 일본 어휘들에 대하여 중국의 표기 제도
는 전적으로 부적합하였다. 한국인들과 같이 고대 일본인들은 비록 때때로 음
성적으로 사용된 한자들을 가지고 일본 이름과 어휘들을 한 음절 한 음절씩 힘
들게 나타내곤 하였지만, 단지 한문(漢文)으로 적은 것에 의해 문제를 해결하
였다. 고대 일본인들이 현저하게 다른 외국어와 엄청나게 힘든 필기 제도의
매개를 통해서 7세기와 8세기에 전반적인 정치적·문화적 변화를 수행할 수
있었던 것은 그들의 근면성을 보여 주는 하나의 증거다.

중국의 표기 제도와 함께 정치에 도움을 주는 것으로서의 과거 기록에 대한 중국인의 강조가 들어왔고, 그것은 이미 언급된 바 있는 위대한 두 역사서 〈고지키〔古事記, 712〕〉와 〈니혼쇼키〔日本書紀, 720〕〉를 낳게 하였다. 887년까지의 기록을 담은 5 개의 연속적인 중국식 역사서들이 그 뒤를 따랐다. 〈니혼쇼키〉와 함께 이것들은 〈육국사(六國史)〉로 알려져 있다. 중국의 원형들에 의해 자극된 다른 본격적인 학문적 저작들 중에는 713년에 시작한 지방지(地方誌)인 〈후도키(fudoki, 風土記)〉들이 있는데, 그것들은 각 구니〔國〕의 지리, 경제, 전설 및 정치적 제도들에 관한 설명을 담고 있다.

일본인들은 또한 문예(文藝)에 대해서도 중국인들의 태도를 취하였는데, 중국 서예에 있어서의 훌륭한 솜씨와 중국의 작문이나 고유의 시에 있어서의 유연한 문체는 교양 있는 사람의 필수적인 표시가 되었다. 일본인들에 의한 120 수의 중국 시선집은 나라 시대로부터 아직까지 남아 있고, 그것은 규모와 질에 있어서 〈만요슈〔萬葉集〕〉로 불리는 일본어로 된 4,516 수의 시들의 대집성에 의해서 압도되었다. 이 시집에 있는 시들의 대부분은 5-7-5-7-7 음절의 구들로 나누어진 31 음절의 이른바 '단카〔短歌〕'들이다. '단카'는 매우 제약된 문학적 형식이었지만 그 후 내내 일본인들이 애호하는 시형으로 남아 있게 되었다. 전형적으로 '단카'는 자연 풍경을 묘사하고 그 다음 능란한 반전에 의해서 감정의 격동 속으로 이끌어 간다. 흔히 흥미를 위해서 말장난이나 문학적 암시들에 의존하였기 때문에 '단카'를 예술적으로, 그리고 정확하게 번역하는 것은 거의 불가능하다. 그러나 9세기로부터의 다음의 '단카'는 비록 그것의 단순성이 그것을 비전형적인 것으로 만들 수 있지만 직역할 수 있을 만큼 충분히 단순하다.

하루 다테바	はる たてば	봄이 오면은
기유로 고오리노	きゆる こおりの	녹아난 얼음이
노코리 나쿠	のこり なく	자취 없듯이
기미가 고코로모	きみが ここるも	고운 님의 마음도
와레니 도케난	われに とけなん	나에게 녹으리

중국적 패턴의 수정

중국의 정치 제도를 모방하는 데 있어서, 그리고 5세기의 상대적으로 미발달한 사회로부터 8세기까지 고도의 문화적 복잡성으로 옮겨 가는 데 있어서, 일본인들의 성공은 단지 경탄을 자아낼 뿐이다. 그들의 성취가 외부로부터의 정복이라는 자극이 없이, 그리고 일본과 중국 사이에 펼쳐진 광활한 바다와 언어 표기의 높은 장벽에도 불구하고 이루어졌다는 것이 더욱 놀라울 뿐이다. 이것은 같은 시기에 지중해 문명을 받아들이려는 보다 완만하고 덜 성공적이었던 북유럽 인들의 노력들과 대조를 이룬다. 상이점의 부분적인 이유는 의심의 여지없이, 서양에 있어서 로마의 모델이 비극적인 몰락의 길에 들어섰던 것에 대하여 일본의 문화적 모델이었던 중국은 전성기에 있었기 때문이었다.

그러나 우리가 살펴본 바와 같이 일본인이 모방했던 중국의 정치 제도는 처음부터 정밀한 것은 아니었다. 엄격하게 구분된 계급 사회를 탈피하거나 진정한 관료 조직을 창출하려는 실제적 노력이 존재하지 않았다. 중국에 있어서조차 중앙 집권적 관료 지배는 그것이 시작된 지 1세기 안에 심각한 쇠퇴의 징조들을 보이고, 2, 3세기 안에 완전하게 몰락하는 경향이 있었다. 진정한 관료 조직이 없었기 때문에 일본에서는 체제의 부식을 막을 수 있는 것이 훨씬 더 적었다. 사실상 그것은 원래의 중국 모델과는 상당히 다른 것으로 발전해 갔다. 이것이 일어날 수밖에 없었던 것은 중국의 제도가 작용하여 그때 이후로 일본에 영향을 준 사상과 제도들의 강력한 유산을 남겨 놓은 한에 있어서 그것이 성공적으로 작용했다는 것보다 덜 놀라운 것이다.

나라 시대는 일반적으로 중국적 패턴이 유력했던 시대로 간주되고, 바로 그것을 이어 수도가 헤이안(교토)이었던 헤이안〔平安〕 시대는, 보다 고유한 패턴으로 회귀했던 시대로 여겨진다. 실제로 두 시대는 그러한 경향들과 그렇게 잘 일치하지 않는다. 헤이안 시대는 일반적으로 794년부터 1185년(비록 교토가 1868년까지 수도로 남아 있었지만)까지인데, 그것의 첫 수십 년은 아마도 일본에 있어서 중국의 문화적 영향의 절정을 목격하였다. 이미 살펴본 바와 같이 덴다이슈〔天台宗〕와 신곤슈〔眞言宗〕가 9세기초에 소개되었고 늦게는 838

년까지 대사절단이 중국에 건너갔다.

그러나 9세기를 지나면서 일본 역사의 흐름에 있어서 완만하지만 주된 변화가 있었다. 일본에 있던 중국의 제도들이 너무도 심하게 변화되어 가고 있었기 때문에 대륙으로부터의 새로운 차용들이 얼마간 부적절한 것으로 보였다. 일본의 귀족들은 이제 대륙 문화에 너무도 익숙해져 있어서 그들이 적당하다고 생각했을 때 중국적 기준들로부터 기꺼이 떠나올 수가 있었다. 또 다른 요인은 9세기까지 당나라가 심각한 왕조적 몰락 속에 있었다는 것이었다. 894년에 중국에 사절을 보내지 않기로 한 결정의 주된 이유로 이것이 언급되었다. 한국과 중국의 배를 타고 여행하는 승려들과 상인들에 의해 중국으로의 도항은 계속되었으나, 중국으로부터 배우는 것에 대한 관심이 줄어드는 것이 다음의 수세기 동안 이들 접촉의 문화적 중요성을 감소시켰다.

쇼엔〔莊園〕 제도 한편으로 일본의 내부에서 의미 깊은 변화들이 일어나고 있었다. 처음부터 귀족 가문들은 관위, 직책, 혹은 봉사에 근거해서 광대한 보유지로부터의 수입에 대한 권리를 가지고 있었고, 이것들이 그들의 영구 소유물이 되는 경향이 있었다. 이것은 불교 사원들과 대'신토 진자'에 할당된 토지에도 마찬가지였다. 그와 같은 사적 소유는 부분적으로는 공전(公田)을 희생시키는 것에 의해서, 그러나 더 많이는 개간의 결과로써 계속 증가했는데, 개간을 위해서는 부유한 가문들과 기관들이 배수와 관개에 필요한 상당한 비용을 가장 잘 감당해 낼 수 있었다. 조정은 그러한 새로운 토지의 개간을 장려하였는데 723년에는 한 세대 혹은 더 이상의 개간지 보유를, 그리고 743년에는 소유를 영구화하는 것을 허락하였다.

물론, 사적 보유의 가치는 주로 조세 감면과 중앙 정부로부터의 독립 정도에 의존하였다. 처음부터 이들 토지들은 얼마간의 조세 감면 혜택을 누렸고 이것들은 확대되는 경향이 있었다. 소유자들은 단지 여러 종류의 조세들로부터의 자유뿐 아니라 민사적, 형사적 사법권으로부터의 보호와, 궁극적으로는 정부 관리에 의한 출입과 조사로부터의 면제를 확보하기를 희망하였다. 이들 다양한 정도의 독립을 확보하는 최선의 방법들 중의 하나는, 조정의 세력 가문들이나 종교 기관들에 보유지를 기진(寄進)하는 것이었는데, 조정에서의 그들 권위가 정부 관리들로부터 보호를 보장할 수 있었다. 따라서 사적으로 소유

434

된 얼마간의 토지가 세력 가문들과 기관들의 후원과 보호하에 한데 모여져서 사적 대토지를 형성하는 경향이 있었다. '쇼엔(shōen, 莊園)'으로 불리는 그와 같은 대토지는 8세기에 형성되기 시작하였고, 그 후 4세기 동안 그야말로 그것들이 수천 개가 되기까지 일본 전역에 확산되었다. 유럽의 장원들과 달리 일본의 '쇼엔'들은 영주의 집과 공익 목초지(公益牧草地)를 중심으로 통합된 일정 부분의 토지가 아니라(낙농의 동물들이 없었고 가축들도 거의 없었다) 한 단위로써 관리되는 산재한 일대의 농토로 이루어졌다.

'쇼엔' 제도에 있어서의 중심 인물은 료케(領家)인데, 대체로 그는 지방이나 혹은 조정에서 영향력을 가진 귀족이었다. 그의 위에 혼케(本家)가 있었는데, 대개 조정의 귀족 중에 가장 고귀한 사람들 중의 하나이거나 혹은 대종교 기관이었다. 료케의 밑에는 쇼엔의 관리인인 쇼칸(莊官)이 있었고, 이들 밑에는 차례로 실제적으로 경작에 종사한 소규모 보유자인 묘슈(名主)들이 있었고, 그들 밑에 그들에게 종속적인 경작자들이 있었다. 마지막 범주를 제외한 모두가 '쇼엔' 수입의 부분들에 대한 각자의 권리를 가지고 있었다. 이들 수입에 관한 권리들은 '기능'이나 '관직'을 뜻하는 시키(shiki, 職)로 불려졌는데, 보통 문서들 속에 구체적으로 쓰여 있었고 남자들뿐 아니라 여자들에 의해서도 분할되고 상속될 수 있었다. 이 제도와 봉건 유럽의 단일 토지에 부속된 중층적 권리 제도와의 유사성은 인상적이나 아마도 놀라운 것은 아닐 것이다. 양자는 중앙 집권적 지배 그 자체가 쇠퇴한 후에 초기의 중앙 집권적 행정, 사법 제도(유럽에서는 로마)의 요소들이 잔존한 것들이었다.

조세를 부담하는 공적 영역인 고쿠가료(國衙領)가 전부 쇼엔(莊園)들이 되어 사라진 것은 아니었다. 토지의 많은 부분, 아마도 절반만큼이 늦게는 12세기까지 여전히 그것들의 바깥에 존재하였다. 그러나 이들 공전(公田)들에 대한 관리는 점차로 '쇼엔' 관리의 많은 특징들을 취하였다. 9세기 중엽 이후 조세를 부담하는 농민들에게 토지를 재분배하려는 어떠한 노력도 없었고, 점차로 조세의 단위가 개별의 남자 농민으로부터 토지 그 자체로 옮겨 갔다. 심지어는 중국 제도의 전성기에조차 조신(朝臣)들은 지방의 관직에 마지못해 나아갔고 그때에도 위신이나 권력보다는 주로 수입을 위해서 그러했다. 9세기에 고쿠시(國司)들이 그들의 임지에 대리인을 보내고, 지방관의 임명이 단지 수입의 원천으로 간주하는 것으로 점점 관례화되었다. 사실상 특정 구니(國)의

'고쿠시'를 선출하는 권리는 얼마 안 가서 그것 자체가 '쇼엔'에 대한 보호와 같이 일종의 소유가 되었다. '고쿠시'의 대리인이나 하급의 관리로서 입신 출세를 위해 지방에 내려갔던 조정의 하급 귀족들은 그들의 직책을 세습적인 것으로 만드는 데 성공하였고, '쇼엔'의 료케〔領家〕나 쇼칸〔莊官〕의 기능에 비견될 수 있는 공전(公田)에 대한 기능들을 획득하였다.

일본의 전체 경제와 사회는 따라서 중국형의 중앙 집권화된 정치적 지배로부터 멀어져서, 우지〔氏〕 시대를 연상시키는 사적이고 개인적인 관계들로 돌아가고 있었다. 각 집단은 직접적으로 중앙 정부에 연결되는 대신에 그것의 바로 위에 있는 집단에 보다 한정적으로 향해져 있었다. 쇼엔〔莊園〕에 관해서 볼 것 같으면, 토지가 없는 농민들은 소규모 소유자들을 위해 일했고, 그들은 쇼칸〔莊官〕에 의해서 지배를 받았고, '쇼칸'들은 료케〔領家〕에게 책임을 지고 있었고, '료케'는 다시 혼케〔本家〕에게 은혜를 입고 있었다. 정부의 토지들에 대해서는 그 명칭과 이론은 달랐으나 실제는 더욱 같은 것이 되어 가고 있었다. 수도로 유입되는 지방의 농산물은 점점 대종교 기관들과 조정의 가문들 수중으로 들어갔는데, 그 구성원들이 '쇼엔'의 '료케'나 '혼케'의 직(職)을 보유하거나 지방 정부에 대한 임명권을 행사하였다. 따라서 지방과 수도 사이의 경제적인 것뿐 아니라 정치적인 주요 유대는, 중앙 정부를 통해서보다는 대귀족 가문들과 강력한 중앙의 종교 기관들을 통하게 되었다.

수도 지역의 대세력 가문들과 종교 기구들은 비록 여전히 과거의 중앙 집권화된 정부의 틀을 통해 서로 관련을 맺고 있었지만, 실제적인 권력을 행사하는 데 있어서 어떤 점에서는 그것의 복합적인 계승자들이 되었다. 이것은 그들의 소규모 사적인 가정의, 혹은 제도적인 기구들에 상당하는 것들을 개발한 데서 찾아질 수 있을 것이다. 후지와라 씨〔藤原氏〕는 645년의 쿠데타의 지도자였던 가마타리〔鎌足〕의 계통을 이은 것으로 적절한 좋은 예가 된다. 그것은 어떤 점에서 전대의 대'우지'를 본떠서 중요하게도 '우지노초자〔氏長者〕'로 불려진 가문의 우두머리를 가지고 있었고, 옛 도시 나라〔奈良〕에 가문의 사원과 진자〔神社〕를 소유하고 있었다. 그것의 복잡한 가문의 일과 전국에 걸쳐서 그것이 소유한 수십 개의 '쇼엔'을 관리하기 위하여 가문의 우두머리가 장을 차지하고, 행정 사무 기관인 만도코로〔政所〕를 포함한 일련의 부서들로 구성된 가정의 정부를 가지고 있었다.

정치 제도의 수정　쇼엔〔莊園〕의 발달을 통한 사회와 경제의 재형성은 8세기부터 13세기에 걸친 길고 완만한 과정이었으나, 그것은 9세기까지는 중앙 정부의 외부적 형태들에 명백한 영향을 주기 시작할 정도로 더욱 충분히 진전되어 있었다. 조세액이 감소하거나 사적 소유로 돌려지게 되고, 정부에 의해 효과적으로 지배되는 지역이 줄어듦에 따라서, 정부는 서서히 경제적 지탱력과 실행할 기능들을 상실하게 되었다. 외국의 압력을 좀더 받기 쉬운 나라에서는 그러했겠지만 그러나 그것은 시들어 죽어 버리지는 않았다. 그것을 둘러싼 부유한 가문들에 의해 지탱되어 중앙 정부는 주로 그들의 경쟁을 위한 공들인 무대가 되었다. 그것은 또한 권력의 실제적인 보유자들에 의해서 모든 직함들과 관위, 그리고 정통성에 대한 주장의 궁극적인 근원으로서 계속해서 간주되고 있었다.

행정의 본체가 정부의 기관들로부터 빠져나감에 따라서 그것들의 의식과 예식들이 더욱 중요한 것으로 크게 드러났고, 전례에 세심한 주의를 기울이는 조신(朝臣)들에 의해서 유지되었다. 정부의 모든 직위와 직함들이 조심스럽게 보존되었으나 점점 가계의 상속되는 소유물들이 되었다. 궁극적으로 8세기에 실제적인 정부의 기능들이 재직자의 나이나 능력에 관계없이 수여된 순전히 명예적이고 세습적인 것이 되어 버렸고, 후에는 이들 직함의 일부가 성이나 이름에 지나지 않는 것으로 되었다.

이제는 불필요할 정도로 복잡하게 된 국가 기구들 대신에 보다 간단한 정치 기구들이 중앙 정부의 남은 책무를 처리하기 위하여 9세기에 성장하였다. 퇴임하는 지방관들의 회계를 감사하기 위하여 790년 처음으로 임명된 감독관인 가게유시〔勘解由使〕는 정부의 조세 수입의 최고 감독자로서, 그리고 수도와 지방 정부들 사이의 가장 효과적인 통제의 통로로서 각양 각색의 관직들을 대체하였다. 810년에 설치된 문서국인 구로도 도코로〔藏人所〕는 칙령(勅令)을 기초하는 최고의 기구로 성장하였다. 820년경 수도에서 처음으로 임명된 경찰국장인 게비이시〔檢非違使〕는 법과 질서를 유지하는 중앙 정부의 유일한 효과적인 기구로 발전하였고, 구래의 중국식 율령들을 중심으로 성장하고 있던 일종의 관습법들을 관리하는 과정중에 있었다. 일부의 귀족적인 지방의 군사 집단들과 함께 그들은 또한 중앙 집권적 군대에 대한 중국적 개념의 유일한 자취가 되었다.

790년에 '가게유시'를 임명한 것은 중앙 정부가 그것의 수입과 권력의 잠식을 정지시키기 위해 행한 많은 시도들 중에서 최초의 것이었다. 1세기 후에 두 명의 연속하는 천황들이 이러한 형세를 막아 보려고 애써 노력하였으나, 927년에 구래의 율령들을 수정·보완한 것이 편찬되도록 자극한 것 외에 아무것도 이루지 못하였다.

후지와라〔藤原〕 씨와 상황(上皇)들   9세기에 중앙 정부에 있어서 최대의 변화는, 조정의 대세력 가문이었던 후지와라 씨의 한 분가(分家)가 천황가에 대한 거의 완전한 지배를 확립한 것이었다. 그렇게 될 수 있었던 것은, 부분적으로 황후들과 천황의 후궁들을 공급하는 것을 통해서였고, 또 부분적으로는 일본 전역에 걸쳐서 가장 많은 수의 쇼엔〔莊園〕을 소유한 가문으로 부상하고 있었기 때문이었다. 이 가문의 우두머리였던 요시후사(Yoshifusa, 義房)는, 858년 그의 7 살 된 천황가의 손자를 천황의 자리에 앉히고 자신은 섭정(攝政)의 직을 차지하였다. 이것은 어린아이가 천황이 되고 섭정이 천황가의 일원이 아니었던 최초의 경우였다. 그 다음 후지와라 씨의 우두머리도 마찬가지로 어린 천황을 위한 섭정으로 봉사하였고, 그 다음에는 884년 성인이 되어 즉위한 천황에게도 이러한 역할을 계속하여, 이 목적을 위해서 특별히 만들어진 '감파쿠(kampaku, 關白)'라는 직함을 차지하였다.

요시후사가 후지와라 씨의 지배권을 확립한 후 그의 가문은 고위 관직의 거의 전부를 계속해서 독점하였고, 천황 배우자들의 대부분을 공급하였으며, 후지와라 씨 출신 어머니들의 아들들을 황위에 즉위시켰다. 사실 그들이 조정을 너무도 압도하였기 때문에, 858년부터 1160년까지의 시대는 일반적으로 후지와라 시대로 불려진다. 후지와라 씨의 영광의 절정은 미치나가(Michinaga, 道長; 966~1027)의 치하에서 찾아왔다. 천황가에 대한 그의 지배 정도는 네 명의 천황들이 그의 딸들과 결혼했고, 두 명이 그의 조카들이었으며, 세 명이 그의 손자들이었던 사실에서 살펴질 수 있을 것이다. 중앙 정부의 기구들이 아니라 그의 가정 기관(家政機關)들이 수도에서 권력의 실질적인 중심이었다. 그러나, 그들의 엄청난 권력에도 불구하고 후지와라 씨는 황위를 찬탈하려는 어떤 조그마한 움직임도 보이지 않았다. 세습적인 권위의 관념과 천황계의 특별한 종교적인 냄새가 너무도 강렬하였다. 그러나 천황은 군림하되 통치하지 않는다는 것이 점차로 받아들여지게 되었다.

후지와라 씨는 이론상 그들의 권위가 천황계로부터 유래했다는 것에 만족해했기 때문에, 그들은 언제나 정력적인 천황에 의해서 도전을 받을 수가 있었다. 예를 들면 우연히도 후지와라 출신의 어머니 태생이 아니었던 한 상황(上皇)이, 899년에 하급의 귀족이었으나 유명한 학자였던 스가와라노 미치자네(Sugawara no Michizane, 菅原道眞)를 고위직에 임명하는 것에 의해 후지와라 씨의 지배에 반대하려고 시도하였다. 그러나 2년 후에 후지와라 씨의 우두머리는 이 경쟁자를 사실상의 유배인 규슈로 내쫓아 버렸다. 1069년에 다시 후지와라 씨의 어머니 태생이 아닌 천황이 1045년 이후 형성된 모든 '쇼엔'을 몰수하려는 기도로 기록소(記錄所)를 설립하였으나, 이러한 노력은 후지와라 씨에 의해서 좌절되었다.

권력을 회복하려는 보다 성공적인 시도는 시라카와(Shirakawa, 白河) 천황에 의해서 수행되었는데, 그는 1086년 퇴위 후에, 학자로서, 그리고 지방의 행정에서 그들의 명성을 구축한 보다 중요하지 않은 귀족들을 이용하는 것에 의해 후지와라 씨의 패권에 성공적으로 의문을 제기하였다. '인세이(insei, 院政)'로 알려진 상황(上皇)들에 의한 이러한 형태의 통치는, 시라카와가 1129년에 죽은 후 1세기 동안 다른 상황들에 의해서 계속되었고, 그 후 또 다른 1세기 동안 간헐적으로 부활되었다.

그러나 한편으로 중앙 정부 전체가 급속도로 쇠약해져 가고 있었고, 후지와라 씨와 상황들이 그것을 놓고 싸울 권력이 점점 더 적어져 가고 있었다. 11세기 동안 감소하는 수입이 정부의 건물들을 돌아보지 못하는 결과를 초래하여 그것들은 심각하게 쇠락하였다. 무법 상태가 지방에서 유행하고 있었고, 폭력적인 행동들이 심지어 수도에서조차 발생하고 있었다. 극심한 경쟁들이 후지와라 씨를 분열시키고 약화시켰으며, 한편으로 상황들이 권력을 잡고 있는 동안 거두었던 주된 성공은, 공령(公領)의 많은 부분을 천황가에 의해서 소유된 '쇼엔'으로 전화시켜 공령을 더욱 약탈하는 것에 존재하였다.

후지와라 시대의 문화

중앙 정부의 제도들이 점차적으로 분화되어 간 것과 그에 따른 법과 질서의 약화는, 10세기부터 12세기에 걸친 시대에 쇠퇴와 임박한 파국의 분위기를 부여하였다. 그와 같은 태도들은 당시의 저작들 속에 흔히 표현되었다. 그러나 이 세기들은 사실 전국에 걸친 경제적, 그리고 문화적인 대성장의 시대였다. 쇼엔〔莊園〕 제도는, 그것에 선행했던 보다 중앙 집권적이었을 뿐 아니라 보다 강제적이었던 제도만큼 경제적, 문화적 발전에 도움을 주는 것이었음을 입증했던 것으로 보여진다. 간토와 북혼슈와 같이 멀리 떨어진 지역들에서 새로운 농토가 개간되고 인구가 증가한 것은, 중앙 집권적 정부의 약화에 대한 이유가 되었을 뿐 아니라 경제 성장의 표시이기도 하였다. 교통은 실제적으로 향상되었고, 일본 전역에 걸친 상품의 유통은 12세기까지 그것이 8세기에 그러했던 것보다 훨씬 더 커진 것이었다. 8세기에는 주로 수도 지역에 한정되었던 대륙 문화의 많은 특징들이, 12세기까지는 일본 전역에 걸쳐서 광범위하게 유포되었다. 1124년 북혼슈의 히라이즈미(Hiraizumi, 平泉)에 지역적으로 강력했던 후지와라 씨의 분가에 의해서 세워진 아름다운 사원 건축은, 이같이 먼 변경 지역에서조차 고수준의 지방 부와 예술적 성취가 존재했음을 예증하여 준다.

수도에서 조정의 귀족들은 그들의 많은 '쇼엔'들에 의해서 지탱되어 호사스럽게 생활하였다. 주로 무의미한 기능들을 가진 정부에서 수행할 실제적 임무들을 갖지 못하였기 때문에, 그들은 여러 가지 점에서 피상적이고 실제보다는 상징을 중심으로 한 생활을 영위하였다. 그들은 끊임없이 순환되는 의식적 관례와 꽃이나 뿌리 혹은 조개껍질의 장점을 판단하고, 술잔이 좁고 꾸불꾸불한 수로를 따라서 각 사람에게 차례로 띄워지는 동안 시를 짓는 것과 같은 여가를 즐기는 오락에 빠져 있었다. 강조는 강하게 심미적인 것이어서 중요하게 여겨졌던 것은 적당한 의상, 바른 예식적 행동, 시에 있어서의 성공적인 구의 전환, 그리고 정제된 취향의 적절한 표현 등이었다. 연애는 혼인 제도가 명확하게 규정되지 않은 나라에서 주된 예술이었다.

440

중국적 요소들이 충만했던 한편으로 후지와라의 조정 문화는 거의 완전하게 중국의 패턴을 모방하려는 어떤 새로운 노력도 없었다. 그것은 이제 완전하게 동화된 중국 요소들과 고유 경향들의 완벽하고 자연스러운 혼합이었다. 이러한 의미에 있어서 그것은 완전하게 일본적이었다. 후대의 엄격한 금욕주의와 군사적 덕목들에 대조적으로 후지와라 문화는 쇠약하고 유약한 것으로 보인다. 그러나 그것의 심미적 감수성과 창조성은, 후대 모든 일본 문명의 특징으로 남게 되었다.

불 교　9세기까지 대륙 영향의 연속적인 물결에 심하게 의존했던 일본의 불교는, 후지와라 시대 동안 일본 불교로 발전하였다. 조정에서 세속 생활에 있어서의 정교한 의식들에 대한 강조는, 대응하는 불교 의식들에 대한 강조와 병행하였는데, 그것들을 위해 신곤슈〔眞言宗〕와 덴다이슈〔天台宗〕의 밀교(密敎)적 예식은 풍부한 여지를 제공하였다. 동시에 불교는 수도로부터 바깥으로, 사회에 있어서는 밑으로 확산되고, 그리고 '신토' 숭배와 융합되는 가운데 국가의 마법의 수호자로서, 그것이 원래 강조했던 얼마간의 것을 상실하는 대신에 더욱 평민들을 위한 신앙과 소망의 매개물이 되어 갔다.

새롭고 보다 대중적인 이 불교는 9세기에 중국으로부터 소개된 정토 사상(淨土思想)에 토대를 두고 있었으나, 이제는 일본인들 자신에 의해서 크게 발전하였다. 그 중심적인 개념은, 현재는 맛포〔末法〕로 알려진 타락한 시대이며, 모든 생물들의 구원을 맹세했던 아미타불(阿彌陀佛)의 극락 정토(極樂淨土)의 왕생(往生)은 이제는 오직 신앙을 통해서만 성취될 수 있다는 것이었다. 구원은 따라서 자력(自力)이 아니라 타력(他力)에 의존하였고, 그것은 나무아미타불(南無阿彌陀佛)을 계속해서 외는 염불(念佛)을 통해서 가장 잘 성취될 수 있다는 것이다. 10세기 동안 그러한 사상들이 거리에서 포교한 승려들에 의해서 대중화되었으나, 신불교에 있어서 가장 중요한 인물은 보다 학자적인 인물이었던 겐신(Genshin, 源信 ; 942~1017)이었는데, 그의 〈왕생요집(往生要集)〉은 지옥의 공포와 극락의 행복에 관한 자세한 묘사를 담고 있다.

이 기간 동안에 불교는 또한 그것이 대륙에서는 결코 가질 수 없었던 방식으로 일본의 제도적 생활 속에 통합되었다. 9세기를 경과하면서 정부는 수계(受戒)를 규제하는 것에 의해 승려의 규모를 제한하는 노력을 포기하였고, 조직된 사원들이 제약 없이 성장하였다. 주로 철학적 차이에 토대를 두었던 진대의 종파적 구분들은 본사(本寺)와 말사(末寺)의 분명한 행정적 위계제로 굳어졌다. 불교 사원들은 점점 그들 자신의 토지로부터 지원을 끌어 냈고, 수도 지역의 대사원들은 료케(領家)와 혼케(本家)로서 세력 가문들과 전국에 걸쳐서 경쟁하였다. 사원들은 또한 그들의 이익을 보호하기 위하여 그들의 쇼엔(莊園)에 젊은 승려들과 경작자들로 무사단을 형성하기 시작하였다. 수도 지역에서 승려들의 소란과 일부 대사원들 사이의 무장을 한 경쟁들은 전설적인 것이 되었다. 11세기말 후에 승병들이 반복해서 수도에서 당국들을 위협하였고, 시라카와(白河) 상황은 그가 통제할 수 없는 유일한 것들은 가모가와(賀茂川, 교토를 관통하여 흐름)와 주사위의 떨어짐과 승병들이라고 빈정댔다. 따라서 불교 사원은 그것이 중국이나 한국에서 이제껏 가졌던 것보다 훨씬 큰 경제적·세속적 역할을 성취하였다.

미 술 후지와라 시대 동안 일본인들은 계속해서 기본적인 중국 회화적 특색을 사용하였으나, 그것을 통해서 일본적인 맛을 전형적으로 표현하기 시작하였다. 균형잡히고 형식적인 당나라의 건축 양식은 궁전 건축술에 있어서 감추어진 통로들에 의해서 연결되고, 정원들과 연못들의 자연적 배경 속에 교묘하게 놓여진 보다 섬세한 정자들에 의해서 대체되었다. 이 양식은 보다 현대의 일본 국내적 건축 양식으로 성장하였다.

불교 조각과 회화에 있어서 의식적이고 밀교적인 종파들의 복잡한 도해와 아미타불과 그의 정토(淨土)의 재현들에 중점이 주어졌으나, 또한 회화에도 중국의 원형과 매우 다른, 그리고 적절하게 야마토에(Yamato-e, 大和繪)로 불려진 단순하고 유연한 선들과 담백하게 채색된 표면들을 가진 양식이 발전하였다. 그와 같은 회화들은 흔히 두루마리 그림(에마키(繪卷)) 속에 끼여들게 되었는데, 그것은 연속적인 하나의 그림과 연작 그림들 속에서 이야기를 들려 주었다. 남아 있는 최초의 예는 〈겐지 모노가타리(Genji monogatari, 源氏物語)〉라는 유명한 궁중 소설의 삽화를 그린 것이나, 다른 것들은 사원의 전설 혹은 유명한 역사적 사건들을 묘사한 것이다. (원색 도판 15, 16 참조)

이 당시에 유전이 재능을 낳는 것에 실패했을 때, 흔히 양자(養子)의 채용에 의해서 유지되었던 세습적인 화가 가문들의 출현은, 대륙 문명이 어떻게 완벽

도바소조[鳥羽僧正]의 작품으로 추정되는 유머러스한 두루마리 그림의 한 장면으로 불상의 모습을 한 개구리, 승복을 입은 원숭이와 여우와 토끼, 시녀를 거느린 귀족적인 궁중 부인 모습을 한 여우, 그리고 평민의 검은 모자를 쓴 토끼 등을 보여 주고 있다.

하게 가족적인 패턴에로 맞아 들어가게 되었는가에 대한 또 다른 실례를 제공한다. 똑같은 것이 학문·달력 제작·음악 및 서도 등과 같은 다양한 다른 노력의 전문 분야들 속에서 일어났다.

가나[假名] 표기 제도　　9세기와 10세기 동안에 일본인들이 중국의 원전들을 일본의 고유한 어휘들로, 그리고 일본어의 어순에 따라서 읽는 것은 통례적인 것이 되었다. 이것은 물론 중국어에 대한 능력이 감소되고 있는 표시였고, 10세기까지 한문으로 알려진 일본에서 작문된 중국어가 너무도 극심하게 일본화되어서, 그것은 오늘날 중국어와 일본어 양자를 아는 사람들에 의해서만 이해될 수 있다.

이 당시에 보다 중요한 발전은 일본어를 표기하기 위한 순수하게 음성적인 활자들의 출현이었다. 〈만요슈[萬葉集]〉의 시들은 음성적으로 사용된 한자로 한 음절씩 철자로 씌어졌다. 9세기 동안에 이들 문자들은 각각 한 음절을 나타내는 음성상의 기호들에 지나지 않는 것으로 단순화되었다. 둘 다 '가나(Kana, 假名)'로 불려진 두 체계들이 존재하였다. 전체 문자들이 생략된 형태로 초서로 씌어진 것이 히라가나[平假名]로 알려지게 되었고, 문자들의 선택된 부분들

가나 어원의 보기

한 자	安	以	加	多	奴	保
원래의 의미	평화	취하다	더하다	많은	노예	보호하다
중국 발음	*an*	*i*	*chia*	*to*	*nu*	*pao*
가타카나			カ	タ	ヌ	ホ
히라가나	あ	い	か		ぬ	ほ
일본어에서의 음가	*a*	*i*	*ka*	*ta*	*nu*	*ho*

은 가타카나〔片假名〕로 알려지게 되었다. 두 체계들은 19세기말에 가서야 비로소 완전하게 표준화되었고, 이형들이 아직도 필사에는 가끔 사용된다.

가나의 음절표들은 당시의 일본어를 표기하는 훌륭한 방법들이었으나 중국어의 위광으로 인해 잘 교육받은 사람들은, 비록 일본어의 요소들이 혼합되는 것이 증가하였지만 대부분의 중요한 목적들을 위해서는 중국어로 표기하기 위한 시도를 계속하였다. 일본어로 글을 쓴 사람들조차도 항상 한자로 씌어진 중국 어휘들을 삽입하려는 유혹을 받았다. 두 경향들의 궁극적인 결과가 현재의 혼합 표기 양식인데, 그것에서 한자들은 차용된 중국어 낱말들과 특정의 한자들과 의미에 있어서 같다고 생각될 수 있는 일본어 낱말들(혹은 적어도 그것들의 어간들)을 위하여 사용되었고, 한편 '가나'는 한자들에 의해서 쉽게 나타내질 수 없는 활용들과 다른 요소들을 위하여 사용되었다. 이와 같은 혼합 양식은 이미 11세기에 발전하기 시작하였고 그때부터 두 개의 다른 필기체로, 즉 문서들과 학문적 저술을 위한 철저한 한문(혹은 일본인들이 생각한 것은 중국어였다)과, 시들과 약간의 산문의 원전들을 위해 가나로 된 순수한 일본어와 경쟁하였다.

현대의 혼합 양식은 아마도 세계 어디서나 널리 쓰이는 것 중에서 가장 어려운 표기 제도일 것이다. 각각의 한자는 그것의 중국어 발음의 일본어 근사치에 따라서 읽혀질 수 있었다(그것으로부터 중국어 발음이 처음으로 알려진 중국에 있어서의 시대와 위치에 달렸기 때문에 종종 하나 이상의 일본어 발음이 존재하였다). 동일한 문자가 또한 의미상 그것과 같은 것이 될 수 있는 몇몇의 일본어 낱말들 중의 하나의 발음을 가질 수가 있었다. 엄격하게 음성적인 표기 제도가 바람직한 것이었을 것이다. 그러나 순수하게 '가나'로만 표기하는 데로 돌아가거나, 혹은 하물며 훨씬 더 간단한 로마자에로 전환하는 것은 쉽지 않을 것이다. 이것은 표기된 일본어에 존재하는 주로 중국어 낱말들에서 유래한 많은 수의 동음 이어(同音異語)들 때문이다. 일본어가 음성학적으로 중국어보다 훨씬 더 단순하기 때문에 중국어에서는 구별되는 많은 낱말들이 일본어로는 동일하게 발음되었다. 예를 들면 20개의 다른 중국어 음절들은 각각 다시 사성(四聲)에 의해서 구별되어, 즉 모두 80개의 독립적인 소리들이 되는데 이것들이 모두 결국은 일본어로 단일한 소리인 '고(kō)'가 될 수 있다. 비록 그와 같은 동음 이어는 말에서는 쉽게 혼동되지만, 그것들이 문자로 표기되었을 때는 완전히 다른 것이 된다. 따라서 일본에서 순수하게 음성적인 표기로 전환하는 것은 학문적·기술적 어휘를 대량으로 변화시키는 것을 필요로 할 것이다.

문 학 '가나' 음절표들은 일본에서 저술을 크게 촉진시켰다. 조정에서 일본어로 시를 짓는 것에 대한 강조는 계속되었고, 905년에 칙령에 의거하여 약 1,100 수의 시들을 담은 두번째의 선집이 편찬되었다. 〈고킨슈(Kokinshū, 古今集)〉로 불려진 그것은 1439년까지 편찬된 20개 이상의 칙명 선집들의 모델이 되었다. 〈고킨슈〉의 서문은 순수한 일본어로 된 중요한 산문 문장의 최초 예들 중 하나이고, 이 서문의 저자는 또한 일본어로 시적인 여행 일기인 〈도사 닛키[土佐日記]〉를 썼다. 이때에 다른 많은 일기들이 일본어나 혹은 한문으로 씌어졌고, 그 이후로 일본인들은 그들 자신이 습관적인 일기 작가들임을 보여 주었다.

1000년경 후지와라노 미치나가[藤原道長]가 지배권을 가진 동안 일본어로 쓰는 문학 활동의 진정한 분출이 있었다. 이것은 주로 궁중에 있던 여자들의 작업이었는데, 그들이 한자에 덜 숙달되었던 것이 그들을 일본어로 굉장히 아름답게 쓸 수 있도록 이끌었고, 한편으로 그들 남성 상대자들의 대부분은 계속해서 자랑스럽게 한문으로 썼는데 예술적으로는 평범한 결과밖에 가져오지 못하였다. 세이쇼나곤(Sei Shōnagon, 淸少納言)의 〈마쿠라노 소시〔枕草子〕〉는 이때에 편찬된 것으로, 그녀 주변의 궁중 생활에 관한 재치있고 때로는 신랄한 논평들을 담은 수필이다. 다른 여자들은 일기들이나 혹은 소설들을 썼는데 모두 자유스럽게 시들이 섞여져 있다. 가장 훌륭한 작품은 무라사키 시키부〔紫式部〕에 의해 씌어진 방대한 〈겐지 모노가타리〔源氏物語〕〉인데, 그것은 심리적 예민함과 심미적 감수성을 가지고 상상의 겐지〔源氏〕 왕자의 인생과 사랑을 자세하게 이야기하고 있으며, 이러는 과정 중에 당시의 궁정 생활의 상세한 모습을 우리에게 보여 준다. 〈겐지 모노가타리〉는 일본 역사를 통하여 측정할 수 없는 문학적 영향을 끼쳤고, 아서 웨일리(Arthur Waley)의 노련한 번역은 위대한 세계 고전의 하나가 되었다.

11세기말과 12세기에 새로운 문학 형식이 등장하였다. 이것은 조정에서 후지와라 씨가 지배했던 시대를 낭만적으로 묘사한 이야기들이다. 〈에이가 모노가타리(Eiga monogatari, 榮華物語)〉는 편년체(編年體)로 889년부터 1092년까지의 시대를 다루고 있고, 〈오카가미(Okagami, 大鏡)〉는 850년부터 1025년까지의 시대를 전기적(傳記的)으로 다루고 있다. 887년에 종말을 고했던 한문으로 씌어진 공식적인 조정의 역사서들로부터, 일본어로 역사를 서술하는 것에 대한 이와 같은 보다 문학적인 노력들과 후지와라 씨를 중심으로 한 것으로의 전환은, 일본인들이 그들이 앞서서 채용했던 중국 패턴들로부터 얼마나 멀리 벗어나 있었는가를 예증하여 준다.

제14장
봉건 일본 —— 중국적 패턴으로부터의 이탈

지방 무사 계급의 대두

봉건 제도의 기원　　후지와라 시대의 조정은 그것이 이룩한 찬란했던 문화에도 불구하고 후대 일본 사회의 직접적인 조상은 되지 못하였다. 조정은 너무도 유약해져 있었기 때문에 그의 지배를 지속시켜 나갈 수가 없었다. 대신에 그것은 또 다른 보다 생동적인 집단에 대한 이제는 완전하게 동화된 중국 문화 유산의 전달자로서의 역할을 수행하게 되었다. 이것은 지방 무사 계급인데 일본의 장래가 그들의 수중에 놓이게 되었다.

쇼엔〔莊園〕 제도는 지방에 있는 사람들에게 중앙 정부 관리들에 대항해서 재정적이고 법적인 보호를 제공하였다. 그러나 그것이 그들에게 지방에서의 안전을 제공하지는 못하였다. 중앙 정부와 지방관들의 힘이 쇠퇴함에 따라 토지와 관직을 둘러싼 지방 집단들 사이의 무력 항쟁이 점점 빈번해졌고, 세토〔瀨戶〕 내해에서의 해적 행위는 풍토병과 같은 것이었다. 그러한 상황들에 대처하기 위하여 지방 관청들은 9세기 중에 무장 수비대를 유지할 수 있는 권리를 획득했으며, 머지않아 군사적 직함을 부여받게 되었다. 유사하게 쇼엔〔莊園〕의 쇼칸〔莊官〕이나 지방의 료케〔領家〕들도 그들의 이익을 지키기 위하여 무사단을 발전시켰다. 따라서 군사적 기능들이 정치적, 경제적 역할들과 합쳐지기 시작하였다. 그와 같은 수비 집단들이 상호의 안전을 위해서 모이게 됨에 따라, 그들은 지방의 쇼엔〔莊園〕과 수도 지역의 대가문들이나 종교 기관들과의 종적 통합에 병행하는 지방 사회의 횡적 통합을 제공하기 시작하였다.

이와 같은 종류의 방위 집단들은 9세기와 10세기 사이에 점차적으로 성장하였다. 그것들은 본가(本家)와 분가(分家)로 구성되어 조직상 족제적 경향을 띠었으나, 지리적인, 그리고 다른 이유들로 인해 '게닌(kenin, 家人)'으로 알려진 비혈연의 부하들이 점차 참여하게 되었다. 이들 집단들이 좀더 강해지고 영향력을 가지게 됨에 따라, 그들은 단지 구성원들의 물리적 안전뿐 아니라 재산권의 보호까지 제공할 수 있었다. 머지않아 그들은 충성적인 구성원들에게 새로운 권리들을 가지고 보상할 수 있게까지 되었다.

상호 방위의 집단들은 세습적 권위를 가진 특정한 가계를 중심으로 형성되는 경향이 있었다. 이것들은 흔히 후지와라〔藤原〕 씨이거나 혹은 천황가 자체의 방계(傍系)들이었다. 814년 이후 자주 반복해서 천황가의 잉여 구성원들은, 천황가로부터 단절되어 미나모토〔源〕 씨나(겐지로도 알려져 있다) 다이라〔平〕 씨의 성(姓)이 주어졌다. 조정에서 고위 관직에 오를 수 없었던 이들은, 지방관, 혹은 '쇼엔'의 료케〔領家〕, 혹은 쇼칸〔莊官〕으로서 출세하기 위하여 지방으로 내려가곤 하였다. 조정과 천황가의 후손으로서의 위광을 가지고 내려온 그들은 구래 지방 '우지'의 상위에 지방 귀족의 최상층을 형성하는 경향이 있었다.

따라서 지방 무사단은 지방 귀족 중 가장 고귀한 사람들에 의해서 지휘를 받았고, 그들은 사실상 지방 사회의 상층부를 거의 독점적으로 구성하고 있었다. 이것은 당시 군사적 기술이 전투를 매우 비용이 많이 들고, 따라서 귀족적인 직업으로 만들었기 때문이었다. 당시 유럽과 같이 주인공은 보조적인 보병을 거느린 말을 타고 갑옷을 입은 기사였다. 그러나 그의 유럽 상대와 달리 일본 무사는 창이 아니라 활과 화살, 그리고 곡선으로 된 세계에서 가장 훌륭한 칼에 의존하였다. 밝은 색의 가죽끈에 의해서 묶여진 얇은 철판으로 이루어진 그의 갑옷은 유럽의 그것에 비해 보잘것없는 것처럼 보이지만, 가볍고 유연성을 가진 점에서 아마도 더욱 실용적이었을 것이다. 유럽에서와 같이 전투는 조직적인 병력의 집단적 이동을 통해서보다는 주로 기사들 사이의 개별적인 대결의 연속에 의해서 행해졌다.

448

16세기의 갑옷과 투구(12세기
와 거의 변화가 없다).

　이들 세기 동안 대두한 지방의 무사 귀족은 '부시(bushi, 武士)' 혹은 '사무
라이(samurai, 侍)' 계급으로 알려져 있다. 그것은 주로 구래 지방 우지[氏] 귀
족들의 후손들에 의해서 구성되었고, 중국식 중앙 집권적 문관 정부의 장기간
에 걸친 지배에도 불구하고 아마도 결코 상실되지 않았던 그들의 군사적 전통
들을 분명히 물려받았다. 이 지방의 무사 계급이 12세기 동안 역사의 중심 무
대로 옮겨 감에 따라서, 그것은 일본을 중국의 중앙 집권적 관료 국가보다는
봉건 유럽의 그것에 유사한 일종의 사회적, 정치적 조직으로 이끌었다. 군사
적 힘이 정치적, 경제적 권위를 흡수하여 이 셋 모두가 주로 토지에 대한 권리
에 따라서 규정되게 되었고, 한편으로 종종 족제적 용어로 표현되었던 개인적
인 주종(主從) 관계는 정치적 통합에 중심적인 것이 되었다.

　일본과 서양의 봉건 제도는 두 가지 기본 요소, 즉 보다 중앙 집권적이었던 국가로부터 잔존했던 행정적, 법제적 제도들과 충성의 개인직 유대 제도가 혼합된 것으로부터 유래한 것처럼 보인다. 일본에 있어서 이들 양자는 각각 나라〔奈良〕시대 중국식 조직과 '우지' 사회 초기의 족제적 형태로부터 유래하였고, 서양에서는 로마법과 게르만족의 부족적인 전투 집단으로부터 유래하였다. 이 두 기본 요소는 인류 역사에 있어서 자주 함께 등장하였으나, 전적으로 봉건적인 체제를 만들기에 적당한 비율로 나타난 것은 분명히 매우 드문 것이었다. 일본 봉건 제도는 유럽의 그것을 제하면 잘 입증된 유일한 경우다.

미나모토〔源〕씨와 다이라〔平〕씨의 대두　지방 무사단들 사이에 두 번의 대규모 투쟁은 10세기 중엽 거의 동시에 발생하였다. 간토〔關東〕지방에서 한 다이라(Taira, 平) 씨의 지도자가 940년 그의 경쟁자들에 의해서 멸망되기 전에 두 개의 구니〔國〕를 점령하였다. 다음해 세토〔瀨戸〕내해에서는 10여 년의 혼란 끝에 후지와라 씨의 후손이 평정되었다. 11세기에는 미나모토〔源〕씨의 한 분가(分家)가 1031년 경쟁자인 다이라 씨의 집단을 간토 지방에서 격파하고, 1051년과 1088년 사이의 연속적인 전쟁에서 북혼슈의 두 개의 강력한 경쟁 가문을 멸망시킴으로써 동일본에서 거대한 힘과 위엄을 획득하였다. 동일본의 무사단들은 아마도 지역의 원격성, 일본의 최대 농업 지역으로서의 간토 평야의 웅집력, 그리고 아이누족에 대한 오랜 동안의 원정 결과로서 그곳에 남게 된 강한 군사적 전통들 때문에, 일본의 어떤 다른 곳에서보다도 규모가 크고 강력했던 것으로 보여진다.

　두 무사단들이 그들의 항쟁 속에서 그들 경쟁자들을 조정에 대한 '반역자'로 낙인찍으려고 노력하는 동안, 그들의 충돌과 관련된 '쇼엔'들로부터의 수입의 흐름을 가끔 차단했던 것을 제하면 교토에 별다른 영향을 끼치지 못하였다. 그러나 지방 무사들이 점점 수도에서 치안국장인 게비이시〔檢非違使〕와 황궁 수비대의 일원으로 쓰여지게 되었고, 일찍이 889년에는 구로도 도코로〔藏人所〕가 그러한 사람들로 자신의 호위군을 구성하였다. 이미 살펴본 바와 같이 중앙의 대사원들은 부분적으로 그들의 '쇼엔'들로부터 뽑힌 사람들로 구성된 군대를 발전시켰다. 일부 미나모토 씨의 무사들은 후지와라 씨 본가의 '발톱과 이빨'로 알려지게 되었다. 한편 다이라계는 1108년에 서일본에서 한 강력한 미나모토 씨의 지도자를 제거한 후에, 수도에서 상황(上皇)의 군사적 지지자로서 두드러지게 되었다. 조정에서의 그와 같은 군사적 봉사 때문에 이들 무사단의 지도자들은 조정의 관위와 직책을 획득할 수 있었고, 12세기까지 '쇼엔'의 후원자들로 봉사할 수 있는 충분한 영향력을 보유하였는데, 그들에게 다른 지방의 지도자들은 그들 소유물을 기진(寄進)하거나, 혹은 그들로부터 지방 지도자들은 봉사의 대가로 토지들에 대한 권리를 수여받을 수가 있었다.

이런 식으로 지방의 군사 지도자들은 구래의 중앙 정부에서 증대되는 역할을 담당하게 되었다. 12세기 중엽에 수도에서 일어난 두 번의 연속적인 작은 동란에서, 이들 군사 지도자들이 실제로 행사했던 압도적인 힘이 드러났을 때 이런 과정은 더욱 가속화되었다. 1156년 상황(上皇)의 죽음과 함께 조정의 지배를 둘러싼 첨예한 대립이, 후지와라 씨 가독(家督)의 경쟁적인 주장자들과, 각각의 진영이 동원할 수 있는 미나모토 씨와 다이라 씨 무사들의 혼재된 집단들에 의해서 각각 지원을 받는 그의 아들들 사이에 발생하였다. 한 집단은 다이라노 기요모리(Taira no Kiyomori, 平清盛 ; 1118~1181)에 의해서 대표되었는데, 그의 세력의 근거지는 세토〔瀬戸〕 내해 지역에 있었다. 다른 집단은 미나모토 씨의 지도자로, 간토 지방에서 지배권을 확보한 미나모토노 다메요시(Minamoto no Tameyoshi, 源爲義)에 의해서 대표되었다. 기요모리 측이 승리하여 상대편의 남은 지도자들의 대부분을 처형하였다. 다메요시 아들의 하나였던 요시토모(Yoshitomo, 義朝)는 1156년에 승리한 파벌의 편에 가담하였다. 그는 논공 행상(論功行賞)에 있어서 그의 몫에 실망하였고, 후지와라 씨의 불만 분자들에 의해 지원되어 1159~1160년의 겨울에 수도를 점령하였으나, 그와 그의 지지자들은 곧 기요모리에 의해 패퇴되었다. 그것들이 발생한 연호(年號)로부터 각각 '호겐〔保元〕의 난'과 '헤이지〔平治〕의 난'으로 불려지는 이들 두 번의 짧았던 무력 충돌은, 기요모리와 그의 무사단에게 교토에 대한 확실한 군사적 지배를 가져다 주었다. '헤이지의 난'에 관한 훌륭한 두루마리 그림은 그것의 주요 사건들의 일부에 관한 거의 동시대의 묘사를 제공해 준다.(원색 도판 15, 16 참조)

다이라 씨의 지배　조정에서 오랫동안 두드러졌던 기요모리는 위계상 상위자들에게 부인들을 제공하고, 그들을 대체하지 않고 그들을 지배하는 이제는 오래된 관행에 본격적으로 착수하였다. 천황들, 상황들, 후시와라 씨의 섭정들과 감파쿠〔關白〕들은 권위에 대한 각각의 허식을 계속해서 유지하였다. 그러나 도시의 동단 로쿠하라(Rokuhara, 六波羅)에 있는 그의 궁전을 차지하고 있던 기요모리가 권력의 진정한 원천이었다. 그는 서일본에 있는 무수한 '쇼엔'들에 대한 권리를 획득하였고, 그의 인척들을 중앙 정부의 고위직에 승진시켰으며, 그의 측근들을 지방의 장관직과 '쇼엔'의 직책들로써 보상하였다. 그는 그의 딸을 천황과 결혼시켰고, 1180년에는 그 자신의 손자를 천황에 즉위시키는 만족감을 맛보았다. 따라서 그는 상황들의 단호한 반대에도 불구하고 조정을 지배하였다. 그러나 그는 수도 지역의 대종교 사원들에 대한 통제력을 확보하고 있지 못했으며, 지방에 남아 있는 무사단들에 대해서는 더욱 그러하였다.

조정 귀족의 새로운 층으로서 기요모리와 그의 직계 가족들의 역할은, 사실상 지방에 있던 그들 무사 제휴자들의 충성심의 유대를 약화시켰다. 어쨌든 실망한 한 왕자가 1180년 군사적 지원을 요구하는 명령을 내렸을 때, 동일본의 상당 부분이 호응하였다. 미나모토 씨의 전(前) 지도자였던 요시토모〔義朝〕의 생존한 아들 요리토모(Yoritomo, 賴朝 ; 1147~1199)는 그가 유배되어 살던 산악 지대인 이즈(Izu, 伊豆) 반도에서 반란의 기치를 들었다. 간토 지방의 많은 무사들이 그들 도우러 달려갔다. 이 지역에서 미나모토 씨의 위세는 아직도 강하였고, 그들에게는 조정 귀족의 생활에 빠져 버린 기요모리와 같은 요원한 지도자가 하려는 것보다는, 한 지방의 군사 지도자가 지방관과 '쇼엔'의 관리자로서 그들의 이익과 재산권을 아마도 더 잘 존중하고 보호할 것처럼 보여졌을 것이다.

요리토모는 간토 지방에 대한 그의 지배를 확대하였다. 그의 동생 요시쓰네(Yoshitsune, 義經)는 그 후에 그를 위하여 수도 지역들을 점령하였고, 다이라 씨를 세토 내해를 따라 그 서단까지 추격하여 마침내 1185년 단노우라〔壇の浦〕의 해상 전투에서 그들을 멸절시켰다. 4년 후 요리토모는 북쪽의 히라이즈미(Hiraizumi, 平泉)의 후지와라 씨를 격파하여 일본 전체를 그의 군사 지배하에 두게 되었다.

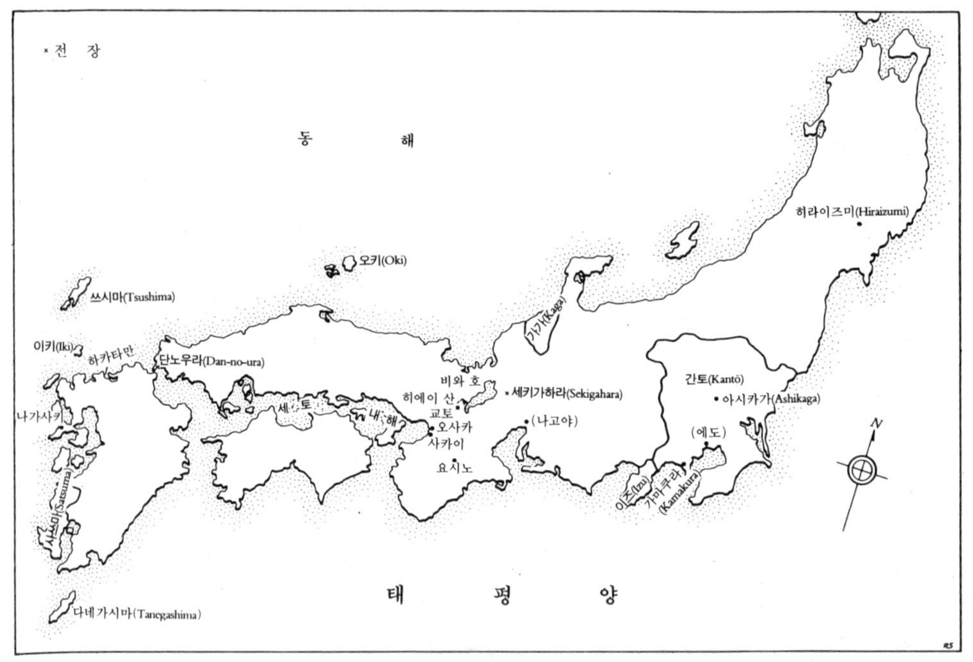

중세의 일본

가마쿠라 시대

미나모토 씨와 그들의 가신들   1185년 미나모토 씨의 다이라 씨에 대한 승리는, 지방 무사 계급에 의한 일본 지배와 봉건 사회의 발전에 있어서 앞으로 큰 발걸음을 내디딘 것을 의미하였다. 기요모리의 군사적 지배가 일본의 많은 지역에 효과적으로 미치지 못했던 반면에, 요리토모의 군사적 지배는 전국적인 것이었다. 기요모리가 그에 앞서 후지와라 씨가 했던 것처럼 교토로부터, 그리고 주로 구래의 민간 정부를 통해서 그의 권위를 행사했던 것에 대해서, 요리토모는 민정 조직과 중첩되었으나 그것에 독립적이며 그의 군사력의 중심지인 간토 지방의 해변 마을인 가마쿠라(Kamakura, 鎌倉)에 떨어져서 근거를 둔 별개의 정부 조직을 창출하였다.

1185년의 미나모토 씨의 승리 후에 조정은, 조정의 고위 직책과 관위, 그리고 전국에 대한 그의 군사적 지배를 의미하는 특별한 칭호를 요리토모에게 부여하였다. 마침내 1192년 그에게 '세이이타이쇼군(Seii-tai-shōgun, 征夷大將軍)'이라는 칭호가 주어졌다. 이 칭호는 한때 아이누족 원정의 지도자들에게 주어진 것이었으나, 그 이후로 '쇼군'이라는 단축된 형태로 일본 전역에 대한 최고의 군사적 지휘권을 나타내는 것으로 쓰여졌다. 요리토모의 통치 기관은 후대 '쇼군'들의 그것과 같이 교토의 민간 정부와 구분하여 '바쿠후(bakufu, 幕府)'로 알려져 있다.

조정에 의한 고위 관직의 임명은 요리토모에게 정통성을 제공했다는 점에서 유용한 것이었다. 그러나 그의 실제적 권력은 그가 간토 지방에서 구축한 '고케닌(gokenin, 御家人)'으로 불려진, 그의 사적 가신단(家臣團)에 토대를 둔 것이었다. 1185년 패배한 다이라 씨 추종자들의 토지를 몰수함으로써 요리토모는 전국에 걸쳐서 수많은 장원들에 대한 소유권과 지배권을 확보할 수 있었다. 그는 또한 적어도 16개의 '구니'에서 지방 관직에 대한 임명권을 행사하게 되었다. 따라서 그는 '쇼엔'들과 지방 정부의 새로운 직책으로써 그의 가신들에게 보상할 수 있었다. 동시에 원래 간토 가신단의 바깥에 있던 많은 무사들이 요리토모에게 그들의 소유지를 기진하고, 그의 '고케닌'으로서 가신이 되는 것을 수락함으로써, 그들의 지위를 보호하려고 노력하였다. 따라서 비록 지방이나 '쇼엔'의 직책과 그것들로부터의 수입에 대한 궁극적인 권리가 교토의 조정으로부터 유래한 것이었지만, 요리토모가 그들 직책의 대부분에 대한 보호와 그것들의 일부를 임명하는 것에 직접적으로 책임을 지게 되었다.

1185년 요리토모는, 각 '쇼엔'에 그것의 행정을 돕고 소량의 군역을 징수하기 위한 '지토(jito, 地頭)'라는 관직을 추가로 임명함으로써, 보호를 통해 권력을 획득하는 구래의 방법을 확대하고 체계화하였다. 이런 식으로 그는 그의 가신들을 그들이 전에 있은 적이 없었던 '쇼엔'에 침투시켰고, 완전히 민간 정부의 구조 밖에서 조세와 행정에 있어서의 일정 몫에 대한 그의 권리를 주장하였다. '지토'들은 흔히 현직의 쇼칸[莊官]으로 추가적인 직책이 주어진 것이었는데, 가마쿠라 '바쿠후'를 위해 이러한 새로운 기능을 행하는 것에 대한 그들의 권리로써 그들 '쇼엔'의 산출액 일부가 특별히 그들에게 주어졌다. 당시 다른 대부분의 직책들과 수입과 같이, '지토'들의 직책과 수입은 미나모토 씨에 대한 가신으로서의 의무와 함께 물론 상속을 통해서 넘겨지게 되었다.

1185년 요리토모는 또한 그의 유력 가신들을 지방 가신들이 호위할 수 있도록 임무를 배정하고, 전시에는 그들을 지휘할 책임을 지닌 하나의, 혹은 다수의 '구니'에 대한 '슈고(shugo, 守護)'로 임명하였다. 따라서 '지토'와 '슈고'로서 전국에 산재한 그의 가신들을 통해서 요리토모는, 일본 대부분의 지역에 대한 직접적인 행정적 지배를 수립하였으며 또한 소수이지만 효과적인 지방군을 확립하였다.

민간 정부의 권력에 대한 이와 같은 침해에 대한 상황들의 저항 때문에, 새로운 체제는 처음에는 단지 불완전하게 서부 일본에만 적용되었다. 그러나 그것을 보다 본격적으로 확대시킬 수 있는 기회가 1221년에 찾아오게 되었다. 그해에 일부 무사들과 수도 지역의 사원들에 의해서 지원을 받은 고토바〔後鳥羽〕 상황은, 가마쿠라에 대항해서 무장 '반란'을 시도하였다. '쇼큐(Shōkyū, 承久)의 난'으로 알려진 이 반란은 쉽게 진압되었다. 상황은 교토로부터 유배되었으며 다른 반란 지도자들의 대부분은 처형되었다. 가마쿠라 '바쿠후'는 기나이〔畿內〕 지역과 서일본에서 패자측 사람들이 소유했던 3,000 개 이상의 '쇼엔'을 몰수하여 이들 '쇼엔'의 소유권이나 직책을 자신들의 측근에게 수여하였고, 일본 전역에 '지토' 제도를 체계적으로 확대하였다. 그것은 두 명의 단다이(tandai, 探題)를 교토에 두어 로쿠하라의 구(舊)다이라 씨 본부에서 조정에 대한 공손하나 단단한 통제를 행하였다.

정부 기구　그가 창출한 체제를 감독하기 위하여 요리토모는, 가마쿠라에 있는 그의 본부에 후지와라 시대의 가정(家政) 기관들을 연상시키는 단순한 몇 개의 관직을 설치하였다. 이미 1180년 그는 그의 가신들의 군역과 상벌을 감독하는 사무라이도코로〔侍所〕를 설치하였다. 만도코로〔政所〕(1191년에 이름이 붙여졌다)는 법률에 정통한 교토 하급 귀족에 의해서 대표되는 중앙 행정 정책 수립 기관이었다. 몬주조〔問注所〕는 최종 심판 기관으로 토지와 재판의 기록들을 보관하고 법률상의 결정들을 실행하였다. 이들 기구들은 합의제(合議制)로 운영되었으며 오직 전원 일치의 결정들만을 발하였다. 이것은 어떤 한 사람이 독립적인 권위의 원천이 되는 것을 방지하고, 모두에게 공동 책임이라는 보호막을 주는 것이었다. 그때로부터 지금에 이르기까지 일본인들은 언제든지 가능하기만 하면 집단 지도제에 대한 강한 선호와 그것의 운용에 있어서의 고도의 능란함을 보여 주었다.

구다이호〔大寶〕 율령이 당시의 실세직 사회 상황과 토지 소유 제도에 거의 적용될 수 없었기 때문에, '몬주조'가 집행한 법률은 본질적으로 지방에 있는 무사들 사이에 발생한 관습법이었다. 1232년 가마쿠라 정부는 그 구성원들을 이끌기 위한 일련의 일반적인 법률상·행정상의 원칙들로써 〈조에이 시키모쿠〔貞永式目〕〉를 편찬하였다. 이것은 일본에 있어서 '봉건법'의 최초의 성문화였다. 민간 정부가 법률적 결정들을 수행할 힘이 없었기 때문에 무사들뿐 아니라 조정의 귀족들도 가마쿠라에 정의를 기대하게 되었으며, 그 법은 모든 실제적 목적들을 위한 나라의 기본법이 되었다.

요리토모에 의해서 창출된 정부 구조는 하나의 기묘한 혼합물이었다. 그것은 일본 전역에 걸쳐서 얇게 전개된, '쇼엔'들의 대부분을 만약 소유하지 않고 있다 하더라도 통제하고 있는, 지도력의 군사적·정치적·경제적 기능들을 결합한, 그리고 도전할 수 없는 군사력을 보유한 단일한 대규모 주종(主從) 집단이라는 봉건적 핵심을 가지고 있었다. 그러나 이 집단은 말하자면 구래의 민간 행정의 껍질 속에서 살고 있었다. 천황에 의한 민간 정부의 전체적인 모양은 남아 있었고, 바쿠후〔幕府〕는 이론상으로는 단지 그것의 군사적 힘에 지나지 않았다. 요리토모와 그의 가신들은 민간 정부로부터 획득한 칭호와 직위를 계속해서 과시하였다. 종교 기관뿐 아니라 천황가와 조정의 귀족들도 여전히 무수한 '쇼엔'들을 소유하고 있었고, 그것들로부터 수입을 얻고 있었다. 고쿠가료〔國衙領〕에 있어서 일부 토지는 지방 행정의 직책을 보유하고 있는 무사들을 지탱하고 있을 뿐 아니라 교토 정부에 조세를 지불하면서 존속하고 있었다. 가마쿠라 체제에 있어서 이와 같은 봉건적, 전(前)봉건적 요소들의 결합 때문에 그것은 일반적으로 단지 원봉건적(原封建的)이었던 것으로 여겨지고 있다.

그러나 요리토모의 지배 체제는 시대의 필요에 아주 잘 부응한 것이었다. 그것은 가마쿠라 시대로 적절하게 알려진 1185년부터 1333년까지의 역사의 한 시대 동안 상대적으로 거의 변화 없이 계속되었다. 1221년의 '쇼큐의 난'의 뒤를 이어 전국에 걸쳐서 가마쿠라에 의한 효과적인 지배를 수립한 후에 일본은, 아마도 전대의 역사 속에서 유례를 찾아볼 수 없는 국내적 평화와 질서의 한 세기를 향유하였다. 확실히 가마쿠라 체제는 일본이 이제껏 알았던 전국에 걸친 가장 효과적인 중앙 집권적 지배를 제공하였다.

호조〔北條〕씨의 섭정　가마쿠라 체제는 하나는 내부적이고, 다른 하나는 외부적인 두 번의 위기에도 불구하고 존속하였다. 이론상 그것은, 약 2,000 가신들의 분산된 씨족들에 의한 그들의 주군(主君)인 미나모토 씨의 우두머리에 대한 개인적 충성에 전적으로 의지하였다. 그러나 후자는 매우 이른 시기에 사라지게 되었다. 요리토모는 시기와 의심으로 인해 그의 동생 요시쓰네(義經)와 다른 가까운 인척들을 제거하였다. 1199년 그가 죽었을 때 그는 다만 탁월한 능력을 갖지 못한 두 아들만 남겨 놓았다. 그들은 곧 요리토모의 미망인 마사코(Masako, 政子)의 호조(Hōjō, 北條) 씨에 의해서 옆으로 밀려나게 된다.

호조 씨는 얄궂게도 다이라 씨 혈통으로 요리토모의 이즈〔伊豆〕 유배시에 그의 감시자로서 봉사하였으나 그의 대의에 참여하게 된다. 마사코와 그녀의 아버지 도키마사(Tokimasa, 時政)는 1203년 요리토모의 동생 편을 들어 요리토모의 무능한 장자를 퇴위시켰다. 요리토모의 동생도 1219년 암살당하여 미나모토 씨의 주가계는 단절되고 말았다. 이때까지 마사코의 남동생인 요시토키(Yoshitoki, 義時 ; 1163~1224)는 가마쿠라에서 지배적인 위치에 있었다. 그러나 그나 그의 후계자들 누구도 쇼군〔將軍〕의 직위를 찬탈하려는 어떤 시도도 하지 않았다. 대신에 그들은 후지와라 씨가 교토에서 했던 것처럼 괴뢰 지도자들을 통해서 그들의 권력을 행사하였다. 그의 어머니를 통해 요리토모의 계통을 이은 후지와라 씨의 한 어린아이가 가마쿠라로 데려져 와 1226년 명목상의 '쇼군'이 되었다. 1252년에 한 황자(皇子)가 그 직위를 메우기 위해 택하여졌다. 비록 이론적으로 요리토모가 구축했던 체제는, 그와 그의 상속자들에 대한 가신들의 개인적 충성에 전적으로 의존한 것이었지만, 그것이 그의 가계의 멸절에도 살아 남아서 순전히 상징적인 충성의 대상을 가지고 성공적으로 작용했던 것은 그것의 강고함에 대한 하나의 선물이었다.

가마쿠라 시대는 따라서 미나모토 씨에 의해서보다는 호조 씨에 의한 지배 시대였다. 도키마사는 만도코로〔政所〕의 장관직을 차지했는데 호조 씨가 연속적으로 차지했던 이 직책의 명칭인 '싯켄(shikken, 執權)'은 장군의 섭정을 의미하였다. 요시토키의 아들 야스토키(Yasutoki, 泰時 ; 1183~1242)는 가마쿠라 '바쿠후'와 호조 권력의 위대한 통합자였다. 그는 정부로의 참여를 확대하기 위하여 1225년 '효조슈〔評定衆〕'를 설치하였고, 그의 숙부를 '렌쇼(rensho, 連署)'로 삼아 그와 책임을 분담하였다. 그로부터 1333년 가마쿠라가 멸망할 때까지

1274년의 몽고 침략을 묘사한 1293년경에 그려진 두루마리 그림의 일부. 그것은 몽고의 궁사(弓師)들과 일본의 기사들, 그리고 공중에서 폭탄이 폭발하는 모습을 보여 준다.

호조 씨의 두 명의 상급자가 '싯켄'과 '렌쇼'의 두 직을 차지하였고, 다소 하위의 두 명이 교토에서의 '로쿠하라 단다이〔六波羅探題〕'의 직을 맡게 되었다. 따라서 한 가문으로서 호조 씨는 집단적 지도 체제에서 대단한 성공을 보여 주었다.

몽고의 침입 가마쿠라 체제에 대한 외부적 위협은 몽고로부터 왔다. 몽고는 아시아의 많은 지역과 유럽의 일부를 석권하고, 1258년까지는 한국을 그들의 제국 속에 완전히 통합하였으며, 1279년에는 그들의 중국 정복을 완료하도록 되어 있었다. 북경(北京)으로부터 몽고 제국의 동부 중심부를 지배하고 있던 쿠빌라이는 1266년 일본의 항복을 요구하였다. 교토의 조정은 크게 놀랐으나 호조 씨의 지도자는 이를 오만하게 거절하였다. 마침내 1274년 쿠빌라이는 약 3만 명의 몽고와 고려(高麗)의 혼성군을 고려 항구들로부터 북규슈의 하카타〔博多〕 만으로 파견하였다. 가마쿠라가 이들 침략자들에 대항해서 동원한 지방의 기사들은 개별적으로 잘 무장되고 만만찮은 전사들이었으나, 몽고군은 그 수가 훨씬 더 많았고 그들이 간 어느 곳에서든지 대항할 수 없는 것이 입증된 집단적 기마 전술에 뛰어났으며, 화약의 탄두를 투척하는 노포(弩砲)와 같은 우세한 무기를 가지고 있었다. 그러나 결정적인 전투가 벌어지기 전에 몽고군은 악천후에 직면하여 고려로 항해하여 돌아갔다.

1281년 쿠빌라이는 공격을 재개했다. 이번에는 몽고인, 중국인, 고려인으로 된 약 14만 명의 병력이 중국과 고려의 항구들로부터 파견되었는데, 이것은 아마도 당시까지 세계가 목격한 최대의 해외 원정군이었을 것이다. 한편 가마쿠라는 서일본에 있는 가신들에게 경계 상태를 유지하도록 하였고, 하카타 만 주위에 방벽을 쌓기에 분주하였다. 이 방벽 덕택에 수비자들은 침략자들을 거의 두 달 동안 좁은 상륙 거점에 가두어 놓을 수가 있었고, 그러는 동안 소형의 보다 기동력 있는 일본 배들이 몽고의 정크선을 사정없이 파괴하였다. 다음에는 태풍이 몰아쳐서 몽고 함대의 대부분을 파괴하였고, 절반도 되지 않는 남은 몽고군을 패배 속에 철수하게 만들었다. 이 '가미카제(kamikaze, 神風)'태풍은 일본인들의 역사적 기억 속에 크게 떠오르는 것으로, 일본이 참으로 독특하고 '신성한' 나라라는 그들의 신념을 확인시켜 주고 있다.

초기의 봉건 문화

봉건 윤리   유럽에서와 같이 일본에서의 봉건 시대는 때때로 질서 잡힌 고대와 찬란한 근대 사이의 어두운 문화적 골로 여겨졌으나, 이 개념은 매우 잘못된 것이다. 가마쿠라 체제가 일본 전역에 보다 효과적인 중앙의 지배를 제공했을 뿐 아니라, 전체 경제가 전대의 수준을 훨씬 상회하였다. 제지, 주물(鑄物), 도기 제조 등의 중심지들이 보다 광범위하게 전국으로 확산되었으며, 대륙과의 무역도 현저한 증가가 있었다. 조정 귀족들의 생활은 경제적으로는 보다 제약되고, 문화적으로는 덜 창조적이었지만, 그들이 발전시키는 데 일조한 문화는 훨씬 더 광범위하게 일본 전역에 확산되었다. 동시에 지방의 무사들이 생기 넘치는 새로운 문화의 주도자로 대두하였다. 그 문화는 여러 가지 점에서 그것에 앞섰던 것과 크게 달랐으며, 후지와라 시대의 생활이 그러했던 것보다 훨씬 더 중국적 규범으로부터 떨어져 나가게 되었다.

무사들의 기상은 세련되어 있었으며, 외양적인 후지와라 시대의 정신(廷臣)들의 심미주의나 문관적·관료적인 중국 송(宋)나라의 정신과는 현저하게 차이를 보여 주고 있듯이 이것은 윤리의 세계에서는 특별히 옳은 것이었다. 가마쿠라의 무사들은 토지와 전쟁을 가까이하는 생활을 하였다. 그들의 직업은 농업 공동체의 지도자들이었으며 또한 군인이었다. 그들의 생활은 소박하였으며, 검소함은 하나의 주된 덕목이었다. 무술, 기마, 궁술, 그리고 검술은 무엇보다도 중요하였다. 그들은 그들의 갑옷과 투구를 자랑스럽게 여겼으며, 그들의 검(劍)을 진정으로 숭배하였다. 용감함과 육체적 고통의 금욕적(禁慾的) 수용은 그들의 생활 방식에 있어서 근본이 되는 것이었다. 이 모든 것은 자기 수양과 인격 형성 —— 전체 무사 윤리에 중심적인 개념들 —— 을 필요로 하였다. 항복보다는 죽음이 더 나은 것이었다. 패배하였을 때 자살하는 관행은 고문을 피하기 위하여 시작되었겠지만, 12세기까지 그것은 셋푸쿠(切腹; 서구에서는 흔히 '하라키리'로 알려져 있다)의 형태로 명예의 문제로써 제도화되었다. 이것이 가져오는 질질 끄는 고통스러운 죽음 때문에 그것은 무사들의 고통에 대한 오만함을 보여 주고 있다.

봉건적 구조는 봉신(封臣)의 주군(主君)에 대한 개인적 충성에 전적으로 의존한 것이기 때문에, 주군이 단지 집단적 결속의 상징에 지나지 않을 때 충성은 전체 체제에 중심적인 것이 된다. 모든 지위가 상속되는 사회에서 가문의 명예와 의무에 따라 사는 것은 특별히 중요한 의미를 지니는 것이었다. 자신이 한 말에 대해 충실할 것과 명예의 개념이 지극히 강조되었다. 봉신은 그의 주군에게 완전하고 주저함 없는 충성과, 심지어는 죽음까지도 바칠 의무가 있었다. 만일 필요하다면 주군을 위해 그 자신의 가족까지도 희생해야만 했으며 때때로 그렇게 하였다. 흔히 최초의 충성이 자신의 가문에 머무르게 되는 중국과의 대비는 두드러진다. 그러나 충성은 물론 봉건제에 있어서 가장 중요할 뿐 아니라 가장 취약한 고리였다. 위기시에 배반은 너무도 흔한 것이었다.

일본의 봉건 윤리는 중요한 여러 가지 점에서 유럽의 그것과 달랐다. 예를 들면 충성의 유대는 유럽에서처럼 법적·계약적 조건에서가 아니라, 윤리적 절대성 속에서 이해되었다. 차이는 서양에서 로마 인들이 법을 강조했던 점과, 훌륭한 정치는 도덕적 모범과 절대적 복종의 본질적으로는 윤리적 행위의 문제라는 중국적 개념의 결과였다. 일본인들은 또한 서양의 기사도 숭배에 비견할 만한 것을 갖지 못하였다. 기사도에서 여자는 청혼을 받고 보호를 받아야 할 약하고 낭만적인 존재로 간주되었다. 일본 봉건 사회에 있어서 여자는 체제내에서 재산과 지위를 상속할 수 있었을 뿐 아니라, 남자들과 같은 용감함, 금욕, 그리고 충성심을 드러내도록 기대되었다. 봉건 유럽과의 또 다른 차이점은, 무사들은 그들 자신이 흔히 무식하였지만 학문과 예술에 대해 깊은 존경을 표하였다. 아마도 글을 쓰는 것과 학문에 대한 중국인들의 중시 때문에 무사들은 도검(刀劍)의 시대였지만 문학적 소양을 자랑스럽게 여기거나 적어도 존경하였다.

9세기와 10세기 봉건 유럽의 초기와 비교할 때 학문과 문화적 업적을 보다 확고하게 중시했던 점이, 12세기 일본에 증대된 부와 보다 효과적인 조직과 더불어 전대의 수준 높은 문화의 봉건 시대로의 대전이(大轉移)에 대한 설명이 될 것이다. 다수의 예술적, 문학적 경향들은 변함없이 지속되었다. 그러나 동시에 기본적 정신에 있어서 가마쿠라 시대와 전시대 사이에는 분명한 단절이 존재하였다. 12세기와 13세기에 처음으로 확연해진 일본 문화의 새로운 요소들은 현재에 이르도록 일본의 특징으로 남게 되었다. 무사들의 윤리적 규범은 최근까지 일본 사회의 적극적인 동인(動因)의 하나이다. 초기 봉건제의 농업적 편견과 충성, 용감함, 금욕, 검약, 무예에 대한 강조는 최근까지 모두 존속하였다. 마찬가지로 도검에 대한 숭배와 자살이 명예롭고 칭찬할 만한 해결 방법이라는 개념도 남게 되었다. 후지와라 시대의 일기와 소설들이 현대 일본인들에게 이해되기에 너무도 요원한 것인 점에 반해서, 12세기의 전쟁과 가마쿠라 무사들의 태도를 다룬 이야기들은 완벽하게 이해될 수 있고 여전히 사람들의 심금을 울리는 것이라 할 수 있다.

민중 신앙의 종파들　유럽에서 그러했듯이 일본 초기 봉건 시대는 종교적 열정의 시대였다. 불교가 크게 다시 생기를 발하게 되었으며, 그것이 주로 종래의 기성 종파에 대한 반발로 몇 개의 새로운 종파가 설립되는 원인이 되었다. 이러한 종교적 각성은 사람들로 하여금 맛포(末法)의 퇴락의 시대가 도래했으며, 오직 부처에 대한 신앙만이 구원을 가져올 수 있다고 느끼게 만든 중앙 정부의 쇠퇴와 그에 따른 군사적 혼란에 대한 비관적 반작용으로서 흔히 해석되어 왔다. 그러나 불교 내부에서 일어나고 있던 발효가 아마도 그것이 새로운 계급들로 확산되고 일본인들의 생활 속에 더욱 동화되어 가는 하나의 표시였을 것이다. 아미타불(阿彌陀佛)에 대한 신앙을 통해서 구원을 얻는다는 정토종(淨土宗)의 구원의 교리는 후지와라 시대에 확산되기 시작했으나, 이제는 이것이 이해할 수 있고 매력적인 개념이라는 것을 알게 된 평민들 사이에 커다란 인기를 얻게 되었다. 동시에 성장하는 무사 계급은 젠(Zen, 禪)으로 알려진 불교의 명상적 요소들에서 위안과 도움을 발견하였다. 새로운 종파들이 조정의 귀족들을 중심으로 했던 구종파들과 달리, 하층 계급이나 무사들을 향하여 방향이 설정되어 있었다는 것은 중요한 것이다.

봉건 제도는 뒤돌아볼 때 지극히 억압적인 체제로 흔히 간주된다. 그러나 12세기와 13세기 일본에 있어서 그것은 실제로 하층 계급 사람들에게, 전에 그들이 누렸던 것보다 훨씬 중요하고 안정된 지위를 제공했던 것으로 보여진다. 어떻든 후지와라 시대의 문학 속에 거의 존재가 없었던 평민들이, 두루마리 그림과 심지어는 가마쿠라 시대의 문학 속에서조차 현저하게 등장하며, 불교의 신앙 종파들 속에서 자기 표현의 매개물을 발견하였다. 이들 종파의 종교 지도자들 중에는 평민들이 있었으며, 그들의 설교는 주로 거리와 들에 있는 사람들에게 향하여져 있었다. 이들 종파의 지도자들은 일본 불교의 초기 언어였던 한문보다는 차라리 쉬운 일본어를 썼다. 그들은 불경을 자국어로 번역하는 것을 장려하였으며, 전대 불교 종파들의 귀족적 성격과는 대조적으로 강한 평등주의적 경향들을 보여 주었다. 신앙을 통한 왕생(往生)이 모든 사람들에게, 심지어는 여자들에게까지 열려져 있었기에 모든 사람들이 어떤 점에서는 평등하였다.

이들 새로운 종파들 중 최초의 것은 아미타불의 극락 정토(極樂淨土)를 따라서 정토종(淨土宗)으로 이름붙여졌으며, 1175년 호넨(Hōnen, 法然 ; 1133~1212)에 의해서 창시되었다. 염불(念佛)을 통한 왕생에 대한 그의 강조는 사원, 승려, 의식을 불필요한 것으로 만들었다. 이에 전통적인 종파들은 격분하였으며, 1207년에 일시적으로 호넨을 교토로부터 추방해 버렸다.

호넨의 제자인 신란(Shinran, 親鸞 ; 1173~1262)은 그의 사상들을 더욱 대중화하여 그것들을 논리적 결론에 도달하게 하였다. 그는 오직 성실하게 염불하는 것만이 왕생에 충분한 것이라고 주장하였으며, 자의식적인 덕(德)을 단순한 신앙을 해롭게 하는 것으로 비난하였다. 오로지 아미타불 하나에 전념하는 점

민중 불교의 지도자였던 잇펜 쇼닌[一遍聖人 ; 1239~1289]의 일생을
그린 가마쿠라 시대 후기의 두루마리 그림의 부분.

에서 그는 일신론(一神論)에 근접해 있었다. 그는 대부분의 불경들을 폐기하
였다. 그는 수도원적인 사원을 부인하였고, 승려들에게 결혼하여 그들의 신도
들과 함께 통상적인 삶을 살아가도록 장려하였다. 전형적인 개혁파의 성격을
띤 그의 운동은, 독립된 조도신슈[淨土眞宗] 혹은 흔히 알려져 있는 대로 신슈
[眞宗]로 성장하여 갔다. 승려의 결혼을 허용했던 그것의 관행은 머지않아 다
른 종파들에 확산되어 일본 불교의 최대 종파가 되었으며, 정토종이 그 뒤를
따랐다. 교토에 있는 동·서 혼간지[本願寺]는 '신슈'의 두 주요 분파의 인상적
인 본부들이다.

　민중 신앙 운동의 또 하나의 중요한 종파는, 1253년 간토 지방의 미천한 집
안 출신의 니치렌(Nichiren, 日蓮 ; 1222~1282)에 의해서 세워졌다. 그는 신앙의
대상으로서 아미타불보다는 〈법화경(法華經)〉을 강조하고, 그의 신도들에게
'나무묘효렌게쿄[南無妙法蓮華經]'를 외라고 가르쳤다. 따라서 그의 운동은 법

화종(法華宗)으로 이름붙여졌으나, 그의 이름을 따라서 니치렌슈〔口蓮宗〕로 알려지게 되었다. 그는 열정적이며 노상에서 설교하는 부흥사(復興師)였으며, 불교의 다른 모든 종파를 엄하게 질책하였다. 그는 만일 일본인들이 그의 견해들을 받아들이지 않을 경우 무서운 결과가 초래될 것이라고 예언하였고, 몽고의 침략은 그의 예언을 실현한 것으로 간주되었다. 그는 강한 민족주의적 경향을 나타냈으며, 그의 이름 니치렌〔日蓮〕은 또한 '일본 불교'를 뜻하는 것으로 해석될 수 있다.

　일본의 봉건적 제도들이 유럽에 대한 정치적·사회적 유사점들을 만들어 가고 있을 바로 그때, 민중 신앙의 종파들이 기독교에 대하여 결정적인 유사점들을 발전시켰다는 것은 주목할 만한 일이다. 이들 각각의 제도와 신앙 사이에 어떤 인과적 고리가 있는 것이 아닌가 하는 의문을 갖지 않을 수 없다. 어쨌든 새로운 종파들의 단일한 숭배 대상(아미타불이나 법화경)에 대한 신앙을 통한 구원과 매우 분명한 극락에서의 사후 세계에 대한 강조는, 원래의 불교보다는 기본적인 기독교의 개념과 훨씬 더 유사한 것이었다. 수도원보다는 신도들을 중심으로 한 교회 조직, 승려의 결혼, 불경의 번역, 니치렌의 민족주의적 색채, 이 모든 것들은 또한 종교 개혁기의 기독교의 발전을 연상시킨다.

　젠〔禪〕　불교의 명상적인 형태인 '젠(Zen, 禪)'의 요소들은 수세기 동안 일본 불교 속에 내재되어 있었다. 그러나 그것은 이 당시 '젠'이 종교의 지배적인 형태가 되어 있던 중국에서 유학하고 돌아온 승려들에 의해서 하나의 종파적 운동으로써 소개되었다. 에이사이(Eisai, 榮西 ; 1141~1215)는 1191년 젠의 린자이슈〔臨濟宗〕를, 도겐(Dōgen, 道元 ; 1200~1253)은 1227년 소토슈〔曹洞宗〕를 중국으로부터 전하여 왔다. 에이사이는 또한 부수적으로 일본에 차〔茶〕를 소개한 사람으로 알려져 있다.

　선종(禪宗)은 앞에서 본 바와 같이 인도 불교의 최초의 가장 근본적인 하나의 양상에서 비롯된 것이지만, 도교(道敎)의 반(反)주지적, 반(反)경전적 편향과 함께 도가들이 강조하는 개성과 자연의 친화를 가미하였다. 선에서는 학문적 연구보다는 스승으로부터 제자에게로의 진리의 전수, 엄숙한 명상의 방법, 엄격한 자기 수련, 권위의 개별적 독립, 자오(自悟)와 자기 수련을 통한 보다 전통적인 불교적 해탈의 의미에 있어서의 왕생을 강조하였다. '소토슈'가 해탈에 이르는 방법으로서 좌선(坐禪)을 강조했던 것에 대하여, '린자이슈'에서는 명상자가 갑작스러운 직관적 해탈에 이르도록 충격을 주기 위해 만들어진 불가해의 혹은 심지어 황당한 문제인 공안(公案)을 특별히 강조하였다. 명상적인 실습이 '젠'을 정적인 것으로 보이게 하였지만, 그 훈련을 통해서 쉽게 행동파가 될 수 있는 소박한 개인주의자들이 만들어졌다.

이 모든 것들이 금욕과 자기 수련을 크게 필요로 했던 가마쿠라의 무사들에게 특별한 매력을 가지고 있었다. 에이사이가 호넨처럼 교토로부터 추방되었을 때 그는 가마쿠라 막부의 보호를 받게 되었다. 머지않아 가마쿠라와 교토에 각각 다섯의 선종 관사(官寺)가 설립되었다. 이것들과 다른 선종의 사원들은 교토 조정의 문화적 활동이 쇠퇴하고 있던 당시에 예술, 문학, 학문의 중심지로서 점점 중요하게 되었다. 무사 지도자들은 서기와 조언자들을 선종의 승려들로부터 구하게 되었으며, 그들이 세속 생활의 압박에서 벗어나고자 원하였을 때 때때로 그들 자신이 선종의 사원에 칩거하였다. 사실상 무사들은 대체로 선종으로부터 특별한 정신적·심리적 힘을 얻었던 것으로 보여지며, 선종은 그들이 자랑스럽게 여겼던 인격, 강한 의지, 고통에 무감각한 것들을 강화하는 데 기여하였다.

문학과 예술　가마쿠라 시대의 문학과 예술은 지속적이나 점차 쇠퇴하는 조정의 귀족과 상승하는 무사 계급 사이의 이원성을 반영하고 있다. 초기 봉건 시대 얼마간의 문학 활동은, 단지 후지와라 시대의 문학적 경향들의 연속에 지나지 않았다. 사실상 지나치게 수식적이었던 단가(短歌)의 신선한 부활이 있었다. 유행승(遊行僧) 사이교(Saigyō, 西行 ; 1118~1190)는 이 형식에 있어서 일본의 가장 위대한 시인들 중의 하나임이 판명되었다. 한편 1205년에 완성된 〈신코킨슈〔新古今集〕〉는 후대의 칙찬 시집(勅撰詩集) 중에서 가장 위대한 것이다. 소설들과 일기들은 계속해서 씌어졌으나 교토 사회로부터 나온 가장 유명한 산문 작품은 〈호조키〔方丈記〕〉로 가모노 조메이(Kamo no Chōmei, 鴨長明 ; 1151~1213)의 작품으로, 이는 조정에 불만을 느끼고 은퇴하여 지낸 자기의 은둔 생활을 묘사한 것이다.

교토의 정신(廷臣)들의 정제되고 우아한 우수적인 작품들과 대조적으로, 이

나라 부근의 고후쿠지〔興福寺〕에 있는 1200년경으로 추정되는 목조의 수호 신상.

시기에 나타나기 시작한 무사 계급의 공적에 관한 이야기들은 생기와 생동감에 넘치는 것이었다. 심지어는 그것들의 언어가 달랐으며 훨씬 더 현대적이고 중국 어휘의 심한 혼합과 간토 방언의 영향을 보여 주었다. 이와 같은 감동적인 군기(軍記)들은 비록 역사적으로는 커다란 윤곽에 있어서만 정확한 것이었지만, 상상력이 풍부한 묘사들로 가득 차 있다. 그것들은 당시에 대유행이었으며 자주 현악기의 반주에 따라서 암송되었다. 그것들은 그때 이후로 굉장히 인기 있는, 그리고 후대의 문학과 극(劇)에 있어서 주요한 영감으로 남게 되었다.

군기들 중의 가장 위대한 것은 아마도 초기 가마쿠라 시대로 거슬러올라가는 다이라 씨와 미나모토 씨 사이의 전쟁을 묘사한 〈헤이케 모노가타리〔平家物語〕〉다. 비슷한 시기에 두 개의 약간 짧은 작품들인 〈호겐 모노가타리〔保元物語〕〉와 〈헤이지 모노가타리〔平治物語〕〉는 이 이야기의 일부분만을 다루고 있는 것에 대하여 전체적인 무용담은 13세기 중엽에 〈겜페이 세이스이키〔源平盛衰記〕〉로 다시 개작되었다. 〈아즈마 가가미〔吾妻鏡〕〉는 주로 가마쿠라 '바쿠후'

가마쿠라 시대에 속하는 〈가키조시〔餓鬼草紙〕〉로부터의 장면. 그것은 영원한 굶주림과 음식을 찾아 거리를 헤매는 지옥에 떨어진 영혼들을 묘사하고 있다. 그들 주위에는 왼쪽에 있는 두 명의 여자들과 중앙의 염주를 든 승려를 포함한 평민들이 있다.

의 공적인 기록에 근거한 것으로 1180년부터 1266년까지의 기간에 대한 주요한 역사적 원전이다.

불교의 부활된 생기는 나라 시대의 전통들에 지나치게 가까워졌던 불상의 제2의 대번성 속에 반영되었다. 운케이(Unkei, 運慶)와 다른 위대한 조각가들은 경탄할 만한 살아 있는 것 같은 조각들을 만들어 냈다. 한편 당시의 종교적 열정은 교토의 33간당(三十三間堂)의 천수관음(千手觀音)과 13세기 중엽에 가마쿠라에 세워진 52척의 아름다운 청동대불(靑銅大佛)에 나타나 있다.

후지와라 시대의 회화 기법은 계속되었으나 두루마리 그림의 화제(畵題)는 가마쿠라 사회의 영향을 보여 준다. 전쟁의 풍경은 몽고의 침략을 묘사한 한 두루마리와 〈헤이지 모노가타리〉를 묘사한 세 개의 두루마리 속에서처럼 흔하였다. 다른 많은 두루마리 그림들은 사원들의 역사를 보여 주고 호넨〔法然〕과 같은 불교의 성인들의 일생을 묘사하거나 지옥에 떨어진 공포를 드러낸 것이었다.

아시카가〔足利〕 시대

가마쿠라 '바쿠후'의 몰락   가마쿠라 무사단의 승리 후 1세기까지도 그것은 몽고의 도전에 당당하게 대처할 수 있을 만큼 아직도 충분하게 본래의 모습을 지니고 있었다. 그러나 이들 침략으로 필요하게 된 분투적인 방위 노력들은 가마쿠라의 가신들의 경제적 지위와 충성에 심각한 부담을 지웠으며, 따라서 이미 체제 속에 나타난 내부적 약점을 두드러지게 하였다. 앞서의 전쟁들과 달리 몽고의 침략이 체제에 대한 그들의 충성심을 새롭게 할 수 있는 승리자들 사이에 분배될 전리품을 남겨 놓지 않았기 때문에 그것은 특별히 사실이었다.

대부분의 지배 계급들과 같이 가마쿠라의 무사들은 시간이 지남에 따라 '바쿠후'에 의해 공포된 반복된 검약령(儉約令)에도 불구하고 그들의 취미는 더욱 사치스러워졌다. 동시에 그들의 경제적 지위는 쇠퇴하는 경향이 있었다. 무사 계급이 수적으로 증가함에 따라 그것의 개인 소득은 필연적으로 줄어들었으며, 일부의 무사들이 기사로서 필요한 장비를 유지하는 것을 점점 어렵게 만들었다. 그들 중 일부는 너무 곤궁하여져서 1297년에 '바쿠후'는 가신들의 빚과 저당 증서를 무효화하는 법령을 공포하였다. 그러한 법령들은 도쿠세이(tokusei, 德政)로 알려지게 되었으나, 그것들이 가신들의 차용 조건을 단지 악화시켰기 때문에 지속적인 효과를 갖지 못하였다.

시간이 흐름에 따라 가마쿠라 체제 전체가 의존하고 있던 응집력과 개인적 충성은 부식되어 갔음이 판명되었다. 그것은 처음에는 지리적 확산에 의해서, 다음에는 각각의 계속되는 세대와 함께 충성의 유대가 만들어진 12세기 원정들의 옅어져 가는 기억에 의해서 점차로 약화되었다. 다른 지방 무사들과의 공유된 이해가, 먼 가마쿠라와 그것의 순전히 상징적인 쇼군과의 유대보다 더욱 크게 보이기 시작하였다. 충성은 개인적으로 알려진 지방의 지도자들, 때때로 특별히 유명한 지토〔地頭〕들, 그러나 보다 일반적으로는 슈고〔守護〕들에게 보다 강렬하게 느껴졌을 것이다. 그와 같은 지방 세력가들은 점차로 봉건 지도자들의 새로운 계급을 형성하게 되었으며 '바쿠후'와 그 가신들 사이의 중개적 위치를 차지하게 되었다. 구래의 전국적인 무사단은 많은 수의 지방 지도자와 추종자 집단들에 의해 점차로 대체되게 되었다.

쇠약해져 가고 있던 가마쿠라 '바쿠후'는 1333년 최종적으로 이와 같은 분해적 경향들의 희생물이 되었다. 체제를 붕괴시킨 사건은 13세기 후반기에 발전한 두 경쟁적인 천황가의 가계 중에서, 자신의 가계가 계승권을 유지하고, 천황의 실제적 정치적 권력을 회복하기 위한 고다이고(Go-Daigo, 後醍醐) 천황(1318~1339)의 야심으로부터 자라났다. 가마쿠라가 1331년 고다이고를 강제로 퇴위시키려고 시도하였을 때, 그는 수도 지역의 대사원들과 구스노키 마사시게(Kusunoki Masashige, 楠木正成)와 같은 일부 지방의 군사 지도자들의 지지를 받아서 반란을 일으켰다. 구스노키는 가마쿠라에 반역자가 되고 고다이고의 대의를 지지하는 것에 의해서, 모든 일본의 '존왕파(尊王派)'들 중에서 가장 위대한 사람이 되는 불멸의 명성을 획득하였다. 가마쿠라의 군대가 고다이고를 생포하여 그를 유배시켰으나, 다양한 군사 집단들이 아마도 지역적 경쟁과 야심에 자극되어 반란에 동조하였다. 고다이고는 탈출하였고, 1333년 그를 다시 생포하기 위해 파견된 가마쿠라의 장군이 갑자기 편을 바꾸어 천황의 이름 하에 교토를 점령하였다. 이 사람은 간토 지방의 걸출한 '슈고'였던 아시카가 다카우지(Ashikaga Takauji, 足利尊氏 ; 1305~1358)로 분명히 권력을 쥐고 있던 호조 씨를 대체하려고 하였다. 그러나 동일본에서 반란이 일어나 또 다른 뛰어난 간토의 가신이 가마쿠라를 점령하여 호조 씨와 그들의 정부를 멸망시켰다.

다음 3년 동안 고다이고는 구래의 민정 기구의 일부를 고치고, 지도적 장군들을 고쿠시[國司]에 임명함으로써 일본에 대한 천황의 지배를 회복하고자 노력하였다. 이와 같은 과감한 시도는 연호(年號)를 따라서 '겜무[建武]의 중흥(中興)'으로 알려져 있는데, 단지 일본의 봉건 역사에 있어서 하나의 시대 착오적 막간극이었음이 판명되었다. 시계 바늘은 요리토모의 시대로 되돌려질 수 없었으며 나라 시대로는 더욱 그러하였다. 아무도 일본 무사 계급의 나누어져 있는 다수의 주군과 가신의 집단들을 통제할 수 없었으며, 특히 군사적 인물이 아니면 더욱 그러하였다. 고다이고가 아시카가 다카우지의 경쟁자들의 편에 가담하였을 때 다카우지는 천황에 반기를 들어 1336년에 교토를 점령하였고, 다른 가계로부터 새로운 천황을 옹립하였다. 고다이고는 탈출하여 나라 남부 산중의 요시노[吉野]에 두번째 조정을 수립하였다. 이 경쟁적 조정이 존속한 반세기(1336~1392) 이상의 기간은 요시노 시대이거나 혹은 남북조(南北朝) 시대로 알려져 있다.

　아시카가 '바쿠후'　다카우지는 1338년에 쇼군의 칭호를 획득하였고, 교토를 중심으로 한 통일된 정치 체제를 재생하려고 시도하였다. 그러나, 비록 그의 후손들이 1573년까지 그 칭호를 겨우 보존할 수 있었지만, 그들의 '바쿠후'는　가마쿠라의 그것과는 큰 격차가 있었다. 사실상 그것은 일본 봉건제의 발전에 있어서 분명하게 다른 단계를 보여 주었다.

　요리토모와 달리 다카우지는 승리한 통일된 무사단의 도전을 받지 않는 지도자로서가 아니라, 다수의 야심적 군사 지도자들 중에서 단지 가장 성공적이었던 사람으로서　쇼군이　되었다.　그와 그의 후계자들은 요리토모가 그러했던 것과 같이 무사 계급의 대부분의 직접적 충성을 주장하지 못하였으나, 무사들이 사실상 다수의 별개의 주군과 가신의 집단들로 나누어져 있음을 인정하였다. 그들이 시도할 수 있었던 것은 이들 주군들에 대한 그들의 통제를 확대시키는 것이 전부였다. 실제로 그들은 이 같은 제한된 노력에서조차 성공을 거두지 못하였다. 그들의 '바쿠후'는 일본 전역에 대한 완전한 군사적 지배를 성취한 적이 없었고, 전쟁은 이 시대의 대부분에 걸쳐서 풍토병과 같이 존속하였다.

　아시카가 '바쿠후'는 기껏해야 아시카가 씨의 대군주권을 단지 마지못해 인정했던 주요 군사적 가문들의 불확실한 연합에 지나지 않았다. 이론상으로는 이들 가문들은 '바쿠후'로부터 하나나 혹은 다수의 '구니'에 대한 슈고〔守護〕로서 그들의 지위를 획득하였지만, 실제에 있어서 그들의 권력은 그들 자신이 지배했던 '쇼엔'들과, 그들의 지역에 있어서 하급 무사 가문들의 개별적 충성에 의존하고 있었다. 그들이 군사적 권위뿐 아니라 지방의 정치적 권위를 전적으로 장악하고 있었기 때문에, 민간 지방관을 임명하는 관행은 포기될 수밖에 없었다. 이들 지역의 군사 지도자들은 후대의 '다이묘(Daimyō, 大名)'와 같은 완전한 영토적 영주는 아니었지만, 분명히 그것들의 선구자들이었으며 흔히 '슈고 다이묘〔守護大名〕'로 불려져 왔다.

　아시카가 씨는 표면적으로는 중앙 집권적인 정부를 조직하였는데, 그것은 다수의 행정 사법의 기구들로 구성되었으며, 그것들 중의 일부는 적어도 가마쿠라가 사용했던 이름에 있어서는 같은 것이었다. 그러나 이것들과 다른 행정 기구들은 아시카가 씨와 일부의 주요 '슈고' 가문들, 특별히 교토를 중심으로 한 중앙 지역의 가문들과의 느슨한 연합의 외부적 표현에 지나지 않았다. 이들 가문들 중의 일부는 아시카가 씨의 후손들이거나, 혹은 결혼이나 오래된 충성의 유대에 의해서 관계를 맺고 있었다. 통상적으로 그들의 '구니'가 아닌 수도에 거주한 이들 중앙의 '슈고' 가문들은, 아시카가 '바쿠후'의 내부적 핵심을 형성하였다. 한편 멀리 떨어진 '구니'의 '슈고'들은 지방에 남아 있었으며, 상당한 정도로 독립적인 채로 남아 있었다.

전통적으로 세 개의 '슈고' 가문들 중의 하나로부터 선출되는 '간레이〔管領〕'는 교토에서 쇼군과 권력을 공유하였다. 이 직책 다음에는 네 개의 다른 가문들 중의 하나로부터 선출되는 사무라이도코로〔侍所〕의 장관이 위치하였다. 가마쿠라에는 아시카가 씨의 분가에 의해서 보유되었던 간토 간레이〔關東管領〕의 직책이 있었으며, 규수와 동북 지방에는 단다이〔探題〕들이 있었다. 그러나 이와 같은 중앙 집권화된 정부의 형식적 구조 뒤에 있는 현실은 매우 다른 것으로 남아 있었다. 아시카가 씨는 그들의 수입을, 그들이 보유한 토지와 그들이 교토의 주변에 부과할 수 있었던 상업세와 같은 것에 의존하였다. 한편 그들의 권력은 그들이 그들의 지도적 가신들과 함께 성취할 수 있었던 세력 균형에 토대를 두고 있었다.

1336년부터 1392년까지 요시노에 경쟁적인 고다이고의 남조(南朝)와 그의 후손들이 존재하였던 것은, 양황계(兩皇系) 중의 어느 하나의 이름하에 싸웠던 '쇼엔'들과, 지방의 권력에 대한 주장자들 사이에 끊임없는 국지적 전투와 복수의 길을 열어 놓았다. 그러나 제 3 대 쇼군 요시미쓰(Yoshimitsu, 義滿 ; 1358~1408)는, 1392년에 남계(南系)가 북계(北系)와 함께 황위를 교대로 차지할 것이라는 약속을 하여, 마침내 고다이고계를 교토로 되돌아오게 하는 데 성공하였다. 그러나, 그 약속은 끝내 실현되지 못하였다. 한편 요시미쓰는 그의 가장 중대한 군사적 경쟁자들을 제거하고 있었으며, 1399년 서부 일본의 강력한 오우치(Ōuchi, 大內) 씨의 패배와 함께 그의 권력은 당분간 도전할 수 없는 것이었다. 다음의 30 년간은 아시카가 '바쿠후'의 전체 기간 동안 유일한 평화와 안정의 시기였다. 1378년에 아시카가 씨는 교토의 무로마치(Muromachi, 室町)에 그들의 본부를 설립하였고, 1392년 두 조정의 재통합 이후의 시대는 흔히

'무로마치 시대'로 불려진다.

요시미쓰에 의해서 만들어진 일시적 질서는 1428년 그의 손자의 죽음 후에 허물어지기 시작하였다. 1439년에 쇼군은 아시카가 씨의 간토 분가를 멸망시키고, '간토 간레이' 직을 우에스기(Uesugi, 上杉) 씨에 넘겨 주는 데 있어서 간토 지방의 우에스기 씨와 동맹을 맺었다. 아시카가 씨에 있어서 계승 분쟁은, 1467년 각각 호소카와(Hosokawa, 細川) 씨와 야마나(Yamana, 山名) 씨에 의해 지휘를 받은 대가문들의 두 개의 주요 집단들 사이에 전면적인 전쟁 발발로 이어졌다. '오닌[應仁]의 난'으로 알려진 이 군사적 난전은 1477년까지 계속되어 교토를 황폐화시켰으며, 쇼군과 그의 정부는 기껏해야 단지 중앙의 정치적 권위의 부분적 회복에 지나지 않았던 것의 무력한 흔적으로 남게 되었다.

가마쿠라 '바쿠후'는 구천황 정부와 토지 소유 제도의 껍질 속에서 살고 있는 봉건적·군사적 정부였지만, 고다이고의 권력에 대한 시도는 교토로 무사들을 대거 불러오는 것이 되었다. 그곳에서 그들은 권력을 다투었으며, 이러한 과정에서 민간 정부의 껍질을 거의 파괴해 버렸다. 한편 지방에서 그들은 중앙의 권위를 질식시켰다. 교토로부터 퍼져 나간 어떤 중앙의 권위도 천황 정부보다는 '바쿠후'의 것이었다. 이미 가마쿠라의 붕괴 이전에 지토[地頭]들은, 그들의 '쇼엔'으로부터의 수입에 대한 그들의 권리를 확대하였기 때문에, 많은 경우에 있어서 이 수입은 절반으로 나누어져 원래의 교토의 소유자들과 지방의 '지토'들에게 각각 도움을 주었다. 다카우지의 지배하에서 '슈고'들이, 군사적 목적을 위해 전체 수입의 절반에 대한 권리를 가지는 것이 일반적으로 받아들여졌으며, 그것은 조정과 그 귀족에 의해서 수취되었던 수입을 더욱 잠식하였다. 아시카가 시대의 끊임없는 전쟁들이 지방 세력가들에게 교토 귀족의 남은 재산권을 감소시키는 많은 기회를 제공함에 따라 이 수입은 계속해서 줄어들게 되었다. 생활이 궁핍하여져서 많은 오래된 공가(公家)들이 쇠약해졌으며, 후지와라 씨의 이름 높은 본가(本家)도 비록 19세기까지 황위를 둘러싸고 있는 주요 민간 직책들을 계속해서 차지하였지만, 1252년 이래로 그들이 살았던 교토의 거리들이나 그들의 세습적인 관직에 따라 이름붙여진 다섯의 분가들로 갈라져 정치적 무기력에 빠져 버렸다. 천황가조차도 권력을 다시 장악하려는 고다이고의 비현실적인 시도의 결과로써, 그들 '쇼엔'들의 많은 것을 박탈당하여 정치적 무력 속으로 다시 되돌아가게 되었다.

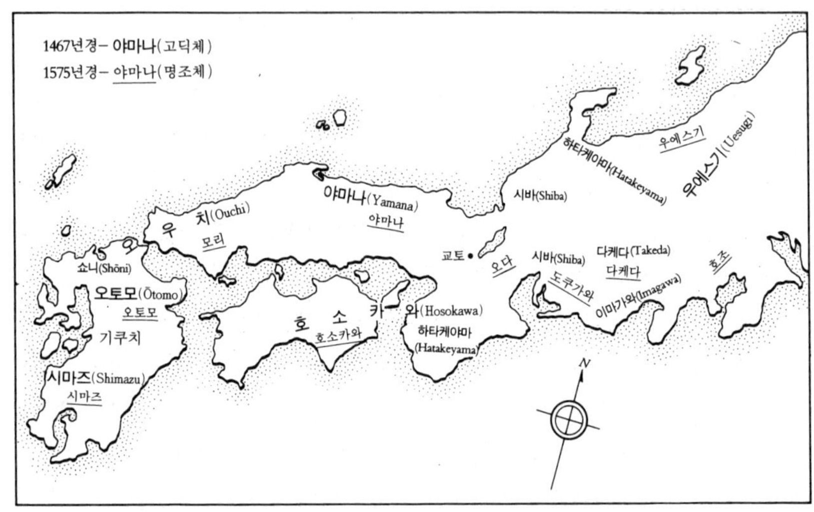

15~16세기의 주요 다이묘들

한편 무사들은 가문의 힘을 강화시켜 가고 있었다. 이 시대의 끊임없는 전쟁은 가습 재산을 분할하던 가마쿠라의 관습으로부터, 한 명의 상속자에게 가문의 재산과 권위의 전부 혹은 대부분을 상속하는 제도로의 점진적인 전환을 필요로 하였다. 유럽 봉건 제도에 있어서의 장자 상속제(長子相續制)와 달리 일본에서는, 아버지가 그의 아들 중에서 누군가를 상속자로 선택하고, 만일 아들이 없는 경우에는 흔히 사위, 혹은 가문의 방계의 일원 중에서 양자를 받아들이는 권리를 보유하고 있었다.

'다이묘' 제도의 출현 1467년부터 1477까지의 '오닌(應仁)의 난'은 일본 역사에 있어서 유례가 없는, 그러나 봉건 유럽의 상황들과 더욱 흡사한 일세기의 끊임없는 전쟁의 단지 시작이었음이 판명되었다. 국지적 전쟁들이 토지와 지방의 주도권에 대한 경쟁적 주장자들 사이에 일본 전역에 걸쳐서 창궐하였다. 아시카가 씨의 쇼군들은 지방의 영주들에 대한 모든 통제력을 상실하였고, 너무나 쇠약해져서 그들의 마지막 쇼군이 1573년 사실상 퇴위를 하게 된 것도 거의 간과되었다. 1467년부터 1568년 사이의 시대는 적당하게도 전국(戰國) 시대로 불려지고 있으며, 끊임없는 전쟁의 모진 시련 속에서 유럽의 그것과 더욱 근접되는 유사한 일본 봉건 제도의 새로운 형태가 만들어졌다.

쇼군 권력의 급격한 쇠퇴는 단지 지방의 군사 지도자들의 상승하는 권력을 반영하는 것이었다. 그들은 잘 규정된 지역들과 인구를 완전하게 지배하는 영국(領國)의 영주로 발전하여 갔다. 이때부터 지방의 영주들은 적절하게 다이묘(大名)로 불려질 수 있을 것이다. 후대의 보다 평화스러운 시대의 다이묘들과는 대조적으로, 이 세기의 그들은 흔히 '센고쿠 다이묘(戰國大名)'로 불려진다. 남규슈의 시마즈(Shimazu, 島津) 씨와 서일본의 재흥(再興)한 오우치(大內) 씨와 같은 다이묘 가문의 일부는 뛰어난 구가문의 후손들이었지만, 많은 다이묘들은 일본인들이 '게고쿠조(下克上)'라 부르는 과정 속에서 슈고(守護)들을 타도했던 새롭게 출현한 무사 가문 출신들이었다. '슈고'들은 그들의 권위가 지리적 범위에 있어서 실제로 그들을 지탱했던 토지와 가신들과 일치하지 않았고, 이것들을 그들의 통제하에 있지 않은 토지와 무사단들이 점점이 차지하고 있었기 때문에 끊임없는 전쟁의 이 시기 동안 매우 취약했던 것이 판명되었다. 대조적으로 새롭게 대두하는 다이묘들은 완벽한 지배의 분명하게 규정된 지역들을 설정하였으며, 따라서 공격에 덜 취약했으며 그들의 군사를 더 잘 동원할 수 있었다.

그들의 영국(領國)들을 공고하게 하는 과정에 있어서 다이묘들은, 잔존해 있던 구'쇼엔'들과 그것들이 조정의 귀족들에게 지불했던 남은 수입을 흡수했다. 이것은 조정과 그것의 귀족 가문들을 심각한 경제적 곤궁에 빠지게 하였다. 때때로 16세기의 전반기에 조정은 너무도 곤궁하여서 즉위식과 같은 가장 기본적인 조정 의식조차 행할 수 없게 되었다. 그것이 가졌던 얼마만큼의 수입은, 주로 풍요한 무사들의 선심과 조정의 지속적인 지위에 의한 예정된 보호를 구한 교토의 상인 조직들의 수수료로부터 나왔다.

'쇼엔'이 사라짐에 따라 농민들은 대부분 반자치적이며 조세를 부담하는 무라(村)로 편성되었다. 이것들은 이전의 '쇼엔'들이 그러했던 것보다는 더 자연적이고 통합된 범위였으며, 흔히 관개에 공동으로 이용되는 수원(水源)이나 어떤 것은 우지(氏) 시대에서 비롯된 고대 지방의 진자(神社)들을 중심으로 하고 있었다. 이들 무라(村)들은 최근 수십 년 전까지, 농촌 일본의 수요 행정 단위로써 계속해서 쓰여졌다.

다이묘들은 일반적으로 '가법(家法)'을 정비하였는데, 그것들은 도덕적 규정들과 그들 영국(領國)들의 기본적 법률들과 행정 제도의 대강(大綱)이 결합

474

된 것이었다. 영국의 모든 무사 가문들은 완벽하게 복종하는 다이묘의 가신들이 되지 않으면 안 되었다. 보다 중요한 가문들은, 그들 자신의 바이신〔部臣〕을 가질 수 있는 준봉토(準封土)로, 그들의 원래 토지나 혹은 새로운 토지를 영주로부터 받을 수가 있었다. 그들은 이들 준봉토를 영주의 묵인하에 보유하였다. 그러나 유럽 봉건 제도하의 가신들과 달리 그들은, 다른 토지를 위해 또 다른 영주에게 충성을 바치지는 않았다. 하급 무사의 가문들은 다이묘의 영국을 관리하고, 그의 군대를 지휘하는 봉급을 받는 관리 계급이 되었다. 이 변화는 부분적으로 군사 기술에 있어서의 전환을 반영한 것이었다. 창으로 무장한 보병의 아시가루〔足輕〕의 대집단이 군사력의 중추로서 말을 탄 기사를 대체하였다. 전쟁은 이미 다수의 일대 일의 전투 문제가 아니라 집단 군대의 문제였다.

다이묘의 위세는 그가 지배한 지역의 크기와 그 '무라'들의 미곡 생산과 세액에 의거한 그의 부에 의해서 측정되었다. 다이묘는 또한 그들의 영국에 있는 직인들과 상인들을 지배하였고 과세하였으며, 후자들을 그의 군대의 수송단으로 활용하였다. 모든 자원들은 군사력을 극대화하는 데 충당되었다. 가장 효과적으로 조직화된 영국들은 중앙의 권위를 무시할 수 있었을 뿐 아니라, 그들의 약한 이웃들의 영토 일부를 차지하거나 혹은 통째로 빼앗을 수 있었다.

전국 시대 동안 중앙 정부의 권위가 거의 사라지는 한편으로, 지방 단계에 있어서는 그전에 존재했던 어떤 것보다도 훨씬 완전하고 능률적인 행정적 지배가 그것을 대신하게 되었다. 16세기 중엽에 처음으로 일본에 도착한 유럽인들에게는 다이묘들이 '소왕(小王)'으로 보였다. 따라서 다이묘의 영국들은 그것으로써 훨씬 더 견실한 중앙 집권적 정치 구조가 머지않아 건설될 수 있는 견고한 건물의 벽돌들로 발전하여 가고 있었다.

이 전쟁의 세기 동안에 등장한 다이묘의 영국들은 다양한 크기를 가지고 있었으며, 어떤 지역들은 다수의 소규모 무사 가문들 사이에 분할된 채로 남아 있었다. 대사원들은 그들 자신의 군사들에 의해 보호를 받는 그들의 광대한 '쇼엔'을 보유하고 있었다. 전쟁에서 '아시가루'의 중요성이 증대됨에 따라, 평민들은 소규모 지방 무사들의 지지를 받아서, 또한 때때로 봉건 권력에 도전할 수 있었다. 이미 1428년에 반란을 일으킨 농민들과 조닌〔町人〕들은 심각한 문제가 되기 시작하였으며, 때때로 도쿠세이〔德政〕라는 이름하에 그들의 채무를 무효화시켰다. 세토 내해의 동쪽 끝에 있으며, 오늘날 오사카(Ōsaka, 大阪) 시의 일부인 사카이(Sakai, 堺) 시는 한정된 정도의 자치권을 애써 발전시켰다. 신슈〔眞宗〕의 신봉자들은 1488년 서해안의 가가〔加賀〕에 군사적 지배를 확보하였고, 그것을 거의 1세기 동안 유지하였다. 흔히 그들의 종교적 광신 때문에 잇코슈〔一向宗〕로 불려지는 이 종파의 다른 구성원들은, 때때로 다른 작은 지역들에 대한 군사적 지배권을 행사할 수 있었다.

 전국 시대의 오래 끄는 전투와 끊임없는 음모들은 하나의 낭만적 시대를 만들었는데, 그것은 자주 후대의 작가들과 현재 영화 제작자들의 관심을 끄는 것이었다. 모든 이러한 전투 과정 속에서 야마나〔山名〕 씨, 우에스기〔上杉〕 씨, 그리고 아시카가〔足利〕 씨와 같은 아시카가 시대 중기의 대가문들이, 새롭게 등장한 경쟁자들에 의해서 멸망당하거나 혹은 권력과 부가 급격하게 감소하였다. 서부 일본의 오우치〔大內〕 씨는 1557년 그들의 가신이었던 모리(Mori, 毛利) 씨에 의해서 대체되었다. 호소카와(Hosokawa, 細川) 씨는 단지 규슈에 있는 먼 친척의 가계를 통해서 존속하였다. 아시카가 시대 초기의 모든 대무사 가문들 중에서 오로지 시마즈〔島津〕 씨만이 남규슈에 있는 그들의 멀리 떨어진 요새에서 살아 남아서 후대에 중요한 역할을 수행하게 되었다.

고도의 봉건 사회

경제 성장 아시카가 시대의 끊임없는 전쟁이 경제 발전을 둔화시키거나, 혹은 심지어 반전시켰을 것으로 가정할 수 있으나, 사실은 그렇지 않았다. 사실상 정치적 지방 분권이 경제를 자극했던 것으로 보여진다. 이것은 지방의 무사 가문들과 새롭게 대두한 영국의 다이묘들이, 자연히 지역의 생산과 그에 따른 그들 자신의 수입이나 조세액을 증가시키는 데 관심을 가지고 있었기 때문이었다. 이러한 종류의 지역 중심의 정치적 지도력하에서 새로운 토지들이 경작되게 되었고, 관개가 확대되었고, 농업 기술이 향상되었으며, 전문화된 지방의 환금(換金) 작물들이 증가되었다. 결과적으로 이 시대 동안 일부 지역에 있어서 에이커당 수확고가 두 배 혹은 세 배로 증가하였던 것으로 여겨진다. 기본적인 경제 단위가 상대적으로 작은 '쇼엔'으로부터 훨씬 큰 지방의 영국으로 성장함에 따라서, 경제적 기능에 있어서의 전문화가 또한 보다 일반적인 것이 되었으며, 수공업 생산과 지역 및 지역간의 상업이 크게 증가하였다. 이러한 경제 성장의 기운들은 이미 13세기말에 주목할 만한 것이었으며, 14세기와 15세기에는 더욱더 두드러진 것이 되었다.

경제 발전의 하나의 분명한 징후는, 유력한 진자〔神社〕들이나 사원들, 혹은 일부의 봉건 영주들의 보호하에 열흘마다 개최되었던 지역 시장의 번성이었다. 또 다른 징후는, 항구나 혹은 대종교 기관들의 주위에 상업 도시가 점차적으로 출현한 것이다. 경제 성장의 가장 분명한 증거는, 12세기와 15세기 사이에 상업에 있어서 물물 교환으로부터 화폐의 사용으로 점진적인 전환이었다. 8세기와 9세기에 중국식의 민간 정부는 중국을 모방하여 동전(銅錢)을 발행하였으나, 사람들은 그것들을 사용하는 데 익숙해지지 않았다. 이제는 화폐에 대한 진정한 수요가 있었다. 그러나 동전을 주조할 수 있는 효과적인 중앙 정부가 없었기 때문에, 이것들은 중국으로부터 동전을 수입하는 것에 의해 대부분 충당되었으며 머지않아 거액의 송금을 위한 송금 수표에 의해 보충되었다. 화폐 경제는 전당포와 불교 사원을 포함한 다른 형태의 대금(貸金)업자들의 발전을 가져왔다. 살펴본 대로 가마쿠라 시대의 후기까지 지토〔地頭〕 계급의 부채가 너무도 심각하여져서, 정부가 그들 빚의 탕감을 명하였으며 유사한 빚 탕감이 아시카가 시대에도 빈번하였다.

봉건 일본의 많은 정치 권력들은 모두, 그들의 영역을 통과하는 교역품에 과세하기 위한 관문을 세우는 데 열심이었다. 그와 같은 중복적인 과세와 불안정한 시대의 다른 경제적 위험들로부터 자신들을 보호하기 위하여 종이, 소금, 술과 같은 특정 상품의 생산업자와 운송업자들, 그리고 목수나 광대와 같은 특정 직업의 구성원들이 중세 유럽의 길드와 유사한 '자(za, 座)'를 조직하였다. 그것들에 대하여 '자'가 수수료를 지불했던 이름있는 종교적 기관들과 교토 조정, 혹은 지방의 봉건 권력의 비호하에 '자'들은 다른 당국들에 의한 강요로부터의 보호와, 그들의 상업과 직업을 번영되게 할 수 있었던 어느 정도의 지역적 독점을 이룩하는 데 성공하였다. 비록 전쟁이 그것을 황폐화시켰음에도 불구하고 산업과 상업 활동의 중심지는 교토였으며, 그것은 인구 수십만의 도시로 남아 있었다. 그러나 다이묘들이 완전한 영국 지배를 발전시킴에 따라서 상인 집단들은 점점 그들의 지배하에 들어가고, '자' 조직은 점차로 다이묘에 의해서 엄밀하게 감독되고, 그의 정부의 필요한 것을 공급하는 '어용 상인'들에 의해서 대체되었다. 따라서 이것은 그때 이후로 일본의 특징으로 남게 된 경제 활동에 대한 정치의 지배 유형을 설정하게 되었다.

해외 무역 봉건 유럽 말기의 나라들과 달리 일본에는 가까운 이웃들로부터의 경제적 자극은 없었지만, 그것의 상대적 고립에도 불구하고 국제 무역은 이 시기에 크게 증가하였다. 일본 무역업자들은 11세기 이후로 해외에 진출하고 있었고, 13세기의 가마쿠라 대불(大佛)의 주조는 부분적으로 해외 무역에 의해서 자금이 조달된 것으로 보여진다. 그들의 행위가 자주 해적 행위로 변하였던 일본의 상인 모험가들은, 이미 14세기초에 한국인들에게 두통거리였으며 수십 년 후에는 또한 중국인에게도 심각한 골칫거리가 되었다. 간단하게 '와코(Wakō, 倭寇)'로 알려진 서부 일본의 해안 지역 출신의 이들 무사, 상인 모험가들은, 한국인과 중국인의 제한적 무역 정책들이 그들이 추구했던 무역을 거부했을 때 그들이 원하는 것을 종종 강탈하였다.

한국인들은 1443년 1 년에 약 50 척을 허용하는 너그러운 공무역의 흐름에 관한 조약을 맺음으로써 일본의 해적 행위의 압력을 겨우 완화시킬 수가 있었다. 그 후에 선박의 수가 증가되었으며, 일본인에게 한국 남부의 세 항구 도시에 영구적인 무역의 거류지를 유지하는 권리가 주어졌다. 중국의 명조(明朝)도 또한 1368년 후에 공식적 조약을 통해서 일본의 해적 행위를 통제하려고 노력하였다. 요시미쓰(義滿)는 전국에 걸친 그의 지배를 공고하게 한 후에 1404년 매10년마다 공식적 무역 사절단을 보낼 것을 약속함으로써 중국의 요청에 응답하였다. 이 무역을 규제하기 위해 중국 정부는 간고후〔勘合符〕를 발행하였으며, 사절단들은 그것들을 휴대하도록 되어 있었다. 세계 질서의 중국적 개념에 맞추기 위하여 일본의 무역업자들은 중국에 바치는 조공의 전달자로서 간주되었으며, 명나라는 요시미쓰에게 '일본 국왕(日本國王)'과 명의 '신하' 칭호를 주었다. 그러나 요시미쓰가 이 책봉(冊封)을 수락함으로써 그는 일본 역사가들의 한결같은 비난을 받게 되는 결과를 초래하였다.

간고〔勘合〕 무역은 그것에서 일본인의 해적 행위를 규제하는 방법을 발견한 중국인들에게나, 단지 무역상의 이윤을 추구했던 일본인들 어느 쪽의 기대에도 결코 부응하질 못했다. 일본인들은 매10년마다 한 번씩 사절을 파견하는 대신에, 조약을 파기하기 전인 1404년과 1410년 사이에 여섯 번을 보냈던 것으로 보여진다. 그것은 1432년에 부활되었고, 그때와 1549년 사이에 단지 열한 번의 사절들이 갔으며, 각 사절에 있어서 허가된 것보다는 더 많은 배들이 갔다. 사실상 이것들은 아시카가 씨의 통제하에서가 아니라 불교 사원들, '신토 진자', 그리고 지방의 다이묘들에 의해서 파견되었다. 서일본의 오우치〔大內〕 씨는 1469년에 실제로 간고후〔勘合符〕를 탈취하였으며, 그 이후로 공무역을 지배하였다.

한편 불법적인 무역과 해적 행위가 더욱 확대되었으며, 이것은 의심할 여지 없이 중국과 일본 사이에 상품 유통의 대부분을 차지하는 것이었다. 그러나 '간고' 무역의 기록들은 이 흐름의 특성을 잘 보여 주고 있다. 일본의 수출품들은 유황과 구리와 같은 원료뿐 아니라 분명하게 일본인의 발명인 그림이 그려진 접는 부채와 두루마리 그림, 그리고 특별히 높게 평가받았던 일본검과 같은 훌륭한 제조품들이었다. 1483년의 사절만으로도 적어도 3만 7,000개의 검이 중국에 수출되었던 것으로 전해지고 있다. 그 대신에 일본은 비단, 도자기, 서적, 회화, 그리고 무엇보다도 동전을 수입하였다. 1453년의 사절만으로 5,000만 개의 동전을 일본에 가져왔던 것으로 기록되어 있다. 해외 무역이 분명하게 일본 경제에 있어서 중요한 것이 되어 가고 있었으며, 한때 기술에 있어서 대륙에 너무도 낙후되어 있던 나라가 중국과 나란히 할 정도로 근접되어 있었다.

선종〔禪宗〕 문화　아시카가 시대의 정치적 혼란 중에 이룩한 커다란 경제 성장은 훌륭한 문화적 개화(開花)와 병행한 것이었다. 이것은 다음과 같은 몇 가지 요인들의 소산이었다. 무사 계급의 생기가 구래의 교토 귀족 사회의 세련됨과 융합한 것, 이와 같은 전통적인 일본의 문화적 조류가 젠〔禪〕의 철학과 심미적 태도들과 결합한 것, 그리고 선승(禪僧)들에 의해 강력한 새로운 문화적 영향들이 소개되었던 것 등이 바로 그것들이었다. 따라서 지금까지 서로 별개였던 몇 개의 문화적 흐름들이 합류하게 되었고, 현대에까지 문화적으로 일본을 지배할 수 있었던 하나의 강력한 새로운 조류를 형성하였다.

교토에 있던 쇼군의 조정은 이러한 문화 활동의 중심지였으며, 후대의 쇼군들은 정치가나 무사로보다는 문화적 지도자들로서 더욱 유명하였다. 요시미쓰〔義滿〕조차도 그가 1397년 교토의 기타야마(Kitayama, 北山)에 지었던 사원 별장 긴카쿠지(Kinkakuji, 金閣寺)에서 그가 주도하였던 예술가, 학자, 문학가들의 동인(同人)으로서 가장 잘 알려져 있다. 8대 쇼군 요시마사(Yoshimasa, 義政 ; 1443~1473 재위, 1490년 사망)는 아시카가 씨가 그들 권력의 대부분을 상실한 후에 살았지만, 적어도 문화적 업적들에 있어서 요시미쓰에 필적할 수 있었다. 1483년 그는 교토의 히가시야마(Higashiyama, 東山)에 긴카쿠지(Ginkakuji, 銀閣寺)로 알려진 그 자신의 사원 본부를 건설하였다. 이들 두 개의 장군 별장들은 아시카가 문화의 중기(1392~1467)에는 기타야마〔北山〕, 후기(1467~1568)에는 히가시야마〔東山〕라는 이름을 각각 부여하였다.

선승(禪僧)들은 쇼군의 조정에서 두드러진 역할을 수행하였고, 교토와 가마쿠라의 각각 다섯의 대선사(大禪寺)들에게는 정부의 보호가 제공되었다. 히에이〔比叡〕 산의 덴다이슈〔天台宗〕의 본부였던 엔랴쿠지〔延曆寺〕와 다른 오래된 대사원들은 부유하고 유력한 채로 남아 있었으나, 지적으로는 빈사 상태에 빠져 있었으며, 도덕적으로는 해이해 있었다. 예를 들면 동성 연애는 그것이 일본의 전체 무사 계급 사이에서 그러했던 것과 같이 일반적인 것이었다. 그러는 사이에 지적, 문화적 지도력이 보다 신생(新生)의 선사(禪寺)들에로 옮겨 가게 되었다. 무소 고쿠시(Musō Kokushi, 夢窓國師 ; 1275~1351)는 다카우지〔尊氏〕에 대하여 막강한 영향력을 행사하고, 전국에 걸쳐서 선사(禪寺)의 망상 조직을 창설하도록 하고, 그리고 교토에 대사원 덴류지(Tenryūji, 天龍寺)를 창건하는 데 필요한 자금을 조달하기 위하여 중국에 무역선을 파견하도록 그를 설득시키는 것에 의해서 본보기를 설정하였다. 다른 선승(禪僧)들은 쇼군의 고문으로 중국과의 공식적 관계에 있어서 주요 중개자로, 그리고 명(明)의 황제에 보내진 쇼군의 서한 기초자(起草者)로서 계속해서 봉사하였다. 그들은 또한 당시의 탁월한 미술가, 학자, 문학가들이었으며 자주 심미적 취향의 재정자(裁定者)였다.

선승들의 문화적 우위는 너무도 큰 것이었기에, 아시카가 시대의 전체 문화가 적절하게도 선종(禪宗) 문화로 불려질 수 있을 것이다. 그러나 선종 문화는 선철학만큼이나 정의를 내리기가 용이하지 않다. '유겐(yūgen, 幽玄)'과 같은 어휘들이 흔히 그것을 묘사하기 위하여 일본인들에 의해서 쓰여지고 있지만,

1483년 요시마사〔義政〕에 의해서 세워진 긴카쿠〔銀閣〕와 정원.

여전히 문제를 설명할 수 없는 것으로 남겨 놓았다. 중국의 송(宋)에서 발전한 선철학과 그와 관계된 예술들을 끌어들여서 선종 문화는 이것들을, 교토 조정의 섬세한 감수성, 인상주의, 형식과 의식에 대한 애호와 무사적 전통에 있어서의 소박한 개성의 힘과 혼합하였다. 인간과 자연과의 합일이라는 원래 도교(道敎)적 관념과 우주의 기본적 원리를 직관적으로 이해하려는 '젠〔禪〕'의

욕구가, 자연의 아름다움과 신비에 대한 일본인들의 독특한 감수성과 합하여 졌다. '젠'의 직관적인 간접성이 암유와 암시에 대한 일본인들의 성향과 융합하였으며, '젠'과 무사의 훈련과 절제가 형식과 의식에 대한 일본인들의 오래된 애호와 결합하였다. 이런 것들의 결과는 때때로 자의식적 심미주의(審美主義)에 가까운 훈련된 정적과 교묘한 단순성이었다. 보편적 진리와 아름다움은 좀 작은, 그러나 조심스럽게 창조된 상징을 통해서 이해될 수 있었다. 큰 것에 대하여 작은 것이, 인상적인 것에 대하여 내면적인 것이, 복잡한 것에 대하여 단순한 것이, 인공적인 것에 대하여 자연적인 것이, 새롭고 완벽한 것에 대하여 오래되고 이지러진 것이 선호되었다. 작고 단순한 것에 대한 강조는 단순함을 가장하는 속물적 모습으로 타락할 수 있었으나, 그것은 상대적으로 빈곤했던 봉건 일본에 훌륭하게 잘 맞았으며, 오늘날 보다 풍요롭고 복잡한 이 시대에 있어서 일본과 또한 서구에서 부활된 매력을 갖고 있었다.

선종(禪宗) 문화는 아마도 언어적 묘사에 의해서가 아니라 선풍(禪風)의 실례에 의해서 가장 잘 보여진다. 다도(茶道)는 아시카가 시대 취향의 가장 특징적인 표현 중의 하나이다. 그것은 자연의 아름다움에 근접한 단순하고 꾸밈없는 방에 몇몇 예술의 애호가들이 모이는 것이다. 차는 완만하고 우아한 동작으로 준비되고, 단순하고 조야(粗野)한 것처럼 보이는 도기가 선호되는 찻잔으로부터 똑같은 방식으로 마셔진다. 찻잔과 사용된 다구(茶具)가 그때에 상찬(賞讚)되고 이야기되어진다. 결과적으로 심미적 감상만큼 정신적 고요함이 생겨나게 된다. 다도(茶道)는 15세기 중에 발전하였고, 센노리큐(Sen no Rikyū, 千利休 ; 1521~1591)에 의해서 최후의 형태에 도달하게 되었다. 현대에 있어서 그것은 모든 정숙한 신부들이 익혀야만 할 고상한 취미로서 간직되어 있다. 서양의 전통에서와 같이 인위적이고 덩어리로 다발지어진 꽃들이 아니라, 자연스러운 배치를 강조하는 꽃꽂이는 그에 유사한 선종 예술이며, 현대에 있어서 대중 사회의 손에 의해 똑같은 운명을 경험하였다.

미 술 선종 미술 중 가장 훌륭한 것은 송나라풍의 산수화(山水畵)였는데, 이것에서 화가들은 중요하지 않은 지엽적인 것들을 생략하고, 그 대신 자기가 중요하다고 생각하는 것을 대담한 필치(筆致)로 강조함으로써 자연의 정수(精髓)를 그리려고 하였다. 또한 그들은 다시 전체를 요약하는 소우주(小宇

가을 풍경을 그린 셋
슈[雪舟；1420〜1506]의
수묵화(水墨畫).

宙)에 소용될 수 있는 것으로 자연의 어떤 작은 면을 택할 수가 있었다. 이들
회화 속에서 인간과 인간이 만든 것들, 즉 사원, 다리, 배 등은 자연의 큰 유
형적 묘사 속에 몰입되어지는 중요하지 않은 지엽적인 것으로 흔히 보여졌다.
일본의 선종 화가들은 중국의 것들과 거의 구분이 되지 않는 작품들을 만들어
냈지만, 단순한 모사품이 되는 것 대신에 그것들 자체가 때때로 훌륭한 걸작
들이었다. 선종 미술가 중에서 가장 위대한 사람은 아마도 셋슈(Sesshū, 雪舟；
1420〜1506)였을 것이다. 이러한 전통 속에서 회화의 세습적인 가노(Kano, 狩

교토 근처 사원의 정원(다이고지의 삼보인).

野) 파가 15세기 후기부터 생겨났으며, 19세기까지 지배적인 공식 유파(流派)로서 남게 되었다.

장엄하고 육중한 지붕을 가진 선종 사원들은 아시카가 시대의 일반적인 건축술의 표현이었다. 그러나 보다 작고 가벼운 긴카쿠[銀閣]와 긴카쿠[金閣]가 시대의 정신을 더욱 잘 나타내었다. 이것들은 국내의 건축 양식에 보다 가까운 것으로서, 그것에서 현대 일본인들의 취향들이 나타나기 시작하고 있었다. 이들 취향들은 도색된 실내 대신에 자연 그대로의 나무가 드러나는 칠하기와, 인공적으로 모양지어진 목재보다는 비틀어진 나무 기둥에 대한 선호를 보여 주었다. '다다미(tatami, 疊)'라고 불리는 바닥에 까는 두꺼운 돗자리는 때때로 각방의 모든 바닥에 깔려지게 되었고, '도코노마(tokonoma, 床の間)'가 국내 건

15세기 교토 료안지〔龍安寺〕의 석정원.

축 양식의 표준적인 특징으로 발전하여 가고 있었다. 이것은 전통적으로 양실 (洋室)을 꽉 채우는 많은 골동품들 대신에, 하나 혹은 기껏해야 몇 개의 정선한 예술품의 전시를 위한 오목하게 들어간 다락이다.

　가장 중요한 것은 건물의 주위, 즉 둘러싸고 있는 정원에 대한 강조였다. 원래 중국에서 유래한 정원술(庭園術)은, 아시카가 시대에 일본의 가장 특징적이고 오늘날 가장 영향력 있는 예술 형태의 하나로 발전하였다. 긴카쿠〔金閣〕와 긴카쿠〔銀閣〕는 참으로 하나의 소박한 건물에 의해서 우미하게 된 정원들이었다. 선사(禪寺)들은 모두 세심하게 계획되고 제작된 정원들을 조망하고 있다. 노력은 기하학적 규칙성에 대한 인간의 성향에 맞추기 위해 자연을 모양짓는 것이 아니라, 소규모로 인간의 손이 닿지 않은 자연의 장엄함을 재현하는 데 경주되었다. 무소 고쿠시〔夢窓國師〕는 정원술의 최초 대가들 중의 하나였으며, 아름다운 덴류지〔天龍寺〕의 정원들은 그의 공로로 돌려지고 있다. 선정신(禪精神)의 정수는 아마도 교토에 있는 료안지〔龍安寺〕의 '석정원'에서 찾아질 수 있을 것이다. 그것에서 단지 몇 개의 바위들과 갈퀴로 잘 긁어진 하얀 모래가 방대한 바다 풍경의 장엄함을 암시해 주고 있다.

문 학 선승(禪僧)들은 아시카가 시대의 문학에 있어서는 미술에 있어서보다 덜 지배적이었다. 이것은 아마도 고잔〔五山〕 문학으로 알려진 그들의 작품들이 주로 한문으로 되어, 일본 문학의 주류의 밖에 있었기 때문이었을 것이다.

아시카가 시대는 고대의 전승과 문학, 그리고 일본 역사에 대한 흥미가 부활하는 것을 목격하게 되었다. 승려 지엔(Jien, 慈圓)에 의한 최초의 비판적이고 분석적인 일본 역사인 〈구칸쇼〔愚管抄〕〉는 1220년에 나타났으며, 아시카가 시대의 벽두에 고다이고〔後醍醐〕의 무사 지지자였던 기타바타게 지카후사(Kitabatake Chikafusa, 北畠親房)는 〈진노쇼토키〔神皇正統記〕〉에서 이러한 전통을 계속하였다. 그것은 고다이고의 명분을 옹호하였으며, 일본의 독특한 우월성은 중단되지 않은 천황의 가계로부터 유래한 것이라는 민족주의적 신조를 수립하는 데 기여하였다. 신토〔神道〕에도 또한 움직임들이 있었다. 지금은 피폐한 조정으로부터의 재정적 지원을 상실했던 이세〔伊勢〕에 있던 것과 같은 오래된 대진자〔大神社〕들은, 이들 진자들에 순례 여행을 했던 지지자들의 대중적 조직들을 발전시켰다. 요시다〔吉田〕로 이름붙여진 교토에 있던 신관 가문(神官家門)은 15세기에 요시다 신토〔吉田神道〕로 불려진 새로운 절충적 '신토' 교리를 발전시켰다. 그것은 불교와 유교가 근원적인 '신토' 진리의 파생물이라고 주장하는 위조된 경전들에 근거한 것이었다.

아시카가 시대의 문학적 경향들 중 많은 것들은 단지 전대의 경향들의 계속에 지나지 않았다. 조신(朝臣) 요시다 겐코〔吉田兼好〕의 〈쓰레즈레구사〔徒然草〕〉는 가마쿠라 시대의 〈호조키〔方丈記〕〉를 연상시키는 것이었다. 비슷하게 1318년부터 1367년 사이의 끊임없는 전쟁에 관해서 이야기하는 〈다이헤이키〔太平記〕〉는 전대의 군기(軍記)들과 같은 풍으로 씌어졌다. 〈오토기조시〔御伽草

벽에 그려진 전통적인 소나무 앞에서 연주자들의 반주에 맞춰 춤을
추고 있는 가면을 한 노〔能〕극 배우 모습.

子〕〉는 우습고 로맨틱하고 또는 경이적인 민화(民話)들인데, 후지와라 시대의
불교 설화 역사물, 그리고 소설들로부터 발전한 것이었다. 시에 있어서 연작
시(連作詩)인 렌가〔連歌〕는, 둘 혹은 세 명의 시인이 교대로 교호(交互)의 3구
형(句型)과 그 구형을 지어 나가는 것으로 전대의 단가(短歌)의 부산물이었다.
'렌가'는 미묘하고 복잡한 연상 기법(連想技法)을 향한 일본적 경향이 한층 더
발전한 것을 보여 주었으며, 대가들에 의해 그것들은 단가보다는 훨씬 더 큰
범위의 시적 노력을 계속할 수 있었다. 그러나 그것들은 또한 단지 말장난에
지나지 않는 것으로 되어 버릴 수 있었다.

　아시카가 시대의 가장 중요하고 독창적인 문학적 발전은 '노(Nō, 能)' 극에
서 볼 수 있다. 전대의 상징적인 궁정의 춤과 그것을 모방한 평민들의 춤이 14
세기까지에는 단조로운 연극으로 발전하였고, 이것들이 요시미쓰(義滿)의 막
정(幕廷)에서 주로 간아미(Kan'ami, 觀阿彌 ; 1333~1384)와 그의 아들 세아미
(Seami, 世阿彌 ; 1363~1443)에 의해 '노' 극으로 발전하였다. '노'는 고대 그리

스 극과 유사한 데가 있었다. 그것은 거의 장식이 없는 무대에서 둘 다 정묘한 의상을 입고, 가면을 쓴 주역과 조역, 그리고 아마도 몇몇의 단역들에 의해 연기되었다. 그것에는 언제나 이야기를 메우는 합창이 있으며, 연기자들과 합창단은 율동적인 관현악 음악의 반주에 따라서 그들의 대사를 영창한다. 대사들은 주로 시거나 혹은 고도로 시적인 산문이다. 연기는 절제되어 있고 매우 양식화되어 있으며, 극의 절정은 항상 주역에 의해서 행해지는 상징적인 춤이다.

 '노' 극을 상연할 때에는 교겐(Kyōgen, 狂言)이라 불리는 막간극들이 흔히 사이에 끼게 되는데, 그것들은 그 당시의 봉건 사회에 관한 해학이었다. '노' 극 자체는 통상적으로 '신토'의 가미〔神〕나 불교나 세속 역사의 유명한 인물들에 관한 것이었다. 그것들은 흔히 민중 신앙 종파들의 신앙을 통한 구원의 개념에 중점을 두고 있으며, '가미'나 사자(死者)의 영혼에 의해 주역이 흔히 사로잡히는 것은 고대 일본 민속 종교의 무속적 영매(靈媒)를 연상시키는 것이다. 따라서 '노'는 그 정신에 있어서 선 불교적이라고 특정할 수는 없지만, 그것은 세련되고 훈련된 '젠' 미학의 정신과, 아시카가 시대의 문화적 창조성의 한 좋은 예로 볼 수 있다.

제15장

도쿠가와 시대의 일본 —— 집권적 봉건 국가

정치적 재통일

16세기 중엽에 이르러 일본의 경제와 사회에 있어서, 유럽에서의 봉건 제도 붕괴와 통상 관련된 발전들과 유사한 변화들이 발생하고 있었다. 국내 상업과 해외 무역이 급속도로 확대되고 있었으며, 사실상 일본인 상인 해적들은 중국의 해안을 따라서 널리 분포하고 있었을 뿐 아니라, 동남 아시아의 바다와 해안 지역에 걸쳐서 활발해지고 있었다. 또한 대규모 보병(步兵) 발달의 결과 무사와 농민 사이의 기능적 구분이 사라져 가고 있었다. 결과적으로 평민들의 종교 집단들이 일본의 일부 지역에 있어서 봉건 지배에 대항할 수 있었다. 한편 구래의 무사 계급은 직업적인 군사 행정 관료로 변화되어 가고 있었다. 일반적으로 사무라이(侍)로 알려진 무사들은 각각의 다이묘(大名)들에 의해서 그들 성채 본부의 주위에 모아졌으며, 한편으로 농민들은 영주들에 의해 직접적인 지배를 받는 반자치적인 조세를 부담하는 무라(村)로 조직되어 가고 있었기 때문에, 유럽과 일본에 있어서 봉건 제도를 특징지었던 귀족적 무사들의 토지에 대한 긴밀한 유대는 사라져 가고 있었다. 초기 봉건 제도에서 일반적이었던 중층적 사법권도 개별 다이묘의 정치적 권위가 그 영국(領國)의 전역에 걸쳐서 보다 직접적이고 절대적인 것이 됨에 따라 소멸되어 가고 있었다.

서구 유럽에서 그와 같은 상황들은, 봉건적 기관들을 희생시키면서 국왕의 주도하에 이룩한 정치적 중앙 집권화에 수반된 것이었다. 일본에서는 보다 급속하고 어떤 점에서는 보다 철저한 정치 권력의 중앙 집권화가 16세기 후반에 발생하였지만, 그것은 기본적으로 봉건적 방식을 통한 것이었다. 지역적 지배의 매우 효율적인 단위가 되었던 다이묘의 영국은 놀랍도록 균질적이며 견고한 정치 구조를 구축하는 데 쓰여졌다. 오랫동안 익숙했던 제도들을 이같이 운용했던 것이, 일본인들이 수세기 동안의 분열 후에 엄청나게 빠른 속도로 효과적인 국가적 통일을 창출할 수 있었던 하나의 이유일 것이다. 일본의 고립된 지리적 위치로부터 초래된 일본 내부에 있어서의 문화적, 윤리적 일치, 전대로부터 물려받은 국가적 통일에 대한 강한 전통, 그리고 통일 국가가 사회를 위한 당연한 환경이라는 전체 동아시아의 가정이 아마도 다른 요인들이었을 것이다.

일본의 집권적인 봉건 제도는, 유럽의 봉건적 경험의 관점에서 볼 때 용어상에 있어서 거의 모순적인 것으로 보이지만, 거의 3세기 동안 잘 기능한 예외적으로 안정된 정치 제도였음이 판명되었다. 이 오랫동안 계속된 성공은 아마도 일본 열도의 상대적 고립이 일본으로 하여금, 대부분의 기간 동안 그것을 외부적 압력으로부터 고립시킬 수 있었기 때문에 가능했을 것이다. 어쨌든 중앙 집권화된 정치 권력을 창출하기 위한 봉건적 제도의 이 같은 분명히 변칙적인 운용은, 가마쿠라 체제의 단일한 주종 집단과 아시카가 시대의 끊임없이 싸우는 복합적인 주종 집단들과 대조되는, 일본 봉건 제도에 있어서 세번째 주요 단계를 구성하였다. 비록 유럽 역사에 있어서 당시의 단계가 본질적으로 봉건제를 지난 근세 왕정에 의해 대표되지만, 일본인들은 그들 구식의 봉건적 골격에도 불구하고 제도적 발전에 있어서 반드시 뒤진 것은 아니었다. 일본은 17세기에 있어서 아마도 어떤 유럽 국가보다도 더 효과적으로 통합되어 있었으며, 정치적 행정과 경제적 통합에 있어서 일본의 효율 수준은 아마도 19세기 이전의 유럽 어느 곳에서도 능가되지 못하였을 것이다.

포르투갈 인의 도래　　고립이, 중앙 집권화된 봉건 체제가 오랫동안 유지되도록 하는 데 기여했던 한편, 해외로부터의 영향이 최초로 일본의 재통일에 기여했던 것으로 보여진다. 포르투갈 인이 1498년 아프리카를 돌아서 인도에 이르는 항로를 발견한 지 반세기도 되지 않아, 그들의 일부가 분명하게 1543년에 규슈의 남단 밖에 있는 섬인 다네가시마(Tanegashima, 種子島)에 도달하였다. 2년 후에 포르투갈 상인들은 정기적으로 서일본의 항구들을 방문하기 시작하였으며, 1549년 유명한 예수회 선교사인 프랜시스 자비에르(Francis Xavier)가 일본에서 그리스도 교 선교 운동을 시작하였다.

그들 자신의 봉건적 배경을 가지고 있던 포르투갈 인들은, 일본인들의 무술과 봉건적 명예에 대한 관념이 그들이 만났던 다른 아시아 인들의 특성보다도 더욱 칭찬할 만한 것임을 발견하였다. 일본인들은 처음에는 단지 불교의 민중신앙 종파들의 한 변형으로 보였던 그리스도 교에 많은 매력을 느끼지 못하였다. 그럼에도 불구하고 그들은 무역의 이윤을 간절히 바라고 있었으며, 예수회 선교사들에 대한 포르투갈 상인들의 존경에 주목한 일부 규슈의 다이묘들은 무역을 그들의 영국에 유치하려는 노력으로 선교사들에게 호의를 베풀었다. 아마도 영적인 것보다는 경제적 이익에 대한 욕구에 촉발되어서 일부의 다이묘들은 그리스도 교를 신봉하였으며, 그들 영국의 백성들에게 그들을 따르도록 강요하였다. 일찍이 1562년 개종한 소(小)오무라(Ōmura, 大村) 다이묘는, 1571년 규슈 서쪽 해안에 나가사키〔長崎〕 항을 개항하여 그것을 포르투갈 무역의 중심지로 만들었다. 1579년에 그는 실제로 도시의 지배를 예수회 선교사들에게 양도하였다. 훨씬 더 큰 북규슈의 오토모〔大友〕 다이묘는 1578년에 개종하였다.

선교사들의 종교적 불관용은 곧 불교 승려들 사이에서 반대를 불러일으켰으며, 이것이 번갈아 정치 권력에 의한 그리스도 교인에 대한 간헐적인 박해를 초래하였다. 그러나 그리스도 교는 규슈와 또한 교토 지역에 급속도로 퍼져 나갔다. 사실 일본인들은 외국, 즉 중국으로부터 많은 것을 배웠다는 그들의 의식을 가지고 있었기에, 아시아의 다른 사회들이 그러했던 것보다 서양의 상품뿐 아니라 사상에 보다 개방적이었음이 판명되었다. 일본은 아시아에 있어서 예수회 선교사들의 가장 유망한 선교지였으며, 1582년경에 15만 명의 일본인 개종자들이 있었으며, 16세기말까지는 30만 명, 그리고 1615년에는 아마도 30만 명 이상이 되어, 따라서 오늘날 그리스도 교인들보다는 훨씬 더 큰 인구 비율을 구성하였던 것으로 추정되고 있다.

　궁극적으로 일본 그리스도 교인들 사이의 유대와 그들의 멀리 떨어진 외국인의 교황에 대한 충성은, 일본의 지도자들이 그리스도 교를 잠재적으로 파괴적인 세력으로 보도록 이끌었다. 어떤 점에서는 외국 무역도 또한 농업에 기초를 둔 봉건 제도에 분열적인 것이었다. 그러나 서양과의 접촉에 있어서 다른 측면들은 분열적이기보다는 아마도 더욱 윤택하고 자극적이었을 것이다. 무역은 아메리카 대륙으로부터 온 담배와 같은 새로운 식물들과, 시계나 안경과 같은 새로운 상품들을 가져왔다. 유럽 물건들에 대한 진정한 열광이 있었다. 유행을 좇는 일본인들은 때때로 심지어 유럽 복장을 받아들였으며, '빵(pão)'과 같은 포르투갈 어의 어휘가 일본어의 어휘 속에 들어가게 되었다. 이 시대에 유행했던 병풍들의 많은 것들은 낯선 외국인과 그들의 배를 그린 것이었다. 포르투갈 인들이 남쪽으로부터 일본에 도달하였고, 일본인들에게 그들이 가무잡잡한 남쪽 사람들로 보여졌기 때문에 이들 그림들은 '남반뵤부〔南蠻屛風〕'로 불려졌다. (원색 도판 18 참조)

　당시의 일본에 있어서 가장 크고 지속적인 유럽의 영향은 군사 기술에 대해서, 그리고 그것이 끼친 정치 조직에 대한 것임이 판명되었다. 포르투갈 인들의 화승총(火繩銃)은 일본인들이 목격한 최초의 총기였으나, 그들은 곧 그것들의 가치를 발견하였다. 대포는 1558년경 일본에서 전쟁에 처음으로 사용되었고, 20년 이내에 소총대의 화력이 야전에서 결정적인 요인이 되었다. 새로운 무기를 구입할 여유가 있는 보다 부유한 다이묘들이 그들의 약하고 덜 근대화된 경쟁자들에 대하여 한층 더 지배적이게 되었으며, 따라서 정치력을 공고하게 하는 데로 향하여 신속하게 나아갔다.

　유럽 군사 기술의 또 다른 결과는 거대한 성의 출현이었다. 전략적 요충지에 이제까지 산재했던 방책(防柵)과 작은 성들은, 한 다이묘의 영국에 있어서 하나의 거대한 중앙성에 의해서 대체되었다. 이러한 형태의 많은 성들이 16세기의 마지막 4반세기에 일본 전역에 걸쳐서 건설되었다. 그것들은 중세 유럽의 성들보다는 서양에 있어서 16세기의 요새와 같았는데, 동심원의 넓은 외호(外濠)와 거대한 지면에 의해서 지탱되는 성벽으로 구성되어 당시의 대포에도 잘 견딜 수 있었다. 성의 건물 자체는 회칠을 한 흙벽을 가진 상대적으로 약하고 장식적인 목조 구조였다. 다이묘의 가신들의 주거지와 영국의 경제적 심장부인 상업 도시가 본성을 둘러싸고 있었다. 그와 같은 16세기의 조카마치〔城下

16세기말로 연대가 추정되는 오사카 서쪽에 있는 히메지〔姫路〕성의
외벽, 성문, 내벽(왼쪽 아래)과 천수각(天守閣). (오른쪽 위)

町〕는 현대 일본의 대도시와 대부분의 중간 규모 도시들의 기원이 된다.

오다 노부나가와 히데요시의 정복들　　연속적인 세 명의 군사 지도자들, 즉
오다 노부나가(Oda Nobunaga, 織田信長 ; 1534~1582), 히데요시(Hideyoshi, 秀
吉 ; 1536~1598), 도쿠가와 이에야스(Tokugawa Ieyasu, 德川家康 ; 1542~1616) 등은
다른 사람들의 업적에 의지하여 일본을 통일하고, 집권적인 봉건 제도의 지속
적인 유형을 창조하였다. 그들의 기법은 그들 자신의 주도권하에 강력한 다이
묘 연합을 발전시키고, 정치적 정통성을 상징하는 천황의 조정이 위치한 중앙
의 기나이〔畿內〕지역에 대한 지배를 확보하고, 그 다음에는 그들의 권위를 다
른 다이묘 연합으로 확대시켜 나가는 것이었다.

오다 노부나가는 교토 동쪽 지역의 오늘날 나고야(Nagoya, 名古屋) 시를 중심으로 새롭게 대두했던 다이묘의 상속자였다. 1568년 그는 표면적으로 쇼군의 직책에 대한 주장자를 지원하여 교토를 점령하였다. 그러나 그는 1573년 이 마지막 쇼군을 교토로부터 내쫓고, 따라서 아시카가 막부를 멸망시켰다. 동쪽에서 빠르게 성장하는 또 다른 다이묘 도쿠가와 이에야스와의 동맹에 의해서 보호되어 노부나가는 수도 지역에서 그의 권력을 공고화하는 데 착수하였다. 그는 1571년 히에이(比叡) 산에 있는 덴다이슈(天台宗)의 본부인 엔랴쿠지(延暦寺)를 파괴하였고, 다른 불교 세력의 본부들을 굴복시켰고, 다수의 지방 다이묘를 격파하였고, 서해안 가가(加賀)의 신슈(眞宗) 신도들을 진압하였으며, 1580년 최종적으로 10년의 전쟁 후에 오늘날의 오사카(Osaka, 大阪)에 있던 그 종파의 거대한 성채 본부를 점령하였다. 노부나가의 불교도 세속 권력에 대항한 오랜 전투는 그로 하여금 그리스도 교인들에 대하여 우호적인 태도를 취하도록 이끌었으며, 따라서 수도 지역에서 당시의 선교사들에게 표면적인 성공을 허락하였다.

노부나가는 그가 정복한 자들의 토지를 몰수하여 그것들을 자신의 영국 속에 흡수시키거나, 혹은 그것들을 그의 가신 다이묘들에게 수여하였다. 그는 또한 보다 완벽하게 권력을 집중시켰다. 1571년에 그는 그가 지배한 농토에 대해 겐치(檢地)를 시작하였고, 1576년에는 농민들의 무기를 몰수하기 시작했으며, 또한 도량형을 표준화하였다. 1576년에 그는 교토의 동쪽에 있는 비와(琵琶) 호의 동쪽 기슭에 연해 있는 아즈치(Azuchi, 安土)에 대성채 본부의 건설을 시작하였다. 그러나 노부나가는 일본 전역에 걸쳐서 그의 권위를 주장하는 데는 성공하지 못하였다. 그가 1582년 배반한 가신에 의해 교토에서 살해되었을 때, 그의 군대는 여전히 혼슈 맨 서단에 있는 모리(Mōri, 毛利) 씨와의 투쟁에 갇혀 있었다.

모리 씨에 대항한 노부나가 군대의 지휘관은 그의 가장 능력 있는 장군이었던 히데요시(秀吉)였다. 이 사람은 비귀족적인 '아시가루(足輕)'의 대두의 실례가 되었고, 비록 그가 후에 도요토미(豊臣) 성을 채택하였지만, 그는 너무도 미천한 가문 출신이어서 태어나면서 성(姓)을 갖지 못하였다. 그는 노부나가의 후계자인 어린 손자를 보호하는 네 명 중의 하나로 임명되었으나, 곧 중앙 일본에 있어서 노부나가의 다이묘 연합에 대해 그 자신의 주도권을 수립하는 데 성공하였고, 그 다음에는 변방 지역에 남아 있는 다이묘 집단들을 제거하는 일에 착수하였다. 1585년 그는 시코쿠(四國) 섬을 평정하였고, 1584년의 결판이 나지 않은 전투 후에 동쪽에 있던 도쿠가와 이에야스(德川家康)는, 1586년 그의 신하가 됨을 수락하였다. 같은 해에 히데요시는 28만 명의 군대를 가지고 규슈를 침공하여 남단의 강력한 시마즈(島津) 씨마저도 그의 종주권을 받아들이도록 만들었다. 그 후 1590년 그는 간토(關東) 지방의 호조(北條, 가마쿠라 시대의 호조 씨의 후손이 아닌 새롭게 등장한 가문) 씨를 멸망시켰다. 한편 센다이(仙台) 지역의 다테(Date, 伊達) 씨와 북쪽의 다른 대(大)다이묘들은 위압되어 복속하게 되었다. 따라서 1590년까지 일본은 다시 한 번 정치적으로 재통일되었다.

그에 앞섰던 성공적인 장군들과 같이 히데요시는 정복할 더 많은 세계를 꿈꾸었는데, 그것은 동아시아에 있어서 당연히 중국을 의미하였다. 그는 아마도 또한 수세기 동안의 끊임없는 전쟁이 일본에서 구축한 과도한 군사적 정신과 힘의 해외 출구를 제공하는 실제적 목적에 의해서 촉발되었을 것이다. 조선(朝鮮)이 그의 군대가 자유롭게 통과하는 것을 거부하였을 때, 그는 1592년 반도에 16만 명의 침략군을 파견하였는데, 그것은 그가 시마즈 씨나 호조 씨에 대항하여 동원했던 군대보다 현저하게 적은 것이었다. 일본인들은 화승총을 가지고 신속하게 조선을 석권하였으나, 중국의 대군에 직면하여 남쪽으로 후퇴하였다. 길었지만 성공적이지 못했던 협상들 후에 1597년 히데요시는 전쟁을 재개하였으나, 그 다음해 그의 사망과 함께 일본 군대는 황급하게 철수하였다. 그 자신은 결코 조선에 가지 않았고, 원정은 그의 주요 가신들에게 맡겨졌다. 침략이 조선에 파괴적인 결과를 왔지만, 철수하는 일본 군대에 의해서 일본에 잡혀 온 조선의 도공(陶工)들과 화가들의 기술적·예술적 자극을 제하면 그것은 일본에 거의 지속적인 영향을 끼치지 못하였다.

히데요시의 정치　　히데요시는 그가 노부나가로부터 물려받은 지배의 방법들을 확대시키고 체계화하였다. 그는 노부나가와 같이 쇼군(將軍)의 칭호를 취하지 않았다(그가 미나모토(源) 씨의 후손이 아니기 때문에 그는 부적격한 것으로 여겨졌다). 그러나 다시 노부나가와 같이 그는 조정의 권위와 정통성을 이용하였고, 그 대가로 그는 조정이 수세기 동안 받았던 것보다 훨씬 더 너그러운 경제적 대우를 제공하였다. 그는 후지와라〔藤原〕씨의 후손임을 주장하게 되었고, 이것을 바탕으로 하여 1585년 성인 황제에 대한 후지와라 씨의 섭정〔攝政〕에 사용된 감파쿠〔關白〕라는 구래의 직책을 취하였다.

　그러나 히데요시의 실제적 권위는 그의 군사력과 다이묘들과의 주종 관계에 바탕을 두고 있었다. 그의 체제의 권력 심장부로서 그는, 노부나가가 신슈〔眞宗〕로부터 획득한 성채 본부 자리에 거대한 성을 축조하였다. 이 성을 중심으로 오사카의 항구 도시가 발전하였다. 그는 또한 1594년 교토의 조금 남쪽에 있는 모모야마〔桃山〕에 자신을 위한 거대한 궁전을 건설하였다. 그 자신의 방대한 영국들은 이들 두 본부를 중심으로 하고 있었고, 오다 씨가 동쪽으로 나고야〔名古屋〕지역에서 지배했던 비옥한 토지의 중심에 자리잡고 있었다. 이 중앙 지역의 둘레에 그가 가장 신뢰하는 가신들의 영국이 무리를 이루고 있었고, 한편으로 그것들의 저편 변경 지역에는 보다 최근에 그의 종주권을 받아들인 다른 다이묘들의 상대적으로 큰 영국들이 펼쳐져 있었다. 다이묘들에 대한 그의 지배를 보장하기 위하여, 그는 그들의 부인들과 상속자들을 그의 본부에 인질로 잡아 두었으며, 다이묘의 일부를 평민들이 그들에게 덜 충성을 바칠 새로운 영국으로 옮겼다. 예를 들면 도쿠가와 이에야스는 간토 지방에 있는 에도(江戸, 현재의 도쿄)의 작은 마을로 옮겨졌다. 그곳에서 그는 호조 씨와 그의 동맹자들로부터 몰수된 거대한 영국을 부여받았다. 이에야스의 영국은 사실상 조세액에 있어서 히데요시의 그것보다 훨씬 더 컸다.

　히데요시의 중앙 정부 기구들은 기껏해야 초보적인 것이었다. 그의 가신 다이묘의 일부에게 행정적인 직책과 기능들이 수여되었으나, 그가 죽은 해인 1598년에야 비로소 그는 유력 가신들로 구성된 보다 정교한 세 개의 5인 위원회의 제도를 창출하였다. 히데요시의 지배는 기본적으로 개인적인 것이었고, 압도적인 군사력의 압제적 위협에 의해서 유지되었다. 다이묘의 영국은 자치적인 지방 정부의 단위였으며, 그의 군대를 지탱하는 구성 요소였다. 그는 그것들에 직접적으로 과세하지는 않았으나, 막중한 군사적 부담과 야심적인 건설 공사의 비용을 감당하도록 하였다. 이와 같은 지방 자치의 외관상 분권적 체제에도 불구하고, 그는 실제로 일본의 사실상의 지배자로 행동하여 그의 가신 다이묘들에게 엄격한 복종을 요구하였고, 주요 도시들을 직접적으로 지배하였고, 해외 원정을 위한 그의 슈인〔朱印〕을 필요로 하는 것에 의해 해외 무역을 통제하였으며, 금·은·동전을 주조하였다.

　1585년에 히데요시는 조세액을 확인하고 규격화하기 위하여 농업 지역에 대한 새로운 겐지〔檢地〕를 시작하였다. 모든 토지는 미곡의 '고쿠(石 ; 4.96 부셸)'에 의해 표시되는 그것들의 생산성에 따라서 단일하게 등록되었다. 정의상 다이묘는 적어도 1만 고쿠(4만 9,600 부셸)의 수확량을 가진 영국을 소유해야만 했다.

　히데요시는 그 자신이 사회의 밑바닥으로부터 최고의 정치적 지배자로 상승한 사람으로서, 아마도 이와 같은 사회적 유동성이 얼마나 봉건 체제를 불안정한 것으로 만드는가에 대해서 아주 잘 알고 있었을 것이다. 따라서 그는 사무라이 계급과 평민 사이에 새로운, 그리고 주로 인위적인 계급의 선을 그었다. 그들의 기원이 아무리 귀족적이라 하더라도 무라〔村〕에서 농업에 종사하는 것으로 남게 된 가문들은 농민으로 분류되어, 히데요시나 그의 봉신 다이묘들에 봉사하는 직업적인 군사적 가신들로부터 분명하게 분리되었다. 이러한 구분은 농민들의 모든 무기 소지를 금하기 위한 1588년에 시작된 전국적인 '칼사냥'에 의해서 강화되었다. 히데요시는 또한 사회적 계급들을 고정시키도록 고안된 일련의 법률들을 공포하여, 군사적 가신들이 상인이나 농민이 되기 위해 그들 영주의 군대를 떠나는 것을 방지하고, 농민들이 상인이나 봉공(奉公) 노동자가 되기 위해 그들의 토지를 버리는 것을 금하였다.

　히데요시는 유럽 인들과의 무역 유지를 간절히 바라고 있었으나, 안정에 대한 그의 갈망이 그로 하여금 그리스도 교를 부정적으로 보게 하였다. 그는 그것이 규슈의 다이묘들 사이에 반란을 위한 협력의 근거가 될지도 모른다고 의심하였다. 비록 명령이 엄격하게 실시되지는 않았지만 1587년 그는 갑자기 모든 선교사들을 일본으로부터 추방하도록 명령하였고, 또한 그의 봉신들이 그리스도 교를 신봉하기에 앞서 그의 허락을 받도록 명령하였다. 1592년 스페인의 프란체스코 파 선교사들의 도착과 그에 따른 포르투갈의 예수회 선교사들과의 다툼이 그의 의심을 더욱 심화시켰다. 필리핀 제도의 마닐라에서와 같이 식민지 전초 기지를 수립하는 데 있어서, 그리스도 교 선교사들과 유럽 군인들과의 긴밀한 제휴도 또한 그러하였다. 1597년 그는 9 명의 선교사들과 17 명의 일본인 신자들을 처형함으로써 갑작스런 그의 금령(禁令)을 강행하였다.

　노부나가와 히데요시는 예술적 표현과 생활 양식의 관점에서 볼 때 전일본 역사에 있어서 가장 왕성한 시대들 중 하나를 주도하였다. 젠[禪]의 미학적 개념에 날카롭게 대립하여 그들의 취향은 위압적이고 화려한 것으로 치달았다. 그들은 금박과 당대의 주도적인 화가들에 의한 대담한 회화들로 사치스럽게 장식되고, 정교하게 조각되거나 옻칠을 한 목공품과 병풍들로 꾸며진 기념비적이며 호사스러운 성들과 궁전을 건설하였다. 1587년 교토에서 히데요시가 개최한 다회(茶會)마저도 10 일의 기간에 걸쳐서 수천 명이 참석했고, 예술품의 전시와 극과 춤의 상연이 특징적이었던 하나의 진정한 공개적인 예술 제전이었다.

도쿠가와 바쿠후[幕府]

이에야스의 '바쿠후' 창건   노부나가와 같이 히데요시는 다만 어린 상속자인 히데요리(Hideyori, 秀賴)만을 남겨 놓았으며, 그는 히데요리를 도쿠가와 이에야스와 다른 4 명의 유력 봉신들의 합동 섭정하에 두었다. 255만 7,000 '고쿠'의 영국과 38 명 이상의 다이묘 급의 배신(陪臣)을 가진 이에야스가 단연 최강이었기 때문에, 다른 다이묘들의 다수가 그를 사실상의 주군(主君)으로 여기기 시작하였으나, 서쪽 다이묘들의 연합이 그의 지배에 저항하였다. 이에야스는 1600년 기나이[畿內] 지역과 나고야를 둘러싼 평야 사이의 낮은 고개에 있는 세키가하라(Sekigahara, 關ヶ原)에서 그의 반대자들을 격파하여 약 87 명의 다이묘들의 영국을 몰수하였고, 다른 다이묘들의 영토를 축소시켰으며 남은 모든 다이묘들에게 서면으로 된 충성의 서약을 강요하였다. 그 후 1603년 조정으로 하여금 그를 구래의 쇼군 직에 임명토록 함으로써 그의 지배권을 정당화하였고, 따라서 1868년까지 2세기 반 이상 지속할 수 있었던 도쿠가와 막부를 창시하였다.

이에야스는 히데요리가 오사카 성과 65만 '고쿠'의 비교적 대영국을 보유하도록 허용하였다. 그러나 그는 히데요시의 상속자가 저항을 위한 있음직한 집결점이 됨을 깨달았다. 따라서 그는 1614년 오사카 성을 포위 공격할 구실을 조작하였고, 1615년에 공격을 재개하여 성채를 정복하고 히데요리와 그의 지지자들을 멸망시켰다.

이에야스는 노부나가와 히데요시가 그들의 권력을 그들의 상속자들에게 넘겨줄 수 없었음에 크게 경계되어, 자신의 죽음으로 인해 어떤 경쟁 가문으로 주도권이 넘어가는 일이 초래되지 않도록 보장하기 위한 조처를 취하였다. 쇼군에 오른 지 2년 후인 1605년, 이에야스는 그의 명석함보다는 꾸준함 때문에 선택된 그의 성인 아들들 중의 하나인 히데타다(Hidetada, 秀忠)를 위하여 쇼군직을 사임하였다. 에도 성을 히데타다에게 맡긴 후 이에야스는, 그때로부터 1616년 그가 죽기까지 도쿠가와 씨가 처음 등장했던 현재의 시즈오카〔靜岡〕 지역에서 일본을 통치하였다. 히데타다는 그의 성인 아들 이에미쓰〔家光〕를 위하여 1623년 쇼군 직을 사임하는 것에 의해 이에야스의 모범을 따랐으며, 이에미쓰는 1651년 그가 죽기까지 쇼군으로서 지배하였다. 이들 처음 세 명의 쇼군들 치하에서 도쿠가와의 정치 체제가 완전한 모양을 갖추게 되었다.

이에야스와 그의 후손들은 노부나가와 히데요시의 업적들에 의지하여, 외견상 독자적인 다이묘들의 엄격하게 통제된 연합을 통해서 국가를 다스리는 기본적인 방법을 이용하였다. 그들의 압도적인 군사력이 그것을 가능케 하였음에도, 아마도 그것에 대한 필요가 없었기에 그들은 보다 더 완벽한 일본의 정치적 통일로 나아가지 않았다. 일본의 지리적 고립은 심각한 외압에 대하여 일본을 안전하게 하였고, 도쿠가와의 힘과 위세에 대한 어떤 국내적 도전도 없었다. 사실상 이에야스는 일본 전역에 대한 일본이 목격한 것 중에서 단연 가장 완벽하고 효과적인 지배를 획득하였다. 그러나 한 가지 점에서 도쿠가와 체제는 퇴보적이었다. 지난 세기에 지배 계급들이 또한 상업과 심지어는 해외 무역으로부터 지원을 점차로 끌어냈던 것에 대하여, 도쿠가와는 거의 전적으로 농업 조세에 토대를 두고 있었다. 그러나 도쿠가와에 의해서 창조된 평화가 적어도 처음에는 농업상의 수입을 정부의 필요에 적당한 것으로 만들었다.

다이묘 제도 '한(han, 藩)'으로 알려진 다이묘의 영국들은 그 수가 245로부터 295까지 오갔으나, 대략 265에서 평균화되는 경향이 있었다. 크기에 있어서는 1만 '고쿠'의 최소한의 것들로부터, 20만 '고쿠' 이상이 되는 22개의 대영국에 이르기까지 매우 다양하였다. 특별히 17세기 동안에는 다이묘에게 상속자가 없거나 그가 실정을 하였다고 판단되었을 때, '한'은 때때로 몰수되었고, 소(小)다이묘의 다수가 그들의 가신들과 함께 한 영국으로부터 다른 곳으로 옮겨졌다. 따라서 그들은 영국의 크기에 따라 가증(加增)과 감봉(減封)을 받았다.

쇼군의 권력은 어떤 점에서 초(超)다이묘 영국을 구성하는 쇼군의 직할령(直割領)에 중심을 두고 있었다. 그것은 전국 농업 생산의 4분의 1과 그것보다 좀 더 많은 인구를 포함하는 터무니없이 큰 648만 '고쿠'로 성장하였다. 그것은 주로 간토 지방과 교토 주변, 그리고 두 지역 사이의 남쪽 해안 지역을 따라서 위치하고 있었다. 그 위에 쇼군은 에도, 교토, 오사카, 그리고 나가사키(長崎)와 같은 주요 도시들을 직접 지배하였고, 가장 중요한 광산들을 소유하였다. 그의 직속 가신 혹은 사무라이들은 두 개의 주된 종류로 나누어져 있었다. 약 5,000명의 하타모토(旗本)들은 상급의 가신들이었고, 그들 중의 중요한 자들은 비록 다이묘의 크기에는 미치지 못하지만 봉토(封土)를 보유하였다. 그 나머지는 가마쿠라(鎌倉) 시대와 같이 고케닌(gokenin, 御家人)으로 불려진 약 1만 7,000명의 하급 가신들과 함께 세습적인 봉록(俸祿)을 수령하였다. 정부는 에도(江戶)에 근거를 두고 있었으며, 이에야스는 그곳에 1606년 모든 성 중에 가장 큰 것을 완성하였다. 그것의 외호(外濠)는 직경 2마일의 대략적인 원을 이루고 있으며, 그것의 내부는 여전히 도쿄의 심장부에 있는 현재의 황궁(皇宮)의 넓고 아름다운 연못, 담장들, 그리고 뜰을 구성하고 있다.

쇼군의 영국은 '심판(shimpan, 親藩)'으로 알려진 약 23개의 도쿠가와 씨의 방계(傍系) 영국들에 의해서 뒷바침을 받고 있었다. 이들 중의 일부는 방위의 외곽선을 형성하는 비교적 대규모의 '한'이었다. 이에야스의 세 아들들에 의해서 설립된 세 개의 주요 '한'은 전략적으로 에도의 동쪽 미토(Mito, 水戶 ; 35만 '고쿠')에, 에도와 교토의 사이에 있는 나고야(名古屋 ; 61만 9,500 '고쿠')에, 그리고 교토의 남서쪽 와카야마(和歌山 ; 55만 5,000 '고쿠')에 위치하고 있었다. '고산케(御三家)'로 알려진 이들 세 주요 방계 가계들은 직계가 단절된 경우에 쇼군 직의 후사(後嗣)를 공급하도록 지명되었다. 많은 다른 방계 다이묘들에게는 도쿠가와 씨의 구성(舊姓)인 마쓰다이라(Matsudaira, 松平)가 수여되었다. 방계 가계들은 통틀어 약 337만 '고쿠'의 미곡 산출액을 지배하였다.

쇼군의 직할령과 방계 다이묘들의 한(藩) 사이에 군데군데 섞여 있을 뿐 아니라, 전략적 요충에 아주 멀리 산재했던 것이 '후다이(fudai, 譜代)'의 영국들이었다. 이들 가문들은 이에야스와 그의 후계자들에 의해서 처음으로 다이묘

1 쓰가루[津輕]
2 사타케[佐竹]
3 남부[南部]
4 사카이[酒井]
5 다테[伊達]
6 우에스기[上杉]
7 호시나[保科] (마쓰다이라[松平])
8 도쿠가와[德川] (미토[水戶])
9 마에다[前田] (가가[加賀])
10 도쿠가와[德川] (오와리[尾張])
11 마쓰다이라[松平] (에치젠[越前])
12 이이[伊井] (히코네[彦根])
13 도도[藤堂]
14 도쿠가와[德川] (기이[紀伊])

15 사카키바라[榊原]
16 하치스카[蜂須賀]
17 야마노우치[山內] (도사[土佐])
18 이케다[池田]
19 이케다[池田]
20 아사노[淺野]
21 모리[毛利] (조슈[長州])
22 구로다[黑田]
23 아리마[有馬]
24 호소카와[細川]
25 나베시마[鍋島] (히젠[肥前])
26 시마즈[島津] (사쓰마[薩摩])
27 소[宗]

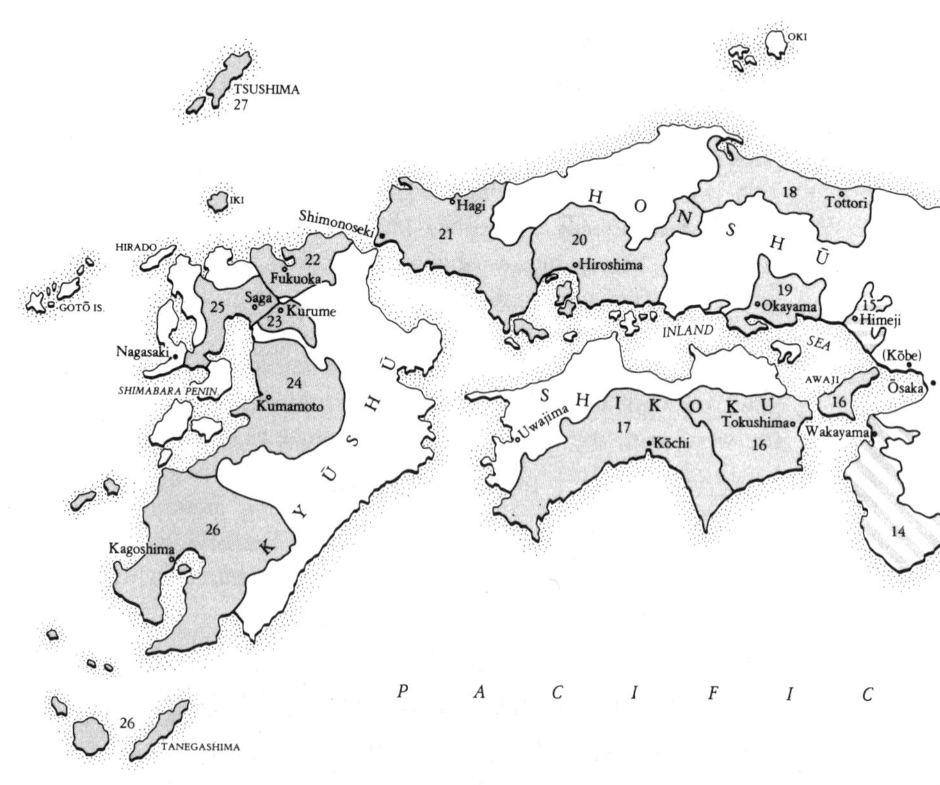

주요 다이묘 영국[藩]

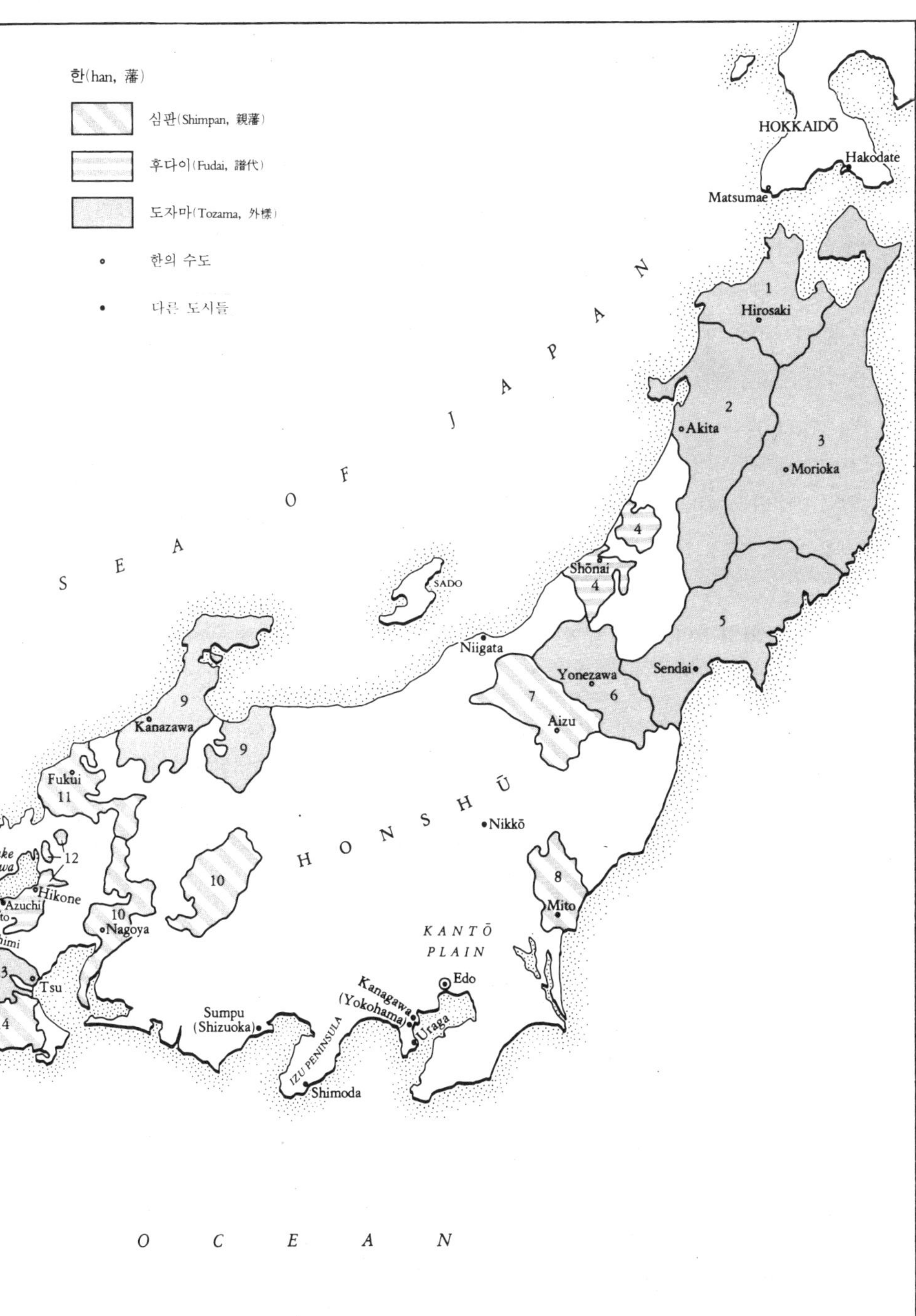

한(han, 藩)
심판(Shimpan, 親藩)
후다이(Fudai, 譜代)
도자마(Tozama, 外樣)
한의 수도
다른 도시들
HOKKAIDŌ
Matsumae
Hakodate
1
Hirosaki
2
Akita
3
Morioka
4
Shōnai
4
5
SADO
Niigata
Yonezawa
Sendai
7
6
Aizu
SEA OF JAPAN
9
Kanazawa
9
Fukui
11
Lake Biwa
12
Hikone
Azuchi
Kyōto
Fushimi
10
HONSHŪ
Nikkō
8
Mito
10
Nagoya
KANTŌ PLAIN
13
Tsu
Kanagawa (Yokohama)
Edo
Sumpu (Shizuoka)
Uraga
IZU PENINSULA
14
Shimoda
OCEAN

의 열(列)에 승진되었고, 대부분 1600년 그의 승리 이전에 이미 이에야스의 가신이었던 사람들의 후손들이었다. 비록 '후다이' 다이묘는 그 수가 145로 증가하였지만 그들의 영국은 비교적 소규모였으며, 오직 하나 교토의 동쪽에 영지를 받은 이이(Ii, 井伊) 씨만이 대다이묘(원래 35만 고쿠)'의 지위에 올랐다. '후다이' 다이묘들의 전체 토지 보유고는 약 670만 '고쿠'였다.

　세번째 종류의 다이묘는 '도자마(tozama, 外樣)' 다이묘로 1600년 이후에 비로소 이에야스의 가신들이 되었던 기성 영주들의 후손들이었다. 남규슈의 사쓰마(Satsuma, 薩摩) 지방에 자리잡은 시마즈(島津) 씨(77만 800 '고쿠')와 서혼슈의 조슈(Chōshū, 長州) 지방에 자리잡은 모리(毛利) 씨와 같은 몇몇은 당시에 그의 적대자들이었으며, 전시대에 걸쳐서 도쿠가와 씨에 대한 잘 위장된 전통적인 적대감을 지속시켰다. 모든 다이묘들 중 최대의(102만 2,700 '고쿠'), 서해안의 가가(加賀) 지방 가나자와(金澤)의 마에다(Maeda, 前田) 씨와 같은 다른 다이묘들은 그의 동맹자들이었다. '도자마' 다이묘는 그 수가 점차로 줄어들어서 97이 되었으며, 그들의 영국들은 대부분 대규모였으며 통틀어 980만 '고쿠'에 이르렀다. 거의 전부가 북쪽과 서쪽의 일본 변경 지역에 위치하고 있어 도쿠가와 씨의 중앙의 대세력권에 덜 위협적이었을 것이다.

　다이묘 가신들의 대부분은 쇼군의 가신들과 마찬가지로 봉록(俸祿)을 지급받았으나 보다 중요한 자들에게는 봉토가 주어졌다. 일부 변경 지방의 영국들에서는 자급하는 농부들인 소재지(小在地) 사무라이 계급이 존재하였다. 그러나 대부분의 사무라이들은 다이묘의 본부들에 모아졌다.

　이론상 다이묘들은 그들의 영국내에서 자치권이 있었고, 바쿠후(幕府)에 대한 조세가 면제되어 있었다. 그러나 실제적으로 그들은 무거운 재정적 부담을 떠맡았고 행동의 자유에 극심한 통제를 받았다. 히데요시의 체제에 있어서와 같이 그들은 지방의 정치에 대한 모든 책임을 지고 있었고, 쇼군의 군대를 구성하는 부분을 제공하도록 요구되었으며, 자주 에도 성의 축성과 같은 비용이 많이 드는 건설 공사에 봉사가 요구되었다. 만일 그들이 불충(不忠)이나 심각한 실정의 죄를 범했다고 판단되었을 때, 그들의 영국이 축소되거나 몰수되는 처벌을 받을 수가 있었다. 에도의 법이 전국을 지배하는 최고의 법으로 간주되었다. 1615년 이에야스는 '부케 쇼핫토(武家諸法度)'라고 불려진 법령을 공포하였는데, 그것은 1635년에 개정되었으며 무사 계급의 생활을 규제하였고,

신년에 가마에 탄 다이묘와 그의 수행원들이 저택 문을 통과하여 쇼군의 거성으로 향하는 도중의 광경을 묘사한 두 쪽의 목판화. 전경에 있는 것은 행렬의 앞부분이다. 신년에 대문 앞에 소나무와 대나무로 장식하는 구습은 아직도 행해지고 있다. 오른쪽 꼭대기에 있는 글은 광경을 묘사하는 훌륭한 한문으로 씌어진 시다. 1834년과 1836년에 간행된 〈에도 메이쇼 즈에〔江戸名所圖會〕〉에서.

다이묘들의 군사적 편성과 축성(築城)을 제한하였고, 그들이 서로 동맹 맺는 것을 금하였으며, 그들의 행동에 많은 다른 제한을 가한 것이었다.

　도쿠가와 씨는 혼인을 통해서 주요 다이묘 가(家)를 그들에게 묶어 두려고 노력하였으나, 그들 봉신들의 충성을 보장하는 주된 방법들은 두 개의 오래된 봉건적 제도들, 즉 인질을 잡아 놓는 것과 봉신들을 주군의 조정에 정기적으로 참근(參勤)시키는 것이었다. 처음부터 다이묘들은 자진해서 그들의 부인들과 상속자들을 인질로서 에도에 보냈으며, 이 제도는 1633년 강제적인 것이 되었다. 에도에 이르는 가도(街道)에 있는 세키쇼〔關所〕는 에도를 떠나는 여자들과 유입되는 총기를 감시하였는데, 그것은 이 둘이 체제에 반대하는 음모의 전조가 될 수 있기 때문이었다. 또한 다이묘들의 '바쿠후' 참근도 자발적인 것으로 시작되었으나, 1635년 이후 엄격한 강제적인 제도로 강화되었다. '산킨 고타이〔參勤交代〕'로 불리는 이 제도는 대부분의 다이묘들에게 격년으로 에도에서 지낼 것을 요구하였다.

인질 제도와 '산킨 고타이' 제도는 각 다이묘로 하여금 에도에 하나, 혹은 더 이상의 비용이 많이 드는 저택들을 유지하도록 요구하였다. 때때로 수천 명의 사람들로 구성되어 특별히 교토와 에도 사이의 대해안 도로인 도카이도〔東海道〕를 따라서 에도로 향하거나, 혹은 그곳으로부터 나오는 다이묘들의 행렬은 당시의 생생한 모습을 담은 것이었다. 이들 여행들과 에도에 있는 저택들에 필요한 다이묘들의 대규모 지출은, 종종 다이묘 수입의 절반을 초과하여 재정적으로 다이묘들을 심각하게 약화시켜 반란의 가능성을 더욱 희박한 것으로 만들었다. 또한 에도에 장기간 거주하는 것은 오랜 시간에 걸쳐서 다이묘 가문들을 지방의 무사들로부터 정신(廷臣)으로 변화시켰으며, 체제에 대한 그들의 위협을 더욱 약화시켰다. 지배 계급의 많은 부분이 에도와 지방 사이를 끊임없이 오고 간 것이, 19세기 전에 세계 어떤 다른 나라에서보다도 일본에서 고도의 문화적, 지적, 사상적 일치성을 만들어 냈다.

바쿠후〔幕府〕　　쇼군의 정부, 혹은 바쿠후〔幕府〕는 이중의 기능을 가지고 있었다. 먼저 그것은 쇼군의 직할령을 관리하였고, 또한 다이묘들을 통제하였으며, 표면적으로 교토에 있는 천황의 민간 정부를 대신하여 국가의 정책을 설정하였다. 도쿠가와 씨는 그들 자신의 정통성의 궁극적인 원천으로써 천황을 관용적으로, 그리고 존경심을 갖고 대하였지만 조정에 대한 엄격한 통제를 유지하였다. 황궁(皇宮)은 재건되었으며, 천황과 그의 구게〔公卿〕들에게는 생계를 위해 18만 7,000 '고쿠'가 지정되었다. 1615년 이에야스는 그들의 순전히 상징적이고 문화적인 역할을 분명하게 하였고, 조정의 모든 임명에 대한 통제력을 '바쿠후'에서 부여한, 조정과 그것의 귀족들에 대한 법령을 공포하였다. 교토 쇼시다이〔京都所司代〕와 요새가 교토의 니조〔二條〕 성에 설치되었으며, 그것은 그곳과 서일본에서의 사태를 에도가 장악하도록 보장하기 위한 것이었다.

쇼군 자신의 정부는 '후다이〔譜代〕' 다이묘와 그의 개인적 가신들에 의해서 담당되었다. 직책들은 가문의 지위에 상응하여 부여되었으나, 이러한 테두리 안에서 그들의 재능으로 인해 선택되었고, 예외적으로 능력 있고 총애를 받은 행정가들은 때때로 직책과 봉건적 지위가 상승되어졌다. 맨 꼭대기에는 두 개의 평의회가 있었다. 상위의 로주〔老中〕는 보통 4 명 내지 6 명의 대'후다이' 다이묘들로 구성되어, 다이묘들과 조정에 대한 통제를 포함한 국정에 대한 권한을 가지고 있었다. '로주'들은 매월 교대로 책임자가 되었고 이 집단의 한 명이 조만간 평의회의 우두머리로써 인정받게 되었으나, 일종의 수상(首相)에 해당되는 다이로〔大老〕의 직위는 보통 위기 때에만 채워졌다. '와카도시요리〔若年寄〕'로 불리는 차석의 평의회도 또한 4 명 내지 6 명의 소(小)'후다이 다이묘'들로 구성되어, 쇼군의 하타모토〔旗本〕와 고케닌〔御家人〕들과 쇼군 자신의 군대와 그의 가정의 직원들에 대한 책임을 맡고 있었다.

이들 평의회 밑에는 전형적인 일본적 방식으로, 책임과 권력을 공유하는 두 명의 관리들이나 혹은 집단이 통상 그 장을 차지하고 있는 대단히 분화된 관직들이 있었다. 소바슈〔側衆〕는 쇼군의 정부에서 특별히 도쿠가와 시대 중엽에 상당한 영향력을 행사하였다. 4 명의 간조 부교〔勘定奉行〕들은 '바쿠후'의 수입을 관리하였고, 쇼군의 직할령을 관리하고 그곳으로부터 조세를 징수하는 50여 명의 다이칸〔代官〕의 업무를 감독하였다. 4 명의 지샤 부교〔寺社奉行〕들은 그들의 토지 보유가 단지 60만 '고쿠'로 감소된 전국의 불교 사원들과 신토 진자〔神道神社〕들을 관리하였다. 2 명으로 된 마치부교〔町奉行〕들은 각각의 주요 도시들을 지배하였고, 또한 나가사키 부교〔長崎奉行〕는 해외 무역을 통할하였다. 4 명의 오메쓰케〔大目付〕와 '메쓰케'들은 다이묘들의 활동을 감찰하였고, 경찰관의 역할을 수행하였다. 오랜 시간에 걸쳐서 임시적으로 제정되어 혼잡해진 법령들에 어느 정도 약간의 질서가 주어졌으며, 그것은 18세기 중엽까지 필요한 것이 되어 있었다.

다이묘의 영국들은 행정 기구와 법률에 있어서 '바쿠후'를 모방하는 경향이 있었다. 보통 가로(家老)로 불려진 다이묘의 주요 가신들이 최고의 평의회를 구성하였고, 덜 중요한 사무라이들은 먼저는 그들의 개별적인 가문의 지위에 따라서, 그리고 단지 부차적으로 그들의 능력에 따라서 이 체제 안에서 중·하위직을 차지하였다.

사회 계급   도쿠가와 씨는 사회적 유동성을 제한하는 것에 의해 정치적 안정을 보장하려는 히데요시의 선도를 따랐다. 분명한 계급의 위계(位階)로 구성된 자연적 사회 질서의 중국적 개념은, 사회적 변화에 인위적 제약을 가하는 데 유용한 것이 되었다. 사실상 도쿠가와 씨는 4 개의 자연적인 계급들이 존재한다는 고대 중국의 이론을 채택하였다. 내려가는 순서에 따라, 1) 중국의 문인 관리 대신에 무사 관료들, 2) 농민들 혹은 제 1 차 생산자들, 3) 직인들 혹은 제 2 차 생산자들, 4) 그들의 사회에 대한 공헌이 가장 가치가 적은 것으로 여겨졌던 상인들이었다.

4 개의 인정된 계급 중에 최고의 것은 쇼군과 다이묘, 그리고 그들의 가신들로 구성되었다. 다이묘들은 기원과 부에 의해서 분류되었고, 가신들은 풍부하게 지교치[知行地]를 받은 가로(家老)와 하타모토[旗本]로부터, 단지 생계를 위한 봉록(俸祿)을 받는 평범한 아시가루[足輕]에 이르는 무수한 단계로 분류되었다. 이들은 모두 특별한 경우에 한해서만 변경될 수 있는 개별적인 세습적 지위와 수입을 보유하였고, 쇼군과 한[藩] 정부에 있어서 고위의 자문관으로부터 문지기에 이르는, 그들의 세습적 지위에 상응하는 직책들을 차지하였다. 통틀어 그들은 전체 인구의 약 6 퍼센트를 이루고 있었으며, 그것은 유럽 봉건 귀족들의 그것보다는 훨씬 높은 비율이었다. 많은 사무라이들은 수입과 기능에 있어서 거의 귀족일 수 없었지만, 그들은 하나는 길고 다른 하나는 짧은 두 개의 검을 차는 것에 의해 상징되듯이 그들의 지위에 모두 커다란 자부심을 느꼈다. 어떤 사무라이도 어떤 평민들보다 훨씬 높은 것으로 간주되었으며, 적어도 이론적으로는 불경(不敬)스러운 평민을 그 자리에서 죽일 수 있는 권한이 있었다.

사무라이와 평민들 사이의 구분은 엄격하게 유지되었으나, 그 아래에 있는 계급들 사이의 구분은 대체로 이론적인 것이었다. 직인(職人)들과 상인들은 실제적으로 구분되지 않았으며, 단일한 조닌(chōnin, 町人)의 범주를 이루는 경향이 있었다. 상인들이 사회의 최하층 계급이라는 개념은 많은 상인들이 엄청난 부자였으며, 이 집단이 점차적으로 문화 생활에 있어서 주도적이었던 것 때문에 명백하게 불합리한 것이었다. 농민들은 기능상 '조닌'들로부터 구별되었으나, 흔히 도시로 이주하여 가거나 시골에서 직인이나 상인적 활동에 종사하였다. 무라[村] 사회는 흔히 과거 무사 가계의 후손들로 통상 자치적인 '무라'의 정치를 지배하는 지도적인 토지 보유 가문들과, 그들 자신의 토지를 거의 혹은 전혀 보유하지 못한 비천한 농민들로 나누어져 있었다. 수확량의 40 퍼센트 내지 50 퍼센트에 이르는 농업 조세는 고율이었지만, 이것들이 쇼군과 다이묘, 그리고 그들의 정부뿐만 아니라 광범위한 사무라이 계급 전체를 지탱하였기 때문에, 상층 계급들이 조세 외의 다른 원천으로부터 수입을 얻었던 다른 사회에서의 조세와 비교되어서는 안 될 것이다.

이론적인 4 계급 제도의 바깥에, 조정 귀족들의 작은 집단과 훨씬 큰 범주의 불교 승려들과 '신토' 사제들과, 한국 역사에 있어서 천민(賤民)과 가장 잘 비교될 수 있는 사회의 맨 밑바닥을 차지했던 '에타(eta, 穢多)'로 알려진 '버림받은 자'들의 집단이 있었다. 주로 교토 지역과 서일본에 거주하였던 이들 '버림받은 자'들은 인구의 약 2 퍼센트를 이루고 있었다. 그들은 도쿠가와 시대에 있어서 전쟁에 패한 사람들과 범법자들, 그리고 도살이나 피혁 가공과 같이 살생에 반대하는 불교적 계율을 범했기 때문에 천한 것으로 여겨졌던 직업을 가진 집단들에 기원을 두었던 것으로 보여진다.

사회의 모든 단계에 있어서 개인보다는 이에(家)가 기본적인 단위로 간주되어 단지 재산권뿐 아니라, 개별 '이에'의 가독(家督)들이 간단하게 차지했던 특정의 사회적 지위를 지니고 있었다. 대부분의 '이에'들은 행정적인 단위들로 통합되어 있었다. 하급 사무라이들 사이에서 이것들은 기능적 집단들이었고, 농민들이나 때때로 조닌(町人)들 사이에서 그것들은 조세와 법적 부담에 대해 공동의 책임을 갖는 집단들이었다.

16세기의 사회적 유동과 혼란 후에 모든 사람들을 엄격한 도쿠가와의 사회적 틀 속으로 집어 넣으려는 것은 쉽지 않았고, 특별히 계급들간의 접촉점에서 균열이 발생하였다. 특별히 골치 아팠던 것은 아마도 그들 주군의 멸망에 의해, 혹은 개성이나 성벽 때문에 적응하는 것에 실패한 것에 의해, 체제내에서 그들의 활동 범위를 상실한 일부의 사무라이 계급의 문제였다. 1651년에 '로닌(rōnin, 浪人)'으로 알려진 이와 같은 주인이 없는 사무라이들이 '바쿠후'에 반대하는 음모의 중심이었다.

쇄국(鎖國)   도쿠가와 씨는 만일 그들이 16세기 동안에 쏟아져 들어온 교란적인 해외의 영향들로부터 일본을 고립시키지 못했다고 한다면, 그와 같이 안정된 지배 체제나 고도의 사회적 고정성을 유지할 수 없었을 것이다. 실제로 이에야스는 그들의 전임자들과 마찬가지로 외부 세계와의 교역을 간절히 바라고 있었다. 그는 허가된 선박들을 통한 공무역(公貿易)에 합의하기 위하여 중국을 설득하려고 하였고, 이 시도가 좌절되었을 때, 1604년 중국의 생사(生絲)에 대한 관영 독점(官營獨占)을 성립시켰다. 또한 그의 근거지에 유럽 무역을 끌어들이기를 열망하여 스페인의 프란체스코 파가 에도에 선교구를 설치하도록 허용하였다. 또한 그는 1609년 네덜란드 인들이, 그리고 4년 후에는 영국 인들이 규슈의 북서 해안 앞바다에 있는 섬 히라도(Hirado, 平戶)에 상관(商館)을 설치하도록 허락하였다. 이들 전도하지 않는 신교도들과, 또한 1600년 일본에 표착한 네덜란드 배의 영국인 선원으로 그의 해외 무역 고문이었던 윌 애덤스(Will Adams)로부터 그는, 선교 활동을 행하지 않고 완벽하게 무역을 할 준비가 된 유럽 인들이 있음을 알게 되었다.

히데요시와 같이 이에야스는 그리스도 교를 본질적으로 체제를 전복하는 것으로 간주하였고, 일찍이 1606년에 금교령(禁敎令)을 내리기 시작하였다. 그의 계승자인 히데타다(秀忠)는 1612년 모든 선교 활동을 금지하였고, '후다이' 다이묘들과 쇼군의 직할령에 있는 모든 사람들에게 그리스도 교를 부인할 것을 명령하였다. 1614년에 한 그리스도 교인인 다이묘가 마닐라로 유배되었으며, 비록 다수가 계속해서 몰래 들어갔지만 당시 일본에 있던 156명의 유럽 선교사들 중 3분의 2 이상이 추방되었다. 1617년에 4명의 선교사들이, 1622년에는 120명의 선교사들과 개종자들이 처형되었다. 심지어 1613년 멕시코를 경유하여 교황(敎皇)에게 대규모 사절을 파견했던 북부의 다테(伊達) 씨를 포함한 대다이묘들을 박해에 참여하도록 강요하였다. 1629년까지 그리스도 교인으로 의심을 받은 사람들에게 예수나 마리아를 그려 넣은 청동 장식판과 같은 그리스도 교 상징을 밟도록 강요하고, 이 후미에(踏繪) 밟기를 거부한 자들을 처형하거나, 고문을 통해서 배교하도록 강요하는 것이 관습화되었다. 카톨릭 교회는 1597년과 1660년 사이에 일본에서 3,125건의 순교를 인정하였다.

그리스도 교에 대한 박해는, 약 2만 명의 그리스도 교도 농민들이 '로닌'들의 지원을 받아서 강압적인 조세 때문에 서부 규슈에서 반란을 일으켰을 때인 1637~1638년에 절정에 달하였다. 그들은 시마바라(Shimabara, 島原) 반도에 있는 고성(古城)으로부터 훨씬 대규모인 쇼군의 군대를 격퇴하였으나, 결국 전멸되었고 학살되었다. 몇몇의 고립된 비밀 그리스도 교인들의 공동체들이 존속한 것을 제하면 '시마바라의 반란'은 일본에 있어서 그리스도 교의 사실상의 종말을 나타내는 것이었다. 1640년에 시작하여 그들의 종교적 연고를 감시하는 수단으로 모든 일본인들은 지역의 불교 사원에 등록하도록 강제되었나.

반(反)그리스도 교적 박해의 격렬함은, 그들의 통제 체제의 일부로써 해외 무역을 엄밀하게 규제하는 도쿠가와의 정책과 함께, 궁극적으로 '바쿠후'를 거의 완벽한 국가적 고립으로 이끌었다. 1616년 유럽 선박들은 나가사키〔長崎〕와 히라도〔平戶〕의 두 항구에 제한되었고, 1623년 영국인들은 일본과의 무역상 접촉을 이윤이 없다고 보고 포기하였다. 바로 다음해에 선교 활동에 연루되었다고 하여 스페인 인들이 추방되었다. 1635년 모든 일본인들은 위반의 경우 사형이라는 조건하에 해외에 가거나, 혹은 만일 그가 이미 해외에 있는 경우 고국에 돌아오는 것이 금지되었다. 그것은 그들이 그리스도 교의 교리를 가지고 들어 올지도 모른다는 두려움 때문이었다. 이 금령(禁令)의 실시를 촉진하기 위해서 용적 500 고쿠〔石〕 이상의 선박을 건조하는 것이 금지되어, 일본은 단지 연안 수송에 적합한 소선박들만 갖도록 제한되었다. 이들 조치들은 1 세기 이상의 엄청난 해외 활동의 갑작스러운 중단을 가져왔고, 일본인 무역업자들과 전사(戰士)들의 대집단을 동남 아시아 전역에 묶어 놓아 그들이 토착 주민 속에 흡수되어 들어가도록 만들었다. 필리핀에 있던 한 일본인 공동체는 17세기초 3,000 명에 달했던 것으로 전해지고 있다.

'시마바라의 반란'의 여파로써 1639년 포르투갈 인들이 추방되었고, 그들 사절들이 다음해에 되돌아왔을 때 처형되었다. 이로 인해 일본과 교역하는 유럽 인들 중에서는 오직 네덜란드 인들만이 남게 되었고, 그들 대표들은 1641년 히라도〔平戶〕로부터 나가사키〔長崎〕 만에 있는 작은 섬 데시마(Deshima, 出島)로 옮겨졌으며, 그곳에서 그들은 실제로 포로와 같이 갇혀 있게 되었다. 중국 상인들도 또한 나가사키에서 교역할 수 있도록 허용되었으나 , 엄격한 통제하에 놓여 있었다. 두 개의 다른 해외 무역의 접촉이 허용되었는데, 하나는 두 나라 사이의 해협에 있는 섬인 쓰시마〔對馬〕의 다이묘 소(Sō, 宗) 씨를 통한 조선과의 것이었고, 다른 하나는 규슈의 남쪽에 펼쳐진 열도(列島)인 류큐(Ryūkyū, 琉球 ; 중국어로는 류츄이고 현재는 오키나와〔沖繩〕로 알려져 있다)의 왕으로부터 중국으로 가는 '조공' 사절을 통해서였는데, 이 성은 1609년 사쓰마〔薩摩〕의 다이묘인 시마즈〔島津〕 씨에 의해 정복되어 엄격하게 통제되는 가신의 영국이 되었다.

상당한 양의 은과 구리가, 그리고 후에는 건조시킨 해산물들이 주로 중국

510

상품들에 대한 대가로써 나가사키를 통하여 수출되었으나, 이 무역은 일본 경제 전체에는 비교적 거의 영향을 주지 못하였다. 수입된 서적을 통한 중국의 지적 영향이 강하게 남아 있었던 반면에, 모든 다른 해외의 영향들은 사실상 배제되었다. 해외로부터의 정치적, 사회적 압력은 제로 상태로 감소되었으며, 모든 서양의 서적들과 그리스도 교에 관해 언급하고 있는 중국 서적들에 대한 엄격한 금령(禁令)이 유지되었다. 비록 인위적으로 창출되고 유지되었지만 쇄국(鎖國)은, 아마도 선사 시대 이래로 어떤 시대보다도 더욱 완전한 것이었다. 나가사키(長崎)에 있던 네덜란드 인들과 중국인들을 통하여 당국은 외부 세계에서의 발전들을 감시하였지만, 다음의 한 세기 반에 걸쳐서 거의 흡사 나머지의 세계가 존재하지 않았던 것처럼 발전하였다.

이러한 누에고치와 같은 쇄국 속에서 16세기를 특징지었던 이제까지의 급속한 기술적·정치적·사회적 변화는, 서양에서 변화가 가속되어 가고 있던 바로 그 시점에 늦춰졌다. 17세기초에 기술적으로, 그리고 제도적으로 많은 점에 있어서 유럽 인들과 대등하였고, 어떤 점에서는 앞서 있던 일본인들은 엄청나게 뒤처지게 되었다. 이것은 일본인들이 19세기와 20세기에 그것을 만회하기 위한 열렬한 노력 속에서 통렬하게 치렀던 하나의 민족적 비극으로 간주될 수 있을 것이다. 동시에 도쿠가와 시대는 위대한 문화적 창조성의 시대였다. 안으로 그들 자신의 역량에 향하는 것에 의해 일본인들은 그들 자신의 주체성과 문화를 충분히 발전시킬 기회를 가졌고, 이 과정 속에서 무한한 가치를 지닌 민족적 유산을 이룬 특징적인 인격적 속성들과 사회적 기술들, 그리고 예술적 업적들을 만들어 냈다.

사회적·경제적 발전

사무라이 계급의 전환　17세기 전반에 확립된 사회 조직과 정치적 지배의 유형은 17세기말까지는 잘 받아들여진 관행으로서 공고하게 되어 갔고, 19세기 중엽까지 사소한 수정을 거친 채로 계속되었다. 1638년의 '시마바라(島原)의 반란' 진압 후 정확하게 225년 동안, 어떤 중요한 변화나 어떤 전쟁도 일본에는 존재하지 않았다. 다만 농민들이나 조닌(町人)들에 의해 종종 일어났던 폭동이나 아마도 정치적인 암살이 있었을 뿐이었다. 이것은 어떤 꽤 많은 사람들의 집단이 누렸던 완전한 평화와 정치적 안정 중에 가장 긴 시대였을 것이다. 하지만 그것은 정체의 시대가 아니라, 매우 역동적인 경제적·문화적 성장의 시대였다. 수세기 동안의 전쟁과 분열 후에 도쿠가와가 제도화한 완벽한 지배의 중앙 집권화가 그러했던 것과 같이, 평화가 홀로 변화의 강력한 자극제임을 증명하였다.

평화와 정치적 통일의 충격은 사무라이 계급 자체에 의해서 아마도 가장 강하게 느껴졌을 것이다. 평화시의 일본을 지배하기 위하여, 도쿠가와 씨는 거친 군인들보다는 교육받은 행정가들을 더욱 필요로 하였다. 그들이 전사(戰士)의 집단으로부터 잘 교육받은 관료와 소정부 관리로 급속도로 전화되어 감에 따라, 붓이 사무라이의 주요 도구로써 검을 대체하게 되었다. 끊임없이 계속된 내란에서 나라의 대규모 군대를 갖출 만큼 충분하게 수가 많았기에, 그들은 평화시에 과도한 장래 행정가들을 공급하게 되었고, 그것은 정부 재정에 불필요하게 무거운 부담이 되었다.

사무라이들은 대부분 군사적 단위 속에 조직되어 있는 채로 남아 있었고, 그들의 두 개의 검에 대한 맹목적 신앙을 가지고 있었으나, 전투는 실제상의 문제가 아닌 이론상의 문제로 되어 갔다. 많은 영국(領國)들에 무술을 가르치기 위한 학교가 설립되었으나 결정적인 군사적 기술이었음이 입증된 포술(砲術)과 화기의 사용은, 군사적 가치보다는 인격 도야의 특성 때문에 애호되어 왔던 중세의 군사적 검술과 궁술에 대한 선호로 인해 주로 무시되었다. 이것으로부터 격투기인 주도(柔道)와 그것의 현대판 변형인 가라테(空手道)와 같은 다른 인격 도야를 위한 무예(武藝)에 대한 강조가 커지게 되었다.

봉건적 무사 사회의 자연적 부산물이었던 사무라이의 가치 체계는 점차적으로 자의식적 철학으로 변용되어 갔다. 주군에 대한 무조건적 충성, 자신의 지위와 명예에 대한 맹렬한 방어, 그리고 모든 의무의 엄격한 이행의 봉건 윤리의 원리들은 부시도(武士道)로 요약되게 되었다. 그러나 사회적 현실은 1663년, 주군(主君)을 따라 순사(殉死)하기 위한 가신들의 자살을 금지시킨 것에 의해 보여지듯이, 이 같은 가치 체계를 만들어 낸 봉건적 상황들로부터 옮겨져 가고 있었다. 유명한 1702년, '47명의 로닌(浪人)' 사건은 똑같은 점을 보여 주고 있다. 한 막신(幕臣)에 의해서 모욕을 받은 소다이묘가 에도 성 안에서 칼을 뽑았다. 그러나 이것은 법에 위반되는 행위였으므로 그는 자살하도록 강요되었고, 그의 영국은 몰수되었다. 그로 인해 로닌〔浪人〕이 된 그의 가신들은 2년간 방종한 생활을 함으로써 관리들의 의심을 사지 않았으나, 그들 주군을 위한 복수로 그 에도 관리를 암살함으로써 중세적 윤리 규범을 실현하였다. 일반인들은 감동되었고, 이 사건은 일본인이 애호하는 극(劇)의 주제가 되었다. 그러나 당국은 냉엄하게, 그 47명을 자결하도록 하였다. 법과 질서가 충성에 대하여 승리를 거두었다.

유교(儒敎)　사무라이들이 점차 문관 관료로 바뀌어 감에 따라, 중국에서 관료적 지배 계급의 철학으로 발전했던 유교(儒敎)가 새로운 의미와 점증하는 매력을 지니기 시작하였다. 나라가 화평한 가운데서 물리적 군사력보다는 오히려, 윤리적 모범과 도덕적 권유에 의지하는 정치적 지도력의 중국적 개념이 중요하게 되었다. 주로 유학의 지식을 통해서 17세기초의 교양 없는 무사 계급이 17세기말에는 윤리적 규율들에 심취된 교양이 있는 관료군으로 전환되었다.
　중국 송대(宋代)의 주자학(朱子學)(186~192쪽 참조)이 아시카가〔足利〕 시대 동안 선승(禪僧)들에 의해 소개되었으나, 17세기에 그것은 사원적 테두리를 벗어나게 되었다. 후지와라 세이카(Fujiwara Seika, 藤原惺窩; 1561~1619)는 일본 최초의 유학자가 되기 위해 불교 승려직을 버렸고, 그의 제자인 하야시 라잔(Hayashi Razan, 林羅山; 1583~1657)은 법률과 역사 문제에 관한 이에야스의 고문으로 봉사하였다. 1630년 하야시 가(家)는 에도에 학교를 설립하였고, 그것은 그들의 세습적인 지도력하에 관립 유학 대학으로 성장하였다. 유사한 유학 학교들이 또한 많은 한〔藩〕들에 설립되었다. 그것들이 함께 자연적, 도덕적 질서에 토대를 두고 교육을 받고 윤리적으로 당당한 관료들에 의해서 지배를 받는 중앙 집권 국가에 의해서 상징되는, 본질적으로 세속적인 사회에 대한 중국적 개념의 확산을 촉진시켰다.
　유교의 효(孝)와 충(忠)에 대한 강조와 계급 제도에 관한 그것의 개념들은 17세기초의 일본에 적합한 것이었다. 그럼에도 불구하고 사무라이 계급의 군사적·세습적 기원들과, 유교 속에 담겨진 문관적·관료적 정부의 이상 사이에는 기본적인 충돌이 있었다. 이것은 사무라이들이 물려받은 봉건적 가치 체계와 그것들이 운용된 사회적·정치적 현실 사이에 이미 발전하고 있던 긴장들을 고조시켰다. 유교는 도쿠가와 체제의 기원이 되었던 봉건적·군사직 지배권보다는 중앙 집권적인 황제의 문관적 지배를 강조하였다. 그것은 봉건 제도가 토대를 두었던 개인적 충성의 유대보다는, 정부에 있어서의 획일적인 관료적 관계를 강조하였다. 그것은 세습적인 지위가 아닌 개인적 지식과 도덕적 우월이 정치적 지도력의 자질임을 주장하였다.

그에 따른 긴장들은 아마도 부분적으로는 분열적이었으나 많은 점에서 창조적이었다. 유교의 개념들은 '바쿠후'에 대하여 대안이 되는 정치 조직의 유형을 제공하였는데, 그것은 19세기 동안 일본이 전환하는 데 도움이 되었다. 그것들은 도쿠가와 사회가 가문의 지위뿐 아니라 개인의 능력을 인정하는 데로 서서히 움직여 가는 것을 도왔다. 대부분의 관직들은 현직자의 세습적인 봉록(俸祿)에 더하여 개개의 급료(給料)를 수반하게 되었고, 머지않아 특별히 능력 있는 행정가들이 위한 지위와 수입에 있어서 고위직에 해당되는 자격을 갖도록 하기 위하여 봉록(俸祿)을 가증(加增)하는 제도가 발전되었다. 그러나 세습제의 이와 같은 이완에도 불구하고 시대의 말미에는 출생을 넘어서 능력의 인정에 대한 요구가 더욱 증가하였다.

중국의 정치적·철학적 원리들과 일본의 사회적 현실 사이에 발생했던 갈등이, 도쿠가와 사회의 순응주의와 보다 엄격하고 인위적인 행위의 규칙들을 위해 중국에 존재했던 것보다 개인에 대해 더욱 큰 압력들이 발전한 것을 설명하는 데 도움을 줄 수 있을 것이다. 이것들은 차례로 일본인의 개성을 특징지은 것으로 보이는 긴장과 자기 수련과 의지력에 대한 일본인의 엄청난 강조를 설명해 줄 수 있을 것이다. 어쨌든, 그 원인들이 무엇이든 간에 도쿠가와 시대의 일본인들은, 극도로 강력한 명예, 책임, 의무 의식과, 사회가 그들에게 기대하는 모든 것에 따라 사는 완강한 결심을 발전시켰던 것으로 보여진다. 이러한 특성들은 사무라이로부터 다른 계급들로 확산되었다. 도쿠가와 시대의 혼합된 봉건적·유교적 가치들은 따라서, 일본에 한편으로는 예외적인 형식주의와 완고성의 유산을, 다른 한편으로는 강력한 내적 수련과 개인적 추진력의 유산을 남겨 놓았다.

유교적 관념들과 물려받은 일본적 전통 사이의 대립은 또한 중국과 한국에서 발생했던 것과 같이, 일본의 사상이 하나의 공식적인 정통 사상에 의해 제한되는 것을 막는 데 도움을 주었을 것이다. 지역적으로 자치적인 정권들이

다수 존재했던 것이 물론 지적 다양성에 대한 또 다른 중요한 이유였다. 개신(改新) 유학의 주자학(朱子學)이 ‘바쿠후’에 의해서 정통 사상으로 성립되었으나, 보다 실용적인 경제, 과학 사상뿐 아니라 유학의 이단 학파들도 또한 번성하였다.

신토[神道]도 또한 역사적으로 중요한 대진자[神社]들과, 정기적 축제들을 가지고 있는 지방의 소‘진자’들을 통하여 사람들의 생활 속에 그것의 역할을 계속하였다. 도쿠가와 씨는 심지어 그들 자신의 중요한 숭배를 더하였다. 이에야스의 영혼이, 그의 손자 이에미쓰[家光]에 의해서 간토 평야의 북단 닛코[日光]에 있는 거대한 삼나무의 웅장한 배경 속에 세워진 ‘진자’와 사원들의 대복합체 속에 모셔졌다.

불교 또한 자신의 위치를 가지고 있었다. 1640년의 반(反)그리스도 교령은, 모든 일본인들로 하여금 어떤 지방의 불교 사원에 교구민으로서 등록하도록 강요하였고, 불교 사원에서는 그들을 위하여 결혼식과 장례식과 같은 의식들을 행하였고, 가족 묘지를 유지하였다. 쇼군과 다이묘들도 또한 그들 각자의 수도에 새로운 불교 사원을 세웠고 후원하였다. 우에노[上野]와 시바[芝]에 있는 오늘날의 공원들은 에도에 있던 쇼군의 주요 사원들의 흔적이 있는 유적들이다. 그러나 일본의 통일자들은 불교 사원의 부와 정치적 힘을 엄청나게 축소시켰고, 사무라이 계급의 관심이 이제 유교로 옮겨 감에 따라 불교는 그것이 가지고 있던 지적·문화적 생명력을 빼앗기게 되었다. 따라서 도쿠가와 시대 동안에 일본 사회는, 그들에 앞서서 중국과 한국의 사회가 그러했던 것처럼 주자학에 의해 지배된 본질적으로 세속적인 사회가 되었다.

상업의 성장　　세계의 교역으로부터 일본이 상대적으로 고립되어 있었음에도 불구하고, 계속된 도쿠가와 시대의 평화는 거의 폭발적인 상업의 팽창을 가져왔다. 이것은 정치적 지배의 중앙 집권화에 의해서, 그리고 아이러니컬하게도 유교적 관념들에 의해서 더욱 강화된 지배 계급이 농업에 더욱 치우친 것과 상업에 대한 경멸에 의해서 강화되었다. 기본적으로 농업 조세에 의존하였기 때문에 ‘바쿠후’와 한[藩]들은 상업에 덜 무겁게 징세하였고, 따라서 상업이 더욱 쉽게 성장하는 것을 가능케 하였다.

산킨 고타이[參勤交代] 제도도 또한 경제의 상업화와, 단일하고 광범위한 전국적 시장을 발달시키는 데 크게 기여하였다. '산킨 고타이' 제도는 다이묘들로 하여금 에도에 있는 많은 직원들을 가진 저택들을 유지하고, 그들의 영국들과 에도 사이에 그들 자신과 많은 수의 가신들의 연례적 이동을 충당하기 위하여 그들 수입의 많은 것을 지출하도록 만들었다. 이것은 다만 지방의 산물들을 그들의 영국 밖에 판매하는 것에 의해서만 제공될 수 있는, 대규모 현금 재원을 필요로 하였다. 이러한 목적을 위해서 일부 영국들은 지방의 농산, 수산, 임산, 수공업 특산물에 대한 독점을 발전시켰다. 시마즈〔島津〕 씨의 사쓰마〔薩摩〕 '한'의 남단 섬의 사탕수수는 그 좋은 예다. 그러나 대부분의 '한'들은 잉여미(剩餘米)를 중앙 시장에 판매하는 것에 의존하지 않을 수 없었다.

　일본 전역에 걸쳐서 도시와 마치〔町〕의 급속적인 성장이 있었다. 사무라이 계급을 이루었던 전체 인구의 대략 6 퍼센트가, 주로 에도와 각 다이묘의 조카마치〔城下町〕에 집중되어 있었다. 상인들과 다른 서비스 제공자들이 대규모 상층 계급의 필요를 충당하기 위하여, 그에 필적하는 수만큼 도시와 마치〔町〕에 필요하였다. 비록 과거에 교토가 수도와 상업 중심지로서 중요하고 유일한 도시였지만, 결과적으로 일본은 이제 많은 크고 작은 도시들이 있는 나라가 되었다. 에도는 18세기에 그 인구가 100만 명에 가까웠으며, 그것이 오늘날 도쿄라는 이름하에 다시 그러한 것과 같이 아마도 당시에 세계에서 가장 큰 도시였다. 세토〔瀬戸〕 내해의 상단에 위치한 것 때문에 주요한 상업 중심지가 되었던 오사카〔大阪〕는 약 40만 명으로 그 크기에 있어서 교토에 필적하였다. 다이묘들의 조카마치〔城下町〕는 소다이묘들을 위한 수천 명의 주민들로부터 가나자와(마에다 씨)와 나고야(도쿠가와 씨)와 같은 대영국의 수도들을 위한 10만 명에 근접한 것까지 있었다.

　이와 같은 상업적인 도시 경제에 있어서 물물 교환은 거의 사라졌고, 따라서 적절한 화폐의 공급이 필수적이게 되었다. '바쿠후'는 처음부터 금화(金貨)와 동전(銅錢)을 주조하였고, 후에는 은화(銀貨)도 주조하였다. 상당한 양의 상업 어음이 또한 발달하였다. 개별 다이묘들은 그들의 영국내에서 미곡과 은의 증명서들을 지폐로써 사용하였는데 약 1,600의 서로 다른 발행이 확인되었고, 사영(私營)의 상인들과 대금(貸金)업자들의 상업 어음과 송금 수표들이 거액의 거래를 위해서 널리 사용되어 국가 화폐 재원을 엄청나게 확대시켰다. 매우 다양한 통화와 '바쿠후'에 의한 주조 화폐의 거듭된 평가 절하는 통화 상

516

태를 항상 복잡한 것으로 만들었다.

서일본의 대부분 영국들은 그들의 잉여 농산물을 처분하고 필요한 상품들을 구입하기 위해 오사카〔大阪〕에 상업 사무소와 창고를 유지하였다. 처음에 이것들은 그들 자신의 가신들에 의해서 운영되었으나, 얼마 가지 않아 주로 상인 가문의 사람들에게 위탁되었다. 미곡 시장은 오사카와 에도에 성장하였고, 18세기까지는 동시대 런던과 암스테르담의 소맥 시장과 아주 흡사하게 선물〔先物〕 거래를 하고 있었다. 에도와 오사카의 상업과 소비의 대중심지들에 조달하기 위하여 연안 수송의 광범위한 체계가 발달하였다. 수레에 대한 '바쿠후'의 금령〔禁令〕이, 짐말과 짐꾼들의 사용을 필요로 하였기 때문에 비록 육상 교통이 여전히 매우 뒤처져 있었지만, 그것은 산킨 고타이〔參勤交代〕 제도로 사람들의 대규모 이동에 필요했던 많은 가도〔街道〕와 숙역〔宿驛〕들과 함께 일본에 복잡하고 잘 발달된 교통망을 가져다 주었다.

조닌〔町人〕 바쿠후〔幕府〕와 한〔藩〕들은 각자의 지역들에서 그들이 적당하다고 보는 대로 상인들을 통제하였다. 일부는 고요 쇼닌〔御用商人〕으로 지정되어 쇼군과 다이묘들의 집안에 조달하는 것을 도왔다. 곤궁한 때에는 자의적인 금전적 기부가 상인들로부터 거두어질 수 있었고, 이와 같이 이론적으로 최하층 계급의 구성원들의 격에 맞지 않는 행동들과 부의 과시가 그들 재산의 완전한 몰수를 가져올 수가 있었다. 당국들은 자주 지방 상인들의 여러 독점적 동업 조합들을 인정하여 그것들로부터 수수료를 징수하였고, 17세기말까지 다양한 대도매 동업 조합들이 정부의 허가를 받아서 오사카와 에도에 발달하였다. 1721년에 '바쿠후'는 상인 협회인 가부 나카마(kabu nakama, 株仲間; 글자 뜻 그대로 주식 회사를 의미한다)를 인가하기 시작하였고, 이 관행은 '바쿠후'의 재정이 나빠짐에 따라서 그 세기의 후반기에 증가하였다. 마찬가지로 한〔藩〕들도 점증하는 재정적 좌절 속에서 그들의 재정을 강화하려는 노력으로 '한'의 상업적 독점에 손을 대게 되었다.

따라서 지배 계급은 사회적으로 상인들을 억눌렀고, 그들로부터 수수료를 짜내기 위해 때때로 그들의 경제 활동을 통제하였다. 그러나 대체로 상업에 대한 봉건적·유교적 멸시로 인해 상업에 등을 돌렸고, 그것을 주로 도시 상인들의 손에 남겨 놓았다. 도시의 서비스에 대한 상대적으로 가벼운 세금을

운하를 따라 자리잡은 술도가. 1834~1836년에 간행된 〈에도 메이
쇼 즈에〔江戸名所圖會〕〉에서.

제하면 직접적인 징세는 없었고, 정부의 수수료도 그렇게 무거운 것은 아니었
다. 3 대 도시와 상업의 주요 중심지들이 모두 중앙에 위치한 쇼군의 직할령내
에 있었기 때문에, 보다 중요한 상인들의 대부분이 쇼군의 관할하에 놓여 있
었다. 일본 경제의 심장부 전부를 지배하고, 사무라이 인구에 비해서 커다란
농업 자원을 소유하고 있던 '바쿠후'가 상대적으로 관대한 지배자였고, 그것
이 또한 그 영역에 있는 상인들에게 그들이 한〔藩〕들과 거래함에 있어서 상당
한 보호를 제공하였기 때문에, 이것이 그들에게 커다란 이점이 되었다. 도쿠
가와 시대의 상인들은, 당시 유럽 상인들이 누렸던 자유와 위광은 누리지 못
하였지만, 아시아의 대부분 지역들의 상인들이 그러했던 것보다는 훨씬 더 자
의적인 몰수나 파멸적인 징세와 통제로부터 보호되었다. 따라서 그들은 보다
장기간의 자본 투자를 할 여유가 있었다.

도쿠가와 시대 동안에 몇몇의 대상인 가문들이 발전하였다. 미쓰이〔Mitsui,
三井〕가〔家〕는, 이세〔伊勢〕 지방에서 사케〔酒〕의 양조〔釀造〕로 시작하여 전당업
과 대금업〔貸金業〕을 더하였고, 1673년에 에도에 건물류〔乾物類〕 상점을 개장하

518

였다. 또한 교토와 오사카에 지점들을 개설하였고, 1691년에는 '바쿠후'의 공
식적인 금융업자와 몇몇 다이묘들의 금융 중개인이 되었고, 현대에까지 존속
하여 세계에서 가장 큰 사기업의 하나가 되었다. 고노이케(Kōnoike, 鴻池)가
(家)도 또한 '사케'의 양조부터 시작하여, 1616년 이후에 오사카에서 대금업과
선박업에 진출하였고, 다수의 한(藩)들의 재정 중개인이 되었다. 스미토모
(Sumitomo, 住友)가(家)는, 교토에서 철물상과 약종상(藥種商)으로 시작하여
주요한 동 무역상(銅貿易商)과 동 제련업자(銅製鍊業者)가 되었고, 오늘날 여전
히 일본 공업의 중요한 구성 요소가 되어 있다. (원색 도판 22 참조)

　평화와 중앙 집권화에 의해서 야기된 도시와 상업 성장에 있어서의 대분출
은, 대체로 18세기초까지는 종착점에 도달하였다. 그 이후로 속도는 늦추어졌
으나, 상업적 폭발의 사회적 결과들은 지속되었고 실제로 더욱 강화되었다.
비록 사무라이 계급의 수가 약간 증가하고 그것의 소비 수준이 크게 증가하였
지만, 사무라이 계급은 상업과 수공업보다 덜 빠르게 성장했던 농업으로부터
의 수입에 의존하였기 때문에 국부(國富)에 대한 그들의 몫은 감소하였다. 대
부분의 다이묘들과 많은 사무라이들은, 그들의 수입을 훨씬 넘는 생활을 하게
되었다. 결과적으로 그들은 도시 상인들과 대금업자(貸金業者)들에게 엄청난
빚을 지게 되었다. 이러한 상황은 이미 17세기말까지는 심각하게 되었고, 도
쿠가와 시대의 남은 기간 동안 지속적으로 악화되었다.

　최고의 사회 계급이 최하층 계급에게 부채를 지고 있다는 것은, 명백하게 도
쿠가와 체제의 이론과 정신 전체를 손상시켰다. 사무라이들이 살고 있던 도시
적 환경도 또한 그러하였다. 무사로부터 문관 관료로 이미 전화되어 이제 그들
은 자신들이 경제적 양태와 문화적 기풍에서, 경멸받는 상인 계급에 의해서 점
점 정하여지는 환경 속에 살고 있음을 발견하게 되었다. 한 사상가는, 에도로,
그리고 그곳으로부터 끊임없이 왕래했던 사무라이들을, 조닌(町人)에 의해서 소
유되고 운영된 여관에 거주한 단기 체재객에 비유하였다. 한(藩)들은 상업 활동
과 대부를 구실로 하여 가신들의 봉급을 삭감하는 것에 의해 부채로부터 자신
들을 구출하려는 시도를 할 수가 있었다. 물론 이러한 마지막 수단은 사무라이
들의 곤궁을 단지 악화시킬 뿐이었다. 어떠한 경우에도 단지 미곡으로 최소한
의 봉급밖에 받지 못하였던 좀더 가난한 자들은, 짚신을 만드는 것과 같은 가내
공업에 의해서 그들의 부족한 수입을 보충하지 않으면 안 되었다.

농 민   변화가 인구의 대부분이 살고 있던 농촌에는 더욱 천천히 찾아왔다. 그럼에도 불구하고 평화와 통일은 작물의 전문화, 경작지의 확대, 향상된 관개, 더 나은 종자와 도구, 비료 사용의 증가, 그리고 더 많아진 이모작과 함께 농업 생산의 상당한 확대를 가져왔다. 일본 농민들은 아시아에서 기술적으로 가장 앞선 농부들이 되어 가고 있었다. 면화, 담배, 양잠을 위한 뽕나무 잎과 같은 상업 작물의 엄청난 증가가 있었고, 곡물 생산은 1600년과 1720년 사이에 배로 늘어났던 것으로 보여진다. 그 이후로 농업은 그것이 지리적 조건에 의해서 정해진 좁은 한계에 접근함에 따라 덜 급속도로 성장하였다.

일본의 인구는 경제와 함께 성장했으나 급격한 것은 아니었다. 그것은 1721년의 첫 인구 조사시에 약 3,000만 명이었는데, 이는 1600년의 추정치인 2,000만 명에 대하여 50퍼센트가 증가한 것으로 생각되며, 당시 유럽 어떤 나라의 인구도 훨씬 상회하는 것이었다. 비록 좀 둔화되었다 하더라도 지속적이었던 경제 성장에도 불구하고, 도쿠가와 시대 후반 동안 인구는 거의 증가하지 않았다. 결과적으로 도쿠가와 시대를 통하여 농민들에게조차 생활 수준의 분명한 상승이 있었다. 한때 사치스러웠던 도시의 통로들이 시골에서도 또한 평범한 것으로 되었다. 따라서 이들 세기 동안에 일본의 경제는 인구를 앞질렀다.

그것이 서구 유럽에서 거의 동시에 일어나고 있을 때 이것이 일본에서 왜 일어났는가는 비록 그것이 각각의 가문에 단지 한 명의 상속자에 대한 여지밖에 없었고, 따라서 다른 전통 사회들과 달리 대가족이 자산이기보다는 부담이 되었던 봉건적 사회 형태와 관련을 갖고 있겠지만 분명하지는 않다. 하나의 농촌의 대응은 '마비키〔間引〕'라는 농사적 용어로 알려진 영아 살해의 관행이었다. 어쨌든 단지 생존 수준을 넘어선 일본 경제의 향상은 상대적으로 고수준의 문자 해독률, 경제 제도, 그리고 공무(公務)의 발전을 가능케 했으며, 이들 높은 수준들이 19세기에 일본의 성공적인 근대화를 가능케 하는 데 기여하였다.

그러나 전반적인 경제적 상황들에도 불구하고 대부분의 농민들의 경제적 위치는, 도쿠가와 시대 후반부에 악화되었던 것으로 보여진다. 이것은, 그 수가 늘어나는 기근들과, 또한 보통 증세와 실정에 대한 평화적인 시위였다가 다만 말기에 가서 폭력적으로 변하였던 농민 잇키〔一揆〕 수의 증가 속에 반영되어 있다.

이러한 상황의 근본적인 이유는, 농촌의 부의 분배에 있어서 점증하는 불균

520

형에 있었던 것으로 보여진다. 농업의 단위들은 한때 전형적으로 본가(本家)를 중심으로 모여 있는 몇몇의 방계와 예속의 가족들로 구성되어 있었고, 그들은 대체로 자급적인 농업에 있어서 그것에 노동력을 제공하고 보호를 위해 그것에 의존하였다. 전체 경제의 상업화, 작물의 지리적 전문화와 사케[酒]의 양조, 면방적, 직조, 염색과 같은 농촌 공업의 발달 결과 이러한 형태가 해체되기 시작하였다. 자급적 농업은 전문화된 현금 작물에 의해서 대체되었고, 이것이 모든 농민들을 외부의 경제적 변화에 더욱 취약하게 만들었다. 동시에 부유한 가문들이, 그들 자신의 노력을 그들 농토의 최상 부분에 집중시키고, 나머지를 소작인들에게 세를 주고, 다음에 농업보다는 더 큰 수익을 가져오는 농촌 공업에 그들의 이윤을 투자하는 것이 더욱 유익한 것임을 발견함에 따라, 대규모의 농업 단위들이 보다 소규모의 가족 크기 단위들로 분화되기 시작하였다. 한편 종래의 종속적인 가문들은 이제는 소작인으로서 속박에서 벗어나 덜 비옥한 토지를 경작하였고, 자치적인 촌정(村政)을 지배했던 부유한 가문들에 의해 할당된 조세의 불공평하게 무거운 몫을 흔히 부담하였다. 따라서 부유한 농민들은 더욱 부유하게 되었고, 가난한 자들은 부유한 자들과 관련을 맺는 것에서 가졌던 종전의 보호를 상실하였다.

이와 같은 전체적인 전이는 완만한 것이었고, 변경 지역에서보다는 중앙에서, 그리고 경제적으로 보다 선진적인 지역들, 특별히 교토와 오사카를 중심으로 한 지역들에서 훨씬 더 일찍 시작된 불균형적인 것이었다. 그러나 그것의 결과가 농촌의 소요 증가에만 한정된 것은 아니었다. 19세기초까지 빈곤한 농민들은 부유한 농민들의 농장들이나 농촌 산업에 임금을 받고 일하는 것에 익숙해져 갔다. 따라서 그들은 나중에 일본이 산업화되었을 때, 도시 공장 노동자의 저장소로 형성되어 가고 있었다. 많은 부유한 농민들이 적극적인 농촌 기업가들로 전화되었다. 때때로 잘 교육받은 그와 같은 농민 기업가들이 18세기말과 19세기초에 있어서, 상업적 팽창의 제 2의 대고조를 주도하였고, 심지어는 대상인 가문들의 도시 본거지에까지 침투하였다. 미래의 선구자는 간토 평야의 북단에 있던 비단 직조 마을이었던 기류(Kiryū, 桐生)였는데, 이미 18세기에 노동자들을 위한 기숙사를 가지고 있었고, 19세기 중엽에 5,000대의 직기(織機)를 가지고 있었다.

도쿠가와 문화

유학(儒學)   도쿠가와 시대 동안의 문화적 지적 발전들은 하나는 사무라이 계급에 의해서, 다른 하나는 조닌(町人)들에 의해서 주도된 확연히 구분되는 두 개의 흐름으로 나누어져 갔다. 그들의 봉건적 유산을 자랑하고 중국 유교에 젖어 있던 사무라이들은, 문학과 예술 분야에 있어서 그렇게 독창적이지 못했음이 판명되었으나, 관료 지배에 필요한 중국 학문의 자극이 그들 사이에 학문적·철학적 활동의 분출을 만들어 냈다. 한문(漢文)이 다시 한 번 대부분의 중요한 문장의 언어가 되었고, 특별히 1700년 이후에 설립된 많은 한(藩)과 사립 학교들에서 사무라이 교육의 주된 과목이 되었다. 비록 그때에 지금과 같이 구어(口語)나 심지어 문자에 해당되는 실제의 중국 발음들을 아는 일본인들이 거의 없었지만, 많은 사무라이들은 그것들에 해당되는 크게 변용된 일본식 발음에 따라서 읽혀진, 문법적으로 바르고 우아하기까지 한 중국식 문체를 익혔다.

  중국 학문의 중요한 핵인 역사 서술이 자연적으로 중요한 관심을 끌게 되었다. 공식적인 '바쿠후'의 유학자인 하야시(Hayashi, 林) 가(家)는 1670년에 중국적 모형에 바탕을 둔 편년사(編年史)인 〈혼초쓰간(本朝通鑑)〉을 완성하였다. 중국적 원형에 토대를 둔 쇼군의 활동들에 대한 방대한 편년적 편찬물인 〈도쿠가와 짓키(德川實紀)〉가 1809년과 1849년 사이에 편찬되었다. 한편 미토한(水戶藩)의 다이묘이자 이에야스(家康)의 손자였던 도쿠가와 미쓰쿠니(Tokugawa Mitsukuni, 德川光圀; 1628~1700)는 〈다이니혼시(大日本史)〉로 알려진 거대한 기획을 시작하였는데, 그것은 1720년에 부분적으로 완성되었고, 1906년에야 비로소 최종적인 형태에 도달하였다. 주도적인 막신(幕臣)의 하나였던 아라이 하쿠세키(Arai Hakuseki, 新井白石; 1657~1725)와 같은 많은 개별 학자들도 또한 중요한 역사 저작들을 만들어 냈다.

  에도(江戶)에 있던 하야시(林) 가에 더하여, 정학(正學)인 주자학(朱子學)을 전한 많은 수의 사무라이 학자들이 에도와 여러 '한'들에 존재하였다. 그들 중 북규슈의 가이바라 엣켄(Kaibara Ekken, 貝原益軒; 1630~1714)은 일본어로 저

522

술함으로써, 이들 사상이 하층 계급으로 확산되는 것을 도왔다. 그러나 일부 사무라이 학자들은 에도의 간헐적인 정학(正學)에 대한 주장으로부터 그들 각자의 다이묘들에 의해 보호를 받아서 중국 유학의 다른 계열들을 추종하였다.

나카에 도주(Nakae Tōju, 中江藤樹; 1606~1648)는 명(明)나라의 유학자인 왕양명(王陽明; 일본어로 오요메이, 242~243쪽 참조)의 심학(心學)에 몰두하였다. 그의 제자로 서혼슈의 주요 도자마 한〔外樣藩〕, 오카야마〔岡山〕의 가로(家老)로까지 상승한 로닌〔浪人〕, 구마자와 반잔(Kumazawa Banzan, 熊澤蕃山; 1619~1691)은, 사무라이들이 토지로 회귀할 것과, 보다 간소한 형태의 삶을 옹호하였다. 왕양명 개인의 직관적인 도덕 의식과 개인적 수양, 그리고 말보다는 행동에 대한 강조는, 아마도 중국에서조차 적어도 부분적으로 젠〔禪〕의 영감을 보여주는 이들 개념들이, 아시카가 시대에 '젠'의 영향을 통해서 사무라이들의 유산의 일부가 되어 왔기 때문에 사무라이들에게 호소력을 가지고 있었다. 19세기 후반에 일본을 변화시키는 데 있어서 가장 적극적이었던 사람들 중의 일부가 양명학(陽明學)에 의해 영향을 받았다는 것은 중요하다.

고가쿠(Kogaku, 古學)로 불려졌던 또 다른 이단의 학파는 송(宋)나라의 철학자들로부터 초기의 유학으로 돌아가려고 시도한 점에 있어서, 동시대의 청(淸)나라 학자들의 선도를 따랐다. 야마가 소코(Yamaga Sokō, 山鹿素行; 1622~1685)는 로닌〔浪人〕으로 종합적인 철학으로서 부시도〔武士道〕의 발전에 공헌하였다. 실제로 교토의 상인 가문 출신이었던 이토 진사이(Itō Jinsai, 伊藤仁齋; 1627~1705)는 초기 유교 저작들, 특별히 〈논어(論語)〉와 〈맹자(孟子)〉에서 가르쳐졌던 덕목(德目)들을 강조하였고, 쇼군의 시의(侍醫)의 아들이었던 오규 소라이(Ogyū Sorai, 荻生徂徠; 1666~1728)는 더욱 초기의 오경(五經)으로 거슬러 올라갔으나, 동시에 유용한 정치와 보다 큰 쇼군의 절대주의와 개인적 재능을 가진 사람들에 대한 더 많은 인정에 대한 옹호자였다.

아마도 유교의 이론과 일본의 정치적 사회적 실제가 서로 잘 맞지 않았기 때문에 도쿠가와 시대의 사상가들은, 대체로 당시 중국과 한국에서 그들의 상대들보다 좀더 실용적인 채로 남게 되었던 것으로 보여진다. 이것의 좋은 예들은 위대한 수학자였던 세키 다카카즈(Seki Takakazu, 關孝和; 1642~1708)와 지도 제작자 이노 다다타카(Inō Tadataka, 伊能忠敬; 1745~1818)의 작품들 속에서 발견될 수 있다. 많은 유학자들은 '바쿠후'와 '한'들을 괴롭히고 있던 실제적인 경제 문제들에 관심을 기울였다. 대부분의 지식인들이 봉건 제도와 유교의 농입 주의적 편견에 여전히 사로잡혀 있는 한편 일부가 구습 타파적인 사상을 발전시켰다. 가이호 세이료(Kaiho Seiryō, 海保靑陵 ; 1755~1817)는 이윤의 추구를 멸시하는 사무라이들을 조소하였고, 정부가 솔직하게 상업을 이용해야 한다고 주장하였다.

1697년부터 나타난 농업에 관한 많은 기술적인 서적들에 의해서 예증되는 것처럼, 머지않아 학문적 활동도 또한 상인 계급에 심지어는 농민들에게까지 확산되었다. 농촌 사회는 심지어 에도 근방 출신의 매우 성공적이었던 농부로, 그 지역에서 실제적인 농업 개혁을 실시하고 농촌 공동체를 위한 상호 부조와 장기적 계획을 가르친, 농민 현인(賢人) 니노미야 손토쿠(Ninomiya Sontoku, 二宮尊德 ; 1787~1856)를 낳았다.

란가쿠[蘭學]   18 세기에 이르러 그리스도 교에 대한 공포는 매우 희박해져서, 다시 유럽과 그것의 기술에 관심을 나타내는 것이 허용될 수 있게 되었다. 예를 들면 에도의 위대한 정치가이자 학자였던 아라이 하쿠세키(Arai Hakuseki, 新井白石)는, 그의 저작인 〈세이요키분[西洋紀聞]〉에서 서양 과학에 대한 솔직한 칭찬을 명백히 하였는데, 그 책은 1708년 일본에 몰래 잠입하여 바로 감옥에 갇힌, 한 이탈리아 인 신부와의 면접에 토대를 둔 것이었다. 1720년에 '바쿠후'는 그리스도 교를 다룬 책들을 제외한 서양의 서적들에 대한 금령(禁令)을 완화하였고, 학자들은 나가사키[長崎]에서 네덜란드 상인들을 상대한 공식 통역관들로부터 네덜란드 어를 배우기 위하여 나가사키로 가기 시작하였다. 그 결과 유럽과 그것의 과학에 대한 연구 전체가 '란가쿠(Rangaku, 蘭學)'로 알려지게 되었다. 1769년과 1786년 사이에 두 명의 박학한 유럽 인들, 즉 스웨덴 인 의사인 툰베르그(Thunberg)와 네덜란드 인 티싱그(Titsingh)가 나가사키의 네덜란드 상관에 있었던 것은, 커다란 자극제가 되었음이 판명되었다. 서양 의학은 중국의 의학 이론과 실제보다 분명히 더 과학적이고 효과적인 것으로서 특별한 매력을 가지고 있었다. 남규슈의 시마즈 한[島津藩]은 일찍이 1774년 의학 학교를 설립하였고, 같은 해에 스기타 겜파쿠(Sugita Gempaku, 杉田玄白 ; 1733~1817)는 놀라운 노력 끝에, 한 네덜란드 의학 저작의 번역을 내놓았다. 1783년에 또 다른 의사인 오쓰키 겐타쿠(Ōtsuki Gentaku, 大槻玄澤 ; 1757~

하야시 시헤이〔林子平〕의 목판화로, 그가 나가사키에서 네덜란드 인
들에게 접대를 받는 동안에 했던 스케치에 의거한 것임. 빈 의자는
그가 스케치를 하기 위해 비워 놓은 것이다.

1827)는 〈란가쿠카이테이〔蘭學階梯〕〉를 출판하였는데, 그것은 다른 학자들이
네덜란드 어와 서양 과학을 연구하는 데 커다란 도움이 되었다.

란가쿠〔蘭學〕는 많은 사람들에게 의술 외에도 지도 제작, 식물학, 그리고 보
다 근대적인 포술과 같은 새롭고 일반적으로 유용하다고 인정된 분야의 문을
열어 놓았다. 히라가 겐나이(Hiraga Gennai, 平賀源内 ; 1728?~1779)와 같은 일부
학자들은 광범위한 과학적 관심을 보여 주었고, 일부는 심지어 체제 전복적인
것으로 느껴졌던 사상의 분야에도 발을 들여놓게 되었다. 1786년에 〈가이코쿠
헤이단〔海國兵談〕〉을 저술한 하야시 시헤이(Hayashi Shihei, 林子平 ; 1738~1793)
는, 북쪽에 있는 러시아 인에 대한 방비가 약하다고 '바쿠후'를 비판하였다
하여 투옥되었다. 혼다 도시아키(Honda Toshiaki, 本多利明 ; 1744~1821)는 쇄국
정책 전체를 공격하였고, 사토 노부히로(Satō Nobuhiro, 佐藤信淵 ; 1769~1850)는
보다 중앙 집권화된 정부 형태를 옹호하였다. 실제로 그와 같은 사람들은 일

본의 정치적 발전에 있어서 거의 영향을 끼치지 못하였지만, 19세기까지 네덜란드 어를 읽을 수 있고, 서양과 그 과학에 대한 지식이 있는 상당한 수의 학식이 있는 사람들이 존재했던 것은, 일본인들이 그 세기 중엽에 기술적으로 서양을 따라잡아 보려고 결정하였을 때 그들에게 엄청난 유익이 되었다.

고쿠가쿠〔國學〕와 신토〔神道〕　　유학에 있어서 역사의 강조는 도쿠가와 시대 이전, 그리고 유교가 들어오기 전에 있던 일본 전통들에 대한 관심을 불러일으켰다. 도쿠가와 미쓰쿠니(Tokugawa Mitsukuni, 德川光圀)의 〈다이니혼시〔大日本史〕〉는, 일본의 위대함을 신에 의하여 이어져 내려온 단절된 적이 없는 황계(皇系)로 돌리는 데 있어서 14세기의 기다바타케 지카후사〔北畠親房〕의 예를 따랐다. 정통적인 유학자였던 야마자키 안사이(Yamazaki Ansai, 山崎闇齋 ; 1618~1682)는, '신토'의 건국 신화를 중국적 우주론과 같은 것으로 하였고, 만일 공자(孔子)나 맹자(孟子)가 침략군을 지휘한다면 이들 유교를 창시한 성인들까지도 물리쳐야 하는 것이 일본인들의 의무라는 민족주의적 주장을 하였다. 많은 다른 유학자들도 또한 중국 문명에 대한 그들의 강력한 경사에도 불구하고 일본의, 고대에서 '독특한' 민족적 덕목을 찾게 되었다.

　이들 경향들은 고쿠가쿠(Kokugaku, 國學)로 불려진 주로 문학상의 운동에 의해서 강화되었다. 두 명의 '신토' 사제였던 가다 아즈마마로(Kada Azumamaro, 荷田春滿 ; 1668~1736)와 가모 마부치(Kamo Mabuchi, 賀茂眞淵, 1697~1769)는 다시 한 번 일본의 고대시에 관심을 기울였고, 가모의 제자로 상인의 아들이었고 그 자신이 의사였던 모토오리 노리나가(Motoori Norinaga, 本居宣長 ; 1730~1801)는, 일본 최초의 역사 저작에 대한 주석인 〈고지키덴〔古事記傳〕〉을 집필하는 데 30년 이상을 바쳤다. 이런 유의 사람들에 의해 고무되어 애호가들뿐 아니라 다수의 학자들이 고대의 언어와 초기 문학에 관한 연구에 나서게 되었다. '고쿠가쿠'의 주된 추진력은 문학적이고 문헌학적인 것이었지만, 모토오리와 그의 선배들은 그것을 또한 강한 민족주의적 내용과 혼합시켰다. 그들은 세속적인 유교의 합리주의를 거부하였고, 고대의 신화와 시, 그리고 〈겐지 모노가타리〔源氏物語〕〉와 같은 순수하게 일본적인 산문 작품들에서 진정하고 더렵혀지지 않은 일본의 정신을 찾으려고 하였다. 사무라이 출신의 의사였던 히라타 아쓰타네(Hirata Atsutane, 平田篤胤 ; 1776~1843)는, 고쿠가쿠〔國學〕라는 이름 속에 유교, 도교, 불교의, 그리고 심지어 서양 사상까지도 포함시키는 무의식적으로 절충적이었던 한편, 신국(神國)으로서 일본 민족적 우월성을 적극적으로 주창하였다.

고대 일본의 덕목과 황계(皇系)에 대한 강조는 도쿠가와 체제의 파괴적인 주장으로 쉽게 이끌었다. 조정의 한 선생과 그의 구게〔公家〕 학생들이 체제 전복적인 경향을 띠었다 하여 1758년 처벌되었고, 다른 두 명의 선생들이 1767년 에도〔江戶〕에서 처형되었다. 동시에 이들 태도들이 자기 의식적인 쇄국 정책에 의해서 조장된 민족적 주체성에 대한 깊은 자각과 결합되었을 때, 19세기까지 서양에서 발달하였던 민족주의와 다르지 않은 강한 민족 의식을 만들어냈다.

일본의 초기 역사와 문학에 대한 부활된 관심이 또한 19세기초에 농민들 사이에서, 내용에 있어서 절충적이지만 그 강조하는 점에서 기본적으로 신토〔神道〕인 몇몇의 민중 종교 운동의 출현에 기여하였을 것이다. 흔히 교파 신도(敎派神道)로 불려지나, 실제적으로 독립적인 이들 종교들은 신도들에게 즉각적인 세속적 혜택들을 일반적으로 약속하였고, 때때로 신앙을 통한 치유를 강조하였다. 이들 '교파' 중 일부는 여전히 강력하다. 1838년 한 농민 여성에 의해서 창시된 덴리쿄〔天理敎〕는 오늘날 나라〔奈良〕의 조금 남쪽에 있는 한 도시(덴리로 다시 이름붙여졌음)에 대학, 박물관들, 그리고 거대한 종교 본부를 완벽하게 갖춘 거대한 중심지를 가지고 있다.

도시 문화　평민들이 도쿠가와 시대의 지적 생활에 기여했던 점에 반해서, 조닌〔町人〕들은 문화의 많은 다른 측면들을 전적으로 지배하였다. 급속하게 증가하는 도시들의 부는 사회적 개혁과 미학적 창조성에 대한 가능성을 제공하였다. 상업항이었던 오사카〔大阪〕와 교토와 에도의 '조닌' 지구들은, 사무라이나 농촌 사회에서는 꿈에도 생각할 수 없는 사회적, 문화적 기회들을 허용하였다. 독특한 '조닌'풍의 생활이 발달하였고, 그것과 함께 문화에 있어서의 새로운 강조가 발달하였다.

부유한 농민들이 그러했던 것과 같이 어떤 위치에 있건 대부분의 '조닌'들은 문자를 읽고 쓸 수 있었다. 일부 한〔藩〕들에서는 평민들이 공식적인 한가쿠〔藩學〕에 다닐 수 있도록 허용되었으나, 이에 더하여 그들의 종교적 관련 때문이 아니라 불교 사원들에 일반적으로 위치하였기 때문에 흔히 '데라코야〔寺子屋〕'로 불려지고, 1만 개 이상이 존재했던 것으로 알려진 평민들을 위한 자그마한 사립 학교들의 거대한 망상 조직이 존재하였다. 거의 모든 사무라이들은 교육을 받았기 때문에, 이것은 문자 해독률이 매우 높은 사회를 만드는 데 기여하였다. 19세기 중엽까지 남자 인구의 대략 45 퍼센트가, 그리고 여성 인구의 아마도 15 퍼센트 정도가 읽고 쓸 수 있었다고 추정되어 왔는데, 이들 비율은 당시 서양의 가장 선진적인 국가들에 그렇게 뒤지는 것이 아니었다.

도시 상인들은 사무라이와 농민들과 아주 흡사하게 검소하고 근면하며 훈련되어 있었다. 대상인 가문들은 사무라이 가문들의 그것들에 유사한 가훈(家訓)들을 가지고 있었고, 명예, 수양, 의무에 대한 예민한 관념은 대체로 사무라이들의 윤리로부터 유래한 것이었다. 또한 상인 사상가들이 존재하였다. 농민 출신으로 열심히 일하여 한 교토의 상인 가문에서 일하였던 이시다 바이간(Ishida Baigan, 石田梅岩 ; 1685~1744)은, 그가 '신가쿠〔心學〕'로 이름붙인 하나의 사상을 발전시켰는데, 그것에서 그는 정직하고 근면한 상인들이 국부(國富)의 청지기로서 사무라이의 그것에 비견될 수 있는 국가적 기능을 행하였다고 가르쳤다. 이 개념은 서양의 프로테스탄트 사상에 있어서의 '소명(召命)'의 개념과 같이, 폐쇄된 계급 사회에서 평등한 사회적 지위가 부정되었던 상인들에게 도덕적 정당성을 부여하였다. 그것은 또한 돈벌이와 자신의 지위내에서의 역동적인 성취를 위한 이론적 근거를 제공하였는데, 그것은 19세기 일본의 근대화에 있어서 대단히 중요한 것이었음이 판명되었다. 일본과 유럽의 유사한 봉건적 토대와, 지위 지향적이기보다는 목적 지향적인 현대의 윤리 사이에 인과적인 관계가 존재했던 것으로 여겨진다.

도쿠가와 상인들의 검소함에도 불구하고 그들의 도시 문화는 대단한 활력과 허세를 보여 주었다. 도시인들은 재치 있고 자만심이 세고 둔감한 농민들을 얕잡아 보고, 오만하나 가난했던 사무라이들을 경멸하는 경향이 있었다. 이윤이 성공의 척도였기 때문에 그들은 지극히 돈을 의식하였고 사치를 좋아하였다. 예식들은 더욱 정교해져 갔고 신기한 것이 높게 평가되었으며, 머리 스타일이나 소매의 길이에 있어서 여성들의 최신 유행과, 주역 배우들과 인정된 멋쟁이들에 의해 설정된 남성들의 스타일과 같은 유행은 중요하였다.

도시 상인은 그의 중대한 돈벌이와 그의 가족을 위해 그의 가정을 예비하였다. 장기간 무사들에 의해 지배되었던 봉건 시대는 일본 사회 전반에 걸쳐서 여성이 전적으로 남성에게 종속된 상태로 있게 하였다. 낭만적인 사랑을 위해서가 아니라 가문의 이해를 위해서 결혼이 정하여졌고, 여자들은 아이들을 낳고 가사의 의무를 행하도록 가정에 속박되어 있었다. '조닌'들은 오락을 위하여 다른 곳을 찾았다. 식당과 극장, 그리고 매춘가를 갖춘 도시의 유흥 지역은, 사회 생활과 미적 활동의 중심지로서의 역할을 수행하였다. 이곳에서 상인은 보통의 사회 규범들에 의해 제약을 받지 않았던 동성 연애의 상대와 여자들과의 교류를 즐기기 위하여, 기업가, 그리고 가장으로서의 그의 중요한 역할로부터의 긴장을 풀 수가 있었다.(원색 도판 19 참조)

유흥 지역의 여성들은 보통 곤궁해진 부모들에 의해 팔려져서 계약에 묶여 있던 하녀들이었으나, 좀더 빼어나고 재능이 있는 사람들은 오늘날 '게이샤〔藝者〕' 혹은 '기예를 갖춘 사람'으로 알려진 다재 다능한 기생들이 되기 위해 노래와 춤과 회화술 등의 훈련을 받았다. 그들은 다수의 범주들로 나누어져 있었고, 상위에 속하는 사람들은 여성들의 유행의 제정자들로 간주되었다. 그들은 또한 부유한 후원자들로부터 사랑을 받았는데, 이들이 자주 그들의 자유를 사서 인정된 첩이나 심지어는 합법적인 부인으로 삼았다.

유흥 지역을 중심으로 한 사회적·문화적 활동은 도쿠가와 체제의 엄격성으로부터의 원기 왕성한 해방을 제공하였다. 심지어는 이때에 그들 자신이 고정된 도시 거주자였던 사무라이들까지도 그것에 끌렸으며, 비록 항상 이론적으로는 신분을 숨겼지만 점점 더 많은 수가 참여하였다. '바쿠후'나 '한'의 규율에 얽매이지 않았던 로닌〔浪人〕과 같은 경계에 놓인 집단들은 보다 전심을 다하여 발을 디더 놓았다. 따라서 한편으로 가족과 사업, 혹은 공무와, 다른 한편으로 여가와 오락 사이에 도시 생활의 구분화가 발전하였다. 일본의 현재 도시 생활은 이러한 구분의 잔재를 보여 준다. 그러나 유흥 지역에서의 활동을 억제하려는 당국들의 노력에 의해서, 그리고 더 많게는 이러한 이중 생활에 참여했던 사람들의 마음속에서 계속된 갈등에 의해서 보여진 것과 같이, 이 둘 사이에는 필연적인 충돌이 존재하였다. 당시의 문학과 극(劇)의 특히 좋아하는 주제는 기리〔義理〕와, 감정 혹은 닌조〔人情〕 사이의 충돌이었다. 전형적인 경우로는, 가족과 사회에 대한 그의 '기리'에 반하여 치달은 한 젊은 청년의 게이샤〔藝者〕에 대한 사랑은, 다만 불행한 연인들의 정사(情死)에 의해서 해결될 수 있었다.

이들 도시적 사회 현상들이 발전하는 데는 도쿠가와 '바쿠후'의 창설 이후로 수십 년이 경과하였지만, 17세기의 후반은 조닌〔町人〕문화의 갑작스러운 개화를 목격하게 되었다. 이 시대는 연호(1688~1704)의 이름으로부터 흔히 겐로쿠(Genroku, 元祿)로 알려져 있다. 교토〔京都〕가 이제는 그것의 문화적 우위를 상실해 가고 있었고, 에도〔江戶〕는 아직도 비중이 큰 사무라이 인구에 의해서 지배되었던 다듬어지지 않은 새로운 도시였기 때문에, 이 당시 '조닌' 문화의 중심지는 오사카〔大阪〕였다. 그러나 18세기의 후반에 에도는 일본의 정치적 중심지였을 뿐 아니라 문화적 중심지가 되었다.

도쿠가와 시대의 도시 문화는 때때로 화려함으로 나아가는 경향이 있었으나 두 가지 요인들, 즉 신속하게 검약령(儉約令)을 공포할 수 있었던 억압적인 정부의 감시의 눈과, 아시카가〔足利〕시대로부터 물려받은 단순하고 거의 꾸미지 않는 미적 규준들에 의해 허식과 화려한 비속을 면할 수 있었다. 결과는 열정과 대담함이 잠재적인 절제와 규율 관념과의 예외적인 미묘한 혼합이었다. 이러한 혼합에 의해서 만들어진 미적 취향들은 아직도 일본에 존속하고 있고, 최근에는 많은 다른 나라들에서도 광범위한 매력을 갖게 되었다.

문 학   수많은 출판사들이 도쿠가와 시대 전체를 통하여 번성하여, 영감을 주는 에세이로부터 외설 문학에 이르기까지 산더미 같은 인쇄물들을 발행하였다. 일본에서는 8세기 이래 인쇄가 알려져 있었으나, 단지 예외적으로, 그리고 보통 학문적인 중요한 저작들을 위해서 사용되어 왔다. 예수회 선교사들에 의해 설립된 선교 출판뿐 아니라, 히데요시의 군대에 의해서 잡혀 온 조선 인쇄공들이 16세기말에 있어서 인쇄에 대한 흥미를 부활시키는 것을 도왔을 것이다. 그렇지만 인쇄물이 엄청나게 증가한 기본적인 이유는 글을 읽고 쓸 수 있는 거대한 대중 집단의 발전이었다. 대부분의 대중적인 서적들은 가나〔假名〕음절이나 한자 옆에 가나로 발음을 적어 놓은 것으로 인쇄되었다. 처음에는 얼마간 활자(活字)가 사용되었으나, 이 기술은 목판 인쇄를 위하여 곧 포기되었다. 목판 인쇄는 하나의 인쇄된 면을 위하여 한 장의 조각된 목판을 사용하는 것으로, 독자들을 끄는 것에 기여한 삽화를 포함시키는 것을 가능케 했다.

530

    도쿠가와 시대 초기의 인기 있는 저술들은, '가나 조시〔假名草子〕'로 알려진 주로 종교나 도덕이나 역사에 관한 교훈적인 소책자들이었으나, 얼마 가지 않아 이것들이 재미있는 일화들과 다른 사실주의적 수법들에 의해 활기를 띠게 되었다. 좀더 유명한 게이샤〔藝者〕들과 배우들에 관한 묘사들을 담고 있는, 유흥 지역에 대한 실용적이고 흥미있는 안내서들이 또한 출현하였다. 그와 같은 보다 대중적인 작품들은 '우키요 조시〔浮世草子〕'로 불려졌고, 인생의 일과성과 무상에 대한 불교의 강조가 반영된 '덧없이 지나가는 세상(浮世; 글자 뜻 그대로는 '떠 있는 세상')'이란 용어는 '최신의', 그리고 '유행의'라는 의미를 획득하였다.

    이러한 출발로부터 오사카〔大阪〕의 '조닌'이었던 이하라 사이카쿠(Ihara Saikaku, 井原西鶴; 1642~1693)는 재미있는 조닌 형의 인물 묘사를 발전시켰다. 1682년에 간행된 그의 최초 주요 작품인 〈고쇼쿠 이치다이 오토코〔好色一代男〕〉는 전적으로 새로운 문학 형식을 창조하였다. 〈고쇼쿠 이치다이 온나〔好色一代女〕〉, 〈니혼 에이타이구라〔日本永代藏〕〉, 〈혼초 니주후코〔本朝二十不孝〕〉와 같은 작품들을 가지고 그는 이 형식을 지속시켜 갔다. 사이카쿠는 일본인들이 사랑하는 암시적이고 시적인 화법과 말장난의 대가였으나, 그는 또한 대단히 사실주의적이었다. 그의 주된 관심은 열심히 돈을 긁어 모으고 자수 성가한 상인과, 그의 수양이 덜 되고 낭비벽이 심한 상속자들이었다. 사이카쿠의 냉소는 지나치게 도덕적이었던 초기 작가들로부터의 신선한 이탈로써 나타났다. 그는 "돈이 '조닌'의 문벌이다."라고 말하였다.

    에지마 기세키(Ejima Kiseki, 江島其磧; 1667~1736)는 배우들과 '게이샤'에 관한 비평을 저술하였는데, 교토의 출판사인 하치몬지야〔八文字屋〕와 결별한 후에는 그의 〈세켄 무스코카타기〔世間子息氣質〕〉에서와 같이 상인 가문에 대한 묘사로 전환하였다. 그의 기본적인 주제는 '부모들은 열심히 일하고, 그들의 자식들은 게을러지고, 손자들은 구걸하게' 된다는 것이었다. 도쿠가와 후기 작가들 중에서 로닌〔浪人〕의 아들이었던 다키자와 바킨(Takizawa Bakin, 瀧澤馬琴; 1767~1848)은, 중국의 모델들과 사무라이 도덕에 의해서 많은 영향을 받은 장편의 교훈적인 소설들을 쓴 다작의 작가였다. 보다 흥미있는 인물은 사무라이 출신의 짓펜샤 잇쿠(Jippensha Ikku, 十返舍一九; 1766~1831)로, 그의 엄청나게 인기가 있던 〈히자쿠리게〔膝栗毛〕〉는 연속물로 나타났으며, 사무라이의 허식에 대한 풍자로 그들의 불행을 그린 두 명의 방랑하는 무뢰한에 관한 악한 소설이었다.

시에 있어서도 도쿠가와 시대는 특징적인 새로운 형식을 만들어 냈다. 일종의 '연작시'의 5-7-5 음절의 첫 3 구가 '하이쿠(haiku, 俳句)'로 불려진 독립적인 17음절 형식으로 발전하였다. 고전적인 단카〔短歌〕와 달리 '하이쿠'는 어휘와 개념에 있어서 현대적이었고, 그것의 간결함은 '조닌'들이 즐겼던 재치에 꼭 맞는 것이었다. 아래의 예는 문자 그대로의 해석에 쉽기 때문에 선택된 것으로 '하이쿠'의 기교와 정신의 일부를 보여 준다.

쓰키니 에오	つきに えを	달에다 손잡이를
사시타라바 요키	さしたらば よき	달아 봤으면 좋은
우치와 가나	うちわかな	부채가 될 걸

'하이쿠'의 작시는 모든 계급들 사이에서 대유행이 되었다. 가장 최초의, 그리고 아마도 가장 위대한 '하이쿠'의 대가들 중의 한 사람이, 무사였다가 심미적인 방랑자가 되었던 마쓰오 바쇼(Matsuo Bashō, 松尾巴蕉 ; 1644~1694)였다. 그의 가장 유명한 작품인 〈오쿠노 호소미치〔奥の細道〕〉는 북부 혼슈의 여행에 관한 시적인 기술이다.

연 극 연극 분야에 있어서 사무라이 계급은 아시카가〔足利〕 시대의 노〔能〕 극을 후원하여 살아 있게 하였으나, '조닌'들은 새로운 형태들을 발전시켰다. 그 하나는 인형극으로 삼현(三絃)의 밴조 모양의 악기에 맞추는 대중적인 낭송의 형식으로부터 '조루리(Jōruri, 淨瑠璃)'로 불리었다. 처음에는 인형들이 작았고 보이지 않는 사람들에 의해 조작되었으나, 후에는 실물 크기의 약 3분의 2정도로 커졌으며, 세 사람과 그 이상의 조수들에 의해서 관객의 눈앞에서 하지만, 검은 장막에 의해서 상상적으로 보이지 않는 것으로 되어 조작되었다. 무대의 측면에는 모든 등장 인물의 역할을 담당하는 낭송자가 음악 반주에 맞추어 이야기를 낭송하였다. '분라쿠(Bunraku, 文樂)'로 불리는 이러한 극의 형태는, 오늘날에도 여전히 볼 수가 있다.

조루리〔淨瑠璃〕라는 연극 형태는 17세기말에 주로 오사카에서 성공적인 인

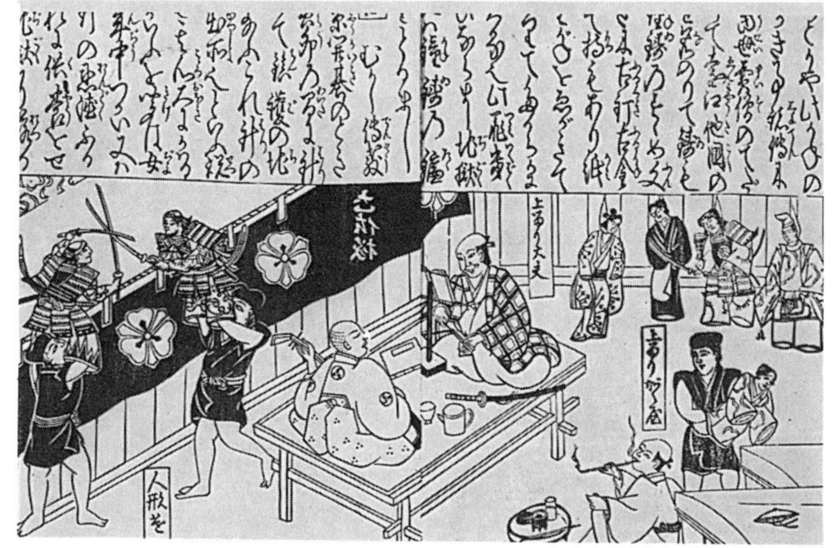

초기 인형극의 무대 뒤를 보여 주는 1690년 간행된 책의 삽화. 왼쪽에는 인형들과 그것을 조작하는 사람들이, 중앙에는 낭송자와 그의 반주자가 있고 오른쪽에는 장차 사용될 인형들이 걸려 있다. 위에 있는 글은 백과 사전의 성격을 띤 것이다.

형극 극장을 설립한, 다케모토 기다유(Takemoto Gidayū, 竹本義太夫 ; 1651∼1714)와 사무라이 출신으로 이 극장을 위한 주된 작가였던 지카마쓰 몬자에몬(Chikamatsu Monzaemon, 近松門左衛門 ; 1653∼1724) 두 사람에 의해서 발전되었다. 다른 극장들과 작가들이 바로 등장하였고, 이들 사이의 경쟁이 격심하게 되었다. 셰익스피어보다 1세기 후에 살았던 지카마쓰는 어떤 점에 있어서 일본 현대극의 창시자였다. 그는 전통적인 시적 운율과 고도로 수식적인 산문의 문체로부터 결코 이탈하지 않았으나 훌륭한 극적 구조를 개발하였고, 그의 주의를 성격 묘사와 심리적 분석에 돌렸다. 비록 전시대 속에 놓여지는 것에 의해 엷게 숨겨진 최근의 정치적 사건들을 그가 얼마 되지 않아 채택하였지만, 많은 그의 극작들은 전대의 역사적 문학적 주제들의 느슨하고 단편적이며 스릴에 찬 재구성들이었다. 가장 인기 있던 그의 작품은, 구오싱에(國性爺 ; 1624∼1662, 272 쪽 참조)로 알려진 중국인 아버지와 일본인 어머니 사이에서 태어난 유명한 해적에 관한 〈고쿠센야 갓센〔國性爺合戰〕〉이었다. 이 연극은 그것이 처

에도의 가부키 극장을 보여 주는 오카무라 마사노부〔岡村正信〕의 1740년의 목판화. 객석을 통해서 무대에 이르는 왼쪽의 통로가 주목된다.

음 제작되었을 때 연속하여 17개월 동안 상연되었다. 지카마쓰의 보다 흥미있는 작품들은 24편의 동시대에 관한 연극들인데, 그것들은 정사에 이르게 할지도 모를 의리(義理)와 인정(人情)의 충돌과 같은, '조닌'들이 개인적인 경험으로부터 알았던 인생의 문제들을 고도의 사실적인 수법으로 다룬 것이었다. 그의 연극의 몇몇은 오사카 사회에 있어서 유명했던 당시의 스캔들에 토대를 둔 것이었다.

배우들이 실연하는 대중적인 연극은 17세기초에 발전하였으나, 너무도 선정적이고 매춘과 결부되어 있었기 때문에 당국은, 여자들이 무대에 서는 것을 영원히 금하였다. 여성의 역할을 하는 남성 배우들이 그들의 자리를 차지하기 위하여 개발되었으나 '가부키(Kabuki, 歌舞伎)'로 알려진 이러한 형태의 연극은 처음에는 인형극에 의해서 빛이 가려졌다가 18세기에 이르러 인기를 얻기 시작하였다. '가부키'는 조루리〔淨瑠璃〕의 폭력과 과장된 동작들을 차용하였고, 그것의 레퍼토리는 지카마쓰와 다른 조루리 작가들의 극작들을 그것의 필

534

요에 맞게 개작하고, 노[能] 극이나 동시대의 사건들로부터 새로운 극을 개발한 것으로 당국의 검열로부터 안전하기 위하여 전대의 시대적 배경 속에 놓여졌다. 모든 ‘가부키’ 극 중에서 가장 인기 있던 것은 1702년의 ‘47 명의 로닌[浪人]’에 토대를 둔 “주신구라[忠臣藏]”였다. ‘가부키’는 ‘노’와 같이 악기의 반주와 이야기 부분을 낭송하는 무대 위의 합창단을 사용하였다. 그것은 또한 많은 극들을 두드러지게 만드는 춤 속에서 노[能]의 영향을 보여 주었다. 그러나 동시에 그것은 훨씬 더 사실적이었다. 무대의 배경들이 예외적일 정도로 현실에 가깝게 되었고, 회전 무대가 신속한 장면의 전환을 위해서 개발되었고, 객석을 가로질러 나 있는 통로는 도중 장면과, 관객과 배우들 사이의 친밀감을 가능케 하였다. ‘가부키’는 오늘날 일본에서 아직도 매우 활발하게 살아 있다.

　　미　술　　16세기말에 발달한 웅장하고 장식적인 건축 형태는 도쿠가와 시대에도 계속되었고, 이에야스[家康]에게 헌당된 닛코[日光]의 진자[神社]들과, 사원들의 바로크적인 장엄함과 교토에 있던 도쿠가와의 사령부였던 니조[二條] 성의 방들의 실내 장식에 의해서 재현되었다. 보다 정교하고 절제되었던 아시카가[足利] 시대의 경향들도 또한 교토에 있는 가쓰라이 궁[桂離宮]에서 이어졌는데, 그것은 넓으나 매우 아름다운 정원을 가지고 보다 검소한 수준에서 대부분의 국내 건축술과 조원술(造園術)의 유력한 정신을 제공하였다.

　　일찍이 중국과 한국에서 그러했던 것과 같이 불교의 지적·종교적 생기가 쇠퇴함에 따라서, 대부분의 종교적인 조각들은 영감이 없고 모방적인 것이 되었고, 조각가의 전통 속에 남아 있던 활력은 주로 장식적인 건축 세부와 담배 주머니 걸개에 사용된 작은 상아 세공품 등과 같은 것에 바쳐졌다. 그러나 산업 공예는 모두 대단히 발전하였다. 히데요시[秀吉]의 군대에 의해서 잡혀 온 조선(朝鮮)의 도공(陶工)들이 일본에서 자기 제조의 영광스러운 시대가 열리는 것을 도왔고, 교토를 중심으로 칠기(漆器)와 견직물업(絹織物業)에 있어서 중요한 활동이 있었다.

　　회화는 아마도 가장 활발한 예술적 표현의 분야로 남아 있었다. 가노[狩野]파 화가들에 의해서 중국의 스타일을 따르는 아시카가[足利]의 회화 전통들이 유지되었고, 새로운 중국의 영향들은 18세기에 이른바 ‘난가[南畵]’ 혹은 ‘분진가〔文人畵〕’의 유파를 낳게 되었는데, 그것은 스타일에 있어서뿐 아니라 명칭에 있어서도 명·청대의 중국 원형들을 추종한 것이었다.

동시에 강력한 새로운 토착적인 회화의 전통들이 일어났고, 그것은 점점 당시의 회화적 표현을 지배하였다. 예를 들면 일부의 화가들은, 대담하고 거의 추상적인 도안을 형성하는 산수화(山水畵)의 전통적인 요소들을 자유롭게 다루는 것에 의해 중국적 규준들로부터 멀리 벗어났다. 그들이 선호한 매체들은 칠기와 대형 병풍들이었다. 이러한 유파의 가장 위대한 화가는, 오가타 고린(Ogata Kōrin, 尾形光琳 ; 1658~1716)이었다. 다른 화가들은 아마도 ‘조닌’의 현실적인 취향에 의해서 영향을 받아, 보다 뛰어난 사실주의로 움직여 갔다. 하이쿠〔俳句〕 시인이기도 했던 하나부사 잇초(Hanabusa Itchō, 英一蝶 ; 1652~1724)는, 그의 사실주의를 고전 시대 말기의 야마토에〔大和繪〕에 바탕을 두었고, 한편 마루야마 오쿄(Maruyama Ōkyo, 圓山應擧 ; 1733~1795)는 서양 원근법의 원리를 채택하였다. 시바 고칸(Shiba Kōkan, 司馬江漢 ; 1738~1818)은 유럽 스타일로 더욱 나아가서, 동판화(銅版畵)와 유화, 그리고 심지어는 서양적 주제들을 실험하였다.

도쿠가와 시대의 가장 중요한 미술적 발전은 ‘조닌’들의 흥미와 생활 방식으로부터 성장하였다. 이것들은 우키요에〔浮世繪〕로 불려진 ‘게이샤’들과 도시 생활에 관한 사실주의적 회화들과, 이러한 스타일로부터 발전한 채색의 목판화였다. 단순한 단색의 목판화는 종교화와 책의 삽화들을 위해 수세기 동안 중국에서 사용되었고, 17세기에는 일본에서 출판에 널리 사용되기 시작했지만, 그것들이 이제 대단히 복잡하고 다색인 회화를 복제하는 데로 발전하였다. 세심한 정밀함을 가지고 조각사는, 화가의 원본 회화로부터 최종 판화에서 서로 겹쳐질 각각의 색채와 명암을 재현하기 위하여 많은 수의, 때때로 한 장의 그림을 위해 수십 장의, 다른 목판들을 만들었다. 이러한 유형의 목판화는 따라서 기술적 정교함의 승리와, 동시에 위대한 미술 작품들을 적절한 가격으로 광범위한 대중들에게 판매하기 위하여 완전한 색채로 만들어 내는, 세계에 있어서 최초의 시도를 나타내는 것이었다.

히시카와 모로노부(Hishikawa Moronobu, 菱川師宣 ; 1694년 사망)는 가장 위대한 우키요에〔浮世繪〕 화가들 중의 하나였고, 최초의 훌륭한 목판 화가였다. 스즈키 하루노부(Suzuki Harunobu, 鈴木春信 ; 1724~1774)는 다색 기술의 최초 대가였

부엌의 광경을 보여 주는 우타마로〔歌麿〕의 채색 목판화.

다. 1794~1795년경에 잠깐 활약했던 샤라쿠(Sharaku, 寫樂)는 배우들에 관한 놀랄 만한 연작의 풍자 만화를 만들어 냈다. 기타가와 우타마로(Kitagawa Utamaro, 喜多川歌麿 ; 1753~1806)는 그의 아름다운 여성들로 유명하였다. 최후의 위대한 목판 화가들은 유명한 장면들이나 풍경들에 더욱 주의를 기울였다. 서양 원근 개념의 영향을 보여 주는 가쓰시카 호쿠사이(Katsushika Hokusai, 葛飾北齋 ; 1760~1849)는 "후지산 36 경"으로 유명하고, 한편 안도 히로시게(Andō Hiroshige, 安藤廣重 ; 1797~1858)는 "도카이도(東海道)의 53 역"으로 가장 잘 알려져 있다. 도쿠가와 시대 동안 통속적이고 평민적인 것으로 간주되었던 목판화들은, 서양에서 광범위한 관심과 찬사를 모은 일본의 예술 형태 중 최초의 것이었다. (원색 도판 20, 21, 22 참조)

도쿠가와 체제의 침식

도쿠가와 시대의 '왕조 순환'　17세기 중엽까지 도쿠가와 체제가 잘 확립된 후에 일본에 있어서 주요한 역사적 발전들은, 경제 성장과 사회적 진화와 문화적 창조의 분야들에서 이루어졌다. 16세기의 경험으로부터 도출된 정치 제도들이 18세기와 19세기의 상황들과 문제들에 점점 덜 적합한 것으로 됨에 따라, 정치적 사건들과 변화는 상대적으로 보다 중요하지 않은 것이었고, 진보보다는 쇠퇴의 문제로 보여졌다. 엄청난 상업적 발전과 설사 부분적으로 숨겨졌지만 역동적인 사회 변화를 경험하고 있던 나라에서, 정치는 과거의 무사적 전통들에 쏠려 있고 지지의 농업적 토대를 유지하려고 필사적으로 시도하는, 봉건 귀족의 손에 전적으로 놓여 있었다. 결과는 정치 권력의 긴, 그러나 이길 가망이 없는 싸움이었다.

　도쿠가와 시대 후반에 강한 좌절감이 지배 계급 속에 스며들었다. 비록 국가 전체로서는 지속적으로 점점 더 번영하게 되었고 새로운 도시 문화가 힘차게 성장하고 있었지만, 정부가 가장 큰 관심을 갖고 있는 두 계급들은 상대적인 경제적 위치에서, 그리고 어떤 경우에는 심지어 절대적 조건에 있어서 쇠퇴해 가고 있었다. '바쿠후'와 '한'들은 상인 계급에게 막대한 빚을 져 가고 있었고, 그에 따른 그들 가신들의 봉급 삭감은 다수의 사무라이들을 빈곤에 빠뜨렸다. 부유한 농민들과 가난한 농민들 사이의 증대되는 분화가 농촌에 있는 다수를 경제적 불안정과 심각한 가난으로 이끌어 가고 있었다.

　따라서 정부의 관점으로부터 볼 때 도쿠가와 시대의 역사는, 중국 '왕조 순환(王朝循環)'의 얼마간의 특징들을 보여 주었다. 강력한 출발이 있었으나, 약 1세기의 비교적 조용했던 지배 후에 정부 재정은 심하게 상처를 받았고, 지배 계급의 사기는 부식되어 가고 있었고, 사회와 정부에 대한 전이론이 도전을 받고 있는 것처럼 보여졌다. 그러나 중국의 왕조 순환과의 비교를 고집해서는 안 된다. 정치적 통제가 도쿠가와 시대를 통틀어 견고하고 비교적 효과적인 채로 남아 있었고, 도쿠가와 시대의 전례 없는 평화와 질서는, 다만 전국적 중요성이 없는 덜 중요한 사건들이나, 인간의 통제를 넘어선 자연 재해들에 의

538

해서만 깨어졌다. 1657년 에도〔江戸〕의 대부분이 그 도시를 황폐하게 만들었던 다수의 화재들 중의 최초의 것에 의해 파괴되었다. 1703년 비록 최후의 것이었지만, 후지(Fuji, 富士) 산이 재앙적인 폭발을 하였고, 1783년에는 혼슈에 있는 아직도 매우 활동적인 화산인 아사마(Asama, 淺間) 산에 훨씬 더 파괴적인 폭발이 발생하였다. 흉작은 주기적으로 나라의 일부 지역들에서 기근 상태를 만들어 냈다. 그러나 이 모든 것이 기본적인 체제 그 자체에 영향을 주지는 못했다. 행정은 안정적이고 대체로 일상적인 채로 남아 있었고, 다만 17세기초의 윤리적 가치들과 경제·사회적 상황들로 돌아가려는 주기적인, 그러나 점점 비현실적이었던 시도들만이 두드러져 보일 뿐이었다.

쇠퇴와 개혁의 교대　　최초의 3인의 쇼군들은 강력하고 능력 있는 지배자였으나, 중국 왕조들의 전형과 같이, 그 후 지도자들의 대부분은 보다 더 약하거나 무능한 사람들이었다. 제5대 쇼군인 쓰나요시(Tsunayoshi, 綱吉 ; 1680~1709)는 특별히 좋지 못한 평판을 남겨 놓았다. 1684년 다이로〔大老〕가 한 와카도시요리〔若年寄〕에 의해 암살된 후, 쓰나요시는 주로 그의 소바요닌〔側用人〕이었던 야나기자와 요시야스(Yanagizawa Yoshiyasu, 柳澤吉保 ; 1658~1714)를 통해서 지배하였는데, 총신이었던 그는 비교적 낮은 신분으로부터 15만 고쿠〔石〕의 다이묘로 승진되었다. 그는 이것 때문에 당연히 비판을 받았고, 또한 누적되는 재정 문제들에 직면하여 통화의 평가 절하에 의지한 것 때문에, 그리고 그것 때문에 그가 '개쇼군'이라는 별명을 얻은 불교에 의해서 고무된 그의 동물들, 특별히 개들에 대한 보호와 후원과 같은 많은 그의 변덕스럽고 분열적인 정책들 때문에 비판을 받았다.

쓰나요시의 죽음 후에 대학자인 아라이 하쿠세키(Arai Hakuseki, 新井白石)가 1709년부터 1716년까지 정부 정책의 주요 입안자였다. 그는 '바쿠후'의 비용을 삭감하고 건전한 통화를 재주조하고, 사무라이들 사이에 도쿠가와 시대 초기의 높은 사기와 규율을 회복하려고 시도하였다. 이러한 노력은 와카야마〔和歌山〕의 도쿠가와 방계로부터 쇼군 직을 채우기 위하여 데려오게 된 제8대 쇼군 요시무네(Yoshimune, 吉宗 ; 1716~1745, 1751년 사망)에 의해서 보다 더 대규모로 계속되었다. 체제가 가졌던 원래의 활력을 회복하는 것을 목표로 한 주요 재편성 중 최초의 것으로 간주되는 그의 노력들은, 연호〔年號〕의 이름으로부터 '교호〔享保〕 개혁'으로 불려져 왔다. 요시무네는 검소함과 청렴의 노범을 세워 놓았고 다수의 도덕령과 검약령을 공포하였으며, 옛날의 상무(尚武) 정신을 부활시키고 동시에 학문과 책임 있는 지도력의 관념을 강화시키려고 노력하였다. 그는 1721년에 인구 조사를 시작하고 도쿠가와 법을 성문화하는 행정 개혁을 개시하였다. 그러나 결과는 대부분 그 자신에게까지 실망스러운 것이었다. 그의 정책들은 기본적으로 당시의 경제적·사회적 현실이 필요로 했던 조정에 거꾸로 작용하였다. 그는 농본주의적 편견을 가지고, 경제의 나머지 부분을 억제하는 한편, 어떻게든 해서 농업 생산을 증가시켰다. 그 결과로 생긴 미곡 가격의 하락은 그가 가장 염려했던 바로 그 계급들, 즉 사무라이들과 농민들에게 상처를 주었는데, 그것은 그들의 수입이 주로 미곡에 의한 것이었기 때문이었다. 도쿠가와 시대의 윤리에 관한 한 요시무네는 위대한 영웅이었지만, 일본의 경제적, 사회적 진보에 관한 한 그는 잘못된 길로 들어섰던 지도자였다.

제 10 대 쇼군 이에하루(Ieharu, 家治 ; 1760~1786) 밑에서 정부 정책의 주요 결정자는, 비교적 낮은 가문 출생의 또 다른 총신으로 5만 7,000 '고쿠'의 다이묘로 승진된 다누마 오키쓰구(Tanuma Okitsugu, 田沼意次 ; 1719~1788)였다. 다누마는 도쿠가와 윤리 체제에 대한 부패한 배반자로써 호되게 비난받고 있지만, 그는 동시에 당시의 기본적인 경제적 흐름에 더욱 보조를 맞추었던 능력 있는 실용주의자였다. 그는 더욱 농업 생산을 확대하였으나, 요시무네가 축소시켰던 나가사키〔長崎〕에서의 해외 무역을 또한 장려하였다. 그는 금, 은, 동에 대한 전통적인 '바쿠후'의 독점을 강화하였고 새로운 것들을 더하였다. 더욱 중요한 것은 상인 조직을 허가하는 관행을 확대한 것이고, 비록 우연한 방식이었지만 상업에 부과하는 조세를 개발하기 시작하였다. '바쿠후'의 재정을 강화하기 위하여 그는 또다시 통화의 평가 절하에 의존하였으나, 현존하는 주조 화폐에 유용한 한 세트의 은화(銀貨)를 추가하였다. 그가 주도했던 시대는 전통적인 도덕성에서의 쇠퇴에 의해서 특징지어 질 수 있지만, 그것은 또한 대단한 경제 성장과 발전의 시대였다.

1786년의 이에하루의 죽음은 다누마의 즉각적인 몰락과 요시무네〔吉宗〕에게로 돌아가기 위한 정력적인 시도를 가져왔다. 에도에 있어서의 새로운 주도적인 관리는, 요시무네의 손자요 도쿠가와 씨의 주요 방계 다이묘 중 하나였던

마쓰다이라 사다노부(Matsudaira Sadanobu, 松平定信)였다. '간세이〔寬政〕 개혁'
으로 알려진 사다노부의 시도들은 엄격한 재정 긴축, 강력한 검약령, 상업에
대한 제한과 사무라이 계급의 사기와 위엄을 회복하는 것을 중심으로 하였다.
그는 1785년 이후에 쇼군의 직신(直臣)들이 진 부채를 무효화하였고, 요시무네
와 같이 또다시 해외 무역을 축소시켰다. 사다노부의 개혁 노력들은 정력적으
로 팽창하는 상업 경제에 역행하여 실시된 것이었기에, 요시무네의 그것들보
다 훨씬 더 급속하게 붕괴하였다.

젊은 쇼군 이에나리(Ienari, 家齊 ; 1787~1831, 1841년 사망)는 성인이 된 1793년
에 사다노부를 파면하였고, 그 후로 '바쿠후'의 재정과 국가 경제가 표류하도
록 만들었다. '바쿠후' 자체는 반복적인 통화의 평가 절하를 통하여 재정적으
로 파산하지 않고 남아 있었는데, 통화의 평가 절하가 '바쿠후'에게는 신속한
이윤을 가져다 주었으나, 당연히 경제적 혼란과 물가의 급격한 상승을 초래하
였다. 대부분의 한〔藩〕들은 엄청나게 빚을 지게 되어 때때로 그들의 연수입의
10 배 내지 20 배의 부채를 안고 있었고, 더욱 가난한 사무라이들은 점차로 수
공업이나 상업 활동들을 통해서 그들의 수입을 보충하도록 강요받았다. 그와
같은 상황들은 1822년과 1836년 사이의 심각한 흉작과 기근들에 의해서 악화
되었고, 널리 퍼진 위기감이 커져 가고 있었다.

이미 은퇴하였던 쇼군 이에나리가 1841년 죽었을 때, 시대에 역행하는 또 다
른 단호한 노력이 로주〔老中〕 중의 한 명인 미즈노 다다쿠니(Mizuno Tadakuni,
水野忠邦 ; 1793~1851)의 지도하에 시작되었다. 일반적으로 '덴포〔天保〕 개혁'으
로 불리는 미즈노의 정책들은 재정의 긴축, 검약령, 통화 개혁과 도덕적 권고
와 같은 똑같은 구래의 묘책들이었다. 그는 또한 정식의 허가증 없이 도시로
이주했던 모든 농민들을 그들의 마을로 돌아가도록 시도하였고, 약 700 개의
도시의 상인 가문들에게 강압적인 대부를 강요하였고, 1841년 정부의 허가를
받은 상인 조직을 갑자기 폐지하였으며, 모든 물가와 임금의 20 퍼센트 삭감을
명령하였다. 결과는 경제적 혼란이었고, 개혁들의 대부분은 미즈노 자신이
1843년에 그러했던 것과 같이 포기되어야만 했다. 한편으로 다수의 '한'들이
그들 자신의 '덴포 개혁'을 실시하고 있었다. 일부의 경우에 1830년대에 시작
된 이들 '한'의 개혁들은 그것들이 보다 작고 관리하기 쉽고 덜 상업화된 지역
에서 채택되어, 때때로 '한'의 재정을 회복하는 데 있어서 '바쿠후'의 노력들

이 그러했던 것보다 더 성공적이었음이 판명되었다.

19세기 중엽의 일본   중국의 '왕조 순환'의 유형에 의해서, 그리고 근대 유럽 역사에 의해 훨씬 더 영향을 받은 많은 역사가들은, 19세기 중엽의 일본은 '왕조'의 붕괴와 심지어 시민 혁명의 벼랑 끝에 서 있었다고 주장하였다. 지배 집단들 사이에서의 수입에 있어서 증대되는 불균형과, 설사 능률은 아닐지라도 저하되는 사기와, 높아져 가는 경제적 기대감이 농민들과 심지어는 도시 주민들 사이에 집단적 소동의 꾸준한 증가를 가져왔다. 도시 폭동은 1732년 에도에서 처음 등장하여 다누마〔田沼〕 시대에 보다 더 심각하게 되었고, 1837년 오사카 시 정부의 전직 관리였던 오시오〔大鹽〕가 도시 빈민들을 구제하기 위한 노력으로 오사카 성에 대한 공격을 지휘했을 때, 일종의 혁명적인 전환을 하게 되었다. 1820년대와 1830년대의 흉작과 같은 자연 재해들이 또한 시대의 말기에 더욱 정치적으로 파괴적인 것이 되었다.

도쿠가와 체제를 전복하는 것으로 입증할 수 있었던 다수의 새로운 경향들이 또한 존재하였다. 사무라이들의 군사적 효율성은 심각하게 저하되었고, 쇼군과 다이묘에 대한 그들의 개인적 충성 관념은 한층 더 체제에 대한 충성으로 되었으며, 그 안에서 개인들은 단지 상징에 지나지 않았다. 천황이 최고의 국가적 상징이라는 자각이 대두하였고, 세습적인 지위에 더하여 개인적 능력을 인정해야 한다는 요구가 커져 가고 있었다. 상업 경제와 도시의 사회와 문화가 17세기초의 좁은 봉건적 한계를 훨씬 넘어서 확대되었다. 도시 상인들과 호농(豪農)들의 적극적인 기업가 정신은, 그것이 지닌 지위 지향적이기보다는 업적 지향적 윤리의 강한 함축과 함께, 지배 계급의 불변의 농업 경제와 사회에 대한 강조와 결코 조화되지 못하였다. 서양의 과학에 대한 상승하는 관심을 포함하여 모든 계급들 사이에 지적 경향들의 다양성이 증가하고 있었다. 1840년대까지 또한 서양 제국의 이제 엄청나게 증가된 군사력과 이웃 나라들에서의 그들의 침략 행위에 대한 두려움이 높아 가고 있었다.

따라서 도쿠가와 체제는 17세기에는 존재하지 않았던 많은 압력하에 놓여 있었으나, 이것으로부터 약화된 중국의 왕조와 같이 일본이 자신의 짐 때문에 붕괴 직전에 처해 있었고, 혹은 일본이 유럽적 방식으로 시민 혁명에 막 휩쓸리게 되어 있었다고 가정해서는 안 될 것이다. 1850년 일본은 어떤 외부적 압력으로부터도 여전히 면제되어 있었다. 사회적 긴장이, 아마도 가장 심하게 곤궁하게 된 사무라이들과 농민들 사이에서 진정으로 발전하고 있었고, 많은 불완전하고 불합리한 것들이 사회, 정치 체제를 긴장시키고 있었지만, 사무라이들의 유교적 윤리가 여전히 전국에 널리 퍼져 있었고, 전체적인 도쿠가와 시대의 정치 구조는 여전히 견고하게 유지되고 있었다. 만일 일본이 외국의 침입을 받지 않고 지속되었다면, 도쿠가와 체제는 중요한 변화 없이 상당 기간 계속되었을지도 모른다. 동시에 정치와 사회에 있어서 이론과 현실 사이의 격심한 긴장과 표면적인 정적 밑에 만연했던 소란스러움이, 중국이나 한국이 그러했던 것보다 급속한 변화에 일본이 더 많이 준비하도록 만들었다.

색 인

544

고염무(顧炎武) 290, 291
고요 쇼닌〔御用商人〕 516
고잔〔五山〕 문학 485
고조(高祖)〔漢〕 77, 92
고종(高宗)〔唐〕 126
고종(高宗)〔宋〕 167
고증학(考證學) 291
〈고지키〔古事記〕〉 411, 430
〈고지키덴〔古事記傳〕〉 525
고케닌〔御家人〕 453, 499
고쿠가쿠〔國學〕 525
고쿠분지〔國分寺〕 426
〈고쿠센야 갓센〔國性爺合戰〕〉 532
고쿠시〔國司〕 423, 434
〈고킨슈〔古今集〕〉 444
고토바〔後鳥羽〕 상황 454
〈곡량전(穀梁傳)〉 56
곡옥(曲玉) 358, 408
골품(骨品) 358
골품제(骨品制) 413
공물(貢物) 397
공민왕(恭愍王) 375
공손홍(公孫弘) 89
〈공양전(公羊傳)〉 56
공자(孔子) 53, 57~60
공행(公行) 322
과거(科擧) 제도〔唐〕 132~134, 151
과거 제도〔宋〕 161
과거 제도〔이조〕 381
과거 제도〔淸〕 287
관자(管子) 48
〈관자(管子)〉 48
광개토왕(廣開土王) 357
광동어(廣東語) 10
광동 체제 321
광무(光武帝)제〔後漢〕 98
광종(光宗)〔고려〕 367
광중(光中)〔월남〕 342
교겐〔狂言〕 487
교파 신도(敎派神道) 526
교호〔享保〕 개혁 539
구나이쇼〔宮內省〕 422
구니〔國〕 423
구로도도코로〔藏人所〕 436, 449
구르카(Gurkhas)족 300

구마라지바(Kumarajiva) 117
구마자와 반잔〔熊澤蕃山〕 522
구스노키 마사시게〔楠木正成〕 468
구양수(歐陽修) 165, 186
구오싱에〔國性爺〕 532
〈구칸쇼〔愚管抄〕〉 485
구품 중정법(九品中正法) 131
국성야(國性爺) 274
국학(國學) 362
군기처(軍機處) 286
굴원(屈原) 56, 85
궁예(弓裔) 366
균수법(均輸法)〔宋〕 165
균수법(均輸法)〔漢〕 95
균전(均田)제〔北魏〕 128, 129
균전제〔隋·唐〕 129, 135
그리스도 교 399
금(金) 167, 203~204
〈금병매(金瓶梅)〉 298
기록소(記錄所) 438
기미 정책(羈縻政策)
기인(旗人) 280
기인제(其人制) 369
기(旗) 제도 269
기타가와 우타마로〔喜多川歌麿〕 536
기타바타게 지카후사〔北畠親房〕 485, 525
긴카쿠지〔金閣寺〕 479, 484
긴카쿠지〔銀閣寺〕 479, 484
김부식(金富軾) 371, 372
김종직(金宗直) 378, 390

ㄴ

나라〔奈良〕 420, 432
나무묘효렌게쿄〔南無妙法蓮華經〕 462
나침반 173
나카쓰카사쇼〔中務省〕 422
나카에 도주〔中江藤樹〕 522
낙랑(樂浪)군 81, 351
난가〔南畵〕 534
남반뵤부〔南蠻屏風〕 491
남북조(南北朝) 시대 469
남비에트(Nam-viet) 330
남송(南宋) 167~168, 210
남월(南越) 81, 330

하권 차례

김한규(문학박사 · 고대 동아시아사 전공)
서강대학교 사학과 교수
저서: 〈고대 중국적 세계질서연구〉 (1981)
      〈고대 동아세아 막부체제연구〉 (1997)

전용만(문학박사 · 중국 근 · 현대사 전공)
동아대학교 사학과 전임 강사(1983~1988)

윤병남(문학박사 · 일본사 전공)
서강대학교 사학과 교수

동양 문화사(상)

발행일
1991년 9월 10일 초판 1쇄
2015년 8월 15일 초판 22쇄

옮긴이 김한규 · 전용만 · 윤병남
펴낸이 정무영
펴낸곳 (주)을유문화사

창립 1945년 12월 1일
주소 서울특별시 종로구 우정국로 51-4
전화 734-3515, 733-8153 ㅣ FAX 732-9154
홈페이지 www.eulyoo.co.kr
ISBN 89-324-5073-0 93920

越 南
南 中 國
北 中 國
邊 疆
韓 國
日 本
(1766?)
商(殷)
(1122 혹은 1027)
西 周
770
770
722
東 周
春秋時代
吳 楚 宋 魯 秦 晉 燕 齊
484
473
越
403
403
東山文化
334
376 376
戰國時代
周
魏 韓 趙
286
南비에트(南越)
楚
249 256
230 225 222 222 221
223
221
218 秦 征服
秦
月氏
古朝鮮
韓
조몬(繩文) 文化
206-195 高祖
206
180
157 文帝
匈奴
108
141
武帝
前 漢
111 韓 征服
37
87
宣帝
漢四郡
57
74
18
49
42
A.D.
야요이(彌生) 文化
33 成帝
7 B.C.
8 A.D.
8 A.D.
B.C.
A.D.
8-23 新(王莽) 8-23
25 光武帝
25
57
75 明帝
後 漢
伽倻(任邦)
146
167 桓帝
189 獻帝
220
220
222 三 國 時 代 魏
222
吳 蜀漢
鮮卑
三國時代
280
西 晉
265
313
317
304 317
東 晉
十六國
高句麗
百濟
新羅
우지(氏) 時代
317
拓跋
古墳文化
386
386
420
六朝
402
420
劉 宋
439
柔蠕(柔然)
479 南齊
北魏
南北朝
502 梁
535 西魏 東魏 534
552
557 陳
北齊 550
562
589
557 北周 577
552
隋
581
589
突厥
618 626 太宗
552
649 高宗
唐
618
668
663
645
大化

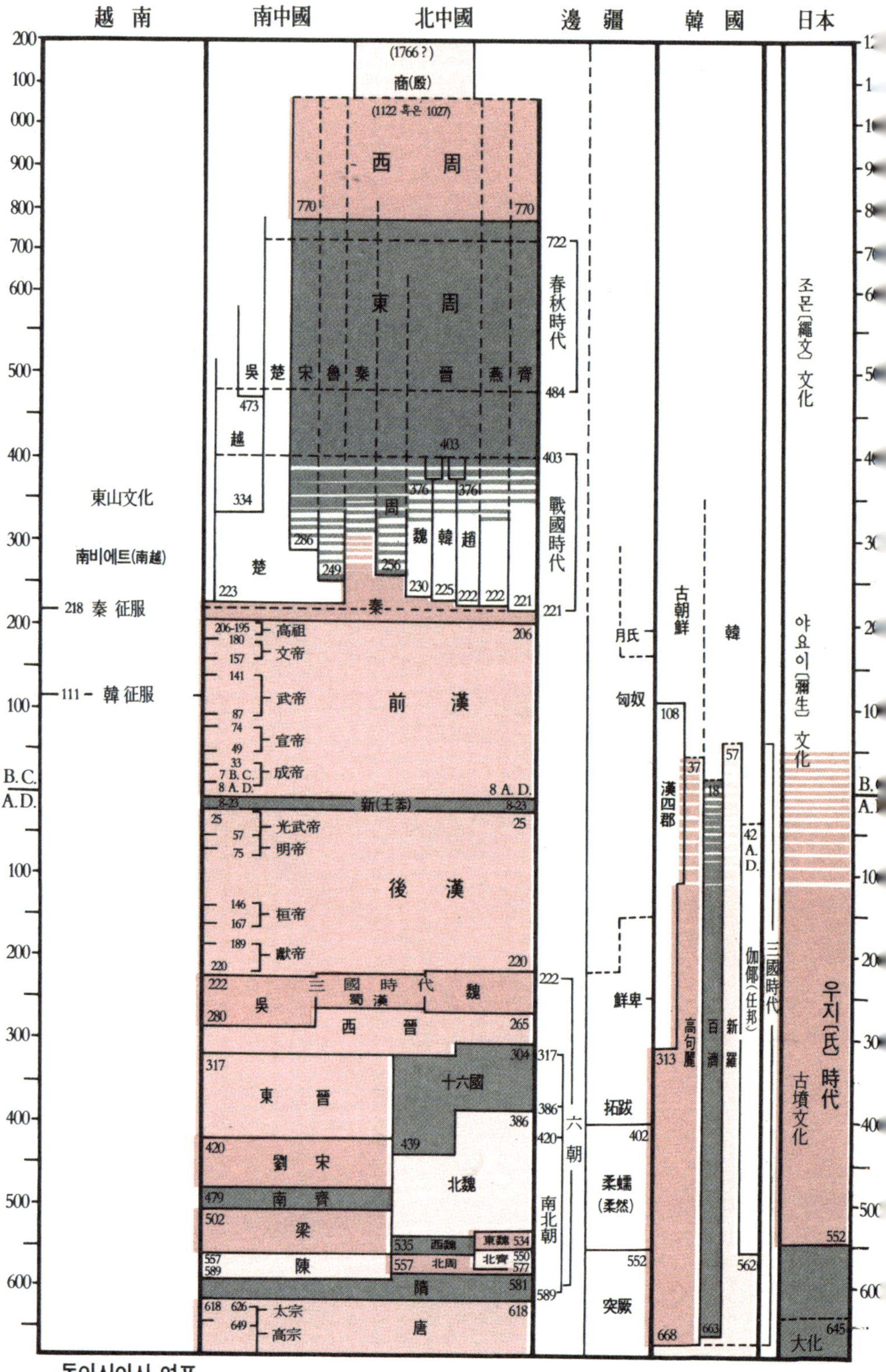

동아시아사 연표

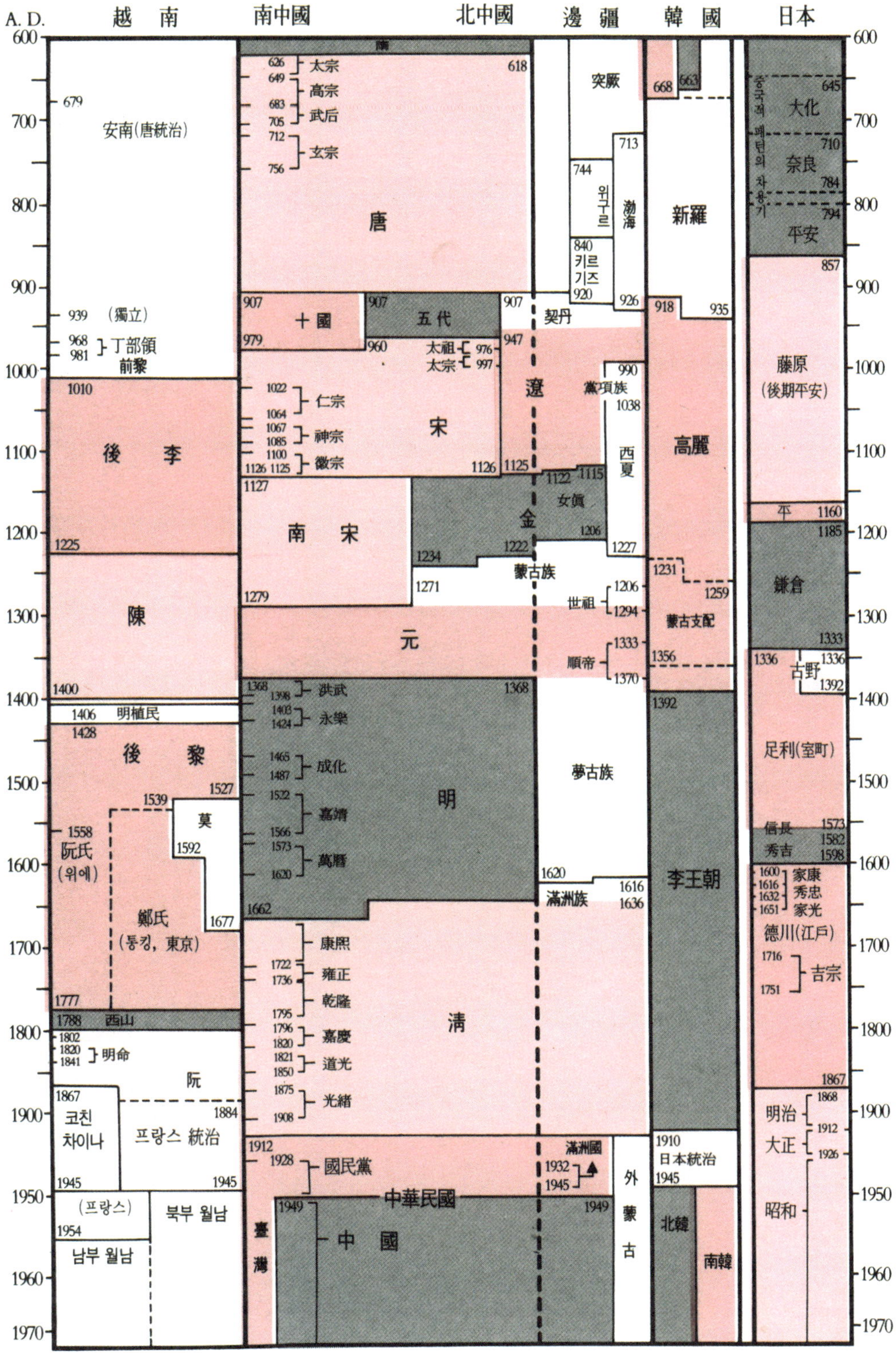

A. D.
越南　南中國　北中國　邊疆　韓國　日本
600
618
突厥
太宗 626
高宗 649
武后 683 705
玄宗 712 756
679
安南(唐統治)
700
大化 645
713
744 위구르
渤海
奈良 710
784
平安 794
800
唐
新羅
668 663
900
907 十國
907 五代
907
契丹
키르기즈 840 920
926
918 935
939 (獨立)
968 丁部領
981 前黎
太祖 947 976
太宗 997
960
藤原
(後期平安)
857
1000
1010
後 李
仁宗 1022 1064
神宗 1067 1085
徽宗 1100 1126 1125
宋
遼
黨項族 990
1038
西夏
高麗
1100
1127
南 宋
女眞
金
1122 1115
平 1160
1185
1200
1225
陳
1234
1271
蒙古族
1206
1227
1126 1125
1222 1206
鎌倉
世祖 1206 1294
順帝 1333 1370
1231
1259
蒙古支配
1356
1300
1279
元
1333
1336 古野 1336
1392
1400
1400
1406 明植民
1428
後 黎
1368
洪武 1398
永樂 1403 1424
成化 1465 1487
嘉靖 1522 1566
萬曆 1573 1620
1368
夢古族
1392
足利(室町)
1500
1539
莫 1527
1592
明
1558
阮氏
(위에)
鄭氏
(통킹, 東京)
1677
1662
滿洲族
1620
1616
1636
李王朝
信長 1573
秀吉 1582 1598
1600
1600 家康
1616 秀忠
1632 家光 1651
德川(江戶)
1700
1777
康熙
雍正 1722 1736
乾隆 1795
清
吉宗 1716 1751
1788 西山
1800
嘉慶 1796 1820
道光 1821 1850
光緒 1875 1908
1802
1820 明命
1841
阮
1867
1884
프랑스 統治
1867
코친
차이나
1900
明治 1868
大正 1912 1926
1912
1928 國民黨
滿洲國
1932
1945
1910
日本統治
1945
1945
1945
(프랑스)
1954
북부 월남
中華民國
1949
臺灣
中 國
1949
外蒙古
北韓
南韓
昭和
1950
남부 월남
1960
1970